Erich Kosiol, Buchhaltung

Erich Kosiol

Buchhaltung

als Erfolgs-, Bestands- und Finanzrechnung

Grundlagen · Verfahren · Anwendungen

Walter de Gruyter · Berlin · New York 1977

Dr. phil. Dr. h.c. mult. *Erich Kosiol*
o. Professor für Betriebswirtschaftslehre an der
Freien Universität Berlin

CIP-Kurztitelaufnahme der Deutschen Bibliothek

Kosiol, Erich
Buchhaltung als Erfolgs-, Bestands- und Finanzrechnung: Grundlagen, Verfahren, Anwendungen. – 1. Aufl. – Berlin, New York: de Gruyter, 1977. –
ISBN 3-11-006983-0

Printed in Germany. Satz und Druck: Walter de Gruyter, Berlin. Bindearbeiten: Mikolai, Berlin.

Vorwort

Das Lehrbuch gibt eine einführende und systematische Darstellung der Buchhaltung und ihrer grundlegenden Probleme: Erfolgsrechnung, Bestandsrechnung und Finanzrechnung. Es erklärt in neuartiger Methodik die Struktur und den Rechenmechanismus der Buchhaltung, indem es alle Buchungsvorgänge einheitlich auf Zahlungsbewegungen zurückführt. Auf diese Weise wird die Bewegungsbilanz zur Grundlage des periodischen Abschlusses und der Finanzanalyse.

Die Bewertung der Bilanzbestände, der Aufwendungen und Erträge wird ebenfalls aus den Zahlungsbewegungen folgerichtig abgeleitet. Die handels- und steuerrechtlichen Bewertungsbestimmungen, das Niederstwert- und das Tageswertprinzip, der Teilwert und die stillen Rücklagen werden einer kritischen Betrachtung unterzogen. Die Probleme der Kapitalerhaltung und die Einflüsse der Güterwert- und der Geldwertveränderungen werden eingehend erörtert. Den Abschluß der Darstellung bilden die Fondsrechnung, die Finanzflußrechnung und die prospektive Buchhaltung.

Das Werk wendet sich an alle Interessenten für eine fundierte Begründung des Buchhaltungssystems, die ein tieferes Verständnis seiner praktischen Handhabung und Verfahrenstechnik gewinnen wollen. Es eignet sich wegen der Präzision der Formulierungen und der vielen schematischen Abbildungen und Zahlenbeispiele besonders zum Selbststudium. Als begleitender Text für die betriebswirtschaftliche Grundausbildung kann es den Studierenden an Akademien, Fachhochschulen und Universitäten gute Dienste leisten. Auch Buchhaltungs- und Finanzpraktiker, die an systematischer Fortbildung und Vertiefung ihrer täglichen Arbeit interessiert sind, dürften aus den Ausführungen der Schrift Vorteile ziehen.

Ein detailliertes Sach- und Namensregister erleichtert die Benutzung und Durcharbeitung des Buches. Das ausgewählte Literaturverzeichnis ermöglicht dem Leser eine weiterführende Beschäftigung mit der Fachproblematik.

Herrn Dr. Joachim Fudickar danke ich für die kritische Durchsicht des Manuskripts und die Anfertigung des Registers, Herrn Dipl.-Hdl. Wolfgang Loy für das Mitlesen der Korrekturen.

Berlin, im April 1977 Erich Kosiol

Inhaltsverzeichnis

A. Grundlagen 1

I. Rechnungsziele der Buchhaltung 1
1. Allgemeine Ziele der Buchhaltung 1
2. Die Erfolgsermittlung als Ziel 5
a) Verschiedene Erfolgsbegriffe 5
b) Erfolgsermittlung und -verwendung 8
3. Die Finanzanalyse der Buchhaltung 9

II. Arten der Buchhaltung 12
1. Finanzbuchhaltung 13
2. Betriebsbuchhaltung 13

III. Begriffe und Arten der Bilanz 14
1. Verschiedene Bilanzbegriffe 14
2. Arten der Bilanz 20
a) Erfolgsbilanzen 20
b) Statusbilanzen 24

B. Der Formalaufbau der Finanzbuchhaltung 27

I. Das Teilsystem der einfachen Buchhaltung 31
1. Die Gruppe der Zahlungskonten (Bestands- oder Bilanzkonten) 32
a) Barzahlungen und Periodenabgrenzung 32
b) Verrechnungszahlungen 37
(1) Vorverrechnung und Tilgungsverrechnung 38
(2) Rückverrechnung und Nachverrechnung 52
c) Die Periodenabgrenzung im Überblick 59
d) Die Genauigkeit der Periodenabgrenzung 71
e) Darstellungstechnik und Kontentypen 74
2. Der Bilanzenzusammenhang: Bewegungs-, Bestände- und Veränderungsbilanzen 80
3. Darstellung eines Zahlenbeispiels 95
a) Methodik des Zahlenbeispiels 95
b) Durchführung des Zahlenbeispiels 96
4. Die Erfolgsverwendungsrechnung in der Bilanz 112

II. Das Gesamtsystem der doppelten Buchhaltung ... 113
1. Die Gruppe der Erzeugungskonten (Prozeß- oder Erfolgskonten) ... 113
2. Formale Deutung der Buchungen ... 123
3. Durchführung eines Zahlenbeispiels ... 125
4. Die Erfolgsverwendungsrechnung in der Gewinn- und Verlustrechnung ... 129

C. Der Sachinhalt der Buchhaltung ... 135

I. Der gütermäßige Umlaufprozeß in den Bewegungs-, Veränderungs- und Beständebilanzen ... 135

II. Der gütermäßige Umlaufprozeß in der Aufwands- und Ertragsrechnung ... 154

III. Die gütermäßige Deutung der Buchungen ... 156

D. Die Bewertung in der Bilanz ... 159

I. Die Wertarten ... 159
1. Der Anschaffungswert ... 160
a) Der Anschaffungswert als Ausgabenwert ... 162
(1) Der volle Anschaffungswert ... 162
(2) Der verminderte Anschaffungswert ... 162
(3) Der Herstellungswert ... 163
b) Der Anschaffungswert als Einnahmenwert ... 164
c) Der Anschaffungswert als unterstellter Ausgaben- und Einnahmenwert ... 165
d) Bewertungsregeln der Anschaffungswertrechnung ... 172
2. Der Tageswert ... 174
a) Die Bewertung von Aufwand und Ertrag ... 175
b) Die Bewertung der Bestände ... 177
(1) Reine Tagesbewertung ... 177
(2) Gemischte Tagesbewertung ... 182

II. Die handelsrechtliche Bilanzbewertung ... 183
1. Allgemeine Bewertungsprinzipien ... 183
2. Die handelsrechtlichen Wertansätze ... 187
a) Die Bewertung der Nominalgüterbestände ... 188
b) Die Bewertung der Realgüterbestände ... 196
c) Die Bewertung der Nominalschulden ... 200
d) Die Bewertung der Realschulden ... 204

III. Das Niederstwertprinzip in der Bilanz 205

IV. Die steuerrechtliche Bilanzbewertung 213
1. Der Grundsatz der Maßgeblichkeit der Handelsbilanz für die Steuerbilanz 214
2. Betriebswirtschaftliche Mängel der Steuerbilanz 222
3. Der Teilwert und seine kritische Analyse 229

V. Bewertungsrücklagen in der Bilanz (stille Rücklagen) 245
1. Begriff der Bewertungsrücklagen 245
2. Arten der Bewertungsrücklagen 249
a) Nach der buchtechnischen Form 249
b) Nach Bezugswerten 251
c) Nach Entstehungsgründen 254
3. Auflösung der Bewertungsrücklagen 265
4. Stille Rücklagen und Bilanzwahrheit 269

E. Die Kapitalerhaltung in der Erfolgsrechnung 273

I. Kapitalerhaltung und Preisveränderungen 273

II. Zielsetzungen der Kapitalerhaltung 276
1. Nominale Kapitalerhaltung 276
2. Reale Kapitalerhaltung und Güterwertveränderungen 279
3. Kapitalerhaltung und Geldwertveränderungen 283

III. Maßnahmen zur Erreichung der Kapitalerhaltung 287
1. Berücksichtigung der realen Kapitalerhaltung durch offene Rücklagen 287
2. Berücksichtigung der Geldwertveränderungen 290

IV. Durchführung eines Zahlenbeispiels bei Güterwert- und Geldwertveränderungen 295
1. Nominale Erfolgsrechnung in gesetzlicher Währung 295
2. Reale Erfolgsrechnung in gesetzlicher Währung 295
3. Gewinnverteilung, Nominal- und Realgewinn 298
4. Stabilisierung von Rechnungsdaten 299
5. Nominale Erfolgsrechnung in Indexwährung 303
6. Reale Erfolgsrechnung in Indexwährung 305
7. Vergleich der Erfolgsabweichungen im vierdimensionalen Rechnungssystem 308

V. Neuere Verfahren zur Berücksichtigung der Geldentwertung ... 310

F. Die Buchhaltung als finanzanalytische Kapitalflußrechnung 313

I. Zwecke der finanzwirtschaftlichen Analyse 313

II. Erweiterung der Bewegungs-, Veränderungs- und Beständebilanz 315

III. Fondsrechnungen 319
1. Begriff, Zweck und Formalaufbau der Fondsbilanzen 319
2. Typen der Fondsbilanzen 321
a) Grundtypen der Fondsbilanzen 321
b) Mischtypen der Fondsbilanzen 323
(1) Fondsbilanzen für das Umlaufvermögen 323
(2) Fondsbilanzen für das Netto-Umlaufvermögen 324
(3) Fondsbilanzen für die kurzfristig verfügbaren Geldmittel 328
(4) Fondsbilanzen für die kurzfristig verfügbaren Netto-Geldmittel 328
3. Nominale Fondsbilanzen 332
4. Erfolgswirksame Fondsbilanzen und Mittelfluß aus Betriebstätigkeit 334

IV. Finanzflußrechnungen 340
1. Begriff, Zweck und Formalaufbau der Finanzflußbilanzen ... 340
2. Typen der Finanzflußbilanzen 343
a) Teilfinanzflußbilanzen 343
(1) Grundtypen der Teilfinanzflußbilanzen 343
(2) Mischtypen der Teilfinanzflußbilanzen 348
b) Gesamtfinanzflußbilanzen 356

V. Die Aufteilung der Gesamtfinanzflußrechnung in mehrere Fonds 366

VI. Technik, Form und Gliederung der Kapitalflußrechnung 374

G. Prospektive Buchhaltung (Zukunftsrechnung) 387

Literaturverzeichnis 394

Namen- und Sachverzeichnis 396

A. Grundlagen

I. Rechnungsziele der Buchhaltung

1. Allgemeine Ziele der Buchhaltung

In der Buchhaltung wird zwecks zahlenmäßiger Abbildung des Wirtschaftsprozesses der Unternehmung die Gesamtheit realer und nominaler Güterbewegungen laufend *schriftlich fixiert (gebucht)*. Dieses rechnerische Festhalten von Ereignissen (Aufschreibung) geschieht systematisch nach einem eigens dazu konstruierten Ordnungssystem (Kontenplan, Kontenrahmen).

Im Regelfall erfolgt die Erfassung mit einer (mehr oder minder großen) *zeitlichen Verzögerung*, da die tatsächlichen Vorgänge selten simultan mit der Beförderung der Informationsträger (Belege), nach denen gewöhnlich gebucht wird, ablaufen; angestrebtes Ziel ist jedoch ein möglichst gleichzeitiger Ablauf von Geschehen und dessen rechnerischer Erfassung. Da die Buchungen dem Ereignis trotzdem im Prinzip stets nachfolgen, wird der Kalkül der Buchhaltung zur *Nachrechnung*, deren Zahlen historischen Charakter tragen. Er ist somit eine Geschichtsschreibung, eine Dokumentation des Wirtschaftsgeschehens in der Unternehmung. In dieser Eigenschaft liefert er Wissensunterlagen oder Informationen über den abgerechneten Wirtschaftsprozeß.

Selbstverständlich kann auch eine *Vorrechnung* aufgemacht werden, indem entweder genormte Standardwerte oder Prognosewerte (erwartete Istwerte) vorgegeben und ihre Abweichungen von den realisierten Istwerten analysiert werden.

Während in der Vorrechnung alle Größen Richt- oder Erwartungswerte (Sollwerte) sind, stellen die Zahlen der Nachrechnung zunächst reine Merkgrößen dar, welche die realisierten Vorgänge vor dem Vergessenwerden bewahren. Während die Abrechnung der Vergangenheit der Rechenschaftslegung und Kontrolle dienen kann, ist die Vorschau in die Zukunft ein Hilfsmittel für die Wirtschaftsplanung.

Bei der Fixierung von Größen können außer den einzelnen Werten Summen gleichartiger Werte, die eine Klasse gleichartiger Güterbewegungen abbilden, festgehalten werden. Derartige Additionen beziehen sich stets auf einen bestimmten Zeitraum (Abrechnungsperiode), so daß die Buchhaltung eine nachher (und vorher) ermittelnde *Periodenrechnung* ist.

Auf den einmal fixierten Zahlenwerten, den ursprünglichen Buchungen des Systems, bauen nicht nur die artmäßige Addition dieser Zahlen, sondern auch alle nachfolgenden Ermittlungs- und Auswertungsrechnungen auf. So werden aufgrund von *Anfangsbeständen* die laufenden Zugänge (Addition) und Abgänge (Subtraktion) zur Ermittlung von *Endbeständen* (Salden) verwendet. Diese Rechnung folgt der Formel:

$$\text{Endbestand} = \text{Anfangsbestand} + \text{Zugang} - \text{Abgang.}$$

Aus dieser Gleichung läßt sich *jede der vier Größen* ermitteln, sofern jeweils die drei anderen gegeben sind. Insbesondere kann danach die Ermittlung des Güterabganges (Gütereinsatz, Güterverbrauch) erfolgen. Bei bekanntem Anfangsbestand und Zugang wird der Endbestand mitunter außerhalb der Buchhaltung durch Befundaufnahme (Inventur) ermittelt. Der Saldo (Anfangsbestand + Zugang − Endbestand) zeigt dann den Güterverbrauch an.

Auch die *Bestandsveränderungen* sind einfach zu ermitteln. Die tatsächlichen Bewegungen (Bruttogrößen) werden durch getrennte Addition der Einzelposten auf jeder Seite eines Bestandskontos errechnet, während die resultierende Bestandsveränderung (Nettogröße) die Differenz dieser Summen ist. Entsprechend gilt die Gleichung

$$\text{Anfangsbestand} \pm \text{Veränderung} = \text{Endbestand.}$$

Auf diese Weise ist jede Bestandsrechnung eng an die zahlenmäßige Erfassung der Bewegungsvorgänge geknüpft.

Neben der laufenden, systematisch geordneten Aufzeichnung des Wirtschaftsprozesses und der Ermittlung von Bewegungs- und Bestandsgrößen ist entscheidendes Rechnungsziel der Buchhaltung die Ermittlung der erreichten Rationalität des Wirtschaftens, die *periodische Erfolgsrechnung*. Diesem Rechnungsziel ordnen sich alle mit ihm verträglichen Ziele unter. Der ermittelte Periodenerfolg ist Ausdruck und Maßstab der erzielten Ökonomität der Unternehmungstätigkeit.

Ökonomität bedeutet hier, daß der ermittelte Periodenüberschuß die Resultante der durch menschliche Entscheidungen und Handlungen hervorgerufenen Güterbewegungen des Wirtschaftsprozesses darstellt, soweit diese durch Zahlungsbewegungen abgebildet werden. Der herkömmlich Erfolg (oder auch Ergebnis) genannte (positive) Überschuß (Gewinn) beziehungsweise (negative) Unterschuß (Verlust) ist keineswegs ein besonders guter oder gar der beste *Maßstab* der Wirtschaftlichkeit. Dennoch ist er ein Ausdruck für die *Ergiebigkeit wirtschaftlichen Handelns*, der sich für die Beurteilung der Unternehmungsentwicklung praktisch bewährt hat.

Beispiele *anderer Ergiebigkeitsziele* sind die in Mengengrößen ausdrückbaren technischen Leistungen, die Umsatzmaximierung und die Marktbeherrschung. Ergebnisse derartiger Zielsetzungen werden von der buchhalterischen Erfolgsrechnung nicht ermittelt. Die Erfolgsrechnung bezieht sich auf eine bestimmte, genau zu definierende Ergiebigkeitsgröße. Da auch hier noch die Zielvorstellungen der verschiedenen Adressaten der Erfolgsrechnung unterschiedlich sind, muß eine möglichst eindeutige, für alle einheitliche, nachprüfbare und daher rechenschaftsfähige Erfolgsgröße fixiert werden.

Primärer Zweck der Buchhaltung ist beim heutigen Entwicklungsstand die Erfolgsermittlung, mit der sich aufgrund des gleichen Zahlenmaterials eine Bestandsrechnung als *verträglicher Nebenzweck* folgerichtig verbindet. *Sekundärer Rechenzweck* ist die aus den gleichen Unterlagen sich ergebende Finanzrechnung, die zwangsläufig und daher verträglich in das Rechnungssystem eingebaut ist. Sie weist die finanzwirtschaftlichen Beziehungen zwischen den Güterbewegungen und -beständen, insbesondere deren Auswirkungen auf die Liquidität, aus.

Tatsächlich dominiert das Streben, mithilfe der Buchhaltung einen möglichst genauen Erfolg zu ermitteln, *in der Praxis nicht in reiner Form*. Vielfach wird die Erreichung dieses Zieles durch die gleichzeitige Verfolgung anderer Ziele beeinträchtigt, mitunter gänzlich überlagert. Hier sei nur auf die Bildung stiller Rücklagen, die Ausnutzung von Steuervorteilen, die Dividendenpolitik, die Gewinn- oder Verlustverschleierung und auf andere Publizitätsrücksichten hingewiesen. Meistens werden diese Nebenziele ingestalt einer Ergebnismanipulation (und/oder einer Bestandsmanipulation) verfolgt, wobei zwar das formale Rechnungsschema stets unangetastet bleibt, das Resultat jedoch nicht mehr dem entspricht, das bei alleiniger Gültigkeit des Hauptzieles ermittelt würde.

Neben der Ermittlung ökonomisch relevanter Größen will die Buchhaltung ihr Zahlenmaterial so aufbereiten, daß es auch dispositiven *Auswertungsrechnungen* dienstbar gemacht werden kann. Mithilfe dazu geeigneter Wertansätze oder Rücklagenbildung sollen zum Beispiel Entscheidungen über die nominale und/oder reale Kapitalerhaltung ermöglicht werden. Weiter soll das ermittelte Zahlenmaterial Grundlage aussagefähiger Wirtschaftlichkeitsrechnungen, insbesondere des Betriebs-, Zeit- und Soll-Ist-Vergleichs, sein. Auch Anhalte für die Schätzung des Gesamtwertes der Unternehmung soll die Buchhaltung liefern. Ferner sollen mit ihrer Hilfe betriebsbedingte Vermögens- (und Schuld-) Positionen für kalkulatorische Zwecke ermittelt werden können. Endlich sind unter anderem der Nachweis der Kreditwürdigkeit, die Kontrolle der Betriebsgebarung, die Gewinnverwendung, die Berechnung des ausschüttbaren Gewinns und der Gewinnanteile weitere, oft systemfremde Aufgaben, die der Buchhaltung in der Praxis auferlegt werden.

Für die Verfolgung mehrerer Rechnungsziele gilt allgemein, daß ein *Meßinstrument*, wie zum Beispiel die Buchhaltung, nur Objekte messen kann, deren Struktur seiner Struktur *adäquat* ist. Dies trifft für die verbundene Erfolgs-, Bestands- und Finanzrechnung zu. Wenn dagegen im Objektbereich der Messung abweichende Strukturen vorhanden sind, so müssen andere Meßwerkzeuge mit entsprechender Struktur dafür konstruiert werden[1].

Sollte der Buchhaltungskalkül als Ermittlungsmodell alle genannten Ziele gleichberechtigt erfüllen, wäre er gewiß überfordert. Die Modellbildung gebietet es vielmehr, das Rechnungsziel klar zu formulieren und den Kalkül für dieses Ziel festzulegen. Inwieweit unterschiedliche Rechnungsziele dann miteinander verträglich sind oder einander dominieren, bedarf einer speziellen Untersuchung der Anwendungsmöglichkeiten und Aussagegrenzen des gebildeten Kalkülmodells.

An dieser Stelle soll nochmals nachdrücklich darauf hingewiesen werden, daß der Kalkül der doppelten Buchhaltung und ihres jährlichen Abschlusses nicht von den neben der Erfolgsermittlung stehenden, verträglichen Zwecken her entwickelt und verstanden werden kann. Die praktische Bedeutung dieser Rechnungsziele steht außerfrage. Ihre Berücksichtigung steht jedoch nicht im Widerspruch zu der *vorrangigen Behandlung der Erfolgsermittlung* bei der Entfaltung der Regeln der Buchhaltung und der Bilanzierung. Bei dieser Reihenfolge der Erörterungen handelt es sich um *Nebenzwecke und Sekundärziele* der Buchhaltung. Erst wenn das System der Buchhaltung vorausgesetzt werden kann, wie es namentlich bei der Erörterung des Buchhaltungs- und Bilanzrechts geschieht, können diese Zwecke in den Vordergrund rücken. Entsprechendes gilt für weiterführende Auswertungen der buchhalterischen Ergebnisse.

Die *Kritik* beanstandet häufig an Buchhaltungs-, Bilanz- und Erfolgsrechnungsmodellen und auch an der geltenden Praxis, daß sie bestimmte gewünschte Erkenntnisse nicht liefere. Man glaubt, damit die kritisierten Systeme zu widerlegen. Eine solche Kritik ist jedoch weder wissenschaftlich einwandfrei noch sachlich stichhaltig.

Ein Ermittlungsmodell kann nur Ergebnisse bringen, die in ihm programmiert, das heißt, potentiell enthalten sind. Kritik ist nur zulässig, sofern das gesetzte Ermittlungsziel nicht erreicht wird. Eine Beanstandung der Prämissen ist sinnlos, eine Widerlegung von Definitionen ist witzlos.

[1] Die Meßproblematik der Buchhaltung hat eingehend untersucht Schulze, Hans-Herbert: Zum Problem der Messung menschlichen Handelns mithilfe der Bilanz. Berlin 1968 (Messung).

Jedoch ist nichts dagegen einzuwenden, wenn ein Kritiker ein anderes, nach seiner Meinung besseres Ermittlungsmodell konstruiert und dessen Realisierung fordert. Das beanstandete und das neu vorgeschlagene Modell stehen dann gleichwertig nebeneinander. Welches von ihnen in die Praxis umgesetzt werden soll, ist eine rein praktische Frage der Willensentscheidung, nicht dagegen eine theoretische Frage der Wissenschaft. Diese kann höchstens die Bedeutung der verschiedenen Zielgrößen für die Wirtschaftsführung der Unternehmung diskutieren.

2. Die Erfolgsermittlung als Ziel

a) Verschiedene Erfolgsbegriffe[2]

Von *Erfolg* wird gewöhnlich im Zusammenhang mit der Betrachtung des Ergebnisses menschlicher Handlungen gesprochen. Der Ausdruck Erfolg wird dabei für positive und negative Ergebnisse einschließlich des Ergebnisses Null verwendet. In diesem Sinne decken sich in der Regel die Bezeichnungen Erfolg und Ergebnis und werden synonym verwendet.

Allgemein können *zwei Ausrichtungen des Erfolgsbegriffs* unterschieden werden.

Einmal wird bereits von Erfolg gesprochen, wenn zum Ausdruck gebracht werden soll, daß ein materiales oder ideales *Handlungsziel erreicht* wurde. In diesem Sinne wäre jede Unternehmung erfolgreich, wenn es ihr zum Beispiel gelungen ist, einen bestimmten Bedarfsanteil durch erstellte Güter zu decken. Dieser Erfolgsbegriff wäre rein zweckorientiert.

Zum anderen wird die Bezeichnung Erfolg erst dann verwendet, wenn zwar eine Zielerreichung durch menschliche Handlung vorliegt, aber zusätzlich über den *Umfang der Rationalität* der Zielerreichung eine Aussage gemacht werden soll. Dann wäre eine Unternehmung erst erfolgreich, wenn sie bei der Deckung des Bedarfs ein bestimmtes Ausmaß an Wirtschaftlichkeit erreicht hätte, das heißt, einen quantitativ erfaßten, geldlichen oder gütermäßigen Überschuß über oder Unterschuß unter die verbrauchten Wirtschaftsgüter erzielt hätte.

Die Wirtschaftswissenschaft wählt die zweite Fassung des Erfolgsbegriffs; denn nur diese erlaubt eine aussagefähige Messung und Beurteilung alternativer Rationalitätsgrößen ökonomischen Handelns.

[2] Vergleiche hierzu Kühnau, Martin: Zur Systematik der Erfolgsbegriffe in den Periodenerfolgsrechnungen der Unternehmung. In: Zeitschrift für Betriebswirtschaft 1959, S. 77ff. (Erfolgsbegriffe). – Ferner Langen, Heinz: Gewinn und Verlust. In: Handwörterbuch der Betriebswirtschaft. 4. Auflage, Stuttgart 1974, Sp. 1666ff. (Gewinn und Verlust).

Geht man vom zwischenbetrieblichen Außenumlauf des Wirtschaftskreislaufs aus, um die Güterbewegungen im Rechnungswesen zu erfassen, so ergeben sich zwei Ansatzpunkte, die als die *Grundformen der Erfolgsrechnung* betrachtet werden können.

Das *erste Verfahren* knüpft an den *Finanzumlauf* der Nominalgüterbewegungen an. Bei den reinen Finanztransaktionen stehen Einnahmen und Ausgaben ohne Realgüterbewegungen unmittelbar gegenüber. Bei den Realgüterzu- und -abflüssen können diese durch die komplementären Nominalgüterab- und -zuflüsse substituiert und dadurch mittelbar erfaßt werden. Diese Abbildungsweise führt zur Erfolgs-, Bestands- und Finanzrechnung der *Finanzbuchhaltung*.

Bei dem *zweiten Verfahren* geht man unmittelbar vom *Realgüterstrom* des Außenumlaufs aus. Dann bedarf es einer Bewertung der Mengenbewegungen, die sich von den Zahlungsvorgängen des Nominalgüterstroms grundsätzlich loslöst. Die sich derart ergebende sogenannte *kalkulatorische* Erfolgsrechnung der Betriebsbuchhaltung erfaßt in erster Linie den Innenumlauf der Unternehmung.

Die Ermittlung eines Ergebnisses, Überschusses oder Erfolges ist im Rechnungswesen keineswegs selbstverständlich. Dieser Differenzbegriff ist *vieldeutig* und muß daher genau als Rechnungsziel definiert werden. Dabei erstrecken sich die Unterscheidungen in erster Linie auf die *negative Komponente der Differenz,* die zum Beispiel als Aufwand, Vorleistung oder Kosten fixiert werden kann.

Die *Kreislaufvorstellung* führt von sich aus zu keinem Überschuß oder Mehrwert. Geht man zum Beispiel vom Nominalgüterumlauf, dem Finanzumlauf der Unternehmung, aus, so zeigt sich, daß für die gesamte Lebensdauer von der Gründung bis zur Auflösung die Summe aller Einnahmen der Summe aller Ausgaben gleich ist. Da sich die Finanztransaktionen auf beiden Seiten grundsätzlich decken, heißt dies, daß auch die gesamten Leistungsentgelte auf der Beschaffungs- und der Absatzseite gleich sind.

Theoretisch gibt es somit viele *Möglichkeiten der Erfolgsdefinition,* die durch gesteckte Rechnungsziele bestimmt sind.

Ein Unternehmungserfolg läßt sich zum Beispiel definieren als die Differenz aller einseitigen (erfolgswirksamen) Einnahmen (Ertragseinnahmen) und aller einseitigen (erfolgswirksamen) Ausgaben (Aufwandsausgaben) einer Abrechnungsperiode. Diese Definition deckt sich vollständig mit der, die den Erfolg als Differenz zwischen Erträgen und Aufwendungen einer Periode festlegt.

Die längste Periode, die für eine Erfolgsrechnung denkbar ist, ist die Lebensdauer der Unternehmung, kurz: die Totalperiode; die zugehörige Erfolgsrechnung ist die *Totalerfolgsrechnung*. Gewöhnlich interessieren zwecks rechtzeitiger Beurteilung des Ergebnisses und entsprechender erforderlicher Maßnahmen jedoch kürzere Perioden, wie zum Beispiel das Geschäftsjahr. Die *Periodenerfolgsrechnung,* die hierfür aufgestellt wird, ist die Jahreserfolgsrechnung mit dem Ausweis eines Jahreserfolgs.

Knüpft der Kalkül der Jahreserfolgsrechnung an den nominalgüterlichen Finanzumlauf (die Zahlungsvorgänge) der Unternehmung an, so können auch hier verschiedene Erfolgsbegriffe unterschieden werden. Der realisierte Erfolg stellt zum Beispiel die Differenz zwischen bewerteter Güterentstehung und hierauf bezogenem bewertetem Güterverbrauch dar. Während die entstandenen Güter zu Einnahmenwerten bewertet werden, sind die verbrauchten Güter mit Ausgabenwerten anzusetzen. In dieser Rechnung umfassen die beiden Erfolgskomponenten die gesamten Güterbewegungen *mit Ausnahme des Verbrauchs der Unternehmerleistungen.* Dies muß jedoch nicht so sein. Es gibt durchaus auch einige von dieser Konzeption abweichende Erfolgsbegriffe. In der Regel unterscheiden sich diese von dem beschriebenen Fall dadurch, daß sie zwar meist die volle Güterentstehung berücksichtigen, beim Güterverbrauch jedoch über die Unternehmerleistungen hinaus noch weitere Güterarten nicht berücksichtigen. An zwei Beispielen mag dieser Zusammenhang erläutert werden.

Nicklisch[3] rechnet Löhne und Gehälter einschließlich gesetzlicher und freiwilliger sozialer Beiträge nicht zum Aufwand und bezeichnet den auf diese Weise ermittelten Erfolg als *Betriebsertrag.*

In der Wertschöpfungsrechnung werden, darüber hinausgehend, vom Gesamtaufwand sämtliche sogenannten Eigenleistungen der Unternehmung ausgesondert, so daß der als *Wertschöpfung* ausgewiesene Erfolg um diese Eigenleistungen (zum Beispiel Löhne, Gehälter, Mieten, Zinsen und andere) höher ist.

Die Erfolgsrechnung kann, wie bereits erwähnt, zum anderen auch an die Realgüterbewegungen der Unternehmung unmittelbar anknüpfen. Sie wird dann zwar auch in Geldgrößen aufgemacht, aber sie löst sich von den Zahlungsvorgängen und hat eigene Wertansätze. Diese Rechnung ist meist keine (langfristige) Jahresrechnung, sondern eine (kurzfristige) Monats- oder Quartalsrechnung. Der von ihr ausgewiesene Erfolg, der sogenannte *Betriebs- oder Arbeitserfolg* (kalkulatorischer Erfolg) resultiert nur aus leistungsbezogenen Erträgen und Aufwendungen. Die leistungsneutralen Ertragseinnahmen und Aufwandsausgaben werden ausgesondert. Hinzugefügt werden jedoch gewisse kalkulatorische Zusatzgrößen. Man erhält dann als Erfolgskomponenten die Leistungen und die Kosten.

[3] Nicklisch, H.: Die Betriebswirtschaft. 7. Auflage. Stuttgart 1932 (Betriebswirtschaft).

Die vorstehend umrissenen Erfolgsbegriffe sind *formaler* Natur. Ihr Inhalt wird bestimmt durch die zu bemessenden Mengen des Güterverbrauchs und der Güterentstehung sowie deren Bewertung. Der *inhaltlichen* Verschiedenheit der Erfolgsbegriffe entsprechen verschiedene Vorstellungen von der *Kapitalerhaltung.*

Auf weitere Erfolgsbegriffe wird hier nicht eingegangen, da sie außerhalb des dieser Untersuchung gesteckten Rahmens liegen. Sie erfordern die Konstruktion andersartiger Ermittlungsmodelle.

b) Erfolgsermittlung und -verwendung

Die Abrechnung des Wirtschaftsprozesses zielt auf die Feststellung eines geldlichen oder gütermäßigen Über- oder Unterschusses (Erfolg). Seinem Wesen nach ist dieser Kalkül daher eine Ermittlungsrechnung. In der Finanzbuchhaltung, die hier bevorzugt betrachtet wird, ist diese Erfolgsermittlungsrechnung dann vollzogen, wenn nach genau vorgeschriebenen Rechenschritten eine *Differenzgröße* zwischen Erträgen und Aufwendungen als Erfolgssaldo ausgewiesen und in die Bilanz und Aufwands- und Ertragsrechnung zum formalen und sichtbaren Ausgleich der Aufstellungen eingesetzt wird.

Der Ausgleich der beiden Abschlußrechnungen der Buchhaltung durch die übereinstimmenden Erfolgsposten bedeutet noch keinen Ausgleich des Kontensystems selbst, der erst dann erreicht wird, wenn die Erfolgsgröße *gebucht,* das heißt, in den Konten aufgezeichnet und damit den (passiven oder aktiven) Beständen sowie den Erfolgskomponenten (Aufwendungen oder Erträgen) zugeordnet wird. Die Notwendigkeit derartiger Buchungen folgt aus der Tatsache, daß die Unternehmung den erzielten Erfolg, abgesehen von Rücklagen und internen Investitionen, nicht behält, sondern ihn aufgrund der Rechtsordnung früher oder später den Kapitaleigentümern oder anderen Berechtigten zuführen oder – im Verlustfall – belasten muß.

Die damit bezeichnete Erfolgsverteilung oder *Erfolgsverwendung* beruht auf Gesetz, Vertrag (insbesondere Satzung) oder Entscheidungen von Gesellschaftsorganen. Die kontenmäßige Abbildung der Erfolgsverwendung schließt sich als *besondere Rechnungsphase,* nämlich als Erfolgsverwendungsrechnung, an die der Erfolgsermittlung an. Sie bestimmt den Umfang der Erfolgsverteilung. Im Grenzfall kann die Verteilungsrechnung zunächst auf eine globale Buchung des gesamten Erfolgs, unter Verzicht auf eine (später erfolgende) Verwendungsspezifizierung, beschränkt sein.

In der kaufmännischen Unternehmungserfolgsrechnung umfaßt die *Gewinnverwendung* insbesondere die an Kapitalgeber zu zahlenden Dividenden, die Bildung von Rücklagen sowie die Bemessung des Gewinnvortrages. Im Verlustfalle sind einzelne Kapitalkonten zu belasten, Rücklagen oder ein vorhandener Gewinnvortrag aufzulösen oder der gesamte beziehungsweise noch verbleibende Verlust als Abzugsposten zum festen Eigenkapital auf ein Verlustvortragskonto zu buchen.

Während in formaler Betrachtung die Gewinnverwendungsrechnung vom Ergebnis der Erfolgsermittlungsrechnung abhängig ist, kann umgekehrt in der Praxis die in einer bestimmten Größe geplante Gewinnverwendung den ermittelten Erfolg manipulativ beeinflussen, sofern dieser nicht von vornherein inhaltlich fixiert, sondern in gewissen Grenzen gestaltungsfähig ist.

Die *Trennung* in Ermittlungs- und Verwendungsrechnung wird in späteren Abschnitten dieser Schrift noch an Bedeutung gewinnen, insbesondere wird sie eine geeignete Ausgangsbasis zur Beurteilung bestimmter Bewertungspraktiken nach dem Handelsrecht (Niederstwertprinzip) sein. Schon hier wird der fundamentale Unterschied zwischen dem erzielten (ermittelten) Gewinn und dem ausschüttbaren (verteilbaren) beziehungsweise ausgeschütteten (verteilten) Gewinn deutlich.

Die Gewinnverwendung (Gewinnverteilung), zu der die Gewinnausschüttung als Teilaspekt gehört, ist eine unternehmerische Entscheidung von großer Tragweite im Rahmen der *Unternehmungspolitik*. Durch sie werden zukünftige Risiken abgedeckt und zukünftige Chancen gesichert. *Schweitzer*[4] hat ein *Entscheidungsmodell* entwickelt, das eine optimale Lösung rechnerisch vorbereitet.

Betrachtet man als Rechnungsziel der Buchhaltung die Ermittlung des ausschüttbaren Gewinns, so *verquickt* man Ermittlungs- und Entscheidungsmodell *in unzulässiger Weise*. Die Einfügung der Niederstwertrechnung, die Bildung stiller Rücklagen und die Tageswertrechnung nach F. Schmidt sind derartige Mischformen.

3. Die Finanzanalyse der Buchhaltung

In den letzten Jahrzehnten hat sich das Rechnungswesen der Unternehmungen in durchaus einseitiger Weise entwickelt[5]. Erst neuerdings hat sich die Aufmerksamkeit allmählich wieder auf die *Finanzseite der Unternehmung* und die wichtigen Probleme der Liquidität gerichtet. Obwohl die Finanzbuchhaltung auf der Kasse als Ausgangs- und Zentralpunkt aufgebaut

[4] Schweitzer, Marcell: Funktion und Struktur der Bilanz. Berlin 1972 (Bilanz).

[5] Kosiol, Erich: Finanzplanung und Liquidität. In: Zeitschrift für handelswissenschaftliche Forschung 1955 (Finanzplanung). – Ferner Chmielewicz, Klaus: Integrierte Finanz- und Erfolgsplanung. Stuttgart 1972. S. 42–66 (Planung).

ist und als ein System von Einnahmen und Ausgaben verstanden werden kann, ist der ursprüngliche finanzielle Zahlengehalt der Bilanz dem Bewußtsein des Unternehmers weitgehend entschwunden. Der Kaufmann begnügt sich mit der Beständebilanz, die das Ergebnis verdeckender Kontensaldierung ist, das heißt, mit der Statusbetrachtung des Vermögens und Kapitals am Bilanzstichtage. Er geht nicht mehr auf die dahinterstehende unsaldierte Bewegungs- oder Strombilanz zurück und sieht in der Bilanz kaum noch die finanziellen Vorgänge der Einnahmen und Ausgaben. Kein Wunder, daß die finanzwirtschaftliche Rechnung in der Praxis meist unentwickelt und unzulänglich ist.

Demgegenüber wird in dem hier dargelegten Modell der Buchhaltung das sekundäre, mit der Erfolgsermittlung *untrennbar verbundene* Rechnungsziel der Finanzanalyse ausdrücklich und in aller Deutlichkeit hervorgehoben. *Sekundär* heißt nicht: von geringerer Bedeutung. Der Erfolg ist insofern Primärziel des Rechnungssystems, als dessen Kalkülstruktur, der Buchungs- und Kontenmechanismus der Buchhaltung, dominierend durch die Ermittlung des Erfolges determiniert ist. Da durch die erfolgsbedingten rechnungskonstruktiven Maßnahmen die Grundlage des Zahlenmaterials nicht beeinflußt oder gar beseitigt wird, ist es möglich, mit dem gleichen Rechnungsmodell *widerspruchs- und störungsfrei* als parallellaufendes Rechnungsziel die Bewegungsvorgänge finanzwirtschaftlich zu analysieren.

Während die Erfolgsrechnung dem realgüterhaften Gleichgewicht der Unternehmung dient, ist die Finanzanalyse am *finanzwirtschaftlichen Gleichgewicht* (Nominalgütergleichgewicht) orientiert[6]. Die finanziellen Auswirkungen aller unternehmerischen Aktionen finden ihren zentralen Gradmesser letztlich in der Kassenhaltung. Die Finanzwirtschaft ist auf das Spannungsverhältnis zwischen Zahlungsbereitschaft und Zahlungsverpflichtung bezogen. Diese Betrachtungsweise ragt wegen der induzierenden Ausstrahlungen tief in die Realgüterprozesse hinein. Daher müssen alle Güterbestände und -bewegungen nach ihrer Nähe (Affinität) zum Geld untersucht werden. Zu diesem Zwecke lassen sie sich in *verschiedene Affinitätsstufen* gliedern. Folgt man der Idee des Wirtschaftskreislaufs, der die Real- und Nominalsphäre der Unternehmung miteinander verbindet und durch alle Phasen des Wirtschaftsprozesses hindurchgeht, so müssen Real- und Nominalgütergleichgewicht durch eine Synthese zusammengefaßt und abgestimmt werden.

Das Globalziel der Finanzrechnung, die finanzwirtschaftliche Analyse der Bewegungsbilanz, gliedert sich in einzelne Teilziele, die miteinander und

[6] Kosiol, Erich: Einführung in die Betriebswirtschaftslehre. Wiesbaden 1968 (Einführung) S. 162–181. – Ferner Kosiol, Erich: Die Unternehmung als wirtschaftliches Aktionszentrum. Reinbek bei Hamburg 1975, S. 144–160 (Aktionszentrum).

nebeneinander verfolgt werden können. Die Analyse gipfelt letztlich in einer ausgebauten und detaillierten *Fluxionsrechnung*, die sämtliche Zahlungsbewegungen des Buchhaltungssystems enthält. Auch die Aufwands- und Ertragsrechnung ist darin einbezogen. Je nach Bedarf und dem gesteckten Einzelziel lassen sich geeignete Teilkomplexe gruppieren oder ausgliedern, so daß sich zum Beispiel bestimmte Fonds- und Gegenfondsbilanzen ergeben, die Gesamtbilanz in mehrere Fonds aufgeteilt wird oder nach Fristgruppen gegliederte Positionen sich gegenüberstehen.

Berücksichtigt man in der Fluxionsrechnung lediglich Nominalgüterbewegungen, so liegt eine *Finanzrechnung im engeren Sinn* vor. Es werden dann nur Bewegungen von Bargeld, Geldforderungen und Geldschulden einbezogen. Alle Rück- und Nachverrechnungen früherer Geldzahlungen, die Bewegungen von Realgütern und Realschulden darstellen, fallen fort. Dadurch werden die *hypothetischen Verteilungskriterien ausgeklammert*, die ausschließlich der Periodisierung der Erfolgsrechnung dienen. Hierbei handelt es sich vor allem um die Festsetzung der Abschreibungen und Wertberichtigungen sowie des Verbrauchs an Einsatz- und Ausbringungsgütern. Auch bei der Vor- und Tilgungsverrechnung von Nominalgütern kann man auf unsichere Vorgriffe verzichten, zum Beispiel auf die Bildung und Auflösung von Rückstellungen. Durch die Beschränkung auf eindeutig determinierte Einnahmen und Ausgaben erhöht sich der Informationsgehalt ganz erheblich.

Erstreckt sich die Fluxionsrechnung nur auf Bargeldbewegungen (Einzahlungen und Auszahlungen), so erhält man die *Finanzrechnung im engsten Sinne*, die auch als *Liquiditätsrechnung* bezeichnet wird. Der Fondssaldo ergibt den Kassen- oder Zahlungsmittelbestand beziehungsweise die Liquidität ersten Grades oder Barliquidität. In diesem Falle werden nur effektive Barzahlungen einbezogen; es fallen sämtliche Verrechnungszahlungen fort, Eindeutigkeit und Informationsgehalt sind am höchsten.

Für umfassendere Nominalgüterfonds können als Affinitätsstufen Liquiditäten zweiten und höheren Grades unterschieden werden, um längerfristige Überlegungen über die künftige Barliquidität anzustellen.

Um die umfassende Fluxionsrechnung aller Güter- oder Mittelbewegungen gegenüber der engeren Finanzrechnung abzuheben, wird sie auch als *Kapitalflußrechnung* bezeichnet[7]. Bei ihr handelt es sich allgemein um zwei diametrale Bewegungen: (1) um die Beschaffung und das Freiwerden von Finanzmitteln (Finanzierung und Definanzierung) und (2) um die Anlage und das Freiwerden angelegter Finanzmittel (Investition und Desinvestition), das

[7] Vergleiche Käfer, Karl: Kapitalflußrechnungen. Stuttgart 1967 (Kapitalfluß).

heißt, um die *Herkunft* (Finanzierung und Desinvestition) und die *Verwendung* (Investition und Definanzierung) von Finanzmitteln.

Wie die Erfolgs- und Bestandsrechnung, ist auch die Finanzrechnung nicht nur ein Instrument der quantitativen Abbildung von Güterbewegungen und -beständen, sondern dient auch der Dokumentation und der Lenkung der Güterprozesse.

Obwohl die Finanzrechnung als besonderer Bereich der Buchhaltung abgegrenzt und ihr ein spezifisches Rechnungsziel zugeordnet wird, um die unterschiedlichen Tatbestände nicht zu verquicken, ist sie dennoch mit den beiden anderen Bereichen der Erfolgs- und der Bestandsrechnung engstens verknüpft und *interdependent verbunden.*

Allen drei Teilsystemen liegen die gleichen Zahlenunterlagen, Einnahmen und Ausgaben, zugrunde. Der Kalkül der Buchhaltung erweist sich in dieser Sicht als ein *dreifach strukturiertes Rechnungssystem,* dessen Teilbereiche nicht einseitig betrachtet und isoliert behandelt werden dürfen, sondern als geschlossenes Ganzes vollständig und gleichzeitig in der Praxis verwirklicht werden sollten. Nur wenn alle *drei Rechnungsziele* der verbundenen Erfolgs-, Bestands- und Finanzrechnung in der Realität verfolgt werden, vermag das hervorragende Zahlengebäude der Finanzbuchhaltung der Unternehmungsführung seinen vollen Dienst zu leisten.

II. Arten der Buchhaltung

Aufgrund der Tatsache, daß in jeder Unternehmung zwei parallele und entgegengesetzte Wertbewegungen, der Finanzstrom der nominalen Güter und der Erzeugungs- und Umsatzprozeß der realen Güter, zu beobachten sind, gabelt sich die Buchhaltung in zwei *Grundkategorien des Zahleninhalts.* Der *Finanzumlauf* umfaßt die baren und kreditorischen Nominalgüterbewegungen (Geldbewegungen) und dient dem Zahlungsverkehr sowie der Kapitalübertragung. Der *Erzeugungsumlauf* dient der Erfüllung der gesetzten Marktaufgabe und umfaßt in allen Transformationsstadien die Gesamtheit der realen Güterverbrauchs- und -entstehungsmengen. Auf beiden Umläufen baut zwecks ständiger Aufrechterhaltung des mikroökonomischen Kreislaufs je eine charakteristische Erfolgsrechnung auf. Der Sicherung des *Gleichgewichts* der Umlaufbewegungen dient ein *zweifaches Wirtschaftlichkeitsstreben,* für das beide Rechungen aufgrund eines spezifischen Erfolgsbegriffes die Dokumentations- und Dispositionsunterlagen liefern. Jedem der beiden

Erfolgsinhalte entspricht eine bestimmte Art von Kapitalerhaltung als oberstem Prinzip des Wertumlaufs.

1. Finanzbuchhaltung

Die Buchhaltung, die auf dem *Nominalgüterumlauf* aufbaut und daher an die Zahlungsvorgänge (Einnahmen und Ausgaben) anknüpft, wandelt sich in ihrer Weiterentwicklung zur Bilanzrechnung und in der Doppik außerdem zur Aufwands- und Ertragsrechnung, die beide in der *Finanzbuchhaltung* (auch Geschäftsbuchhaltung genannt) durchgeführt werden. Der so ermittelte Periodenerfolg entspricht der *nominalen (geldmäßigen) Kapitalerhaltung,* die eine generelle Werterhaltung im Sinne einer Sicherung allgemeiner Kaufkraft (gemessen am durchschnittlichen Preisniveau) bedeutet. Die Erfolgsrechnung dient dem Unternehmer als rationale Grundlage für langfristige Dispositionen und finanzielle Transaktionen.

Die Finanzbuchhaltung enthält Nachweise über Kapitalbewegungen, Geldverkehr, Vermögen und Schulden. Sie hat Rechtsvorschriften zu beachten und liefert laufend einen *Jahresabschluß* (Bilanz und Gewinn- und Verlustrechnung, eventuell ergänzt durch den Geschäftsbericht). Der in der Bilanz ermittelte Jahreserfolg ist zugleich das Ergebnis der Aufwands- und Ertragsrechnung und damit Ausdruck der wertmäßigen Wirtschaftlichkeit (Ökonomität) des Handelns in der Unternehmung, beruhend auf einem spezifischen Erfolgsbegriff. In ihrer praktischen Ausgestaltung ist diese Rechnung auf Bekanntgabe oder Veröffentlichung gerichtet.

2. Betriebsbuchhaltung

Die zweite Art der Buchhaltung wird zwar auch in Geldgrößen aufgemacht, sie orientiert sich aber an den *Realgüterbewegungen.* Diese Rechnung wird in der *Betriebsbuchhaltung* vollzogen. Sie löst sich grundsätzlich von den jeweiligen Zahlungsvorgängen, indem sie unmittelbar auf den leistungsbezogenen Güterverbrauch gerichtet ist und in engem Zusammenhang mit der Kostenrechnung und Kalkulation steht, und entwickelt, je nach der Zwecksetzung, eigene Bewertungsmaßstäbe. Der von dieser Buchhaltung verwendete Erfolgsbegriff kann auf eine *reale (substanzmäßige) Kapitalerhaltung* ausgerichtet werden, die auf eine spezielle Werterhaltung im Sinne einer Sicherung besonderer Kaufkraft (gemessen an den Preisen von Einzelgütern) hinausläuft. Diese Rechnung wird wegen ihrer engen Beziehung zur

Kalkulation auch *kalkulatorische Buchhaltung* genannt. Ihrem Wesen nach ist diese Rechnung eine kurzfristige Rechnung und damit ein geeignetes Mittel zum Eingreifen in den laufenden Unternehmungsprozeß durch kurzfristige Maßnahmen bei Sachwertschwankungen.

Beide Buchhaltungen sind notwendig und ergänzen sich. Als Ermittlungsmodell ist die Finanzbuchhaltung nicht nur weitaus älter, sondern auch das umgreifende Gesamtmodell, das die Betriebsbuchhaltung als ein besonders geartetes Teilmodell der Ermittlung (mit zusätzlichen Zielen) umschließt. Diese *Zweigleisigkeit* ist angesichts des nominal gebundenen Geld- und Kreditmarktes und zur Aufrechterhaltung des realgüterlichen Gleichgewichts für die Unternehmungsführung unerläßlich.

Beide Buchhaltungen setzen die *Währung* als wertbeständigen Maßstab (Rechenpfennig) voraus. Bei veränderlichem Geldwert versagen daher beide Rechnungen, auch die der realen Kapitalerhaltung. Es bleibt nur der Übergang zu einer anderen Recheneinheit (wertbeständige ausländische Währung, sofern vorhanden, oder Indexwährung) als Ersatz übrig. Sonst fehlt dem Unternehmer jedes rechnerische Instrument zur Sicherung des wirtschaftlichen Gleichgewichts der Nominal- und Realsphäre.

III. Begriffe und Arten der Bilanz[8]

1. Verschiedene Bilanzbegriffe

Das aus dem italienischen bilancio abgeleitete Wort *Bilanz* ist eine Bezeichnung für einen zweiseitigen, ausgeglichenen Rechnungsabschluß oder ein rechnerisches Gleichgewicht; bilancia wird zur Benennung der Waage verwendet, deren Zweck ja die Feststellung von gleichgewichtigen Stoffmengen ist. Der Wortstamm wird letztlich auf das lateinische bilanx libra = zweischalige Waage zurückgeführt (lanx = Schüssel, Schale, Waagschale).

Der aus dem Bereich der Wirtschaft stammende Ausdruck wird heute nicht nur in der Wirtschaftswissenschaft und Wirtschaftspraxis verwendet, sondern er hat auch in die *Umgangssprache* Eingang gefunden. So wird von Bilanzen in mannigfaltigen Zusammenhängen gesprochen: Der Raucher macht seine Zigarettenbilanz des Tages, der Urlauber seine Reisebilanz, ein Sportverband die Sportbilanz (oder Medaillenbilanz) und ein Prüfling seine Examensbilanz.

[8] Vergleiche zu diesem Kapitel Kühnau, Martin: Bilanz, allgemein. In: Handwörterbuch des Rechnungswesens. Stuttgart 1970, Sp. 173 ff.

Auch im *Wirtschaftsbereich* kennt man viele Bilanzarten, von denen nur einige genannt werden sollen: Zahlungsbilanz, Vermögensbilanz, Handelsbilanz, Steuerbilanz, Fusionsbilanz. Daneben spricht man volkswirtschaftlich auch von Kartoffelbilanz, Getreidebilanz, Bilanz des Arbeitsmarktes.

Die Vokabel Bilanz erfreut sich einer solchen Beliebtheit, daß es in Journalistik und Politik von Bilanzen nur so strotzt. Interessant ist dabei, daß es sich durchweg um das Ergebnis, den Erfolg von Vorgängen oder Tatbeständen handelt. Darin zeigt sich die begriffliche Verwandtschaft mit der hier näher betrachteten Bilanz im Rahmen einer Erfolgsrechnung, das heißt, mit der Erfolgsbilanz.

Im wesentlichen unterscheidet sich die Anwendung des Ausdrucks Bilanz im facheigenen und fachfremden Bereich dadurch, daß in der Umgangssprache meist eine *einseitige Rechnung* aufgemacht und abgeschlossen wird, während im Sektor Wirtschaft als Bilanz meist *zweiseitige Rechnungen* bezeichnet werden. Einseitig soll in diesem Zusammenhang heißen, daß es sich um Zusammenstellungen gleichartiger Größen oder Vorgänge handelt und einfach deren Summe (oder Differenz) ermittelt wird: Der Raucher stellt fest, wie viele Zigaretten er geraucht hat; der Urlauber addiert die Ausgaben seiner Reise und subtrahiert sie von seinem Anfangsbestand, das heißt, er führt bereits Konto über Einnahmenbestände und Ausgaben. Dagegen soll die Zweiseitigkeit im Wirtschaftsbereich zum Ausdruck bringen, daß hier die Rechnungen, von gewissen Sonderfällen abgesehen, immer zugleich die Mittelverwendung und die Mittelherkunft gegenüberstellen. Eine derartige zweiseitige Rechnung heißt Bilanz, wenn sie *formal ausgeglichen* ist. Wie noch gezeigt wird, sind jedoch nicht alle ausgeglichenen zweiseitigen Aufstellungen von Zahlenreihen eine Bilanz, sondern nur die, welche *Vermögens- und Kapitalrechnungen* sind. Für die später zu behandelnde Gewinn- und Verlustrechnung bedeutet dies folgerichtig, daß sie keine Bilanz ist.

In der periodischen Ermittlungsrechnung der Unternehmung wird der Überschuß als Ergebnis ökonomischer Handlungen mithilfe bestimmter Rechenverfahren festgestellt, deren Schlußstein traditional eine auf den letzten Tag der Rechnungsperiode bezogene Bilanz (genauer: *Beständebilanz*) ist. Diese in der Praxis meist übliche Stichtagsbilanz, die man meint, wenn man schlechthin von einer Bilanz spricht, wird hier zunächst als Haupterscheinungsform in die Überlegungen einbezogen.

Unter einer Bilanz wird dann stets eine formal ausgeglichene Aufstellung der Vermögens- und Schuldteile (Aktiva und Passiva) einer Unternehmung, bezogen auf den Bilanzstichtag, verstanden, die hinsichtlich der beiden Bilanzseiten entweder *kontenmäßig* (nebeneinander) oder *tabellarisch* (nacheinander) aufgezeichnet werden kann. Ihre häufigste Erscheinungsform ist die kontenmäßige, in der beide Bilanzseiten gegenübergestellt werden. Die verschiedenen, textlich formulierten Sachkomplexe, *Bilanzgegenstände* genannt, erscheinen, zu gleichartigen Gruppen vereinigt, mit einem bestimmten Wertansatz in Währungsgeld in der Bilanz. Diese aufgeführten Wertgrößen bilden die einzelnen *Bilanzposten.*

Die *Aktivseite* der Bilanz umfaßt die bilanzierungsfähigen Wirtschaftsgüter, die in der Unternehmung vorhanden (vorrätig) sind und über die diese als Wirtschaftssubjekt verfügt, ohne daß immer Eigentum vorzuliegen braucht. In Ausnahmefällen befinden sie sich, meist vorübergehend, nicht im Besitz der Unternehmung. Auch die Verfügbarkeit kann gelegentlich eingeschränkt oder zeitweise sogar aufgehoben sein. Diese Wirtschaftsgüter verkörpern insgesamt das *Vermögen* und daher im einzelnen die Vermögensteile der Unternehmung. Das in der Bilanz erscheinende Vermögen braucht jedoch *nicht alle* Vermögensbestandteile als Ausdruck der Wirtschaftskraft oder Leistungsfähigkeit der Unternehmung zu enthalten. Namentlich stellt die Wertsumme der Aktivseite nicht den Gesamtwert (Ertragswert) der Unternehmung dar, auch dann nicht, wenn das Fremdkapital (Darlehnsschulden) vom Vermögen abgesetzt wird. Um daher allen Verwechslungen mit anderen Vermögensbegriffen auszuweichen, sollte präziser vom *Bilanzvermögen* der Unternehmung gesprochen werden, wenn die Summe der Einzelvermögenswerte in der Bilanz gemeint ist.

Auf der *Passivseite* der Bilanz werden die Mittel ausgewiesen, die zur Finanzierung des Bilanzvermögens verwandt werden. Daher erscheinen dort die gesamten Ansprüche, die von außen her an die Unternehmung beziehungsweise an deren Güterkomplex gestellt werden (Verpflichtungen oder Schulden der Unternehmung), wobei sich als Hauptgruppen die Darlehns- und Beteiligungsansprüche (Gläubiger- und Unternehmeransprüche) herausheben. Der summierte Wert dieser Verpflichtungen (Schulden) wird auch *Kapital* (Fremd- oder Eigenkapital) genannt. Dieses Kapital wird, gleichartig gruppiert, in der Regel nach der Herkunft, den Quellen aufgeführt, aus denen es geflossen ist und von welchen es zum Zeitpunkt der Fälligkeit wieder beansprucht wird.

In der Regel ist es *nicht* möglich, einzelne Kapitalteile (zum Beispiel Bankschulden) bestimmten Vermögensteilen (zum Beispiel Forderungen, Anlagewerten oder Warenvorräten) *zuzurechnen.* Die Übereinstimmung von Vermögen und Kapital gilt nur insgesamt und summarisch.

Rücklagen und erwirtschaftete oder vorgetragene *Gewinne* erscheinen auch als Kapital beziehungsweise als Anspruch an den Gütervorrat, wenn auch zunächst offen bleibt, wer der Anspruchhabende sein wird oder wie die Beträge sonst verwendet werden. Daher ist zu unterscheiden zwischen Beteiligungsschulden (Eigenkapital) aus Einlagen und aus einbehaltenem Gewinn.

Ein *Verlust* oder ein Verlustvortrag auf der Aktivseite bedeutet in der Regel kein Gut, sondern einen Abzugsposten (Wertberichtigung) zum vorhandenen, aus Gewinn neu zu bildenden oder nachzuschießenden Eigenkapital. Bei Nachschußpflicht wandelt sich die Wertberichtigung in eine Forderung um. Die vorzunehmende Subtraktion bleibt zunächst unausgeführt, um den Verlust sichtbar aufzuzeigen und Aufrechnungsmöglichkeiten mit späteren Gewinnen, Rücklagen oder Nachschüssen abzuwarten beziehungsweise offenzulassen. Durch Einsetzen des Verlusts auf der linken Seite ist die Bilanz zunächst nur formal ausgeglichen.

Soweit das Bilanzvermögen mit dem tatsächlichen Gesamtvermögen nicht übereinstimmt, gilt dies auch für das bilanzierte Kapital. Man spricht daher besser präzise vom *Bilanzkapital* der Unternehmung. Diese Abweichungen wirken sich stets im Eigenkapital aus, da das Fremdkapital nach dem Handelsrecht grundsätzlich in vollem Umfange bilanzpflichtig ist. In Ausnahmefällen ist wenigstens ein Bilanzvermerk vorgeschrieben.

Es ist möglich, die *Bezeichnungen* Kapital, Fremd- und Eigenkapital zu vermeiden und durch die Ausdrücke Schulden, Darlehns- und Beteiligungsschulden zu ersetzen. Sie haben sich jedoch in der Alltags- und Fachsprache derart eingebürgert, daß auch die wissenschaftliche Terminologie daran nicht vorbeigehen kann. Verdoppelung der Bezeichnungen muß nicht unbedingt nachteilig sein. Niemand wird verhindern können, daß Worte wie zum Beispiel Wettbewerb und Konkurrenz, Zusammenhang und Kontext, entgegnen und kontern, Behälter und Container, Flugkanzel und Cockpit nebeneinander benutzt werden. Auch daß die Begriffe Fremd- und Eigenkapital nicht auf die Unternehmung, sondern auf die Eigentümer bezogen sind, kann nicht ihre Verwendung aufheben.

Nach den bisherigen Ausführungen stellt die Bilanz eine zweiseitige, doppelte und ausgeglichene Aufstellung der bilanzierungsfähigen *Wertbestände* dar, die zu einem bestimmten Zeitpunkt, dem Bilanzstichtag, in der Unternehmung vorhanden sind. Während die linke Bilanzseite (Aktivseite) als Verkörperung (Verwendung, Investition) des generellen Kapitals die *vorrätigen* (vorhandenen) Wirtschaftsgüter, den spezifizierten Wertvorrat oder Besitz (Vermögen) der Unternehmung angibt, drückt die rechte Seite (Passivseite) die *geschuldeten* Wirtschaftsgüter (Verpflichtungen) zugleich als abstrakte Vorrätigkeit im Sinne eines generellen Wirtschaftsguts eigener Art oder Dimension aus (Kapital im Sinne Eugen Schmalenbachs). In dieser Form wird die Bilanz genauer auch Beständebilanz (mit Aktiv- und Passivbeständen) genannt.

Auf der Aktivseite läßt sich aus ihrem Sachinhalt heraus eine Gliederung nach den spezifischen Güterarten, die als *Formen* des investierten Kapitals (Kapitalformen) auftreten (Kapitalanlage, Mittelverwendung), in verschiedener Gruppierung und Tiefe vornehmen. Das Kapital gestattet trotz seines abstrakten Gutscharakters ebenfalls eine gütermäßige Gliederung, indem man die *Quellen* (Kapitalquellen) heranzieht, aus denen die Vorrätigkeit stammt (Kapitalaufbringung, Finanzierung, Mittelherkunft) und an die sie in der Regel zurückfließt. Das Kapital als Wertvorrat der Unternehmung wird aus der Umwelt abgeleitet, in der Unternehmung investiert, transformiert, desinvestiert und schließlich wieder an die Umwelt zurückgeführt.

Die Verwendung des Begriffs Bilanz *in einem erweiterten Sinne*, wonach der Umfang über die zeitpunktbezogenen Aufstellungen von Wertbeständen hinausgeht, ist *unzweckmäßig*. Dennoch wird der Begriff Bilanz mitunter ganz allgemein auf ausgeglichene, zweiseitige Gegenüberstellungen von Wertreihen angewendet (Nicklisch, auch F. Schmidt, vor allem le Coutre). Danach erscheint auch die Gewinn- und Verlustrechnung als „Bilanz", deren linke Seite die Aufwendungen und deren rechte Seite die Erträge enthält; der Ausgleich erfolgt durch den Erfolg als Saldo (sogenannte Bilanz der Periodenwerte nach Nicklisch).

Diese *Verallgemeinerung* des Bilanzbegriffs folgt nicht einer inhaltlichen Gleichheit von Erfolgsbilanz und Gewinn- und Verlustrechnung, sondern der äußeren, formalen Gleichheit im Zahlenbild. Aus dieser Gleichsetzung fließt keinerlei wissenschaftliche Erkenntnis, die innere Zusammenhänge und sachliche Gemeinsamkeiten aufdeckt. Diese Handhabung täuscht vielmehr über den bedeutenden Unterschied hinweg, daß die Erfolgsbilanz eine summarische Erfolgsermittlung ist, während die Gewinn- und Verlustrechnung eine spezifizierende Erfolgsdifferenzierung darstellt. Würde man dieser weiten Begriffsdefinition konsequent folgen, müßte letztlich jedes Konto, das ja durch Einsetzen des Saldos jederzeit ausgeglichen werden kann, als „Bilanz" bezeichnet werden (zum Beispiel Kassenbilanz, Debitorenbilanz). Für diese künstliche terminologische Zusammenfassung heterogener Inhalte durch eine gleiche Bezeichnung besteht jedoch kein wissenschaftliches und schon gar kein praktisches Bedürfnis.

Wenn man sich im Hinblick auf die äußere Form für eine Verallgemeinerung entscheidet, so ergeben sich zwei Arten von *doppelseitigen Aufstellungen:*

1. Aufstellungen, die auf einen Zeitpunkt (Stichtag) bezogen sind *(Zeitpunktaufstellungen)*. Dazu gehören die Beständebilanz und jede Statusbilanz als Zeitpunktbilanzen.

2. Aufstellungen, die auf einen Zeitraum bezogen sind *(Zeitraumaufstellungen)*. Hierzu gehören die Gewinn- und Verlustrechnung und die noch zu erörternde Bewegungsbilanz und Veränderungsbilanz als Zeitraumbilanzen.

Als Mischgebilde von Zeitpunkt- und Zeitraumaufstellung verdient die *Durchschnittsbilanz* als Sonderform der Beständebilanz erwähnt zu werden, die literarisch schon bei Schär anzutreffen ist. Die Durchschnittswerte gelten für einen gewissen Zeitraum, zum Beispiel das Jahr, und geben die während dieses Zeitraumes durchschnittlich vorhandenen Bestände wieder.

Auch Zeitraumaufstellungen können als *Durchschnittsaufstellungen* auftreten, wenn deren Werte auf eine Teilperiode durchschnittlich entfallen, zum Beispiel durchschnittliche Monatsaufwendungen und -erträge im Verlauf dreier Jahre. Sie bleiben rein zeitraumbezogen, da eine Zeitpunktbeziehung nicht hinzutritt, und stellen daher keine Mischgebilde dar.

In den weiteren Ausführungen wird grundsätzlich unter der Bilanz als Endstadium nur die *Beständebilanz* verstanden. Im übrigen wird sich bei den späteren Untersuchungen zeigen, daß die Beständebilanz aus einer Ursprungs- oder Vorform abgeleitet werden kann, die zeitraumbezogene Werte (Bewegungen) enthält, deren Saldierung und Fortführung erst zeitpunktbezogene Werte (Bestände) ergeben. Es wird zweckmäßig sein, diese Vorform ebenfalls als Bilanz *(Bewegungsbilanz)* zu bezeichnen, da es sich um die gleichen Zahlengrundlagen handelt; aus ihr geht die Beständebilanz als Endform hervor. Die Bewegungen beziehen sich auf Bestände, die durch sie verändert werden. Daneben tritt als Zwischenform eine weitere Bilanz auf, die sogenannte *Veränderungsbilanz*.

Die Subsumierung dieser *drei Bilanzformen* (Bewegungs-, Veränderungs- und Beständebilanz) unter den einheitlichen Begriff der Bilanz beruht auf dem engen sachlichen und formalen Zusammenhang dieser Rechnungen, die schrittweise auseinander entwickelt werden können. In allen drei Fällen handelt es sich sachlich um die Bilanz der Aktiva und Passiva, deren Bestände, Bewegungen oder Veränderungen.

Bei doppelseitigen (zweiseitigen) Aufstellungen sind demnach *Zeitpunkt-, Zeitraum- und Durchschnittsaufstellungen* zu unterscheiden. Die Bilanz in den Formen der Bewegungs-, Veränderungs- und Beständebilanz ist entweder Zeitraum- oder Zeitpunktbilanz. Alle drei können auch als Durchschnittsbilanzen auftreten, wenn sie durchschnittliche Bewegungen, Veränderungen oder Bestände enthalten. Die Aufwands- und Ertragsrechnung ist regelmäßig Zeitraumrechnung, kann aber auch als Durchschnittsrechnung aufgestellt werden.

Die Beständebilanz tritt nach dem dargelegten Bilanzverständnis in zwei Arten auf, deren Unterscheidung von großer Tragweite ist: als *Erfolgsbilanz* und als *Statusbilanz*. Sie werden im nächsten Abschnitt näher betrachtet.

2. Arten der Bilanz

a) Erfolgsbilanzen

Dient die Bilanz der periodischen Erfolgsermittlung, so daß sie als Saldo auf der Passivseite den Gewinn eines bestimmten Abrechnungszeitraumes (Jahr, Vierteljahr, Monat) beziehungsweise auf der Aktivseite einen entsprechenden Verlust ausweist (den Grenzfall des Nullausweises eingeschlossen), so liegt eine *Erfolgsermittlungsbilanz* oder kurz: *Erfolgsbilanz* vor.

Die lang- und kurzfristige Schlußbilanz der doppelten und der einfachen Buchhaltung sowie die Erfolgsteuerbilanz nach dem Einkommen- und Körperschaftsteuerrecht stellen derartige Erfolgsbilanzen dar.

Bei kurzfristigen Schlußbilanzen spricht man auch von *Zwischenbilanzen,* wobei die langfristige Jahresabrechnung als Normalfall (Hauptperiodenbilanz) angesehen wird. Beliebige Zwischenbilanzen können wie die Jahresbilanzen in regelmäßigen Abständen oder auch zu irgendeinem Zeitpunkt aus besonderem Anlaß aufgestellt werden.

Der *Periodenerfolg* (Gewinn oder Verlust) stellt eine Veränderung des Eigenkapitals dar. Neben das Ursprungskapital bei Gründung der Unternehmung und das später durch Erhöhungen hinzukommende Zusatzkapital, die beide abgeleitetes oder eingelegtes Kapital sind, tritt das durch den Transformationsprozeß erarbeitete (Zuwachskapital) oder verlorene Kapital, der Erfolg. Erfolgsbilanzen schließen daher, auch wenn sie auf einen bestimmten Stichtag abgestellt sind, zugleich eine Rechnungsperiode ab und sind bei laufender systematischer Rechnung stets Abschlußergebnisse dieser Zeitraumrechnung, deren Kontinuität sie verbürgen. Der Erfolgssaldo kann auch als Erfolgsbestand bezeichnet werden, der während der Periode bis zum Bilanzstichtag entstanden und aufgelaufen ist.

Die *Zweischneidigkeit des Stichtages,* der zwei Rechnungsperioden gegeneinander abgrenzt, hat dazu geführt, daß man neben der Schlußbilanz des abgelaufenen Jahres von einer (Wieder-)Eröffnungsbilanz des beginnenden Jahres spricht. Bei genauerer Betrachtung gibt es aber nur eine einzige Bilanz, die den Übergang von Periode zu Periode bewerkstelligt; denn eine eventuell gesondert aufgestellte Eröffnungsbilanz stellt nur eine Abschrift der Schlußbilanz des vergangenen Geschäftsjahres dar. Mit dem beim Periodenübergang geltenden Prinzip der *Bilanzidentität* (gleichzusetzen dem Prinzip der *formalen Bilanzkontinuität*) kann aus diesem Grunde sinnvoll nur gemeint sein, daß die Anfangsbestände des neuen Geschäftsjahres nicht von den Endbeständen des alten Geschäftsjahres abweichen dürfen. Wenn dieses Prinzip nicht verletzt wird, hat eine besondere Eröffnungsbilanz keinen Sinn.

Es ist daher eigentlich müßig, nachträglich die Identität zweier Bilanzen festzustellen, die gar nicht getrennt vorhanden sind. Dagegen spricht nicht die Einschaltung je eines *Bilanzkontos* beim formalen Abschluß und – spiegelbildlich übereinstimmend – bei der formalen Wiedereröffnung der Konten. Dies ist eine *buchungstechnische* Angelegenheit, die wegen ihrer veralteten Schwerfälligkeit auch in der Praxis als überholt anzusehen ist und für die begriffliche Fixierung keinesfalls irgendwie entscheidend sein kann.

Neben den regelmäßig (meist jährlich) aufgestellten *ordentlichen* (regulären) Erfolgsbilanzen stehen noch weitere Bilanzen in systematischem Zusammenhang mit der Buchhaltung, nämlich die *außerordentlichen* (irregulären, singulären) Bilanzen, die auf einem besonderen Anlaß beruhen und meist eine Abrechnung bestimmter Finanzierungsvorgänge darstellen. Gedacht ist dabei unter anderem an Umgründungs-, Umwandlungs-, Sanierungs- und Fusionsbilanzen. Diese Bilanzen sind auf einen Sonderzweck ausgerichtet und leiten eine neue Folge von regelmäßigen Erfolgsbilanzen ein. Sie entstehen nicht durch den Abschluß eines bestimmten Abrechnungszeitraumes, sondern stellen die Abrechnung eines besonderen, vorgelagerten Vorganges dar. Die ermittelten Finanzierungserfolge sind dann Vorabgewinne oder -verluste.

In diesem Sinne haben die *außerordentlichen Bilanzen* den Charakter einer Eröffnungsbilanz; sie stehen am Anfang einer regelmäßigen Folge von Schlußbilanzen beziehungsweise Erfolgsbilanzen. In ihrem formalen Aufbau müssen sie daher rechnungstheoretisch den gleichen Charakter haben wie diese, da sie sonst einen systemfremden Störungsfaktor in der Kette der Schlußbilanzen bedeuten würden. Daß bei Eröffnungsbilanzen der Beständecharakter und damit die Bewertung zum Stichtage in den Vordergrund tritt, ändert nichts am Erfolgscharakter dieser Bilanzen.

Eine Zwitterstellung nimmt scheinbar die erste Eröffnungsbilanz oder *Gründungsbilanz* ein. Sie dient der Abrechnung der Gründungsvorgänge und beruht auf den sogenannten Gründungsbuchungen, die sie abschließt. Insofern ist sie eine außerordentliche Bilanz aus besonderem Anlaß. Ausgangspunkt der Bilanzenkette ist die sogenannte Nullbilanz ohne Posten. Die Gründungsbilanz wird nach den Grundsätzen der Erfolgsrechnung aufgemacht, ist zweifelsfrei eine Erfolgsbilanz und darf daher nicht als Statusbilanz verstanden werden. Wie die oben betrachteten Bilanzen Finanzierungserfolge ausweisen, enthält sie gegebenenfalls Gründungserfolge (Agio, Gründungsaufwand).

Alle diese außerordentlichen Erfolgsbilanzen können *Statuscharakter* annehmen, wenn Neubewertungen oder Umbewertungen vorgenommen werden. Dann wird die Kontinuität der Bilanzenfolge durchbrochen und die Totalerfolgsrechnung beeinflußt, ohne daß das Kettengefüge der Schlußbilanzen dadurch völlig aufgehoben wird.

Die Kette der Erfolgsbilanzen als Totalerfolgsrechnung der Unternehmung kann auch durch eine *Änderung des Wertmaßstabes* unterbrochen werden. Wird zum Beispiel das zur Bilanzierung verwendete (gesetzliche) Zahlungsmittel im Wert herab- oder heraufgesetzt, wie es im Zusammenhang mit der DM-Eröffnungsbilanz geschehen ist, so liegt eine derartige Unterbrechung vor.

Erfolgsbilanzen kommen, außer in der Finanzbuchhaltung, auch in der kalkulatorischen Rechnung vor. Sie heißen dann *kalkulatorische Bilanzen* und stellen periodische Übergangsbilanzen im Zusammenhang mit der kalkulatorischen Erfolgsrechnung dar. Ihre Ausgestaltung hängt von den gesetzten rechnerischen Zielen ab und hat in der Praxis noch keine endgültige Form gefunden. Als ständige Einrichtung sind sie kurzfristige reguläre Bilanzen.

Die bisher erörterten Bilanzen sind in erster Linie *betriebswirtschaftliche Bilanzen,* die auch ohne gesetzliche Kodifizierung für die Wirtschaftsführung der Unternehmungen intern Erkenntniswert besitzen.

Nach der Art der *rechtlichen Normierung* können bei den Erfolgsbilanzen zwei Arten unterschieden werden: die handelsrechtlich und die steuerrechtlich normierten Erfolgsbilanzen. Man bezeichnet sie auch kurz als Handelsbilanzen beziehungsweise Steuerbilanzen.

Die handelsrechtliche Bilanz oder *Handelsbilanz* ist grundsätzlich mit der betriebswirtschaftlichen Erfolgsbilanz identisch, auch wenn sie aus verschiedenen Gründen von betriebswirtschaftlichen Anforderungen abweicht. Sie ist eine reguläre Bilanz, für die das Wirtschaftsrecht mehrere Bestimmungen enthält (§§ 39ff. HGB, §§ 148ff. AktG, §§ 41ff. GmbHG, §§ 33ff. GenG). Für irreguläre Bilanzen bestehen Sondervorschriften; sie beziehen sich hauptsächlich auf die Umwandlungs- und Verschmelzungsbilanzen.

In den früheren Abschnitten ist die Bedeutung der Buchhaltung für die Gewinnung von Unterlagen für die Dokumentation und die unternehmerischen Entscheidungen bereits betont worden. Die betriebswirtschaftliche Bilanz, insbesondere die Handelsbilanz, ist daher als markanter Schlußstein zahlenmäßiger Abrechnung für eine *globale Steuerung* des Unternehmungsprozesses von großem Wert. Dies gilt insbesondere für die Fälle sinkender Jahresgewinne oder entstehender Jahresverluste. Daneben sind auch detaillierte Erfolgsrechnungen für einzelne Produkt-, Waren- oder Leistungsgruppen unentbehrlich. Aus dem Zahlengefüge der Bilanz schließt man auf das abgebildete Wirtschaftsgeschehen und seine Auswirkungen, um daraus Beurteilungen abzuleiten und Folgerungen für zukünftige Maßnahmen zu ziehen. Von der durch die Ziele der Rechnung bestimmten Ausgestaltung des Bilanzinhalts im einzelnen hängt es ab, worauf sich ihre Aussagefähigkeit erstreckt, ob zum Beispiel auf die Spannungsverhältnisse im Vermögen oder Kapital, auf die Beziehungen zwischen Vermögen und Kapital oder auf den Periodenerfolg wirtschaftlichen Handelns. Unabhängig von speziellen Rechnungszielen sind die Hauptanforderungen an den Inhalt der Bilanz auf Klarheit, Durchsichtigkeit, Wahrheit, Richtigkeit und Vergleichbarkeit der aufgeführten Werte gerichtet.

Der Zweck der *steuerrechtlich normierten* Bilanzen ist die Ermittlung einer steuerlichen Maßstabsgröße, der Besteuerungsgrundlage. Hieraus ergibt sich ihr andersgearteter Inhalt. Die Anforderungen der Steuerbehörden an diese Bilanzen richten sich auf Sicherheit, Leichtigkeit und Zuverlässigkeit der Ermittlung beziehungsweise Prüfung der Zahlenunterlagen sowie auf Gerechtigkeit und Gleichmäßigkeit der Besteuerung.

Die wichtigste reguläre steuerliche Bilanz ist die jährliche *Erfolgsteuerbilanz,* auch Ertragsteuerbilanz genannt, in ihren beiden Formen der Einkommen- und der Körperschaftsteuerbilanz. Diese sogenannte Steuerbilanz wird nach dem Grundsatz der Maßgeblichkeit der Handelsbilanz für die Steuerbilanz aus der ersteren abgeleitet, wobei die steuerrechtlichen Sondervorschriften und die steuerrechtliche Betrachtungsweise über Abweichungen entscheiden. Die Steuerbilanz braucht nicht als besondere Bilanz formal aufgestellt zu werden. Es genügen auch die Feststellung der *Abweichungen* zwischen den einzelnen Posten der Steuer- und der Handelsbilanz und die entsprechende Änderung des Erfolgspostens. Dies ist nur deshalb möglich, weil die Handelsbilanz auch steuerrechtlich als gegeben vorausgesetzt werden kann.

Neben dieser Steuerbilanz ist noch die *Gewerbeertragsteuerbilanz* zu nennen, die auf dem einkommensteuerlichen Gewinn und damit ebenfalls auf der Handelsbilanz aufbaut. Die Aufstellung einer besonderen Bilanz ist auch hier formal nicht erforderlich.

Die bisher behandelten Erfolgsbilanzen betreffen jeweils eine einzelne Unternehmung. Darüber hinaus ist es möglich und bisher auch teilweise üblich, für die Unternehmungsverbindungen inform eines Konzerns *konsolidierte Erfolgsbilanzen,* die man meistens *Konzernbilanzen* nennt, nebst zugehörigen konsolidierten Gewinn- und Verlustrechnungen aufzustellen.

Das Aktiengesetz schreibt in den §§ 329ff. die jährliche Aufstellung von Konzernabschlüssen und Konzerngeschäftsberichten beziehungsweise von Teilkonzernabschlüssen und Teilkonzerngeschäftsberichten zwingend vor. Die Konzernabschlüsse und -geschäftsberichte stehen neben den Abschlüssen und Geschäftsberichten der einzelnen Konzerngesellschaften, deren Bilanzen sowie Gewinn- und Verlustrechnungen zum Zwecke des Konzernabschlusses nicht einfach addiert werden können. Die hauptsächlichen Unterschiede der konsolidierten Abschlüsse gegenüber den Einzelabschlüssen bestehen in der Aufrechnung der konzerninternen Forderungen und Verbindlichkeiten, Beteiligungen und Eigenkapitalien sowie in der Ausschaltung der innerhalb des Konzerns erzielten Umsätze, Gewinne und Verluste.

b) Statusbilanzen

Während die Erfolgsbilanzen durch den Abschluß der Buchhaltung entstehen beziehungsweise ihrem Abschluß dienen, fehlt der zweiten Hauptgruppe der Bilanzen, den sogenannten *Statusbilanzen,* der zwingende und vollständige systematische Zusammenhang mit der Buchhaltung. Diese Bilanzen dienen nicht der periodischen Abrechnung des Unternehmungsprozesses, sondern bringen den in den vorhandenen Beständen verkörperten Wertzustand (Status) der Unternehmung für einen bestimmten Zeitpunkt unter einem besonderen Rechnungsziel zum Ausdruck. Sie stehen mehr oder weniger selbständig neben der Buchhaltung und werden häufig aus dem sogenannten Inventar abgeleitet. Diesen Bilanzen fehlt daher (in der Regel) der abgesonderte Gewinn- oder Verlustposten, durch den in der Erfolgsbilanz der Periodenerfolg ausgewiesen wird.

Trotzdem kann eine Statusbilanz gelegentlich auch *Erfolgsposten* enthalten. Diese entstehen nicht durch Abschluß eines Abrechnungszeitraumes, auf den sie sich beziehen, sondern sind das Ergebnis besonderer Vorgänge, die dadurch in ihrer erfolgsmäßigen Auswirkung rechnerisch erfaßt werden. Dabei kann es sich um Umgründungs-, Umwandlungs-, Sanierungs-, Verschmelzungs- oder Umbewertungserfolge handeln, die vorübergehend bilanzmäßig ersichtlich gemacht werden, um dann je nach ihrer Verwendung in anderen Bilanzbeständen aufzugehen. Dadurch verliert die Bilanz nicht ihren Statuscharakter. Sie wird erst dadurch zur Erfolgsbilanz, daß sie der Ermittlung des Erfolges als Periodengröße dient.

Die Statusbilanzen umfassen wie die Erfolgsbilanzen *Vermögens- und Kapitalbestände.* Die mitunter anzutreffende Bezeichnung Vermögensbilanz deckt daher den vollen Inhalt nicht. Sie kann nur so verstanden werden, daß bei diesen Bilanzen die Bewertung der Vermögens- und Kapitalteile selbständig und unabhängig von der Erfolgsrechnung vorgenommen wird.

Auch in den Erfolgsbilanzen werden zwar Vermögens- und Kapitalbestände bewertet, diese Bewertung ist jedoch erfolgsrechnerisch bedingt, gewissermaßen als Abfallprodukt der Erfolgsrechnung anzusehen und damit unselbständiger Natur. Aktiva und Passiva sind nur Übergangswerte richtiger Abgrenzung des Periodenerfolgs.

In den Statusbilanzen wird dagegen eine *primäre Bewertung* des Vermögens und Kapitals vorgenommen. Ohne Beeinflussung durch einen anderen dominierenden Zweck, insbesondere unabhängig von einem Erfolgsermittlungsziel, werden die Bilanzbestände zu einem bestimmten Stichtagswert angesetzt, der selbst wieder davon bestimmt wird, welchem Zweck die Statusbilanz dient.

Erfolgsbilanzen sind demnach primär *erfolgsrechnerische,* Statusbilanzen dagegen primär *bestandsrechnerische* Bilanzen.

Zu den Statusbilanzen gehören zum Beispiel die Reproduktions-, Kredit-, Veräußerungs- und Auseinandersetzungsbilanzen. In der Praxis werden auch die Liquidations- (Abwicklungs-) und Konkursbilanzen aufgrund gesetzlicher Vorschriften und der daran anknüpfenden Rechtsprechung als Statusbilanzen aufgestellt, die durch Neubewertung die Kontinuität durchbrechen.

Theoretisch gesehen, stellen jedoch die beiden letztgenannten Bilanzen außerordentliche Erfolgsbilanzen dar, da sowohl die Gründungs- als auch die Auflösungsvorgänge nur besondere Tatbestände des totalen Unternehmungsprozesses darstellen, lediglich einen eigenen Abrechnungszeitraum festlegen und somit unlösbar in den Zusammenhang der Totalerfolgsrechnung hineingehören. Beide außerordentlichen Bilanzen schließen eine Kette vorhergehender ordentlicher Erfolgsbilanzen ab.

Als *steuerliche Statusbilanzen* sind die Vermögensteuerbilanz und die Gewerbekapitalsteuerbilanz zu nennen, für welche die Bilanzform nicht ausdrücklich vorgeschrieben ist.

Die *Wertarten* der Statusbilanzen umfassen, außer dem ebenfalls möglichen Anschaffungswert, den Tagesbeschaffungswert, den (generellen) Tagesveräußerungswert – steuerlich als gemeiner Wert auftretend –, den (speziellen) Liquidationswert und den Teilwert.

In einem Konzern können neben Statusbilanzen einzelner Unternehmungen, die aus bestimmten Anlässen erforderlich sind, auch konsolidierte Statusbilanzen, zum Beispiel ein Konzern-Vergleichsstatus, aufgestellt werden.

Zusammenfassend können folgende Bilanzarten als Gegensatzpaare unterschieden werden.

1. Nach dem *Zusammenhang mit der Buchhaltung:*
   Erfolgsbilanzen – Statusbilanzen
2. nach dem besonderen *Buchhaltungsbereich und Erfolgscharakter:*
   Bilanzen der Finanzbuchhaltung – Bilanzen der Betriebsbuchhaltung
3. nach der *rechtlichen Normierung:*
   Handelsrechtliche Bilanzen – Steuerrechtliche Bilanzen
4. nach der *Regelmäßigkeit der Aufstellung:*
   Reguläre oder ordentliche Bilanzen – Irreguläre oder außerordentliche Bilanzen
5. nach der *Periodenlänge:*
   Langfristige Bilanzen – Kurzfristige Bilanzen
6. nach dem *Rang der abgerechneten Periode:*
   Hauptperiodenbilanzen – Zwischenbilanzen
7. nach der *wirtschaftlichen Reichweite:*
   Einzelbilanzen – Konsolidierte Bilanzen
8. nach dem *zu unterrichtenden Personenkreis:*
   Interne Bilanzen – Externe Bilanzen
9. nach der *Aufrechnung von Bilanzposten:*
   Bruttobilanzen – Nettobilanzen
10. nach der *Vollständigkeit der Bestände:*
    Vollbilanzen – Teilbilanzen

B. Der Formalaufbau der Finanzbuchhaltung

Um die handelsrechtliche Erfolgsrechnung nebst der zugehörigen Bilanz, wie sie als Ausfluß der rechtlichen Bestimmungen und der diesen zugrundeliegenden Grundsätze ordnungsmäßiger Buchführung in ihrer praktischen Gestaltung auftritt, in ihrem Wesen zu begreifen, muß man sie, losgelöst von ihrer rechtlichen Untermauerung, als betriebswirtschaftliche Abschlußrechnung der Buchhaltung auffassen. Zum richtigen Bilanzverständnis ist es notwendig, auf den Rechnungscharakter der Buchhaltung selbst zurückzugehen und deren tragende strukturale Fundamente aufzuzeigen.

Ausgangsgrundlage für die hier vorgenommene *Systemanalyse* der Buchhaltung bilden die baren Einnahmen und Ausgaben. Wie zu zeigen sein wird, ist der buchhalterische Kalkül in seinem inneren Zusammenhang eine folgerichtig weiterentwickelte und entsprechend abgewandelte Einnahmen- und Ausgabenrechnung. Da sich alle Modifikationen der ursprünglichen Kassenrechnung stets auf diese Ausgangsbasis beziehen, ist über das Ziel der Erfolgsermittlung hinaus dem Rechnungssystem eine Liquiditäts- und Finanzrechnung inhärent und damit zwangsläufig integriert. Zum besseren Systemverständnis werden die Möglichkeiten der Finanzanalyse zunächst zurückgestellt und später in einem besonderen Kapitel erörtert. Damit konzentrieren sich die folgenden Betrachtungen auf den Kalkül der Erfolgsermittlung.

Die Finanzbuchhaltung benutzt den Tatbestand des *Wirtschaftskreislaufs*, wonach im modernen Unternehmungsprozeß (nahezu) alle realen Güterbewegungen von entgegengerichteten nominalen Geldbewegungen begleitet werden, das heißt, daß im *Außenumlauf* der Unternehmung Gütereingänge und Geldausgänge beziehungsweise Güterausgänge und Geldeingänge parallel entgegengesetzt verlaufen. Schon Nicklisch hat die Umlaufbeziehungen in einen doppelten Umlauf gegliedert: den Finanzumlauf und den Umlauf der Erzeugungs- oder Leistungswerte. Walb hat diese Unterscheidung in seinen Überlegungen zur Erfolgsrechnung als Grundlage weiterentwickelt. Wegen dieser Eigenart der Geldwirtschaft kann die substanzielle Güterbewegung durch eine entsprechende gegenläufige Geldbewegung abgebildet werden. Bei dieser *monetären Abbildung* wird nicht nur abstrakt in Geld als Recheneinheit gerechnet, sondern es wird die nominale oder Geldseite der Güterprozesse einseitig zugrundegelegt, indem das Geld als konkretes Zahlungsmittel in den abbildenden Zahlungsvorgängen erscheint.

Liegt eine Rechnung vor, die im Gegensatz zu physisch-technischen Maßeinheiten mit *Geldeinheiten* (Währungseinheiten) rechnet, so liegt eine Geldrechnung oder *pekuniäre* Rechnung vor. Es bleibt offen, was hinter den Rechnungsgrößen steckt beziehungsweise worüber, zum Beispiel über welche Wirtschaftsgüter, *in Geld* gerechnet wird. Auch das Geld selbst erscheint hier nicht als Wirtschaftsgut, das heißt, die Werterechnung wird rein abstrakt durchgeführt.

Wird dagegen der in Geld ausgedrückte Betrag als Maßausdruck aufgefaßt, der die Menge an konkreten *Zahlungsmitteln* Geld als Extensität einer Klasse von Zahlungsmitteleinheiten (Geldeinheiten) darstellt, so spricht man von *monetärer* Rechnung. Es wird nunmehr über Geld als Wirtschaftsgut gerechnet. Das Rechnungsmittel, der Zahlenausdruck, gibt Bewegungen oder Bestände an Geldmengen, Zahlungsmitteln, wieder. Benutzt man derartige Maßausdrücke *über Geld,* um hinter den Geldvorgängen stehende, damit verbundene oder ihnen parallellaufende andere Gütervorgänge, Bewegungen, Veränderungen oder Bestände von Gütern, stellvertretend abzubilden, so handelt es sich um eine monetäre Abbildung, das heißt, eine Abbildung von Gütervorgängen auf Geldvorgänge[1].

Die Finanzbuchhaltung beruht auf einer monetären Abbildung von Gütervorgängen. Sie rechnet daher *in und über Geld (pekuniär und monetär).* Damit wird vorausgesetzt, daß stets abbildende Zahlungsvorgänge gegeben sind. Fehlen stellvertretende Geldvorgänge, so ist keine monetäre Abbildung möglich. Als Hilfskonstruktion können Zahlungsvorgänge rechnerisch unterstellt werden, ohne daß dadurch echte Zahlungen entstehen.

In dieser Geldrechnung als monetärer Abbildung bilden nicht Aufwendungen (bewertete Güterverbrauchsmengen) und Erträge (bewertete Güterentstehungsmengen) unmittelbar die Eckpfeiler der Erfolgsrechnung, sondern die den genannten Erfolgskomponenten entsprechenden *Aufwandsausgaben* und *Ertragseinnahmen* dienen *mittelbar* der Abrechnung des Wirtschaftsprozesses. Selbstverständlich ist der Rechnungszusammenhang insoweit zu wahren, als der zu Aufwandsausgaben bewertete Güterverbrauch den Aufwand und die zu Ertragseinnahmen bewertete Güterentstehung den Ertrag darstellt. Dann ist denknotwendig die Differenz von Ertragseinnahmen und Aufwandsausgaben beziehungsweise von Ertrag und Aufwand gleich dem Periodenerfolg.

Erfolgswirksamkeit bedeutet entweder gütermäßige Aufwandswirksamkeit (Güterverbrauch) oder gütermäßige Ertragswirksamkeit (Güterentstehung). Erfolgswirksame Güter- und Zahlungsvorgänge sind entweder aufwands-

[1] Vergleiche hierzu Szyperski, Norbert: Zur Problematik der quantitativen Terminologie in der Betriebswirtschaftslehre. Berlin 1962. S. 83 ff. (Terminologie).

oder ertragswirksam. Aufwand und Ertrag sind erfolgswirksame Gütervorgänge, Aufwandsausgaben und Ertragseinnahmen dagegen erfolgswirksame Zahlungsvorgänge (Zahlungsmittelbewegungen).

Eine Erfolgsrechnung, die sich an den Zahlungsvorgängen orientiert, hat den großen *Vorteil,* daß sie auf handfeste, zwangsläufig zu erstellende Unterlagen zurückgreift, die getroffene Vereinbarungen nachweisen und eindeutige Bewertungen als Ausdruck realisierter Umsatzakte zwischen den Marktpartnern enthalten. Die Niederschriften über die Zahlungsvorgänge werden zu nachprüfbaren Belegen der Buchhaltung. Eine von Willkür freiere und zuverlässigere Verankerung des gesamten Zahlenwerkes ist nicht möglich.

Die Definition des Erfolges als Differenz von Ertragseinnahmen und Aufwandsausgaben auf der Grundlage der Parallelität von Güter- und Geldbewegungen klammert zunächst bestimmte Güterbewegungen aus, nämlich die *Unternehmerleistungen* und die entsprechenden *Gewinnauszahlungen* beziehungsweise *Gewinngutschriften.* Dasselbe gilt für die Belastung des Unternehmers mit einem entstandenen Verlust[2]. Alle Zahlungen an den Unternehmer als Entgelt für seine Funktionen sind bei der Erfolgsermittlung zu neutralisieren und erscheinen daher im Gewinn. Dies gilt für Kapital- und Gewinnentnahmen jeder Art. Der Erfolg stellt das globale, undifferenzierte Unternehmereinkommen für *Kapitalhergabe* (Beteiligungskapital) und *Unternehmungsführung* dar. Der Gewinn umfaßt somit insbesondere Beteiligungszinsen einschließlich Risikoprämie und Unternehmerlohn. Nur bei Kapitalunternehmungen gehört der an delegierte Unternehmerfunktionäre gezahlte Unternehmerlohn rechnungsmäßig zum Aufwand. Als Residualeinkommen verbleiben dann Zins und Risikoprämie. Folglich trägt der Erfolg *subjektiven* Charakter, er ist auf den Unternehmer als Wirtschaftssubjekt bezogen.

Die subjektive Beziehung auf den Unternehmer hat für die Extension des Erfolgsbegriffs noch weitere Konsequenzen[3]. Sie ist abhängig von der Art und dem Umfang der unternehmerischen Leistungen und damit nicht nur von der Rechtsform der Unternehmung. Im Gewinn sind die Entgelte für sämtliche Unternehmerleistungen enthalten, soweit sie nicht gesonderte Kontrakteinkünfte (Gehalt, Tantieme, Zins, Lizenzgebühr oder sonstige Bezüge) darstellen, die als Aufwandsausgaben erfaßt werden. Je nach der konkreten Situation erweist sich somit der Gewinn als heterogene Größe unterschied-

[2] Vergleiche Kühnau, Martin: (Erfolgsbegriffe). – Ferner Kühnau, Martin: Der Formalaufbau der volkswirtschaftlichen Buchhaltung. Berlin 1961. S. 21 ff. und S. 47 ff. (Formalaufbau).

[3] Vergleiche Pohmer, Dieter: Über die Bedeutung des betrieblichen Werteumlaufs für das Rechnungswesen des Unternehmens. In: Organisation und Rechnungswesen. Festschrift für Erich Kosiol zu seinem 65. Geburtstag. Berlin 1964, S. 305 ff. (Werteumlauf).

licher Leistungsentgelte. Er repräsentiert das Einkommen, das die Unternehmerhaushaltung aus der Unternehmung als *Residualeinkommen* bezieht. Dieser subjektive Erfolg ist zwar Unternehmereinkommen, jedoch kein Maßstab für die objektive Leistungskraft der Unternehmung. Das Bemühen um eine *Objektivierung* der Überschußermittlung führt zur kalkulatorischen Erfolgsrechnung und zur Wertschöpfungsrechnung.

Man kann den Erfolg auch derart definieren, daß er das vom wirtschaftlichen Ergebnis der unternehmerischen Tätigkeit abhängige Einkommen der *Berechtigten* ermittelt. Er bildet daher die Grundlage für die Bemessung von Ausschüttungen, Beteiligungen und Steuern. Außer dem Fiskus und den Anteilseignern fließt er an alle übrigen Personen und Institutionen, die am Gewinn beteiligt sind. Da die Ziele und Ansprüche der Gewinnempfänger sehr unterschiedlich sind, ist es notwendig, durch eine methodisch einheitliche Erfolgsermittlung eine gewisse Normierung dieser Ansprüche zu erreichen.

Der ermittelte Gewinn ist der in der Periode *erzielte* Gewinn, unabhängig davon, wie er verwendet, insbesondere ob und wieweit er ausgeschüttet werden kann oder soll. Er ist ohne Bezug auf die späteren Perioden und berücksichtigt keine Prognosen oder Erwartungen zukünftiger Risiken und Chancen. Insbesondere ist er nicht durch stille Rücklagen und Tageswerteinflüsse gestört. Nur in dieser Reinheit kann er das residuale wirtschaftliche Ergebnis des Wirtschaftsprozesses zum Ausdruck bringen.

Der Kalkül der Erfolgsrechnung dient nur als Darstellungsmittel für das Ergebnis des tatsächlichen Geschehens in der Realisationsphase wirtschaftlichen Handelns in der Unternehmung. Die aktive Erreichung dieses Ergebnisses kann nicht Aufgabe eines Rechnungsinstruments sein. Die Rechnung kann nur das Resultat dieser Bemühungen ermitteln.

Der ermittelte Erfolg ist zunächst eine ungegliederte, globale Größe, ein *Gesamterfolg* der Unternehmung, die nicht nach technisch-ökonomischen Einflußfaktoren und Entstehungsursachen oder sonstigen Bestandteilen differenziert ist. Erst in der Doppik erfolgt eine Aufgliederung nach gütermäßig spezifizierten Aufwands- und Ertragsarten.

Der Begriff des Erfolges als einer Differenz von Ertragseinnahmen und Aufwandsausgaben entstammt der Vorstellung einer *Kassenrechnung für die gesamte Lebensdauer* der Unternehmung, deren Ergebnis erst nach der Auflösung der Unternehmung ingestalt einer Differenz zwischen sämtlichen baren Einnahmen und sämtlichen baren Ausgaben festgestellt werden kann.

Die Erfolgsermittlung inform einer *Totalerfolgsrechnung*, einer Totalrechnung für die Gesamtlebensdauer der Unternehmung, wäre die einfachste Abrechnungsart des Wirtschaftsprozesses; sie tritt in Einzelfällen auch praktisch bei kurzlebigen Gelegenheitsgesellschaften (Konsortien, Partizipationsgeschäften) in Erscheinung. Im allgemeinen ist die Totalrechnung jedoch als Hilfsmittel der Steuerung einer lebenden Unternehmung unbrauchbar. Dagegen ist sie wegen ihres umfassenden Charakters und wegen ihrer einfachen Überschaubarkeit als theoretische Ausgangsgrundlage für das Verständnis der praktisch allein relevanten Periodenerfolgsrechnung sehr geeignet.

In dieser Weise hat *Schmalenbach* die Konstruktion der Totalerfolgsrechnung erstmals nutzbar gemacht.

I. Das Teilsystem der einfachen Buchhaltung

Bei der konstruktiven Entwicklung des Modells der doppelten Buchhaltung erweist es sich als zweckmäßig, zunächst nur einen Teil des Systems zu behandeln, der historisch nicht selbständig in Erscheinung getreten ist. Diese Zwischenform der Abrechnung stellt ein geschlossenes, systematisch entwickeltes Rechenverfahren zur Abrechnung des Wirtschaftsprozesses dar, in dessen Mittelpunkt die Einnahmen und Ausgaben stehen. Diese Rechnungsform heißt *einfache* Buchhaltung, weil in ihr der Periodenerfolg nur einmal als Differenz modifizierter Einnahmen und Ausgaben ermittelt wird. Mithilfe dieses theoretischen Ansatzes wird es möglich sein, eine vollständige und widerspruchsfreie Deutung aller Buchungs- und Bilanzierungsprobleme der Buchhaltung zu geben.

Der Umfang dieser systematischen einfachen Buchhaltung deckt sich mit dem Teil der doppelten Buchhaltung, der die Gruppe der Bestandskonten verwendet und durch die Bilanz abgeschlossen wird. Dieser Kalkül wird unabhängig von Ertrags- und Aufwandsbuchungen entwickelt, das heißt, der Erfolg wird ohne durchgängig doppelte Buchung der Geschäftsvorfälle zunächst allein mithilfe der Bilanz ermittelt. Allerdings werden dabei Aufwendungen und Erträge gedanklich berücksichtigt. Die Bilanz dient jedoch nicht nur als Abgrenzungsmittel der Erfolgsrechnung, sondern ist selbst eine Erfolgsrechnung. Die Bezeichnung „bilanzmäßige Erfolgsrechnung" trifft daher den Kern der Sache.

Sowohl die systematische einfache als auch die doppelte Buchhaltung sind *Perioden*erfolgsrechnungen, das heißt, sie vollziehen die Ermittlung und den Verwendungsnachweis der Teile des Totalerfolges, welche auf die jeweilige Abrechnungsperiode, das heißt, auf die aus praktischen Gründen gebildeten Teilabschnitte der Totalperiode, entfallen.

Der Bestfall einer *Periodenlänge* wäre ohne Zweifel ein Arbeitstag, in der Praxis muß man sich jedoch mit Jahreserfolgsrechnungen (und kalkulatorischen Monatserfolgsrechnungen) zufrieden geben. Für ihre Gestaltung hat die Totalerfolgsrechnung eine wichtige Bedeutung. Will man nämlich die Buchhaltung zu einer periodischen Erfolgsrechnung ausbauen, so ist man gezwungen, den Totalerfolg periodengerecht auf die einzelnen herausgeschnittenen Rechnungszeiträume zu verteilen. Jeder Periode soll der Erfolgsanteil zugemessen werden, der gütermäßig auch tatsächlich in ihr erzielt wurde.

Wie der Begriff der *Erfolgswirksamkeit* schlechthin auf die Realisation der realen Gütervorgänge bezogen ist, so gilt dies im besonderen für die periodengerechte Erfolgswirksamkeit. Maßgeblich ist, ob Güterentstehung (Ertrag) und Güterverbrauch (Aufwand) *in der betrachteten Periode* realisiert worden sind. Diese periodische Zurechnung von gütermäßigem Ertrag und Aufwand ist das zentrale Thema der im folgenden dargestellten Periodenerfolgsrechnung. Die monetäre Abbildung der erfolgswirksamen Zahlungsvorgänge erstreckt sich auf den realen Güterprozeß der Erfolgserzielung.

Der in der Periodenzurechnung geforderte Grundsatz, daß der Totalerfolg gleich der Summe sämtlicher Periodenerfolge sein muß, wird durch die Grenzen der menschlichen Voraussicht durchbrochen. So können zum Beispiel Zahlungen erst nach erfolgter Abrechnung des jährlichen Unternehmungsprozesses auftreten, in die sie noch hineingehören, ohne daß man sie rechnerisch vorgreifend vollständig oder überhaupt zu berücksichtigen vermag; sie müssen zwangsläufig in einem späteren Jahr einbezogen werden. Damit erscheinen sie in einer Periode, der sie sachlich nicht zuzurechnen sind, und heißen daher *zeitraumfremd, periodenfremd oder aperiodisch*.

Der Grundsatz muß daher dahin abgewandelt werden, daß der Totalerfolg gleich der Summe aller periodischen und aller aperiodischen Teilerfolge ist. Zu den aperiodischen Erfolgen gehört insbesondere der bei der Abwicklung der Unternehmung erzielte Sondererfolg. Dieser Zusammenhang von Total- und Periodenerfolgsrechnung wird nach Schmalenbach als *Kongruenzprinzip* bezeichnet.

1. Die Gruppe der Zahlungskonten (Bestands- oder Bilanzkonten)

a) Barzahlungen und Periodenabgrenzung

Der *Stamminhalt* der Periodenerfolgsrechnung besteht, wie bei der Totalerfolgsrechnung, aus den Barzahlungen. Ihre vollständige Erfassung und lückenlose Aufschreibung in der Folge des zeitlichen Auftretens ist das Grundprinzip jeder Kassenrechnung.

Wenn hier und im folgenden von Kassen- oder Barzahlungen und entsprechend vom Kassenkonto die Rede ist, handelt es sich bei den theoretischen Überlegungen stets um Geld *im strengen, engeren Sinne* (Noten und Münzen). In der Praxis, und daher auch in den hier benutzten Zahlenbeispielen, wird der Begriff Bargeld weiter *ausgedehnt*, und zwar je nach dem Rechnungszweck in unterschiedlichem Umfange. Dann werden zum Beispiel Buch- und Giralgeld, Schecks, täglich fällige Sichtguthaben, insbesondere Postscheck- und Zentralbankguthaben, eventuell auch fällige Wechsel und kurzfristige Termineinlagen (bis zu 3 Monaten) einbezogen. Kassenäquivalente Guthaben sind Geldsurrogate und können im Gegensatz zur internen, unverzinsten Kasse als nach außen verlagerte, zinsbringende Kasse angesehen werden. Genauer wird man dann von Zahlungsmitteln oder *liquiden Mitteln* sprechen. Der Begriff Voreinnahmen (Forderungen) wird dann entsprechend enger gefaßt.

Anders als die Totalerfolgsrechnung kann die in periodischen, meist jährlichen Abständen unterbrochene und abgeschlossene Kassenrechnung nur in praktisch unerheblichen Ausnahmefällen einen im Hinblick auf die Gütervorgänge zutreffenden Erfolg als Einnahmen-Ausgaben-Differenz ermitteln. Der Grund dafür liegt erstens in dem häufig auftretenden *zeitlichen Unterschied* zwischen den realen Güterbewegungen und den entsprechenden Barzahlungen, das heißt, reale Güterbewegung und zugehörige Geldbewegung treten in verschiedenen Perioden auf. Zweitens fällt wegen des Abschlusses von (Teil-) Perioden der in der Totalperiode erfolgende automatische Ausgleich der wechselbezüglichen Einnahmen und Ausgaben dann weg, wenn die einander entsprechenden Barzahlungen nicht in der gleichen Periode vorgenommen werden.

Die mangelnde zeitliche Übereinstimmung zwischen realem Güterumlauf und nominalem Geldumlauf tritt zum Beispiel bei Kreditverkäufen von Sachgütern oder auf Kredit erbrachten Dienstleistungen ein. Die Güterausbringung beziehungsweise der Ertrag fallen in die abzurechnende Erfolgsperiode, während die den Ertrag abbildenden baren Einnahmen erst in einer späteren Periode auftreten. Umgekehrt können auf Kredit gekaufte Güter in der betrachteten Periode verbraucht worden sein, während die Bezahlung des Liefererkredits erst in einer späteren Periode erfolgt. Für die Erfolgsrechnung desjenigen Zeitraumes, in dem sich die Gütervorgänge vollziehen, kommen diese Barzahlungen in den nachfolgenden Zeiträumen zu spät. Trotzdem werden die baren Einnahmen und Ausgaben buchhalterisch nicht überflüssig, sie bleiben der Grundinhalt der Aufzeichnungen, bedürfen jedoch einer erfolgsrechnerischen Ergänzung inform zeitlich zutreffender, im Verhältnis zu den späteren Barzahlungen vorher gebuchter Einnahmen und Ausgaben.

Diese Zahlungen sind keine Barzahlungen, lassen sich jedoch als *rechnungstechnische Zahlungen*, kurz: *Verrechnungszahlungen* kennzeichnen.

Man muß sich von der Vorstellung der Praxis lösen, wonach Zahlungen (Einnahmen und Ausgaben) nur Barbewegungen (Kassenbewegungen) in der betrachteten Periode sind. Vielmehr ist der Begriff der Zahlungen dahingehend zu *erweitern*, daß er auch zukünftige Barbewegungen einschließt. Unter diesem Blickwinkel erscheinen zum Beispiel Forderungen auf Geld als *zukünftige Bareinnahmen*, entsprechend Verbindlichkeiten als *zukünftige Barausgaben*.

Das zeitliche Verhältnis zwischen realer Güterbewegung und nominaler Geldbewegung kann aber auch in einem Vorangehen der Geldbewegung und einem Nachfolgen der Güterbewegung bestehen. Beim Kauf von Maschinen und Gebäuden fällt zum Beispiel die Anschaffungsausgabe oft in einer einzigen, zum Beispiel der gegenwärtigen Erfolgsperiode an; dagegen findet der reale Güterverbrauch erst in den späteren Nutzungsperioden statt. Würde bei diesen Vorgängen die gesamte entstandene Ausgabe erfolgswirksam als Aufwandsausgabe der Periode gebucht, so wäre der verrechnete Aufwand höher als der zugrundeliegende reale Güterverbrauch. Anderseits fehlt bei diesem Vorgehen in den späteren Perioden der tatsächlichen Nutzung die entsprechende erfolgswirksame Ausgabe, das heißt, daß in diesem Falle die gebuchte Barzahlung (Aufwandsausgabe) die realisierte Güterbewegung (Güterverbrauch) nicht periodengetreu abbildet.

Der umgekehrte Sachverhalt liegt vor, wenn zum Beispiel Kunden in der gegenwärtigen Erfolgsperiode Vorauszahlungn (Anzahlungen) leisten, für die eine reale Güterbewegung (Absatz) erst in einer der nächsten Abrechnungsperioden erfolgt. Die gebuchte Einnahme ist für die Erfolgsrechnung der Periode als Erfolgskomponente ungeeignet, da in dieser Periode keine zugehörige Bewegung an Realgütern stattgefunden hat. In der nachfolgenden Periode, in welcher der Ertrag realisiert wird, fehlt dagegen in der Geldrechnung eine zugehörige Ertragseinnahme. Auch in diesem Fall bildet also die gebuchte Barzahlung (Ertragseinnahme) die realisierte Güterbewegung (Güterentstehung) nicht periodengetreu ab.

In diesen Fällen jetziger Zahlung und späterer Erfolgswirkung müssen wiederum die Barzahlungen durch Verrechnungszahlungen so ergänzt werden, daß im Zeitraum des Anfalls barer Einnahmen und Ausgaben deren *Erfolgswirkung kompensiert* wird. In den Zeiträumen der durch die Gütervorgänge bedingten Erfolgswirkung dagegen muß diese in den hier gegebenen Fällen *nachträglich durch Verrechnungszahlungen* herbeigeführt werden.

Das *Realisationsprinzip*, das in beiden beschriebenen Fällen der Periodenrechnung zur Anwendung kommt, besagt, daß ein Erfolg immer dann verwirklicht ist, wenn der Umsatzprozeß im Markt vollendet ist, das heißt, wenn der *Ertrag*, der durch den Absatz hervorgerufen wird, als realer Gütervorgang stattgefunden hat, also in der Praxis die Ausfertigung der Ausgangsrechnung erfolgt ist. Dagegen wird die Realisation des *Aufwands* nur dann durch den Zeitpunkt des realen Verbrauchs bestimmt, wenn dieser mit dem Zeitpunkt der Realisation des zugehörigen Ertrages übereinstimmt. Erfolgt der naturale Verbrauch vorher, zum Beispiel ein Verbrauch von Arbeitsleistungen für die Herstellung eines Erzeugnisses, das auf Lager genommen und aktiviert wird, dann bestimmt die Realisation des Ertrages für die betreffende Produkteinheit (Verkauf) zugleich den Zeitpunkt der Aufwandsrealisation (Lagerabgang). Auf diese Weise werden der auf ein oder mehrere Produkte bezogene Aufwand und Ertrag stets zum gleichen Zeitpunkt erfolgswirksam und miteinander vergleichbar.

Die Realisation, hinsichtlich des Zeitpunktes und des Betrages, wird somit grundsätzlich durch den Absatz bestimmt, und zwar durch die Ertragseinnahmen im Markt (Bar- oder Voreinnahmen). Damit ist die Realisation des zugehörigen Aufwands zwangsläufig verknüpft. Solange vorrätige Güter aktiviert werden, entsteht kein Aufwand. Aktiviert werden nicht Aufwendungen, sondern (noch) erfolgsunwirksame Ausgaben.

Es ist zu beachten, daß die Ertragsrealisation zeitlich nicht an *bare* Ertragseinnahmen geknüpft ist. Entscheidend ist vielmehr der *reale Absatzvorgang im Markt*, die Bareinnahmen können später (oder auch früher bei Vorauszahlungen) stattfinden. Dasselbe gilt für die zeitliche Aufwandsrealisation bezüglich der Barausgaben. Dieser Tatbestand spielt in der noch zu behandelnden Vorverrechnung eine wichtige Rolle.

Neben den durch das Realisationsprinzip zeitlich miteinander verknüpften Aufwendungen und Erträgen gibt es auch *einseitig* anfallende Aufwendungen und Erträge, die nicht zu einer entgegengesetzten positiven oder negativen Erfolgskomponente in Beziehung gebracht werden können.

Bei derartigen Aufwendungen *fehlt* die Beziehung zu einem bestimmten Ertrag der Unternehmung, wie es zum Beispiel bei jeder Art des Zwangsverbrauchs der Fall ist (natürlicher Verschleiß von Gütern ohne Ingebrauchnahme, Katastrophenverschleiß, Diebstahl, Steuerzahlungen) sowie beim zeitlichen Vorrätigkeitsverbrauch ingestalt von Zinszahlungen. Der Zeitpunkt der Aufwandsrealisation wird dabei vom *Verbrauchsvorgang selbst* bestimmt, der zeitlich nach seiner arteigenen Verursachung oder nach dem Zeitpunkt seiner Erkennbarkeit zu fixieren ist.

Während die zeitliche Bestimmung der Realisation einseitiger Aufwendungen in manchen Fällen Schwierigkeiten bereiten mag, ist der entsprechende Fall auf der Seite der *Erträge* einfacher. Das gilt bereits für die

Erträge aus der normalen Betriebstätigkeit, wo die Ertragsrealisation durch den Zeitpunkt des Verkaufs gegen Barzahlung oder gegen Ziel mit Sicherheit bestimmt werden kann. Problematisch ist dabei nur die Zuordnung der vom Zeitpunkt des tatsächlichen Verbrauchs gelösten Aufwandsrealisationen, das heißt, das Problem einer zeitlichen Zuordnung besteht hier nur für die Aufwendungen, nicht aber für die Erträge. Bei zeitlicher Fixierung der Realisation einseitiger Erträge, die aperiodischen Charakter tragen (Auflösung von Rückstellungen und Wertberichtigungen, Steuererstattungen für vergangene Jahre) kommt es allein auf die rechtliche Fixierung eines Anspruchs (Steuererstattung, Investitionszulage gemäß Berlinförderungsgesetz) oder auf den Bareingang an, gegebenenfalls auch auf den erkennbaren Wegfall einer geschätzten Aufwandsverursachung (Auflösung von Rückstellungen) oder einer geschätzten Ertragsminderung (Auflösung von Wertberichtigungen zu Warenforderungen).

Das hier erörterte Realisationsprinzip betrifft nur den Zeitpunkt der Realisation. Genauer muß man von einem Prinzip der *Zeitpunktrealisation* sprechen. Es erweist sich als Spezialprinzip der Periodenabgrenzung. Ihm steht das Prinzip der *Wertrealisation* gegenüber, das die Werthöhe festlegt und sich mit dem Anschaffungswertprinzip deckt. Seine Behandlung erfolgt später.

Die Anwendung des zeitpunktbezogenen Realisationsprinzips führt notwendig und folgerichtig dazu, in allen Fällen periodischer Abweichungen von Zahlungsvorgängen und abgebildeten Gütervorgängen Ergänzungs- und Korrekturbuchungen derart einzuführen, daß der als Einnahmen-Ausgaben-Differenz ermittelte Periodenerfolg den wirklichen Realgütervorgängen zeitlich entspricht. Diese Buchungen treten zu denjenigen für Barzahlungen hinzu und ermöglichen es, den Periodenerfolg so als geldmäßigen Überschuß zu ermitteln, als ob die baren Einnahmen und Ausgaben in der betrachteten Erfolgsperiode ertrags- und aufwandsmäßig zutreffend stattgefunden hätten. Alle rechnungstechnischen Maßnahmen, die diesen Problemkreis berühren, werden als *Periodenabgrenzung* bezeichnet. Sie sind das Zentralproblem der Erfolgsermittlungsrechnung.

Die Erfolgsrealisation und die zugehörigen Barzahlungen können allgemein in folgenden *drei Relationen* zueinander stehen (Rechnungsfälle Nr. 1 bis 3):

1. Sowohl die Aufwands- oder Ertragsrealisation als auch die Barzahlungen fallen in die *gleiche Periode*,
2. die Aufwands- oder Ertragsrealisation geht den Barzahlungen in *früheren Perioden* voran,
3. die Aufwands- oder Ertragsrealisation folgt den Barzahlungen in *späteren Perioden* nach.

Neben den erfolgswirksamen Zahlungsvorgängen könnten auch reine (wechselbezügliche) Finanzvorgänge die Periodenerfolgsrechnung beeinflussen, wenn man sich auf die Buchung von Barzahlungen beschränken würde. Bei diesen Zahlungsvorgängen kommt es oft vor, daß die jeweils zusammengehörigen Einnahmen und Ausgaben nicht in die gleiche Rechnungsperiode fallen. So kann zum Beispiel die Ausgabe für ein gegebenes Darlehn ihren Ausgleich durch Rückzahlung erst in einer späteren Periode finden. Für diesen Fall des zeitlichen Abweichens bestimmter Ausgaben von den zugehörigen Einnahmen sind Kompensationsbuchungen erforderlich, welche die Erfolgswirkung reiner Finanzvorgänge aufheben und damit verhindern, daß die berührten Perioden durch die Barzahlungen einen falschen Periodenerfolg ausweisen. Dieselben Überlegungen gelten auch für empfangene Darlehn. Dagegen muß der Erfolgseinfluß betragsmäßiger Abweichungen erhalten bleiben.

Für das Verhältnis von Einnahmen und Ausgaben bei *wechselbezüglichen Zahlungen* bestehen somit zwei Möglichkeiten (Rechnungsfälle Nr. 4 und 5):

4. Bare Einnahme und Ausgabe fallen in die *gleiche Periode* und gleichen sich daher aus,
5. bare Einnahme und Ausgabe fallen in *verschiedene Perioden* und sind kompensatorisch in beiden Perioden zu neutralisieren.

b) Verrechnungszahlungen

Aus der Betrachtung der Barzahlungen ergibt sich die Notwendigkeit einer *rechnungstechnischen Ergänzung der Kassenvorgänge*, wenn man den Erfolg als Differenz von Einnahmen und Ausgaben ermitteln will. Mit anderen Worten: Die im Bereich der systematischen einfachen Buchhaltung auftretenden Buchungen sind nur teilweise Bareinnahmen und Barausgaben. Die übrigen Buchungen sind als Ergänzungen der Kassenrechnung aufzufassen. Diese Posten verändern in keiner Weise die Barvorgänge selbst, deren lückenlose, an den Zeitpunkten ihres effektiven Anfalls erfolgende Buchung dem weiteren Gedankengang zugrundeliegt. Die Buchungen, die die Kassenvorgänge ergänzen, stehen auch nicht unabhängig neben diesen, sondern knüpfen stets an nachfolgende, gleichzeitige oder vorangegangene Barzahlungen an. Aus diesem zwangsläufigen Zusammenhang ergibt sich eine *Erweiterung des Zahlungsbegriffes*, die rechnungstechnische Zahlungen oder Verrechnungszahlungen den Barzahlungen an die Seite stellt.

Auch die Verrechnungszahlungen geben eine *monetäre Abbildung* des Wirtschaftsprozesses, das heißt, seiner Güterbewegungen, wieder. Während aber die Bareinnahmen und -ausgaben unmittelbare Bewegungen von Zahlungsmitteln, in der Praxis häufig von Bargeld im weitesten Sinne, darstellen, handelt es sich bei den Verrechnungseinnahmen und -ausgaben nur um *mittelbare* Zahlungsmittelbewegungen. Bei den rechnungstechnischen Einnahmen und Ausgaben geht es um vor- oder rückverrechnete Geldbewegungen und deren spätere Tilgung beziehungsweise Auflösung. Die Einzelheiten dieses Rechnungsmechanismus zeigen die nächsten Abschnitte.

Diese Begriffserweiterung ist für das Verständnis der Erfolgsrechnung – im Zusammenhang mit dem Problem der Periodenabgrenzung – von ausschlaggebender Bedeutung. Die dabei auftretenden Schwierigkeiten, namentlich im Unterricht, lassen sich dadurch vermindern, daß man mit der anschaulichen Vorstellung arbeitet, daß die Unternehmung eine Kasse führt, in der neben Bargeld auch sogenanntes *Rechnungsgeld* – etwa im Sinne von Spielgeld – enthalten ist. Die systematische einfache Buchhaltung ist dann eine erweiterte (modifizierte) Kassenrechnung, die alle Bewegungen von Bargeld und Rechnungsgeld aufschreibt.

Auf diese Weise wird der Erfolg als geldmäßiger Überschuß derart konstruiert, als ob die Einnahmen und Ausgaben in der betrachteten Rechnungsperiode erfolgsmäßig richtig als Barbewegungen stattgefunden hätten. An die Stelle eines tatsächlichen Kassenüberschusses tritt ein *rechnerisch modifizierter Geldwertbestand* als abstrakte Zahlengröße.

In der Literatur wird auch das Begriffspaar *Einzahlungen* für Bareinnahmen und *Auszahlungen* für Barausgaben verwendet. Diese Bezeichnungsweise ist unzweckmäßig, weil sie den Terminus Zahlungen auf Barzahlungen einengt, während die Periodenrechnung die Erweiterung auf Verrechnungszahlungen erfordert.

(1) Vorverrechnung und Tilgungsverrechnung

In der systematischen einfachen Buchhaltung fallen unter den erweiterten Zahlungsbegriff alle jene Vorgänge, die zwar in der betrachteten Abrechnungsperiode zu aufwands- oder ertragswirksamen realen Güterbewegungen führen, für die aber erst *in späteren Perioden die baren Zahlungsvorgänge* erfolgen. Dabei handelt es sich um den vorher bezeichneten Rechnungsfall 2. Soll auch hier der Erfolg periodengerecht ermittelt werden, sind notwendigerweise die späteren Barzahlungen in der gegenwärtigen Abrechnungsperiode rechnungstechnisch bereits durch zusätzliche Buchungen zu berücksichtigen; dieses geschieht durch die Buchung sogenannter *Zahlungsvorgriffe*.

Zahlungsvorgriffe stellen vorverrechnete (kreditorische) Ausgaben und Einnahmen oder kurz: *Vorausgaben und Voreinnahmen* dar. Durch sie wird neben den Barzahlungen eine neue Kategorie von Zahlungen geschaffen, nämlich die der *zukünftigen Barzahlungen.*

Die dann später erfolgenden Barzahlungen werden im Zeitpunkt ihres Anfallens selbstverständlich auch durch Buchungen erfaßt, es wird aber durch die Vorverrechnung ihre Erfolgswirkung in der Rechnungsperiode der Erfolgsrealisation vorweggenommen. Um eine nochmalige Erfolgswirkung der Barzahlungen und damit eine doppelte erfolgswirksame Abbildung des betreffenden Geschäftsvorfalles zu vermeiden, ist an dieser Stelle eine weitere, später zu erörternde Rechnungsmaßnahme, die *Tilgungsverrechnung*, notwendig.

Der Sachverhalt einer Aufwands- und/oder Ertragsrealisation (Erfolgsrealisation) in dem betrachteten Rechnungszeitraum mit seiner Abbildung durch eine spätere Barzahlung umschließt in der überwiegenden Mehrzahl dieser Fälle zugleich einen rechtlichen Anspruch auf die spätere Einnahme oder eine rechtliche Verpflichtung zu der späteren Ausgabe. Mit anderen Worten: Die Buchung vorverrechneter Einnahmen (Voreinnahmen) und vorverrechneter Ausgaben (Vorausgaben) bedeutet meistens zugleich die Buchung von *Forderungen und Schulden*, das heißt, die Zahlungsvorgriffe tragen überwiegend kreditorischen Charakter, so daß Voreinnahmen = Forderungen und Vorausgaben = Schulden gesetzt werden können. Die in der Buchhaltung als Forderungen und Schulden bezeichneten Posten werden dementsprechend wirtschaftlich-rechnungstheoretisch als zukünftige Barzahlungen definiert und decken sich inhaltlich weitestgehend mit den entsprechenden juristischen Begriffen.

Anders steht es dagegen mit den Beteiligungen auf der Aktivseite der Jahresbilanz und mit dem Eigenkapital sowie bestimmten Rückstellungen auf der Passivseite der Jahresbilanz. Hier gehen begrifflich die Voreinnahmen im Sinne wirtschaftlicher Forderungen der Unternehmung (Darlehns- und Beteiligungsansprüche) sowie die Vorausgaben im Sinne wirtschaftlicher Schulden (Darlehns- und Beteiligungskredite) über den juristischen Tatbestand des Schuldverhältnisses hinaus.

Die *Beteiligungsansprüche* richten sich auf zukünftige Einnahmen, deren Erzielung die Liquidation der betreffenden Beteiligungsgesellschaften beziehungsweise eine Kapitalherabsetzung zwecks Kapitalrückzahlung oder die Veräußerung der Anteile zur Voraussetzung haben, sind also durch Ereignisse bedingt, deren Eintritt ungewiß bleibt. Im Falle der Veräußerung der Anteile ist auch der zukünftige Schuldner unbekannt. Mithin sind die Merkmale einer Forderung im streng juristischen Sinne nicht von vornherein gegeben.

Die Einbeziehung des *Eigenkapitals* in die Vorausgaben ist Ausdruck einer rein rechnungstheoretischen Gläubigerstellung des Unternehmers gegenüber der Unternehmung, was bei der Einzelunternehmung und bei Personengesellschaften deutlich zutagetritt. Bei den Bilanzen der Kapitalgesellschaften stellt begrifflich das Eigenkapital (Beteiligungsschulden) ein Gegenstück zu den Beteiligungen auf der Aktivseite (Beteiligungsforderungen) dar. Allerdings bleibt hier der Fall des Eigentumswechsels für die Realisierung der zukünftigen Zahlung ohne Bedeutung, ausgenommen der Erwerb eigener Anteile durch die Kapitalgesellschaft.

Die sogenannten *antizipativen Rechnungsabgrenzungsposten* nehmen bis in die jüngste Vergangenheit und Gegenwart eine rechnungstheoretisch nicht einwandfrei zu begründende Sonderstellung in Buchhaltung und Bilanz ein. Sachlich handelt es sich um Zahlungsvorgriffe, wie sie beispielsweise auch bei Schulden für verbrauchte Materialien und bei Forderungen für verkaufte Waren gegeben sind. Die Einbeziehung der antizipativen Rechnungsabgrenzungsposten in die umfassenden Gruppen der Voreinnahmen und Vorausgaben, die ausschließlich nach dem zeitlichen Verhältnis von Erfolgsrealisation und Barzahlung abgebildet werden, steht somit außerfrage. Aber auch im Hinblick auf den Rechtscharakter dieser Posten ist eine *Sonderstellung nicht gerechtfertigt*[4].

Die Schulbeispiele antizipativer Rechnungsabgrenzungsposten sind die für die betrachtete Periode noch zu zahlenden Löhne, Beiträge und Versicherungsprämien, noch zu zahlenden oder zu vereinnahmenden Mieten, Zinsen und Provisionen. Unter Berücksichtigung der Rechtslage sind in diesen Fällen Ansprüche oder Verpflichtungen entstanden, die meistens noch nicht fällig sind. Dabei ist jedoch zu beachten, daß buchhalterisch ganz allgemein zwischen fälligen und noch nicht fälligen Forderungen und Schulden kein Unterschied gemacht wird, so daß auch im vorliegenden Sonderfall die fehlende Fälligkeit keine Konsequenzen haben kann. Außerdem ergibt sich nach den Grundsätzen ordnungsmäßiger Buchführung für schwebende Geschäfte, daß sie nach der hier stets erfolgten Sachleistung beziehungsweise entstandenen Verpflichtung zur Geldleistung des anderen Vertragspartners uneingeschränkt buchungsfähig geworden sind. Daraus folgt, daß die fraglichen Posten buchungsfähige Forderungen und Schulden im juristischen Sinne sind. Diese Wesensmerkmale sind aber lange Zeit verkannt worden, was in der besonderen Natur dieser Schuldverhältnisse und in der damit zusammenhängenden Besonderheit ihrer Erfassung begründet liegt.

Rechtlich handelt es sich bei den hier infragestehenden Schuldverhältnissen meist um sogenannte *Dauerschuldverhältnisse,* zum Beispiel um Dienstverträge, Mietverträge, Versicherungsverträge oder Darlehnsverträge, die auf bestimmte oder unbestimmte Zeit abgeschlossen sind und im Gegensatz zu

[4] Vergleiche dazu Kühnau, Martin: Kreditorische und antizipative Posten in der pagatorischen Bilanz. Diplom-Arbeit, Freie Universität Berlin 1951.

den einmaligen Schuldverhältnissen eine dauernd zu erbringende Leistung zum Inhalt haben.

So erlaubt beispielsweise die kontinuierlich erfolgende Leistung eines Vermieters, nämlich die Nutzungsüberlassung eines bebauten Grundstücks, keine Vertragserfüllung Zug um Zug, weil das eine Mietzahlung für kleinste Zeiteinheiten bedeuten würde. Vielmehr muß die Zahlung des Mieters, zeitlich gesehen, als Nachleistung (oder Vorleistung) für periodisch zusammengefaßte Teilleistungen des Vermieters erbracht werden.

Entsprechende Gegebenheiten findet man beim Darlehnsvertrag mit der Überlassung der Kapitalnutzung seitens des Darlehnsgebers als Dauerleistung und der Gegenleistung des Darlehnsnehmers ingestalt der Zinszahlungen, die nachträglich (oder im voraus), für bestimmte Teilperioden zusammengefaßt, geleistet werden. Der Dienstvertrag des Handelsvertreters weist für diesen und für den Auftraggeber ähnliche Verhältnisse auf. Ferner seien noch die Lieferungsverträge für elektrischen Strom, Gas und Wasser erwähnt, die auch auf eine dauernde Sachleistung bei periodisch abgerechneter, zusammengefaßter geldlicher Gegenleistung gerichtet sind.

Im Rahmen der beispielhaft angeführten Vertragsverhältnisse werden Sachleistungen erbracht, deren Natur eine sofortige Erfassung und buchmäßige Berücksichtigung im Zeitpunkt des Leistungsvollzuges ausschließt. Man begnügt sich während des Geschäftsjahres in der Regel mit der Erfassung der laufenden Barzahlungen für Löhne, Mieten, Zinsen, Provisionen und ähnlicher Aufwendungen und Erträge und nimmt nur zum Stichtag der Rechnungsperiode, zum Beispiel am Schluß des Geschäftsjahres, eine *Periodenabgrenzung* vor, indem man für den Zeitraum zwischen der letzten Barzahlung und dem Abschlußstichtag den Ertrag beziehungsweise Aufwand genau ermittelt oder schätzt und die zur zahlungsmäßigen Abbildung der Erfolgskomponenten fehlenden Barzahlungen durch entsprechende Voreinnahmen und Vorausgaben ersetzt.

Für den Fall, daß die im voraus geleisteten Barzahlungen die im Geschäftsjahr angefallenen Erträge oder Aufwendungen übersteigen und somit die zahlungsmäßige Abbildung der Erfolgskomponenten zu hoch ausfällt, müssen andersartige Abgrenzungsmaßnahmen einsetzen, die im Abschnitt über Rückverrechnung und Nachverrechnung erörtert werden. Die dadurch in der Bilanz zum Ausweis kommenden *transitorischen Rechnungsabgrenzungsposten* verkörpern im Vergleich mit den antizipativen Rechnungsabgrenzungsposten den entgegengesetzten Fall des zeitlichen Verhältnisses zwischen Erfolgsrealisation und Barzahlungen. Beide Postengruppen entstammen jedoch inbezug auf Rechtscharakter und Erfassungstechnik im wesentlichen den gleichen Sachzusammenhängen, weswegen bei der späteren Erörterung der transitorischen Abgrenzungsposten auf die jetzigen Überlegungen zurückgegriffen werden kann.

Der *Unterschied* zwischen der Erfassung der Forderungen und Schulden aus einmaligen Schuldverhältnissen und denen aus Dauerschuldverhältnissen wird deutlich, wenn man berücksichtigt, daß im ersteren Falle die Zahlungsvorgriffe nicht nur der Periodenabgrenzung dienen, sondern auch dann erfolgen, wenn die den Ertrag oder Aufwand abbildenden Barzahlungen zwar nach den Zahlungsvorgriffen, aber noch in der gleichen Rechnungsperiode wie diese anfallen, so daß im Interesse der periodischen Erfolgsermittlung keine besondere Rechnungsmaßnahme erforderlich wäre. So führen Käufe und Verkäufe auf Ziel in jedem Falle zu einer sofortigen Forderungs- oder Schuldbuchung, auch wenn von vornherein mit Sicherheit die Abwicklung des betreffenden Schuldverhältnisses im laufenden Geschäftsjahr erwartet werden kann.

Diese historisch schon sehr früh als Gedächtnisstütze ausgebildete Übung der *laufenden Erfassung* von Forderungen und Schulden bedeutet für den Kalkül der Erfolgsrechnung eine nicht nur periodengerechte, sondern darüber hinaus auch eine *zeitpunktgerechte* Buchung von Zahlungsvorgriffen. Diese Buchung erfolgt mittels einer geeigneten Belegorganisation, wie sie bei den Rechnungsabgrenzungsposten nicht möglich ist. Diese Posten müssen vielmehr zum Stichtag der Periodenabgrenzung durch besondere Überlegungen erfaßt werden, die sich darauf richten, die Höhe derjenigen Erträge und Aufwendungen zu bestimmen, die noch in die Erfolgsermittlung der Rechnungsperiode einzubeziehen sind.

Bereits vor dem Erlaß des Aktiengesetzes von 1965 hatte sich die Erkenntnis durchgesetzt, daß in juristischer Hinsicht kein wesentlicher Unterschied zwischen den buchmäßig ausgewiesenen Forderungen und Schulden und den antizipativen Rechnungsabgrenzungsposten besteht. Das *Aktiengesetz* erlaubt daher gemäß § 152, Absatz 9 nur noch den Ausweis transitorischer Rechnungsabgrenzungsposten. Dementsprechend müssen die antizipativen Rechnungsabgrenzungsposten bei Aktiengesellschaften unter den Forderungen beziehungsweise Verbindlichkeiten aus Lieferungen und Leistungen oder unter den sonstigen Forderungen (enthalten in der Aktivposition III B 12: sonstige Vermögensgegenstände) beziehungsweise sonstigen Verbindlichkeiten oder Rückstellungen erscheinen.

Für die *Nicht-Aktiengesellschaften* dürfte diese Einschränkung der Rechnungsabgrenzungsposten nicht zwingend sein. Es ist jedoch eine grundsätzliche Frage, ob man nicht allgemein, nachdem über den Rechtscharakter der Antizipation größere Klarheit herrscht, auch zu einem entsprechenden Bilanzausweis übergehen sollte. Meines Erachtens ist diese Frage zu bejahen. Im übrigen erfordert ein solcher Ausweis nicht notwendig eine Änderung der Kontierung bei den Rechnungsabgrenzungen. Es kann mit Rücksicht auf ihre besondere Erfassungstechnik zweckmäßig sein, die getrennte Buchung unverändert beizubehalten und lediglich bei Aufstellung der Bilanz eine entsprechende Zusammenfassung der Forderungen und der Schulden vorzunehmen.

Unter die Vorausgaben fallen auch die meisten *Rückstellungen*, sie heben sich jedoch von den bisher besprochenen gewissen Vorausgaben durch *Ungewißheiten* in den Merkmalen des Eintritts, der Höhe und der Fälligkeit ab. So ist zum Beispiel bei Rückstellungen für Pensionsverpflichtungen im Einzelfall während der Pensionsanwartschaft der Eintritt der bedingten Pensionsverpflichtung an sich ungewiß. Nach Erfüllung der Bedingung (zum Beispiel Erreichung des Pensionierungsalters bei bestehender Betriebszugehörigkeit) bleibt der Gesamtbetrag der künftigen Pensionszahlungen ungewiß. Auch die Fälligkeit der Pensionszahlung kann ungewiß sein, wenn diese schon bei Eintritt der Berufsunfähigkeit vor Erreichung der Altersgrenze beginnt.

Das *Aktiengesetz* von 1965 beschränkt den Posten Rückstellungen nicht mehr auf ungewisse Schulden. Neben diesen nennt der erschöpfende Katalog des § 152, Absatz 7 AktG Rückstellungen für drohende Verluste aus schwebenden Geschäften, für im Geschäftsjahr unterlassene Aufwendungen für Instandhaltung oder Abraumbeseitigung, die im folgenden Geschäftsjahr nachgeholt werden, sowie die Gewährleistungen, die ohne rechtliche Verpflichtung erbracht werden.

Die genannten Rückstellungen waren bis dahin handelsrechtlich auch dann zulässig, wenn ihnen der Schuldcharakter fehlte. Dies gilt nicht nur für die Gesellschaften mit beschränkter Haftung und für die eingetragenen Genossenschaften, in deren Bilanzierungsbestimmungen nur Rückstellungen schlechthin ohne weitere Angaben aufgeführt werden, sondern allgemein, also auch für die Aktiengesellschaften nach dem Aktiengesetz von 1937.

Rückstellungen können überwiegend als *zukünftige Barausgaben* betrachtet werden. Im Falle von Rückstellungen für drohende Verluste aus schwebenden Geschäften, für unterlassene Instandhaltung oder Abraumbeseitigung sowie für vertragliche oder freiwillige Gewährleistungen umfassen die betreffenden Aufwendungen auch den Einsatz von Realgüterbeständen, die in der Rechnungsperiode der Rückstellungsbildung bereits vorhanden sind.

Die sogenannten Rückstellungen für *Forderungsausfälle*, auch Delkredererückstellungen genannt, sind Wertberichtigungen zu Forderungen. Während Wertberichtigungen Korrekturposten zu Voreinnahmen darstellen, sind Rückstellungen Ausgabenvorgriffe, ohne unmittelbare Beziehung zu einer Einnahmenbuchung. Das Aktiengesetz von 1965 bezieht daher Rückstellungen für

Forderungsausfälle nicht in die erschöpfende Aufzählung der Rückstellungen ein. Vielmehr ist in § 152, Absatz 6, Satz 2 ihr Ausweis als *Pauschalwertberichtigung* zu Forderungen ausdrücklich vorgeschrieben.

Gemeinsam ist allen Voreinnahmen und Vorausgaben grundsätzlich, daß es sich bei ihnen um *Antizipationen von Barvorgängen* handelt. In diesem umfassenden Sinne können sämtliche Forderungen und Schulden (also im weitesten Sinne zukünftiger Bareinnahmen und Barausgaben) als antizipative Posten gekennzeichnet werden.

Die bisher besprochenen Zahlungsvorgriffe sind erfolgswirksam; neben ihnen umfaßt die Vorverrechnung auch *erfolgsunwirksame* (wechselbezügliche) Zahlungsvorgriffe. Hierbei handelt es sich um den früher gekennzeichneten Rechnungsfall 5. Diese Zahlungsvorgriffe bezwecken nicht, die Erfolgswirkung einer späteren Barzahlung vorwegzunehmen, sondern verhindern bei paarweise, aber in verschiedenen Perioden anfallenden Barzahlungen eine sachlich nicht vorhandene Erfolgswirksamkeit durch rechnungsmäßige Kompensation.

Dies geschieht, indem die ohne weitere Vorkehrungen unvermeidliche Erfolgswirkung der zuerst anfallenden Barzahlung, etwa einer Barausgabe, durch eine Voreinnahme in gleicher Höhe aufgehoben wird. In dieser Hinsicht – und nur in dieser – stellt die Voreinnahme einen Vorgriff auf die spätere Bareinnahme dar. Die Buchung dieser Zahlung selbst im Zeitpunkt ihres Auftretens entfällt nicht. Die Durchführung der dann abermals erforderlichen erfolgsrechnerischen Kompensation wird später behandelt.

Als Beispiel für den bezeichneten Fall der Periodenabgrenzung sei die *Darlehnsgewährung* seitens einer Unternehmung genannt. Die Auszahlung des Darlehns (Barausgabe) heißt *Forderungsausgabe,* da sie eine Forderung entstehen läßt, die erfolgsunwirksam ist. Die mögliche Erfolgswirkung dieser Barausgabe wird durch die Buchung einer gleich hohen Voreinnahme (Forderung), die die zukünftige Rückzahlung des Darlehns ausdrückt, aufgehoben. Auch der Erwerb einer bereits bestehenden Forderung durch Zession und der Kauf einer Teilschuldverschreibung lassen sich so auffassen. Im umgekehrten Falle des *Darlehnsempfangs* heißt die zugehörige Bareinnahme *Schuldeinnahme*, deren Erfolgswirkung entsprechend durch die Buchung einer Vorausgabe (Schuld) kompensiert wird.

Alle entstandenen und gebuchten Forderungen und Schulden, gleichgültig, ob es sich um erfolgswirksame oder erfolgsunwirksame Zahlungsvorgriffe handelt, sollen irgendwann, meist zu einem vereinbarten Zeitpunkt, *getilgt* werden. Hinsichtlich der Tilgung dieser Kreditverhältnisse wird kein weiterer Unterschied gemacht. Der Ausgleich der Kreditbeziehungen zwischen der buchführenden Unternehmung einerseits und anderen Unternehmungen und

Haushaltungen anderseits wird durch Barzahlungen vorgenommen, die *Ausgleichszahlungen* genannt werden. Durch sie werden Zahlungsvorgriffe früherer Perioden bar ausgeglichen.

Da Kreditbeziehungen in zwei Richtungen auftreten können, können Ausgleichszahlungen entweder Ausgleichseinnahmen oder Ausgleichsausgaben sein.

Die *Ausgleichseinnahmen* entsprechen entweder früheren erfolgswirksamen Einnahmenvorgriffen (Voreinnahmen) oder früheren (baren) Forderungsausgaben, in beiden Fällen werden die früher entstandenen Forderungen ausgeglichen. Im ersten Falle handelt es sich um die Bezahlung einer hingegebenen Sach- oder Dienstleistung, im zweiten Falle um die Rückzahlung eines gewährten Darlehns.

Das Verhältnis zwischen den *Ausgleichsausgaben* und den vorangegangenen erfolgswirksamen Ausgabenvorgriffen (Vorausgaben) oder früheren (baren) Schuldeinnahmen ist entsprechend zu interpretieren. In beiden Fällen werden die früher entstandenen Schulden beglichen, wobei es sich entweder um die Bezahlung einer empfangenen Sach- oder Dienstleistung oder um die Rückzahlung eines erhaltenen Darlehns handelt.

Ausgleichseinnahmen und Ausgleichsausgaben dürfen grundsätzlich den Periodenerfolg nicht beeinflussen, weil die Erfolgswirkung der zugehörigen Voreinnahmen oder Vorausgaben entweder schon vorweggenommen wurde oder der Vorgang überhaupt nicht erfolgswirksam war. Die Ausgleichszahlung muß daher in jedem Fall *kompensiert* werden. Dies geschieht durch die Buchung von Verrechnungszahlungen, die Tilgungseinnahmen oder Tilgungsausgaben genannt und unter der Bezeichnung *Tilgungszahlungen* oder Tilgungsverrechnung zusammengefaßt werden.

Die einzelne (bare) Ausgleichszahlung ist jeweils mit einer arithmetisch entgegengesetzten (unbaren) Tilgungszahlung unlösbar gekoppelt. Die Ausgleichsausgaben haben Tilgungseinnahmen, und die Ausgleichseinnahmen haben Tilgungsausgaben im Gefolge. Durch das Buchen von *Tilgungseinnahmen* wird zweierlei erreicht: Einmal wird die Erfolgswirkung barer Ausgleichsausgaben kompensiert, und zum anderen wird gleichzeitig die frühere Vorausgabe, die als Schuld zu Buche steht, entsprechend gemindert; letztere Wirkung ist die Schuldtilgung. Das umgekehrte Bild ergibt sich beim Buchen von *Tilgungsausgaben:* Zum einen wird die Erfolgswirkung barer Ausgleichseinnahmen neutralisiert, und zum anderen wird gleichzeitig die vorangegangene Voreinnahme getilgt (Forderungstilgung). Die Tilgungseinnahmen und die Tilgungsausgaben sind somit zweiseitige oder – in kameralistischer Ausdrucksweise – wechselbezügliche Verrechnungszahlungen. Die *bestandsrechnerische Wirkung* der Tilgungszahlungen inbezug auf die Zahlungsvorgriffe ist, wie bereits gesagt, eine Minderung der Voreinnahmen und Vorausgaben. Unter Hinweis auf spätere Erörterungen der Bestandsrechnung erscheint hier zunächst der Hinweis angebracht, daß bei Benutzung des Kontenschemas die Tilgungszahlungen normalerweise auf dem gleichen Konto wie der betreffende Zahlungsvorgriff gebucht werden, was eine unmittelbare Saldierung zur Folge hat. Dies ist das Verfahren für die endgültige Ausbuchung der Schuldverhältnisse. Dagegen wird bei geschätzten, jedoch noch nicht endgültigen Forderungsausfällen auch ein besonderes Konto für die Tilgungsausgaben geführt, so daß die Bestandsminderungen der Forderungen buchungstechnisch nur mittelbar ausgewiesen werden. Solche unsaldierten Tilgungsausgaben heißen Wertberichtigungen zu Forderungen. Inbezug auf die Vorausgaben ist ein solches Verfahren meist nicht üblich.

Die Tilgungszahlungen entsprechen in ihrer Höhe – abgesehen von Teil- und Ratenzahlungen – prinzipiell stets den ursprünglichen Zahlungsvorgriffen. Das gilt weitgehend auch für die Ausgleichszahlungen. Diese weichen aber in Ausnahmefällen – und dann in der Regel nach unten – von den Zahlungsvorgriffen ab. Ein solcher Fall ist beispielsweise gegeben, wenn Debitorenausfälle zu erwarten sind oder ein Schuldnachlaß erreicht worden ist. Es kann aber auch vorkommen, daß zum Beispiel durch den Verkauf einer in Teilschuldverschreibungen verbrieften Forderung über dem Ankaufskurs die Ausgleichseinnahme die frühere Forderungsausgabe überschreitet oder daß eine Verbindlichkeit in fremder Währung, deren Kurs zwischen dem letzten Bilanzstichtag und dem Tage der Rückzahlung gestiegen ist, mit einem gegenüber der Vorausgabe höheren Betrage an Inlandswährung beglichen werden muß. Derartige Unterschiede zwischen den Tilgungszahlungen (= Zahlungsvorgriffen) und den niedrigeren oder höheren Ausgleichszahlungen werden *Tilgungsabweichungen* genannt; in ihrer Höhe ist der jeweils größere Posten stets teilweise erfolgswirksam. Folgende Fälle sind allgemein möglich:

1. *Forderungstilgungen*
   a) Tilgungsausgabe > Ausgleichseinnahme;
   Differenz = *Aufwandsausgabe* (Beispiel: Forderungsausfall)
   b) Tilgungsausgabe < Ausgleichseinnahme;
   Differenz = *Ertragseinnahme* (Beispiel: Verkauf einer Obligation über dem Ankaufskurs)

2. *Schuldtilgungen*
   a) Tilgungseinnahme > Ausgleichsausgabe;
   Differenz = *Ertragseinnahme* (Beispiel: Schuldnachlaß)

b) Tilgungseinnahme < Ausgleichsausgabe;
Differenz = *Aufwandsausgabe* (Beispiel: Tilgung einer aufgewerteten Verbindlichkeit in Fremdwährung).

Bei den erfolgswirksamen Zahlungsvorgriffen stellen die Tilgungsabweichungen Korrekturen der ursprünglich abgebildeten Erträge und Aufwendungen dar. Meistens handelt es sich um Minderungen der Erträge (zum Beispiel Debitorenausfälle) oder der Aufwendungen (zum Beispiel Schuldnachlässe), in Ausnahmefällen um Erhöhungen der Erträge (zum Beispiel Aufwertung einer Valutaforderung) oder der Aufwendungen (zum Beispiel Aufwertung einer Valutaverbindlichkeit). Dagegen sind Tilgungsabweichungen bei wechselbezüglichen Schuldverhältnissen Ausdruck von Aufwendungen und Erträgen eigener Art, die bei planmäßiger Abwicklung nicht auftreten.

Strenggenommen sind Bareinnahmen und Barausgaben aufgrund von Schuldverhältnissen, soweit die ursprünglichen Zahlungsvorgriffe überschritten werden, keine Ausgleichszahlungen, sondern (zusätzliche) Ertragseinnahmen oder Aufwandsausgaben. Die Tilgungszahlungen sind bei planmäßiger Abwicklung der Schuldverhältnisse grundsätzlich erfolgsunwirksam, das heißt, ihrem Wesen nach neutral. Im Falle von Abweichungen zwischen ursprünglichen Zahlungsvorgriffen und niedrigeren Ausgleichszahlungen ist bei den betreffenden Tilgungszahlungen zwischen einem erfolgsunwirksamen Anteil (in Höhe der niedrigeren Ausgleichszahlung) und einem erfolgswirksamen Anteil (in Höhe der Tilgungsabweichung) zu unterscheiden.

Weitere Erfolgseinflüsse, die nicht Tilgungsabweichungen sind, können bei an sich wechselbezüglichen Schuldverhältnissen auftreten, wenn Darlehn mit einem *Abgeld (Disagio)* oder mit einem *Aufgeld (Agio)* gegeben oder genommen werden. Dabei können entweder Abgeld oder Aufgeld vorkommen, beide Abweichungen vom Nennbetrag können aber auch zusammen auftreten. In diesen Fällen handelt es sich nicht um unvorhergesehene Unterschiede zwischen dem Nennbetrag einerseits, dem Begebungs- und/oder Rückzahlungsbetrag anderseits, sondern um vereinbarte derartige Abweichungen, denen der Charakter einer Korrektur des laufend zu zahlenden Nominalzinses beizulegen ist. Dementsprechend gelten Aufgeld und Abgeld bei Darlehn als zusätzliche einmalige Zinszahlung beziehungsweise als summarische Minderung von laufenden Zinszahlungen. In beiden Fällen handelt es sich um (bare oder kreditorische) Vorauszahlungen, die erfolgsrechnerisch auf die Laufzeit des Darlehns verteilt werden müssen. Die Behandlung dieser Vorgänge gehört daher in den Abschnitt über die Rück- und Nachverrechnung.

Die Methodik des Einbuchens von rechnungstechnischen Zahlungen oder Verrechnungszahlungen hat nicht nur Bedeutung für das Abbilden von Kreditverhältnissen, die sich über mehrere Wirtschaftsperioden erstrecken, sondern sie behält auch dann Gültigkeit, wenn sowohl der Zahlungsvorgriff als auch der zugehörige Zahlungsausgleich in dieselbe Erfolgsperiode fallen. Im allgemeinen erfolgen die erwähnten Verrechnungen nicht nur perioden-, sondern auch *zeitpunktgerecht.* Fallen zum Beispiel ein Zielverkauf und seine bare Regulierung in die gleiche Erfolgsperiode, wird im Zeitpunkt der Ertragsrealisation eine Voreinnahme gebucht, der in der gleichen Periode noch eine regulierende Ausgleichseinnahme mit zugehöriger Tilgungsausgabe gegenübersteht.

Entsprechend verhält es sich mit wechselbezüglichen Zahlungsvorgängen. Den baren Forderungsausgaben und Schuldeinnahmen, welche die Schuldverhältnisse begründen, werden auch dann die kompensierenden Voreinnahmen und Vorausgaben gegenübergestellt, wenn die Ausgleichszahlungen (mit zugehöriger Tilgungsverrechnung) noch in der gleichen Rechnungsperiode erfolgen. Diese generell angewandte Verrechnungstechnik gewährleistet stets eine periodengerechte Erfolgsrechnung und ermöglicht zugleich eine *laufende Bestandsrechnung* über Forderungen und Schulden. Der Gedanke der Periodenabgrenzung ist in diesem Zusammenhang nur ein Ansatzpunkt für das Verständnis der in der Realität vorkommenden Buchungen von Kreditverhältnissen.

Die nachfolgende Abbildung 1 erläutert den *Zusammenhang zwischen erfolgswirksamen Vorgriffen und ihrem Ausgleich.* Einige Beispiele sollen das Verständnis für das Verhältnis von Vorverrechnung, Ausgleichsverrechnung und Tilgungsverrechnung erleichtern:

a) *Voreinnahmen* (Soll): Aktivierung (Forderungsentstehung) für zu fordernde Verkaufs- oder Dienstleistungserlöse, Mieten, Zinsen, Provisionen.

Ausgleichseinnahmen (Kasse oder Bank Soll): Bareingang oder Überweisung dieser Verkaufs- oder Dienstleistungserlöse, Mieten, Zinsen, Provisionen.

Tilgungsausgaben (Haben): Tilgung der Forderungen auf Verkaufs- und Dienstleistungserlöse, Mieten, Zinsen, Provisionen auf den gleichen Konten, denen die Voreinnahmen belastet wurden.

b) *Vorausgaben* (Haben): Passivierung (Schuldentstehung) für zu zahlende Aufwendungen (Sofortverbrauch) an gekauften Waren, Roh-, Hilfs- und Betriebsstoffen, in Anspruch genommene Dienstleistungen, Mieten, Zinsen, Provisionen, für rückständige Löhne, für aufgeschobene Instandsetzungen (Rückstellung).

Ausgleichsausgaben (Kasse oder Bank Haben): Barausgang oder Überweisung für aufgewandte (sofort verbrauchte) Waren, Roh-, Hilfs- und Betriebsstoffe, in Anspruch genommene Dienstleistungen, Mieten, Zinsen, Provisionen, Löhne, Instandsetzungen.

Tilgungseinnahmen (Soll): Tilgung der geschuldeten oder zurückgestellten Beträge auf den entsprechenden Konten.

Abb. 1. Vor- und Tilgungsverrechnung bei erfolgswirksamen Zahlungsvorgriffen (zugleich zeitlicher Ablauf)

	I. Periode des erfolgswirksamen Vorgriffs	
1. Voreinnahmen	Kreditorischer Vorgriff auf zukünftige Barzahlungen; erfolgswirksame antizipative Vorverrechnung; spätestens beim Abschluß der Periode	1. Vorausgaben
	II. Periode der Tilgung	
2. Ausgleichseinnahmen	Eintritt der vorher antizipierten Barzahlungen in der gleichen oder in späteren Perioden; im Zusammenhang mit Position 3 grundsätzlich erfolgsunwirksam; nur erfolgswirksam, soweit Abweichungen von den Tilgungszahlungen nach oben	2. Ausgleichsausgaben
3. Tilgungsausgaben	Kompensation der Barzahlungen (Position 2) bei deren Eintritt; gleichzeitig Tilgung der Vorgriffe; grundsätzlich erfolgsunwirksam; nur erfolgswirksam, soweit Abweichungen von den Ausgleichszahlungen nach oben	3. Tilgungseinnahmen

Auf Konten dargestellt, erhält man folgende Skizze (vergleiche Abbildung 1):

a) Entstehung und Tilgung von erfolgswirksamen Forderungen

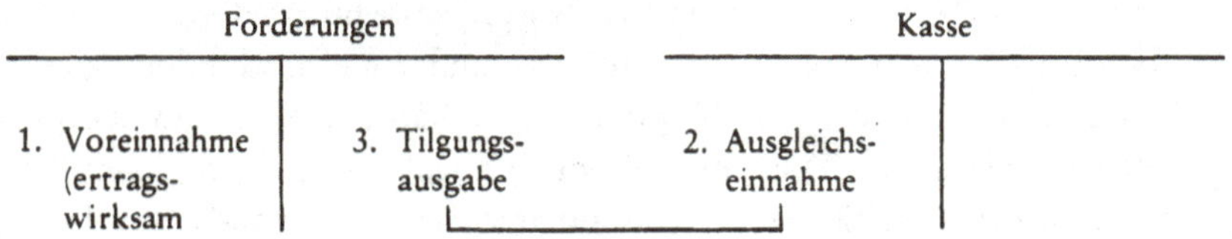

b) Entstehung und Tilgung von erfolgswirksamen Schulden

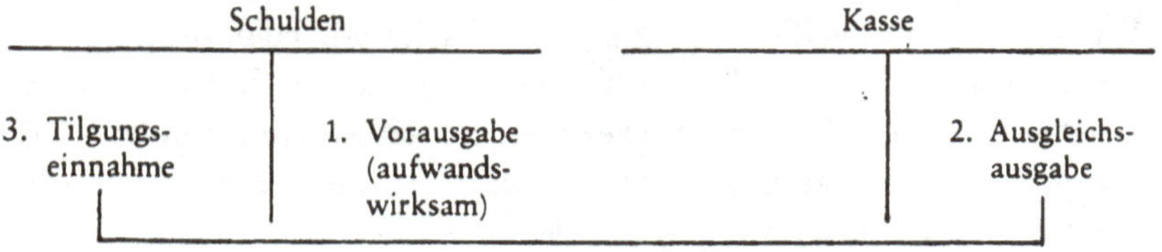

Der *Zusammenhang zwischen den wechselbezüglichen Vorgriffen und ihrem Ausgleich* wird in Abbildung 2 dargestellt. Dazu folgende Beispiele:

a) *Forderungsausgaben* (Kasse oder Bank Haben): Barausgang oder Überweisung für Darlehnsgewährung (auch für Forderungszessionen, Ankauf von Wechseln und Obligationen) oder Erwerb von Beteiligungen (Aktien, GmbH-Anteile, Kommanditanteile).

Voreinnahmen (Soll): Aktivierung (Forderungsentstehung) dieser Darlehns-, Hypotheken-, Kontokorrent-, Wechsel- und Anleiheforderungen oder der erworbenen Beteiligungsforderungen (Aktien, GmbH-Anteile, Kommanditanteile).

Ausgleichseinnahmen (Kasse oder Bank Soll): Bareingang oder Überweisung für Rückzahlungen von gewährten Schuldschein- oder Hypothekendarlehn, Begleichung der erworbenen Kontokorrentforderungen, Einlösung der angekauften Wechsel, Tilgung oder Weiterveräußerung von Obligationen, Liquidations- oder Veräußerungserlöse aus Beteiligungen.

Tilgungsausgaben (Haben): Tilgung der Darlehns-, Hypotheken-, Kontokorrent-, Wechsel- und Anleiheforderungen oder der Beteiligungsforderungen inform von Aktien, GmbH-Anteilen, Kommanditanteilen auf den gleichen Konten, denen die Voreinnahmen belastet wurden.

b) *Schuldeinnahmen* (Kasse oder Bank Soll): Bareingang oder Überweisung für aufgenommene Schuldschein- oder Hypothekendarlehn, Kontokorrent-, Akzept- und Anleiheschulden oder für begebene Anteilsrechte am Eigenkapital inform von Aktien, GmbH-Anteilen, Kommanditanteilen.

Vorausgaben (Haben): Passivierung (Schuldentstehung) dieser Darlehns-, Hypotheken-, Kontokorrent-, Akzept- und Anleiheschulden oder der Eigenkapitalanteile (Grundkapital, Stammkapital, Kommanditkapital).

Ausgleichsausgaben (Kasse oder Bank Haben): Barausgang oder Überweisung für Rückzahlungen von aufgenommenen Schuldscheindarlehn, Kontokorrent- und Akzeptschulden, Hypothekendarlehn und Anleihen, Auszahlung von Eigenkapitalanteilen aus Kapitalherabsetzung oder Liquidation an Aktionäre, GmbH-Gesellschafter, Kommanditisten.

Tilgungseinnahmen (Soll): Tilgung der Darlehns-, Hypotheken-, Kontokorrent-, Akzept- und Anleiheschulden oder der herabgesetzten beziehungsweise gänzlich ausgeglichenen Eigenkapitalanteile (Grundkapital, Stammkapital, Kommanditkapital) auf den gleichen Konten, denen die Vorausgaben gutgeschrieben wurden.

Abb. 2. Vor- und Tilgungsverrechnung bei wechselbezüglichen, erfolgsunwirksamen Zahlungsvorgriffen (zugleich zeitlicher Ablauf)

	I. Periode des erfolgsunwirksamen Vorgriffs (Kreditgewährung)	
1. Forderungs-ausgaben	Barzahlungen zur Begründung eines aktiven oder passiven Schuldverhältnisses; im Zusammenhang mit Position 2 stets erfolgsunwirksam	1. Schuld-einnahmen
2. Vor-einnahmen	Kreditorischer, wechselbezüglicher Vorgriff auf zukünftige bare Rückzahlungen; Kompensation der Barzahlungen (Position 1), daher stets erfolgsunwirksam	2. Vor-ausgaben
	II. Periode der Tilgung	
3. Ausgleichs-einnahmen	Eintritt der vorher antizipierten Bar- (Rück-)zahlungen in der gleichen oder in späteren Perioden; im Zusammenhang mit Position 4 grundsätzlich erfolgsunwirksam; nur erfolgswirksam, soweit Abweichungen von den Tilgungszahlungen nach oben	3. Ausgleichs-ausgaben
4. Tilgungs-ausgaben	Kompensation der Barzahlungen (Position 3) bei deren Eintritt; gleichzeitig Tilgung der Vorgriffe; grundsätzlich erfolgsunwirksam; nur erfolgswirksam, soweit Abweichungen von den Ausgleichszahlungen nach oben	4. Tilgungs-einnahmen

Auf Konten dargestellt, erhält man nachstehende Skizze (vergleiche Abbildung 2):

a) Entstehung und Tilgung von erfolgsunwirksamen Forderungen

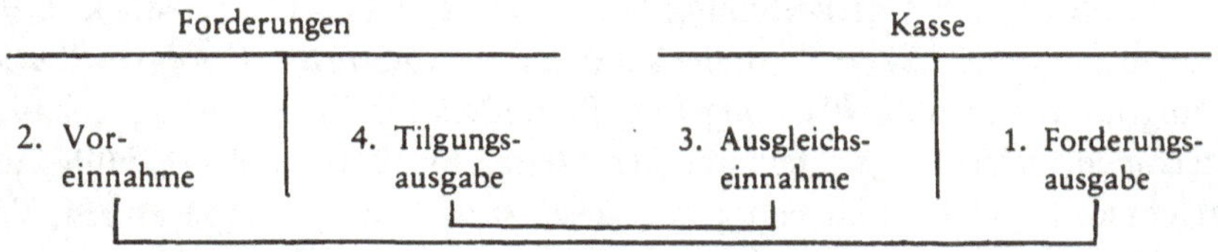

b) Entstehung und Tilgung von erfolgsunwirksamen Schulden

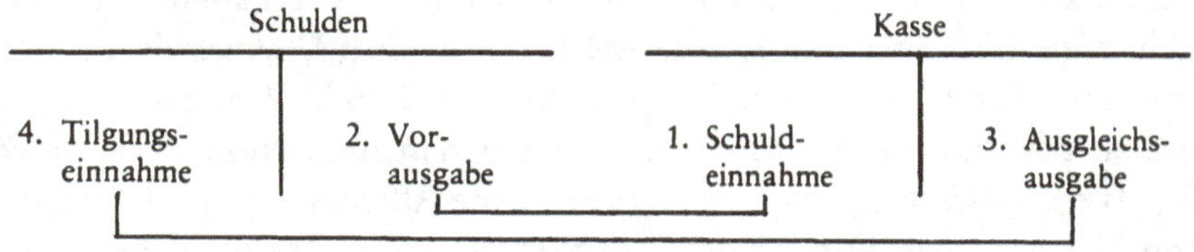

Bei erfolgswirksamen Zahlungsvorgängen werden also stets *drei Buchungen* derart ausgeführt, daß durch den Vorgriff ein Saldo entsteht, während Ausgleichs- und Tilgungszahlungen einander entsprechen (die Tilgungszahlungen die – latente – Erfolgswirkung der Ausgleichszahlungen kompensieren), so daß beide erfolgsunwirksam bleiben (ausgenommen Tilgungsabweichungen). Bei reinen (wechselbezüglichen) Finanzvorgängen treten *zweimal zwei einander entsprechende Buchungen* auf (zwei im Soll, zwei im Haben), so daß keine Erfolgswirkung eintreten kann. Dabei wird jeweils die – latente – Erfolgswirkung der Barzahlung durch die hinzukommende Verrechnungszahlung kompensiert. Allein Tilgungsabweichungen beeinflussen den Erfolg.

Für den Zusammenhang von Vorverrechnung und Tilgungsverrechnung gilt folgende *Regel*: Es kann nicht mehr getilgt werden als vorher vorverrechnet worden ist, das heißt, die Tilgungseinnahmen beziehungsweise Tilgungsausgaben sind höchstens gleich ($\leqq$) den Vorausgaben beziehungsweise Voreinnahmen. Folglich besteht stets ein Voreinnahmen- beziehungsweise Vorausgabenüberschuß, der auch gleich Null werden kann. Diese Überschüsse stellen die jeweils vorhandenen Forderungen beziehungsweise Schulden dar.

Die Tatsache, daß die kaufmännische Buchhaltung in ihrer heutigen Gestalt aus einer Darstellung der Forderungen und Schulden hervorgegangen ist, das heißt, die Aufzeichnung der Barvorgänge, *historisch* gesehen, dem Aufschreiben der Kreditvorgänge folgt, widerspricht nicht dem hier vorgetragenen Ableitungszusammenhang. Bei diesem handelt es sich nicht um entwicklungsgenetische Beziehungen, sondern um theoretische *Sachzusammenhänge* im Rahmen der Periodenabgrenzung.

(2) Rückverrechnung und Nachverrechnung

Es kommt in der Unternehmung häufig vor, daß – als Gegenstück zu den bisher behandelten Fällen – umgekehrt *Barzahlungen der Erfolgsrealisation (Erfolgswirkung) zeitlich vorangehen.* Besonders für Grundstücke, Gebäude, Maschinen, Werkzeuge, immaterielle Werte, für Waren, Roh-, Hilfs- und Betriebsstoffe, Halb- und Fertigerzeugnisse sowie für Großreparaturen, Vorauszahlungen für sämtliche derartige Lieferungen oder Leistungen, für Versicherungsprämien, Mieten und Zinsen erfolgen die Ausgaben zumeist *vor der Aufwandsrealisation.* Die der Unternehmung für die genannten Ausgaben zugehenden Sachgüter und Rechte werden in großem Umfange in der abzurechnenden Erfolgsperiode nicht verbraucht, sondern bleiben ganz oder teilweise als Bestände für Nutzung oder Verbrauch in zukünftigen Perioden vorrätig. Wegen dieser Eigenschaft werden solche Ausgaben in der kameralistischen Literatur[5] als *Vorratsausgaben* bezeichnet. Vorratsausgaben kommen nicht nur als Barzahlungen vor, sondern treten auch als Vorausgaben auf, zum

[5] Vergleiche Johns, Rudolf: Kameralistik. Grundlagen einer erwerbswirtschaftlichen Rechnung im Kameralstil. Wiesbaden 1951, S. 17ff.

Beispiel beim Kauf von Maschinen auf Kredit oder beim Wareneinkauf gegen Ziel. Hierbei handelt es sich um den früher gekennzeichneten Rechnungsfall 3.

Alle Vorratsausgaben beziehen sich auf Realgüter, deren Verbrauch oder Nutzung die abzurechnende Erfolgsperiode überschreitet. Ihre Erfolgswirkung muß daher bei einmaligem Verbrauch in dessen Zeitraum verlagert, bei fortlaufender Nutzung auf die Nutzungsperioden verteilt werden. Dies geschieht durch eine rechnungstechnische Maßnahme, mit der die Vorratsausgaben in der gegenwärtigen Erfolgsperiode durch gleichhohe Verrechnungseinnahmen *erfolgsrechnerisch neutralisiert* werden. Diese rechnungstechnischen oder Verrechnungseinnahmen heben nicht die Bar- und Vorausgaben als solche auf, wohl aber machen sie ihre Erfolgswirkung rückgängig, die ohne eine solche Maßnahme eintreten würde.

Die *Erfolgswirkung* tritt im Ausgabenzeitraum *vorläufig* ein, wenn bei der Buchung von Barausgaben oder Vorausgaben noch nicht erkennbar ist, welcher Teil der dafür zugegangenen Lieferung oder Leistung in der Rechnungsperiode tatsächlich erfolgswirksam ist und welcher Teil als Bestand (Vorrat) verbleibt, so daß man die Buchung einer Verrechnungseinnahme zunächst *ganz unterläßt.* Man kann dann so vorgehen, daß die dem Bestand entsprechende Verrechnungseinnahme bis zum Abschluß aufgeschoben wird. Hier gilt für Vorausgaben zunächst das in Abbildung 1 dargestellte Verfahren. Erst daran schließt sich später die in Abbildung 3 angegebene Rückverrechnung an.

Entsprechend kann auch beim umgekehrten Verfahren, nämlich bei der sofortigen Kompensation der gesamten Vorratsausgaben, die Periodenabgrenzung *bis zum Abschluß offengelassen* werden. Dann gelten die Charakterisierung der Bar- und Vorausgaben als Vorratsausgaben sowie die Höhe der Verrechnungseinnahmen nur vorläufig bis zum Abschluß, bei dem dann die endgültige Höhe der Verbrauchsanteile und der Bestände sichtbar wird. Hier gilt nur das in Abbildung 3 dargestellte Verfahren.

Die Kompensation der Vorratsausgaben, die entweder in unmittelbarem Zusammenhang mit der Ausgabenbuchung oder spätestens beim Periodenabschluß vorzunehmen ist, wird in der buchhalterischen Terminologie allgemein als *Aktivierung* bezeichnet. Die Verrechnungseinnahme wird kurz *Rückeinnahme* genannt, da sie die Vorratsausgabe als Abfluß liquider Mittel nicht beseitigt, sondern ihre Erfolgswirkung durch Einsetzung eines gleichhohen Gegenpostens nichtliquider Art rechnungstechnisch neutralisiert. In diesem Sinne kann man auch von einer Rückverrechnung von Ausgaben sprechen (rückwärts verrechnete oder rückverrechnete Ausgaben).

Die den Vorratsausgaben entsprechenden Realgüterzugänge finden in den Perioden ihres Verbrauchs beziehungsweise ihrer Nutzung keinen Ausdruck in

Barzahlungen. Auch die Rückverrechnung der Vorratsausgaben durch Buchung von Rückeinnahmen bewirkt nur in den Zeiträumen der Zahlungsvorgänge eine unmittelbare Richtigstellung des Periodenerfolges und beeinflußt nicht zwangsläufig die Abrechnung in den betreffenden Verbrauchs- und Nutzungszeiträumen. Daher verlangt deren Erfolgsermittlung die Abbildung der fraglichen Aufwendungen durch Verrechnungsausgaben, die nicht den früheren Abfluß liquider Mittel berühren, wohl aber deren früher kompensierte Erfolgswirkung nachträglich, einmalig oder auf mehrere Erfolgsperioden verteilt, herbeiführen. Diese nachträgliche Buchung rechnungstechnischer Ausgaben wird als Nachverrechnung bezeichnet, die Posten selbst heißen *Nachausgaben,* das heißt, nachträglich verrechnete oder nachverrechnete Ausgaben.

Die Nachausgaben vertreten bezüglich der Erfolgswirkung die vorangegangenen Vorratsausgaben. In dieser Hinsicht ist keine unmittelbare Anknüpfung an die Rückeinnahmen gegeben. Dabei sind nur die endgültigen Größen relevant, wie sie sich beim Abschluß herausstellen. Vorläufige Vorratsausgaben und vorläufige Rückeinnahmen sind in diesem Zusammenhang ohne Bedeutung. Der Vortrag der Verrechnungsreste, wie er bei der Führung von Bestandskonten üblich ist, ist für die Erfolgsermittlung entbehrlich. Es bedarf lediglich der Erinnerung an die frühere Kompensation von Vorratsausgaben und an deren Höhe, um den Belangen der Erfolgsrechnung in den Verbrauchs- oder Nutzungszeiträumen zu genügen. Allerdings ist dabei nicht zu übersehen, daß praktisch der Bestandsvortrag diese Erinnerung gewährleistet.

Wenn man neben der für die Systemanalyse der Erfolgsrechnung dominierenden Aufgabe der Erfolgsermittlung die zusätzliche Aufgabe (Nebenaufgabe) der *Bestandsrechnung* berücksichtigt, dann ist – wie bei der Vorverrechnung – der *Vortrag der Verrechnungsreste* (Verrechnungsbestände) aus der Vorperiode unentbehrlich. Die Nachausgaben knüpfen dann unmittelbar an die vorgetragenen Rückeinnahmen an und mindern sie vollständig (bei einmaligem Verbrauch) oder teilweise (bei mehrjähriger Nutzung), was beim Abschluß in der Saldierung zum Ausdruck kommt. Nachausgaben bedeuten die *Auflösung (Minderung) von Aktiven* (aktivierten Vorratsausgaben = Rückeinnahmen). Im Falle der mehrjährigen Nutzung werden die Nachausgaben als (aktive) *Abschreibungen* bezeichnet. Ähnlich wie bei den Wertminderungen der Forderungen besteht buchtechnisch die Möglichkeit, die Nachausgaben bis zur Gebrauchsunfähigkeit oder bis zum Ausscheiden des betreffenden Wirtschaftsgutes auf einem besonderen Konto zu führen, so daß die Bestandsminderung und die Saldierung nur mittelbar zum Ausdruck kommen. Die buchtechnisch unsaldierten Nachausgaben sind dann Wertberichtigungen zu Sachanlagen.

Auf der Seite der Einnahmen gibt es den Vorratsausgaben entsprechende Fälle, in denen die *Bareinnahmen (oder auch Voreinnahmen) der Ertragsrealisation vorangehen.* Dabei handelt es sich zum Beispiel um erhaltene Vorauszahlungen für Warenlieferungen, Werkleistungen und Werklieferungen sowie für sonstige Leistungen, etwa noch zu gewährende Raum- oder Kapitalnutzungen. Diese ganz oder teilweise bereits bezahlten Lieferungen und Leistungen werden zum Teil oder gänzlich in einem oder in mehreren nachfolgenden Rechnungszeiträumen erbracht. Die Erfolgswirkung der betreffenden Einnahmen muß daher in diesen Zeitraum der Ertragsrealisation *verlagert* werden oder auf die Zeiträume der Ertragsrealisation *verteilt* werden.

Bei der Benennung der fraglichen Einnahmen könnte man zunächst an das Gegenstück auf der Ausgabenseite anknüpfen und von Vorratseinnahmen sprechen. Der weitgefaßte Begriff des (aktiven) Vorrats läßt sich jedoch nicht ohne Zwang auf die Verpflichtungen zu Sachleistungen übertragen, welche den empfangenen Vorauszahlungen entsprechen. Die Bezeichnung *Reservateinnahmen* dürfte besser sein, da in ihr zum Ausdruck kommt, daß der in ihnen enthaltene Ertrag vorerst aufgespeichert, das heißt, für die Erfolgsrechnung nachfolgender Perioden reserviert werden muß. Diese Reservierung oder Kompensierung der Erfolgswirkung von Reservateinnahmen im Zeitraum ihres Anfalls wird durch gleichhohe Verrechnungsausgaben bewirkt, die – analog zur Neutralisierung von Vorratsausgaben durch Rückeinnahmen – als *Rückausgaben* bezeichnet werden. Auch sie berühren nicht den vorangegangenen Zahlungsvorgang als solchen, sondern ausschließlich seine Erfolgswirkung. In der buchhalterischen Terminologie spricht man bei der Kompensation von Reservateinnahmen durch Rückausgaben von *Passivierung.*

Weitere Parallelen zur Periodenabgrenzung von Vorratsausgaben bestehen hinsichtlich des Zahlungscharakters der Reservateinnahmen und ihrer Eindeutigkeit inbezug auf die Rechnungsperiode im Zeitpunkt des Zahlungsvorganges. So können Reservateinnahmen nicht nur bar, sondern auch als Voreinnahmen auftreten, wenn zum Beispiel Vorauszahlungen inform von Wechseln eingehen. Im Zeitpunkt der Reservateinnahme, beispielsweise einer Vorauszahlung für eine Werkleistung, kann der Termin für die Erfolgsrealisation ungewiß sein, so daß dann die Möglichkeiten der Buchung entweder einer *vorläufigen Ertragseinnahme* oder einer *vorläufigen Reservateinnahme* bestehen. Erst beim Abschluß läßt sich der Erfolgscharakter des Zahlungsvorganges inbezug auf die Rechnungsperiode endgültig bestimmen. Weiterhin besteht auch hier die Möglichkeit, daß bei einer Einnahme mit eindeutigem Erfolgscharakter zunächst eine vorläufige Buchung vorgenommen wird und die periodengerechte Aufteilung bewußt bis zum Abschluß aufgeschoben wird. So können Mietvorauszahlungen grundsätzlich ertragswirksam gebucht werden, obwohl aufgrund vertraglicher Vereinbarungen der zu kompensierende Anteil von vornherein feststeht.

Die Berücksichtigung der in den Reservateinnahmen enthaltenen *Erfolgswirkung* stellt das Spiegelbild der Nachverrechnung von Vorratsausgaben dar. In dem Zeitraum oder den Zeiträumen der Güterausbringung finden die betreffenden Lieferungen oder Leistungen keinen Ausdruck in Barzahlungen; denn die Rückausgaben stellen den Periodenerfolg nur in den Zeiträumen des Anfalls von Reservateinnahmen richtig. Eine zwangsläufige Beeinflussung der Leistungszeiträume findet nicht statt. Die Abbildung der fraglichen Erträge kann wiederum nur durch Buchung von Verrechnungseinnahmen geschehen, die mit dem früheren Zufluß liquider Mittel als solchem nichts zu tun haben, wohl aber deren früher kompensierte Erfolgswirkung nachträglich, einmalig oder auf mehrere Erfolgsperioden verteilt, herbeiführen. Die mit dem beschriebenen Zweck auftretenden Verrechnungseinnahmen werden *Nacheinnahmen*, das heißt, nachträglich verrechnete oder nachverrechnete Einnahmen, genannt.

Die Nacheinnahmen knüpfen unmittelbar an die Reservateinnahmen an, deren Erfolgswirkung sie vertreten. Diese Anknüpfung wird durch Erinnerung an die frühere Kompensation bewirkt. Ein Vortrag der kompensierenden Rückausgaben selbst ist nicht erforderlich, aber praktisch geboten. Versteht man Buchhaltung nicht nur als rein erfolgsrechnerischen Kalkül, sondern bezieht auch die *Bestandsrechnung* ein, dann ist der Bestandsvortrag systematisch notwendig; die Nacheinnahmen knüpfen dann an die vorgetragenen Rückausgaben an und mindern sie vollständig (bei einmaliger Leistung) oder teilweise (bei mehrjähriger Leistung), was beim Abschluß in der Saldierung zum Ausdruck kommt. Nacheinnahmen bedeuten die *Auflösung (Minderung) von Passiven* (passivierten Reservateinnahmen = Rückausgaben). Im Falle mehrjähriger Verteilung von Rückausgaben kann man die Nacheinnahmen auch als (passive) *Abschreibungen* bezeichnen.

Zu den Vorratsausgaben und zu den Reservateinnahmen gehören auch Barzahlungen aufgrund von *Dauerschuldverhältnissen,* welche den Aufwands- und Ertragsrealisationen vorangehen. Sie werden dementsprechend zunächst erfolgsrechnerisch kompensiert und später nachverrechnet. Die Verrechnungszahlungen, welche die Kompensation herbeiführen, nämlich Rückeinnahmen und Rückausgaben, werden als Bilanzbestände auch *transitorische Rechnungsabgrenzungsposten* genannt.

Die Eigenart der Dauerschuldverhältnisse, denen diese Posten entstammen, und die Besonderheiten ihrer Erfassung sind im Rahmen der Vor- und Tilgungsverrechnung bereits erörtert worden. Daraus ergab sich die Einsicht, daß eine *Sonderstellung* der sogenannten Rechnungsabgrenzungsposten sowohl im Hinblick auf den formalen Rechnungsmechanismus als auch hinsichtlich der praktisch geübten und rechtlich anerkannten Buchungs- und Bilanzierungsprinzipien *abzulehnen* ist. Die Eigenart der Dauerschuldverhältnisse im Vergleich zu den auf einmalige Leistungen gerichteten Schuldverhältnissen ist für die Buchungs- und Bilanzierungsproblematik irrelevant. Die Besonderheiten der Erfassungstechnik liegen nicht auf der Ebene des formalen Rechnungsmechanismus und erscheinen nicht gewichtig genug, um darauf Einfluß zu nehmen. Daher sind die betreffenden Fälle, wie zum Beispiel geleistete Vorauszahlungen für Mieten, Zinsen, Versicherungsprämien, Löhne oder Provisionen und entsprechend erhaltene Vorauszahlungen als Vorratsausgaben und Reservateinnahmen zu behandeln. In ihrem Sachbezug gleichen die fraglichen Zahlungen den geleisteten und empfangenen Voraus- oder Anzahlungen für einmalige Lieferungen und Leistungen.

Diese Aussagen werden von den *aktienrechtlichen Vorschriften* zur Gliederung der Jahresbilanz in den §§ 151, Absatz 1 und 152, Absatz 9 AktG nicht berührt, wonach Ausgaben und Einnahmen vor dem Abschlußstichtag, soweit sie Aufwand oder Ertrag für eine bestimmte Zeit nach diesem Tage darstellen, als Rechnungsabgrenzungsposten ausgewiesen werden dürfen. Dabei handelt es sich nicht mehr um den grundlegenden Formalaufbau von Buchhaltung und Bilanz, sondern um den Ausdruck einer praktischen Bedürfnissen folgenden weiteren Gliederung der hier behandelten Abgrenzungsfälle. In diesem Zusammenhang bestehen keine Bedenken, bei der Kontengliederung in den Kontenplänen und bei der Bilanzgliederung neben der Güterart auch das Merkmal der Erfassungstechnik zu berücksichtigen.

Rückeinnahmen und Rückausgaben bilden die *Rückverrechnung*, Nacheinnahmen und Nachausgaben die zugehörige *Nachverrechnung*. Rückverrechnung, Nachverrechnung, Vorverrechnung und Tilgungsverrechnung ergeben Verrechnungszahlungen, die auf Barzahlungen zurückgeführt werden können und damit unter dem erweiterten Zahlungsbegriff zusammengefaßt werden.

Nachstehende Abbildung 3 erläutert den *Zusammenhang zwischen Rück- und Nachverrechnung*. Einige Beispiele sollen das Verständnis dieser Rechnungstechnik erleichtern:

a) *Reservateinnahmen* (Kasse oder Bank Soll): Vorausempfangene Verkaufs- und Dienstleistungserlöse, Mieten, Zinsen.

   Rückausgaben (Haben): Passivierung der vorausempfangenen Erlöse, Mieten, Zinsen.

   Nacheinnahmen (Soll): Erfolgswirksame Abbuchung der passivierten Beträge auf den Reservatkonten (erhaltene Anzahlungen, Mieten, Zinsen).

b) *Vorratsausgaben* (Kasse, Bank oder Kreditoren Haben): Barzahlung, Überweisung oder Vorausgaben für gekaufte Waren, Stoffe, Maschinen.

Rückeinnahmen (Soll): Aktivierung der gekauften Waren, Stoffe, Maschinen.

Nachausgaben (Haben): Buchung des Verbrauchs von Waren, Stoffen oder der Abschreibung von Maschinen auf den aktiven Bestandskonten (oder entsprechenden passiven Bestandsberichtigungskonten).

Abb. 3. Rück- und Nachverrechnung (zugleich zeitlicher Ablauf)

	I. Periode der erfolgsunwirksamen Zahlung	
1. Reservateinnahmen	Noch nicht erfolgswirksame Barzahlungen oder kreditorische Vorgriffe	1. Vorratsausgaben
2. Rückausgaben	Kompensatorische Wirkung; spätestens beim Abschluß der Periode	2. Rückeinnahmen
	II. Periode der (durchweg) erfolgswirksamen Nachverrechnung	
3. Nacheinnahmen	Übertragung der Erfolgswirkung von Vorratsausgaben und Reservateinnahmen (Position 1) in spätere Perioden; (in der Regel) erfolgswirksame transitorische Nachverrechnung	3. Nachausgaben

Für den Zusammenhang von Rückverrechnung und Nachverrechnung gilt folgende *Regel*: Es kann nicht mehr nachverrechnet werden als vorher rückverrechnet worden ist, das heißt, die Nacheinnahmen beziehungsweise Nachausgaben sind höchstens gleich (≦) den Rückausgaben beziehungsweise Rückeinnahmen. Folglich besteht stets ein Rückeinnahmen- beziehungsweise Rückausgabenüberschuß, der auch gleich Null werden kann. Diese Überschüsse stellen die vorhandenen Vorräte beziehungsweise Reservate dar.

Nachausgaben (und Nacheinnahmen) sind im Regelfall *erfolgswirksam*. Auf die abweichenden Sonderfälle wird im nächsten Abschnitt hingewiesen.

Auf Konten dargestellt, erhält man nachstehende Skizze (vergleiche Abbildung 3):

a) Vorräte

Maschinen		Kasse (oder Schulden)	
2. Rückeinnahme (Aktivierung)	3. Nachausgabe (aktive Abschreibung)		1. Vorratsausgabe

b) Reservate

Vorausempfangene Miete		Kasse (oder Forderungen)	
3. Nacheinnahme (passive Abschreibung)	2. Rückausgabe (Passivierung)	1. Reservateinnahme	

c) Die Periodenabgrenzung im Überblick

In den vorangegangenen Abschnitten über Barzahlungen und Verrechnungszahlungen ist die Struktur der Operationen in der periodischen Erfolgsrechnung erklärt worden, soweit diese im Modell der systematischen einfachen Buchhaltung vollzogen werden. Damit ist zugleich der zentrale Teil der doppelten Buchhaltung, der die Bestandskonten (Bilanzkonten) umfaßt, behandelt worden. Abbildung 4 zeigt (nach einer Anregung von Martin Kühnau)

Abb. 4. Periodenabgrenzung in der Erfolgsrechnung

Fall	*Vergangene Perioden* (—1)		*Gegenwärtige Abrechnungsperiode* (0)		*Zukünftige Perioden* (+1)	
	Z	G	Z	G	Z	G
I a			Barzahlung Vorverrechnung		Barzahlung Tilgungsverrechnung	
I b	Barzahlung Vorverrechnung		Barzahlung Tilgungsverrechnung			
II			Barzahlung	*		
III a			Vorverrechnung	*	Barzahlung Tilgungsverrechnung	
III b	Vorverrechnung	*	Barzahlung Tilgungsverrechnung			
IV a			Barzahlung Rückverrechnung		Nachverrechnung	*
IV b	Barzahlung Rückverrechnung		Nachverrechnung	*		

die erforderlichen rechnungstechnischen Maßnahmen nochmals im Gesamtüberblick.

Der Zusammenhang zwischen den realen Gütervorgängen (Spalte G) und den entsprechenden (erfolgswirksamen) Zahlungsvorgängen (Spalte Z) sowie zwischen erfolgsunwirksamen (wechselbezüglichen) Zahlungsvorgängen (ebenfalls Spalte Z), der bei der Periodenabgrenzung entscheidend ist, wird deutlich erkennbar. Die Darstellung unterscheidet drei Rechnungsperioden. Betrachtungsgegenstand für die verschiedenen Fälle der Abgrenzung von Barzahlungen ist die gegenwärtige Abrechnungsperiode 0 (die beiden mittleren Spalten). Die Periode – 1 faßt die vergangenen, die Periode + 1 die zukünftigen Abrechnungsperioden zusammen. In den Fällen zeitpunktgenauer Abgrenzung, etwa innerhalb der Jahresrechnung, schrumpft die Periode 0 auf den Abrechnungszeitpunkt zusammen. Jede der drei Perioden ist unterteilt in zwei Spalten: Spalte Z für Zahlungsbewegungen (Einnahmen oder Ausgaben) und Spalte G für erfolgswirksame Gütervorgänge (Aufwand oder Ertrag).

Die Fälle I betreffen *wechselbezügliche* Zahlungsvorgänge, das heißt, reine *Finanzbewegungen.* Der Fall II behandelt den glatten Fall, der *keine Abgrenzung* erfordert. Die Fälle III stellen die antizipative *Vorverrechnung* mit anschließender Tilgungsverrechnung, die Fälle IV die transitorische *Rückverrechnung* mit nachfolgender Nachverrechnung dar.

Nach der Erfolgswirksamkeit lassen sich die Barzahlungen zunächst in zwei Arten gliedern:

A. In der gegenwärtigen Periode *erfolgsunwirksame,* weil wechselbezügliche Zahlungsvorgänge
   1. bare Schuldeinnahmen, bare Forderungsausgaben (I a)
   2. bare Ausgleichseinnahmen, bare Ausgleichsausgaben (I b)

B. In der gegenwärtigen Periode *erfolgswirksame* Zahlungsvorgänge, nämlich bare Ertragseinnahmen, bare Aufwandsausgaben (II).

Daneben sind vier Fälle der *Periodenabgrenzung erfolgswirksamer Vorgänge* zu unterscheiden:

1. der Gütervorgang geht der Barzahlung voran (III a und III b),
2. die Barzahlung geht dem Gütervorgang voran (IV a und IV b).

In diesen Fällen sind wegen der Zurechnung der Erfolgswirkung zu den früheren (III a und III b) oder den späteren Perioden (IV a und IV b), in denen sich die Gütervorgänge vollziehen, die Barzahlungen bezüglich ihres Erfolgscharakters als *zeitraumneutral* zu kennzeichnen. Hierunter fallen im einzelnen folgende Barzahlungen:

1. bare Ausgleichseinnahmen, bare Ausgleichsausgaben (Fall IIIa in der Periode + 1, Fall IIIb in der Periode 0)
2. bare Reservateinnahmen, bare Vorratsausgaben (Fall IVa in der Periode 0; Fall IVb in der Periode – 1).

Die miteinander *gekoppelten Fälle* IIIa/IIIb und IVa/IVb lassen sich entweder als Darstellung jeweils des gleichen Buchungsvorganges im Zeitablauf oder als Darstellung simultaner gleichartiger Buchungsvorgänge auffassen.

Die erfolgswirksamen Vorgänge der Periode 0 treten in Spalte G hervor; sie sind durch das Symbol * gekennzeichnet. Abzubildende *Gütervorgänge* sind in den Fällen II, IIIa und IVb gegeben. Die Abbildung erfolgt im Falle II durch Barzahlung, im Falle IIIa durch Voreinnahme oder Vorausgabe, das heißt, durch rechnungsmäßigen Vorgriff in Anknüpfung an die in Periode + 1 unter Z sichtbare Barzahlung (Ausgleichseinnahme oder Ausgleichsausgabe). Im Falle IVb wird der Gütervorgang durch Nacheinnahmen und Nachausgaben abgebildet, das heißt, durch rechnungsmäßige Nachholung der in der Periode – 1 sichtbaren Barzahlung (Reservateinnahme oder Vorratsausgabe).

Die Vorgänge der antizipativen oder Vor-Verrechnung (Voreinnahmen und Vorausgaben) sowie der transitorischen oder Nach-Verrechnung (Nacheinnahmen und Nachausgaben) haben den gleichen Erfolgscharakter wie die baren Ertragseinnahmen und Aufwandsausgaben; es sind in der Rechnungsperiode erfolgswirksame Zahlungsvorgänge. Der Unterschied liegt im Zahlungscharakter; während bei den baren Ertragseinnahmen und Aufwandsausgaben das Merkmal des baren Zahlungsvorgangs an sich mit dem Merkmal der Erfolgswirkung gekoppelt auftritt, fehlt den vorverrechneten und nachverrechneten Posten jenes Substrat. Ihr relevantes Merkmal in der Abrechnungsperiode ist allein die *Erfolgswirkung*, allerdings abgeleitet von den beziehungsweise bezogen auf die entsprechenden Barzahlungen (Ausgleichszahlungen, Reservateinnahmen, Vorratsausgaben). Diesen wesensnotwendigen Zusammenhang bringt die Bezeichnung Verrechnungszahlung zum Ausdruck, den Vorgängen ist ein *mittelbarer Zahlungscharakter* im Gegensatz zum unmittelbaren Zahlungscharakter der Barzahlungen eigen.

In den Fällen IIIb und IVa ist innerhalb der Abrechnungsperiode die Spalte G nicht besetzt, das heißt, den dort auftretenden Barzahlungen (IIIb: Ausgleichszahlungen, IVa: Reservateinnahmen und Vorratsausgaben) fehlt der die Erfolgswirksamkeit bestimmende Bezug auf einen Gütervorgang. Darum muß die rein formal jedem Einzelposten in der systematischen einfachen Buchhaltung innewohnende Erfolgswirkung kompensiert werden. Die oben bereits erwähnte Zeitraumneutralität der fraglichen Zahlungsvorgänge ist bei deren isolierter Betrachtung keine Eigenschaft des Einzelpostens, sondern ergibt sich erst aus der Koppelung mit kompensierenden Posten. Als solche treten im Falle IIIb Tilgungsausgaben und Tilgungseinnahmen, im Falle IVa Rückeinnahmen und Rückausgaben auf.

Den genannten kompensierenden (kompensatorischen) Buchungen fehlt jeder Bezug auf einen Gütervorgang; daher handelt es sich um *grundsätzlich erfolgsunwirksame (wesensneutrale) Verrechnungszahlungen.* Ihr Zweck ist ausschließlich, die Erfolgswirkung zeitraumneutraler Zahlungen zu kompensieren. Dabei wirken die wesensneutralen und die zeitraumneutralen Posten wechselseitig kompensatorisch; denn auch die wesensneutralen Buchungen sind, isoliert (das heißt, ohne Bindung an den zu kompensierenden Gegenposten) betrachtet, erfolgswirksam. Diese latente Erfolgswirksamkeit tritt bei den Tilgungsabweichungen hervor, wenn die Ausgleichszahlungen von den erfolgswirksamen Vorgriffen abweichen, wogegen die Tilgungszahlungen stets in Höhe der ursprünglichen Zahlungsvorgriffe gebucht werden. In dieser Erfolgswirkung kommt jedoch kein originärer Bezug auf einen Gütervorgang zum Ausdruck; es handelt sich vielmehr um die Korrektur des Zahlungsausdrucks für einen bereits berücksichtigten Gütervorgang.

Den Vorgängen der Tilgungsverrechnung und der Rückverrechnung fehlt wiederum das Substrat des ursprünglichen Zahlungsvorgangs. Sie leiten ihren Zahlungscharakter vom kompensierten Barvorgang ab, das heißt, vom gleichen Zahlungsvorgang, auf den sich auch die entsprechende erfolgswirksame Verrechnungszahlung (Vorverrechnung, Nachverrechnung) bezieht. Daher werden auch die Tilgungsbuchungen und die Buchungen der Rückverrechnung als Verrechnungszahlungen klassifiziert.

Die Fälle I, die *reinen Finanzvorgänge,* nehmen unter den übrigen Fällen in der Periodenerfolgsrechnung eine Sonderstellung ein, weil die betreffenden Barzahlungen weder in der gegenwärtigen Abrechnungsperiode noch in einer vergangenen oder zukünftigen Periode Gütervorgänge abbilden, wie ein Blick auf die nicht besetzten Spalten G in allen drei Perioden zeigt. Die Barzahlungen (Schuldeinnahmen, Forderungsausgaben, Ausgleichseinnahmen und Ausgleichsausgaben) sind daher grundsätzlich erfolgsunwirksam oder wesensneutral. Der Fall Ia stellt die Begründung eines Schuldverhältnisses in der Abrechnungsperiode dar (Schuldaufnahme oder Darlehnsgewährung), wobei über den Bereich des juristisch bestimmten Schuldverhältnisses hinaus ein buchhalterischer Schuld- beziehungsweise Forderungsbegriff zugrundezulegen ist, der auch die aktiven und passiven Beteiligungen einbezieht. Der Fall Ib stellt eine entsprechende Rückzahlung dar.

Der *Erfolgsunwirksamkeit* der fraglichen Barzahlungen entspricht auf beiden Stufen der Darstellung die erfolgsrechnerische Kompensation der Barzahlung; im ersten Falle (Ia) durch kreditorischen Vorgriff auf die künftige

Rückzahlung, im zweiten Falle (Ib) durch eine Tilgungszahlung. Diese kompensatorischen Posten sind wegen ihrer Wechselbezüglichkeit, das heißt, ihrer Bindung an einen Gegenposten, *grundsätzlich erfolgsunwirksam oder wesensneutral.* In diesem Erfolgscharakter und in ihrer kompensatorischen Funktion entspricht die Tilgungszahlung des Falles Ib völlig derjenigen des Falles IIIb.

Beim Auftreten von *Tilgungsabweichungen* machen die Unterschiede zwischen der vom Zahlungsvorgriff abweichenden Ausgleichszahlung und der Tilgungszahlung, welche die Höhe des Vorgriffs hat, *Erfolgseinflüsse* sichtbar, die nicht dem Realgüterstrom entstammen. Es handelt sich vielmehr um originäre Aufwendungen oder Erträge aus dem Nominalgüterstrom, um nicht-vorhersehbare Verluste oder Gewinne aus aktiven oder passiven Darlehn und Beteiligungen.

In der Darstellung der Periode 0 wird davon der Fall Ib betroffen. In der Spalte G kann der Erfolgsvorgang nicht symbolisiert werden, weil es sich nicht um die Abbildung eines Realgütervorgangs handelt. Gleichzeitig liegt eine Wertabweichung zwischen den Barzahlungen in den Perioden −1 und 0 vor. Entsprechende Überlegungen gelten für die Tilgungsabweichungen im Falle IIIb. Analog sind die Fälle Ia und IIIa in der Periode +1 aufzufassen.

Die Kennzeichnung der Buchungsvorgänge nach ihrem *Zahlungscharakter* und nach ihrem *Erfolgscharakter* wird in den Abbildungen 5 und 6 zusammengefaßt.

Abb. 5. Gliederung der buchhalterischen Vorgänge nach ihrem Zahlungscharakter

I. *Bare (unmittelbare) Zahlungsvorgänge:* Barzahlungen
   a) Bareinnahmen (Einzahlungen)
   b) Barausgaben (Auszahlungen)

II. *Verrechnete (mittelbare) Zahlungsvorgänge:*
   Rechnungstechnische Zahlungen oder Verrechnungszahlungen
   a) Verrechnungseinnahmen (rechnungstechnische Einnahmen)
   b) Verrechnungsausgaben (rechnungstechnische Ausgaben)

   1. *Vorverrechnung:* Kreditorische Vorgriffe auf zukünftige Barzahlungen
      a) Voreinnahmen (Forderungsentstehung)
      b) Vorausgaben (Schuldentstehung)

   2. *Tilgungsverrechnung:* Auflösung der früheren Vorverrechnung
      a) Tilgungseinnahmen (Schuldtilgung)
      b) Tilgungsausgaben (Forderungstilgung)

   3. *Rückverrechnung:* Kompensation von Vorratsausgaben und Reservateinnahmen
      a) Rückeinnahmen
      b) Rückausgaben

   4. *Nachverrechnung:* Auflösung der früheren Rückverrechnung
      a) Nacheinnahmen
      b) Nachausgaben

Das Merkmal des *Zahlungscharakters* bestimmt die Gliederung der Buchungsvorgänge auf der obersten Stufe, das heißt, die Klassifikation in Barzahlungen und Verrechnungszahlungen, die gleichbedeutend ist mit der Trennung der Buchung *unmittelbarer* Zahlungsvorgänge von der Aufzeichnung verrechneter Zahlungsvorgänge, das heißt, *mittelbarer* Zahlungsbuchungen.

Die weitere Gliederung der Verrechnungszahlungen beruht in Abbildung 5 auf dem *zeitlichen Verhältnis* der Verrechnungsvorgänge zu den Barzahlun-

Abb. 6. Gliederung der buchhalterischen Vorgänge nach ihrem Erfolgscharakter

A. In der Abrechnungsperiode *erfolgswirksame* Zahlungsvorgänge
- I. *Barzahlungen*
  - a) bare Ertragseinnahmen
  - b) erfolgswirksame Ausgleichseinnahmen (in Höhe der Tilgungsabweichungen) = Teilklasse von a
  - c) bare Aufwandsausgaben
  - d) erfolgswirksame Ausgleichsausgaben (in Höhe der Tilgungsabweichungen) = Teilklasse von c
- II. *Verrechnungszahlungen*
  - 1. Vorverrechnung (antizipative Verrechnung)
    - a) erfolgswirksame Voreinnahmen
    - b) erfolgswirksame Vorausgaben
  - 2. Tilgungsverrechnung
    - a) erfolgswirksame Tilgungseinnahmen (in Höhe der Tilgungsabweichungen)
    - b) erfolgswirksame Tilgungsausgaben (in Höhe der Tilgungsabweichungen)
  - 3. Nachverrechnung (transitorische Verrechnung)
    - a) erfolgswirksame Nacheinnahmen (Regelfall)
    - b) erfolgswirksame Nachausgaben (Regelfall)

B. In der Abrechnungsperiode *erfolgsunwirksame* Zahlungsvorgänge
- I. In früheren oder späteren Perioden erfolgswirksame, in der Abrechnungsperiode *zeitraumneutrale* Zahlungsvorgänge
  - 1. Barausgleich erfolgswirksamer Vorgriffe (früher erfolgswirksam, jetzt nicht mehr erfolgswirksam)
    - a) Ausgleichseinnahmen für erfolgswirksame Voreinnahmen (e)
    - b) Ausgleichsausgaben für erfolgswirksame Vorausgaben (f)
  - 2. Transitorisch zu verrechnende Barzahlungen und Zahlungsvorgriffe (später erfolgswirksam, jetzt noch nicht erfolgswirksam)
    - a) bare Reservateinnahmen (g)
    - b) bare Vorratsausgaben (h)
    - c) Reservat-Voreinnahmen (i)
    - d) Vorrats-Vorausgaben (k)
  - 3. Barausgleich transitorisch zu verrechnender Zahlungsvorgriffe (früher oder später erfolgswirksam, je nach dem zeitlichen Verhältnis der voneinander unabhängigen transitorischen Verrechnung und der Ausgleichszahlung)
    - a) Ausgleichseinnahmen für Reservat-Voreinnahmen (l)
    - b) Ausgleichsausgaben für Vorrats-Vorausgaben (m)

II. Dauernd erfolgsunwirksame, das heißt, *wesensneutrale* Zahlungsvorgänge
- 1. *wechselbezügliche* Barzahlungen
  - a) Schuldeinnahmen (a)
  - b) Forderungsausgaben (b)
  - c) Ausgleichseinnahmen für wechselbezügliche Voreinnahmen (c)
  - d) Ausgleichsausgaben für wechselbezügliche Vorausgaben (d)
- 2. *kompensatorische* Verrechnungszahlungen
  - a) wechselbezügliche Voreinnahmen (b)
  - b) wechselbezügliche Vorausgaben (a)
  - c) erfolgsunwirksame Tilgungseinnahmen
    - aa) für erfolgswirksame Vorausgaben (f)
    - bb) für Vorrats-Vorausgaben (m)
    - cc) für wechselbezügliche Vorausgaben (d)
  - d) erfolgsunwirksame Tilgungsausgaben
    - aa) für erfolgswirksame Voreinnahmen (e)
    - bb) für Reservat-Voreinnahmen (l)
    - cc) für wechselbezügliche Voreinnahmen (c)
  - e) Rückeinnahmen (h, k)
  - f) Rückausgaben (g, i)

gen, auf welche sich die Verrechnung bezieht oder von denen sie abgeleitet ist. Die vorverrechneten Zahlungen gehen den betreffenden Barzahlungen voran, die nachverrechneten Zahlungen folgen ihnen nach.

Sowohl bei den erfolgswirksamen als auch bei den erfolgsunwirksamen *Vorverrechnungen* ist der zahlungsmäßige Bezug übereinstimmend auf die zukünftige Barzahlung (Ausgleichszahlung) gerichtet. Bei den erfolgswirksamen Vorverrechnungen liegt das, wie Abbildung 4 im Falle III a zeigt, auf der Hand. Im Falle I a hebt der außerdem gegebene Bezug der wechselbezüglichen Voreinnahmen und Vorausgaben auf die baren Schuldeinnahmen und Forderungsausgaben den Erfolgscharakter dieser miteinander gekoppelten Buchungen auf (kompensatorische Wirkung).

Nachverrechnungen sind im Regelfall erfolgswirksam. Doch gibt es bestimmte Einzelfälle, in denen dies nicht gilt. Wenn zum Beispiel Warenvorräte (Rückeinnahmen) dem Eigenverbrauch des Unternehmers zugeführt werden, handelt es sich um erfolgsunwirksame Privatentnahmen (Kapital- oder Gewinnentnahmen). Dann steht der Nachausgabe kompensatorisch eine Tilgungseinnahme (Wertberichtigung zum Eigenkapital) oder eine Voreinnahme (Forderung) gegenüber. Der Fall, daß eine Reservateinnahme (Rückausgabe) sich später in eine Kapitaleinlage umwandelt und der Nacheinnahme kompensatorisch eine Vorausgabe (Schuld) entspricht, ist wohl nur als theoretisches Schulbeispiel denkbar.

Ferner werden Vorauszahlungen an Lieferer (Rückeinnahmen) und von Kunden (Rückausgaben) durch Nachverrechnung nur dann erfolgswirksam, wenn der Güterverbrauch beziehungsweise der Güterabsatz durch Lieferung tatsächlich stattfindet. Werden zum Beispiel die gekauften Güter auf Lager genommen, so werden sie zunächst durch nochmalige Rückeinnahmen erfolgsunwirksam aktiviert. Erfolgt ausnahmsweise eine Rückzahlung der vorausgezahlten Beträge oder ihre Aufrechnung, so stehen der Nachverrechnung kompensatorische Buchungen gegenüber, so daß keine Erfolgswirkung eintritt.

Nachstehend sollen die verschiedenen *Möglichkeiten* nochmals zusammengestellt werden:

I. Vorratsausgaben für *gelieferte Realgüter* (zum Beispiel Waren):
Kompensation durch Rückeinnahmen (= Vorrat)

1. *Verbrauch* der Realgüter (Regelfall):
aufwandswirksame Nachausgabe
2. *Selbstverbrauch* (Entnahme):
erfolgsunwirksame Nachausgabe,
Kompensation durch Tilgungseinnahme oder Voreinnahme
3. *Rücklieferung* von Realgütern:
erfolgsunwirksame Nachausgabe,
Kompensation durch Voreinnahme oder durch Tilgungseinnahme bei Aufrechnung mit einer bestehenden Schuld

II. Vorratsausgaben für *Ansprüche auf Realgüter:*
Kompensation durch Rückeinnahmen (= Realforderung)

1. *Lieferung* der vorausbezahlten Waren auf Vorrat:
erfolgsunwirksame Nachausgabe (Minderung der Realforderung) und Rückeinnahme (= Vorrat) wie I
2. *Verbrauch* der vorausbezahlten Versicherungsprämie:
aufwandswirksame Nachausgabe

III. Reservateinnahmen für *geschuldete Realgüter:*
Kompensation durch Rückausgaben (= Realschuld),
bei *Lieferung oder Leistung* ertragswirksame Nacheinnahme.

In Abbildung 6 bestimmt der Erfolgscharakter die Gliederung der Buchungen ausschließlich auf der obersten Stufe (A und B) sowie im Falle B auf der Stufe der ersten Untergliederung (I und II). In der weiteren Einteilung kommen Erfolgscharakter und Zahlungscharakter kombiniert zur Geltung.

Die in Abbildung 6 aufgeführten Zahlungsvorgänge, die in der Abrechnungsperiode erfolgsunwirksam sind, werden nicht nur als zeitraum- oder wesensneutral gekennzeichnet, was hinsichtlich des Erfolgscharakters erschöpfend ist, sondern in B II zusätzlich mit den Attributen wechselbezüglich und/oder kompensatorisch versehen.

Wechselbezüglichkeit von Buchungen bedeutet deren Erfolgsunwirksamkeit durch Entsprechung von Bareinnahmen und Barausgaben in der Totalperiode oder – in der Teilperiode – durch Entsprechung von Schuldeinnahmen beziehungsweise Forderungsausgaben und wechselbezüglichen Vorausgaben beziehungsweise Voreinnahmen sowie von zusammengehörigen Ausgleichszahlungen und Tilgungszahlungen. Es handelt sich dabei um die Begründung und den Ausgleich von Schuldverhältnissen im weiteren Sinne, wobei diese reinen Finanzvorgänge (mit Ausnahme von Tilgungsabweichungen) wesensneutral sind. Hierzu gehören in Abbildung 6 unter B II folgende acht Fälle: die 4 wechselbezüglichen Barzahlungen Ia bis Id und die 4 Verrechnungszahlungen 2a, 2b, 2c/cc und 2d/cc.

Demgegenüber läßt sich bei erfolgswirksamen Schuldverhältnissen die Beziehung zwischen zeitraumneutralen Ausgleichszahlungen und den entsprechenden Tilgungszahlungen *nicht als wechselbezüglich* kennzeichnen, weil hier im Gesamtvorgang keine paarweisen Barzahlungen auftreten, sondern jeweils nur einzelne Barzahlungen gegeben sind. Die Wechselbezüglichkeit reiner Finanzvorgänge läßt sich immer auf ein Paar entsprechender Bareinnahmen und -ausgaben in der Totalperiode zurückführen. In dieser Weise gehören in Abbildung 6 unter B II die Fälle 1a und 1d sowie 1b und 1c zusammen.

Während „wechselbezüglich" das gegenseitige Entsprechungsverhältnis zweier Buchungen meint, bedeutet *„kompensatorisch"* die neutralisierende Erfolgswirkung einer Verrechnungszahlung inbezug auf eine Bar- oder auch Verrechnungszahlung. Geht man von den Barzahlungen als dem Grundinhalt der Buchhaltung aus, so ist die neutralisierende Erfolgswirkung der zur Barzahlung hinzutretenden Verrechnungszahlung kompensatorisch. So wird bei einem wechselbezüglichen Buchungspaar, Schuldeinnahme und Vorausgabe oder Forderungsausgabe und Voreinnahme, nur die jeweils zweite Buchung – isoliert betrachtet – als kompensatorisch bezeichnet, weil sie die formal unvermeidliche Erfolgswirkung einer zunächst einseitig anfallenden Barzahlung neutralisiert. Alle erfolgsunwirksamen Tilgungszahlungen sind ebenfalls kompensatorisch inbezug auf die entsprechenden Ausgleichszahlungen.

Die *Buchungen der Rückverrechnung* sind nicht wechselbezüglich, weil in diesen Fällen die Grundfigur der sich innerhalb der Totalperiode entsprechenden Ein- und Auszahlungen nicht gegeben ist. Es geht hier also nicht darum, den in der Totalperiode gewissermaßen selbsttätigen Ausgleich der Bareinnahmen und Barausgaben in den verschiedenen Perioden des Zahlungsanfalls zu verdoppeln, sondern um die einmalige Neutralisierung barer (oder kreditorischer) Reservateinnahmen und Vorratsausgaben. Die Rückverrechnung ist also typisch kompensatorisch. Sie erstreckt sich nicht nur auf Barzahlungen, sondern auch auf Reservat-Voreinnahmen und Vorrats-Vorausgaben.

Alle wechselbezüglichen Bar- und Verrechnungszahlungen sind stets auch kompensatorisch. Umgekehrt sind nur bestimmte kompensatorische Buchungen auch wechselbezüglich. *Die wechselbezüglichen Buchungen bilden somit eine Unterklasse der kompensatorischen Buchungen.*

Knüpft man an die früheren fünf Rechnungsfälle an, so ergibt sich der *Rechnungszusammenhang* in Abbildung 7. Die Zahl der Begriffe mag zunächst verwirren und bedarf der gedanklichen Versenkung. Man übersehe dabei nicht, daß es sich um klar umrissene Sachverhalte handelt, für die es zum Teil neue und präzise Wortausdrücke zu finden galt. Sie erst ermöglichen eine Deduktion der gesamten buchhalterischen Abrechnung. Insbesondere gestatten sie eine exakte und einheitliche Deutung jedes einzelnen Buchungsanrufes. Die dem Leser zunächst ungewohnte Denkweise erweist sich als

Abb. 7. Rechnungszusammenhang der systematischen einfachen Buchhaltung

Rechnungsfälle	*Rechnungsverfahren*	*Buchungen*
	a) Reine Barrechnung	
(1) Erfolgsrealisation und Barzahlungen fallen in die gleiche Periode	Erfolgswirksame Barrechnung	Erfolgswirksame Bareinnahmen und Barausgaben
(4) Wechselbezügliche Bareinnahmen und Barausgaben fallen in die gleiche Periode	Finanzvorgänge als reine Barrechnung	Schuldeinnahmen und Ausgleichsausgaben; Forderungsausgaben und Ausgleichseinnahmen
	b) Vor- und Tilgungsverrechnung (Antizipation)	
(2) Die Erfolgsrealisation geht den Barzahlungen voraus	Erfolgswirksame Vorverrechnung Tilgungsverrechnung	Erfolgswirksame Voreinnahmen und Vorausgaben Ausgleichseinnahmen und Tilgungsausgaben; Ausgleichsausgaben und Tilgungseinnahmen
(5) Wechselbezügliche Bareinnahmen und Barausgaben fallen in verschiedenen Perioden	Erfolgsunwirksame Vorverrechnung von Finanzvorgängen	Voreinnahmen und Forderungsausgaben; Vorausgaben und Schuldeinnahmen
	c) Rück- und Nachverrechnung (Transition)	
(3) Die Erfolgsrealisation folgt den Barzahlungen	Rückverrechnung	Reservateinnahmen und Rückausgaben; Vorratsausgaben und Rückeinnahmen
	Nachverrechnung	Nacheinnahmen und Nachausgaben

wissenschaftlich und praktisch überaus fruchtbar. Sie dient nicht nur der buchhalterischen Denkschulung, sondern zeigt auch sonst ungeahnte Zusammenhänge der Buchhaltung und Bilanzierung und hebt das Verständnis für ungeklärte und strittige Fragen. Schließlich führt sie zu einer geschlossenen Darstellung der Buchhaltung, Erfolgsrechnung, Bilanz und Bewertung.

Greift man nur die erfolgswirksamen Einnahmen und Ausgaben heraus, so zeigt das *Flußdiagramm* in Abbildung 8 die Bewegungen dieser Zahlungsvorgänge. Die Ertragseinnahmen setzen sich aus erfolgswirksamen Bareinnahmen, Voreinnahmen und Nacheinnahmen, die Aufwandsausgaben aus erfolgswirksamen Barausgaben, Vorausgaben und Nachausgaben zusammen. Die Nachverrechnung schließt sich an die Passivierung der baren Reservateinnahmen und der Reservat-Voreinnahmen als Rückausgaben und an die Aktivierung der baren Vorratsausgaben und der Vorrats-Vorausgaben als Rückeinnahmen an.

Im Gegensatz zur systematischen einfachen Buchhaltung des Modells stellt die *einfache Buchhaltung der Praxis* ein unvollständiges beziehungsweise verstümmeltes Gebilde dar. Sie ist nicht systematisch aufgebaut und gestattet daher keine Erfolgsermittlung durch Kontenabschluß. Grundsätzlich werden nur die Kassenbewegungen (in einem Journal oder Kassenbuch) erfaßt. Hinzu treten bei Bedarf die (unbaren) Kreditvorgänge (in einem Memorial und auf Personen- oder Kontokorrentkonten im sogenannten Hauptbuch); jedoch fehlen Konten für das Eigenkapital. Sogenannte Sachkonten, insbesondere für Anlage- und Umlaufvermögen, werden nicht geführt. Da eine periodische Erfolgsrechnung allein durch den Kassenabschluß nicht möglich ist, bedient man sich einer Distanzrechnung durch Bestandsvergleich.

Dieser Vergleich wird summarisch und ohne Berücksichtigung des Eigenkapitals durchgeführt, indem man das sogenannte Reinvermögen (Gesamtvermögen minus Fremdkapital) am Ende und Anfang der Periode gegenüberstellt (Vermögensvergleich). Der ermittelten Differenz müssen dann Entnahmen zugerechnet werden; Einlagen sind abzuziehen. Beide Bilanzen werden nicht aus der Buchhaltung, schon gar nicht durch Abschluß, abgeleitet, sondern durch tatsächlichen Befund aufgrund körperlicher Aufnahme (Inventur) ermittelt. Soweit möglich, stützt man sich dabei auf vorhandene Aufschreibungen (Kasse, Personenkonten). Vollständigkeit der Bilanzposten und genaue Periodenabgrenzung werden jedoch kaum erreicht.

Theoretisch müßte der lückenlose Bestandsvergleich aufgrund derartiger *Inventurbilanzen* zum gleichen Ergebnis führen wie die ausgebaute Abschlußbilanz. Darauf beruht der praktische Näherungswert dieser ersatzweisen Erfolgsrechnung. Unter einfach gelagerten Verhältnissen (Einzelhandel, Handwerk) ist sie daher durchaus brauchbar.

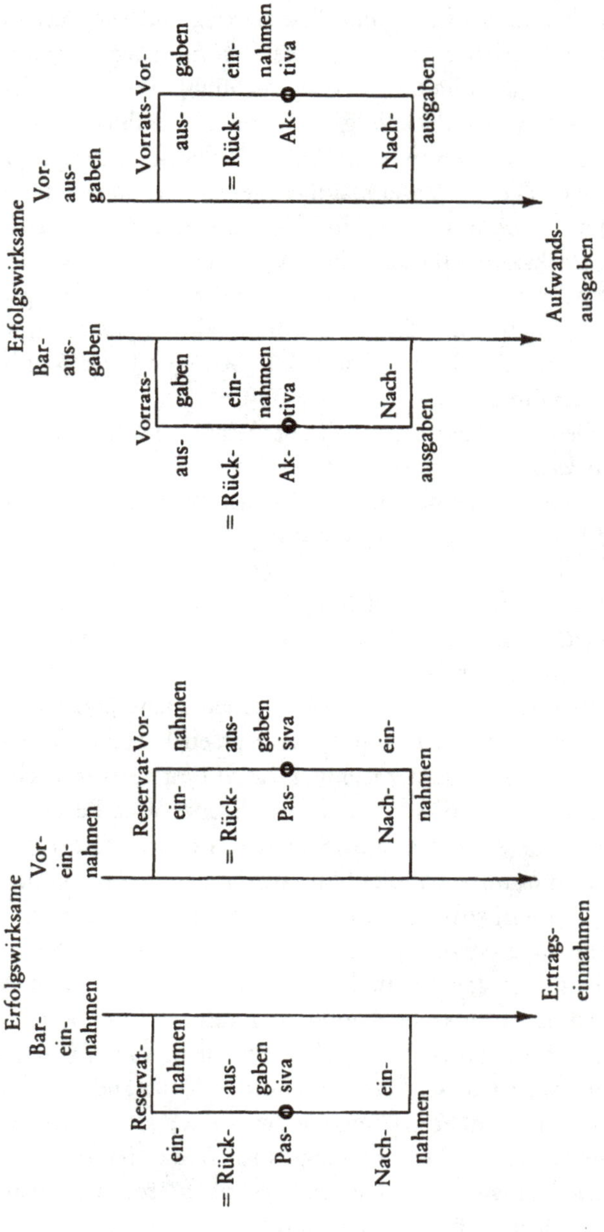

Abb. 8. Flußdiagramm der erfolgswirksamen Zahlungsbewegungen

d) Die Genauigkeit der Periodenabgrenzung

Vom pragmatischen Standpunkt wird gegen die Periodenabgrenzung und damit gegen die Bilanzrechnung überhaupt als Haupteinwand vorgebracht, daß sie derart *ungenau, subjektiv und fiktiv* seien, daß ihre Durchführung kaum möglich oder sinnvoll sei. Diese Tatsache läßt sich keineswegs leugnen, darf aber nicht daran hindern, den Aufbau des Buchhaltungssystems klarzustellen und zu fundieren. Die praktische Anwendung ist von dem wissenschaftlichen Bilanzverständnis zu trennen; sie hat ihre eigenen Probleme.

Daß das Rechnungswesen in der wirtschaftlichen Wirklichkeit immer nur *Approximation,* Annäherung an ein gesetztes Rechnungsziel sein kann, ist unbestreitbar und selbstverständlich. Wer von der Rechnungspraxis zahlenmäßige Akribie verlangt, fordert Unmögliches. Es kann daher nur danach gestrebt werden, den Grad der relativen Approximation der Periodenabgrenzung an eine gedachte absolut-exakte Abgrenzung möglichst zu erhöhen.

Schon *Schmalenbach* hat Prinzipien der Periodenabgrenzung aufgestellt, um die relative Genauigkeit zu gewährleisten.

Das Grundprinzip der *Kontinuität,* das die Periodenerfolgsrechnung mit der Totalerfolgsrechnung verbindet, sichert insofern die langfristige Genauigkeit, als dadurch erreicht wird, daß alle Vorgänge ausnahmslos und irgendwann einmal erfaßt werden. Kein Geschäftsvorfall wird weder vergessen noch mehrmals berücksichtigt. Die Beständebilanz ist das verknüpfende Band, das mit der Kontinuität zugleich die *Kongruenz* über die Totalperiode hin garantiert.

Das Prinzip der *Vergleichbarkeit* dient dazu, die kurzfristige Genauigkeit inbezug auf jede andere Periode zu verbessern, indem es verlangt, stets die gleichen Abgrenzungsverfahren und Bemessungsmethoden zu benutzen. Es kommt nach Schmalenbach weniger auf den absolut richtigen Gewinn an, der sich zudem nicht ermitteln läßt, sondern auf den periodisch vergleichbaren Gewinn.

Als drittes Prinzip läßt sich der Grundsatz der *Verursachung* aufstellen. Hier handelt es sich um die individuelle Genauigkeit der einzelnen Periode. Aufwand und Ertrag sollen möglichst so verteilt werden, wie sie in der betreffenden Periode hervorgerufen wurden beziehungsweise entstanden sind.

Endlich ist auf den Grundsatz der *Aperiodizität* hinzuweisen, der Kongruenz und Vergleichbarkeit gegenseitig sichert. Ohne die Berücksichtigung aperiodischer Aufwendungen und Erträge würde der Grundsatz der Kongruenz verletzt und die Erfolgsrechnung Lücken enthalten. Ihre Aussonderung aus dem Periodengewinn korrigiert wiederum die zwangsweise falsche Periodenerfolgsrechnung und verbürgt die Ermittlung eines vergleichbaren Gewinns.

Auf diese Weise wirken die Prinzipien der Kongruenz, Vergleichbarkeit und Aperiodizität zusammen, um die approximativ-relative Genauigkeit der Erfolgsrechnung zu erhöhen, da exakt-absolute Genauigkeit unerreichbar ist.

Um diese Grundsätze der Genauigkeit praktisch durchzusetzen, sind *Hypothesen* über die periodische Abgrenzung der Aufwendungen und Erträge aufzustellen. Hierbei geht es um die faktischen Grundlagen, die weitgehend auf die realen Mengenbewegungen des Güterverbrauchs und der Güterentstehung zurückgreifen.

Derartige Hypothesen beziehen sich zum Beispiel auf den *Zeitpunkt der Realisation.* Während bare Einnahmen und Ausgaben die eindeutige Basis der Anschaffungswerte (Wertrealisation) bilden, wirkt sich die Frage nach der Zeitpunktrealisation bereits bei der Antizipation erfolgswirksamer Forderungen und Schulden aus. Zahlungsvorgriffe gründen sich auf Barzahlungen, deren Höhe erst in der Zukunft genau feststeht. Mitunter ist es möglich, sie aufgrund von Unterlagen, insbesondere vertraglichen Fixierungen, vorauszuberechnen. In anderen Fällen, zum Beispiel bei Rückstellungen, müssen sie geschätzt werden.

Die *mengenmäßige Verbrauchsermittlung* bei Stoffen, Waren und Erzeugnissen erfordert Hypothesen, um Verbrauch und verbleibenden Bestand periodisch abzugrenzen. Die Praxis hat hier verschiedene Methoden entwickelt, die ihre spezifischen Vorzüge und Nachteile haben. Besondere Probleme entstehen für die Schätzung der Dauer und den verbrauchsbedingten Intensitätsverlauf bei der *Aufwandsverteilung für Sachanlagen,* die zu einer Fülle widerstreitender Abschreibungsverfahren geführt haben.

Um die Vergleichbarkeit der Periodenerfolge zu sichern, ist es notwendig, die hypothetisch angesetzten Verteilungsverfahren operational und genau festzulegen und die einmal gewählte periodische Abgrenzungsmethode unverändert beizubehalten, solange sie überzeugend begründet werden kann.

Die meisten Schwierigkeiten für eine genaue Periodenabgrenzung treten in der Praxis bei der *transitorischen Aufwandsverteilung* auf, das heißt, bei der Rück- und Nachverrechnung von Realgütern[6]. Obwohl es sich um die Abgrenzung von Rückeinnahmen (Aktivierung von Vorratsausgaben) und Nachausgaben (Aufwandsausgaben) handelt, sind die dahinterstehenden *mengenmäßigen Realgüterbewegungen* von ausschlaggebender Bedeutung. Die Parallelität von Nominal- und Realvorgängen ist die Voraussetzung für die Erfaßbarkeit und Rechenbarkeit der realen Bestands- und Verbrauchsbewegungen. Dennoch kann die Periodenabgrenzung nicht allein aus den Zahlungsvorgängen abgeleitet werden, sondern muß gerade hier an die Realgütersphäre anknüp-

[6] Vergleiche hierzu Witte, Eberhard: Kriterien der transitorischen Aktivierung in der pagatorischen Bilanz. In: Zeitschrift für Betriebswirtschaft 1959, S. 97–105.

fen. Die Tatsache, der Zeitpunkt und der Umfang der Realgüterbewegungen sind entscheidend.

Dabei kann man sowohl auf den naturalen *Verbrauchsprozeß* zurückgreifen als auch den realen *Güterbestand* heranziehen. Beide Kriterien gehören derart zusammen, daß die Anwendung des einen das andere als Konsequenz nach sich zieht. Die Festlegung des Aufwandes fixiert den verbleibenden Restbestand, und umgekehrt. Daher können sich beide Abgrenzungsverfahren im Einzelfall gegenseitig ergänzen und ersetzen.

Die Bestimmung der Nachausgaben durch *unmittelbare mengenmäßige Aufwandserfassung* spielt eine hervorragende Rolle beim Verbrauch von Stoffen, Waren und Erzeugnissen. Hier gilt das Prinzip der Verursachung, das den Gütereinsatz determiniert. Bei stoßartigen Aufwandsprozessen und Großausgaben wirkt sich das Prinzip der Vergleichbarkeit durch gleichmäßige Periodenbelastungen aus. Für die Abschreibungen auf Anlagegüter sucht man vielfach eine Verbindung beider Prinzipien zu erreichen. Störungen in der periodengerechten Zuweisung lassen sich mitunter durch die Ausgliederung aperiodischer Aufwendungen vermeiden.

Je nach der gewählten Aufwandsbemessung ergeben sich *mittelbar* dementsprechende *Restbestände* (verbleibende Rückeinnahmen). Sie sind in ihrer Höhe erfolgsrechnerisch bestimmt und können daher keinen irgendwie vorgegebenen Vermögensvorstellungen genügen, es sei denn, daß diese bei der Aufwandsbemessung maßgebend gewesen sind. Es braucht insbesondere keine körperlich feststellbare Gütermenge vorzuliegen. Auch ist es nicht erforderlich, daß ein bestimmbarer Nutzwert des Bestandes für zukünftige Perioden vorhanden ist, wie er zum Beispiel bei Fehlinvestitionen, mißlungenen Forschungsarbeiten und Werbeaktionen oder bei Restbuchwerten unbrauchbarer Anlagen nicht nachgewiesen werden kann. Der Vermögensbestand kann nur als restliche, zurückzuverrechnende Vorratsausgabe definiert werden.

Die mengenmäßige Erfassung des Bestandes, und damit die *mittelbare Bestimmung der Nachausgaben,* kommt nur infrage, wenn die verbleibende Gütermenge durch körperliche Inventur oder in anderer Weise festgestellt oder wenigstens ausreichend genau geschätzt werden kann. Insbesondere ist dieses Abgrenzungsverfahren bei Rohstoffen, Waren und Erzeugnissen anwendbar. In diesem Falle sind beide Möglichkeiten, die direkte und indirekte Aufwandserfassung, in der Regel gleichwertig und daher auswechselbar.

Für die transitorische *Ertragsverteilung* und Passivierung von Realschulden gelten analoge Überlegungen.

e) Darstellungstechnik und Kontentypen

Zur Anwendung des dargestellten Erfolgsermittlungsmechanismus braucht man in der Praxis eine Darstellungstechnik, das heißt, man muß die anfallenden Zahlungsvorgänge in einer dem Rechnungsziel adäquaten Form aufschreiben. In den bisherigen Erörterungen hat sich gezeigt, daß an alle Aufschreibungs- und Darstellungsformen die Anforderung gestellt werden muß, sowohl der Einseitigkeit als auch der Zweiseitigkeit möglicher Buchungsvorgänge genügen zu können. Infrage kommen grundsätzlich alle Formen, die *zweidimensionale Wirkungselemente* erfassen können. Bekannt und gebräuchlich sind in diesem Zusammenhang die zweiseitige Aufstellung, die Tabelle, die Staffel, das Konto, die Vektoren-, Matrizen- und Tensorendarstellung sowie das Flußdiagramm und Netzwerk.

Da die bisherige Darstellung der periodischen Erfolgsrechnung die Technik der buchhalterischen Aufschreibung (Journal, Hauptbuch) unberücksichtigt ließ, liegt die Vermutung nahe, daß sie nicht an eine bestimmte Verfahrensweise zahlenmäßiger Fixierung von Wirtschaftsereignissen gebunden ist.

Die *Kontendarstellung* bedient sich, insbesondere bei der Durchführung des Zahlenbeispiels, des *kaufmännischen Rechnungsstiles*, das heißt, des zugehörigen Kontentyps.

Die *Grundformen* der buchhalterischen Darstellungstechnik für eine modifizierte Einnahmen-Ausgaben-Rechnung ergeben sich durch senkrechte oder waagerechte Teilung der Fläche einer einfachen Liste.

Halbiert man die Fläche durch eine Senkrechte unter Zuordnung der Einnahmen und Ausgaben zu je einer Halbfläche, so gelangt man zu dem typischen Konto in der *Folioform* (T-Konto) des kaufmännischen Rechnungsstiles, wobei zu jeder Hälfte mindestens eine Text- und eine Betragsspalte gehören:

Einnahmen · Ausgaben

Text	Betrag	Text	Betrag

Praktisch treten weitere Spalten für das Buchungsdatum, die Valuta und sonstige Bezüge hinzu.

Demgegenüber beschränkt sich die sogenannte *Paginaform* des Kontos auf eine einzige Textspalte, die beiden Betragsspalten rücken an den rechten Rand:

Text	Einnahmen	Ausgaben

Häufig enthält die in der Buchhaltung verwendete Tabelle durch Untergliederung der Einnahmen und Ausgaben mehr als zwei Betragsspalten:

Text	Einnahmen	Ausgaben	Einnahmen	Ausgaben

Die Teilung der gegebenen Fläche durch eine Waagerechte (Halbierung) ergibt wiederum eine zweiseitige Aufstellung:

	Text	Betrag
Einnahmen		
Ausgaben		

Eine Teilung durch mehrere Waagerechte ergibt die *Staffel oder Berichtsform,* wobei die Folge der Einnahmen und Ausgaben mit beliebigen Zwischenadditionen und -subtraktionen offen bleibt, zum Beispiel:

	Text	Betrag
Einnahmen Einnahmen		
Einnahmen-Summe Ausgaben		
Einnahmen-Ausgaben-Differenz I Ausgaben		
Einnahmen-Ausgaben-Differenz II		

Das bevorzugte kaufmännische T-Konto ist ein *zweiseitiges (zweiteiliges) Subtraktionsschema,* das auf der einen Seite den Minuenden und auf der anderen Seite den Subtrahenden enthält. Die Seiten werden zunächst addiert, und erst dann erfolgt eine summarische Subtraktion (im Gegensatz zur Staffel, die Einzelsubtraktionen durchführt). Übertragungen werden durch Ausgleich und Vortrag vorgenommen. Dadurch werden Abschluß und Weiterverrechnung der Konten vollzogen. Im nächsten Abschnitt werden die beiden Abschlußverfahren angewandt: der *Brutto- oder Seitenabschluß* und der *Netto- oder Saldenabschluß.* Das erste Verfahren führt zur Bewegungsbilanz, das zweite zur Beständebilanz.

Die *Vorteile* der Kontendarstellung liegen in der unbegrenzten Gliederungsmöglichkeit (im Gegensatz zur tabellarischen Aufschreibung). Durch den Übertragungsrhythmus kann man Konten in beliebiger Weise zerlegen, zusammenfassen und gruppieren und damit alle nur denkbaren Ordnungs- und Umlagegesichtspunkte berücksichtigen.

Die Zuordnung der Einnahmen zur linken Seite oder zum oberen Teil und der Ausgaben zur rechten Seite oder zum unteren Teil der Konten und Aufstellungen beruht auf historisch entstandener, willkürlicher Konvention. Sie hätte auch in entgegengesetzter Ordnung vorgenommen werden können, was in der Praxis zuweilen tatsächlich vorkommt.

Allgemein bezeichnet man die linke Kontenseite mit *Soll* und die rechte Kontenseite mit *Haben*. Man spricht daher von Soll- und Habenbeständen und -salden sowie dementsprechend von Soll- und Habenkonten. Diese Bezeichnungen entstammen den Schuldner- und Gläubigerkonten, deren Führung am Anfang der historischen Entwicklung der doppelten Buchführung steht, man kann ihnen jedoch heute in der allgemeinen Anwendung keinen eindeutigen Sinn mehr beilegen. Im Rahmen der systematischen einfachen Buchhaltung gilt folgende *Gleichsetzung*:

Soll = Einnahme
Haben = Ausgabe.

Wenn man bei der Buchung der Geschäftsvorfälle im Rahmen der systematischen einfachen Buchhaltung allein vom Zweck der Erfolgsermittlung sich leiten ließe und dementsprechend die Aufschreibungen nur nach Einnahmen und Ausgaben differenzieren würde, dann wären das einheitliche Konto in seinen beiden Varianten, die zweiseitige Aufstellung und die einheitliche Staffel in gleicher Weise geeignet, die laufenden Buchungen aufzunehmen und das abschließende Ergebnis auszuweisen. Bezüglich der zweiseitigen Aufstellung müßte man lediglich berücksichtigen, daß die durch eine Waagerechte geteilte Fläche sich nicht von vornherein auf ein einziges Blatt beschränkt, sondern sich aus einer Mehrzahl von Blättern, jeweils für Einnahmen und Ausgaben, zusammensetzt, so daß jede Menge von Buchungen aufgezeichnet werden kann. Entsprechendes gilt auch für Konto und Staffel. Neuerdings spielt die Buchhaltung in Tabellenform (Matrixform) in der Praxis wieder eine wichtige Rolle.

Praktisch ist eine Beschränkung auf die ausschließlich *chronologische Ordnung* des Buchungsstoffes mit Rücksicht auf zusätzliche Zwecke der Buchhaltung, insbesondere der Bestandsrechnung, nicht möglich. Zwar gibt es diese Art der Aufschreibung ingestalt des sogenannten Grundbuches, Zeitbuches, Tagebuches oder Journals, jedoch wird diese Sammlung des Buchungsstoffes durch die *sachliche Systematik* der Konten ergänzt.

In der hier vorzunehmenden systematischen Entwicklung der Buchhaltung kann die chronologische Aufschreibung zurücktreten oder gänzlich vernachlässigt werden; es geht allein um die sachliche Systematik der Konten oder der anderen Darstellungsformen. In den weiteren Ausführungen soll in erster Linie die praktisch fast ausschließlich angewendete Kontoform für die Darstellung der laufenden Buchungen und des zusammenfassenden Abschlusses benutzt werden. In den Zahlenbeispielen wird jedoch auch die tabellarische Darstellung mit mehreren Spalten verwendet.

Für eine sachliche Gliederung des Buchungsstoffes bei der laufenden Aufschreibung und beim Abschluß können *verschiedene Merkmale* herangezogen werden. In der Buchhaltungspraxis ist weithin eine Gliederung nach Güterarten und Kapitalquellen anzutreffen. Bei der systematischen Entwicklung der Buchhaltung entspricht jedoch die Gliederung der Geschäftsvorfälle mittels Kontengliederung zweckmäßigerweise den erfolgsrechnerisch bestimmten Kategorien von Barzahlungen und Verrechnungszahlungen. Auf diese Weise entsteht ein Kontensystem, das durch Zusammenfassung erfolgsrechnerisch gleichartiger Bar- und Verrechnungsvorgänge die Struktur des Abrechnungssystems deutlich hervortreten läßt.

In der systematischen einfachen Buchhaltung werden unter Zugrundelegung des *Zahlungscharakters* der anfallenden Buchungen die in Abbildung 9 dargestellten typischen Konten gebildet.

Abb. 9. Typen der Zahlungskonten (Bestands- oder Bilanzkonten)

(1) *Barbestände* (Kasse)

Bareinnahmen	Barausgaben

(2) *Forderungen*

Voreinnahmen	Tilgungsausgaben

(3) *Schulden*

Tilgungseinnahmen	Vorausgaben

(4) *Vorräte*

Rückeinnahmen	Nachausgaben

(5) *Reservate*

Nacheinnahmen	Rückausgaben

Im Hinblick auf die Belange der *Bestandsrechnung* werden einerseits die Barvorgänge (1) zusammengefaßt, anderseits die Vor- und Tilgungsverrechnung (2 und 3) sowie die Rück- und Nachverrechnung (4 und 5) nach dem Einnahmen- oder Ausgabencharakter des Zahlungsvorgriffs und der Rückverrechnung unterschieden.

Der allgemeine Inhalt der auf die Periodenvorgänge beschränkten fünf Konten sind Zahlungsvorgänge. Man kann daher die fraglichen Konten als Kontengruppe oder *Kontenreihe der Zahlungskonten* bezeichnen.

Die Tatsache, daß sämtliche Konten der systematischen einfachen Buchhaltung Zahlungskonten darstellen, auf denen einheitlich Einnahmen im Soll und Ausgaben im Haben gebucht werden, läßt sich auch dahin formulieren, daß ein *Einkontensystem* vorliegt. Es gibt nur eine einzige Grundform: das Zahlungskonto. Alle anderen Kontenarten entstehen durch Klassifizierung, Gliederung, Zusammenfassung oder Gruppierung von Zahlungskonten, das heißt, sie sind *Unterkonten des umfassenden Zahlungskontos*, das das Rechnungssystem konstituiert. Auch die fünf Kontentypen in Abbildung 9 sind solche Unterkonten beziehungsweise Kontengruppen.

Bezieht man die Vorträge aus den Vorperioden in die Zahlungskonten ein, dann weisen die einzelnen Konten bei der Saldierung die Endbestände an Barmitteln, Forderungen, Schulden, Vorräten und Reservaten aus. In dieser Hinsicht stellen die fraglichen Konten *Bestandskonten* dar.

Inbezug auf die Abschlußrechnung, welche entweder nur die Periodenvorgänge – und diese brutto – übernimmt oder die Salden einschließlich der Anfangsbestände, das heißt, die Endbestände, zusammenfaßt, kann man die betreffenden Konten als *Bilanzkonten* bezeichnen. Die Bilanz hat im ersteren Falle die Form der Bewegungsbilanz, im letzteren Falle handelt es sich um die Form der Beständebilanz. Diese Formen der Bilanz sind Gegenstand des nächsten Abschnitts.

Die Zahlungskonten sind somit zugleich Bilanzkonten und Bestandskonten. Die erste Bezeichnung kennzeichnet den Konteninhalt. Die beiden anderen Ausdrücke weisen auf die rechnungstechnische Auswirkung beim Abschluß hin.

Mithilfe der Kontentypen in Abbildung 9 lassen sich die vier *Verrechnungsfälle* gut darstellen. Abbildung 10 zeigt die *antizipative* Vor- und Tilgungsverrechnung, Abbildung 11 die *transitorische* Rück- und Nachverrechnung.

Da sich sämtliche wechselbezüglichen und kompensatorischen Zahlungsbewegungen ausgleichen, treten diese *zweiseitig* auf. Die zusammengehörigen Buchungen sind durch gleiche Kleinbuchstaben in Klammern (a bis m) gekennzeichnet. Die gleichen Buchstaben sind zum besseren Vergleich auch in

Abb. 10. Antizipative Vor- und Tilgungsverrechnung

Kasse

Schuldeinnahme (a)	Forderungsausgabe (b)
Ausgleichseinnahme für wechselbezügliche Voreinnahme (c)	Ausgleichsausgabe für wechselbezügliche Vorausgabe (d)
Ausgleichseinnahme für erfolgswirksame Voreinnahme (e)	Ausgleichsausgabe für erfolgswirksame Vorausgabe (f)

Forderungen

wechselbezügliche Voreinnahme (b)	Tilgungsausgabe für wechselbezügliche Voreinnahme (c)
erfolgswirksame Voreinnahme	Tilgungsausgabe für erfolgswirksame Voreinnahme (e)

Schulden

Tilgungseinnahme für wechselbezügliche Vorausgabe (d)	wechselbezügliche Vorausgabe (a).
Tilgungseinnahme für erfolgswirksame Vorausgabe (f)	erfolgswirksame Vorausgabe

Abbildung 6 aufgeführt. Dagegen erscheinen die erfolgswirksamen Voreinnahmen, Vorausgaben, Nacheinnahmen und Nachausgaben als *einseitige* Buchungen und daher ohne Buchstabenhinweis.

In den Abbildungen 10 und 11 fehlen zwecks besserer Übersicht die (sechs) erfolgswirksamen Barzahlungen, Ausgleichs- und Tilgungszahlungen (vergleiche Gliederung A in Abbildung 6). Hierbei handelt es sich ebenfalls um einseitige Buchungen (ohne und mit Verrechnungsvorgang). Zur Ergänzung ist in Abbildung 12 der *vollständige Inhalt des Kassenkontos* aufgeführt, der auch alle vier erfolgswirksamen Bewegungen (ohne Buchstaben) umfaßt. In Abbildung 10 wären bei den Forderungen die erfolgswirksamen Tilgungsausgaben bei Tilgungsabweichungen und bei den Schulden die erfolgswirksamen Tilgungseinnahmen bei Tilgungsabweichungen zu ergänzen, damit der Konteninhalt vollständig ist.

Abb. 11. Transitorische Rück- und Nachverrechnung

Kasse

bare Reservateinnahme (g)	bare Vorratsausgabe (h)
Ausgleichseinnahme für Reservat-Voreinnahme (l)	Ausgleichsausgabe für Vorrats-Vorausgabe (m)

Forderungen

Reservat-Voreinnahme (i)	Tilgungsausgabe für Reservat-Voreinnahme (l)

Schulden

Tilgungseinnahme für Vorrats-Vorausgabe (m)	Vorrats-Vorausgabe (k)

Vorräte

Rückeinnahme für bare Vorratsausgabe (h)	Nachausgabe
Rückeinnahme für Vorrats-Vorausgabe (k)	

Reservate

Nacheinnahme	Rückausgabe für bare Reservateinnahme (g)
	Rückausgabe für Reservat-Voreinnahme (i)

In Abbildung 12 sind *Buchungsbeispiele* aus Abbildung 14 angeführt worden, um zu zeigen, wie die Gliederung in bestimmte Gruppen konkreter Kassenbewegungen eine eingehende *Liquiditätsanalyse* ermöglicht. Aus ihr geht hervor, aus welchen Herkünften die Bareinnahmen stammen und für welche Verwendungen Barausgaben gemacht wurden.

2. Der Bilanzenzusammenhang: Bewegungs-, Bestände- und Veränderungsbilanzen

Der in der systematischen einfachen Buchhaltung zu ermittelnde Erfolg ergibt sich als Unterschied zwischen sämtlichen baren und verrechneten Einnahmen einerseits und sämtlichen baren und verrechneten Ausgaben

Abb. 12. Vollständiger Inhalt des Kassenkontos

Ertragseinnahmen darin als Teilklasse enthalten: ertragswirksame Ausgleichs-einnahmen bei Tilgungs-abweichungen	Aufwandsausgaben darin als Teilklasse enthalten: aufwandswirksame Ausgleichs-ausgaben bei Tilgungs-abweichungen
Schuldeinnahmen (a)	Forderungsausgaben (b)
Ausgleichseinnahmen für wechsel-bezügliche Voreinnahmen (c)	Ausgleichsausgaben für wechsel-bezügliche Vorausgaben (d)
Ausgleichseinnahmen für erfolgs-wirksame Voreinnahmen (e)	Ausgleichsausgaben für erfolgs-wirksame Vorausgaben (f)
Reservateinnahmen (g)	Vorratsausgaben (h)
Ausgleichseinnahmen für Reservat-Voreinnahmen (l)	Ausgleichsausgaben für Vorrats-Vorausgaben (m)

Buchungsbeispiele nach Abbildung 14

Verkaufserlöse	Lohnzahlungen
Erhaltenes Darlehn (a)	Gegebenes Darlehn (b)
Kapitaleinlage (a)	Kauf von Wertpapieren (b)
Rückzahlung eines gegebenen Darlehns (c)	Rückzahlung eines erhaltenen Darlehns (d)
Erlös aus Wertpapierverkäufen (c)	Kapitalrückzahlung (d)
Eingegangene Warenforderungen (e)	Bezahlung geschuldeter Zinsen (f)
Kundenanzahlungen (g)	Bezahlung zulasten einer Reparaturrückstellung (f)
Einlösung von Wechseln aus Kundenanzahlungen (l)	Kauf von Waren und Maschinen (h)
	Bezahlung von Warenschulden (m)

anderseits. Der Unterschiedsbetrag wird aus einer Gegenüberstellung dieser Zahlungen als Saldo gewonnen, wobei hier entsprechend der Darstellung der Einzelbuchungen in Abbildung 9 die Kontoform gewählt wird.

Wie bisher bleiben die Vorträge unberücksichtigt, das heißt, der Konteninhalt wird auf die Periodenvorgänge beschränkt.

Die *Technik der Übertragung des Zahleninhalts* aus den Konten in die abschließende Bilanz ist für den Buchhaltungskalkül eine zweitrangige Frage. Man kann dabei die Abschlußrechnung *erstens* als Sammelkonto führen, das ein Bilanzkonto darstellt und den Inhalt der Einzelkonten im Wege förmlicher Umbuchung aufnimmt. Wenn man weiterhin, wie es hier der Fall ist, den Bruttoinhalt der Konten in der Abschlußrechnung sichtbarmachen will, kommt nur das Verfahren des sogenannten *Bruttoabschlusses* (auch *Seitenabschluß* genannt) inbetracht. So trägt man zum Beispiel auf dem Barbestandskonto die Summe aller Bareinnahmen als Umbuchung oder Ausgleich auf der Ausgabenseite ein, während auf dem Sammel- oder Bilanzkonto die gleiche Summe als Bareinnahmen auf der Einnahmenseite als Übertrag erscheint. Entsprechend verfährt man mit der Summe der Barausgaben. Die beiden Umbuchungen bewirken auf dem Barbestandskonto einen förmlichen Ausgleich, das heißt, auf beiden Seiten erscheint als Buchungssumme die Gesamtsumme der Bareinnahmen und der Barausgaben (Bruttoausgleich mit zwei Überträgen). Dagegen weist nun das Abschlußkonto die beiden Einzelsummen als Überträge seitenrichtig aus:

Kassenkonto (ohne Vortrag)

Summe der Bareinnahmen Ausgleich (Umbuchung): Summe der Barausgaben	Summe der Barausgaben Ausgleich (Umbuchung): Summe der Bareinnahmen
Gesamtsumme der Bareinnahmen und der Barausgaben	Gesamtsumme der Bareinnahmen und der Barausgaben

Sammel- oder Bilanzkonto

Übertrag: Summe der Bareinnahmen	Übertrag: Summe der Barausgaben

Zweitens besteht die Möglichkeit, die Abschlußrechnung als besondere Aufstellung in Kontoform neben das eigentliche System der fünf Zahlungskonten zu stellen, deren förmlicher Ausgleich dann entweder offen bleibt oder zusätzlich durchgeführt wird. Der letztere Weg erweist sich besonders dann als zweckmäßig, wenn die Konten unter Einbeziehung der Vorträge förmlich abgeschlossen werden, unabhängig davon jedoch eine Abschlußrechnung in Bruttoform dargestellt werden soll.

Auch in der Praxis stehen das sogenannte Schlußbilanzkonto, soweit es geführt wird, und die förmliche Schlußbilanz nebeneinander. Dabei bestehen weitere Unterschiede in der Konten- und Postenbezeichnung, in der Gliederungstiefe und in der Saldierung einzelner Posten. Schließlich ergibt sich die Trennung von Schlußbilanzkonto und Jahresschlußbilanz auch aus den §§ 39 und 41 HGB. Der Kaufmann hat nicht das Schlußbilanzkonto zu unterschreiben, sondern die besonders aufgestellte Bilanz.

Nach dem *zweiten* Verfahren, dem hier gefolgt wird, entsteht die Abschlußrechnung in Bruttoform durch abschriftliche Zusammenstellung der Summen der unsaldierten Kontenseiten inform einer Gegenüberstellung von fünf

Einnahmen- und fünf Ausgabensummen. Diese Bruttozusammenstellung aller Buchungsvorgänge der Abrechnungsperiode (ohne Vorträge) wird als *Bewegungsbilanz* bezeichnet. Sie ist die Urform oder Grundgestalt der Bilanz; denn der ursprüngliche Zahleninhalt der Bilanz und der ihr zugrundeliegenden Aufschreibungen drückt keine Bestandsgrößen aus, sondern besteht in unsaldierten Einnahmen und Ausgaben. Aus ihr lassen sich daher alle weiteren Bilanzformen ableiten. Man beachte genau, daß die Bewegungsbilanz hier präzise als *Bruttoabschluß* definiert ist, der nur Bruttobewegungen (Einnahmen und Ausgaben) enthält.

Wer die Zusammenhänge gründlich betrachtet, erkennt, daß die unsaldierte Bewegungsbilanz die *grundlegende und entscheidende Bilanzform* darstellt, aus der die anderen Formen abgeleitet werden. Nur von der Beständebilanz her gesehen, stellt sie deren Vorform (nicht Vorstufe) dar. Sie ist im echten Sinn die Grundgestalt, die sich *unmittelbar* aus dem Konteninhalt ergibt. Dies zeigen ganz deutlich die Zahlenbeispiele.

Die Abbildung 13 zeigt den Inhalt der Bewegungsbilanz. Man kann sie auch als *Strom-, Fluxions- oder Flußbilanz* bezeichnen, je nachdem, ob man von Bewegungen (Bewegungsgrößen), Strom-, Fluxions- oder Flußgrößen spricht. Auch der Ausdruck *Umsatzbilanz* ist gebräuchlich, wobei man die unsaldierten Bewegungen synonym Umsätze (unsaldierte Kontenumsätze) nennt. Die Gliederung der beiden Seiten entspricht den Seiteninhalten der fünf Zahlungskonten und damit der in Abbildung 5 dargestellten Gliederung der buchhalterischen Vorgänge nach ihrem Zahlungscharakter.

Die in der Bewegungsbilanz enthaltenen Zahlungen lassen sich weiter nach dem Erfolgscharakter gliedern. Dies zeigt Abbildung 14, wobei zum besseren Verständnis die einzelnen Posten durch Textbeispiele in Klammern erläutert werden.

In Abbildung 14 sind die sich gegenseitig kompensierenden Posten durch Zahlen in Klammern von (1) bis (12) gekennzeichnet worden. Die verbleiben-

Abb. 13. Bewegungsbilanz (Strom-, Umsatz-, Fluxions- oder Flußbilanz)

Einnahmen	Ausgaben
I. Bareinnahmen	I. Barausgaben
II. Verrechnungseinnahmen	II. Verrechnungsausgaben
a) Voreinnahmen	a) Vorausgaben
b) Tilgungseinnahmen	b) Tilgungsausgaben
c) Rückeinnahmen	c) Rückausgaben
d) Nacheinnahmen	d) Nachausgaben

Saldo = Periodenerfolg

Abb. 14. Bewegungsbilanz (Strom-, Umsatz-, Fluxions- oder Flußbilanz), aufgegliedert nach dem Erfolgscharakter

A. *Einnahmen*

I. *Bareinnahmen*

1. *Erfolgswirksame* Bareinnahmen
Bare Ertragseinnahmen (bare Verkaufserlöse) (e)

2. *Zeitraumneutrale* Bareinnahmen
 a) Ausgleichseinnahmen für erfolgswirksame Voreinnahmen *)
 (Bareingang von Forderungen aus Kreditverkäufen) (11)
 b) Ausgleichseinnahmen für Reservat-Voreinnahmen *)
 (Bareinlösung von Wechseln für Kundenvorauszahlungen) (12)
 c) Reservateinnahmen
 (bare Vorauszahlungen von Kunden für Lieferungen) (1)

3. *Wechselbezügliche* Bareinnahmen
 a) Schuldeinnahmen
 (bar erhaltenes Darlehn, bare Eigenkapitaleinlage) (2)
 b) Ausgleichseinnahmen für wechselbezügliche Voreinnahmen *)
 (bare Darlehnsrückzahlung, barer Erlös aus Wertpapierverkäufen) (3)

II. *Verrechnungseinnahmen*

1. *Voreinnahmen* (Forderungsentstehungen)
 a) Erfolgswirksame Voreinnahmen
 (Forderungen aus Kreditverkäufen) (e)
 b) Reservat-Voreinnahmen
 (Vorauszahlungen von Kunden durch Wechsel) (7)
 c) Wechselbezügliche Voreinnahmen
 (Darlehnsforderungen, Beteiligungsforderungen) (5)

2. *Tilgungseinnahmen* (Schuldtilgungen)
 a) Tilgungseinnahmen für erfolgswirksame Vorausgaben *)
 (Tilgung von Dienstleistungsschulden oder beanspruchten Rückstellungen) (9)
 b) Tilgungseinnahmen für Vorrats-Vorausgaben *)
 (Tilgung von Schulden aus Kreditkäufen von Waren oder Anlagegütern) (10)
 c) Tilgungseinnahmen für wechselbezügliche Vorausgaben *)
 (Tilgung von Darlehnsschulden, Eigenkapitalminderungen) (6)

3. *Rückeinnahmen*
(Aktivierung von baren oder kreditorischen Ausgaben für Realgüter, auch als Vorauszahlungen; zum Beispiel Anschaffungsausgaben für Maschinen und Waren oder entsprechende Vorauszahlungen) (4) (8)

4. *Nacheinnahmen*
(erfolgswirksame Verrechnung erhaltener und passivierter Vorauszahlungen von Kunden bei Warenlieferungen oder Leistungen als Regelfall) (e)

B. *Ausgaben*

I. *Barausgaben*

1. *Erfolgswirksame* Barausgaben
   Bare Aufwandsausgaben (bare Lohnzahlungen) (e)
2. *Zeitraumneutrale* Barausgaben
   a) Ausgleichsausgaben für erfolgswirksame Vorausgaben *)
      (Barausgang für Dienstleistungsschulden und Rückstellungen) (9)
   b) Ausgleichsausgaben für Vorrats-Vorausgaben *)
      (Barausgang für Schulden aus Kreditkäufen von Waren oder Maschinen) (10)
   c) Vorratsausgaben
      (Bareinkauf von Waren oder Maschinen) (4)
3. *Wechselbezügliche* Barausgaben
   a) Forderungsausgaben
      (bar gegebenes Darlehn, Barkauf von Wertpapieren) (5)
   b) Ausgleichsausgaben für wechselbezügliche Vorausgaben *)
      (bare Darlehnsrückzahlung, bare Eigenkapitalrückzahlung) (6)

II. *Verrechnungsausgaben*

1. *Vorausgaben* (Schuldentstehungen)
   a) Erfolgswirksame Vorausgaben
      (Dienstleistungsschulden, Bildung von Rückstellungen) (e)
   b) Vorrats-Vorausgaben
      (Schulden aus Kreditkäufen von Waren oder Maschinen) (8)
   c) Wechselbezügliche Vorausgaben
      (Darlehnsschulden, Eigenkapital) (2)
2. *Tilgungsausgaben* (Forderungstilgungen)
   a) Tilgungsausgaben für erfolgswirksame Voreinnahmen *)
      (Tilgung von Forderungen aus Kreditverkäufen) (11)
   b) Tilgungsausgaben für Reservat-Voreinnahmen *)
      (Tilgung von Wechselforderungen für Kundenvorauszahlungen) (12)
   c) Tilgungsausgaben für wechselbezügliche Voreinnahmen *)
      (Tilgung von Darlehnsforderungen, Minderungen von Wertpapierbeständen) (3)
3. *Rückausgaben*
   (Passivierung erhaltener barer oder kreditorischer Vorauszahlungen von Kunden) (1) (7)
4. *Nachausgaben*
   (Verbrauch von Warenvorräten, Abschreibungen und Wertberichtigungen als Regelfall) (e)

Saldo = Periodenerfolg

* erfolgswirksam, soweit eine Tilgungsabweichung zwischen Tilgungszahlung und niedrigerer oder höherer Ausgleichszahlung vorliegt.

den *erfolgswirksamen* Posten sind an der Klammerangabe (e) erkennbar: Bareinnahmen, Voreinnahmen und Nacheinnahmen sowie Barausgaben, Vorausgaben und Nachausgaben. Auf die möglichen erfolgswirksamen

Tilgungsabweichungen wird durch einen Stern* und die zugehörige Fußnote hingewiesen, und zwar bei den Ausgleichs- und Tilgungseinnahmen sowie -ausgaben.

Die Ableitung dieser Bewegungsbilanz aus den fünf typischen Zahlungskonten kann nicht mehr summarisch erfolgen, sondern setzt eine entsprechende Kennzeichnung oder Unterscheidungsmöglichkeit der einzelnen Buchungen innerhalb der Konten voraus.

Die Bewegungsbilanz gliedert sich nach Abbildung 13 zwangslos in die *beiden Bestandteile:* (1) die Kassen-, Geld- oder Finanzrechnung, die Bareinnahmen (Einzahlungen) und Barausgaben (Auszahlungen) aufweist und der Liquiditätsanalyse nutzbar gemacht werden kann und (2) die restliche Vermögens- und Schuldenrechnung, die nur Verrechnungszahlungen enthält. Letztere Teilbilanz läßt sich nochmals aufteilen: in die (a) Vor- und Tilgungsverrechnung und die (b) Rück- und Nachverrechnung. So erhält man eine auch für praktische Zwecke wichtige *Dreigliederung*, die sich aus den Gestaltungsprinzipien des Rechnungssystems von selbst ergibt.

Die *Geld- oder Finanzrechnung* läßt sich nach Abbildung 14 weiter untergliedern, insbesondere in die beiden Hauptgruppen der erfolgswirksamen und der erfolgsneutralen Einnahmen und Ausgaben. Man vergleiche mit Abbildung 14 die frühere, übereinstimmende Aufgliederung des Kassenkontos in Abbildung 12. Statt der weiteren Zerlegung der erfolgsneutralen Kassenbewegungen in zeitraumneutrale und wechselbezügliche Einnahmen und Ausgaben und deren nochmalige Unterteilung kann man auch andere Posten hervorheben: Darlehns- und Beteiligungseinnahmen und -ausgaben, Steuern, Subventionen und so weiter. Es ist ferner möglich, die Barbewegungen auf beiden Seiten umzugruppieren, so daß sich aus den Abbildungen 12 und 14 folgende Kassen- oder Finanzrechnung ergibt, die die verschiedenen Ausgleichszahlungen zusammenfaßt:

Bareinnahmen	*Barausgaben*
1. Ertragseinnahmen	1. Aufwandsausgaben
2. Reservateinnahmen	2. Vorratsausgaben
3. Schuldeinnahmen	3. Forderungsausgaben
4. Ausgleichseinnahmen	4. Ausgleichsausgaben

Die Bewegungsbilanz bezieht sich nur auf die Vorgänge der abgerechneten Erfolgsperiode und ist daher in ihrem Inhalt von den Vorträgen aus Vorperioden buchtechnisch völlig unabhängig, das heißt, die Ermittlung des

Periodenerfolges wird allein aufgrund der erfolgsrechnerisch relevanten Ereignisse der Abrechnungsperiode vollzogen. Nur so ist die Abgrenzung des Periodenerfolges von anderen Perioden gewährleistet.

Diese Feststellung ist vereinbar mit dem Hinweis auf den sachlichen Zusammenhang zwischen Ereignissen in den Vorperioden und der Erfolgsperiode, soweit die Ereignisse in den Vorperioden Ausdruck in Barzahlungen oder Verrechnungszahlungen gefunden haben, die in der Erfolgsperiode zur Buchung von Verrechnungszahlungen oder zum Anfall und zur Buchung von Barzahlungen führen. Beispiele dafür sind: Vorratsausgabe und Rückeinnahme in der Vorperiode, Nachausgabe in der Erfolgsperiode; erfolgswirksamer Ausgabenvorgriff in der Vorperiode, Ausgleichsausgabe und Tilgungseinnahme in der Erfolgsperiode.

Die genannten *Vorträge* führen zu Verrechnungsresten aus der Vorperiode, die, wenn man sie vorträgt, erfolgsrechnerisch reine Erinnerungsposten darstellen, die praktisch zweckmäßig, rechnungstechnisch jedoch nicht notwendig sind. Sie erleichtern es lediglich, die Auswirkungen der Vorperioden zu erfassen. Der Verbrauch eines Vorrats aus der Vorperiode oder die Klassifizierung einer Ausgabe als Ausgleich für eine bereits entstandene Schuld lassen sich zum Beispiel auch ohne Vorträge anderweitig feststellen. Die unbedingte Notwendigkeit buchtechnischer Vorträge ergibt sich allein inbezug auf die Bestandsermittlung. Die praktisch unausweichliche Verfolgung dieses Nebenzweckes im System der Erfolgsermittlung gewährleistet für diese die Periodenkontinuität.

Auch bei Einbeziehung der Verrechnungsreste aus Vorperioden in die Konten beschränkt sich die Erfolgsermittlung auf die Ereignisse der Abrechnungsperiode, weil Einnahmen- und Ausgabenbestände, das heißt, Soll- und Haben-Vorträge aus der Vorperiode, stets die gleiche Gesamthöhe aufweisen. Diese Tatsache kann erst bei der Behandlung der buchungstechnischen Erfolgsverwendung näher erläutert werden.

Aus den Buchungen der Abrechnungsperiode allein, also ohne Vorträge, ergeben sich auf den einzelnen Zahlungskonten durch Subtraktion der Bewegungen *Bewegungsdifferenzen* (Überschüsse). Sie werden in Abbildung 15 dargestellt.

Die Ergebnisse dieser Überschußermittlung lassen sich allgemein nur *alternativ* formulieren, weil wegen des Fehlens der Bestände aus Vorperioden nicht die positive Kontenseite überwiegen muß, sondern auch, zulasten der Anfangsbestände, die negative Kontenseite höhere Buchungen enthalten kann, die allerdings durch die Summe aus positiven Bewegungen plus Anfangsbestand begrenzt werden. So kann sich zum Beispiel auf dem Kassenkonto ein Barausgabenüberschuß von DM 200,– als Differenz aus Barein-

Abb. 15. Ermittlung der Bewegungsdifferenzen der Zahlungskonten

Kasse:	Bareinnahmen minus Barausgaben
	= Bareinnahmen- oder Barausgabenüberschuß
Forderungen:	Voreinnahmen minus Tilgungsausgaben
	= Voreinnahmen- oder Tilgungsausgabenüberschuß
Schulden:	Vorausgaben minus Tilgungseinnahmen
	= Vorausgaben- oder Tilgungseinnahmenüberschuß
Vorräte:	Rückeinnahmen minus Nachausgaben
	= Rückeinnahmen- oder Nachausgabenüberschuß
Reservate:	Rückausgaben minus Nacheinnahmen
	= Rückausgaben- oder Nacheinnahmenüberschuß

nahmen von DM 1.000,– und Barausgaben von DM 1.200,– ergeben, wenn etwa ein Anfangsbestand von DM 300,– vorhanden war.

Die gegeneinander aufgerechneten Einnahmen und Ausgaben der einzelnen Konten stellen deren Nettoinhalt dar. Eine Zusammenfassung dieser Nettoinhalte in Bilanzform (Abbildung 16) ergibt eine *Bewegungsdifferenzenbilanz*. Sie führt notwendigerweise zum gleichen Ergebnis (Gesamtüberschuß von Einnahmen oder Ausgaben) wie die Zusammenstellung der Bruttoinhalte der fünf Konten inform der Bewegungsbilanz.

Die alternative Bezeichnung der Bewegungsdifferenzenbilanz als *Veränderungsbilanz* (in Klammern) weist auf ihre wertmäßige Übereinstimmung mit der noch zu behandelnden *Bestandsdifferenzenbilanz* (Abbildung 19) hin, die auch kontenmäßig entsprechend gegliedert ist, jedoch aus einem Vergleich von End- und Anfangsbeständen abgeleitet wird. Die Bestandsdifferenzen stellen die Veränderungen der Anfangsbestände dar.

Die buchungstechnische Übernahme der Rechnungsreste oder Endbestände der Vorperiode (= Überschüsse der positiven Kontenseiten) als *Vorträge*

Abb. 16. Bewegungsdifferenzenbilanz (Veränderungsbilanz)

Überschüsse an Bar- und Verrechnungseinnahmen	Überschüsse an Bar- und Verrechnungsausgaben
Bareinnahmenüberschuß	Barausgabenüberschuß
Voreinnahmenüberschuß	Tilgungsausgabenüberschuß
Tilgungseinnahmenüberschuß	Vorausgabenüberschuß
Rückeinnahmenüberschuß	Nachausgabenüberschuß
Nacheinnahmenüberschuß	Rückausgabenüberschuß

Saldo = Periodenerfolg

Abb. 17. Ermittlung der Bilanzbestände (Endbestände der Zahlungskonten)

Kasse:	Anfangsbestand (Bareinnahmenüberschuß) + Bareinnahmen – Barausgaben = Endbestand (Bareinnahmenüberschuß)
Forderungen:	Anfangsbestand (Voreinnahmenüberschuß) + Voreinnahmen – Tilgungsausgaben = Endbestand (Voreinnahmenüberschuß)
Schulden:	Anfangsbestand (Vorausgabenüberschuß) + Vorausgaben – Tilgungseinnahmen = Endbestand (Vorausgabenüberschuß)
Vorräte:	Anfangsbestand (Rückeinnahmenüberschuß) + Rückeinnahmen – Nachausgaben = Endbestand (Rückeinnahmenüberschuß)
Reservate:	Anfangsbestand (Rückausgabenüberschuß) + Rückausgaben – Nacheinnahmen = Endbestand (Rückausgabenüberschuß)

auf den einzelnen Zahlungskonten erweitert und verändert den Inhalt und die Ergebnisse der Überschußrechnung (Abbildung 17).

Im Gegensatz zum früher bei der Bewegungsbilanz dargestellten Brutto- oder Seitenausgleich der Zahlungskonten (ohne Vorträge) mit zwei Überträgen (Einnahmen und Ausgaben) handelt es sich hier um einen *Nettoausgleich (Saldenabschluß)* der Zahlungskonten (mit Vorträgen) mit einem einzigen Übertrag (Saldo). Dies sei wiederum am Kassenkonto gezeigt:

Kassenkonto (mit Vortrag)

Anfangsbestand (Vortrag des Einnahmenüberschusses) Summe der Bareinnahmen	Summe der Barausgaben Ausgleich = Saldo (Umbuchung) Endbestand als Einnahmenüberschuß
Gesamtsumme	Gesamtsumme

Sammel- oder Bilanzkonto

Übertrag: Endbestand als Einnahmenüberschuß	

Die Konten Kasse, Forderungen und Vorräte enthalten als Anfangs- und als Endbestand *Einnahmenüberschüsse oder Einnahmenbestände,* die Konten Schulden und Reservate entsprechend *Ausgabenüberschüsse oder Ausgabenbestände.* Die Zusammenfassung dieser Nettoergebnisse der fünf Zahlungskonten ergibt die *Beständebilanz* (Abbildung 18), wie sie handelsrechtlich

Abb. 18. Beständebilanz

Aktiva	Passiva
I. *Einnahmenbestände*	I. *Ausgabenbestände*
1. Kasse oder Guthaben = Barbestände	
2. Forderungen = Einnahmenvorgriffe	1. Schulden= Ausgabenvorgriffe
II. *Ausgabengegenwerte* (Rückeinnahmenbestände)	II. *Einnahmengegenwerte* (Rückausgabenbestände)
3. Vorräte	2. Reservate

Saldo = Periodenerfolg

gefordert wird und in den Veröffentlichungen der Unternehmungen vorherrscht. Wegen der globalen Ausgeglichenheit der in die Bewegungsbilanz einbezogenen Vorträge in Einnahmen und Ausgaben (Soll und Haben) sind auch hier – wie in der Bewegungsbilanz und in der Bewegungsdifferenzenbilanz – nur die Vorgänge der Abrechnungsperiode erfolgswirksam, also die baren und verrechneten Einnahmen und Ausgaben. Der Inhalt der Beständebilanz, nämlich sowohl die auf die Abrechnungsperiode bezogenen Bewegungen als auch die in früheren Abrechnungsperioden aus solchen Bewegungen entstandenen Vorträge, läßt sich somit auf bare (finanzwirksame) und verrechnete (rechnungstechnische) Zahlungsvorgänge zurückführen; *alle Bilanzbestände tragen daher Zahlungscharakter.*

Die Benennung der beiden Bilanzseiten als *Aktiva und Passiva* folgt der traditionalen Bezeichnungsweise für Bilanzvermögen und Bilanzkapital. Der Charakter der Bilanzposten tritt erst in der weiteren Gliederung ausdrücklich hervor. Wenn man diesbezüglich berücksichtigt, daß die unter Aktiva aufgeführten Kontensalden Überschüsse der Sollseiten, die unter Passiva stehenden Kontensalden Überschüsse der Habenseiten der betreffenden Konten darstellen, dann folgt aus der oben vorgenommenen Gleichsetzung von Soll = Einnahme und Haben = Ausgabe für die Zahlungskonten ebenso wie aus der in Abbildung 17 vorgenommenen Kennzeichnung der Endbestände, daß die Aktivseite Einnahmenbestände, die Passivseite Ausgabenbestände enthält. Demzufolge ist an sich der Inhalt beider Bilanzseiten einheitlich bestimmbar und bedarf keiner Zwischengliederung.

Trotz dieser Überlegungen erfolgt eine Gruppierung der Kontensalden in der Weise, daß auf der Aktivseite neben den Einnahmenbeständen Kasse und Forderungen *Ausgabengegenwerte (Vorräte)* und auf der Passivseite neben den Ausgabenbeständen (Schulden) *Einnahmengegenwerte (Reservate)* unterschieden werden. Damit wird die einheitliche Kennzeichnung der Kontensalden in Abbildung 17 nach dem jeweiligen erfolgsrechnerisch bestimmten Zahlungscharakter (Barvorgang oder Verrechnungsvorgang) verlassen und stattdessen der mit dem jeweiligen Bilanzbestand zusammenhängende Barvorgang beziehungsweise Vorgriff auf diesen zum bestimmenden Merkmal der Bezeichnung gewählt.

Bei den Einnahmen- und Ausgabenbeständen (I) ergibt sich daraus keine hervortretende Änderung, eine solche wird jedoch bei der Charakterisierung der Vorräte und Reservate (II) deutlich. Die Benennung dieser Posten als Gegenwerte zielt auf die die betreffenden Verrechnungsbestände auslösenden Barzahlungen beziehungsweise Vorgriffe auf diese und meint damit den Vorgang der Aktivierung von Ausgaben oder Passivierung von Einnahmen. Gegenwert hat hier lediglich die Bedeutung von Gegenposten, und zwar in gleicher Höhe. Darin gelangt zugleich der *Bewertungsaspekt* zur Geltung, für den die Bezugnahme auf Verrechnungszahlungen nicht genügt, sondern die unmittelbare Anknüpfung an die Barvorgänge beziehungsweise Vorgriffe auf diese erforderlich ist. Vorräte sind Gegenbuchungen (Gegenwerte) zu Ausgaben, Reservate Gegenbuchungen (Gegenwerte) zu Einnahmen. Die bisher entwickelten Zusammenhänge werden durch diese terminologische Variante nicht berührt.

Wendet man die *Zwei-* beziehungsweise *Dreigliederung* der Bewegungsbilanz auf die Beständebilanz an, so erhält man nachstehende Gruppen:

a) *Finanz- oder Liquiditätsrechnung* im engeren Sinne (Kassenrechnung):
Bestände an Bar- und Buchgeld (Kasse und Guthaben)
b) *Nominalrechnung* (außer Kassenrechnung):
Bestände an Geldforderungen (Aktiva) und Geldschulden (Passiva, Beteiligungs- und Darlehnsschulden)
c) *Realrechnung*:
Bestände an Vorräten (Aktiva, ursprüngliche und abgeleitete Realgüter) und Reservaten (geschuldete Realgüter)

Viele Autoren arbeiten mit einer entsprechenden Zwei- oder Dreigliederung des *Kontensystems* und bauen kontentheoretisch darauf die gesamte Abrechnungstechnik der Buchhaltung auf. Hier wird sogar eine Fünfgliederung vorgenommen, die sowohl die Nominal- als auch die Realrechnung nochmals in ihre Aktiv- und Passivseiten aufteilt. Eine Zusammenfassung ist bei Bedarf ohne weiteres möglich.

Die Beständebilanz enthält, formal gesehen, Überschüsse oder Bestände an baren und verrechneten Einnahmen und Ausgaben. Die Realgüter und Nominalgüter sowie die Schulden der bilanzierenden Unternehmung kommen darin nur *mittelbar* zum Ausdruck. Sowohl die den zukünftigen Ausgaben zugrundeliegenden Schulden als auch die den zukünftigen Einnahmen zugrundeliegenden Forderungen sind dabei wirtschaftlich-rechnungstheoretische Kategorien, die über den Umfang der entsprechenden juristischen Kategorien hinausgehen. So werden auf der Passivseite das Eigenkapital und auf der Aktivseite die Beteiligungen einbezogen. Mit den Gegenwerten sind hier nicht die realen Vorräte und die realen Leistungsverpflichtungen direkt gemeint, deren Zugänge die betreffenden Zahlungen ausgelöst haben, sondern die Zahlungsvorgänge, das heißt, die kompensierenden Rückverrechnungen von Vorratsausgaben und Reservateinnahmen. Der Gewinn erscheint als Aktiv-(Einnahmen-)Überschuß auf der Passivseite; ein Verlust steht als Passiv-(Ausgaben-)Überschuß auf der Aktivseite.

Der Erfolg wird in der Beständebilanz durch das Ausmaß der Bestandsveränderungen bestimmt, die während der Abrechnungsperiode gegenüber den in Aktiva und Passiva saldenlos ausgeglichenen Anfangsbeständen eingetreten sind. Eine Zusammenfassung der Bestandsdifferenzen führt zur *Bestandsdifferenzenbilanz oder Veränderungsbilanz* (Abbildung 19). Dabei lassen sich die Resultate der jeweils durchzuführenden Subtraktion (Endbestand minus Anfangsbestand) nur alternativ angehen, weil in jedem Falle sowohl eine Bestandszunahme als auch eine Bestandsabnahme möglich ist.

Die Bestandsdifferenzen sind – abgesehen vom Berechnungsmodus – identisch mit den Bewegungsdifferenzen, weil die Bestandsveränderungen durch die Bewegungsvorgänge im Ausmaß der Bewegungsdifferenzen bewirkt werden. Diese *Übereinstimmung* läßt sich auch wie folgt nachweisen:

Für die *Aktivkonten* (Konten mit Einnahmenbeständen) gilt folgende Gleichung der beiden Kontenseiten:

Soll		Haben
Anfangsbestand + Einnahmen	=	Ausgaben + Endbestand
Einnahmen – Ausgaben	=	Endbestand – Anfangsbestand
Bewegungsdifferenz	=	Bestandsdifferenz

Entsprechendes gilt für die *Passivkonten* (Konten mit Ausgabenbeständen):

Soll		Haben
Einnahmen + Endbestand	=	Anfangsbestand + Ausgaben
Endbestand – Anfangsbestand	=	Ausgaben – Einnahmen
Bestandsdifferenz	=	Bewegungsdifferenz

Die nachgewiesene *Identität des Wertinhalts* der Bewegungsdifferenzenbilanz und der Bestandsdifferenzenbilanz ermöglicht die Zusammenfassung beider Bilanzen als *Veränderungsbilanz* in einem Kontenschema (Abbildung

Abb. 19. Bestandsdifferenzenbilanz (Veränderungsbilanz)

Aktivmehrungen und Passivminderungen	Passivmehrungen und Aktivminderungen
Barbestandszunahme	Barbestandsabnahme
Forderungszunahme	Forderungsabnahme
Schuldabnahme	Schuldzunahme
Vorratszunahme	Vorratsabnahme
Reservatabnahme	Reservatzunahme

Saldo = Periodenerfolg

Abb. 20. Veränderungsbilanz (Bewegungsdifferenzen- und Bestandsdifferenzenbilanz)

Aktivmehrungen und Passivminderungen (Überschüsse an Bar- und Verrechnungseinnahmen)	Passivmehrungen und Aktivminderungen (Überschüsse an Bar- und Verrechnungsausgaben)
Kassen- oder Barbestandszunahme (Bareinnahmenüberschuß)	Kassen- oder Barbestandsabnahme (Barausgabenüberschuß)
Forderungszunahme (Voreinnahmenüberschuß)	Forderungsabnahme (Tilgungsausgabenüberschuß)
Schuldabnahme (Tilgungseinnahmenüberschuß)	Schuldzunahme (Vorausgabenüberschuß)
Vorratszunahme (Rückeinnahmenüberschuß)	Vorratsabnahme (Nachausgabenüberschuß)
Reservatabnahme (Nacheinnahmenüberschuß)	Reservatzunahme (Rückausgabenüberschuß)

Saldo = Periodenerfolg

20). Ihre Zahlen können demnach in zweifacher Weise aufgefaßt und gedeutet werden, als Bewegungs- und als Bestandsdifferenzen.

Dabei ist zu beachten, daß aus Gründen der Präzision definitorisch genau zwischen (reinen) Bewegungs- und Veränderungsbilanzen unterschieden wird. Praktisch treten beide Formen oft miteinander vermischt auf. Die sogenannte Bauersche Bewegungsbilanz stellt eine solche Mischung einer reinen Bewegungs- und reinen Veränderungsbilanz dar.

Die Bewegungsbilanz enthält weder Anfangsbestände (Vorträge) noch saldiert sie Einnahmen und Ausgaben. Die Veränderungsbilanz enthält ebenfalls keine Anfangsbestände, jedoch saldiert sie Einnahmen und Ausgaben. Die Beständebilanz weist sowohl Anfangsbestände als auch Saldierungen von Einnahmen und Ausgaben aus.

Die in der Praxis übliche *Abschlußtabelle* enthält unter den sogenannten Rohbilanzen in der Regel auch eine Bewegungsbilanz (meist Umsatzbilanz genannt). Die sogenannte Saldenbilanz wird in die Beständebilanz und die Gewinn- und Verlustrechnung aufgespalten. Eine Veränderungsbilanz tritt gewöhnlich nicht auf.

Die Erfolgsrechnung inform der Bewegungs-, Veränderungs- oder Beständebilanz enthält in der hier entwickelten Gestalt entsprechend der vorgenommenen *typisierenden Gliederung der Zahlungsvorgänge* nur wenige Arten von Buchungsvorgängen und Beständen. Sie dienen dem rechnungstheoretischen Verständnis des erfolgsrechnerischen Buchungsmechanismus und des Bilanzinhalts. Für die praktische Handhabung der Buchhaltung und Bilanzierung und die Durchführung von Analysen muß eine zweckentsprechende weitergehende Untergliederung vorgenommen werden. Diese beliebige Möglichkeit von tiefen Gliederungen des Zahlengebäudes hat keinen Einfluß auf den erfolgsrechnerischen Kern des Buchhaltungssystems. Die hier vorgenommene *Mindestgliederung in fünf Kontengruppen* hängt zwangsläufig mit dem rechnungstechnischen Formalaufbau der Erfolgsrechnung zusammen.

Obwohl sich die Bilanz aus Zahlen der Vergangenheit herleitet, sie also Abschlußcharakter für die abgelaufene Rechnungsperiode trägt, weist sie mit den weitergereichten Beständen in die nächste Periode und stellt somit in bestimmter Sicht auch eine *Zukunftsrechnung* dar. Dies gilt offensichtlich und ausgesprochen für die Vorverrechnung. Die Forderungen sind zukünftige Bareinnahmen, und ihre Tilgung erfolgt in der Zukunft. Für die Schulden als Eigen- und Fremdkapital handelt es sich um den gleichen Tatbestand nach der Ausgabenseite. Aber auch die Rückverrechnung weist Zukunftscharakter auf, da sie die spätere Auflösung durch Nachverrechnung hervorruft und damit zu erwartende Aufwendungen und Erträge festlegt.

Diese vorausschauende Eigenschaft der meisten Bilanzpositionen ist der entscheidende Grund für die finanzwirtschaftliche Auswertung inform von Kapitalfluß- und Deckungsbilanzen, die Mittelherkünfte und Mittelverwendungen, Geldeingangs- und -ausgangserwartungen gegenüberstellen.

Bei der Bewegungs- und der Veränderungsbilanz handelt es sich um *Zeitraumbilanzen,* bei der Beständebilanz um eine *Zeitpunktbilanz.* Die vielfach formulierte Behauptung, Zeitraumbilanzen entstünden aus dem Vergleich von zwei Zeitpunktbilanzen, ist unpräzise. Sie bezieht sich nur auf Veränderungsbilanzen. Echte Bewegungsbilanzen können auf diese Weise nicht gewonnen werden. Es ist daher ratsam, mit exakt differenzierten Bilanzbegriffen zu arbeiten.

Bilanzfähigkeit ist eine Voraussetzung für die Aufnahme von Wirtschaftsgütern in die Bilanz. Sie bedeutet Wirkungsfähigkeit auf die Bilanz, das heißt, es muß eine Umschichtung oder Veränderung von Vermögens- und/oder Kapitalteilen vorliegen. Dagegen muß keine Erfolgswirksamkeit gegeben sein.

Es müssen bare oder rechnungstechnische Einnahmen und/oder Ausgaben vorhanden sein. Bilanzfähigkeit deckt sich mit dem Zahlungscharakter des Bilanzpostens. Dies gilt für Aktiva und Passiva.

Bilanzpflichtigkeit (Aktivierungs- und Passivierungspflicht) ist dagegen ein rechtlicher Tatbestand. Gesetzliche Vorschriften, Rechtsprechung und Verwaltungsanweisungen sind hierfür maßgebend. Diese Regelungen tragen weitgehend kasuistischen Charakter, sind handels- und steuerrechtlich unterschiedlich und betonen das Gewicht der Aktiv- und der Passivseite sehr verschieden.

3. Darstellung eines Zahlenbeispiels

a) Methodik des Zahlenbeispiels

Ein Zahlenbeispiel soll das Verständnis des Formalaufbaus der systematischen einfachen Buchhaltung verdeutlichen. Zielsetzung ist die Konkretisierung der theoretischen Ausführungen derart, daß die Grundformen der Geschäftsvorgänge anhand ausgewählter Beispielfälle im Zusammenhang dargestellt werden. Das Auswahlkriterium kann dabei nur in der Vollständigkeit der Grundformen bei angestrebter Minimalbesetzung gesehen werden, nicht dagegen in der Realitätsnähe der Beispielfälle.

Die Aufgabe besteht darin, die Geschäftsvorfälle für eine bestimmte Unternehmung über einen Zeitraum von zwei aufeinanderfolgenden Erfolgsperioden buchhalterisch zu verarbeiten. Die 2. Erfolgsperiode zeichnet sich dadurch aus, daß sie Vorträge sowohl von der 1. Periode übernimmt als auch an die anschließende Periode weitergibt.

Zwei abgrenzende Rahmenbedingungen sind zu nennen. Zum einen wird für die Modellunternehmung der Typ der Handelsunternehmung gewählt. Dies erlaubt es, die Problematik der innerbetrieblichen Transformationsphase auszuklammern, die nicht Gegenstand der vorliegenden Schrift ist. Zum anderen erfolgt eine Beschränkung auf den Bereich der Erfolgsermittlungsrechnung. Die Periodenerfolge werden in der Unternehmung zurückbehalten und, bei kontenmäßiger Darstellungsform, auf gesonderten Konten für Periodengewinn beziehungsweise Periodenverlust ausgewiesen. Die Erfolgsverwendung wird im nächsten Abschnitt dargestellt.

Die im Zahlenbeispiel benutzte Buchungstechnik unterscheidet sich in zwei Punkten teilweise von den Gepflogenheiten der betrieblichen Praxis. Einmal wird nach dem Grundsatz der *Bruttobuchung* verfahren. Danach werden Vorratsausgaben und Reservateinnahmen, die eine Aktivierung oder Passivierung erfordern, wie zum Beispiel Wareneinkäufe im Geschäftsvorfall Nr. 2 oder das Rückzahlungsagio im Geschäftsvorfall Nr. 7, zunächst in voller Höhe aktiviert beziehungsweise passiviert. Die Abgrenzung auf den erfolgswirksamen Periodenanteil erfolgt anschließend in einem zweiten Buchungsschritt. Ferner werden die in die 2. Erfolgsperiode herüberragenden Geschäftsvorfälle zum besseren Verständnis vorab behandelt, also vor der Buchung der laufenden Geschäftsvorfälle der Erfolgsperiode.

Der Formalaufbau der Buchhaltung ist durch eine grundsätzliche Unabhängigkeit von einer bestimmten Darstellungsform gekennzeichnet. Im Hinblick darauf soll die *tabellarische* Aufzeichnung in beiden Erfolgsperioden benutzt werden. Sie entspricht der chronologischen Aufzeichnung im sogenannten amerikanischen Journal. Die *kontenmäßige* Darstellungsform wird ergänzend gezeigt.

Dem Leser sei für die Durcharbeitung des Zahlenbeispiels empfohlen, sich nach diesen einführenden Hinweisen zunächst um einen eigenen Lösungsversuch zu bemühen.

b) Durchführung des Zahlenbeispiels

Geschäftsvorfälle

1. Erfolgsperiode

1. Einlage von Kapital DM 80.000 bar
2. Warenkäufe DM 40.000 bar, DM 80.000 gegen Ziel
3. Warenverkäufe DM 30.000 bar, DM 110.000 gegen Ziel
4. Versicherungsprämie für 2 Perioden im voraus DM 2.000 bar
5. Handlungsaufwand DM 8.000 bar, DM 3.000 auf Kredit
6. Kauf einer Einrichtung DM 3.000 gegen Ziel; Periodenanteile für Abschreibungen je DM 1.000, geschätzter Restwert DM 1.000
7. Darlehnshergabe DM 3.000 bar; Rückzahlungsagio 3% = DM 90; Zinsen 4% = DM 120 jährlich, Zahlung später
8. Barentnahme DM 25.000 auf Kapital
9. Voraussichtliche Mietabstandszahlung für Lagerbenutzung DM 2.000; Periodenaufwand DM 1.000
10. Verdiente Provisionen DM 400, Eingang später
11. Vorausempfangene Entschädigung für Gleisbenutzung DM 300 bar; Periodenertrag DM 150
12. Rückstellungen DM 5.000, davon
    a) für einen Prozeß DM 1.000
    b) für Umsatzsteuer DM 4.000
13. Warenendbestand gemäß Inventur DM 20.000

2. Erfolgsperiode

14. Bareinzahlungen der Abnehmer DM 90.000
15. Barzahlungen an Lieferer DM 50.000
16. Wareneinkäufe DM 50.000 bar, DM 130.000 gegen Ziel
17. Warenverkäufe DM 60.000 bar, DM 150.000 gegen Ziel
18. Handlungsaufwand DM 10.000 bar, DM 3.500 auf Kredit
19. Bezahlung des Handlungsaufwandes der Vorperiode DM 3.000 bar
20. Zinseinnahme für gegebenes Darlehn DM 120 bar
21. Darlehnsaufnahme DM 5.000 bar; Laufzeit 2 Jahre; Abzug eines Disagios von 2% = DM 100; Zinsen 5% = DM 250 jährlich, Zahlung später
22. Bezahlung der Einrichtung DM 3.000 bar
23. Kapitaleinlage DM 4.000 bar
24. Provisionseinnahmen aus der Vorperiode DM 400 bar; verdiente Provisionen DM 3.000, Eingang später
25. Tatsächliche Mietabstandszahlung DM 2.400 (statt DM 2.000) bar
26. Barentnahme DM 6.000 auf Kapital
27. Barzahlungen der Abnehmer DM 120.000; Forderungsausfall DM 2.000
28. Barzahlung an Lieferer DM 100.000; Gutschrift DM 1.500
29. Rückzahlung des gewährten Darlehns DM 3.090
30. Prozeßaufwand DM 800 bar; Auflösung der restlichen Rückstellung
31. Steuerzahlung für Vorjahr DM 5.600
32. Warenendbestand gemäß Inventur DM 30.000

1. Erfolgsperiode (tabellarisch)

Unter Verwendung der Gliederung der Bestände und Bewegungen in Kasse, Forderungen, Schulden, Vorräte und Reservate werden die Geschäftsvorfälle der 1. Erfolgsperiode zunächst tabellarisch gebucht. Die linke Seite jeder Spalte nimmt Einnahmen und die rechte Seite Ausgaben auf. Während alle erfolgswirksamen Vorgänge zu einer einseitigen Buchung führen, werden erfolgsunwirksame Vorgänge zweiseitig gebucht. Die Buchungssätze können der Abbildung 21 entnommen werden. Der Erfolg der 1. Periode wird dargestellt durch den Überschuß der summierten Einnahmen über die summierten Ausgaben.

Bewegungs- und Veränderungsbilanz sind in Abbildung 22 wiedergegeben. Die Bewegungsbilanz zeigt die Entstehung des Periodenerfolges aus unsaldierten Einnahmen und Ausgaben; die Veränderungsbilanz, die durch Saldierung der entsprechenden Zahlungen der Bewegungsbilanz entsteht, bestätigt das ermittelte Periodenergebnis. In der 1. Periode deckt sich die Veränderungsbilanz mit der Beständebilanz. Die Gründungsbilanz ergibt sich, wenn man

Abb. 21. Tabellarische Darstellung der 1. Erfolgsperiode des Zahlenbeispiels

Nr.	Kasse		Forderungen		Schulden		Vorräte		Reservate		Zweiseitige Buchungen
	Bar-einnahmen	Bar-ausgaben	Vor-einnahmen	Tilgungs-ausgaben	Tilgungs-einnahmen	Vor-ausgaben	Rück-einnahmen	Nach-ausgaben	Nach-einnahmen	Rück-ausgaben	
1	80.000,–					80.000,–					80.000,–
2		40.000,–				80.000,–	120.000,–				120.000,–
3	30.000,–		110.000,–								
4		2.000,–					2.000,–	1.000,–			2.000,–
5		8.000,–				3.000,–					
6						3.000,–	3.000,–	1.000,–			3.000,–
7		3.000,–	3.000,–								3.000,–
			90,–						45,–	90,–	90,–
			120,–								
8		25.000,–			25.000,–						25.000,–
9						2.000,–	2.000,–	1.000,–			2.000,–
10			400,–								
11	300,–								150,–	300,–	300,–
12						5.000,–					
13								100.000,–			
	110.300,–	78.000,–	113.610,–		25.000,–	173.000,–	127.000,–	103.000,–	195,–	390,–	235.390,–

Summe aller Einnahmen – Summe aller Ausgaben = Periodenerfolg I

376.105,– – 354.390,– = 21.715,–

lediglich die Gründungsbuchungen (hier nur Zeile 1) abschließt (Abbildung 22).

Vom erfolgsrechnerischen Standpunkt aus ist die Aufstellung einer besonderen *Gründungsbilanz* nicht erforderlich. Soll sie dennoch aufgestellt werden, so läßt sich der zu ihr gehörende Buchungszusammenhang als eine vorgeschaltete, in sich geschlossene Periodenrechnung eigener Art betrachten (0. Erfolgsperiode = Gründungsperiode).

Abb. 22. Bilanzabschluß der 1. Erfolgsperiode des Zahlenbeispiels

Bewegungsbilanz

Bareinnahmen	110.300,–	Barausgaben	78.000,–
Voreinnahmen	113.610,–	Tilgungsausgaben	–
Tilgungseinnahmen	25.000,–	Vorausgaben	173.000,–
Rückeinnahmen	127.000,–	Nachausgaben	103.000,–
Nacheinnahmen	195,–	Rückausgaben	390,–
		Periodengewinn I	21.715,–
	376.105,–		376 105,–

Veränderungsbilanz (zugleich Beständebilanz)

Kasse	32.300,–	Schulden	148.000,–
Forderungen	113.610,–	Reservate	195,–
Vorräte	24.000,–	Periodengewinn I	21.715,–
	169.910,–		169.910,–

Gründungsbilanz

Kasse (Bareinnahme)	80.000,–	Eigenkapital (Vorausgabe)	80.000,–
	80.000,–		80.000,–

Bei gegebener Gründungsbilanz ist deren Zahleninhalt von der Rechnung der eigentlichen 1. Erfolgsperiode abzugrenzen. Daher ergeben sich gegenüber der Darstellung ohne besondere Gründungsbilanz Modifizierungen.

Abschließend folgen einige grundsätzliche Bemerkungen zur Gründungs- oder Errichtungsbilanz, die in der Praxis als erste Eröffnungsbilanz, das heißt, als Eröffnungsbilanz (Anfangsbilanz) der ersten Erfolgsperiode, auftritt. Sie weist grundsätzlich den gleichen Inhalt auf wie jede Schlußbilanz, die die anschließende Erfolgsperiode wieder eröffnet. Sonst würden die nachfolgenden Schlußbilanzen als Ergebnisse einer Weiterverrechnung die gleichen Fremdkörper enthalten. Die Gründungsbilanz muß daher nach denselben formalen Gesichtspunkten aufgemacht werden, wenn sie nicht die darauf aufbauende Erfolgsrechnung stören soll.

Die Gründungsbilanz stellt einen *außerordentlichen Vorabschluß der Gründungsvorgänge* dar, die zu ihrer Aufstellung geführt haben und sich in ihr niederschlagen sollen. Daher können Einnahmen und Ausgaben jeder Kategorie auftreten. Bei einer Bargründung stehen sich Kassenbestand beziehungsweise Bankguthaben (Schuldeinnahmen) und Kapital (Vorausgaben) gegenüber. Bei einer Sachgründung kommen Rückeinnahmen als zurückverrechnete Vorratsausgaben für Anlagen, Waren- und Materialbestände oder Patente hinzu, die man als sofortige Beschaffung aus unterstellten Einnahmen deuten kann. Dabei kommt es nicht auf die Tatsächlichkeit dieses Vorganges, als vielmehr darauf an, daß derartige Posten den gleichen Rechnungscharakter wie in jeder Schlußbilanz tragen. Eingebrachte Beteiligungen und Wertpapiere treten unmittelbar als Voreinnahmen (Forderungen) auf. Weitere Posten des Bilanzschemas ergeben sich in besonderen Fällen, wie zum Beispiel das passivierte Begebungsagio und der Gründungsaufwand als spezieller Verlustvortrag.

Wesentlich bleibt, daß die Gründungsbilanz keinen Periodenerfolg aus dem Produktions- und Umsatzprozeß der Unternehmung ausweist; dieser tritt erst in der anschließenden Erfolgsperiode auf. Die Gründungsbilanz ist in der Regel von vornherein ausgeglichen, die reguläre Schlußbilanz jedoch erst, nachdem die Gewinnverwendung zum Beispiel durch eine Vorausgabe gebucht worden ist.

Es sei noch erwähnt, daß auch alle *Neu-Eröffnungsbilanzen,* wie zum Beispiel Umgründungs-, Übernahme-, Umwandlungs- und Verschmelzungsbilanzen, sofern diese einen Bruch in der Kontinuität der Bilanzenkette bedeuten, sowie die Goldmark-Eröffnungsbilanz 1924 und die DM-Eröffnungsbilanz 1948, formal als Erfolgsbilanzen aufgestellt werden müssen. Sonst könnten sie keine neue Bilanzenkette störungsfrei einleiten. In diesen Eröffnungsbilanzen sind auch Posten möglich, die auf frühere Bilanzen zurückgreifen. Hierzu gehört zum Beispiel der Verlustvortrag, der bei Neubewertung oder Umwandlung übernommen wird.

Die Tabelle in Abbildung 21 läßt sich, unter Weglassung der Nummernspalte und der letzten Spalte für zweiseitige Buchungen, als *Matrix* auffassen. Jede Zeile bildet einen 10-gliedrigen *Buchungsvektor*. Die Schlußzeile ergibt sich dann durch Vektoraddition und stellt den Periodenvektor aller Buchungen dar.

Die Tabelle in Abbildung 21 kann man nach dem Verfahren des sogenannten deutschen Sammeljournals umgestalten; sie ergibt dann Abbildung 23.

Abb. 23. Darstellung der 1. Erfolgsperiode des Zahlenbeispiels nach dem Verfahren des deutschen Sammeljournals (Bewegungsmatrix)

	Ertragswirksame Einnahmen	Barausgaben	Tilgungsausgaben	Vorausgaben	Nachausgaben	Rückausgaben	Summen
Aufwandswirksame Ausgaben		5) 8.000,–		5) 3.000,– 12) 5.000,–	4) 1.000,– 6) 1.000,– 9) 1.000,– 13) 100.000,–		119.000,–
Bareinnahmen	3) 30.000,–			1) 80.000,–		11) 300,–	110.300,–
Voreinnahmen	3) 110.000,– 7) 120,– 10) 400,–	7) 3.000,–				7) 90,–	113.610,–
Tilgungseinnahmen		8) 25.000,–					25.000,–
Rückeinnahmen		2) 40.000,– 4) 2.000,–		2) 80.000,– 6) 3.000,– 9) 2.000,–			127.000,–
Nacheinnahmen	7) 45,– 11) 150,–						195,–
Summen	140.715,–	78.000,–		173.000,–	103.000,–	390,–	495.105,–

Summe aller ertragswirksame Einnahmen	–	Summe aller aufwandswirksame Ausgaben	=	Periodenerfolg
140.715,–	–	119.000,–	=	21.715,–
Summe aller Einnahmen	–	Summe aller Ausgaben	=	Periodenerfolg
376.105,–	–	354.390,–	=	21.715,–
Summe aller Einnahmen	+	Summe der aufwandswirksamen Ausgaben		
376.105,–	+	119.000,–	=	495.105,–
= Summe aller Ausgaben	+	Summe aller ertragswirksamen Einnahmen		
354.390,–	+	140.715,–	=	495.105,–

Jeder Vorfall erscheint nur mit einer einzigen Buchung in der Rubrik (Rechteck), in der die Einnahme mit der zugehörigen Ausgabe zusammentrifft. Für die erfolgswirksamen Buchungen sind je eine besondere Zeile (aufwandswirksame Ausgaben) und Spalte (ertragswirksame Einnahmen) erforderlich. Dadurch werden die erfolgswirksamen (einseitigen) und erfolgsunwirksamen (zweiseitigen) Buchungen voneinandergetrennt. Der Erfolg ergibt sich hier auch als Differenz der erfolgswirksamen Einnahmen und Ausgaben. Auch bei dieser Darstellung liegt die Auffassung jeder Buchung als *Matrix* nahe. Das Schlußergebnis erhält man durch (chronologische) Matrizenaddition.

Wenn in den Bilanzen der Abbildung 22 und auch anderswo der Gewinn beziehungsweise Verlust der Periode eingesetzt wird, handelt es sich um keine Buchung innerhalb der Ermittlungsrechnung, sondern um die *formale Sichtbarmachung* des Saldos. Die Buchung derartiger Posten gehört in die Verwendungsrechnung, die den offenen Saldo ausgleicht. Durch diesen Nullausgleich erhält man die anschließende Eröffnungs-Beständebilanz, das heißt, die Vorträge für die anschließende Erfolgsperiode.

1. *Erfolgsperiode (kontenmäßig)*

In der systematischen einfachen Buchführung können die Buchungen auch kontenmäßig durchgeführt werden. Der allgemeinen Übung folgend, wird bei der Darstellung in Kontenform eine tiefere Untergliederung der fünf Kontentypen vorgenommen (Abbildung 24).

Abb. 24. Kontenmäßige Darstellung der 1. Erfolgsperiode mit Bilanzabschluß

Kasse

1	80.000,–	2	40.000,–
3	30.000,–	4	2.000,–
11	300,–	5	8.000,–
		7	3.000,–
		8	25.000,–
		S[1]	32.300,–
	110.300,–		110.300,–

[1] S = Saldo

Forderungskonten

Forderungen aus Warenlieferungen

3	110.000,–	S	110.000,–

Darlehnsforderungen

7	3.000,–	S	3.000,–

Abb. 24. (Fortsetzung)

Rückzahlungsagio

7	90,–	S	90,–

Zinsforderungen

7	120,–	S	120,–

Provisionsforderungen

10	400,–	S	400,–

Vorräte

Waren

2	120.000,–	13	100.000,–
		S	20.000,–
	120.000,–		120.000,–

Geschäftsausstattung

6	3.000,–	6a	1.000,–
		S	2.000,–
	3.000,–		3.000,–

Mietvorauszahlungen

9	2.000,–	9a	1.000,–
		S	1.000,–
	2.000,–		2.000,–

Versicherungsprämien

4	2.000,–	4a	1.000,–
		S	1.000,–
	2.000,–		2.000,–

Schuldkonten

Eigenkapital

8	25.000,–	1	80.000,–
S	55.000,–		
	80.000,–		80.000,–

Verbindlichkeiten aus Warenlieferungen

S	83.000,–	2	80.000,–
		6	3.000,–
	83.000,–		83.000,–

Abb. 24. (Fortsetzung)

Verbindlichkeiten aus Leistungen

S	5.000,–	5	3.000,–
		9	2.000,–
	5.000,–		5.000,–

Rückstellungen

S	5.000,–	12	5.000,–

Reservate

Rückzahlungsagio

7a	45,–	7	90,–
S	45,–		
	90,–		90,–

Vorausempfangene Erträge

11a	150,–	11	300,–
S	150,–		
	300,–		300,–

Schlußbilanz (Beständebilanz)

Aktiva			Passiva		
Kasse		32.300,–	*Schulden*		
Forderungen			Eigenkapital	55.000,–	
aus Warenlieferungen	110.000,–		Verbindlichkeiten:		
Darlehn	3.000,–		aus Warenlieferungen	83.000,–	
Rückzahlungsagio	90,–		aus Leistungen	5.000,–	
Zinsen	120,–		Rückstellungen	5.000,–	148.000,–
Provisionen	400,–	113.610,–			
Vorräte			*Reservate*		
Waren	20.000,–		Rückzahlungsagio	45,–	
Geschäftsausstattung	2.000,–		vorausempfangene Erträge	150,–	195,–
Vorauszahlungen:					
Miete	1.000,–		*Periodengewinn* I		21.715,–
Versicherungen	1.000,–	24.000,–			
		169.910,–			169.910,–

2. Erfolgsperiode (tabellarisch)

Die tabellarische Buchung der Geschäftsvorfälle 14 bis 32 führt zur Buchungstabelle in Abbildung 25 und den daraus abgeleiteten Bilanzen: Bewegungsbilanz, Beständebilanz und Veränderungsbilanz in Abbildung 26. Dabei ist zu beachten, daß die Vorfälle der 1. Periode in die 2. Periode hineinragen und auch dort Buchungen auslösen (Zeilen 4, 6, 7 und 11).

2. Erfolgsperiode (kontenmäßig)

Bei der kontenmäßigen Buchung der 2. Erfolgsperiode werden die Endbestände der jeweiligen Konten aus der Beständebilanz der 1. Erfolgsperiode zur Wahrung der Periodenkontinuität in die neu eröffneten Konten als Anfangsbestände der 2. Erfolgsperiode übernommen.

Die Eröffnungsbilanz der 2. Erfolgsperiode ist hinsichtlich der Vermögens- und Kapitalbestände mit der Schlußbilanz der 1. Erfolgsperiode identisch, sofern keine Gewinnausschüttung erfolgt, das heißt, der Gewinn in vollem Umfange als Vorausgabe vorgetragen wird. Dies wird für den Fortgang des Buchungsbeispiels angenommen. Wird der Gewinn oder ein Teil desselben ausgeschüttet, erfolgt in entsprechender Höhe eine Verminderung des Kassenbestandes. Der Gewinn kann auch dem Eigenkapitalkonto oder einem Rücklagenkonto zugeführt werden; hierdurch wird eine entsprechende Umbuchung ausgelöst. Die Gewinnverwendungsbuchungen werden in der Regel bei vollem Vortrag des Gewinnes in der nächsten Periode durchgeführt.

Die Geschäftsvorfälle der 2. Erfolgsperiode lösen nachstehende Buchungen auf den aus der Eröffnungsbilanz entwickelten Konten aus (Abbildung 27).

*

Die Buchungen in beiden Erfolgsperioden sind wie folgt zu erläutern: Bei den Geschäftsvorfällen 1, 2, 8, 14, 15, 16, 19, 20, 22, 23, 26, 29 handelt es sich um zweiseitige Buchungen ohne Erfolgswirksamkeit, sie werden in gleicher Höhe auf den entsprechenden Konten jeweils als Einnahme und Ausgabe gebucht. Die Geschäftsvorfälle 3, 5, 10, 12, 13, 17, 18, 32 werden einseitig gebucht und sind damit entweder als Einnahme oder als Ausgabe unmittelbar erfolgswirksam. Sie haben keine Gegenbuchung, die ihre Erfolgswirkung aufheben würde. Die Geschäftsvorfälle 4, 6, 7, 9, 11, 21, 24, 25, 27, 28, 30, 31 lösen Buchungen aus, die zum Teil zweiseitig, zum Teil einseitig und damit erfolgswirksam sind.

Der Geschäftsvorfall 4 beispielsweise betrifft eine Periodenabgrenzung. Die Barausgabe der Versicherungsprämie von DM 2.000,– in der 1. Erfolgsperiode wird zunächst in voller Höhe als Rückeinnahme kompensiert, die Erfolgswirkung des Periodenanteils von DM 1.000,– wird dann durch eine Nachausgabe (Buchung 4a) hergestellt. Beim Geschäftsvorfall 7 wird die Bar-

Abb. 25. Tabellarische Darstellung der 2. Erfolgsperiode

	Kasse		Forderungen		Schulden		Vorräte		Reservate		Zweiseitige Buchungen
Nr.	Bar-einnahmen	Bar-ausgaben	Vor-einnahmen	Tilgungs-ausgaben	Tilgungs-einnahmen	Vor-ausgaben	Rück-einnahmen	Nach-ausgaben	Nach-einnahmen	Rück-ausgaben	
4b								1.000,–			
6b								1.000,–			
7b/c			120,–						45,–		
11b									150,–		
14	90.000,–			90.000,–							90.000,–
15		50.000,–			50.000,–						50.000,–
16		50.000,–				130.000,–	180.000,–				180.000,–
17	60.000,–		150.000,–								
18		10.000,–				3.500,–					
19		3.000,–			3.000,–						3.000,–
20	120,–			120,–							120,–
21	4.900,–					5.000,–	100,–				5.000,–
						250,–		50,–			
22		3.000,–			3.000,–						3.000,–
23	4.000,–					4.000,–					4.000,–
24	400,–		3.000,–	400,–							400,–
25		2.400,–			2.000,–		400,–	1.400,–			2.400,–
26		6.000,–			6.000,–						6.000,–
27	120.000,–			120.000,–							120.000,–
				2.000,–							
28		100.000,–			100.000,–						100.000,–
					1.500,–						
29	3.090,–			3.090,–							3.090,–
30		800,–			800,–						800,–
					200,–						
31		5.600,–			5.600,–	1.600,–					5.600,–
32								170.000,–			
	282.510,–	230.800,–	153.120,–	215.610,–	172.100,–	144.350,–	180.500,–	173.450,–	195,–		573.410,–

Summe aller Einnahmen – Summe aller Ausgaben = Periodenerfolg II
788.425,– – 764.210,– = 24.215,–

Abb. 26. Bilanzabschluß der 2. Erfolgsperiode

Bewegungsbilanz

Bareinnahmen	282.510,–	Barausgaben	230.800,–
Voreinnahmen	153.120,–	Tilgungsausgaben	215.610,–
Tilgungseinnahmen	172.100,–	Vorausgaben	144.350,–
Rückeinnahmen	180.500,–	Nachausgaben	173.450,–
Nacheinnahmen	195,–	Rückausgaben	–
		Periodengewinn II	24.215,–
	788.425,–		788.425,–

Beständebilanz

Kasse	84.010,–	Schulden	120.250,–
Forderungen	51.120,–	Periodengewinn I	21.715,–
Vorräte	31.050,–	Periodengewinn II	24.215,–
	166.180,–		166.180,–

Veränderungsbilanz

Kasse (Zunahme)	51.710,–	Forderungen (Abnahme)	62.490,–
Schulden (Abnahme)	27.750,–	Periodengewinn II	24.215,–
Vorräte (Zunahme)	7.050,–		
Reservate (Abnahme)	195,–		
	86.705,–		86.705,–

Abb. 27. Kontenmäßige Darstellung der 2. Erfolgsperiode mit Bilanzabschluß

Kasse

AB[1]	32.300,–	15	50.000,–
14	90.000,–	16	50.000,–
17	60.000,–	18	10.000,–
20	120,–	19	3.000,–
21	4.900,–	22	3.000,–
23	4.000,–	25	2.400,–
24	400,–	26	6.000,–
27	120.000,–	28	100.000,–
29	3.090,–	30	800,–
		31	5.600,–
		S[2]	84.010,–
	314.810,–		314.810,–

[1] AB = Anfangsbestand
[2] S = Saldo

Abb. 27. (Fortsetzung)

Forderungskonten

Forderungen aus Warenlieferungen

AB	110.000,–	14	90.000,–
17	150.000,–	27	120.000,–
		27a	2.000,–
		S	48.000,–
	260.000,–		260.000,–

Darlehnsforderungen

AB	3.000,–	29	3.000,–

Rückzahlungsagio

AB	90,–	29	90,–

Zinsforderungen

AB	120,–	20	120,–
7b	120,–	S	120,–
	240,–		240,–

Provisionsforderungen

AB	400,–	24	400,–
24	3.000,–	S	3.000,–
	3.400,–		3.400,–

Vorräte

Waren

AB	20.000,–	32	170.000,–
16	180.000,–	S	30.000,–
	200.000,–		200.000,–

Geschäftsausstattung

AB	2.000,–	6b	1.000,–
		S	1.000,–
	2.000,–		2.000,–

Mietvorauszahlungen

AB	1.000,–	25a	1.400,–
25	400,–		
	1.400,–		1.400,–

Abb. 27. (Fortsetzung)

Versicherungsprämien

AB	1.000,–	4b	1.000,–

Disagio

21	100,–	21a	50,–
		S	50,–
	100,–		100,–

Schuldkonten

Eigenkapital

26	6.000,–	AB	55.000,–
S	53.000,–	23	4.000,–
	59.000,–		59.000,–

Gewinnvortrag

S	21.715,–	AB	21.715,–

Verbindlichkeiten aus Warenlieferungen

15	50.000,–	AB	83.000,–
22	3.000,–	16	130.000,–
28	100.000,–		
28a	1.500,–		
S	58.500,–		
	213.000,–		213.000,–

Verbindlichkeiten aus Leistungen

19	3.000,–	AB	5.000,–
25	2.000,–	18	3.500,–
S	3.500,–		
	8.500,–		8.500,–

Darlehnsschulden

S	5.000,–	21	5.000,–

Zinsverbindlichkeiten

S	250,–	21b	250,–

Rückstellungen

30	800,–	AB	5.000,–
30a	200,–	31a	1.600,–
31	5.600,–		
	6.600,–		6.600,–

Abb. 27. (Fortsetzung)

Reservate

Rückzahlungsagio

7c	45,–	AB	45,–

Vorausempfangene Erträge

11b	150,–	AB	150,–

Schlußbilanz (Beständebilanz)

Aktiva			Passiva		
Kasse		84.010,–	*Schulden*		
Forderungen			Eigenkapital	53.000,–	
aus Waren-			Verbindlich-		
lieferungen	48.000,–		keiten:		
Provisionen	3.000,–		aus Waren-		
			lieferungen	58.500,–	
Zinsen	120,–	51.120,–	aus Leistungen	3.500,–	
			Darlehn	5.000,–	
Vorräte					
Waren	30.000,–		Zinsen	250,–	120.250,–
Geschäfts-			*Gewinnvortrag*		
ausstattung	1.000,–		Periode I	21.715,–	
Disagio	50,–	31.050,–	*Gewinn*		
			Periode II	24.215,–	45.930,–
		166.180,–			166.180,–

ausgabe für die Darlehnsgewährung in der 1. Erfolgsperiode in voller Höhe wechselbezüglich gebucht (DM 3.000,–). Das Rückzahlungsagio von DM 90,– ist auf die Laufzeit des Darlehns von zwei Jahren gleichmäßig zu verteilen. Dies geschieht durch die Buchung 7a, mit der die gleichzeitig unter 7 erfolgte kompensatorische Bruttobuchung des Agios von DM 90,– in Höhe von DM 45,– periodengerecht als Nacheinnahme erfolgswirksam gebucht wird. Die Zinsen von DM 120,– entfallen in voller Höhe auf die 1. Erfolgsperiode; sie werden als Voreinnahme (Forderungsentstehung) einseitig, das heißt, erfolgswirksam erfaßt. Im Geschäftsvorfall 30 zeigt die Barzahlung von DM 800,– eine Abweichung von der Aufwandserfassung (Rückstellungsbildung) in Höhe von DM 200,– (siehe Geschäftsvorfall 12a). Die Differenz, erfaßt durch die Buchung 30a, stellt einen aperiodischen Ertrag dar.

*

Die Bewegungsbilanz führt mit der Differenz zwischen der Summe der Periodeneinnahmen und der Summe der Periodenausgaben in einem Schritt und in *summarischer* Form zur Ermittlung des Periodenerfolges. Es besteht in der systematischen einfachen Buchhaltung indes auch die Möglichkeit, die *Komponenten* des Periodenerfolges, also die Ertragseinnahmen (den Ertrag) und die Aufwandsausgaben (den Aufwand) der Periode abzuleiten, wenn auch gleichfalls nur in summarischer Form. Eine derartige Rechnung wird in Abbildung 28 für beide Erfolgsperioden des Zahlenbeispiels durchgeführt.

Die Grundlage dieser Rechnung bildet zweckmäßigerweise die tabellarische Darstellung, da in den Endsummen der Einzelspalten bereits alle benötigten Zahlenangaben enthalten sind. Ausgangspunkt für die Ermittlung sowohl der Ertragseinnahmen als auch der Aufwandsausgaben sind die Bareinnahmen beziehungsweise Barausgaben. In einem ersten Schritt führt das Hinzufügen der verschiedenen Arten der Verrechnungszahlungen zunächst zur Summe der gesamten Periodeneinnahmen beziehungsweise -ausgaben. Wird hiervon in einem zweiten Schritt jeweils die *Summe der zweiseitigen Buchungen* abgesetzt, so errechnen sich unmittelbar die gesamten Ertragseinnahmen und Aufwandsausgaben der Periode und aus der Differenz dieser beiden Größen der Periodenerfolg.

Abb. 28. Ableitung der Ertragseinnahmen und Aufwandsausgaben in der systematischen einfachen Buchhaltung anhand des Zahlenbeispiels

a) Bareinnahmen		110.300,–		282.510,–
+ Verrechnungseinnahmen:				
Voreinnahmen	113.610,–		153.120,–	
Tilgungseinnahmen	25.000,–		172.100,–	
Rückeinnahmen	127.000,–		180.500,–	
Nacheinnahmen	195,–	265.805,–	195,–	505.915,–
= Periodeneinnahmen		376.105,–		788.425,–
– Zweiseitige Einnahmen		235.390,–		573.410,–
= Ertragseinnahmen		140.715,–		215.015,–
b) Barausgaben		78.000,–		230.800,–
+ Verrechnungsausgaben:				
Vorausgaben	173.000,–		144.350,–	
Tilgungsausgaben	–,–		215.610,–	
Rückausgaben	390,–		–,–	
Nachausgaben	103.000,–	276.390,–	173.450,–	533.410,–
= Periodenausgaben		354.390,–		764.210,–
– Zweiseitige Ausgaben		235.390,–		573.410,–
= Aufwandsausgaben		119.000,–		190.800,–
c) Ertragseinnahmen (a)		140.715,–		215.015,–
– Aufwandsausgaben (b)		119.000,–		190.800,–
= Periodenerfolg		21.715,–		24.215,–

Das Ergebnis dieser Rechnung ist geeignet, die Aussage zu unterstreichen, daß die systematische einfache Buchhaltung mit der Bilanz als Abschluß selbst eine *Aufwands- und Ertragsrechnung* ist. Weiterhin wird der Erfolg als Unterschied zwischen zwei Bewegungsgrößen ermittelt. Diese Tatsache stützt somit die These, daß keine Notwendigkeit besteht, eine Beständebilanz aufzustellen.

Das *allgemeine Schema* für die summarische Ableitung der Ertragseinnahmen und Aufwandsausgaben ist in Abbildung 28 auf der linken Seite in Textform ersichtlich.

4. Die Erfolgsverwendungsrechnung in der Bilanz

Im Anschluß an die Erfolgsermittlung soll nachstehend die Erfolgsverwendungsrechnung in der Bewegungsbilanz dargestellt werden.

Der Erfolg wird stets als *offener Saldo* ermittelt, und zwar entweder als Saldo aller Einnahmen und Ausgaben (Bewegungen), als Saldo der entsprechenden Bewegungsdifferenzen (Veränderungen) oder als Saldo der hieraus resultierenden Aktiv- und Passivbestände. Zwecks Sichtbarmachung kann der Erfolgssaldo auf der niedrigeren Seite der offenen Bilanzen *formal eingesetzt* werden, wodurch diese zahlenmäßig ausgeglichen sind. Damit ist die Ermittlungsrechnung beendet.

Die Erfolgsverwendungsrechnung setzt bereits ein, indem der ermittelte Erfolg auch *tatsächlich gebucht* wird. Dafür wird zweckmäßig ein besonderes Bestandskonto geschaffen, dem man die Bezeichnung *Gewinnverwendungskonto* geben kann.

Die Verwendungsrechnung wird zunächst durch einseitige, saldenwirksame *Vorausgaben* im Gewinnfall oder durch erfolgswirksame *Tilgungseinnahmen* (im Sinne von Tilgungsabweichungen), bezogen auf das Eigenkapital einschließlich Rücklagen, im Verlustfall global vollzogen. Sofern das Eigenkapital aufgezehrt ist (Überschuldung), erscheint statt der Tilgungseinnahme eine erfolgswirksame *Voreinnahme,* das heißt, eine Forderung an den haftenden Unternehmer.

Die Buchungen erfolgen im Gewinnfall auf dem Kontentyp Schulden, wobei die Empfänger des Gewinns noch offenbleiben. Für die Umbuchung des Gewinns als Eigenkapital, Dividenden- oder Tantiemenschuld, Anspruch von Mitbeteiligten, Rücklage oder Vortrag dient dieses Konto als Verwendungs- beziehungsweise Verteilungskonto. Die Umbuchungen stellen auf dem Gewinnverwendungskonto *erfolgsunwirksame* Tilgungseinnahmen dar, die dieses Konto auflösen. Sie bleiben daher ohne Einfluß auf die Erfolgsermittlung.

In der Ermittlungs- und der Verwendungsrechnung stehen sich Gewinne und Verluste *arithmetisch entgegengesetzt* auf verschiedenen Seiten gegenüber. Faßt man beide Rechnungen als Phasen zur vollständigen Erfolgsrechnung der betreffenden Periode zusammen, so gleichen sich die Salden zu Null aus. Die Beständebilanz wird damit zur Eröffnungsbilanz der nächsten Periode mit in sich ausgeglichenen Vorträgen. Es gilt die sogenannte *Bilanzgleichung*:

Aktiva = alte Passiva der abgeschlossenen Periode + *Periodengewinn* (Vorausgabe)
= neue Passiva der eröffneten Periode

beziehungweise

Alte Aktiva der abgeschlossenen Periode + *Periodenverlust* (Tilgungseinnahme beziehungsweise Voreinnahme)
= neue Aktiva der eröffneten Periode
= Passiva

In der Praxis schließt sich die Verwendungsrechnung unmittelbar an die Ermittlungsrechnung an, so daß die Bilanz stets ausgeglichen ist.

II. Das Gesamtsystem der doppelten Buchhaltung

1. Die Gruppe der Erzeugungskonten (Prozeß- oder Erfolgskonten)

Im System der Erfolgsrechnung sind uns bisher nur reine Zahlungskonten begegnet, die man auch Bestands- oder Bilanzkonten nennen kann. Besondere Konten, deren Inhalt dem wertmäßigen Festhalten von Güterverbrauch und Güterentstehung dient, sind noch nicht aufgetreten. In der systematischen einfachen Buchhaltung werden vielmehr alle Verbrauchs- und Entstehungsvorgänge an wirtschaftlichen Gütern derart über Zahlungskonten gebucht, daß sich Gütermehrungen oder -minderungen als Einnahmen-Ausgaben-Differenz niederschlagen. Es ist geradezu das Kennzeichen der systematischen einfachen Buchhaltung, daß sie nur mit Zahlungskonten operiert und damit einen systematischen und geschlossenen Abrechnungskreis wirtschaftlicher Vorgänge darstellt. Dabei werden die in Abbildung 9 dargestellten fünf Typen von Zahlungskonten unterschieden.

Der Kalkül der systematischen einfachen Buchhaltung ist zwar nur ein *Teilsystem der doppelten Buchhaltung,* aber das grundlegende System, an das in zweckgerichteter Erweiterung der Abrechnungsweise ein *zweites Teilsystem* angehängt wird, wodurch eine vertiefte Einsicht in die abgebildeten Güterbewegungen der Unternehmung gewonnen wird. Der zweite, gleichfalls systematische Abrechnungskreis wird in den ersten derart eingefügt, daß sein Zahleninhalt nur an die *erfolgswirksamen Zahlungsvorgänge* des ersten Systems anknüpft und dadurch eine nach Güterarten (sowie nach Abrechnungsbezirken oder Produkten) gegliederte Aufbereitung aller erfolgswirksamen Zahlungsvorgänge ermöglicht.

Beide korrespondierenden systematischen Abrechnungskreise machen die doppelte Buchhaltung aus, deren Wesen demnach in einer *zweifachen (doppelten) Erfolgsermittlung* der Rechnungsperiode liegt. Diese Eigenschaft ist namengebend für das zweikreisige Abrechnungssystem. In diesem Sinne stellt die doppelte Buchhaltung eine Erweiterung und Vervollkommnung der systematischen einfachen Buchhaltung dar.

Die systematische einfache Buchhaltung weist einen für die praktische Handhabung erheblichen Mangel auf. Sie ermittelt zwar den Periodenerfolg in der Bilanz, bleibt aber eine nur summarische Erfolgsermittlungsrechnung. Der Erfolg erscheint lediglich als ungeteilter, globaler Saldo aller Zahlungskonten. Damit fehlt ihr eine spezifizierte Erfolgsermittlungsrechnung, die die Erfolgsentstehung aus den Aufwands- und Ertragskomponenten aufzeigt und diese sichtbar macht.

Diesen Mangel beseitigt der Kalkül der doppelten Buchhaltung. Die zweite, parallellaufende Erfolgsrechnung erhält man durch *Gegenbuchungen zu allen einseitigen Buchungen* erfolgswirksamer Zahlungen, die auf den Zahlungskonten bereits vorliegen. In der systematischen einfachen Buchhaltung werden nur diejenigen Vorgänge zweimal (zweiseitig) gebucht (einmal im Soll und einmal im Haben), die erfolgsneutral sind. Dagegen treten alle erfolgswirksamen Zahlungsvorgänge buchungsmäßig nur einmal (einseitig) auf. Diese Lücke wird in der doppelten Buchhaltung durch die Einführung eines allgemeinen *Prinzips der Gegenbuchung* geschlossen. Man kann daher die doppelte Buchhaltung dahin interpretieren, daß sie nicht nur einige, sondern sämtliche Buchungen zweiseitig (doppelt) vornimmt. Die formale Gegenbuchung zu den erfolgswirksamen Zahlungen, das heißt, die damit nochmals vollzogene, unmittelbare Aufschreibung von Aufwandsausgaben und Ertragseinnahmen, erfolgt auf zweckmäßig gegliederten sogenannten *Aufwands- und Ertragskonten* (Abbildung 29).

Abb. 29. Typen der Erzeugungskonten (Prozeß- oder Erfolgskonten)

Aufwand		Ertrag	
Aufwand	Aufwandsminderung	Ertragsminderung	Ertrag

Auf diese Weise stimmen Aufwandsausgabe und Aufwand beziehungsweise Ertragseinnahme und Ertrag genau überein.

Die Aufwands- und Ertragskonten werden auch als *Erzeugungs-, Prozeß- oder Erfolgskonten* bezeichnet. Ihr Abschluß stellt die nach Güterverbrauch und Güterentstehung detaillierte Abrechnung des Erzeugungsprozesses (Aufwands- und Ertragsprozeß) dar und liefert die sogenannte Gewinn- und Verlustrechnung[7]. Der Periodenerfolg wird somit *doppelt* ermittelt: einmal *summarisch* in der Bilanz und zum anderen, nach Komponenten *spezifiziert*, in der Gewinn- und Verlustrechnung. Diese zweifache Erfolgsermittlung ist in der doppelten Buchhaltung systematisch gekoppelt und führt zwangsläufig zum gleichen Ergebnis. Entsprechend dem Prinzip der Gegenbuchung erscheint der Gewinn beziehungsweise Verlust in den Abschlüssen als Saldo auf verschiedenen Kontenseiten.

Die Gegenbuchungen zu den Aufwandsausgaben und Ertragseinnahmen in gleicher Höhe stellen, gewissermaßen dupliziert, *primär* wiederum *Zahlungsbewegungen* dar, allerdings mit vertauschten Seiten. Dadurch werden aus den Bilanzkonten mit ihren überlagernden Verrechnungszahlungen die verdeckten erfolgswirksamen Zahlungsvorgänge einzeln ausgezogen und deutlich sichtbar gemacht, so daß sie nun für sich betrachtet und gegliedert werden können. Um diese formalen Gegenbuchungen von den ursprünglichen, einseitigen Buchungen zu unterscheiden, werden sie abweichend von der monetären Ausdrucksweise bezeichnet. Erst *sekundär* ergibt sich die Möglichkeit, die Zahlungsbewegungen auch als *Güterbewegungen* zu deuten und diese nach Güterarten oder anderen Gesichtspunkten zu unterscheiden. Diese beiden Betrachtungsweisen, die geldmäßige und die gütermäßige, werden später näher erörtert. In der Aufwands- und Ertragsrechnung der Doppik dominiert naturgemäß die gütermäßige Interpretation der Zahlenausdrücke. Auf diese Deutung weist die Bezeichnungsweise bereits hin.

Im Teilsystem der Gegenbuchungen sind sämtliche Konten Erfolgskonten, die einheitlich im Soll Aufwandsausgaben (Aufwand) und im Haben Ertragseinnahmen (Ertrag) aufnehmen. Auf der Gegenseite erscheinen dann Aufwandsminderungen (Haben) und Ertragsminderungen (Soll). Es liegt also auch hier ein *Einkontensystem* vor. Alle Aufwands- und Ertragskonten, alle zugehörigen Kontenarten und Kontengruppen sind Unterkonten des umfassenden Erfolgskontos, das das Rechnungssystem begründet.

Das Gesamtsystem der Doppik besteht somit aus Zahlungs- und Erfolgskonten. Es faßt die beiden Einkontensysteme (Teilsysteme) zu einem *verbundenen Zweikontensystem* zusammen. Alle einzelnen Kontentypen und

[7] Vergleiche hierzu Langen, Heinz: (Gewinn und Verlust) Sp. 1680ff.

Kontengruppen sind *Unterkonten des Grundsystems.* Die verschiedenen Drei- und Mehrkontentheorien der Literatur beziehen sich stets auf Gruppierungen von Unterkonten.

Der Erfolg wird in beiden Abschlüssen getrennt und daher formal selbständig ermittelt. Dennoch besteht ein Unterschied. Die systematische einfache Buchhaltung kann für sich allein durchgeführt werden, das heißt, sie ist ein formal unabhängiges System. Die Aufwands- und Ertragsrechnung wird hingegen nicht für sich allein entwickelt. Sie setzt die systematische einfache Buchhaltung voraus, wird aus dieser durch Gegenbuchungen gewonnen und ist daher ein *formal abhängiges System.* Hieraus erklärt sich die Übereinstimmung der Ergebnisse.

Sieht man von der formalen Systemtrennung ab, so besteht ein *enger sachlicher Zusammenhang* zwischen Zahlungs- und Gütervorgängen. Die periodische Abgrenzung der Ausgaben und Einnahmen ist unlösbar mit Güterverbrauch und Güterausbringung verbunden; sie findet ausschließlich inbezug auf diese korrespondierenden Vorgänge, in der Synchronisierung mit ihnen, ihren Sinn.

Der Erfolg wird auch in der Aufwands- und Ertragsrechnung als *offener Saldo* ermittelt. Rein zahlenmäßig kann er zum sichtbaren Ausgleich *formal eingesetzt* werden. Gleichzeitig stellt dieser Saldo den Gegenposten zum entsprechenden Bilanzposten dar, das heißt, bei Gewinn zur Vorausgabe und bei Verlust zur Tilgungseinnahme beziehungsweise Voreinnahme. Durch die Verwendungsrechnung wird die periodenbezogene Ermittlungsrechnung erfolgswirksam ausgeglichen und damit die Erfolgsrechnung endgültig abgeschlossen; hier gibt es keinen Vortrag.

Die *Selbständigkeit* beider Erfolgsrechnungen (in der Bilanz und in der Gewinn- und Verlustrechnung) verbietet trotz der inhaltlichen Abhängigkeit (der letzteren von der ersteren) die Annahme, daß aufgrund einer Übertragung des Erfolgssaldos ein Über- oder Unterordnungsverhältnis beider Teilsysteme zueinander bestehe. Beide Rechnungen schließen für sich ab und werden gleichzeitig saldomäßig ausgeglichen.

Es sind als theoretische Grenzfälle zwei *Formen der Gewinn- und Verlustrechnung* zu unterscheiden:

1. Eine – *unsaldierte* – *Bruttorechnung*, die sämtliche Gegenbuchungen zu den einseitigen erfolgswirksamen Buchungen auf den Zahlungskonten aufnimmt. Sie kann daher bei gemischter Kontenführung auch vorläufige Aufwendungen und Erträge enthalten, wenn die gemischten Konten in der Gruppe der Erfolgskonten geführt werden. Die vorläufigen Aufwendungen und Erträge müssen im Hinblick auf die periodengerechte Erfolgsrechnung

noch durch Minderungen (Aufwands- und Ertragsminderungen, siehe Abbildung 29) berichtigt werden (Abbildung 30).

2. Eine – *saldierte* – *Nettorechnung*, die aus der Bruttorechnung abgeleitet werden kann. Sie weist nur die endgültigen Aufwendungen und Erträge aus (Abbildung 31).

In den Abbildungen 30 und 31 stellen die Positionen I auf beiden Seiten der unsaldierten und der saldierten Gewinn- und Verlustrechnung den *Hauptinhalt der Abrechnung* dar. Bei den Erträgen handelt es sich um zu Ertrag gewordene Leistungen und um leistungsneutrale Erträge der Erfolgsperiode.

Abb. 30. Unsaldierte (Brutto-) Gewinn- und Verlustrechnung
(Ausbringungsrechnung oder Gesamtaufwandsrechnung)

I. *Aufwendungen* als Gegenbuchungen zu:	I. *Erträge* als Gegenbuchungen zu:
a) Barausgaben (Aufwandsausgaben) z. B. bar gezahlte Löhne	a) Bareinnahmen (Ertragseinnahmen) z. B. Erlöse aus Barverkäufen
b) Vorausgaben (Aufwandsausgaben) z. B. noch zu zahlende Miete	b) Voreinnahmen (Ertragseinnahmen) z. B. Forderungen aus Warenlieferungen
c) Nachausgaben (Aufwandsausgaben) z. B. Abschreibungen	c) Nacheinnahmen (Ertragseinnahmen) z. B. ertragswirksame Verrechnung erhaltener Vorauszahlungen bei Warenlieferungen
d) Tilgungsausgaben (Tilgungsabweichungen bei wechselbezüglichen Voreinnahmen = Aufwandsausgaben) z. B. Forderungsausfall bei gegebenem Darlehn	d) Tilgungseinnahmen (Tilgungsabweichungen bei wechselbezüglichen Vorausgaben = Ertragseinnahmen) z. B. Schuldnachlaß bei erhaltenem Darlehn
II. *Ertragsminderungen* als Gegenbuchungen zu:	II. *Aufwandsminderungen* als Gegenbuchungen zu:
a) Barausgaben (Minderung von Ertragseinnahmen) z. B. Barauszahlung von Preisnachlässen an Abnehmer	a) Bareinnahmen (Minderung von Aufwandsausgaben) z. B. Bareingang von Preisnachlässen für Materialverbrauch
b) Vorausgaben (Minderung von Ertragseinnahmen) z. B. Gutschriften für Abnehmer	b) Voreinnahmen (Minderung von Aufwandsausgaben) z. B. Lieferergutschriften aufgrund von Preisnachlässen für Materialverbrauch

Abb. 30. (Fortsetzung)

c) Tilgungsausgaben
(Tilgungsabweichungen bei ertragswirksamen Voreinnahmen = Minderung von Ertragseinnahmen)
z. B. Kundenskonten

c) Tilgungseinnahmen
(Tilgungsabweichungen bei aufwandswirksamen Vorausgaben = Minderung von Aufwandsausgaben)
z. B. Liefererskonten

III. *Vorläufige Aufwendungen*
als Gegenbuchungen zu:

a) Barausgaben
(vorläufige Aufwandsausgaben)
z. B. Bareinkäufe von Roh-, Hilfs- und Betriebsstoffen, die in der Beschaffungsperiode teilweise nicht verbraucht werden.

b) Vorausgaben
(vorläufige Aufwandsausgaben)
z. B. noch zu zahlende Löhne und Gehälter, Zinsen und Reparaturen, die z. T. im Halb- und Fertigfabrikatebestand aktiviert werden

c) Nachausgaben
(vorläufige Aufwandsausgaben)
z. B. Abschreibungen, die z. T. im Halb- und Fertigfabrikatebestand aktiviert werden

III. *Vorläufige Erträge*
als Gegenbuchungen zu:

a) Bareinnahmen
(vorläufige Ertragseinnahmen)
z. B. bare Mieteinnahmen, die teilweise die folgende Periode betreffen

b) Voreinnahmen
(vorläufige Ertragseinnahmen)
z. B. Akzepte von Kunden als Anzahlung für bestellte Lieferungen

c) Nacheinnahmen
(vorläufige Ertragseinnahmen)
z. B. volle ertragswirksame Auflösung von Reservateinnahmen, z. B. von erhaltenen Anzahlungen, die z. T. wieder passiviert werden

IV. *Minderungen vorläufiger Erträge*
als Gegenbuchungen zu:

a) Barausgaben
(Minderung vorläufiger Ertragseinnahmen)
z. B. Rückzahlung einer vorläufig ertragswirksam gebuchten Vorauszahlung für Warenlieferung wegen Vertragsannullierung

b) Vorausgaben
(Minderung vorläufiger Ertragseinnahmen)
z. B. Gutschrift für vorläufig ertragswirksam gebuchte Mietvorauszahlung aufgrund einer Mietminderung

c) Tilgungsausgaben
(Tilgungsabweichungen bei vorläufig ertragswirksamen Voreinnahmen = Minderung vorläufiger Ertragseinnahmen)

IV. *Minderungen vorläufiger Aufwendungen*
als Gegenbuchungen zu:

a) Bareinnahmen
(Minderung vorläufiger Aufwandsausgaben)
z. B. Vereinnahmung von Preisnachlässen der Lieferer für vorläufig aufwandswirksam gebuchte Lieferungen von Rohstoffen

b) Voreinnahmen
(Minderung vorläufiger Aufwandsausgaben)
z. B. Belastungen der Lieferer für Rücksendungen bereits bezahlter vorläufig aufwandswirksam gebuchter Lieferungen

c) Tilgungseinnahmen
(Tilgungsabweichungen bei vorläufig aufwandswirksamen Vorausgaben = Minderung vorläufiger Aufwandsausgaben)

Abb. 30. (Fortsetzung)

z. B. ein als Vorauszahlung erhaltener und vorläufig ertragswirksam gebuchter Wechsel wird bei Fälligkeit nicht eingelöst

d) Rückausgaben (Minderung vorläufiger Ertragseinnahmen)
z. B. Passivierung erhaltener Vorauszahlungen, die zunächst ertragswirksam gebucht wurden

z. B. Liefererskonten

d) Rückeinnahmen (Minderung vorläufiger Aufwandsausgaben)
z. B. Aktivierung von Ausgaben für Rohstoffverbrauch, Abschreibungen, Löhne, Zinsen und Reparaturen, die auf die Bestandsmehrung an Halb- und Fertigfabrikaten entfallen

Saldo = Periodenerfolg

Abb. 31. Saldierte (Netto-)Gewinn- und Verlustrechnung (Absatzrechnung oder Umsatzaufwandsrechnung)

I. *Aufwendungen*
als Gegenbuchungen zu:

a) Barausgaben (Aufwandsausgaben)
b) Vorausgaben (Aufwandsausgaben)
c) Nachausgaben (Aufwandsausgaben)
d) Tilgungsausgaben (Tilgungsabweichungen bei wechselbezüglichen Voreinnahmen = Aufwandsausgaben)

II. *Ertragsminderungen*
als Gegenbuchungen zu:

a) Barausgaben (Minderung von Ertragseinnahmen)
b) Vorausgaben (Minderung von Ertragseinnahmen)
c) Tilgungsausgaben (Tilgungsabweichungen bei ertragswirksamen Voreinnahmen = Minderung von Ertragseinnahmen)

I. *Erträge*
als Gegenbuchungen zu:

a) Bareinnahmen (Ertragseinnahmen)
b) Voreinnahmen (Ertragseinnahmen)
c) Nacheinnahmen (Ertragseinnahmen)
d) Tilgungseinnahmen (Tilgungsabweichungen bei wechselbezüglichen Vorausgaben = Ertragseinnahmen)

II. *Aufwandsminderungen*
als Gegenbuchungen zu:

a) Bareinnahmen (Minderung von Aufwandsausgaben)
b) Voreinnahmen (Minderung von Aufwandsausgaben)
c) Tilgungseinnahmen (Tilgungsabweichungen bei aufwandswirksamen Vorausgaben = Minderung von Aufwandsausgaben)

Saldo = Periodenerfolg

Bei den Aufwendungen werden leistungsbezogene und -neutrale Aufwendungen ausgewiesen.

Die Aufwendungen und Erträge, die in Abbildung 30 unter I aufgeführt werden, sind als Komponenten des Periodenerfolgs unvollständig. Sie sind durch die Periodenanteile zu ergänzen, die in den vorläufigen Aufwendungen und Erträgen (III) enthalten sind. Diesen Gegenbuchungen stehen sogenannte *gemischte* Ausgaben und Einnahmen gegenüber. Sie stellen Verbindungen von *Vorrats- und Aufwandsausgaben* beziehungsweise von *Reservat- und Ertragseinnahmen* dar.

Sofern die Zugänge oder der Verbrauch an Einsatzgütern (wie zum Beispiel Rohstoffen, Waren, Arbeitsleistungen, Kapitalnutzungen, Reparaturleistungen, Maschinenleistungen) ohne Rücksicht auf die Bestände, die noch verbleiben oder die in den Halb- und Fertigfabrikaten enthalten sein können, als Gegenbuchungen zu den Ausgaben (Bar-, Vor- oder Nachausgaben) sofort auf die entsprechenden Aufwandskonten oder auch auf sogenannte gemischte Konten, wie zum Beispiel Rohstoff-, Waren- und Herstellkonten, gebracht werden, erscheinen sie dort als vorläufige Aufwendungen. Insoweit sind sie zunächst in vollem Umfange erfolgswirksam und bedürfen der späteren, meist am Ende der Erfolgsperiode erfolgenden Periodenabgrenzung über IV. Bei Lohnzahlungen ist die Ermittlung des genauen Periodenanteils von vornherein unmöglich, da der Lohnanteil, der zum Beispiel auf die Zunahme des Fabrikatebestandes entfällt, erst am Ende der Abrechnungsperiode bestimmbar wird.

Werden im Gegensatz zu dieser Verfahrensweise zum Beispiel die Zugänge an Rohstoffen (Vorratsausgaben) beispielsweise sofort auf Bestandskonten aktiviert (Rückeinnahmen), so wird die Position III nicht berührt. Allerdings ist dann eine spätere periodengerechte Verbrauchsverrechnung (Nachausgaben) erforderlich. Unter I erscheint in diesem Falle direkt der endgültige Materialverbrauch der Erfolgsperiode.

Die Position I (Aufwendungen) in der Abbildung 31 ergibt sich also aus der Abbildung 30 durch folgende Rechnung: *Aufwendungen (I) zuzüglich vorläufige Aufwendungen (III) abzüglich Minderungen vorläufiger Aufwendungen (IV)*. Die Position I in Abbildung 31 erfaßt damit den gesamten (ordentlichen und außerordentlichen) Periodenaufwand.

Entsprechende Überlegungen gelten für den Periodenertrag. Gegenbuchungen zu Bar-, Vor- oder Nacheinnahmen, die in der abzurechnenden Periode nur zum Teil ertragswirksam sind, gehören zur Position III (vorläufige Erträge). Es ist beispielsweise üblich, Miet- und Zinseinnahmen zunächst ertragswirksam zu buchen und die Periodenabgrenzung erst bei der abschließenden Erfolgsermittlung vorzunehmen. Bei den Vorauszahlungen für künftige Erfolgsperioden bedeutet das eine Passivierung (Rückverrechnung von Reservateinnahmen).

Die Position I (Erträge) in der Abbildung 31 ergibt sich hiernach aus der Abbildung 30 durch die Rechnung: *Erträge (I) zuzüglich vorläufige Erträge (III) abzüglich Minderungen vorläufiger Erträge (IV).* Damit umfaßt Position I in Abbildung 31 den gesamten (ordentlichen und außerordentlichen) Periodenertrag.

Zusammenfassend sei nochmals hervorgehoben, daß für die Buchung von *Geschäftsvorfällen mit gemischtem Charakter,* die einen in der Periode erfolgswirksamen und einen transitorischen (später erfolgswirksamen) Bestandteil enthalten (Vorrats- plus Aufwandsausgaben, Reservat- plus Ertragseinnahmen) *zwei Möglichkeiten* bestehen. Sie lassen sich stets anwenden, unabhängig davon, ob der Umfang des Erfolgsanteils von Anfang an feststeht oder nicht.

Im ersten Falle kann man die Zahlungen in voller Höhe als vorläufige Aufwendungen und Erträge verbuchen. Rückeinnahmen oder -ausgaben treten überhaupt nicht auf. Am Ende der Periode werden anteilige Rückverrechnungen vorgenommen. Den Rückeinnahmen entsprechen dann Minderungen vorläufiger Aufwendungen im Haben der Aufwandskonten, den Rückausgaben dagegen Minderungen vorläufiger Erträge im Soll der Ertragskonten.

Im zweiten Falle erfolgt eine sofortige Kompensation der gemischten Zahlungen durch Rückverrechnung auf Bestandskonten. Aufwendungen oder Erträge treten nicht auf. Erst am Ende der Periode werden die Erfolgsanteile durch Nacheinnahmen (Ertrag) oder Nachausgaben (Aufwand) auf den Bestandskonten erfaßt.

Im ersten Falle führt die Buchung zur *Ausbringungsrechnung,* im zweiten Falle zur *Absatzrechnung.*

Im ersten Falle kann es vorkommen, daß die realisierten Erfolgskomponenten die vorläufigen Beträge übersteigen. Dann müssen die *Vorträge auf den Bestandskonten* herangezogen werden. Für die Behandlung der Vorträge stehen ganz allgemein wiederum *zwei Wege* zur Verfügung, die auch für den zweiten Fall begangen werden können.

Auf dem ersten Wege werden alle transitorischen Vorträge sofort durch Nachverrechnung als vorläufig erfolgswirksam aufgelöst. Die Endbestände ergeben sich dann durch Rückverrechnung (Minderung vorläufiger Aufwendungen und Erträge).

Der zweite Weg läßt die Vorträge zunächst unberührt. Erst am Ende der Periode werden Bestandsminderungen durch Nachverrechnung zusätzlich erfaßt. Sie ergänzen die nunmehr realisierten, bisher nur vorläufigen Aufwendungen und Erträge. Bestandsmehrungen führen zur Rückverrechnung, die die vorläufigen Aufwendungen und Erträge vermindert.

In der Praxis treten sämtliche Buchungsverfahren nicht in reiner Form auf, sondern werden *vielfältig miteinander kombiniert.* Endgültig realisierte und vorläufige Erfolgskomponenten sowie deren Minderungen kommen dann nebeneinander vor. Insbesondere werden, wenn möglich, die beiden Bestandteile des gemischten Buchungsfalles sofort voneinander getrennt und endgültig gebucht. Damit ist dann die Periodenabgrenzung vollständig durchgeführt.

Die *Positionen II* (Ertragsminderungen und Aufwandsminderungen) haben in den Abbildungen 30 und 31 sinngemäß den gleichen Inhalt. In beiden Fällen handelt es sich um Berichtigungen, die sich auf Buchungen in vorangegangenen Perioden beziehen. Sie können daher mit den Erfolgskomponenten der Rechnungsperiode nicht saldiert werden, ohne daß das Bild der Periode verfälscht würde. Sie bleiben unsaldierbare Aufwands- und Ertragsminderungen auch in Abbildung 31. Diese Minderungen stellen *aperiodische oder zeitraumfremde Erträge oder Aufwendungen* in der betreffenden Periode dar, wenn man ihre Wirkung auf den Erfolg ins Auge faßt. Den Gegensatz dazu bilden die saldierbaren Aufwands- und Ertragsminderungen der Abrechnungsperiode; für sie stehen auf beiden Seiten der Abbildung 30 die zu korrigierenden Posten unter III und die Korrekturposten unter IV.

Diese Trennung der Aufwands- und Ertragsminderungen der abzurechnenden und der vergangenen Perioden wird praktisch jedoch selten durchgeführt.

Um die Aufwands- und Ertragsminderungen der Position II, die Berichtigungen von Buchungen früherer Perioden darstellen, auszusondern und getrennt auszuweisen, kann es zweckmäßig sein, die Kontentypen in Abbildung 29 aufzuspalten und vier Erzeugungskonten zu unterscheiden: Aufwand, Aufwandsminderung, Ertrag und Ertragsminderung. Auf das Abrechnungssystem hat diese Erweiterung keinen Einfluß. In der Praxis werden zudem diese Konten nach Bedarf näher spezifiziert, so daß sich die aperiodischen Erfolgskomponenten ohne weiteres herausheben lassen.

Die unsaldierte Bruttorechnung wird auch als *Ausbringungsrechnung* bezeichnet. Der Ausbringungsertrag umfaßt außer dem realisierten Ertrag auch unrealisierte Bestandsmehrungen als vorläufige Erträge. Entsprechend besteht der Ausbringungsaufwand aus realisiertem und vorläufigem Aufwand. Durch die Minderung vorläufiger Aufwendungen und Erträge stehen sich per Saldo nur realisierte Größen gegenüber, so daß als Ergebnis der realisierte Erfolg ermittelt wird.

Die Bruttorechnung wird hier außerdem als *Gesamtaufwandsrechnung* bezeichnet, da sie sämtliche Wertbewegungen des betrieblichen Produktionsprozesses ausweist und daher für die Beschaffungs-, Herstellungs- und Absatzphase auch vorläufige Aufwendungen (daher die unscharfe Bezeichnung Gesamtaufwand) und vorläufige Erträge enthält, die durch Minderungen zu berichtigen sind. Man hat sie aufgrund eines in diesem Zusammenhang unangemessenen Kosten- und Leistungsdenkens[8] auch unrichtig als Gesamt*kosten*rechnung bezeichnet. Kosten und Aufwand sind jedoch nach Menge und Bewertung des Güterverbrauchs genau zu unterscheiden.

Die saldierte Nettorechnung wird als *Absatzrechnung* oder *Umsatzaufwandsrechnung* bezeichnet. Sie nimmt allein auf die Absatzphase des betrieblichen Produktionsprozesses bezug und beschränkt sich dabei auf den Ausweis der endgültigen Aufwendungen (Umsatzaufwand) und der entsprechenden endgültigen Erträge (Umsatz). Sie bedarf daher keiner Minderungen. Die Absatzrechnung stellt im Sinne der Realisationsrechnung die Grundform der Aufwands- und Ertragsrechnung dar. Aus einem hier unangebrachten Kosten- und Leistungsdenken[8] hat man sie auch Umsatz*kosten*rechnung genannt. Hier gelten die gleichen Einwendungen wie gegen die Bezeichnung Gesamtkosten.

Die Absatzrechnung kann auch *unmittelbar* ohne vorherige Ausbringungsrechnung gewonnen werden. Dann ist allerdings vorauszusetzen, daß gemischte Vorratsausgaben und Reservateinnahmen sofort eindeutig periodisiert, das heißt, Rück- und Nachverrechnungen vorgenommen werden. Aufwands- und Ertragsminderungen, die sich auf die Erfolgsperiode beziehen, müssen auf den betreffenden Erzeugungskonten bereits abgesetzt worden sein.

Die Ausbringungsrechnung hat hier die Aufgabe, den Rechenmechanismus der Periodisierung aufzuzeigen und seine einzelnen möglichen Elemente sichtbarzumachen. Sie setzt voraus, daß Aufwands- und Ertragsminderungen der vorliegenden und der früheren Perioden streng auseinandergehalten werden.

Die in der *Praxis* übliche Gliederung nach Aufwands- und Ertragsarten geht ihre eigenen Wege und beruht auf einer Kombination der beiden Abschlußformen, zu der oft noch weitergehende Saldierungen hinzukommen.

2. Formale Deutung der Buchungen

In den beiden Kontenreihen der Bestands- und Erfolgskonten werden nur *reine Konten* geführt. Theoretisch gibt es keine dritte, die sogenannte gemischte Konten, Bestandserfolgskonten, enthält. Infolge der Periodenabgrenzung tragen zwar viele Aufwands- und Ertragskonten in der praktischen Handhabung *vorläufigen* Charakter und müssen erst durch Umbuchung

[8] Vergleiche hierzu meine Schriften: 1. Kostenrechnung, Wiesbaden 1964, insbesondere S. 15–37. 2. Kostenrechnung und Kalkulation, Berlin 1969, insbesondere S. 8–36. – Vergleiche ferner meinen Aufsatz: Kritische Analyse der Wesensmerkmale des Kostenbegriffes. In: Betriebsökonomisierung durch Kostenanalyse. Absatzrationalisierung und Nachwuchserziehung. Festschrift für Rudolf Seyffert zu seinem 65. Geburtstag, Köln und Opladen 1958.

richtiggestellt werden. Umgekehrt können auch auf jedem Einnahmen- und Ausgabenkonto erfolgswirksame Einflüsse auftreten, wie zum Beispiel bei Kassendefiziten, Debitorenausfällen und Kreditorengutschriften; eine neue Kontenreihe der gemischten Konten entsteht dadurch aber nicht.

Nicht zu übersehen ist natürlich die praktisch-technische Möglichkeit der *Kontenmischung*, das heißt, der Vereinigung beziehungsweise Überdeckung mehrerer Konten auf einem Kontenschema. Ein solches Konto, das man sich aus mehreren gemischt denken kann, ist gedanklich und tatsächlich immer auflösbar; es kann in reine Einzelkonten zerlegt werden. Typische Mischkonten sind zum Beispiel das allgemeine Bilanzkonto (Mischung sämtlicher Bestandskonten), das allgemeine Erfolgskonto (Mischung sämtlicher Aufwands- und Ertragskonten) und das Warenkonto (Mischung aus Bestands- und Erfolgskonten).

Kontenmischungen[9] entstehen auch durch vorläufige Buchungen.

Gemischte Einnahmen bestehen zum Beispiel aus Ertragseinnahmen und zu passivierenden Reservateinnahmen. Es gibt drei Möglichkeiten der Behandlung: (1) Sofortige Trennung, (2) Vorläufige Ertragsbuchung und (3) Vorläufige Passivierung (Rückausgabe). Am Beispiel periodisch überschneidender Mieteingänge für drei Jahre sei dies verdeutlicht:

	Kasse		Reservat		Ertrag	
(1)	a) 450,–			a) 300,–		a) 150,–
(2)	a) 450,–			b) 300,–	b) 300,–	a) 450,–
(3)	a) 450,–		b) 150,–	a) 450,–		b) 150,–

Im Falle (1) wird sofort aufgeteilt. Im Falle (2) wird der vorläufige Ertrag (a) später durch eine Ertragsminderung (b) gekürzt. Beim Falle (3) wird das vorläufige Reservat (a) später durch eine Nacheinnahme (b) aufgelöst.

Gemischte Ausgaben setzen sich zum Beispiel aus Aufwandsausgaben und zu aktivierenden Vorratsausgaben zusammen. Auch hier sind drei Fälle möglich: (1) Sofortige Trennung, (2) Vorläufige Aufwandsbuchung und (3) Vorläufige Aktivierung (Rückeinnahme). Am Beispiel einer Anlage für 3 Jahre:

	Kasse		Vorrat		Aufwand	
(1)		a) 3.000,–	a) 2.000,–		a) 1.000,–	
(2)		a) 3.000,–	b) 2.000,–		a) 3.000,–	b) 2.000,–
(3)		a) 3.000,–	a) 3.000,–	b) 1.000,–	b) 1.000,–	

[9] Weitere Einzelheiten zum Problem der reinen und gemischten Kontenführung siehe bei Kosiol, Erich: Kalkulatorische Buchhaltung (Betriebsbuchhaltung). Systematische Darstellung der Betriebsabrechnung und der kurzfristigen Erfolgsrechnung. 5. durchgesehene Auflage, Wiesbaden 1953, S. 117–151.

Im Falle (1) wird die Abschreibung sofort vorgenommen. Im Falle (2) wird der vorläufige Aufwand (a) später durch eine Aufwandsminderung (b) gekürzt. Beim Falle (3) wird der vorläufige Vorrat (a) später durch eine Nachausgabe (b) teilweise aufgelöst.

Der formale Buchungsmechanismus gibt den beiden Seiten eines jeden Kontos einen *eindeutigen Inhalt:*

Soll = Einnahme oder Ausgabenminderung (für Bilanzkonten) beziehungsweise Aufwand oder Ertragsminderung (für Erfolgskonten).
Haben = Ausgabe oder Einnahmenminderung (für Bilanzkonten) beziehungsweise Ertrag oder Aufwandsminderung (für Erfolgskonten).

Nach dieser klaren Fixierung des Konteninhalts wird auch die buchungstechnische Handhabung verständlich, warum zum Beispiel die Schulden und das Eigenkapital auf der Passivseite erscheinen, der Aufwand auf der linken Seite stehen muß und der Gewinn als Teil des Kapitals auftritt. Auch der Abschreibungsvorgang wird durch die Deutung als Nachausgabe und Aufwand voll durchsichtig.

Alle möglichen Buchungen lassen sich somit auf *drei Buchungstypen* zurückführen:

1. (Per) Einnahme an Ausgabe
   (in der einfachen und doppelten Buchhaltung)
2. (Per) Aufwand an Aufwandsausgabe
   (nur in der Doppik, in der einfachen Buchhaltung ohne Gegenbuchung Aufwand)
3. (Per) Ertragseinnahme an Ertrag
   (nur in der Doppik, in der einfachen Buchhaltung ohne Gegenbuchung Ertrag)

Der Vorteil der Erweiterung der systematischen einfachen Buchhaltung zur doppelten Buchhaltung liegt ohne Zweifel in der spezifizierbaren Erfassung der Aufwendungen und Erträge nach Güterkategorien (Aufwands- und Ertragsgüter). Die Erfassung erfolgt zwar durch Zahlungsbewegungen, sie löst sich aber im einzelnen von der Art des Zahlungsvorganges, insbesondere auch davon, ob es sich um Bareinnahmen und -ausgaben oder um Verrechnungseinnahmen und -ausgaben handelt. Aufwand und Ertrag repräsentieren unmittelbar den Güterverbrauch und die Güterentstehung, gemessen an den gegenläufigen Zahlungsvorgängen.

3. Durchführung eines Zahlenbeispiels

Im Anschluß an die Ausführungen zur doppelten Buchhaltung erscheint eine zahlenmäßige Veranschaulichung angebracht. Zu diesem Zweck wird das Zahlenbeispiel zur systematischen einfachen Buchhaltung wieder aufgenommen, um die detaillierten Erfolgsbuchungen ergänzt und damit zum Gesamtsystem der Doppik ausgebaut. Auch im folgenden werden beide Erfolgsperioden in der tabellarischen und der kontenmäßigen Darstellungsform gezeigt.

1. Erfolgsperiode

Aus den tabellarischen Darstellungen zur systematischen einfachen Buchhaltung (Abbildungen 21 und 25) werden je Erfolgsperiode die in den einzelnen Perioden *erfolgswirksamen Ausgaben und Einnahmen* (Aufwandsausgaben, Ertragseinnahmen) herausgelöst und nach den fünf Kontentypen gesondert tabellarisch zusammengestellt. Dabei wird entsprechend dem allgemeinen Prinzip der Gegenbuchung jeder Posten in einer weiteren Spalte mit der Bezeichnung *Gewinn- und Verlustrechnung* in einer ihrer beiden Untergliederungen, Aufwand beziehungsweise Ertrag, gegengebucht. Es sei darauf hingewiesen, daß für praktische Zwecke die Globalspalte in eine Anzahl von Einzelspalten für die verschiedenen Aufwands- und Ertragsarten zu zerlegen ist. Hier genügt die Globalspalte, um das Prinzipielle des Vorganges zu zeigen.

Die Spalte Gewinn- und Verlustrechnung enthält bei Buchungsabschluß dasselbe Zahlenmaterial wie das (noch unausgeglichene) Gewinn- und Verlustkonto in der kontenmäßigen Darstellungsform. Der jeweilige Periodenerfolg wird auf diese Weise zweimal ermittelt: einmal durch die Differenz zwischen summierten Ertragseinnahmen und Aufwandsausgaben, zum zweitenmal durch die Differenz zwischen Erträgen und Aufwendungen.

Die tabellarische Buchung der erfolgswirksamen Geschäftsvorfälle der 1. Erfolgsperiode führt zur Abbildung 32.

Wird die Gegenbuchung zu jeder Ertragseinnahme und Aufwandsausgabe auf güterartmäßig gegliederten Konten gebucht, so entsteht für jede Aufwands- oder Ertragsart je ein Konto, das die betreffende erfolgswirksame Zahlung spiegelbildlich aufnimmt. Der Abschluß der Aufwands- und Ertragskonten führt zu der bereits besprochenen detaillierten Erfolgsrechnung (Gewinn- und Verlustrechnung), die in einer Gegenüberstellung von Aufwand und Ertrag die Erfolgsquellen in der abgerechneten Periode aufdeckt (Abbildung 33).

2. Erfolgsperiode

Für die 2. Erfolgsperiode führen die gleichen Überlegungen zu einer entsprechenden Tabelle der reinen Ertragseinnahmen und Aufwandsausgaben, zu güterartmäßig gegliederten Aufwands- und Ertragskonten und zu einer spezifizierten Erfolgsrechnung (Abbildungen 34 und 35).

Abb. 32. Tabellarische Darstellung der doppelten Erfolgsbuchungen der 1. Erfolgsperiode

	Kasse		Forderungen		Schulden		Vorräte		Reservate		Gewinn- und Verlustrechnung	
Nr.	Bareinnahmen	Barausgaben	Voreinnahmen	Tilgungsausgaben	Tilgungseinnahmen	Vorausgaben	Rückeinnahmen	Nachausgaben	Nacheinnahmen	Rückausgaben	Aufwand	Ertrag
3	30.000,–		110.000,–									140.000,–
4								1.000,–			1.000,–	
5		8.000,–				3.000,–					11.000,–	
6								1.000,–			1.000,–	
7			120,–						45,–			165,–
9								1.000,–			1.000,–	
10			400,–									400,–
11									150,–			150,–
12						5.000,–					5.000,–	
13								100.000,–			100.000,–	
	30.000,–	8.000,–	110.520,–			8.000,–		103.000,–	195,–		119.000,–	140.715,–

Summe aller Ertragseinnahmen – Summe aller Aufwandsausgaben = Periodenerfolg I
140.715,– (Ertrag) – 119.000,– (Aufwand) = 21.715,– (Erfolg)

Abb. 33. Kontenmäßige Darstellung der Erfolgsbuchungen der 1. Erfolgsperiode mit Gewinn- und Verlustrechnung

Aufwandskonten

Warenverbrauch

13	100.000,–	G + V[1]	100.000,–

[1] G + V = Gewinn- und Verlustrechnung

Versicherungen

4	1.000,–	G + V	1.000,–

Handlungsaufwand

5	8.000,–	G + V	11.000,–
5	3.000,–		
	11.000,–		11.000,–

Abschreibungen

6	1.000,–	G + V	1.000,–

Mieten

9	1.000,–	G + V	1.000,–

Prozeßaufwendungen

12	1.000,–	G + V	1.000,–

Steuern

12	4.000,–	G + V	4.000,–

Ertragskonten

Umsatz (Erlöse)

G + V	140.000,–	3	30.000,–
		3	110.000,–
	140.000,–		140.000,–

Provisionen

G + V	400,–	10	400,–

Zinserträge

G + V	120,–	7	120,–

Abb. 33. (Fortsetzung)

Entschädigung für Gleisanschluß

G + V	150,–	11	150,–

Agio

G + V	45,–	7	45,–

Gewinn- und Verlustrechnung

Warenverbrauch	100.000,–	Erlöse	140.000,–
Versicherungen	1.000,–	Provisionen	400,–
Handlungsaufwand	11.000,–	Zinserträge	120,–
Abschreibungen	1.000,–	Entschädigung	
Mieten	1.000,–	für Gleisanschluß	150,–
Prozeßaufwendungen	1.000,–	Agio	45,–
Steuern	4.000,–		
Gewinn I	21.715,–		
	140.715,–		140.715,–

Abb. 34. Tabellarische Darstellung der doppelten Erfolgsbuchungen der 2. Erfolgsperiode

	Kasse		Forderungen		Schulden		Vorräte		Reservate		Gewinn- und Verlustrechnung	
Nr.	Bar-einnahmen	Bar-ausgaben	Vor-einnahmen	Tilgungs-ausgaben	Tilgungs-einnahmen	Vor-ausgaben	Rück-einnahmen	Nach-ausgaben	Nach-einnahmen	Rück-ausgaben	Aufwand	Ertrag
4b								1.000,–			1.000,–	
6b								1.000,–			1.000,–	
7b/c			120,–						45,–			165,–
11b									150,–			150,–
17	60.000,–		150.000,–									210.000,–
18		10.000,–				3.500,–					13.500,–	
21						250,–		50,–			300,–	
24			3.000,–									3.000,–
25								1.400,–			1.400,–	
27				2.000,–							2.000,–	
28					1.500,–							1.500,–
30					200,–							200,–
31						1.600,–					1.600,–	
32								170.000,–			170.000,–	
	60.000,–	10.000,–	153.120,–	2.000,–	1.700,–	5.350,–		173.450,–	195,–		190.800,–	215.015,–

Summe aller Ertragseinnahmen – Summe aller Aufwandsausgaben = Periodenerfolg II
215.015,– (Ertrag) – 190.800,– (Aufwand) = 24.215,– (Erfolg)

Abb. 35. Kontenmäßige Darstellung der Erfolgsbuchungen der 2. Erfolgsperiode mit Gewinn- und Verlustrechnung

Aufwandskonten

Warenverbrauch

32	170.000,–	G + V[1]	170.000,–

[1] G + V = Gewinn- und Verlustrechnung

Versicherungen

4b	1.000,–	G + V	1.000,–

Handlungsaufwand

18	10.000,–	G + V	13.500,–
18	3.500,–		
	13.500,–		13.500,–

Abschreibungen auf Anlagen

6b	1.000,–	G + V	1.000,–

Abschreibungen auf Forderungen

27	2.000,–	G + V	2.000,–

Steuern

31	1.600,–	G + V	1.600,–

Mieten

25	1.400,–	G + V	1.400,–

Disagio

21	50,–	G + V	50,–

Zinsen

21	250,–	G + V	250,–

Ertragskonten

Umsatz (Erlöse)

G + V	210.000,–	17	60.000,–
		17	150.000,–
	210.000,–		210.000,–

Abb. 35. (Fortsetzung)

Zinserträge

G + V	120,–	7b	120,–

Agio

G + V	45,–	7c	45,–

Provisionen

G + V	3.000,–	24	3.000,–

Gutschriften von Lieferern

G + V	1.500,–	28	1.500,–

Auflösung der Prozeßrückstellung

G + V	200,–	30	200,–

Entschädigung für Gleisanschluß

G + V	150,–	11b	150,–

Gewinn- und Verlustrechnung

Warenverbrauch	170.000,–	Erlöse	210.000,–
Versicherungen	1.000,–	Zinserträge	120,–
Handlungsaufwand	13.500,–	Agio	45,–
Abschreibungen auf Anlagen	1.000,–	Provisionen	3.000,–
Abschreibungen auf Forderungen	2.000,–	Gutschriften von Lieferern	1.500,–
Steuern	1.600,–	Auflösung der Prozeßrückstellung	200,–
Mieten	1.400,–	Entschädigung für Gleisanschluß	150,–
Disagio	50,–		
Zinsen	250,–		
Gewinn II	24.215,–		
	215.015,–		215.015,–

In der Gestalt der saldierten *Absatzrechnung* (Abbildung 31) sieht die Gewinn- und Verlustrechnung der 1. Erfolgsperiode wie folgt aus:

1. *Aufwendungen*

als Gegenbuchungen zu:

a) *Barausgaben*	(5)	Handlungsaufwand		8.000,–
b) *Vorausgaben*	(5)	Handlungsaufwand	3.000,–	
	(12)	Prozeßaufwand	5.000,–	8.000,–
c) *Nachausgaben*	(4)	Versicherungsprämie	1.000,–	
	(6)	Abschreibung	1.000,–	
	(9)	Lagerbenutzung	1.000,–	
	(13)	Warenverbrauch	100.000,–	103.000,–
				119.000,–
Periodengewinn (Saldo)				21.715,–
				140.715,–

2. *Erträge*

als Gegenbuchungen zu:

a) *Bareinnahmen*	(3)	Verkäufe		30.000,–
b) *Voreinnahmen*	(3)	Verkäufe	110.000,–	
	(7)	Zinsen	120,–	
	(10)	Provisionen	400,–	110.520,–
c) *Nacheinnahmen*	(7)	Agio	45,–	
	(11)	Gleisbenutzung	150,–	195,–
				140.715,–

Aufwands- und Ertragsminderungen kommen im Beispiel nicht vor. Vorläufige Buchungen und ihre Minderungen treten ebenfalls nicht auf, da sofortige Rückverrechnungen und periodengerechte Nachverrechnungen vorgenommen wurden. Eine unsaldierte Ausbringungsrechnung (Abbildung 30) läßt sich daher nicht aufstellen.

4. Die Erfolgsverwendungsrechnung in der Gewinn- und Verlustrechnung

In Fortsetzung der Erfolgsverwendungsrechnung in der Bilanz wird nun die Verwendungsrechnung in der Gewinn- und Verlustrechnung behandelt. In ihr werden die Gegenbuchungen zu den erfolgswirksamen Zahlungen der Bewegungsbilanz durchgeführt.

Ermittlungsgewinne und -verluste gleichen sich bei der Zusammenfassung mit den arithmetisch entgegengesetzten Verlusten und Gewinnen der Verwendungsrechnung aus, so daß die *vollständige* Gewinn- und Verlustrechnung mit *Null* saldiert.

Über den Zusammenhang von Bilanz und Gewinn- und Verlustrechnung werden in der Literatur verschiedene Auffassungen vertreten. Vielfach nimmt man an, daß das Bilanzkonto als letztes Abschlußkonto den Saldo des Gewinn- und Verlustkontos übernimmt und dadurch zum Ausgleich gebracht wird. Diese Betrachtungsweise wird abgelehnt.

Beide *Rechnungsphasen* stehen nicht gleichrangig nebeneinander, sondern vollziehen sich nacheinander. Die Verwendungsrechnung ist sekundärer Natur und von der primären Ermittlungsrechnung abhängig. Verwendung von Erfolg setzt die vorherige Ermittlung des Erfolges voraus. Ermittlungs- und Verwendungsrechnung gehören als Einheit zusammen und bilden gemeinsam die vollständige Erfolgsrechnung der betrachteten Abrechnungsperiode.

Das Resultat beider Phasen besteht zunächst in offenen Salden. Die *Vereinigung beider Rechnungsphasen* führt zum *Nullausgleich* und hebt die Salden auf. Dieser Zusammenhang gilt sowohl für den Abschluß der Bilanzkonten (Bilanzrechnung) als auch für den Abschluß der Erzeugungskonten (Gewinn- und Verlustrechnung). Beide Teilsysteme unterliegen dem gleichen zweiphasigen Rechnungsmodus. Beide gelangen für sich als Endergebnis zum Nullausgleich.

Daher gibt es keine Übertragung des Erfolgssaldos von einem Teilsystem zum anderen, das heißt, weder von der Bilanz zur Gewinn- und Verlustrechnung noch umgekehrt von der Gewinn- und Verlustrechnung zur Bilanz. Beide ermitteln *unabhängig voneinander* den Erfolg und führen auch durch die Verwendungsrechnung den Saldenausgleich durch. Durch die *gleichzeitige Buchung* einer Aufwandsausgabe (Vorausgabe) in der Bilanz und der Gegenbuchung in der Gewinn- und Verlustrechnung im Gewinnfall erfolgt eine beiderseitige übereinstimmende Saldierung. Wie man erkennt, ist eine befriedigende Erklärung des Abschlusses zum Nullausgleich nur möglich, wenn man die beiden Phasen der Ermittlung und Verwendung des Erfolges auseinanderhält.

C. Der Sachinhalt der Buchhaltung

I. Der gütermäßige Umlaufprozeß in den Bewegungs-, Veränderungs- und Beständebilanzen

In den bisherigen Kapiteln ist der Rechnungsmechanismus als buchhalterisches Verfahren dargestellt worden. Dieser Kalkül wurde als *Formalaufbau* des Buchhaltungssystems bezeichnet. Die wirtschaftliche Charakterisierung des abgebildeten Bilanzinhalts, das heißt, der materiale oder gütermäßige Inhalt der auftretenden Zahlen, ist dabei zunächst in den Hintergrund getreten. Bisher wurden alle Buchungen und Bilanzposten nur formal als Einnahmen und Ausgaben gedeutet. Sämtliche Güterbewegungen und -bestände wurden als Zahlungsvorgänge aufgefaßt. Das in der Bilanz dargestellte Vermögen (Aktiva) wurde als Einnahmenbestände und Ausgabengegenwerte (Rückeinnahmen) und das Kapital (Passiva) als Ausgabenbestände und Einnahmengegenwerte (Rückausgaben) angesehen. Der sachliche Gehalt der Zahlen, ihre Bedeutung als Abbild von Wirtschaftsgütern und die zahlenmäßige Interpretation des gütermäßigen Produktions- und Umsatzprozesses traten nur eingangs bei der Zwecksetzung der Buchhaltung und bei der Periodenabgrenzung in den Überlegungen auf, um überzeugende Gründe für das formale System anzugeben. Im folgenden geht es um die *materiale Aussagefähigkeit* der Buchhaltung und Bilanz im Hinblick auf die *gütermäßigen Sachprobleme*.

Während bisher die Rechnungsgrößen als Maßausdrücke für Bewegungen, Veränderungen und Bestände von konkreten Zahlungsmitteln betrachtet wurden, wird hier nicht mehr über Geld als Wirtschaftsgut, sondern über andere Wirtschaftsgüter einschließlich Geld gerechnet. Die Zahlenausdrücke werden als Gütervorgänge interpretiert. *Szyperski* spricht von *bonitärer* im Gegensatz zu monetärer Deutung der Rechnungsgrößen[1]. Sie greift in der Interpretation auf die abgebildeten Gegenstände, die Wirtschaftsgüter, zurück.

Damit stehen sich folgende *Bezeichnungen* gegenüber:

formale und materiale Betrachtungsweise,
geldmäßige und gütermäßige Interpretation,
nominale und reale Deutung,
monetäre und bonitäre Abbildung.

[1] Szyperski, Norbert: (Terminologie) S. 92.

Der Kalkül der Buchhaltung läßt *beide Auffassungen* des Zahlenwerkes zu, beide Deutungen stehen *widerspruchsfrei und gleichwertig* nebeneinander, man kann ohne weiteres von einer Betrachtungsweise zur anderen übergehen. Dies gilt sowohl für das Bilanzverständnis als auch für die Interpretation der Aufwands- und Ertragsrechnung. So stehen die Rechnungsgrößen *pekuniär* in Geld, *monetär* unmittelbar über Geld und *bonitär* mittelbar über Wirtschaftsgüter allgemein und umfassend in einem aufeinanderbezogenen Zusammenhang. Der jeweilige Betrachtungszweck entscheidet über die Wahl der geeigneten Deutung.

Die in den Bilanzen als Einnahmen oder Ausgaben auftretenden Elemente bilden zugleich Vermögens- oder Kapitalbewegungen ab, das heißt, sie stellen konkrete, aktive oder passive *Güterbewegungen*, Zugänge oder Abgänge von nominalen oder realen Gütern dar, die als Anfangsbestände gegeben sind und durch Güterbewegungen zu Endbeständen werden. Alle Buchungen von Einnahmen und Ausgaben sind inhaltlich als Mehrungen oder Minderungen von *Vermögen (Aktiven)* oder *Kapital (Passiven)* zu deuten. Daß sich dabei Vermögen und Kapital auf den beiden Bilanzseiten gegenüberstehen, Aktiv- und Passivbestände also auf verschiedenen Bilanzseiten stehen, ist nur eine rechnungstechnische Konsequenz der Ausgangsprämisse, wonach Einnahmen links (im Soll) und Ausgaben rechts (im Haben) gebucht werden. Entsprechend verläuft auch die Verrechnungsrichtung dieser Bestände entgegengesetzt, das heißt, Aktivkonten verrechnen ihren Bestand von links nach rechts und Passivkonten von rechts nach links. Die *gütermäßige Interpretation der Buchungen* hat dann wie nachstehend zu erfolgen:

auf *Aktivkonten:*	Soll	= Zugang (Aktivmehrung),
	Haben	= Abgang (Aktivminderung),
auf *Passivkonten:*	Soll	= Abgang (Passivminderung),
	Haben	= Zugang (Passivmehrung)

Die Einnahmenbestände bilden sämtliche Nominalgüter ab, das sogenannte Nominalgütervermögen, kurz: *Nominalvermögen* der Unternehmung, auch Finanzvermögen genannt; hierher gehört das Barvermögen oder liquide Vermögen (Kasse, Guthaben im weitesten Sinne) und das gesamte Kreditvermögen (Geldforderungen) im weitesten Sinne einschließlich der Wertpapiere. Die Ausgabengegenwerte (Vorräte) stellen Vermögen an Realgütern (auch ungenau Sachvermögen genannt) dar und umschließen sowohl (materielle) Sachgüter (Grundstücke, Gebäude, Maschinen, Rohstoffe, Halb- und Fertigerzeugnisse, Waren und dergleichen) und immaterielle Güter (Patente, Lizenzen) als auch abgeleitete Realgüter (Realforderungen), zum Beispiel aufgrund vorausbezahlter Prämien, Mieten, Zinsen und von Anzahlungen an

Lieferer. Das bilanzierte Realgütervermögen, kurz: *Realvermögen* der Unternehmung, wird formal als Gegenwert der Vorratsausgaben erfaßt, die kompensatorisch zurückverrechnet worden sind (Rückeinnahmen). Auf diese Weise werden den formalen (monetären) Gesichtspunkten und Gliederungen der Zahlungsvorgänge ***eindeutig materiale (bonitäre) Aspekte*** und bestimmte Klassen von Gütern zugeordnet.

Es ist instruktiv, die *Gliederung der Güterarten*[2] mit den Positionen des Bilanzvermögens zu vergleichen (Abbildung 36).

Abb. 36. Gliederung der Güterarten

Güter	*Realgüter* (individuelle Güter)		*Nominalgüter* (generelle Güter)
	Materielle (körperliche) Realgüter	Immaterielle (unkörperliche) Realgüter	stets immaterielle Güter
A. *Aktivgüter* (vorrätige Güter) I. *Ursprüngliche* (originäre) Güter	Sachgüter: a) Immobilien (unbewegliche Sachgüter) b) Mobilien (bewegliche Sachgüter)	1. Arbeitstätigkeiten jeder Art 2. Dienste 3. Informationen 4. Adjunktive Güter 5. Abstrakte Vorrätigkeit	Geld (Bargeld im engsten Sinne)
II. *Abgeleitete* (derivative) Güter		Ansprüche (Rechte) auf ursprüngliche Realgüter (Realforderungen) a) auf materielle Realgüter b) auf immaterielle Realgüter	Ansprüche (Rechte) auf ursprüngliche Nominalgüter (auf Geld) (Nominalforderungen)
B. *Passivgüter* (geschuldete Güter)		stets abgeleitete Güter	
		Geschuldete Realgüter: Realschulden	Geschuldete Nominalgüter: Nominalschulden

[2] Kosiol, Erich: (Einführung) S. 136–141 und Abbildung 4.

Die ursprünglichen (originären) Realgüter können als *absolute* Güter bezeichnet werden, während alle übrigen Güter, sämtliche Nominalgüter und die abgeleiteten (derivativen) Realgüter, *relative* Güter darstellen.

Die absoluten Güter lassen sich in zwei Klassen einteilen: *Naturgegebene* (unproduzierte und daher irreduzible) und *produzierte* (zusammengesetzte und daher reduzible) Güter. Dem Menschen gegeben sind zum Beispiel die in der Natur vorhandenen Stoffe (Boden, Wasser und Luft mit ihren Bestandteilen und Energien), Pflanzen und Tiere. Ferner gehören dazu die immateriellen Arbeitstätigkeiten der Menschen und Tiere sowie bestimmte Informationen. Vom Menschen produziert wird unter anderem eine Fülle von Sachgütern, Diensten, mechanischen Arbeitsvorgängen und Informationen.

Der Anteil der unproduzierten Naturgüter an der Gesamtheit der absoluten Güter wird immer kleiner, da die wachsende Fähigkeit des Menschen, Naturprozesse zu beeinflussen und Energien zu erzeugen, zur ständigen Ausdehnung der produzierten Güter führt. Tiere und Pflanzen werden gezüchtet, an der Synthese, Reproduktion und Kreation vieler Rohstoffe wird gearbeitet. Die qualifizierten Arbeitsleistungen des Menschen sind bei den gebotenen Anforderungen nur aufgrund langwieriger Bildungs- und Ausbildungsprozesse zu erzielen.

Lediglich die irreduziblen absoluten Güter kann man (im Gegensatz zu Gutenberg) als *Elementargüter* im Sinne letzter Bestandteile der realen Gütersphäre bezeichnen.

Ursprüngliches Nominalgut im strengen Sinne ist nur das *Bargeld im engsten Sinne*. Geldsurrogate und andere liquide Mittel sind bereits als abgeleitete Nominalgüter, als Forderungen auf Bargeld aufzufassen. Der weitere Bargeldbegriff dient praktischen Zwecken, insbesondere der Geldfonds- und -flußrechnung. Daher wird er auch den Zahlenbeispielen zugrundegelegt. Es ist ohne weiteres möglich, den Kontentyp Kasse auch in der Praxis im engsten Sinne aufzufassen. Dann gehören zum Beispiel Postscheckguthaben bereits zum Kontentyp Forderungen.

Nahezu sämtliche Güter erscheinen, soweit sie *vorrätig* (vorhanden) sind oder *geschuldet* werden, als Bestände in der Bilanz. Lediglich die nichtisolierbaren, adjunktiven Güter und die abstrakten Vorrätigkeiten treten nicht gesondert auf. Wer diese strittigen Tatbestände nicht in den Güterbegriff einbezieht, kann sie in Abbildung 36 streichen.

Entsprechende Abbildungsbeziehungen gelten auf der Kapitalseite der Bilanz. Das Kapital repräsentiert die *abstrakte Gütervorrätigkeit*, die, in der Regel von außen in die Unternehmung eingebracht, an die Kapitalgeber geschuldet wird. *Geschuldete Nominaigüter* (Nominalschulden) treten in der Bilanz als Ausgabenbestände (Vorausgaben) auf. (Grund-)Kapital, Rücklagen,

Gewinnvorträge, Obligationen, Bankschulden, Kreditoren, Akzepte und dergleichen gehören hierher. *Geschuldete Realgüter* (Realschulden) erscheinen dagegen als Einnahmengegenwerte (Reservate), wie zum Beispiel geschuldete Dienstleistungen aufgrund vorausempfangener Mieten, Zinsen und von Anzahlungen von Kunden. Sie werden formal als Gegenwerte der Reservateinnahmen verrechnet, indem sie kompensatorisch als Rückausgaben passiviert werden.

Monetäre und bonitäre Deutung ergeben bei der Abbildung von Nominalgütern (Bargeld und Nominalforderungen) sowie von Nominalschulden gleiche Resultate. Unterschiede treten erst auf bei Realgütern und Realschulden.

Die gütermäßig gedeutete Bilanz ist keine Statusbilanz, sondern eine *Erfolgsbilanz*. Sie ist unabhängig von der juristischen, handels- und steuerrechtlichen Sicht der Zusammenhänge und Posten. Die abzulehnende Unterscheidung von aktiv-positiven und passiv-negativen Wirtschaftsgütern findet bonitär keine Begründung. Es handelt sich vielmehr um die aktive und passive Zuordnung von vorrätigen und geschuldeten (stets positiven) Wirtschaftsgütern.

Eine Zusammenstellung der vorrätigen (meist verfügbaren, im Besitz befindlichen) und geschuldeten Güter ergibt die *Vermögens- und Kapitalbilanz* (Beständebilanz) in Abbildung 37. Man erkennt, daß nur solche Güter als Vermögen oder Kapital in der Beständebilanz auftreten, die auf Zahlungsvorgängen beruhen. Bilanzvermögen und Bilanzkapital sind also *eindeutig definiert*. Der Bilanzabschluß der Buchhaltung liefert nicht irgendeinen oder einen gewünschten Güterkomplex, sondern Güterkategorien, die sich auf Zahlungsvorgänge zurückführen lassen. In Abbildung 37 sind Gewinn und Verlust, aktive und passive Wertberichtigungen nicht ausdrücklich aufgeführt.

Abb. 37. (a) Vermögens- und Kapitalbilanz als bonitäre Beständebilanz

Aktiva: Vermögen	Passiva: Kapital
I. *Nominalvermögen* (Finanzvermögen)	I. *Nominalschulden* (Finanzschulden, geschuldete Nominalgüter)
1. *Barvermögen* im weitesten Sinne: Liquide Mittel (Kasse, Geldsurrogate, Guthaben)	1. *Dahrlehnsschulden* (Fremdkapital)
2. *Kreditvermögen* (Forderungen auf Geld, Nominalforderungen) a) Darlehnsforderungen b) Beteiligungsforderungen	2. *Beteiligungsschulden* (Eigenkapital)

Abb. 37. (Fortsetzung)

II. *Realvermögen* 1. *Ursprüngliche Realgüter* (absolute Güter) a) Sachgüter (materielle Realgüter): Immobilien und Mobilien b) Immaterialgüter (immaterielle Realgüter) 2. *Abgeleitete Realgüter* (Ansprüche auf Realgüter): Realforderungen a) auf materielle Realgüter (Sachgüter) b) auf immaterielle Realgüter	II. *Realschulden* (geschuldete Realgüter) 1. *Materielle Realschulden* 2. *Immaterielle Realschulden*

(b) Vermögens- und Kapitalbilanz als bonitäre Beständebilanz (Kurzfassung)

1. *Nominalgüterbestände:* Barbestände Nominalforderungen	1. *Nominalschulden*
2. *Realgüterbestände:* Absolute Güter Realforderungen	2. *Realschulden*

Sie stecken entweder in anderen Positionen oder sind als abgesetzt angenommen.

Die Einteilung der Reihe der Bilanzkonten in die beiden Teilreihen der Aktiv- und Passivkonten (Unterkonten) läßt sich ebenfalls material-gütermäßig interpretieren. Die Aktivkonten stellen *Vermögenskonten,* die Passivkonten *Kapitalkonten* im bonitären Sinne dar.

In der Bewegungsbilanz stellen (auf der Aktivseite) Bareinnahmen, Voreinnahmen und Rückeinnahmen *Zugänge* an vorrätigen Gütern, Tilgungseinnahmen und Nacheinnahmen *Abgänge* geschuldeter Güter dar. Barausgaben, Tilgungsausgaben und Nachausgaben bedeuten (auf der Passivseite) *Abgänge* von vorrätigen Gütern, Vorausgaben und Rückausgaben *Zugänge* an geschuldeten Gütern. Diese Zuordnung aller Einnahmen- oder Ausgabenbuchungen zu Güterzugängen oder -abgängen auf Aktiv- oder Passivkonten (Vermögens- oder Kapitalkonten) führt somit zu vier Fällen von *disjunktiven Buchungen:*

1. *Aktivkonten* (Vermögenskonten): Zu- und/oder Abgang (Soll und/oder Haben),
   zum Beispiel Barkauf (Rückeinnahme und Barausgabe); erfolgsunwirksamer Austausch zwischen Aktivkonten. Bei diesen zweiseitigen Buchungen liegen also Umschichtungen im Vermögen vor. Einseitige Buchungen beeinflussen den Erfolg und bedeuten entweder Zugang (Ertragseinnahme) oder Abgang (Aufwandsausgabe).
2. *Passivkonten* (Kapitalkonten): Zu- und/oder Abgang (Haben und/oder Soll),
   zum Beispiel Wechseldeckung von Buchschulden (Vorausgabe und Tilgungseinnahme); erfolgsunwirksamer Austausch zwischen Passivkonten. Bei diesen zweiseitigen Buchungen liegen also Umschichtungen im Kapital vor. Einseitige Buchungen beeinflussen den Erfolg und sind ebenfalls entweder Zugang (Aufwandsausgabe) oder Abgang (Ertragseinnahme).
3. *Aktiv- und Passivkonto* (Vermögens- und Kapitalkonto): Zugang (Soll und Haben),
   zum Beispiel Kreditkauf (Rückeinnahme und Vorausgabe); Zugang auf beiden Bilanzseiten, stets erfolgsunwirksam.
4. *Aktiv- und Passivkonto* (Vermögens- und Kapitalkonto); Abgang (Haben und Soll),
   zum Beispiel Abdeckung von Liefererschulden (Barausgabe und Tilgungseinnahme); Abgang auf beiden Bilanzseiten, stets erfolgsunwirksam.

In gleicher Weise wie die Beständebilanz kann die (Netto-) *Veränderungsbilanz* in Abbildung 38 gütermäßig gedeutet werden. Die Klassifikation der Güter ist die gleiche wie in Abbildung 37. Schließlich zeigt Abbildung 39 die (Brutto-) *Bewegungen* der verschiedenen Güterkategorien, die den zugehörigen Zahlungsbewegungen entsprechen. Daher sind die Einnahmen und Ausgaben in Klammern zum Vergleich angegeben. Auf der Einnahmenseite stellen

Abb. 38. Vermögens- und Kapitalbilanz als bonitäre Veränderungsbilanz

Mehrungen von Vermögen:	*Mehrungen von Kapital:*
der Barbestände der Nominalforderungen der Realgüter	der Nominalschulden der Realschulden
Minderungen von Kapital:	*Minderungen von Vermögen:*
der Nominalschulden der Realschulden	der Barbestände der Nominalforderungen der Realgüter

Abb. 39. Vermögens- und Kapitalbilanz als bonitäre Bewegungsbilanz

Zugänge der vorrätigen Güter (Aktiva):	*Abgänge der vorrätigen Güter* (Aktiva):
der Barbestände (Bareinnahmen)	der Barbestände (Barausgaben)
der Nominalforderungen (Voreinnahmen)	der Nominalforderungen (Tilgungsausgaben)
der Realgüter (Rückeinnahmen)	der Realgüter (Nachausgaben)
Abgänge der geschuldeten Güter (Passiva):	*Zugänge der geschuldeten Güter* (Passiva):
der Nominalschulden (Tilgungseinnahmen)	der Nominalschulden (Vorausgaben)
der Realschulden (Nacheinnahmen)	der Realschulden (Rückausgaben)

Bareinnahmen, Voreinnahmen und Rückeinnahmen Güterzugänge, dagegen die Tilgungs- und Nacheinnahmen Abgänge geschuldeter Güter dar. Auf der Ausgabenseite bedeuten Barausgaben, Tilgungsausgaben und Nachausgaben Güterabgänge, Vor- und Rückausgaben dagegen Zugänge geschuldeter Güter. Alle Buchungen, Einnahmen und Ausgaben, sind damit als Zu- oder Abgänge von Gütern für Aktiva oder Passiva, das heißt, als Güterbewegungen statt als Zahlungsmittelbewegungen interpretiert.

Die Gliederung der Posten in sämtlichen Bilanzformen folgt dem formalen Konzept und unterscheidet auch gütermäßig nur fünf Kategorien mit zwei Unterfällen entsprechend der Modellogik des Rechnungssystems:

a) *Zahlungskategorien* (Einnahmen und Ausgaben)

(1) Bareinnahmen und Barausgaben
(2) Voreinnahmen und Tilgungsausgaben
(3) Rückeinnahmen und Nachausgaben
(4) Vorausgaben und Tilgungseinnahmen
(5) Rückausgaben und Nacheinnahmen

b) *Güterkategorien* (Zugang und Abgang, Mehrung und Minderung, Aktiva und Passiva)

(1) Geld (Kasse)
(2) Nominalforderungen (Geldforderungen)
(3) Realgüter (einschließlich Realforderungen)
(4) Nominalschulden (Geldschulden)
(5) Realschulden

Es ist möglich, diese Kategorien und ihre Unterfälle für irgendwelche Zwecke der Buchhaltungspraxis beliebig zu *untergliedern*[3]. Umgekehrt lassen sich alle praktischen Einteilungen der Konten in die homogenen Gruppen des Modells *zusammenfassen*. Diese kennzeichnen die Einheitlichkeit und Gemeinsamkeit aller verschiedenen Buchungen, Konten und Abschlußbilanzen des Rechnungsmechanismus. Weitere Aufspaltungen und Differenzierungen betreffen besondere Aspekte und Zwecksetzungen, die vom grundlegenden Ziel der Erfolgsermittlung unabhängig sind.

Zum besseren Verständnis sollen anschließend einige *Posten der Beständebilanz* bonitär näher erläutert werden.

Für den grundlegenden Regelfall kann die Aktivseite als Gesamtheit der investierten *Kapitalformen* (Mittelverbleib) und die Passivseite als Gesamtheit der *Kapitalquellen* (Mittelbeschaffung) angesehen werden. Dabei darf nicht übersehen werden, daß die Passivseite gewisse Sonderfälle enthält.

Schadenersatzpflichten sind zum Beispiel insofern keine Kapitalquelle, als ein entsprechender, damit unmittelbar verbundener Gütereingang fehlt. Jedoch stehen auch diesem Passivposten durch den Umsatzprozeß irgendwelche Vermögensteile gegenüber, so daß eine mittelbare Investition vorliegt. Das Passivum entsteht dadurch, daß vom Ertrag (Kapitalmehrung) ein Aufwand (Kapitalminderung) abgesetzt wird. An die Stelle dieser Ertragskürzung tritt als Kapitalquelle das Passivum.

Auf den komplizierten doppeldeutigen Kapitalcharakter der Rückstellungen wird abschließend näher eingegangen.

Subventionen sind umgekehrt ein Geldzufluß, ohne daß dieser unmittelbar als Kapitalquelle auf der Passivseite erscheint. Sie erhöhen jedoch beim Bilanzabschluß den Gewinn als Kapitalzuwachs, so daß auch hier mittelbar die Kapitalquelle sichtbar wird.

Wie man sieht, hängen diese Sonderfälle mit dem Aufwands- und Ertragsprozeß der Unternehmung zusammen. Dieser spielt daher eine wichtige Rolle bei der Unterscheidung von Mittelherkunft und Mittelverwendung in der Fonds- und Finanzflußrechnung.

Wer Bedenken gegen den abstrakten *Kapitalbegriff Schmalenbachs* hat, kann auf den Ausdruck Kapital ganz verzichten und ihn durch die Bezeichnung *Schulden* ersetzen. Er geht dann der Vieldeutigkeit des Begriffes aus dem Wege. Statt Eigenkapital kann man ohne weiteres Beteiligungsschulden und statt Fremdkapital Darlehnsschulden sagen. Allgemein handelt es sich dabei um wirtschaftliche Schulden (Verpflichtungen) im weitesten Sinne; die Abweichung von der juristischen Terminologie ist unvermeidlich, aber irrelevant.

[3] Damit zusammenhängende Fragen behandelt Fudickar, Joachim: Zur Gliederung der betriebswirtschaftlichen Bilanz. Berlin 1971 (Gliederung).

Die Zuordnung des *Eigenkapitals* zu den Schulden, das heißt, seine Definition als Beteiligungsschulden, stößt gelegentlich auf Unverständnis. Eigen- und Fremdkapital sind beide als Vorausgaben aufzufassen. Diese Übereinstimmung beruht auf dem einheitlichen Abbildungszusammenhang. Hieraus folgt auch der gemeinsame bonitäre Charakter als geschuldete Wirtschaftsgüter, und zwar in der Regel (abgesehen von den selteneren Realschulden) als geschuldete Zahlungsmittel, das heißt, als *Nominalschulden*. Ihre Unterteilung in weitere Güterarten ist für den formalen Mechanismus der Erfolgsrechnung ohne Bedeutung, sie wird erst für die gütermäßig-materiale Betrachtung belangvoll. Die übliche Differenzierung von Gläubiger- und Unternehmerkapital ist zudem rechtlich bedingt. Wirtschaftlich wird nicht nur die Gläubigerhaushaltung von der Unternehmung für die Unternehmungsrechnung abgesondert, sondern die hier dargestellte Erfolgsrechnung mit ihrem spezifischen Erfolgsbegriff erfordert auch die Trennung der Unternehmerhaushaltung von der Institution Unternehmung. Dies ist auch für die personale Einzelfirma notwendig. Insbesondere sind das Privatvermögen und das Unternehmungsvermögen (Geschäfts- oder Betriebsvermögen) rechnerisch auseinanderzuhalten. Wer diese Differenzierungen nicht vollziehen kann, versteht die hier entwickelte Rechnungsproblematik nicht. Wissenschaftliche Analyse ist vorwiegend gedankliche Differenzierung.

Ausstehende Einlagen sind aktienrechtlich als Gegenposten zum voll ausgewiesenen Grundkapital vorgeschrieben. Sie könnten daher als aktive Wertberichtigungen angesehen werden. Da jedoch ein Einzahlungsanspruch besteht, ist es sachgerechter, sie als nominale oder reale Forderungen (Beteiligungsforderungen) anzusehen, auch wenn noch keine Einforderung der Zahlung oder Sachleistung erfolgt ist. Würde man die restliche Einzahlungspflicht als passive ausstehende Einlage gesondert ausweisen, so wäre diese spiegelbildlich eine nominale oder reale Schuld. Es stünden sich dann statisch gleich hohe Forderungen und Schulden gegenüber.

Der *Geschäfts- oder Firmenwert* (Goodwill) tritt in der Bilanz nur als bezahlter, derivativer Überschuß über die Beteiligungsschulden (Eigenkapital) auf. Monetär handelt es sich um eine aktivierte Ausgabe, wenn man vom negativen Goodwill absieht. Problematisch ist der bonitäre Gutscharakter. Betrachtet man den Goodwill als eine undifferenzierbare Gesamtgröße, ist es sinnvoll, ihn als Wertberichtigung zu den Beteiligungsschulden zu interpretieren. Zerlegt man den Goodwill in zwei Komponenten, in *adjunktive Güter* und eine *Kapitalisierungsdifferenz* als Bewertungsunterschied, so gilt diese Interpretation nur für die Kapitalisierungsdifferenz.

Der Gutscharakter der *adjunktiven Güter* (vergleiche Abbildung 36) ist problematisch. Eine konkrete Erfassung und Bewertung dieser nicht-isolierbaren Güter in der Bilanz ist praktisch nicht möglich. Die Aufspaltung des Goodwill in zwei Bestandteile wird nur gedanklich vorgenommen. Ob es sich um ein bilanzfähiges Wirtschaftsgut handelt, ist daher eine müßige und unerhebliche Frage. Auf keinen Fall liegt ein für sich übertragbares, marktfähiges Gut, sondern ein sogenanntes *einsetzbares Gut* vor, dem jedoch relative Knappheit zukommt[4]. Es kann daher nur als ein Wirtschaftsgut eigener Art angesehen werden, das allein in Verbindung mit der ganzen Unternehmung übertragbar ist. Welche Tatbestände und Sachverhältnisse im einzelnen diesen speziellen Gutscharakter annehmen, mag hier offen bleiben. Bilanzfähig werden sie nur dadurch, daß im Gesamtpreis für die Unternehmung für sie eine Bezahlung erfolgt ist.

Interessant ist die *Stellungnahme des Fiskus*. Nach einem Urteil des Finanzgerichts Berlin vom 28. 11. 1973 (EFG 1974, S. 301) sind beim Erwerb eines Betriebes die übernommene Organisation und der Mitarbeiterstamm regelmäßig keine selbständig bewertbaren, also isolierbaren Wirtschaftsgüter, sondern Bestandteile des allgemeinen Geschäftswerts. Sie können nur dann als besondere immaterielle Wirtschaftsgüter angesetzt werden, wenn nach Art und Umfang Besonderheiten vorliegen, die sie zu einem nicht nur begrifflich, sondern auch wirtschaftlich faßbaren, beständigen und dadurch selbständig bewertungsfähigen Vermögensgegenstand machen. Der Gutscharakter wird also nicht bestritten, es wird sogar die gutsmäßige Isolierbarkeit in Sonderfällen als möglich angesehen.

Der *Gewinn* tritt in der Bilanz als erzielter Periodengewinn und als Gewinnvortrag auf. Da es sich (im Sinne der Gewinnverwendung) um Vorausgaben handelt, liegen Schulden vor. Unabhängig davon, ob der Gewinn später einbehalten, an Gesellschafter oder an andere gewinnbeteiligte Empfänger (insbesondere Arbeitnehmer) ausgeschüttet oder auch an den Fiskus als Steuern abgeführt wird, ist er als globale Gesamtgröße des erzielten Gewinns zunächst den Beteiligungsschulden (Eigenkapital) zuzurechnen. Ob man die Anteile Gewinn nennt oder dies schamhaft vermeidet, ist dabei unerheblich. Der Gewinn steht nur beteiligten Personen, Institutionen und der Unternehmung selbst zu. Dabei ist zu unterscheiden zwischen Kapitalbeteiligung und reiner Gewinnbeteiligung ohne Kapitalbeteiligung, die zum Beispiel bei Angestellten- und Arbeiteransprüchen auf Gewinnanteile vorliegt. Sobald der globale Gesamtgewinn auf Berechtigte aufgeteilt und diesen gutgeschrieben wird, wandeln sich diese Guthaben vorübergehend in Darlehnsschulden um, zum Beispiel Dividendenschulden und Schulden an Arbeitnehmer, die anschließend zur Auszahlung gelangen. Einbehaltene Gewinne und Gewinnvorträge behalten

[4] Vergleiche hierzu Kosiol, Erich: (Einführung) S. 131. Ferner derselbe: Die Unternehmung als wirtschaftliches Aktionszentrum. Reinbek bei Hamburg 1972, S. 113 und 119.

ihren Charakter als Beteiligungsschulden. Rücklagen und Grundkapital, die aus zugeführtem Einlagekapital und einbehaltenen Gewinnen (Zuwachskapital) bestehen können, sind ebenfalls Beteiligungsschulden, auch wenn man sie entsprechend aufgliedert.

Der *Verlust* stellt eine Wertberichtigung (Tilgungseinnahme) zu Passiven dar, wobei offen bleibt, von welchen Passivposten (Gewinnvortrag, Rücklagen, Grundkapital oder auch Darlehnsschulden) er abzusetzen ist. Bei Überschuldung oder Nachschußpflicht ist der Verlust jedoch als eine Forderung (Voreinnahme) aufzufassen.

Wertberichtigungen sind weder (als Aktiva) echtes Vermögen noch (als Passiva) echtes Kapital. Besondere verfügbare oder geschuldete Wirtschaftsgüter werden durch sie nicht nachgewiesen. Sie stellen vielmehr Abzugsposten (Korrekturwerte) zu aktiven oder passiven Güterbeständen dar. Zwischen Posten und Gegenposten bestehen keine Mengendifferenzen, sondern nur Wertunterschiede. Wertberichtigungen sind daher in Abbildung 37 fortgelassen worden.

Abschließend soll der Kapitalcharakter der *Rückstellungen* näher untersucht werden.

Vor einer Beantwortung dieser Frage erscheint es notwendig, nochmals die Terminologie zu klären. In der Bilanz sind sämtliche Passiva als Ausgaben zu betrachten, die in zwei Klassen auftreten: Ausgabenbestände (Nominalschulden) und Einnahmengegenwerte (Realschulden). Sie wurden in der Darstellung der Erfolgsrechnung kurz als Schulden (in engerem Sinne von Geldschulden) und als Reservate (geschuldete Realgüter) bezeichnet. Sie entstehen aus der Bewegungsbilanz als Differenzen von Vorausgaben und Tilgungseinnahmen beziehungsweise von Rückausgaben und Nacheinnahmen. In dieser Terminologie sind die Rückstellungen ohne Zweifel als Schulden im weitesten Sinne, das heißt, als *Verrechnungsausgaben,* anzusehen. Dies bedeutet allerdings nur, daß sie zu den Passiven gehören. Offenbleibt noch, zu welcher Klasse von Passiven sie bonitär zu rechnen sind. Unterscheidet man innerhalb der Nominalschulden die Unterklassen Eigenkapital (Unternehmerkapital) und Fremdkapital (Gläubigerkapital, auch Verbindlichkeiten genannt) und rechnet man die Realschulden, zu denen aktienrechtlich die erhaltenen Anzahlungen und die Rechnungsabgrenzungsposten zählen, folgerichtig mit zum Fremdkapital, so präzisiert sich die Frage dahin, ob die Rückstellungen dem Eigen- oder dem Fremdkapital zuzurechnen sind oder was sie sonst darstellen.

Die allgemein vertretene Ansicht, bei den Rückstellungen handle es sich stets um Verbindlichkeiten besonderer Art, also um Fremdkapital, ist meines Erachtens nicht ohne weiteres haltbar. Um den Kapitalcharakter der Rückstellungen zu klären, ist es notwendig, etwas weiter auszuholen.

Beim *Aufwand,* für den Rückstellungen zu bilden sind, kann man nach *Fudickar*[5] nach zwei Gesichtspunkten Unterscheidungen vornehmen[6].

Nach der Art des Werteverbrauchs liegt entweder ein *spezifischer* Verbrauch vor, der der Menge nach für die betreffende Periode festgestellt werden kann, oder ein *unspezifischer* Verbrauch, der nur durch Verrechnung oder Verteilung über mehrere Perioden erfaßt werden kann. Im letzteren Falle handelt es sich um sogenannten *Wagnisaufwand,* der sich auf Risikoverluste bezieht.

Nach der Art der zukünftigen Ausgabe ist die Vorausgabe, die Zahlungen oder Verluste in *Geld* darstellt, von der Rückausgabe zu unterscheiden, die Leistungen oder Verluste in *Realgütern* bedeutet.

Im ersten Falle lautet die erfolgswirksame Buchung:

Aufwand an Vorausgabe (Entstehung einer Nominalschuld)

Im zweiten Falle fehlt ein Zahlungsvorgang, so daß ein Ausgabenwert für die geschuldeten Realgüter unterstellt werden muß, wobei sich folgende Buchungen ergeben:

Aufwand an Barausgabe
Vorrats-Bareinnahme an Rückausgabe

Durch Weglassung der sich ausgleichenden Buchungen (Barausgabe, Vorrats-Bareinnahme) erhält man die endgültige erfolgswirksame Buchung:

Aufwand an Rückausgabe (Entstehung einer Realschuld).

Man ersieht daraus, daß die zu liefernden Realgüter zum Ausgabenwert (für Material, Löhne und allgemeine Ausgaben, das heißt, zum Herstellungswert) anzusetzen sind. Realgüter können Sachgüter oder Dienstleistungen sein.

Zu den verschiedenen Fällen (Vor- und Rückausgabe, spezifischer und unspezifischer Aufwand) einige Beispiele:

Spezifischer Aufwand

Vorausgaben: Rückstellungen für Tantiemen, Provisionen, Abstandszahlungen, Mieten oder Zinsen und für unterlassene Instandsetzungen durch betriebsfremde Handwerker.

Rückausgaben: Rückstellungen für zu liefernde Deputatkohle oder andere Sachgüter und für unterlassene Instandsetzungen durch den eigenen Betrieb.

[5] Fudickar, Joachim: (Gliederung) S. 163ff.
[6] Die seltenen Vorratsrückstellungen werden anschließend behandelt.

Unspezifischer Aufwand (Wagnisaufwand)

Vorausgaben: Rückstellungen für Pensionen, Bergschäden, Prozeßausgaben, Garantiezahlungen, Diebstahlrisiko bei Banken, Ausfallrisiko bei Forderungen, Bürgschaften und andere Risiken in Geld.

Rückausgaben: Rückstellungen für Ersatzlieferungen im Garantiefall, Diebstahlrisiko bei Sachgütern, Maschinenbruchrisiko und andere Risiken in Realgütern.

Bei Beanspruchung der Rückstellungen lauten die erfolgsunwirksamen Buchungen in der Regel

für *Vorausgaben:* Tilgungseinnahme an Barausgabe (tatsächliche Zahlung oder Verlust),

für *Rückausgaben:* Nacheinnahme an Nachausgabe (tatsächliche Lieferung oder Verlust).

Bei Rückausgaben für *unterlassene Instandsetzungen* können zwei Buchungen auftreten:

Nacheinnahme an Barausgabe
(für Löhne, gekauftes Material und andere gekaufte Sachgüter und Dienstleistungen),
Nacheinnahme an Nachausgabe
(für Material und andere Sachgüter aus vorhandenen Beständen).

Nun ist es möglich, in dieser Sicht den *Kapitalcharakter* der Aufwandsrückstellungen zu bestimmen. Zunächst ist zu beachten, daß in keinem Falle Eigen- oder Fremdkapital der Unternehmung unmittelbar zufließt, vielmehr infolge der Aufwandswirksamkeit Kapital abfließt. Ferner liegt keine echte, rechtlich einklagbare Verbindlichkeit im juristischen Sinne in Geld, Sachgütern oder Dienstleistungen vor. Auch wird kein Eigenkapital an einen Gläubiger als Fremdkapital abgetreten, so daß eine Verbindlichkeit entstünde. Hieraus ergibt sich, daß diese Rückstellungen *kein Kapital* repräsentieren. Sie stehen *nur formal* auf der Passivseite, weil der konkrete Abfluß in Geld oder Realgütern auf der Aktivseite noch offenbleibt und erst in der Zukunft realiter stattfindet.

Aufwandsrückstellungen haben nach dieser Auffassung eine enge Verwandtschaft zu *Wertberichtigungen.* Während diese jedoch stets ein bestimmtes Aktivum berichtigen, handelt es sich bei den Rückstellungen meist um *generelle* Abzugs- oder Korrekturposten zur Gesamtheit der Aktiva. Nur bei tatsächlichen Wertminderungen von Aktiven, zum Beispiel bei Rückstellungen für unterlassene Instandsetzungen, liegen *spezielle* Korrekturposten wie bei den Wertberichtigungen vor. Die Wertberichtigungen unterscheiden sich jedoch unter anderem dadurch von den Rückstellungen, daß sie Nachausgaben darstellen, das heißt, eine Nominal- oder Realschuld nicht entsteht; die Ausgabe ist hier endgültig vollzogen, es gibt keine Zukunftswirkung. Bei unterlassenen Instandsetzungen wird die berichtigende Rückstellung deshalb nicht auf der Aktivseite abgesetzt, weil die ausgleichende Reparatur beabsichtigt ist. Diese Überlegungen gelten sowohl für die Vorausgaben (Nominalschulden) als auch für Rückausgaben (Realschulden). *Aufwandsrückstellungen stellen in dieser Sicht*[7] *Nichtkapital* dar, das nur formal auf der Passivseite auftritt und bei einer Kapitalermittlung auf beiden Bilanzseiten generell abzusetzen ist.

Werden Aufwandsrückstellungen zu hoch dotiert oder erweisen sie sich als unnötig, so treten *Abweichungen* auf, die stille Rücklagen darstellen und bei Auflösung zu außerordentlichem Ertrag werden. Im Umfange der Abweichung liegt somit tatsächlich Kapital, und zwar Eigenkapital, vor, das als solches zunächst nicht erkennbar war. Wird jedoch eine notwendige aufgeschobene Reparatur endgültig unterlassen, so bleibt die Wertminderung des Aktivums bestehen. Eine Rücklage beziehungsweise ein außerordentlicher Ertrag haben hier betriebswirtschaftlich keinen Sinn. Die nicht beanspruchte Rückstellung müßte als Korrekturposten nachträglich vom Aktivum erfolgsunwirksam abgesetzt werden.

Unsicherheit über Höhe und Fälligkeit der Ausgaben kann auch bei der *Beschaffung* von Realgütern gelegentlich vorkommen. Im Gegensatz zu den üblichen, bisher betrachteten Rückstellungen, die stets Aufwandsrückstellungen sind, ergeben sich dann sogenannte *Vorratsrückstellungen*. Für sie lautet die erfolgsunwirksame Buchung:

Rückeinnahme (Vorrat) an Vorausgabe (Geldschuld)

Dieser *seltene* Fall liegt zum Beispiel vor, wenn der Realgütereingang stattgefunden hat und als Vermögensmehrung aktiviert werden soll, bevor die Lieferrechnung eingegangen oder der Höhe nach endgültig geklärt worden ist und daher der geschuldete Betrag geschätzt werden muß. Da hier tatsächlich Kapital von außen zugeflossen ist, ist hier *zweifelsfrei Fremdkapital* gegeben, auch wenn noch keine rechtliche Verbindlichkeit gebucht worden ist. Bei zu hoher oder zu niedriger Schätzung sind Korrekturen auf beiden Bilanzseiten vorzunehmen, so daß gegebenenfalls eine zusätzliche Verbindlichkeit entsteht.

Zusammenfassend ist festzustellen, daß in dieser Sicht *Aufwandsrückstellungen* Nichtkapital im Sinne von Abzugs- oder Korrekturposten darstellen. Meist handelt es sich um generelle, bei Wertminderungen bestimmter Aktiven auch um spezielle Korrekturposten mit Wertberichtigungscharakter.

[7] Eine abweichende Sichtweise wird anschließend erörtert.

Überdotierte und unnötige Aufwandsrückstellungen enthalten im Umfange der Abweichung von den erforderlichen Rückstellungen stille Rücklagen (Eigenkapital). *Vorratsrückstellungen* gehören dagegen stets in voller Höhe zum Fremdkapital.

Es ergibt sich demnach für die Rückstellungen folgende *Gliederung*:

1. *Aufwandswirksame Vorausgaben (Nominalschuld)*
   = Nichtkapital beziehungsweise wertberichtigungsähnliche Abzugsposten (nominale Aufwandsrückstellungen)
2. *Aufwandswirksame Rückausgaben (Realschuld)*
   = Nichtkapital beziehungsweise wertberichtigungsähnliche Abzugsposten (reale Aufwandsrückstellungen)
3. *Vorrats-Vorausgaben (Nominalschuld)*
   = Fremdkapital (nominale Vorratsrückstellungen)

Das vorstehend dargelegte Verständnis der Rückstellungen ist von *Fudickar* entwickelt worden. Es sieht davon ab, daß die Aufwandsrückstellungen ohne Güterbewegung nur rechnerisch vom Ertrag abgesetzt werden. Daher bleibt der dem Ertrag entsprechende Kapitalzufluß auf der Aktivseite davon unberührt. Mit der formalen Kapitalminderung (Aufwand) korrespondiert das Passivum (Kapitalmehrung). Es liegt nur eine Umbuchung von dem Gewinn- und Verlustkonto auf ein spezielles Passivum vor. Da der Gewinn dem Eigenkapital zugerechnet wird, nimmt in dieser abweichenden Sicht auch die Aufwandsrückstellung den Charakter von *Eigenkapital besonderer Art* an.

Folgt man diesen Einwendungen, so bietet sich eine andere bonitäre Deutung der Aufwandsrückstellungen an. Das entstehende Mehrkapital auf der Passivseite, das bei fehlender Rückstellung im Gewinn sichtbar würde, erwächst aus dem Erzeugungs- und Umsatzprozeß der Unternehmung, ist also grundsätzlich Eigenkapital. Dieses Eigenkapital ist zwar auf der Aktiv- und Passivseite ohne Zweifel vorhanden, jedoch für einen besonderen Zweck gebunden und damit einer späteren Ausgabe oder Güterleistung in bestimmter Richtung vorbehalten. Darin liegt der finanzwirtschaftliche Sinn seiner Aussonderung aus dem Gewinn. Es ist daher zu empfehlen, präzise von *belastetem oder zweckgebundenem Eigenkapital* zu sprechen. Die Belastung liegt darin, daß das Kapital, obwohl in Vermögensform irgendwie noch vorhanden, nicht mehr frei verfügbar ist. Bei Überdotierung wird der Eigenkapitalcharakter deutlich sichtbar.

Die Auffassung, durch Unternehmerakt werde das Eigenkapital in Fremdkapital umgewandelt, da es durch den Ausgabenvorgriff gewissermaßen wirtschaftlich abgetreten werde, erscheint gekünstelt. Es genügt, die Belastung oder Bindung des Eigenkapitals zum einschränkenden Merkmal zu erheben.

Zudem käme die Umwandlung nur infrage, wenn eine Verpflichtung gegenüber Betriebsfremden eindeutig feststeht. Bei sogenannten Verlustrückstellungen ist eine derartige Deutung sowieso nicht möglich.

Mit der Auffassung als belastetes oder gebundenes Eigenkapital nähert sich der Rückstellungsbegriff dem der zweckgebundenen Rücklage. Das ist bei einer bonitären Betrachtung der Passiva kaum anders zu erwarten. Diese Verwandtschaft von Rückstellungen und Rücklagen ist bisher nicht genügend erkannt worden. Ihr zufolge wandeln sich auch die Spitzenbeträge zu hoch dotierter Rückstellungen automatisch in Rücklagen um, ohne daß hierbei Fremdkapital erst durch einen besonderen Entscheidungsakt in Eigenkapital umgewandelt werden muß. Das gebundene Eigenkapital wird vielmehr entlastet.

Der scharfe Trennungsstrich zwischen Rückstellungen und Rücklagen ergibt sich erst vom erfolgsrechnerischen Standpunkt, wobei sich Aufwand und Gewinnverwendung gegenüberstehen.

Um den Zusammenhang der praktischen, auf bestimmte Zwecke gerichteten Gliederung der Beständebilanzen mit der theoretischen Gliederung monetär und bonitär sichtbar zu machen, sei nachstehend die *aktienrechtliche Bilanzgliederung* als Beispiel gewählt:

Aktiva

1. *Kasse (Barvermögen)*[8]*:*
   Kassenbestand, Bundesbank- und Postscheckguthaben
   Schecks
   Guthaben bei Kreditinstituten

2. *Forderungen (Nominalforderungen):*
   Finanzanlagen
   Forderungen aus Lieferungen und Leistungen
   Wechsel
   Wertpapiere unter III B 7
   Eigene Aktien
   Anteile unter III B 9
   Forderungen an verbundene Unternehmen
   Forderungen aus Krediten unter III B 11
   Ausstehende Einlagen
   eventuell: geleistete Anzahlungen
   eventuell: sonstige Vermögensgegenstände
   eventuell: Bilanzverlust

3. *Vorräte (Realvermögen):*
   Vorräte unter III A
   Geleistete Anzahlungen (Regelfall)
   Sachanlagen und immaterielle Anlagewerte
   Rechnungsabgrenzungsposten
   eventuell: sonstige Vermögensgegenstände

[8] im weiteren Sinne.

Passiva

1. *Schulden (Nominalschulden):*
   Grundkapital
   Offene Rücklagen
   eventuell: Rückstellungen
   Verbindlichkeiten (unter V und VI ohne Anzahlungen)
   Bilanzgewinn (als globale Gesamtgröße)
2. *Reservate (Realschulden):*
   Erhaltene Anzahlungen
   Rechnungsabgrenzungsposten
   eventuell: Rückstellungen.

Der *Bilanzverlust* ist entweder ein Abzugsposten vom Eigenkapital (Tilgungseinnahme) oder bei Nachschußpflicht oder Überschuldung eine Forderung (Voreinnahme). Wertberichtigungen sind Abzugsposten zu Aktiven.

Nach diesen Ausführungen ist die gütermäßige Interpretation aller Zahlungsvorgänge der Erfolgsrechnung abgeschlossen. Die Vermögens- und Kapitalrechnung ist in allen ihren drei Bilanzformen eine *Konsequenz der Einnahmen- und Ausgabenrechnung*; umgekehrt verläuft keine Brücke. Der gütermäßige Inhalt aller Bilanzpositionen ist durch die Einnahmen- und Ausgabenrechnung klar geformt. Bilanzvermögen und Bilanzkapital, ihre Bestände, Bewegungen und Veränderungen, sind durch Zahlungsvorgänge definierte Begriffe und erst dadurch eindeutig festgelegt.

Die noch vielfach vertretene Auffassung, die *primär* von der Bilanz als *gütermäßiger* Gegenüberstellung von Vermögen und Kapital ausgeht, um den Mechanismus der Buchhaltung und Erfolgsrechnung daraus abzuleiten, indem sie den Inhalt der Bilanz mit der Inventur begründet, ist wissenschaftlich zu beanstanden. Sie ist im Ansatzpunkt rechnungstheoretisch unfundiert und nimmt bereits vorweg, was sich erst als Folge ergeben kann, nämlich die Bilanz. *Das bonitäre Bilanzverständnis läßt sich erst sinnvoll vollziehen, wenn die monetäre Bilanz gegeben ist.*

Da die Erfolgsbilanz neben ihrem Hauptzweck, den Periodenerfolg zu ermitteln, als Beständebilanz einen Status des Vermögens und Kapitals liefert, liegt es nahe, mit der bonitären Deutung eine *statische Betrachtung* zu verbinden. Auch *Schmalenbach*[9] wirft mit Recht die Frage auf, „welche statischen Zwecke sich mit der dynamischen Bilanz erfüllen lassen; und dann kann man die Bilanz, ohne ihren Hauptzweck in Gefahr zu bringen, so gestalten, daß sie diese Zwecke auf die beste Weise erfüllt". Auf diesem Wege sind Erfolgs- und Statusbilanz miteinander *vereinbar*. Dabei ist zu beachten, daß es sich bei der

[9] Schmalenbach, Eugen: Dynamische Bilanz. 3. Auflage, S. 255.

Beständebilanz um einen Anschaffungswertstatus handelt, der erst in der Handelsbilanz der Praxis durch das Niederstwertprinzip abgewandelt wird.

Während die Erfolgsbilanz zum Zwecke der Erfolgsermittlung nur einer geringen, erfolgsrechnerisch bedingten Gliederung bedarf, liegt bei der Statusbetrachtung der Schwerpunkt auf einer *tiefgreifenden Gliederung*[10]. Die aktienrechtlichen Gliederungsvorschriften sollen in erster Linie einen Einblick in die finanzwirtschaftlichen Verhältnisse gewähren und Konzernverflechtungen sowie vermögensrechtliche Beziehungen zwischen der Gesellschaft und dem Vorstand und Aufsichtsrat offenlegen. Sie reichen daher für statische Überlegungen nicht aus.

Eine Betrachtung der Erfolgsbilanz unter dem statischen Gesichtspunkt ihres materialen Güterinhalts kann je nach der Person des Betrachters und seinen Interessen verschiedene Ziele verfolgen, auf die hier nicht näher eingegangen werden kann. Allgemein läßt sich sagen, daß über das finanzwirtschaftliche Deckungsdenken hinaus, das vor allem die horizontalen Beziehungen zwischen den beiden Bilanzseiten untersucht, die statische Betrachtungsweise alle *Relationen* innerhalb der Beständebilanz heranzieht. Ihre Überlegungen sind daher auch auf die vertikalen Beziehungen innerhalb jeder Bilanzseite gerichtet. Es werden zum Beispiel die Verhältnisse zwischen Anlage- und Umlaufvermögen oder zwischen Eigen- und Fremdkapital und deren Bestandteilen festgestellt, das heißt, man analysiert die *Vermögens- und Kapitalstruktur* der Unternehmung. Die Aktivseite der Bilanz vermittelt zum Beispiel eine Vorstellung vom Leistungspotential der Unternehmung aufgrund des bilanzierten Güterkomplexes. Hierbei sind die Zusammensetzung und der Altersaufbau des Anlagevermögens, die Art und der Umfang vorhandener Rohstoffe, Waren und Erzeugnisse, der Bestand und die Zusammensetzung der liquiden Mittel und so weiter von Bedeutung.

Le Coutre[11] unterscheidet zwischen der Konstitution und der Situation der Unternehmung. Als *Konstitution* bezeichnet er den grundlegenden Aufbau und die Zusammensetzung von Vermögen und Kapital sowie die zwischen diesen bestehenden Beziehungen; die *Situation* dagegen kennzeichnet die jeweilige zeitbedingte Lage der Unternehmung. Beide Tatbestände umschließen sämtliche horizontalen und vertikalen Relationen der Beständebilanz einschließlich der finanzwirtschaftlichen Deckungsverhältnisse. Le Coutre gliedert für statische Zwecke die Bilanzpositionen unter anderem nach Funktionen, Aufgaben, Arten, Rechtsbeziehungen und Risiken.

Die statisch betrachtete Erfolgsbilanz ist eine wichtige Grundlage für bilanzanalytische und bilanzkritische Überlegungen. Eine eingehende Beurteilung

[10] Vergleiche hierzu die eingehende Studie von Fudickar, Joachim: (Gliederung).
[11] Le Coutre, Walter: Grundzüge der Bilanzkunde. 4. Auflage, Wolfenbüttel 1949.

von Konstitution und Situation der Unternehmung kann jedoch dabei nicht stehenbleiben. Sie muß weitere Unterlagen heranziehen, wie zum Beispiel das Inventar, Kaufverträge, Rechnungen, Mengenangaben und Fälligkeiten, ohne die eine Bilanzkritik problematisch bleibt. Auf Betriebs- und Zeitvergleiche sei hier nur hingewiesen.

Mit der Statusbetrachtung der Bestände läßt sich ohne weiteres eine Untersuchung der diesen zugrundeliegenden Bewegungen und Veränderungen von Vermögen und Kapital verbinden.

II. Der gütermäßige Umlaufprozeß in der Aufwands- und Ertragsrechnung

Die Buchungen der Aufwands- und Ertragsrechnung sind Gegenbuchungen zu erfolgswirksamen Zahlungsvorgängen. Diese Gegenbuchungen sind zwar an und für sich keine Zahlungen, decken sich aber vollständig und spiegelbildlich mit den gegenüberstehenden Einnahmen und Ausgaben. Sie sind daher zunächst *monetär* als Zahlungsbewegungen (Bewegungen von Zahlungsmitteln) zu deuten: Gesondert ausgewiesene, herausgehobene Ertragseinnahmen und Aufwandsausgaben in spezifischer Gliederung nach andersgearteten Gesichtspunkten.

Diese Gegenbuchungen lassen sich aufgrund ihrer Gliederung nach Aufwands- und Ertragsarten ohne weiteres *bonitär* interpretieren. Durch sie entsteht ein transformiertes, nach Güterarten oder Güterkomplexen (Bezirken, Produkten) gegliedertes System aller erfolgswirksamen Vorgänge. Sie reflektieren den tatsächlichen Güterumwandlungsprozeß in seinen beiden Komponenten als reale (und als Sonderfall auch nominale) Güterbewegungen.

Der *Güterverbrauch* wird als Aufwand und die *Güterentstehung* als Ertrag erfaßt, wobei jede Aufwandsausgabe einen Aufwand an Gütern und jede Ertragseinnahme einen Ertrag an Gütern widerspiegelt. *Aufwendungen* umfassen den Verbrauch von Einsatzgütern, wie zum Beispiel von Stoffen, Arbeitstätigkeiten, Diensten und langfristigen Anlagegütern inform von Abschreibungen. *Erträge* zeigen die Entstehung von Ausbringungsgütern, wie zum Beispiel von Handelswaren, Industrieerzeugnissen und Dienstleistungen. Einseitige Zugänge von Aktiven und Abgänge von Passiven erscheinen als Ertrag, einseitige Abgänge von Aktiven und Zugänge von Passiven als Aufwand.

Die erfolgswirksamen Vorgänge treten als eine spezielle Art gleichzeitiger *Vermögens- und Kapitalminderungen* (Aufwand) und *Vermögens- und Kapi-*

talmehrungen (Ertrag) auf, die in der Aufwands- und Ertragsrechnung erfaßt werden. Bei Verkäufen gehen zum Beispiel die Ware und damit auch Kapital zum Ausgabenwert aus der Unternehmung heraus (und werden als Aufwand erfaßt); sie fließen als Forderung oder bares Geld und damit wieder als Kapital zum Einnahmenwert gleichzeitig in die Unternehmung zurück (und werden als Ertrag erfaßt).

Der *Gewinn* wird auch in dieser Betrachtungsweise doppelt erfaßt: einmal als *Vermögenszuwachs* und zum anderen als *Kapitalzuwachs,* der zunächst als offener Saldo erscheint. Während der Gewinn auf der Vermögensseite durch seine Verteilung auf die verschiedensten Vermögensteile und deren Wandlungen im einzelnen nicht konkret sichtbar wird, wird er abstrakt auf der Kapitalseite als Saldo der Mehrungen und Minderungen ausgewiesen. Das Gewinn- und Verlustkonto kann somit auch als abgesondertes Kapitalkonto gedeutet werden. Die Ausgliederung einer besonderen Aufwands- und Ertragsrechnung nimmt dieser nicht die Eigenart einer Kapitalrechnung. Sie steht in dieser Sicht der Zusammenhänge nicht neben der Bilanz, sondern vollzieht sich in der Bilanz selbst, und zwar auf besonderen Konten der Kapitalreihe (Unterkontenreihe).

Nach abgeschlossener Gewinnermittlung wird der Gewinn als Kapitalzuwachs (zum Beispiel auf einem globalen Gewinnverwendungskonto) in die Bilanz eingesetzt und diese damit ausgeglichen. Diese gebuchte Vorausgabe ist ein echter Kapitalposten.

Aufwendungen und Erträge sind zunächst nur Gegenbuchungen zu erfolgswirksamen (einseitigen) Ausgaben und Einnahmen. *Gütermäßig* handelt es sich aber stets, auch wenn man die Kapitalwirkung (Minderungen oder Mehrungen) ins Auge faßt, um Abgänge und Zugänge von Wirtschaftsgütern, bei denen Wertdifferenzen auftreten. Abgänge vorrätiger Güter und Zugänge geschuldeter Güter bedeuten Verbrauch (Aufwand) und Zugänge vorrätiger Güter und Abgänge geschuldeter Güter bedeuten Entstehung von Gütern (Ertrag) im Sinne realer oder nominaler Werte.

Wie die bonitäre Deutung der Erfolgsbilanz eine bilanzanalytische und bilanzkritische Statusbetrachtung der Beständebilanz im Hinblick auf die Konstitution und Situation der Unternehmung sowie der zugrundeliegenden periodischen Bestandsbewegungen und -veränderungen ermöglicht, kann man auch die bonitär gedeutete Aufwands- und Ertragsrechnung einer *Erfolgsanalyse* unterziehen. Sie erstreckt sich nur auf die erfolgswirksamen Güterbewegungen.

Die Erfolgsanalyse setzt zunächst am *undifferenzierten* Gesamterfolg als Globalgröße an. Sie vollzieht sich durch einen Vergleich im Zeitablauf und durch einen Vergleich mit anderen Unternehmungen. Der *Zeitvergleich* läßt

Schlüsse auf die bisherige Entwicklung der Ökonomität und ihre zukünftige Tendenz zu. Die Forderung nach formaler Vergleichbarkeit der ermittelten Erfolge erhält hier ihre sachliche Rechtfertigung. Der *Betriebsvergleich* ermöglicht ein Urteil über die Lage der Unternehmung innerhalb der Branche. Allerdings ist hierbei in der Praxis der handelsrechtlich zulässige Bewertungsspielraum zu beachten. Die Forderung nach willkürfreier und einheitlicher Bewertung findet hier eine wesentliche Stütze. Neben der Beurteilung der absoluten Erfolgsgröße erfährt eine relative Betrachtung vielfältige Anwendung. Gesamtkapital-, Eigenkapital- und Fremdkapitalrenditen sowie Umsatzrenditen können im Zeit- und Betriebsvergleich untersucht werden.

Die Beurteilung des Gesamterfolges muß in jedem Fall seiner mehrfachen Verursachung Rechnung tragen. Der globale Gewinn wird sowohl durch die *mengenmäßige* Wirtschaftlichkeit (Technizität) des Unternehmungsprozesses als auch durch die diese überlagernde *wertmäßige* Wirtschaftlichkeit (Ökonomität) im Marktgeschehen bestimmt. Somit trägt die Rentabilität komplexen Charakter und bedeutet eine summarische, in sich kompensierte Feststellung der resultierenden Rendite ohne Hinweis auf deren Verursachung.

Die *spezifizierte Erfolgsrechnung,* die Aufwendungen und Erträge ausweist, gibt den erforderlichen Einblick in die Komponenten des erzielten Gesamterfolges. Die zergliedernde Betrachtung von Teilerfolgen erlaubt eine Beurteilung der genetischen Zusammenhänge. Es ist dabei auf die Aussonderung des neutralen Erfolges im Gegensatz zum leistungsbezogenen Erfolg und auf die in beliebigem Ausmaß durchführbare Gliederung nach Aufwands- und Ertragsgüterarten hinzuweisen. Kennzahlen verschiedener Art können ermittelt werden, zum Beispiel für die Entwicklung des Materialeinsatzes, der Lohnanteile sowie der Belastung durch Aufwandsteuern. Auch hier führen Zeit- und Betriebsvergleiche zu wertvollen Einsichten. Der betriebswirtschaftlichen Forderung nach dem Bruttoausweis der Erfolgskomponenten kommt die aktienrechtliche Gliederung der Gewinn- und Verlustrechnung entgegen.

III. Die gütermäßige Deutung der Buchungen

Die früher angegebenen drei Buchungstypen können jetzt gütermäßig formuliert werden und ergeben acht disjunktive *Buchungstypen.* Zum Vergleich werden beide Deutungen in Abbildung 40 nebeneinander gestellt.

Abschließend gelangen wir zu dem zusammenfassenden Ergebnis, daß der Erfolg, wie zu erwarten war, sowohl in formal-geldmäßiger, monetärer als

Abb. 40. Monetäre (formale) und gütermäßige (materiale) Buchungstypen

a) *Erfolgsunwirksame Buchungen:*			
1. (Per) Einnahme an Ausgabe	1 a.	(Per) Zugang eines Aktivums	an Abgang eines Aktivums
	1 b.	(Per) Abgang eines Passivums	an Zugang eines Passivums
		(Kontenbewegung innerhalb einer Bilanzseite, Bilanzsumme in beiden Fällen unverändert)	
	1 c.	(Per) Zugang eines Aktivums	an Zugang eines Passivums
	1 d.	(Per) Abgang eines Passivums	an Abgang eines Aktivums
		(entweder Erhöhung der Bilanzsumme – 1 c – oder deren Verminderung – 1 d –)	
b) *Erfolgswirksame Buchungen:*			
2. (Per) Aufwand an Aufwandsausgabe	2 a.	(Per) Güterverbrauch (Aufwand)	an Zugang eines Passivums
		(Erhöhung der Passivsumme)	
	2 b.	(Per) Güterverbrauch (Aufwand)	an Abgang eines Aktivums
		(Verminderung der Aktivsumme)	
3. (Per) Ertragseinnahme an Ertrag	3 a.	(Per) Zugang eines Aktivums	an Güter-entstehung (Ertrag)
		(Erhöhung der Aktivsumme)	
	3 d.	(Per) Abgang eines Passivums	an Güter-entstehung (Ertrag)
		(Verminderung der Passivsumme)	

auch in material-gütermäßiger, bonitärer Betrachtung der Unternehmungsvorgänge je zweimal (doppelt) ermittelt wird.

Vom *monetären* Standpunkt aus wird der Erfolg *erstens* im ursprünglichen System der Zahlungskonten (Bilanzrechnung) als Differenz von Einnahmen und Ausgaben und *zweitens* im zusätzlichen System der Erfolgskonten (Gewinn- und Verlustrechnung) als Differenz der Gegenbuchungen von Ertrag und Aufwand ermittelt.

Unter *gütermäßigem* Aspekt erscheint der Gewinn *erstens* als Vermögenszuwachs (Aktivüberschuß), das heißt, als Differenz von Zugängen und Abgängen vorrätiger und geschuldeter Güter, und *zweitens* als abstrakter Kapitalzuwachs (Ertragsüberschuß), das heißt, als Differenz von Zufluß beziehungsweise Mehrung (Ertrag) und Abfluß beziehungsweise Minderung von Kapital (Aufwand).

Damit ergibt sich eine *vierfache Formulierung* des Erfolges, und zwar zwei monetäre und zwei bonitäre Definitionen:

1. Monetär als Einnahmenüberschuß in der Bilanz,
2. Monetär als Ertragseinnahmenüberschuß (Gegenüberschuß) in der Gewinn- und Verlustrechnung,
3. Bonitär als güterhafter Aktivenüberschuß (Netto-Vermögenszuwachs) in der Bilanz und
4. Bonitär als güterhafter Ertragsüberschuß (Netto-Kapitalzuwachs).

Alle vier Erfolgsgrößen stehen in einem einheitlichen rechnerischen Zusammenhang.

Die geldmäßige und die gütermäßige Behandlung von reinen Realgüterbewegungen, die nicht von Zahlungsvorgängen begleitet sind, werden später dargestellt.

Die bisher durchgeführte Beschreibung der Struktur der Finanzbuchhaltung, ihres Kalkülmechanismus und ihrer Abgrenzungsverfahren bedient sich einer neuartigen Methodik, die alle Buchungsvorgänge einheitlich auf *Zahlungsbewegungen* zurückführt. Diesen monetären Abbildungscharakter des buchhalterischen Rechnungssystems bezeichne ich mit einem von mir geprägten Fachausdruck als *pagatorisch*, so daß die Finanzbuchhaltung als pagatorische Buchhaltung gekennzeichnet werden kann. Die pagatorische Betrachtungsweise liegt auch den nachfolgenden Kapiteln zugrunde, insbesondere den Ausführungen über Finanzanalyse. Zum Terminus pagatorisch siehe auch Dr. Gablers Wirtschaftslexikon, 9. Auflage, Wiesbaden 1975, 2. Band, Sp. 636, und Duden, Band I, Rechtschreibung, 9. Auflage, Mannheim 1975.

Wer sich für weitere Einzelheiten des pagatorischen Buchhaltungssystems interessiert, der sei auf meine umfassende Schrift hingewiesen: *Pagatorische Bilanz*. Die Bewegungsbilanz als Grundlage einer integrativ verbundenen Erfolgs-, Bestands- und Finanzrechnung. Berlin 1976, 1095 S. Dort wird auch eine axiomatische Fundierung des Rechnungssystems vorgenommen und die Matrizendarstellung der Buchhaltung behandelt.

D. Die Bewertung in der Bilanz

I. Die Wertarten

Neben dem Formalaufbau der Erfolgsrechnung genießt die Bewertung in der Bilanz gleichrangige Bedeutung. Die Bewertung von Einnahmen- und Ausgabenbeständen, von Ausgaben- und Einnahmengegenwerten – als Bestandsgrößen – ist folgerichtig aus dem Charakter der buchhalterischen Erfolgsrechnung zu deuten. Von der Inventur her, aus der in älteren Auffassungen häufig die Bilanzbewertung entwickelt wird, ist eine schlüssige Erklärung der einzusetzenden Werte nicht möglich. Auch die vom Kerngehalt der Erfolgsrechnung gelöste, im Grunde statische Betrachtung des Bewertungsproblems durch den Gesetzgeber läßt eine befriedigende Deutung nicht zu. Allein durch konsequente Verfolgung der Grundidee, daß die buchhalterische Erfolgsrechnung in ihrer Ausgangsgrundlage und damit in ihrem Wesenskern auf Zahlungsvorgängen beruht, gelingt es, Aufschluß über den Sinn der meisten vom Handels- und Steuerrecht vorgeschriebenen Bewertungsmaßstäbe zu gewinnen.

Je nach dem Charakter des der Bewertung zugrundeliegenden Zahlungsvorganges lassen sich die Wertarten zwanglos in zwei *fundamental unterschiedliche Kategorien* gliedern. Die erste Klasse von Werten baut auf dem ursprünglichen Zahlungsvorgang auf, der im direkten Zusammenhang mit dem zu bewertenden Gegenstand oder Vorgang im Marktgeschehen, an dem die Unternehmung unmittelbar beteiligt ist, aufgetreten ist. Es handelt sich um einen im Markt von der Unternehmung selbst verwirklichten oder realisierten Zahlungsvorgang. Hierhin gehört der *Anschaffungswert*. Daneben können in der Erfolgsrechnung der Wirtschaftspraxis auch Werte auftreten, die auf nicht von der Unternehmung realisierten Zahlungsvorgängen beruhen. Dieser Klasse gehören die *Tageswerte* an.

Nur die Anschaffungswerte sind immanenter und konstituierender Bestandteil des Buchhaltungssystems, das eine Realisationsrechnung im strengen Sinne darstellt. Nur dieses System erlaubt eine finanzwirtschaftliche Analyse und Fluxionsrechnung der Mittel.

Die Verwendung von *Anschaffungspreisen* beruht auf einer eindeutigen isomorphen Abbildung der Güterbewegungen und -bestände auf tatsächliche, realisierte Geldbewegungen und -bestände. Die Zahlungsmittelbewegung ist am Beschaffungstage mit dem Kaufgut direkt verknüpft und wird buchungsmäßig fixiert. Unabhängig von den Transformationen, die die Güter in der Unternehmung durchlaufen, und unabhängig von den der periodischen Erfolgsrechnung dienenden Verrechnungsoperationen, werden die Maßzahlen der fixierten Geldausdrücke *unverändert beibehalten*. Sie unterliegen lediglich einer produktions- und verrechnungstechnischen Aufgliederung, Ansammlung und Verteilung.

Demgegenüber ist die Abbildung auf *Tagespreise* unbefriedigend. Sie erstreckt sich auf Geldgrößen, die sich den Gütergrößen, trotz der zeitlichen Eindeutigkeit, praktisch nicht immer eindeutig zuordnen lassen. Die verwendeten Geldbewegungen sind am Abbildungstermin nicht mit den Güterbewegungen durch einen realisierten Marktumsatz unmittelbar verbunden. Es werden andere, durch die Unternehmung nicht realisierte Umsatzakte zur Abbildung herangezogen. Für eine große Anzahl von Gütern, insbesondere langlebigen Wirtschaftsgütern, ist ein solcher effektiver Marktpreis häufig *nicht mehr zu ermitteln*. Die Güter haben sich mehr oder weniger geändert oder sind überhaupt nicht mehr lieferbar. Hinzu kommt die oft breite *regionale Streuung* der Marktpreise für das gleiche Gut. Auf diese Weise werden die konkreten Tageswerte unbestimmt und ungenau, so daß die Eindeutigkeit einer realen Zuordnung zu mengenmäßigen Zahlungsmittelbewegungen und -beständen zerstört wird.

1. Der Anschaffungswert

Die inhaltliche Klarstellung des Anschaffungswertes bereitet auch in Fachkreisen noch immer erhebliche Schwierigkeiten. In der allgemein üblichen Formulierung geht man von dem *Vorgang der Anschaffung* von Wirtschaftsgütern aus und bemüht sich, ihn in die übrigen Bilanzwerte hineinzudeuten. Hierbei vermag man sich jedoch nicht von der zu engen Vorstellung eines Kaufs gegen Entgelt zu lösen. Während diese bei Realgütern klar auf der Hand liegt und ernsthafte Meinungsverschiedenheiten über den einheitlichen Wertcharakter des Anschaffungswertes nicht bestehen, ergeben sich Schwierigkeiten bei den Nominalwerten der Bilanz, insbesondere bei Forderungen und Schulden.

Hier versagt die bisher übliche Formulierung, die einseitig auf die Realgüter der Aktivseite abgestellt ist und einer sinngemäßen Anwendung widerstrebt, wie sie zum Beispiel das Steuerrecht verlangt. Diese oft krampfhaften Bemühungen, die sich im Fachschrifttum, in der Rechtsprechung und Kommentierung nachweisen lassen, müssen sich schließlich in Widersprüche verwickeln und Gedankensprünge hervorrufen. Sie können daher nicht befriedigen.

Bei käuflich erworbenen Forderungen, zum Beispiel bei Wertpapieren, denen man in einem gewissen Sinne den Charakter von Realgütern beilegen kann, liegen tatsächlich Anschaffungsausgaben in Höhe des Erwerbspreises vor. Bei wechselbezüglich begründeten Geldforderungen ist es gerade noch möglich, im übertragenen Sinne von einer Anschaffung gegen eine Ausgabe zu sprechen, das heißt, man „kauft" die Forderung durch Geldhergabe. Bei wechselbezüglichen Geldschulden muß jedoch der Gedankengang bereits auf den Kopf gestellt werden, das heißt, man „erwirbt" die Schuld gegen eine Einnahme. Hier kann also mit einem Ausgabenwert nicht mehr operiert werden. Gänzlich illusorisch wird die Übertragung der Anschaffungsidee bei Warenforderungen. Es liegen überhaupt keine Ausgaben vor, vielmehr umgekehrt eine Veräußerung von Wirtschaftsgütern. Zwar stecken in den Lieferungen auch die dafür aufgelaufenen Ausgaben, wie bei den aktivierten Vorräten, jedoch kommt der Gewinn hinzu, dem keine Ausgaben entsprechen. Bei Warenschulden scheitert auch die Analogie zu den Geldschulden, da der Verfügungsbetrag hier fortfällt.

Somit erweist sich, im ganzen gesehen, die Konstruktion eines Anschaffungsvorganges im übertragenen Sinne als *unhaltbar*.

Trotzdem ist eine einwandfreie Deutung möglich, welche die Bewertung sämtlicher Bilanzbestände auf ein *einheitliches Prinzip* zurückführt und die charakteristische Wertkategorie der Anschaffungswertbilanz bei allen Bilanzposten der Aktiv- und Passivseite erkennen läßt. Es handelt sich lediglich darum, den Kern des Anschaffungswertes, der bereits bei den Realgütern als Ausgabenwert gekennzeichnet wurde, zu verallgemeinern und den Grundgedanken des *Zahlungsvorganges* als *Bestimmungsmerkmal des Wertinhaltes* weiterzuentwickeln. Neben den Ausgabenwert tritt dann der Einnahmenwert als weitere Variante des Zahlungswertes. Der Anschaffungswert im engeren Sinne, wie er bei Realgütern zunächst unter Anknüpfung an den Beschaffungsvorgang auftritt, erscheint dann nur als ein Sonderfall eines allgemeingültigen Wertansatzes.

Die Vorgänge, mit denen sich die Erfolgsrechnung befaßt, sind reale Gütereingänge und Güterausgänge sowie (meist parallellaufende) nominale Geldausgänge und Geldeingänge. Durch die stellvertretende Erfassung der (realen) Güterbewegungen durch (nominale) Geldbewegungen wird auch deren Bewertung auf denkbar einfache Weise möglich. Alle Güter erscheinen mit dem Wert der ihnen entsprechenden Zahlung in der Erfolgsrechnung. Damit wird die Bewertung auf ein einheitliches Prinzip zurückgeführt, das im allgemeinen Ansatz des *Zahlungswertes* besteht. Dieser bezieht sich auf den Zeitpunkt des tatsächlichen Vollzuges von Einnahmen und Ausgaben und ist damit ein im Markt realisierter, feststehender und eindeutiger Wert.

a) Der Anschaffungswert als Ausgabenwert

(1) Der volle Anschaffungswert

Der Anschaffungswert ist zunächst ein *Ausgabenwert,* mit dem die realen Wirtschaftsgüter beim Eingang in die Unternehmung belegt werden. Dabei handelt es sich um die Anschaffungsausgaben für materielle Güter (zum Beispiel Grundstücke, Gebäude, Maschinen, Stoffe, Waren) und immaterielle Werte (zum Beispiel Patente, Marken, Firmenwert). Sie umfassen alle unmittelbaren Ausgaben zur Beschaffung eines Wirtschaftsgutes, die bis zum Lagerort beziehungsweise Standort im Betriebe und bis zur Versetzung in den leistungsbereiten Zustand entstehen (sogenannter Einstandswert). Maßgeblich für den Wertinhalt ist daher der wirkliche Zahlungsvorgang, der tatsächlich gezahlte Betrag. Die *realisierten baren oder unbaren Ausgaben* bilden den Anschaffungswert von Realgütern, mit dem die Rückeinnahmen als Ausgabengegenwerte aktiviert werden. Ein Abzug von Rabatten und Nachlässen, Erstattungen und Skonten ist ebenso zu berücksichtigen wie die neben dem Kaufpreis entstehenden Ausgaben für die endgültige Inbetriebnahme oder Verwendung des Wirtschaftsgutes. Wenn auch der Gesetzgeber ungenau von Anschaffungs*kosten* spricht, sind damit trotzdem keine kalkulatorischen Werte, sondern Ausgaben gemeint. Dieser Ausgabenwert ist wegen des ihn charakterisierenden Beschaffungsvorganges auch als Anschaffungswert zu bezeichnen.

Der in der Bilanz zu aktivierende Anschaffungswert stellt somit bei *Realgütern* ganz allgemein als Wertart einen Ausgabenwert dar, der durch seinen geldmäßigen Zahlungscharakter gekennzeichnet ist. Er ist durch die tatsächlichen Finanzvorgänge gegeben. Auf diese Weise ergibt sich der Anschaffungswert als voller (ungekürzter) Ausgabenwert, der bei dauerhaften Wirtschaftsgütern (zum Beispiel reiner Grund und Boden) auch der endgültige Anschaffungswert bleibt.

Nominalschulden erscheinen als *Vorausgaben,* diese stellen unbare Antizipationen zukünftiger Barausgaben dar und bilden somit unmittelbar den Anschaffungswert.

(2) Der verminderte Anschaffungswert

Bei abschreibungsbedürftigen Realgütern (zum Beispiel Gebäuden, Maschinen, Werkzeugen, Geschäftsausstattungen) wird der volle Ausgabenwert im Zeitablauf für die Abgabe ihres Einsatzpotentials im Produktionsprozeß durch Abschreibungen (Nachausgaben) entsprechend gekürzt, wodurch sich restliche oder verminderte Ausgabenwerte ergeben. Dieser Vorgang stellt eine *Ausgabenverteilung* dar. Das Ergebnis ist ein *Verteilungsrestwert* (fortgeführter

Anschaffungswert, Anschaffungsrestwert), der als Wertart aber gleichrangig neben dem vollen Ausgabenwert steht.

Die entstehenden Absetzungsbeträge sind als *Verteilungsabschreibungen* zu kennzeichnen. Sie unterscheiden sich durch ihren planmäßigen Verteilungscharakter von allen übrigen Wertminderungen, die bei Bilanzbeständen auftreten können. Man spricht daher auch von ordentlichen, planmäßigen oder eigentlichen Abschreibungen, von Regel- oder Verbrauchsabschreibungen oder steuerrechtlich von Absetzungen für Abnutzung. Dies geschieht, um sie von andersartigen Abschreibungen abzusondern, die im Gegensatz dazu als außerordentliche, außerplanmäßige oder uneigentliche Abschreibungen, Sonderabschreibungen, Niederstwert-, Teilwert- oder Zwischenwertabschreibungen bezeichnet werden.

Der Anschaffungswert begleitet die Realgüter bis zu ihrem Ausscheiden aus der Unternehmung. Bis dahin erscheinen die vollen oder verminderten Ausgabenwerte auch in der Beständebilanz. Es werden in der strengen Realisationsrechnung überhaupt keine Wertänderungen berücksichtigt, sondern nur *Mengenänderungen* der Wirtschaftsgüter. So sind zum Beispiel Abschreibungen für Maschinen Ausdruck einer Minderung der kapazitiven Nutzungsmenge, die die Maschinen als Einsatzpotential repräsentieren. Bei der Festsetzung des Verbrauchs handelt es sich, strenggenommen, gar nicht um eine Bewertung im Sinne einer Bepreisung, sondern um eine mengenmäßige Aufwandsbemessung, bei der als Preis der in der ursprünglichen Ausgabe enthaltene Preis unverändert beibehalten wird.

Entsprechend kann der volle Ausgabenwert von *Nominalschulden* durch Nachlässe (Tilgungseinnahmen) vermindert und fortgeführt werden.

(3) Der Herstellungswert

Tritt an die Stelle des Kaufes die eigene Herstellung eines Wirtschaftsgutes, was insbesondere bei Baulichkeiten, Maschinen, Betriebsvorrichtungen und Lagereinrichtungen häufiger der Fall und bei Erzeugnissen der industriellen Fertigung die Regel ist, so tritt entsprechend der Herstellungswert an die Stelle des Anschaffungswertes. Er ist somit nur eine *Variante*, ein *Sonderfall* des Anschaffungswertes. Der Herstellungswert umfaßt alle Ausgaben der Eigenerzeugung, die bis zum leistungs- beziehungsweise verkaufsbereiten Zustand der Wirtschaftsgüter auflaufen (Herstellungsausgaben).

Außer den *unmittelbaren Ausgaben* (für Lohn und Material einschließlich Sonderausgaben der Fertigung) gehören dazu die *mittelbaren Ausgaben* der Herstellung, insbesondere auch Verwaltungsausgaben, soweit sie sich auf die Fertigung beziehen. Lediglich die Ausgaben für den Vertrieb, die hierauf entfallenden Verwaltungsausgaben und die allgemeinen Verwaltungsausgaben liegen außerhalb des Herstellungsbereichs. Zinsen für Eigenkapital und kalkulatorischer Unternehmerlohn bleiben außerbetracht, wenn hiermit keine Ausgaben verbunden sind. Da der Herstellungswert in seinem Wertinhalt somit aufgelaufene beziehungsweise weiterverrechnete Ausgaben umfaßt, stellt er eindeutig einen *kumulierten Ausgabenwert* dar. Die Bezeichnung Herstellungs*kosten* ist daher hier nicht zutreffend.

Die Einbeziehung bestimmter Ausgaben, zum Beispiel anteiliger Verwaltungsausgaben und Zinsen auf Fremdkapital, wird in den verschiedenen steuer- und preisrechtlichen Vorschriften unterschiedlich gehandhabt. Da es sich hierbei jedoch lediglich um Fragen des Wertumfanges handelt, sind sie für eine prinzipielle Deutung des Wertinhalts des Anschaffungswertes ohne gravierende Bedeutung.

Da bei eigener Herstellung die Herstellungsausgaben den Platz des Anschaffungswertes einnehmen, unterliegen sie im Fortgang des betrieblichen Geschehens der gleichen erfolgsrechnerischen Behandlung, das heißt insbesondere, daß Verteilungsabschreibungen notwendig werden können und damit der Herstellungswert fortzuführen (zu kürzen) ist.

b) Der Anschaffungswert als Einnahmenwert

Während die Deutung des Anschaffungswertes bei Realgütern infolge des vorliegenden effektiven Anschaffungsvorganges klar auf der Hand liegt, ist die entsprechende Erklärung für die Nominalgüter in der Bilanz, insbesondere für Forderungen und Schulden, problematisch. Hier erscheint – wie bereits ausgeführt wurde – die Konstruktion eines Anschaffungsvorganges im übertragenen Sinne, in erster Linie bei den Schulden, unhaltbar. Eine einwandfreie Lösung der Bewertungsfrage ist jedoch auf der Grundlage der Zahlungsvorgänge möglich. Durch eine begriffliche Erweiterung des Ausdrucks Anschaffungswert auf den Inhalt eines umfassenden Zahlungswertes lassen sich auch die Werte der *Einnahmenbestände* und *Einnahmengegenwerte* zwanglos als Anschaffungswerte kennzeichnen.

Diese *begriffliche Erweiterung* erfordert lediglich, den Anschaffungswert, der bei der Bewertung von Realgütern als Ausgabenwert gekennzeichnet wurde, zu verallgemeinern und den Grundgedanken des Zahlungsvorganges als Bestimmungsmerkmal des Wertinhaltes weiterzuentwickeln. Die auf den tatsächlichen Zahlungsvorgang zurückgreifende Sinngebung des Anschaffungswertes in umfassender Anwendung auf sämtliche Bilanzbestände baut folgerichtig auf der Erkenntnis auf, daß in der Bilanz eine periodische Abrechnung von Zahlungsvorgängen als Ausgangsgrundlage wirksam ist.

c) Der Anschaffungswert als unterstellter Ausgaben- und Einnahmenwert

Die bisher zurückgestellten *selteneren Fälle*, in denen Zahlungsvorgänge ganz fehlen, sollen nun näher behandelt werden. Dabei ist es zweckmäßig, sie nicht isoliert darzustellen, sondern in den größeren Zusammenhang gleichartiger Tatbestände zu rücken. Es werden daher sämtliche Arten von Schenkungen, Einlagen und Naturaltausch gemeinsam untersucht.

Theoretisch wäre es möglich, auf die Buchung von Güterbewegungen, denen keine Zahlungsbewegungen entsprechen, ganz zu *verzichten*. Dann wäre das Rechnungssystem völlig in sich geschlossen. Dennoch würde diese Handhabung *der Realität widersprechen*. Die Abbildung durch monetäre Prozesse soll dazu dienen, die Wirklichkeit vollständig zu reflektieren. Dann ist es notwendig, die bei den tatsächlichen Zahlungsvorgängen bestehenden wenigen Lücken durch *unterstellte, fiktive Zahlungsvorgänge* zu schließen. Da es sich um Ausnahme- und Sonderfälle handelt, werden durch sie Struktur und Methodik des Rechnungssystems keineswegs gestört. Es wäre unfruchtbar und realitätsfremd, wegen einiger Randfälle das bewährte System der Erfolgs- und Bestandsrechnung aufzugeben.

Zuerst werden *aktive* Schenkungen, Subventionen und Spenden aller Art durch die Unternehmung an Dritte betrachtet, die entweder als unentgeltliche Güterabgänge (Aktivabgänge) oder Zugänge geschuldeter Güter (Passivzugänge) auftreten.

Nominale aktive Schenkungen sind Barschenkung, Schuldübernahme und Forderungsverzicht. In diesen Fällen liegen Kassenausgaben, Vorausgaben oder Tilgungsausgaben, das heißt, tatsächliche gegenwärtige oder zukünftige Barausgaben oder (bei Tilgungsausgaben) Tilgungen zukünftiger Bareinnahmen vor, also realisierte Werte. *Unterstellungen* von Zahlungsvorgängen sind *nicht erforderlich*. Nach herrschender Meinung ist bei Schuldübernahmen derjenige Betrag anzusetzen, den der Schuldübernehmer erhalten hätte, das heißt, man unterstellt hier einen Einnahmenwert. Tatsächlich liegt aber eine Vorausgabe (Schuldentstehung) vor, während die fehlende Einnahme bedeutungslos ist.

Reale aktive Schenkungen sind *Realgüterabgänge* oder *Reservatzugänge*.

Im ersten Falle handelt es sich um *Nachausgaben* bei Vorräten (Ausgabengegenwerten), *im zweiten Falle* um *Rückausgaben*, zum Beispiel um die unentgeltliche Übernahme von Lieferverpflichtungen (Einnahmengegenwerte).

Bei den Ausgabengegenwerten liegen *tatsächliche* Ausgaben (Vorratsausgaben) vor, bei den Einnahmengegenwerten werden dagegen Geldbeträge für die Lieferungen einseitig oder durch Vereinbarung festgelegt und in dieser Höhe die fehlenden Reservateinnahmen *unterstellt* und passiviert.

Bei aktiven Schenkungen werden also *nur für Einnahmengegenwerte* (Realschulden, Reservate) statt der fehlenden Reservateinnahmen unterstellte Werte für die Rückausgaben fiktiv angesetzt.

Bei der Schenkung eines Realgutes durch die Unternehmung an Dritte fehlt zwar die tatsächliche Einnahme, die bei Verkäufen vorhanden ist und anstelle des Realgutes in die Rechnung eingeht. Jedoch bedeutet dies keineswegs, daß ein Wert für diesen Vorgang nicht gegeben ist. Das verschenkte Realgut steht bis zum Augenblick der Schenkung mit einem bestimmten Wert zu Buche, dem vollen oder verminderten Ausgabenwert. Bei unentgeltlichem Ausgang des Gutes handelt es sich also nur darum, diesen Ausgabenwert ganz auf Null zu mindern. Die Buchung einer entsprechenden Nachausgabe ist die gleiche wie beim Untergang oder Diebstahl von Wirtschaftsgütern. Zwischen dem Verlust und dem Verschenken eines Realgutes besteht rechnungsmäßig kein Unterschied für die Unternehmung. Es handelt sich in beiden Fällen um die *nachträgliche Verrechnung ursprünglicher Vorratsausgaben.* Der Anschaffungswert solcher Schenkungen ist also eindeutig durch den Betrag des fortgeführten Ausgabenwertes fixiert. Dasselbe gilt sinngemäß für nominale Aktivabgänge, das heißt, für Barschenkungen (entsprechend für Kassenverluste) und Forderungsverzichte (entsprechend für Forderungsausfälle).

Sämtliche Ausgaben sind bei aktiven Schenkungen einseitig und somit *aufwandswirksam.*

Verpflichtet sich zum Beispiel die Unternehmung zur unentgeltlichen Lieferung von Waren im Werte von DM 10.000,–, so wird dieser Betrag als fehlende Reservateinnahme fiktiv unterstellt und als Realschuld (Rückausgabe) passiviert. Die zum Ausgleich der unterstellten Reservateinnahme angesetzte Ausgabe in gleicher Höhe ist einseitig beziehungsweise aufwandswirksam. Man erhält folgende Buchungen:

Kasse

(1)	Unterstellte Reservateinnahme	10.000,–	(2)	Ausgleichende Ausgabe	10.000,–

Reservate (Einnahmengegenwerte)

			(1)	Lieferverpflichtung (Rückausgabe)	10.000,–

Aufwand

(2)	Aktive Schenkung	10.000,–			

Auf die zum besseren Verständnis eingefügten fiktiven Kassenbuchungen kann man verzichten und direkt buchen: Aufwandskonto an Reservatkonto (erfolgswirksame Rückausgabe).

Als Gegenstück werden nun die *passiven* Schenkungen, Subventionen und Spenden aller Art durch Dritte an die Unternehmung betrachtet, die entweder unentgeltliche Güterzugänge (Aktivzugänge) oder Abgänge geschuldeter Güter (Passivabgänge) darstellen.

Nominale passive Schenkungen sind Barschenkung, Forderungsabtretung und Schuldnachlaß. In diesen Fällen liegen Kasseneinnahmen, Voreinnahmen oder Tilgungseinnahmen, das heißt, tatsächliche gegenwärtige oder zukünftige Bareinnahmen oder (bei Tilgungseinnahmen) Tilgungen zukünftiger Barausgaben, vor. Unterstellungen sind auch hier *nicht erforderlich.*

Reale passive Schenkungen sind *Realgüterzugänge* oder *Reservatabgänge.*

Im ersten Falle handelt es sich um *Rückeinnahmen* bei Vorräten (Ausgabengegenwerten), *im zweiten Falle* um *Nacheinnahmen* bei Einnahmengegenwerten, zum Beispiel Verzicht Dritter auf bereits vorausbezahlte und passivierte Wohnansprüche (Rückausgabe).

Bei den Ausgabengegenwerten tritt für den unentgeltlichen Erwerb von Realgütern an die Stelle der fehlenden tatsächlichen Ausgaben der *fiktive* Ausgabenwert (Anschaffungswert), der als Rückeinnahme aktiviert wird. Hierbei ist von Bedeutung, wie dieser Wert anzusetzen ist, unerheblich dagegen, ob und inwieweit nach rechtlichen Bestimmungen in derartigen Erwerbsfällen eine Bilanzierung überhaupt als zulässig oder erforderlich erachtet wird.

Nach herrschender Meinung ist derjenige Betrag zu aktivieren, den der Erwerber des Wirtschaftsgutes im Zeitpunkt des Erwerbes hätte aufwenden müssen. Dieser unterstellte Ausgabenwert kommt ohne weiteres für Ausgabengegenwerte (Realgüter) infrage. Bei Forderungen hingegen ist diese Auffassung nicht möglich und auch nicht notwendig, da bei ihnen eine tatsächliche Voreinnahme gegeben und die fehlende Gegenleistung – die Ausgabe – für die Bewertung unerheblich ist.

Bei Einnahmengegenwerten ist eine Unterstellung *nicht erforderlich,* da eine tatsächliche Einnahme vorliegt, zum Beispiel die passivierte Mieteinnahme (Rückausgabe), die durch eine Nacheinnahme ganz oder teilweise getilgt wird.

Bei passiven Schenkungen werden also *nur für Ausgabengegenwerte* (Vorräte, Realgüter) statt der fehlenden Vorratsausgaben unterstellte Werte für die Rückeinnahmen fiktiv angesetzt.

Sämtliche Einnahmen sind bei passiven Schenkungen einseitig und somit *ertragswirksam.*

Erwirbt zum Beispiel die Unternehmung unentgeltlich eine Maschine im Werte von DM 12.000,–, so wird dieser Betrag als fehlende Vorratsausgabe fiktiv unterstellt und als Realgut (Rückeinnahme) aktiviert. Die zum Ausgleich angesetzte Einnahme in gleicher Höhe ist einseitig beziehungsweise ertragswirksam. Man erhält nachstehende Buchungen:

Kasse

(2) Ausgleichende Einnahme	12.000,–	(1) Unterstellte Vorratsausgabe	12.000,–

Vorräte (Ausgabengegenwerte)

(1) Realgut (Rückeinnahme)	12.000,–		

Ertrag

		(1) Passive Schenkung	12.000,–

Auch hier kann man auf die fiktiven Kassenbuchungen verzichten.

Das dargestellte Verfahren ermöglicht es, unentgeltlich erworbene Realgüter nach ihrer Aktivierung entsprechend ihrer Beanspruchung (Verbrauch, Abschreibung) periodengerecht als Aufwand zu verteilen. Der einmalige außerordentliche Ertrag ist dann gleich der Summe aller Nachausgaben (Periodenaufwendungen).

Bei Gründungsvorgängen sind *Nominal- und Realeinlagen* zu unterscheiden. Geldeinlagen bieten für die Bewertung kein Problem, da Bar- oder Voreinnahmen (Kasse oder Forderungen) vorliegen. Bei der *Sachgründung* fehlt zunächst der entsprechende Zahlungsvorgang für das eingebrachte Realgut. Jedoch wird in der Regel ein Wert durch Vereinbarung festgelegt und damit *unterstellt.* Dieser Wert tritt – wie bei nominalen Einlagen – wechselbezüglich als zukünftiger Ausgabenwert im Bilanzposten Eigenkapital auf. Wenn auch trotz der Antizipation dieser Vorausgabe bis zur Liquidation der Unternehmung der Umfang des zurückzuzahlenden Kapitals durch spätere Einlagen und Entnahmen, Gewinne und Verluste verändert werden kann, so berührt dies nicht den Wert der ursprünglichen Sacheinlage. Die Bewertung des zunächst unentgeltlich eingebrachten Realgutes beruht also auf echten, wenn auch antizipierten Zahlungsvorgängen. Die unterstellte Vorratsausgabe für das eingebrachte Wirtschaftsgut läßt sich zwanglos in das Bewertungssystem einbeziehen.

Geldentnahmen der Eigenkapitalgeber, die kompensatorisch als Tilgungseinnahmen (Kapitalkonto) oder auch als Voreinnahmen (Privatkonto) auftreten, besitzen einen realisierten Ausgabenwert. *Sachentnahmen* sind ein Realgüterabgang mit tatsächlichem Ausgabenwert (Vorratsausgabe), jedoch – im Gegensatz zu aktiven Schenkungen – erfolgsunwirksam.

Bringt ein Gründer der Unternehmung ein Realgut (Maschine, Patent) im Werte von DM 15.000,– ein, so ist dieser Betrag als fehlende Vorratsausgabe fiktiv zu unterstellen und als Realgut zu aktivieren. Eine ausgleichende Einnahme in demselben Betrag ist wechselbezüglich durch eine Vorausgabe (Eigenkapital) erfolgsunwirksam zu machen. Im Beispiel ergeben sich folgende Buchungen:

Kasse

(2) Ausgleichende Einnahme	15.000,–	(1) Unterstellte Vorratsausgabe	15.000,–

Vorräte (Ausgabengegenwerte)

(1) Realgut (Rückeinnahme)	15.000,–		

Eigenkapital

		(2) Sacheinlage (Vorausgabe)	15.000,–

Der Fall der Realeinlage (Sacheinlage) unterscheidet sich von der passiven Realgüterschenkung nur dadurch, daß statt eines Ertragskontos ein Kapitalkonto erkannt wird. In beiden Fällen werden eine Vorratsausgabe unterstellt und ein Vorratskonto damit belastet.

Als letzter Tatbestand wird der *Naturaltausch (Realgütertausch)* behandelt. Hier sind zwei Unterfälle zu unterscheiden.

Im ersten Falle, dem *mittelbaren Tausch*, werden zwei normale Kaufgeschäfte zwischen den Partnern derart kombiniert, daß sich die entsprechenden Zahlungsvorgänge aufheben, obwohl sie der Höhe nach fixiert werden. Die Bewertung bereitet keinerlei Schwierigkeiten, da tatsächliche Zahlungsbewegungen vorliegen, die lediglich gegeneinander aufgerechnet werden. Beim Kauf treten Vorausgaben mit kompensatorischen Rückeinnahmen auf, beim Verkauf Voreinnahmen mit zugehörigen Nachausgaben. Vorausgaben und Voreinnahmen gleichen sich aus, an die Stelle des verkauften tritt das gekaufte Realgut. Beim verkauften Gut kann je nach dem vereinbarten Preis ein Gewinn oder Verlust auftreten, der gleich der Differenz zwischen Rückeinnahmen und Nachausgaben ist. Das gekaufte Gut steht dann entsprechend höher oder niedriger zu Buch als das verkaufte Gut aktiviert war.

Im zweiten Falle, dem *unmittelbaren Tausch*, wird kein Zahlungswert (Kaufpreis oder Übernahmewert) vereinbart. Die Bewertung macht auch hier keine Schwierigkeiten, da jede der beiden Unternehmungen geeignete, nicht unbedingt gleiche Preise für das empfangene Gut unterstellen kann beziehungsweise muß. Für das hingegebene Gut existiert jeweils der aktivierte Ausgabenwert. Wird dieser auch für das empfangene Gut als Vorratsausgabe und für das hingegebene Gut als Erlös unterstellt, so entstehen weder Gewinn noch Verlust; das empfangene Gut steht dann mit demselben Betrag zu Buch wie das hingegebene. Bei Unterstellungen mit abweichendem Preis, die dann notwendig werden, ergeben sich die gleichen Resultate wie beim mittelbaren Tausch.

Beim unmittelbaren Tausch sei das hingegebene Realgut mit DM 20.000,– aktiviert. Dieser Betrag werde als Vorratsausgabe für das empfangene Realgut und als Erlös (Einnahme) für das hingegebene Realgut unterstellt. Man erhält folgende Buchungen:

Realgut A

Bestand	20.000,–	(1) Nachausgabe für den Verkauf	20.000,–

Kasse

(1) Unterstellte Einnahme für den Verkauf (Erlös)	20.000,–	(2) Unterstellte Vorratsausgabe	20.000,–

Realgut B

(2) Rückeinnahme für den Kauf	20.000,–		

Werden Einnahmen und Ausgaben mit DM 18.000,– (DM 23.000,–) unterstellt, so steht das Realgut B mit dem gleichen Betrag niedriger (höher) zu Buch, und es ergibt sich als Saldo ein Aufwand von DM 2.000,– (Ertrag von DM3.000,–). In diesem Falle kann man die Erfolgskonten auch brutto führen, zum Beispiel für den Zahlungswert von DM 18.000,–:

Realgut A

Bestand	20.000,–	(1) Nachausgabe	20.000,–

Realgut B

(2) Rückeinnahme	18.000,–		

Gewinn- und Verlustrechnung

(1) Aufwand	20.000,–	(3) Ertrag	18.000,–

Kasse

(3) Ausgleichende Einnahme	18.000,–	(2) Unterstellte Vorratsausgabe	18.000,–

Man beachte, daß sich in allen Fällen die unterstellten Einnahmen und Ausgaben *erfolgsunwirksam* gegenseitig *ausgleichen*, so daß man auf ihre Buchung in der Praxis verzichten kann. Die Buchungsvorgänge können dann rein gütermäßig gedeutet werden. Bei unmittelbarem Tausch ohne Erfolgswirkung kann das bisherige Realgutkonto sogar ohne Buchung für das empfangene Gut weitergeführt werden.

Das geltende *Steuerrecht* geht beim unmittelbaren Tausch vom sogenannten Gegenleistungswert aus, das heißt, der Teilwert des hingegebenen Wirtschaftsgutes ist der Anschaffungswert des erworbenen Wirtschaftsgutes, dessen eventuell höherer Teilwert unberücksichtigt bleibt. Nur der niedrigere Teilwert kann bei späteren Wertansätzen herangezogen werden, bedeutet aber dann eine Abweichung vom Anschaffungswert.

Systemgerecht ist dagegen der unterstellte Ausgabenwert des erworbenen Wirtschaftsgutes. Die Aktivierung zum eventuell niedrigeren Buchwert des hingegebenen Wirtschaftsgutes bedeutet die Bildung einer stillen Rücklage, die keineswegs die Übertragung einer vorhandenen stillen Rücklage zu sein braucht. Die steuerliche Hinausschiebung der Gewinnverwirklichung kann auch auf anderem Wege erreicht werden.

Zusammenfassend ist festzuhalten, daß bei aktiven und passiven Nominalwerten, insbesondere bei Forderungen und Schulden, stets ein tatsächlicher Wert besteht, da der entscheidende Zahlungsvorgang unmittelbar gegeben ist. *Unterstellte Werte kommen nur bei Realbewegungen ohne zugehörige Zahlungsbewegung vor*, das heißt, nur bei *Ausgaben- und Einnahmengegenwerten* (Vorräten und Reservaten). Dabei sind nur zwei Fälle zu unterscheiden: (1) der Zugang von Realgütern (Vorräten) und (2) der Zugang geschuldeter Realgüter (Reservate). Beim Zugang von Vorräten sind Vorratsausgaben, beim Zugang von Reservaten sind Reservateinnahmen zu unterstellen. Bei Abgängen von Vorräten und Reservaten sind dagegen keine Unterstellungen erforderlich, da die Werte in den vorhandenen Beständen bereits gegeben sind. Somit reduziert sich das Problem fiktiver Anschaffungswerte allein auf *Realzugänge auf der Aktiv- und Passivseite.* Dabei handelt es sich um Zugänge von Realgütern (unentgeltlicher Realgütererwerb) bei (passiven) Schenkungen an die Unternehmung durch Dritte, Sacheinlagen und unmittelbarem Naturaltausch. Zugänge von Realschulden (unentgeltliche Realverpflichtung) liegen bei (aktiven) Schenkungen der Unternehmung an Dritte vor.

Bei *entgeltlichem Erwerb von Betrieben* liegt ein Kaufpreis (Ausgabe) vor, so daß es sich hier um das Problem der *Verteilung* auf die einzelnen Aktiv- und Passivposten handelt. Dabei liegen die Nominalwerte in ihrem Wert fest. Bei den Realgütern fordert das Steuerrecht aus Gründen der Kontinuität die Übertragung früherer Anschaffungswerte als Höchstwertgrenze. Systemgerecht ist der Ausgabenwert zu unterstellen, der im wesentlichen dem Tagesbeschaffungswert entspricht. Als Agio ergibt sich ein Geschäftswert, der zu aktivieren ist. Im (praktisch sehr seltenen) Falle des Disagios zeigt sich, daß der tatsächliche Anschaffungswert für die Realgüter im ganzen niedriger ist, so daß der zu unterstellende Ausgabenwert der einzelnen Wirtschaftsgüter entsprechend herabgesetzt werden muß.

Es ist zu beachten, daß es sich beim Ansatz antizipierter Voreinnahmen und -ausgaben um *tatsächliche* Werte handelt; sie sind *nicht unterstellt*. Es liegt vielmehr ein zeitlicher Vorgriff auf echte Zahlungsvorgänge vor. Diese werden barzahlungsmäßig zwar erst später verwirklicht, sind jedoch de facto gütermäßig bereits realisiert. Die antizipativen Aktiva liegen zahlungsmäßig aufgrund von Vereinbarungen (zum Beispiel bei zu fordernden Provisionen, Mieten und Zinsen) und Verkäufen fest. Bei den antizipativen Passiven kommen zu den festgelegten, berechenbaren Verpflichtungen (zum Beispiel rückständige Löhne und geschuldete Provisionen) die nur schätzbaren Rückstellungen hinzu. Aber auch diese unterstellen keine fehlenden zukünftigen Ausgaben, sondern bleiben nur der voraussichtlichen Höhe und Fälligkeit nach noch ungewiß.

d) Bewertungsregeln der Anschaffungswertrechnung

Die Bewertungsregeln lassen sich für alle drei Bilanzformen einheitlich wie folgt formulieren.

Für die *Bewegungsbilanz* (Brutto-Flußbilanz) gelten nachstehende Regeln:

(1) Bareinnahmen, Voreinnahmen und Rückausgaben als Gegenwerte von Reservateinnahmen, die zugleich Zuflüsse (Zugänge) von Bargeld (Kasse), Nominalforderungen oder Realschulden (Reservaten) darstellen, werden mit den zugehörigen Einnahmen bewertet, das heißt, zum *Einnahmenwert*.

(2) Vorausgaben und Rückeinnahmen als Gegenwerte von Vorratsausgaben, die zugleich Zuflüsse (Zugänge) von Nominalschulden oder Realgütern (Vorräten) darstellen, werden mit den zugehörigen Ausgaben bewertet, das heißt, zum *Ausgabenwert*.

(3) Barausgaben, Tilgungseinnahmen als Verminderungen früherer Vorausgaben und Nachausgaben als Verminderungen früherer Rückeinnahmen (Gegenwerte von Vorratsausgaben), die Abflüsse (Abgänge) von Bargeld (Kasse), Nominalschulden oder Realgütern (Vorräten) darstellen, werden entsprechend (2) mit den zugehörigen Ausgaben bewertet, das heißt, zum *Ausgabenwert.*

(4) Tilgungsausgaben als Verminderungen früherer Voreinnahmen und Nacheinnahmen als Verminderungen früherer Rückausgaben (Gegenwerte von Reservateinnahmen), die zugleich Abflüsse (Abgänge) von Nominalforderungen und Realschulden (Reservaten) darstellen, werden entsprechend (1) mit den zugehörigen Einnahmen bewertet, das heißt, zum *Einnahmenwert.*

In anderen Worten: Der *Einnahmenwert* wird sowohl für Zuflüsse von Bargeld, Nominalforderungen und Realschulden (Reservaten) als auch für Abflüsse von Nominalforderungen und Realschulden (Reservaten) verwendet. Der *Ausgabenwert* wird sowohl bei Zuflüssen von Nominalschulden und Realgütern (Vorräten) als auch bei Abflüssen von Bargeld, Nominalschulden und Realgütern (Vorräten) angewandt.

Diese detaillierten Regeln, die sich auf sämtliche Einnahmen- und Ausgabenkategorien beziehen, führen für die *Beständebilanz und Veränderungsbilanz* (Netto-Flußbilanz) zu einfacheren Bewertungsregeln:

(1) Bargeld, Nominalforderungen und Realschulden (Reservate) als Bestände (Fonds), anders ausgedrückt: Einnahmenbestände auf der Aktivseite und Einnahmengegenwerte auf der Passivseite, ferner Zugänge an Bargeld und Veränderungen (Zu- und Abgänge) von Nominalforderungen und Realschulden (Reservaten) werden mit ihren *Einnahmenwerten* bewertet.

(2) Nominalschulden und Realgüter (Vorräte), anders ausgedrückt: Ausgabenbestände auf der Passivseite und Ausgabengegenwerte auf der Aktivseite, ferner ihre Veränderungen (Zu- und Abgänge) und Abgänge an Bargeld werden mit ihren *Ausgabenwerten* bewertet.

Es sei hervorgehoben, daß *Realgüter (Vorräte)* zum Ausgabenwert bewertet werden müssen, so daß sie als *Ausgabengegenwerte* auftreten. Es hat keinen Sinn, Einnahmenwerte für eine fortbestehende Unternehmung zu verwenden; es kommt nur der Wert infrage, zu dem Realgüter in die Unternehmung eingehen. Der Einnahmenwert ist nur anwendbar, wenn die Unternehmung aufgelöst wird. Die gleichen Überlegungen gelten umgekehrt bei *Realschulden (Reservate)* für den Einnahmenwert, der zu *Einnahmengegenwerten* führt.

Die Aufwandsausgaben und Ertragseinnahmen bilden in der Bewegungsbilanz nur besondere Klassen der Ausgaben beziehungsweise Einnahmen.

Daher sind folgerichtig die *Aufwandsausgaben* (Bar-, Vor- und Nachausgaben) zum Ausgabenwert, die *Ertragseinnahmen* (Bar-, Vor- und Nacheinnahmen) zum Einnahmenwert anzusetzen. Die Gegenbuchungen der doppelten Erfolgsrechnung (Gewinn- und Verlustrechnung) besitzen genau den entsprechenden Wertinhalt, so daß die Aufwendungen zum Ausgabenwert und die Erträge zum Einnahmenwert zu bewerten sind.

Die sogenannte *Anschaffungswertbilanz* erscheint nunmehr als eine Bilanz, die konstruktiv aus betrieblichen Zahlungsvorgängen abgeleitet wird und deren einheitlicher Bestandswert in den beiden Varianten des Einnahmen- und Ausgabenwertes auftritt. Kassen- und Guthabenbestände, Forderungen und Reservate sind zum Einnahmenwert, Schulden und Vorräte zum Ausgabenwert in die Beständebilanz einzusetzen.

Eine auf dem so definierten Anschaffungswert aufbauende Erfolgsbilanz garantiert die *konsequente Einhaltung des Realisationsprinzips*. Dieses Prinzip fordert die Ermittlung eines geldmäßig realisierten, im Markt verwirklichten Erfolges. Daher werden nur realisierte Anschaffungswerte benutzt. Es werden keine unrealisierten Tageswerte zugelassen, so daß auch keine unrealisierten Aufwendungen und Erträge auftreten können. Bis zum Realisationszeitpunkt werden Vergangenheitswerte, insbesondere Ausgabenwerte, fortgeführt, die dann in der Gegenüberstellung mit den Einnahmen den realisierten Erfolg ergeben.

2. Der Tageswert

Die Anschaffungswertrechnung bildet die Bewertungsgrundlage der in dieser Schrift begründeten Erfolgs-, Bestands- und Finanzrechnung. Die in diesem Abschnitt erörterte Bewertung zu Tageswerten steht *außerhalb des so entwickelten Rechnungssystems*. Sie tritt in der *Praxis* der Finanzbuchhaltung aufgrund handels- und steuerrechtlicher Vorschriften in bestimmter Form auf. In allgemeinerer Formulierung wird sie auch wissenschaftlich propagiert.

Im Gegensatz zum Anschaffungswert, der ein auf den Zeitpunkt der Entstehung von Einnahmen und Ausgaben zurückgreifender, daher ursprünglicher Zahlungswert ist, stellen Tageswerte (Tagesbeschaffungswerte, Kurswerte) *abgeleitete Zahlungswerte* dar. Sie leiten sich aus möglichen, von anderen Unternehmungen verwirklichten Zahlungsvorgängen – tatsächlich vorhandenen oder nur unterstellten Marktpreisen – her. Das gemeinsame Merkmal beider Wertarten ist darin zu sehen, daß sie auf Zahlungsvorgängen aufbauen.

Die Anwendung von Tageswerten in der Finanzbuchhaltung führt zu dem *Problem der Umbewertung* der buchhalterisch erfaßten Gegenstände und Vorgänge, da der Tageswert nur hinsichtlich eines bestimmten Termins (und Ortes) Eindeutigkeit besitzt. Da die Buchhaltung jedoch nicht auf bestimmte

Zeitpunkte beschränkt ist, sondern das dynamische Geschehen in der Unternehmung erfassen soll, ist die Durchführung einer Tagesbewertung notwendig von einer Umbewertung begleitet, durch die die historischen Werte in Gegenwartswerte umgewandelt werden. Eine Umbewertung ist daher vorzunehmen, wenn innerhalb der Erfolgsperiode einerseits Erträge und Aufwendungen und anderseits am Ende der Periode die verbliebenen Bestände zu bewerten sind. Diese beiden Vorgänge werden hier getrennt untersucht.

a) Die Bewertung von Aufwand und Ertrag

Für die Tagesbewertung von Aufwand und Ertrag liegt das Problem darin, daß Werte herangezogen werden, die nicht aus dem Prinzip der marktmäßigen Wertrealisation hergeleitet werden; denn die Bewertung nach dem Prinzip der Marktrealisation würde automatisch zu Anschaffungswerten, nicht aber zu Tageswerten führen.

Von diesem Prinzip der marktmäßigen Wertrealisation, das die *verwirklichte Werthöhe* für die Gütervorgänge festlegt, ist das Prinzip der Erfolgsrealisation, das den *Zeitpunkt der marktmäßigen Verwirklichung* des Erfolges bestimmt, zu unterscheiden. Das Prinzip der zeitpunktbezogenen Erfolgsrealisation (Zeitpunktrealisation) besagt, daß der Erfolg – ohne Rücksicht auf den zeitlichen Anfall von baren Einnahmen und Ausgaben – zu demjenigen Zeitpunkt im Markt verwirklicht ist, in dem der reale Umsatzprozeß im Markt vollendet ist, das heißt, wenn der den Ertrag bedingende Absatz und der zum Ertrag gehörige Aufwand als Realgütervorgänge stattgefunden haben.

Für die *Bewertung von Erträgen* kann eine sinnvolle Bewertung nur auf dem Prinzip der Erfolgsrealisation basieren. Das bedeutet, daß der erfolgswirksame Realgütervorgang auch tatsächlich stattgefunden hat. Der zu diesem Termin aufgetretene Tageswert (Tagesveräußerungswert als Einnahmenwert) ist dann gleichzeitig der realisierte Wert, der als spezieller Tageswert aus der Reihe der möglichen Tageswerte hervortritt. Die Heranziehung eines anderen Tageswertes als des am Realisationszeitpunkt gültigen ist für die Bewertung des Ertragsvorganges nicht möglich. Auf diese Weise werden beide Prinzipien für den Ertrag erfüllt, das der zeitpunktbezogenen Ertragsrealisation und das der marktmäßigen Wertrealisation.

Auch für den Aufwand ist zunächst die Frage zu klären, wann der Zeitpunkt der Erfolgsrealisation eintritt.

Der Aufwand wird weitgehend durch die Absicht einer Ertragsentstehung verursacht. Insofern ergibt sich eine enge Verbindung zwischen Aufwand und Ertrag in sachlicher und zeitlicher Hinsicht. Der Zeitpunkt der Realisation deckt sich beim Aufwand nicht mit dem Zeitpunkt des Gütererwerbs oder des naturalen Verzehrs. Vielmehr ist der Aufwand erst im Zeitpunkt der Ertragsrealisation, beim endgültigen Abschluß des Umsatzprozesses der Unternehmung, anzusetzen.

Es ist grundsätzlich möglich, abweichend vom Anschaffungswert einen Tageswert für den Aufwand anzusetzen. Als *Bezugstermine dieser Tageswerte* kommen namentlich drei Zeitpunkte infrage.

Der erste Zeitpunkt ist der des *naturalen Einsatzes* in den Transformationsprozeß. Der an diesem Tage herrschende Tagesbeschaffungspreis könnte nur als vorläufig realisierter Aufwand zum Tageswert bezeichnet werden. Er kann einem entsprechenden Ertragsvorgang noch nicht zu Zwecken der Erfolgsermittlung gegenübergestellt werden, weil ein Ertrag noch nicht eingetreten ist.

Der zweite Zeitpunkt für die Tagesbewertung des Aufwandes ist der *Realisationstermin des Absatztages*. Der an diesem Tage herrschende unrealisierte Beschaffungswert kann dem gleichzeitig realisierten Ertrag gegenübergestellt werden und bringt das Wertverhältnis zwischen Aufwand und Ertrag am Absatztage zum Ausdruck. Der sich derart ergebende Erfolg am Umsatztage wird von *F. Schmidt* für die Finanzbuchhaltung vertreten. Er ist *inbezug auf den Zeitpunkt* als *realisiert* anzusehen. Da ihm jedoch nur hinsichtlich der Ertragskomponente tatsächliche Zahlungsvorgänge zugrundeliegen, kann die Differenz zwischen dem Tageswert des Ertrages und dem Tageswert des Aufwandes nicht als Erfolg im Sinne der marktmäßigen Wertrealisation angesehen werden. Diese Differenz ist ein *wertmäßig unrealisierter Erfolg*.

Bei F. Schmidt wird noch ein dritter Termin für die Tagesbewertung des Aufwandes genannt. Dies ist der *Wiederbeschaffungstermin der Aufwandsgüter*. Diese Bewertung wird insbesondere dann problematisch, wenn der Zeitpunkt der Wiederbeschaffung nach dem Termin der Ertragsrealisation liegt. Im Zeitpunkt der Ertragsrealisation kann dann eine zuverlässige Gegenüberstellung von Ertrags- und Aufwandswert nicht erfolgen, da der Tageswert der Aufwandskomponente noch in der unsicheren Zukunft liegt. Zudem ist auch dieser Tageswert unrealisiert.

F. Schmidt bezeichnet den Anschaffungswert der Aufwandsgüter als „wirklichen Aufwandsbetrag der Vergangenheit“[1] und deutet damit an, daß die von ihm vertretene Aufwandsgröße eine *Fiktion* bedeutet, das heißt, eine gedanklich konstruierte Größe, mit der keine Zahlungsmittel real und eindeutig verbunden sind und der daher diese abbildungsmäßig nur eingeschränkt und im konkreten Fall mehrdeutig zugeordnet werden können. Die Meßfähigkeit des tageswertigen Aufwandes geht weiterhin dadurch verloren, daß Tagespreise verschiedener Zeitpunkte, für die sich die Relationen zwischen Gütern und Geld verändert haben, dennoch additiv miteinander verknüpft werden.

[1] Schmidt, F.: Die Organische Tageswertbilanz. 3. Auflage, Leipzig 1929, S. 127 (im Original gesperrt). (Organische Bilanz).

Der Erfolg der Anschaffungswertrechnung ist der einzige Erfolg, der auf *beiden Realisationsprinzipien* beruht, dem der *Zeitpunkt-* und dem der *Wert*-realisation. Aufwand und Ertrag sind sowohl zeitpunkt- als auch wertmäßig im Markt realisiert. Alle anderen Bewertungen des Aufwandes zu Tageswerten führen zu einem unrealisierten Erfolg. Die Erfolgsrechnung zum Anschaffungswert stellt somit eine strenge Realisationsrechnung, das heißt, im Sinne einer doppelten Realisation, dar. Dabei stehen sich Tagesveräußerungswerte (im Ertrag) und Anschaffungswerte (im Aufwand) gegenüber.

Der von *F. Schmidt* vertretene *Umsatzerfolg*, der eine bestimmte Form der realen Kapitalerhaltung zum Ausdruck bringt, wird nur für die Finanzbuchhaltung und die handelsrechtliche Erfolgsrechnung abgelehnt, dagegen auf einer breiteren Grundlage der Betriebsbuchhaltung und kalkulatorischen Erfolgsrechnung als mögliches Ermittlungsziel zugewiesen.

Das Anliegen selbst, das F. Schmidt mit seiner Bewertungstheorie verfolgt, wird *keinesfalls bestritten;* es wird lediglich der Behauptung widersprochen, daß es in die Bilanzrechnung gehört. Diese fußt auf der Tatsache, daß die gesamte Geld- und Kreditwirtschaft auf dem Anschaffungswert beruht. Darum wird eine Rechnung gebraucht, und zwar eine *Grundrechnung*, die ebenfalls auf dieser Basis aufbaut.

Die Bewertung von Aufwendungen zu Tageswerten wird vielfach unter der Voraussetzung vertreten, das Ziel der Erfolgsrechnung sei darauf gerichtet, den *ausschüttbaren Gewinn* zu ermitteln. Beide, das Rechnungsziel und das Mittel zu seiner Erreichung, sind unbedingt *abzulehnen*. Erfolgsermittlung und Erfolgsverwendung sind heterogene und daher zu trennende Sachverhalte. Rechnungsziel ist der erzielte Gewinn in unverfälschter Form. Die Ausschüttung ist ein *Teilziel der Gewinnverwendung* und erfordert die Berücksichtigung in einer spezifischen Entscheidungsrechnung. Dabei können Gesichtspunkte einer realen Kapitalerhaltung mit einbezogen werden.

b) Die Bewertung der Bestände

Eine Tagesbewertung von Beständen ist grundsätzlich für jeden Zeitpunkt, an dem die Bestände vorrätig sind, möglich. Dabei ist zwischen einer konsequent für sämtliche Bestände (Aktiva und Passiva) durchgeführten reinen und einer teilweisen, mit Anschaffungswerten gemischten Tagesbewertung zu unterscheiden.

(1) Reine Tagesbewertung

In der reinen Tageswerterfolgsrechnung treten an die Stelle der realisierten Anschaffungswerte die *Gegenwartswerte am Bilanzstichtag.* Einnahmenbestände und Einnahmengegenwerte sind zum gegenwärtigen Einnahmenwert,

Ausgabenbestände und Ausgabengegenwerte zum gegenwärtigen Ausgabenwert anzusetzen.

Der Tageswert für Realgüter (Ausgabengegenwerte) erweist sich somit als Ausgabenwert am Bilanztage und kann auch als *Tagesbeschaffungswert* bezeichnet werden. Es ist widersinnig, hier den Tagesveräußerungswert anzuwenden, der einen Einnahmenwert darstellt. Für diesen Stichtagswert ist bei Bilanzbeständen in der Periodenerfolgsrechnung einer lebenden Unternehmung überhaupt kein Raum. Wenn der Tagesveräußerungswert in Beständebilanzen der Praxis vorkommt, so handelt es sich um die Technik der konkreten Wertfindung. Dabei werden die Marktrichtungen vielfach nicht unterschieden, sondern ein genereller oder durchschnittlicher Tageswert ermittelt.

Dagegen tritt der *Tagesveräußerungswert* bei Beständen in einem ganz anderen Zusammenhang auf. Will man einen Voranschlag für das Abwicklungsergebnis machen, so kann man sich dabei der Bilanzform bedienen. In dieser sogenannten *Liquidationsbilanz* wird der Verflüssigungswert der einzelnen Vermögensgegenstände der Unternehmung abgeschätzt. Das sich dabei ergebende Eigenkapital (als Restwert) deckt sich mit dem Betrag, der voraussichtlich dem Unternehmer bei Abwicklung zufließt beziehungsweise den er als Kapitalverlust zu tragen hat. Für eine solche Bilanzaufstellung sind sämtliche Aktiva zum erwarteten Einnahmenwert anzusetzen, der für Realgüter den unter den besonderen Umständen erzielbaren Tagesveräußerungswert (Liquidationswert) darstellt. Entsprechend erscheinen für das Fremdkapital voraussichtliche Ausgabenwerte. Es handelt sich also um eine Gegenüberstellung zu erwartender Abwicklungseinnahmen und -ausgaben, die anhand der Aktiva und Passiva ermittelt werden. Als Saldo ergibt sich der Abwicklungsüberschuß oder -unterschuß (positiver oder negativer Liquidationswert des Eigenkapitals).

In ähnlicher Weise kann man *Statusbilanzen* aufstellen, die für einen bestimmten Stichtag den Tagesveräußerungswert des Eigenkapitals liefern, ohne den Sonderfall einer tatsächlichen Abwicklung ins Auge zu fassen. Dabei ist zu beachten, daß sich der allgemeine Tagesveräußerungswert (sogenannter gemeiner Wert) und der besondere Liquidationswert weder im Zeitpunkt noch in der Höhe ohne weiteres decken.

Diese isolierten Tageswertbilanzen sind deutlich von periodischen Erfolgsbilanzen mit Tageswertansatz zu unterscheiden. Die Bewertung in Erfolgsbilanzen geht stets vom Gedanken der Fortführung der Unternehmung aus, der die Anschaffung oder Wiederanschaffung, niemals aber die Veräußerung oder Liquidation zum Richtpunkt wählt.

Für die *Schulden* bedeutet der Tageswert den gegenwärtigen Ausgabenwert. Dagegen ist bei aktiven Nominalwerten, insbesondere bei Forderungen, im

Tageswert ein Einnahmenwert zu erblicken. In beiden Fällen führt die wörtliche Übertragung des Vorstellungsinhaltes eines sinngemäßen Tagesbeschaffungswertes zu den gleichen Schwierigkeiten und Unstimmigkeiten, wie dies für den Anschaffungswert bereits dargelegt wurde.

Ein wesentlicher, für die Erfolgsbilanz folgenschwerer Unterschied beider Wertarten besteht darin, daß Tageswerte prinzipiell unrealisierte Werte darstellen, da eine Verwirklichung im Marktgeschehen durch die Unternehmung effektiv nicht erfolgt. Eine Bewertung zu Tageswerten, die von Anschaffungswerten abweichen, *durchbricht daher zwangsläufig das wertmäßige Realisationsprinzip*.

Daher ist die reine Tageswertbilanz als Erfolgsbilanz *abzulehnen*. Durch sie wird das Prinzip der marktmäßigen Wertrealisation aus den Angeln gehoben. Die reine Tageswertrechnung ist nur als parallellaufende *Statusbilanz* vertretbar, die, losgelöst vom Abschluß der Buchhaltung, außerhalb dieses Rechnungssystems gewonnen wird. Die Trennung realisierter und unrealisierter Erfolge läuft auf diese dualistische Spaltung hinaus.

Faßt man die positiven und negativen unrealisierten Erfolgseinflüsse der Tageswertsätze zu einem Saldo zusammen, so repräsentiert dieser den *Bewertungsunterschied* für sämtliche Bilanzbestände.

Eine Überschreitung des Anschaffungswertes durch Höherbewertung auf der Aktivseite ruft einen *Ertrag* hervor, der nicht auf einen Absatz der Unternehmung zurückgeht; er ist lediglich durch Werterhöhung errechnet worden, ohne tatsächlich vorhanden zu sein. Bei vollzogenem Absatz wird sich meist ein anderer, höherer oder niedrigerer realisierter Ertrag ergeben. Umgekehrt bedeutet eine Unterbewertung auf der Aktivseite einen rein rechnerischen *Aufwand*, ohne daß ein Absatz stattgefunden hat, auf den er sich bezieht. Entsprechende unrealisierte Erfolgseinflüsse treten auf, wenn auf der Passivseite Höher- oder Unterbewertungen vorgenommen werden.

Der Umfang der (positiven oder negativen) Erfolgsantizipation ist durch die Höhe des Tageswertes, das heißt, durch dessen Abweichung vom Anschaffungswert gegeben. Der entstehende Aufwand läßt sich daher auch als *Wertminderungsaufwand*, soweit er durch Abwertung von Aktiven, und als *Wertmehrungsaufwand*, soweit er durch Aufwertung von Passiven hervorgerufen wird, oder allgemein als *Wertänderungsaufwand* bezeichnen. Entsprechend stellt der entstehende Ertrag, soweit er auf Aufwertung von Aktiven beruht, *Wertmehrungsertrag*, und soweit er durch Abwertung von Passiven bedingt ist, *Wertminderungsertrag*, oder allgemein *Wertänderungsertrag* dar.

Man wartet also bei der Antizipation nicht erst den Zeitpunkt der Realisation im Markte durch bare oder kreditorische Zahlungen ab, sondern läßt sie bereits vorher auf den Periodenerfolg einwirken. So führt der Tageswert zu Erfolgsgrößen, die realisierte und unrealisierte Bestandteile haben. Man spricht auch von unrealisierten Gewinnen oder Verlusten, indem man dabei die Gesamtwirkung auf den Erfolg als Saldo im Auge hat.

Die Zweischneidigkeit der Periodenverlagerung führt zu erfolgswirksamen *Rückwirkungen in den späteren Perioden.*

Dadurch, daß in einer Abrechnungsperiode Aufwendungen oder Erträge antizipiert werden, ergeben sich automatisch im Zeitpunkt der Realisation dieser unrealisierten Aufwendungen oder Erträge ebenfalls unrealisierte *Ausgleichserträge beziehungsweise -aufwendungen.* Der dann ausgewiesene Erfolg deckt sich nicht mit dem in der Periode tatsächlich realisierten Erfolg, sondern ist um die Vorgriffsbeträge erhöht oder vermindert. Auch hier sind vier Fälle zu unterscheiden, je nachdem bei Aktiven oder Passiven der Buchwert des Bilanzgegenstandes unter oder über dem Anschaffungswert liegt.

Endlich können unrealisierte Erträge oder Aufwendungen als Auswirkung von Erfolgsantizipationen auch schon vor dem Zeitpunkt der Realisation auftreten. Ist der gleiche, bereits im Wertansatz verminderte Bestand auf der Aktivseite an späteren (kurzfristigen, aber auch jährlichen) Bilanzstichtagen noch vorhanden, so ist bei weiter sinkendem Tageswert eine nochmalige Antizipation künftiger Aufwendungen vorzunehmen. Steigt jedoch der Tageswert, das heißt, nähert er sich wieder dem früheren Anschaffungswert beziehungsweise holt er diesen wieder ein (Aufstockung des früheren Tageswertes), so wird zwangsläufig, und zwar höchstens bis zur Höhe des ursprünglichen Anschaffungswertes, die bisherige Aufwandsantizipation durch unrealisierte Erträge wieder rückgängig gemacht und damit aufgelöst. Diese Erträge besitzen die besondere Eigenart, daß sie nicht durch Vorgriffe entstehen, sondern – wie im Zeitpunkt der Realisation – mit dem Blick nach rückwärts frühere Vorgriffe wieder aufheben. Man kann zweckmäßig von *Aufstockungserträgen* sprechen. Entsprechend führt eine Tageswertverminderung bei Beständen an der Passivseite zu sogenannten *Abstockungserträgen.* Beide unrealisierten Erträge lassen sich gemeinsam als *Werteinholungserträge* bezeichnen.

In ähnlicher Weise kann man zwei Fälle von *Werteinholungsaufwand,* den *Abstockungs- und Aufstockungsaufwand,* unterscheiden, die den früheren Antizipationsertrag aufheben. Auf diese Weise erhält man insgesamt vier Fälle der Auflösung vorhergehender Antizipationen von Aufwand oder Ertrag.

Die Zusammenhänge sollen an einem *Zahlenbeispiel* gezeigt werden. Der Warenbestand (Vorrat) betrage DM 10.000 zum Anschaffungswert. Wird er zum Tagesbeschaffungswert auf DM 9.000 herabgesetzt, ergibt sich ein Wertminderungsaufwand von DM 1.000. Da kein Absatz vorliegt, ist dieser Aufwand unrealisierter Antizipationsaufwand. Auch die entsprechende Gewinnsenkung ist als unrealisiert anzusehen.

Wird der gleiche Warenbestand am Ende des folgenden Jahres auf DM 9.500 heraufgesetzt, das heißt, zum dann geltenden höheren Tagesbeschaffungswert, der unter dem Anschaffungswert liegt, angesetzt, so entsteht ein Aufstockungsertrag von DM 500. Er ist als unrealisierter Werteinholungsertrag anzusehen, da er keinem Absatz entspricht, sondern als Buchertrag den früheren Antizipationsaufwand teilweise auflöst. Die Gewinnerhöhung ist ebenfalls als unrealisiert zu betrachten.

Wird im nächsten Jahr der Warenbestand zu DM 14.000 verkauft, so entsteht ein realisierter Ertrag in dieser Höhe. Der sich ergebende Gewinn von DM 14.000 – 9.500 = 4.500 ist jedoch nicht im vollen Umfange als realisiert anzusehen. Der tatsächlich realisierte Gewinn beträgt DM 14.000 – 10.000 = 4.000. Die Differenz von DM 500 ist als unrealisierter Ausgleichsertrag (Gewinn) zu betrachten, der dem fehlenden realisierten Aufwand in Höhe des unrealisierten restlichen früheren Antizipationsaufwandes entspricht und diesen buchmäßig durch einen gleichhohen Ertrag auflöst. Zum Beispiel:

Realisierter Ertrag	14.000,–
– realisierter Aufwand (nur teilweise)	9.500,–
ausgewiesener Gewinn	4.500,–
– realisierter Aufwand (fehlender restlicher Betrag) = *unrealisierter* Ertrag (Gewinn)	500,–
realisierter Gewinn	4.000,–

Realisierter Ertrag	14.000,–
+ *unrealisierter* Ausgleichsertrag	500,–
– realisierter Aufwand	10.000,–
ausgewiesener Gewinn	4.500,–

Die hier auseinandergesetzte Tageswertrechnung deckt sich keineswegs mit der von *F. Schmidt* vertretenen Theorie der Tageswertbilanz. Dort gibt es keine unrealisierten Erfolgseinflüsse. In der sogenannten organischen Bilanz werden sämtliche Wertänderungen und Werteinholungen als erfolgsunwirksam angesehen, als *reine Kapitalwertänderungen* ausgesondert und auf einem ergänzenden Kapitalkonto erfaßt, das auch auf der Aktivseite als Abzugsposten auftreten kann. Wertminderungs- und Wertmehrungs- sowie Aufstockungs- und Abstockungsaufwendungen und -erträge erscheinen somit in der Erfolgsrechnung überhaupt nicht. Bei stattfindender Realisation kommen daher auch keine Ausgleichsaufwendungen und -erträge zur Erfolgswirkung. Bei Abweichung von Buchwert und Tageswert am Umsatztage (Realisationszeitpunkt) erscheinen vielmehr in Höhe dieser Differenz weitere erfolgsunwirksame Kapitalwertänderungen.

Die Behauptung, daß F. Schmidt *dualistisch* zwei Rechnungsziele derart nebeneinander verfolge, daß er sowohl eine *Erfolgsrechnung* als auch eine *Vermögensrechnung* miteinander verbindet, beruht auf einem *Mißverständnis,* das in der Literatur immer wieder auftaucht. Sein ursprüngliches Ziel, den Ertragswert der Unternehmung mithilfe der Bilanz zu ermitteln, hat er von Anfang an aufgegeben. Er stellt sogar fest, daß die Ertragswertermittlung „am einfachsten außerhalb des Systems der doppelten Buchhaltung erfolgt"[2]. Schmidt ermittelt vielmehr den sogenannten *Reproduktionswert,* ein Tatbestand, den auch Schmalenbach für vereinbar mit der (in der Praxis durchgeführten) Erfolgsrechnung hält[3].

Dadurch, daß F. Schmidt die Umbewertung der Bestände in Tageswerte durch ein besonderes Konto für Wertänderungen von der Erfolgsrechnung fernhält, schafft er *zwei getrennte Abrechnungskreise*, die in seinem Abrechnungssystem miteinander verträglich sind. Seine Vermögensrechnung verfolgt somit ein für seine Theorie kompatibles Nebenziel.

In ähnlicher Weise verbindet sich mit der traditionalen Erfolgsrechnung eine Bestandsrechnung des Vermögens und Kapitals, allerdings ohne daß eine Umbewertung notwendig ist und zur Abschirmung ein Abgrenzungskonto mit Kapitalcharakter eingeführt werden muß. Dagegen ist die Ermittlung des Reproduktionswertes mit dem Rechnungsziel dieses Kalkülsystems unverträglich und daher nur außerhalb des Systems vollziehbar.

Gegen F. Schmidts organische Bilanz ist also nicht einzuwenden, daß er zwei widersprechende Rechnungsziele in seinem System verfolgt. Es ist vielmehr nur geltend zu machen, daß die Verwendung von Tageswerten Mängel aufweist: die Abbildung auf unrealisierte Zahlungsbewegungen und die praktische Unbestimmtheit der Marktpreise[4].

(2) Gemischte Tagesbewertung

Eine gemischte Tageswert- und Anschaffungsrechnung hat Schmalenbach vorgeschlagen, um sogenannte *spekulative Erfolge* periodisch zu erfassen. Es handelt sich darum, die auf zukünftige Preisveränderungen abgestellte Vorratshaltung in ihrer Erfolgswirkung richtig zu periodisieren. Wenn im Hinblick auf zu erwartende Preissteigerungen ein erhöhter Einkauf von Rohstoffen und Handelswaren auf Lager zu günstigen Preisen stattfindet, soll der dadurch bei Realisation auftretende Erfolg nicht erst im Zeitraum der Verwirklichung

[2] Schmidt, F.: (Organische Bilanz) S. 83.
[3] Schmalenbach, E.: Dynamische Bilanz. 4. Auflage, Leipzig 1928, S. 83.
[4] Vergleiche Schulze, Hans-Herbert: (Messung) S. 207–211.

ermittelt werden, sondern bereits der Periode zugerechnet werden, in der die spekulative Erwägung angestellt wurde. Um den Anteil der Spekulationsperiode abzugrenzen, kann man den gestiegenen Tageswert am Ende der Periode benutzen, indem man den über den betriebsnotwendigen, sogenannten eisernen Bestand hinausgehenden Mehrvorrat zum Tageswert ansetzt. Entsprechend bewertet man bei absinkender Preistendenz den spekulativen Minderbestand. Auch hier tritt die Frage auf, den realisierten Erfolg von dem unrealisierten Spekulationserfolg rechnerisch abzutrennen.

Dieses Verfahren steht im *Widerspruch* zur realisierten Erfolgsrechnung. Es kann nur als praktische Modifikation verstanden werden, die außerhalb des Rechnungssystems als parallelaufgemachte Nebenrechnung durchgeführt wird.

Der unterschiedliche Ansatz von Tages- und Anschaffungswerten für Aktiva und Passiva im Rahmen des sogenannten *Niederstwertprinzips* in der handelsrechtlich normierten Bilanz ist ebenfalls als eine gemischte Tagesbewertung zu klassifizieren. Diese wird in einem besonderen Abschnitt ausführlich behandelt werden.

Die auf Zahlungsbewegungen beruhenden Werte werden von mir als *pagatorische Werte* bezeichnet. Dabei ist zwischen ursprünglichen, realisiert-pagatorischen oder echten pagatorischen Werten und abgeleiteten, unrealisiert-pagatorischen oder unechten pagatorischen Werten zu unterscheiden.

Weitere Einzelheiten über das System pagatorischer Werte enthält meine auf S. 158 angeführte Schrift: *Pagatorische Bilanz*. Dort wird auch der Fachausdruck pagatorisch begrifflich und sprachlich eingehend erläutert.

II. Die handelsrechtliche Bilanzbewertung

1. Allgemeine Bewertungsprinzipien

Während die vorausgehenden Darstellungen die theoretische und prinzipielle Deutung der Wertansätze in der Bilanz zum Gegenstand haben, bezwecken die folgenden Ausführungen eine Erklärung der Bewertung in der handelsrechtlichen Erfolgsbilanz.

Der handelsrechtlich bedeutsame Grundsatz der *Bilanzwahrheit* ist für die Bilanzgegenstände in zweifacher Richtung zu beachten. Soweit er sich darauf bezieht, daß sämtliche Vermögensgegenstände und Schulden in der Bilanz zu verzeichnen sind, findet er seine Stütze in den §§ 39 und 40 HGB und in den kaufmännischen Gepflogenheiten. Hiernach verstoßen das Weglassen von bilanzpflichtigen Vermögensgegenständen, der Ansatz fingierter Verbindlichkeiten und Rückstellungen, die Verrechnung aktivierungspflichtiger Ausgaben als Aufwand und die falsche Periodenabgrenzung gegen die Forderung nach *mengenmäßiger Wahrheit der Bilanzierung.* Mit dem Grundsatz der Bilanzwahrheit läßt sich aber auch die Bewertungsfrage verbinden.

Der Inhalt des Grundsatzes *wertmäßiger Bilanzwahrheit* hängt von der Zielsetzung der Bilanzrechnung ab. Für eine auf dem Gedanken der wertmäßigen Realisation aufgebaute Erfolgsrechnung ist die sogenannte wahre, das heißt, wertmäßig richtige Bilanz, die den gesetzten Bilanzzweck erfüllt, die Anschaffungswertbilanz. Wahre Bilanzbewertung bedeutet dann den Ansatz von Anschaffungswerten. Die handelsrechtlichen Vorschriften für Nicht-Aktiengesellschaften lassen jedoch, da sie nur Höchstwerte (auf der Aktivseite) vorschreiben, Unterbewertungen zu. Eine Handelsbilanz ist daher (relativ) wahr, wenn sie die kodifizierten Bewertungsvorschriften beachtet. Im Ausmaß der Abweichungen vom Anschaffungswertprinzip verliert die Bilanz aber an Aussagewert. Da zudem die Inanspruchnahme der handelsrechtlich zulässigen Unterbewertungen von Unternehmung zu Unternehmung und oft auch innerhalb der gleichen Unternehmung von Bilanz zu Bilanz verschieden ist, lassen sich generelle Kriterien dieser relativen Bewertungswahrheit nicht aufzeigen. Der bescheidene Gehalt der Bilanzwahrheit besteht nur noch darin, daß die gesetzlichen Bewertungsgrenzen nicht über- beziehungsweise unterschritten worden sind. Dagegen bedeuten die aktienrechtlichen Vorschriften von 1965 einen Fortschritt zur Bilanzwahrheit im Sinne der Realisationsrechnung, weil die möglichen Abweichungen davon bei Anwendung des Niederstwertprinzips und bei Inanspruchnahme von Steuervergünstigungen durch Bewertungsuntergrenzen beschränkt sind.

Die *Bilanzkontinuität,* deren Beachtung prinzipiell zu fordern ist, tritt als formale und materiale Kontinuität in Erscheinung. Die zwingend einzuhaltende *formale Bilanzkontinuität* ist gewahrt, wenn die Eröffnungsbilanz der neuen Erfolgsperiode mit der Schlußbilanz der abgelaufenen Erfolgsperiode übereinstimmt. Sie wird daher auch – namentlich im Steuerrecht – als Bilanzidentität oder Bilanzenzusammenhang bezeichnet. Die Berechtigung dieser grundsätzlichen Forderung leitet sich unmittelbar aus den formalen Notwendigkeiten einer geordneten Buchhaltung her. Zwischen den Rechnungsperioden soll „nichts verlorengehen". Formale Bilanzkontinuität ist dem Modell der Periodenerfolgsrechnung systemimmanent.

Der Grundsatz der Wahrung *materialer Bilanzkontinuität* richtet sich auf die Wahl gleicher Bewertungsprinzipien für die verschiedenen Bilanzgegenstände in den einzelnen Erfolgsbilanzen. Sie wird daher auch als Bewertungsstetigkeit bezeichnet. Dieser Grundsatz berührt eines der entscheidenden Prinzipien der Erfolgsrechnung: die Vergleichbarkeit der ermittelten Erfolge. Er spielt eine besondere Rolle bei den Abgrenzungshypothesen, welche die Aufwandsbestimmung bei Vorräten (Nachausgaben), die Ertragsbestimmung bei Reservaten (Nacheinnahmen), Abschreibungspläne und andere Verteilungsschlüssel festlegen.

Da der Erfolg der Unternehmung Ausdruck ihrer Ökonomität sein soll, kann ein zutreffendes Bild der Erfolgsentwicklung nur gegeben werden, wenn die einzelnen Periodenerfolge mit gleichen Maßstäben und nach gleichen Verfahren gemessen werden. Hierzu ist die Stetigkeit der Bewertung ein wesentliches Erfordernis. Im Handelsrecht (mit Ausnahme des neuen Aktienrechts) ist dieser Grundsatz nicht verwirklicht, wie bereits aus der Möglichkeit stiller Willkürrücklagen erkennbar ist. Das Handelsrecht läßt in bestimmten Fällen und in gewissem Rahmen sogar Aufwertungen zu, wenn in Vorjahren stark abgeschrieben wurde. Auch das Aktiengesetz ermöglicht noch Aufwertungen, jedoch nur in den Fällen des teilweise oder gänzlich wieder ausgeglichenen Niederstwertes und zugleich – durch dessen Eigenschaft als Mindestwert – innerhalb eines geringen Spielraums. Auch im Steuerrecht ist die materiale Bilanzkontinuität nicht absolut verwirklicht.

Die grundlegenden *handelsrechtlichen Bewertungsvorschriften* sind in dem (leider immer noch nicht neu formulierten) § 40 HGB enthalten, insbesondere in den Absätzen 2 und 3. Die erforderliche Interpretation des § 40, Absatz 2 HGB bietet auch heute noch der alte § 133 des Aktiengesetzes von 1937. Diese Bewertungsbestimmungen haben nach herrschender Rechtsprechung und Kommentierung über den Kreis der Aktiengesellschaften hinaus allgemeine Geltung auch für andere Unternehmungs- (Rechts-)formen erlangt, die sie als Grundsätze ordnungsmäßiger Bilanzierung auch nach der Neuregelung des aktienrechtlichen Bewertungsrechts behalten haben. Die hierin zum Ausdruck gebrachte Bilanzauffassung ist prinzipiell erfolgsrechnerisch ausgerichtet; allerdings wirkt sich der Gesichtspunkt der Vorsicht hierauf einschränkend aus. Man kann daher die handelsrechtliche Bilanz außerhalb des Geltungsbereichs des neuen Aktiengesetzes von 1965 als Gewinnverteilungsbilanz bezeichnen; in ihr wird nicht der erzielte Erfolg ausgewiesen, sondern der nach dem Willen der hierfür maßgebenden Unternehmungsorgane verteilbare, das heißt, im engeren Sinne: ausschüttbare Erfolg.

Das Prinzip *vorsichtiger Bilanzbewertung* findet vornehmlich in der Eigenschaft der vorgeschriebenen Werte als Höchstwerte, in der Freiheit der Wahl der Abschreibungsmethode und in der Bemessung der Rückstellungen seine Anwendung. Das Handelsrecht folgt teilweise dem Realisationsprinzip, indem es durch Verbot der Überschreitung des Anschaffungswertes den Ausweis unrealisierter Gewinne verhindert. Hier verbindet sich das Prinzip der Vorsicht mit dem des Gläubigerschutzes.

Das *Niederstwertprinzip* entspringt gleichfalls dem Grundsatz vorsichtigen Gewinnausweises, indem erkennbare, aber noch nicht realisierte Verluste der

Zukunft schon der abgelaufenen Erfolgsperiode zugerechnet werden. Aus dem gleichen Grunde sind alle Risiken, die am Bilanzstichtag bestanden haben, aber erst später – bis zum Tage der Bilanzaufstellung – bekannt werden, bereits in der Bilanz zu berücksichtigen.

Die Problematik des handelsrechtlichen Niederstwertes und der damit verbundenen *stillen Rücklagen* wird in späteren Abschnitten behandelt. Dabei wird sich zeigen, daß im neuen Aktienrecht neben den Prinzipien der Vorsicht und des Gläubigerschutzes die Wahrung der Aktionärsinteressen berücksichtigt worden ist, woraus sich die Einschränkungen der Bewertungsfreiheit nach unten beziehungsweise – auf der Passivseite – nach oben ergeben. Damit ist die aktienrechtliche Bilanz stärker als bisher eine Erfolgsermittlungsbilanz, auch wenn ein Teil der Erfolgsverwendung bereits im Bilanzgewinn beziehungsweise Bilanzverlust seinen Niederschlag findet. Die Gliederung der Gewinn- und Verlustrechnung gemäß § 157 AktG erlaubt zudem ohne Schwierigkeiten eine Trennung von Erfolgsermittlung und Erfolgsverwendung.

Die Reform der *aktienrechtlichen* Bewertungsbestimmungen unter besonderer Beachtung der Aktionärsinteressen läßt es als zweifelhaft erscheinen, daß – ohne eine entsprechende neuere Rechtsprechung und Kommentierung – auch die nach dem neuen Aktienrecht von 1965 aufgestellten Bilanzen der Aktiengesellschaften weiterhin als repräsentative handelsrechtliche Bilanzen mit Geltung für *Nicht-Aktiengesellschaften* anzusehen sind. Diese umstrittene Frage betrifft nicht diejenigen Unternehmungen, die speziellen Bewertungsvorschriften folgen, die teilweise oder gänzlich mit den Bewertungsbestimmungen des Aktiengesetzes von 1937 übereinstimmen (§ 42 GmbHG, § 33 c GenG) oder die den Besonderheiten der betreffenden Wirtschaftsgruppe Rechnung tragen, zum Beispiel die Bilanzierungsvorschriften für Hypothekenbanken und Versicherungsgesellschaften.

Es entspricht den Grundsätzen ordnungsmäßiger Bilanzierung, daß sämtliche Bilanzbestände einzeln bewertet werden. Dieses Prinzip der *Einzelbewertung* leitet sich im wesentlichen aus den Formvorschriften der §§ 39 und 40 HGB her, nach denen sämtliche Vermögensgegenstände und Schulden in das Inventar und in die Bilanz aufzunehmen und zu bewerten sind. Es findet im größeren Rahmen der Forderung nach Bilanzwahrheit und Bilanzklarheit in der Praxis weitgehend Beachtung. Es bleibt jedoch für den Einzelfall zu klären, inwieweit der Grundsatz der Einzelbewertung auf die verschiedenen Bilanzbestände anzuwenden ist.

Grundsätzlich wird das Prinzip der Einzelbewertung dahingehend seine Auslegung finden müssen, daß jeder Bestand, soweit er gesondert in das Inventar aufzunehmen ist, auch eine gesonderte Bewertung zu finden hat, und zwar unabhängig davon, ob er auf Sammelkonten geführt wird. Eine mehr oder weniger strenge Anwendung dieser Auslegung ist davon abhängig, inwieweit bei der Bildung von Gruppen gleichartiger Bilanzbestände von einem einheitlichen Bestand gesprochen werden darf, dem Bestand im Rahmen des gesamten Vermögens eine unterschiedlich große Bedeutung zukommt (zum Beispiel die Zusammenfassungen zu „Sonstige Vermögensgegenstände" oder „Sonstige Verbindlichkeiten") oder die Wertmaßstäbe mehr oder weniger genau bestimmbar sind. Beachtenswert ist, daß diese Grundsätze sowohl für angeschaffte als auch für selbsthergestellte Wirtschaftsgüter gelten. So erscheint es zum Beispiel durchaus zulässig, für die Forderungen eine einheitliche Wertberichtigung vorzunehmen, sofern diese auf den gesamten Forderungsbestand zutrifft. Eine Gruppenbildung, und damit die Schaffung eines einheitlichen Bilanzbestandes, wird auch bei Verschleißanlagen beispielsweise möglich sein, sofern einheitliche Abschreibungen inbetrachtkommen. Außerdem kommt eine Gruppenbewertung für solche Vermögensgegenstände infrage, für die ein nachprüfbarer Durchschnittswert bekannt ist, bei denen die Einzelbewertung mit unzumutbarem Arbeitsaufwand im Verhältnis zur angestrebten Genauigkeit verbunden ist und die mit Festwerten bilanziert werden dürfen, da ihr Bestand in seiner Größe, seinem Wert und seiner Zusammensetzung nur geringen Änderungen unterliegt (§ 40, Absatz 4 HGB). Dagegen verstößt eine Zusammenfassung unterschiedlicher Vorratsbestände in Inventar und Bilanz gegen den Grundsatz der Einzelbewertung. Bei Grundstücken, denen zumeist eine erhebliche Bedeutung im Rahmen des gesamten Vermögens der Unternehmung zukommt, wird gleichfalls das Prinzip der Einzelbewertung streng zur Anwendung zu bringen sein. Dies gilt vornehmlich auch für selbsterstellte Anlagen. Als groben Anhaltspunkt wird man die Gliederungsvorschriften für die Jahresbilanz (§ 151 AktG) betrachten dürfen, die vom Gesetzgeber als Mindestanforderung für den Beständeausweis gedacht sind.

Unter Hinweis auf die Konsequenzen bei der Anwendung des Niederstwertprinzips ist hervorzuheben, daß das Prinzip der Einzelbewertung besondere Bedeutung bei der Bewertung von *Wertpapieren* besitzt. Eine Einzelbewertung verschiedener Wertpapiergattungen wird immer dann notwendig, wenn diese zu unterschiedlichen Zeitpunkten und Kursen angeschafft wurden beziehungsweise an der Börse unterschiedlich notieren.

2. Die handelsrechtlichen Wertansätze

Den folgenden Betrachtungen liegen hauptsächlich die Bewertungsvorschriften der §§ 153–156 AktG 1965 zugrunde. Gelegentlich wird der § 133 AktG 1937 herangezogen. Ferner werden die übrigen Bestimmungen des Aktiengesetzes 1965 (§§ 148 ff.), die §§ 38–40 HGB und die Grundsätze ordnungsmäßiger Buchführung berücksichtigt.

Die *formale Reihenfolge* der aktienrechtlichen Bewertungsbestimmungen richtet sich nach der vorgeschriebenen Gliederung der Jahresbilanz (§ 151 AktG) aus. Obwohl es daher naheliegen könnte, bei der Deutung der Bewertung in der handelsrechtlichen Erfolgsbilanz entsprechend der vom Gesetzgeber gewählten Reihenfolge vorzugehen, erscheint es doch sinnvoller, hierfür den Formalaufbau der Beständebilanz zugrundezulegen.

Die *Gliederung* der aktienrechtlichen Erfolgsbilanz entspricht Zweckmäßigkeitserwägungen. Die Anordnung der ausweispflichtigen Bestände – die prinzipiell schon in den älteren handelsrechtlichen Bestimmungen (§ 261 a HGB von 1931) verankert war – soll der Forderung nach (einheitlicher) Bilanzklarheit entsprechend unter anderem den finanziellen Aufbau (Vermögens- und Kapitalstruktur), die Liquidität und Konzernverflechtungen hervortreten lassen. Hierdurch soll der Jahresabschluß „einen möglichst sicheren Einblick in die Vermögens- und Ertragslage der Gesellschaft geben" (§ 149, Absatz 1 AktG). Die Folge ist, daß der Formalaufbau der aktienrechtlichen Bilanz, mit seiner Trennung von Anlage- und Umlaufvermögen, sowie die Voranstellung der Realgüter vor den Nominalgütern eine dementsprechend praktisch orientierte Gütergliederung zugrundelegen.

Die Fragen der Bilanzgliederung behandelt ausführlich *J. Fudickar*[5].

a) Die Bewertung der Nominalgüterbestände

Die Einnahmenbestände in der Bilanz stellen das Nominal- oder Finanzvermögen der Unternehmung dar. Es handelt sich hierbei um die Nominalgüter der Unternehmung, die zusammen mit den Realgütern ihr Bilanzvermögen bilden. Das Finanzvermögen läßt sich folgerichtig in das Barvermögen und das Kreditvermögen untergliedern, wobei das Barvermögen den Kassenbestand und, vom Liquiditätsgrad aus gesehen, für praktische Belange auch gleichrangige Guthaben (Buchgeld, Geldsurrogate), das Kreditvermögen die Forderungen (auf Geld) aus Einnahmenvorgriffen einschließlich aktiver Darlehnswerte umfaßt.

In der *aktienrechtlichen Bilanzgliederung* (§ 151, Absatz 1 AktG) findet sich das Barvermögen im weiteren Sinne im Umlaufvermögen unter den Positionen „Kassenbestand, Bundesbank- und Postscheckguthaben" und „Guthaben bei Kreditinstituten" (III B, 5 und 6). Das Kreditvermögen wird im einzelnen noch tiefer untergliedert in Forderungen aus Lieferungen und Leistungen, an verbundene Unternehmen und aus bestimmten Krediten, in Wechsel, Schecks,

[5] Fudickar, Joachim: (Gliederung).

Beteiligungen, Wertpapiere, Ausleihungen, eigene Aktien und Anteile besonderer Art. Die Wertpapiere sind zum Teil im Umlaufvermögen (III B 7), zum Teil im Anlagevermögen (Finanzanlagen unter II B) auszuweisen. Auch die ausstehenden Einlagen auf das Grundkapital sind als Einnahmenbestände zu betrachten (Position I). Dagegen gehören die unter Umlaufvermögen angeführten geleisteten Anzahlungen zu den Realforderungen innerhalb der Ausgabengegenwerte (Position III B 1).

Für die *Bewertung des Umlaufvermögens* hat der Gesetzgeber grundsätzlich die Anwendung des *strengen Niederwertprinzips* vorgeschrieben (§ 155, Absatz 2 AktG). Darüber hinaus darf nach § 155, Absatz 3 AktG ein noch niedrigerer Wert unter bestimmten Voraussetzungen angesetzt werden, so daß in diesen Fällen der Niederstwert für Umlaufvermögen einen oberen Grenzwert (Höchstwert) darstellt.

Für das *Barvermögen* erlangt diese Bestimmung dann Bedeutung, wenn der Kassenbestand ausländische Sorten enthält oder Guthaben in ausländischer Währung bei in- oder ausländischen Geldinstituten unterhalten werden. Ein am Bilanzstichtag unter dem Anschaffungswert liegender Kurswert (Tagesbeschaffungswert) stellt einen abgeleiteten Anschaffungswert im Sinne einer gegenwärtig möglichen Bareinnahme dar. Man beachte, daß es sich beim Anschaffungs- und Tagesbeschaffungswert um Kaufkurse handelt. Wenn auch der Gesetzgeber mit dieser Bewertungsvorschrift dem Gläubigerschutz Rechnung trägt, so folgt sie nicht statischen Motiven, sondern berücksichtigt antizipativ einen unrealisierten Aufwand.

Für das *Kreditvermögen,* soweit es dem Umlaufvermögen zuzurechnen ist, gilt gleichfalls das strenge Niederstwertprinzip. Zur Bestimmung des möglicherweise unter dem Anschaffungswert liegenden Tageswertes greift der Gesetzgeber auf den § 40 HGB zurück und verweist damit auf die Grundsätze ordnungsmäßiger Buchführung.

Der § 40, Absatz 3 HGB bestimmt, daß *zweifelhafte* Forderungen mit ihrem wahrscheinlichen Wert anzusetzen und *uneinbringliche* Forderungen abzuschreiben sind. Deutlich ist der Charakter dieser Bewertungsvorschrift erkennbar, die durch die teilweise oder vollständige Abwertung einer Forderung den verbleibenden Restwert als die in der Zukunft zu erwartende Bareinnahme ausdrückt.

Nach § 152, Absatz 6 AktG dürfen zu Forderungen *Pauschalwertberichtigungen* wegen des allgemeinen Kreditrisikos vorgenommen werden. Sie stehen neben den Abschreibungen wegen spezieller Kreditrisiken (zum Beispiel wegen mangelnder Bonität des Schuldners) und sind als gesonderter Bilanzposten „Pauschalwertberichtigungen zu Forderungen" auszuweisen. Eine Zurechnung zu einzelnen Forderungen ist nicht möglich.

Nach Adler-Düring-Schmaltz sollen dadurch folgende *Risiken* abgedeckt werden: Das Risiko zukünftiger Zahlungsschwierigkeiten, konjunkturabhängige Risiken und Risiken infolge politischer Maßnahmen. Dabei handelt es sich um die Antizipation von möglichen zukünftigen Verlusten durch Einnahmenausfälle. Diese Wertberichtigung ist ein Korrekturposten zu den Voreinnahmenbeständen. Tritt das erwartete Risiko nicht ein, so wird die bisherige Wertberichtigung durch die neue Pauschalierung, das heißt, durch den dann gewählten Prozentsatz, entsprechend geändert.

Die Grundsätze ordnungsmäßiger Buchführung fordern im allgemeinen, daß unverzinsliche oder besonders niedrig verzinsliche *Forderungen,* wenn sie eine lange Laufzeit haben, *abgezinst* werden. Hiernach erscheint die Forderung mit dem Barwert der zukünftigen Bareinnahme. Sofern mit der Forderungsentstehung die Gewährung eines Damnums verbunden ist – was vornehmlich bei Darlehn und Hypotheken der Fall ist –, wird dieses als vorausbezahlte Zinsen betrachtet. Zur Ermittlung des Periodenerfolges wird daher eine anteilige Vereinnahmung in der Erfolgsrechnung für richtig erachtet.

Bei *Geldforderungen* ergeben sich verschiedene Möglichkeiten der Behandlung, wenn eine Spanne zwischen gezahltem Leihbetrag (Ausgabebetrag) und rückzahlbarem Tilgungsbetrag besteht, die verdeckten Zins beziehungsweise einen Ausgleich mit Zinscharakter darstellt.

Man kann nicht einfach vom sogenannten *Nennbetrag* ausgehen, da dieser nicht ohne weiteres als Anschaffungswert angesehen werden kann, vielmehr zunächst nur eine Bezugsgröße für laufende Zinsen bedeutet. Es zeigt sich zudem, daß es für die Erfolgsrechnung und Bilanz im Endergebnis gleichgültig ist, in welcher Höhe man den Nennwert als *Stammforderung* ansetzt, da der Zins durch die Spanne in seinem absoluten Betrag festliegt. Es ändern sich lediglich die Prozentsätze je nach der Bezugsgröße und damit die absolute Höhe der vereinbarten laufenden Zinsen.

Am besten macht man sich die Zusammenhänge an einem Beispiel klar. Dabei sei zunächst angenommen, daß der *gezahlte Leihbetrag unter dem Rückzahlungsbetrag* liegt.

Der von der Unternehmung als Darlehnsgläubiger gezahlte Betrag (Ausgabe) mache A = 100.000 DM aus, die Rückzahlung nach 5 Jahren sei mit R = 105.000 DM vereinbart. Die verdeckten Zinsen liegen somit in der Spanne von S = 5.000 DM. Wir nehmen nun den Nennbetrag N der Forderung verschieden hoch an. Damit legen wir zugleich den Einnahmenwert der Stammforderung fest, der sich grundsätzlich mit der wechselbezüglichen Ausgabe deckt. Die Abweichungen nach oben und unten stellen Zinsen dar.

1. Fall: N = 100.000 = A. Es liegt ein *Rückzahlungs-Aufgeld* von 5.000 DM als nachfällige Zinsforderung vor. Diese ist fünfmal jährlich mit

1.000 DM als laufender Zinszuwachs ertragswirksam zu aktivieren (ertragswirksame Voreinnahmen). Nach fünf Jahren sind insgesamt volle 105.000 DM aktiviert und werden zurückgezahlt. Ein anderer Weg ist der, das volle Aufgeld vorgreifend mit der Stammforderung oder gesondert zu aktivieren. Dann ist diese periodenfremde Einnahme als kreditorische Reservateinnahme anzusehen und durch eine Rückausgabe (Einnahmengegenwert) auszugleichen, die jährlich mit 1.000 DM ertragswirksam abzuschreiben ist (Nacheinnahmen). Das zweite Verfahren ist weniger zweckmäßig, da es zweiseitige Kreditbeziehungen (Geldforderung und Realschuld) als schwebende Geschäfte gebucht.

2. Fall: N = 105.000 = R. Es liegt ein *Begebungs-Abgeld* von 5.000 DM als vorausempfangener Zins vor. Der zu aktivierende Einnahmenwert von 105.000 DM ist hier gleich der Ausgabe, der aber eine gleichzeitige Zinseinnahme von 5.000 DM als Reservateinnahme gegenübersteht. Diese ist wie beim zweiten Weg des 1. Falles als Rückausgabe zu passivieren und ertragswirksam abzuschreiben. Hier liegen jedoch keine zweiseitigen Kreditbeziehungen vor. Dieses Verfahren folgt bestandsrechnerischen (statischen) Gesichtspunkten, während der erste Weg des 1. Falles einer rein erfolgsrechnerischen (dynamischen) Betrachtungsweise entspricht.

Die verschiedenen *Buchungsmöglichkeiten* werden, unabhängig von handelsrechtlichen Vorschriften, anschließend dargestellt:

1. Fall

a) 1. Weg

Kasse

		Forderungsausgabe	100.000,–

Darlehnsforderung

Wechselbezügliche Voreinnahme	100.000,–		
Ertragswirksame Voreinnahmen	1.000,–		
	1.000,–		
	1.000,–		
	1.000,–		
	1.000,–		
	105.000,–		

b) 2. Weg

Kasse

Soll		Haben	
		Forderungsausgabe	100.000,–

Darlehnsforderung

Soll		Haben	
Wechselbezügliche Voreinnahme	100.000,–		
Reservateinnahme	5.000,–		
	105.000,–		

Zinsen (Reservat)

Soll		Haben	
Ertragswirksame Nacheinnahmen	1.000,–	Rückausgabe	5.000,–
	1.000,–		
	1.000,–		
	1.000,–		
	1.000,–		
	5.000,–		

2. Fall

Kasse

Soll		Haben	
Reservateinnahme	5.000,–	Forderungsausgabe	105.000,–

Darlehnsforderung

Soll		Haben	
Wechselbezügliche Voreinnahme	105.000,–		

Zinsen (Reservat)

Soll		Haben	
Ertragswirksame Nacheinnahmen	1.000,–	Rückausgabe	5.000,–
	1.000,–		
	1.000,–		
	1.000,–		
	1.000,–		
	5.000,–		

Steuerrechtlich gilt in beiden Fällen als Anschaffungswert der hingegebene Geldbetrag, das heißt, es dürfen höchstens 100.000 DM aktiviert werden. Insbesondere ist eine Zuschreibung des Aufgeldes beziehungsweise Abgeldes als Zinszuwachs unzulässig, weil darin irrtümlich ein Überschreiten des Anschaffungswertes erblickt wird. Dagegen wendet sich mit Recht schon Blümich, indem er auf die unterschiedliche Behandlung von Forderungen und Schulden hinweist.

3. Fall: N = 102.000. A < N < R. Es liegen ein *Rückzahlungs-Aufgeld* von 3.000 und ein *Begebungs-Aufgeld* von 2.000 DM vor. Der 1. und 2. Fall treten gemischt auf. Zunächst ist der Nennwert von 102.000 DM als Stammforderung zu aktivieren. Entsprechend dem 2. Fall werden die vorausempfangenen Zinsen von 2.000 DM als Rückausgabe passiviert und über zwei Jahre ertragswirksam abgeschrieben. Gemäß dem 1. Fall besteht die Wahl, entweder vom 3. Jahr ab dreimal den Zinszuwachs von 1.000 DM zu aktivieren oder den aktivierten Vorgriff von 3.000 DM gleichzeitig zu passivieren und laufend zu tilgen. Endlich kann man auch vorgreifend die vollen 5.000 DM aktivieren und die gleichhohe passive Rückausgabe laufend tilgen. Diesem Einnahmengegenwert stehen dann 2.000 DM tatsächlich vorausempfangene Zinsen und 3.000 DM Zinsforderungen gegenüber. Auf die Möglichkeit, das Aufgeld von 2.000 DM mit je 400 DM und das Aufgeld von 3.000 DM mit je 600 DM auf fünf Jahre zu verteilen, sei nur hingewiesen.

In sämtlichen Fällen wird die Erfolgsrechnung jährlich mit dem *Zinsanteil* von 1.000 DM erkannt. Obwohl drei verschiedene Nennwerte als Stammforderung aktiviert werden, ergibt sich gemeinsam für Stamm- und Zinsforderung stets per Saldo der gleiche Bilanzansatz. Am Ende des 3. Jahres stehen zum Beispiel entweder auf der Aktivseite 103.000 DM oder 105.000 DM mit einem passiven Gegenposten von 2.000 DM.

Allgemein ist somit festzustellen, daß zinsbehaftete Forderungen zum *ursprünglichen Einnahmenwert der gekoppelten Stamm- und Zinsforderung* anzusetzen sind, das heißt, bei höherem Rückzahlungsbetrag zum reinen Nennwert zuzüglich aufgelaufener beziehungsweise vorgreifender Zinseinnahmen (Aufgeldanteile oder Aufgeldvorgriff) und abzüglich vorausvereinnahmter Zinsen (Aufgeld- oder Abgeldausgleich). Welcher Betrag vereinbarungsgemäß als Nennwert (Stammforderung) angesehen wird, beeinflußt weder die Bestands- noch die Erfolgswirkung der Bilanzbuchungen. Eventuell wird die Höhe der laufenden Zinsen dadurch berührt.

Analog liegen die Verhältnisse, sofern der *gezahlte Leihbetrag höher als der Rückzahlungsbetrag* ist. Es kann sich dann um ein Begebungs-Aufgeld, um ein Rückzahlungs-Abgeld oder um beides handeln. Wirtschaftlich bedeutet diese Differenz einen Ausgleich für überhöhte laufende Zinsen.

Der anzusetzende Wert ist bei niedrigerem Rückzahlungsbetrag gleich dem reinen Nennwert abzüglich aufgelaufener beziehungsweise vorgreifender Zinsausgaben (Abgeldanteile oder Abgeldvorgriff) und zuzüglich vorausverausgabter Zinsen (Aufgeld- oder Abgeldausgleich). In sämtlichen Fällen wird die Erfolgsrechnung jährlich mit dem der Laufzeit entsprechenden Zinsanteil belastet, und so werden die laufenden Zinsen teilweise wieder ausgeglichen. Auch hier ergibt sich gemeinsam für Stammforderung und Zinsschuld stets per Saldo der gleiche Bilanzansatz.

Damit ist der *Anschaffungswert für Forderungen* allgemein klargestellt. Die vage Feststellung der Kommentare, es handle sich um den Wert, zu dem sie hereingenommen sind (Schlegelberger, Adler-Düring-Schmaltz), oder der nichtssagende Hinweis, daß bei Forderungen aus eigenen Rechtsgeschäften keine Anschaffung vorliege und daher nach § 40 HGB zu bewerten sei (Gadow), bekommen nunmehr ihren präzisen Sinn. Für Forderungen ist der realisierte Anschaffungswert beziehungsweise unrealisierte Tageswert gleich dem ursprünglichen Einnahmenwert im Sinne der vereinbarten zukünftigen Bareinnahme beziehungsweise gleich dem abgeleiteten Einnahmenwert im Sinne der gegenwärtig zu erwartenden Bareinnahme.

Bei der Bewertung von *Währungsforderungen* stellt den Tageswert der jeweilige Kaufkurs am Bilanzstichtag dar. Damit wird die unrealisierte gegenwärtige Bareinnahme ausgedrückt.

Für die Bewertung von *Wechseln* gelten die allgemein für den Ansatz von Forderungen inbetrachtkommenden Grundsätze. Der Diskont ist bis zum Fälligkeitstage abzusetzen und in der Erfolgsrechnung zu vereinnahmen. Analog der Behandlung unverzinslicher Forderungen sind *Schecks* mit dem Nominalwert, also dem Wert der zukünftigen Bareinnahme, anzusetzen. Handelt es sich um Schecks in ausländischer Währung, greift das Niederstwertprinzip Platz.

Die Bewertung der *Wertpapiere* erfolgt nach dem Handelsrecht unterschiedlich, je nachdem, ob sie als Bestände des Anlage- oder des Umlaufvermögens zu führen sind. Während bei der Forderungsbewertung zur Bestimmung des Tageswertes das – subjektiv bedingte – kaufmännische Ermessen bei der Beurteilung der Schuldnersituation eine wesentliche Rolle spielt, stellt bei den Wertpapieren des Umlaufvermögens der Börsenkurswert einen objektiven (intersubjektiven) Bewertungsmaßstab dar.

Insbesondere bei den Wertpapieren gewinnt der handelsrechtliche Grundsatz Bedeutung, nach dem es zulässig ist, eine in Vorjahren vorgenommene Abwertung auf den niedrigeren Tageswert bis zur Höhe des ursprünglichen Anschaffungswertes wieder rückgängig zu machen. Damit wird zwangsläufig eine vormalige Aufwandsantizipation durch entsprechende Erträge wieder rückgängiggemacht und damit aufgelöst. Diese Erträge sind als unrealisiert anzusehen, besitzen aber die besondere Eigenart, daß sie nicht durch Vorgriff entstehen, sondern mit dem Blick nach rückwärts frühere Aufwandsvorgriffe wieder aufheben.

Das *Niederstwertprinzip* fordert also bei niedrigerem Tageswert primär die Vorwegnahme unrealisierter Aufwendungen, schließt aber folgerichtig die sekundäre Auflösung früherer Antizipationen durch unrealisierte Erträge zwangsläufig ein. Ein Verbot dieser Rückgängigmachung wäre ohne weiteres möglich, würde aber eine zusätzliche Einengung des Niederstwertprinzips bedeuten, die nicht von selbst in ihm enthalten ist. Man erhielte dann eine doppelte Imparität, die nur eine fortschreitende Aufwandsantizipation zuließe.

Es ergäbe sich so ein Niederstwertprinzip, das dreimal gestuft ist. Von drei Werten, dem Anschaffungswert, dem Tageswert und dem letzten Bilanzansatz, wäre dann der jeweils am Stichtag niedrigste anzusetzen. Diese Regelung sieht das geltende Steuerrecht (§ 6, Absatz 1 EStG) für abschreibungsbedürftige Anlagegüter vor (dreifaches Niederstwertprinzip), wobei an die Stelle des Tageswertes der Teilwert tritt, sofern der fakultative Niederstwert überhaupt gewählt wird.

Ein Zahlenbeispiel mag diese Zusammenhänge erläutern (Abbildung 41). *Steuerrechtlich* ist bei abschreibungsbedürftigen Anlagegütern die Rückgängigmachung früherer Abschreibungen durch unrealisierte Erträge nicht zulässig.

Abb. 41. Unrealisierte Aufwendungen und Erträge bei Tageswertrechnung in der Bilanz (Zahlenbeispiel)

Gegenstand	Anschaffungswert	Tageswert 1. Jahr	Vorwegnahme von Aufwand	Tageswert 2. Jahr	Auflösung durch unrealisierte Erträge	Verbleibende Aufwandsantizipation (Auflösung bei Realisation)
	DM	DM	DM	DM	DM	DM
Debitoren	20.000,–	14.000,–	6.000,–	18.000,–	4.000,–	2.000,–
Waren	100.000,–	85.000,–	15.000,–	90.000,–	5.000,–	10.000,–
Kreditoren	60.000,–	68.000,–	8.000,–	65.000,–	3.000,–	5.000,–
Rückstellungen	8.000,–	12.000,–	4.000,–	10.000,–	2.000,–	2.000,–

Für die Bewertung der Darlehnswerte, die aktienrechtlich als *Beteiligungen* oder als *Wertpapiere des Anlagevermögens* zu betrachten sind, gilt im Gegensatz zu den Bewertungsvorschriften für das Umlaufvermögen das *gemilderte Niederstwertprinzip* (§ 154, Absatz 2 AktG). Dies bedeutet, daß ein vermutlich nur vorübergehend niedrigerer Kurswert am Bilanztag zwar Anlaß zu einer Abwertung sein kann, daß diese aber erst bei einer voraussichtlich dauernden Wertminderung vorzunehmen ist. Nach den Grundsätzen ordnungsmäßiger Buchführung wird als richtunggebend hierfür der Ertragswert der Beteiligungsgesellschaft anzusehen sein. Als Vermutung für die Ertragswertminderung gelten nachhaltig hohe Verlustausweise. Diese handelsrechtliche

Bewertungsregel kommt sowohl für verbriefte als auch für unverbriefte Beteiligungen und Anlagewertpapiere inbetracht.

Die unterschiedlichen Bewertungsvorschriften für das Anlage- und das Umlaufvermögen, die an den Wertansätzen für die Wertpapiere deutlich hervortreten, folgen der Klassifizierung der Bilanzbestände in solche, die dazu bestimmt sind, dauernd dem Geschäftsbetrieb der Unternehmung zu dienen, und solche, mit denen Umsatzgewinne erzielt werden sollen. Der Gesetzgeber sieht die Gegenstände des Anlagevermögens als außerhalb des Marktgeschehens stehend an.

Antizipative Aktiva stellen ertragswirksame Voreinnahmen dar, die daher zu den Forderungen (Geldforderungen) gehören und nicht als Rechnungsabgrenzungsposten ausgewiesen werden dürfen. Aktive Rechnungsabgrenzungsposten umfassen daher nur Ausgabengegenwerte beziehungsweise Realforderungen *(transitorische Aktiva)*.

Die *ausstehenden Einlagen* auf das Kapital stellen eine Forderung (Voreinnahme) der Unternehmung an ihre Eigenkapitalgeber im Rahmen des Kreditvermögens dar. Ihre Bewertung ist daher zum realisierbaren Einnahmenwert vorzunehmen. Dem folgt der Gesetzgeber, indem er ihre Bewertung zum Nominalwert bestimmt, der, sofern der Aktionär seinen Zahlungsverpflichtungen nicht nachkommt, auch wertberichtigt werden kann.

b) Die Bewertung der Realgüterbestände

In der Beständebilanz repräsentieren die Ausgabengegenwerte materielle und immaterielle Realgüter als zurückverrechnete (aktivierte) Bar- oder Vorausgaben.

In der *aktienrechtlichen Bilanzgliederung* wird das Realvermögen unter den „Sachanlagen und immateriellen Anlagewerten" (Position II A) und im Umlaufvermögen unter den „Vorräten" (Position III A) aufgeführt. Der handelsrechtliche Ausdruck Vorräte ist ein Spezialterminus mit stark eingeengter Bedeutung und darf daher nicht mit dem hier verwendeten theoretischen Begriff Vorräte verwechselt werden, der sämtliche Ausgabengegenwerte beziehungsweise Realgüter umfaßt. Zu den aktienrechtlichen Vorräten gehören Roh-, Hilfs- und Betriebsstoffe, unfertige Erzeugnisse, fertige Erzeugnisse und Waren. Zum Realvermögen gehören ferner geleistete Anzahlungen (III B 1), die Ansprüche auf Realgüter (abgeleitete Realgüter) darstellen, gegebenenfalls sonstige Vermögensgegenstände (III B 12) und sogenannte transitorische Aktiva, die als aktive Rechnungsabgrenzungsposten (Position IV) bezeichnet werden. Unter den letzteren dürfen nach § 152, Absatz 9, Nr. 1 AktG nur Ausgaben aktiviert werden, die vor dem Abschlußstichtag entstanden sind und

Aufwand für eine bestimmte Zeit nach diesem Tag darstellen. Dazu gehören zum Beispiel Ansprüche auf Arbeitsleistungen für vorausbezahlten Lohn, auf Raumnutzung für vorausbezahlte Miete, also gütermäßige Ansprüche, das heißt, Realforderungen wie die geleisteten Anzahlungen.

Für die Bewertung des Anlagevermögens hat der Gesetzgeber in § 154, Absatz 2 AktG die Anwendung eines *gemilderten Niederstwertprinzips* vorgeschrieben. Dieses besagt, daß eine Herabsetzung des Anschaffungs- oder Herstellungswertes auf den geringeren (Tages-)Wert durch außerplanmäßige Abschreibungen oder Wertberichtigungen nur fakultativ zugelassen ist; sie ist jedoch zwingend vorzunehmen, wenn eine voraussichtlich dauernde Wertminderung vorliegt. Planmäßige Abschreibungen oder Wertberichtigungen sind bei Gegenständen des Anlagevermögens notwendig, deren Nutzung zeitlich begrenzt ist (§ 154, Absatz 1 AktG). Sie sollen den Anschaffungs- oder Herstellungswert auf die Geschäftsjahre verteilen, in denen der Gegenstand voraussichtlich genutzt werden kann (Verteilungsabschreibungen). Mit dieser grundlegenden Bestimmung folgt der Gesetzgeber der von der Betriebswirtschaftslehre vertretenen Auffassung, daß die tragende Funktion der Jahresbilanz in der Erfolgsermittlung zu erblicken ist. Die Anwendung des gemilderten Niederstwertprinzips führt im Bereich der Bewertung des Anlagevermögens prinzipiell zur reinen Anschaffungswertrechnung, die nur den realisierten Erfolg aufzeigt. Die Verwirklichung des Realisationsprinzips bei der Bewertung des Anlagevermögens bedeutet, daß Gewinne oder Verluste, – letztere insoweit, als sie die Verteilungsabschreibungen überschreiten – erst dann in der Erfolgsrechnung zu berücksichtigen sind, wenn der Bestand einer dauernden Wertminderung unterliegt, seinen Anlagecharakter verliert oder veräußert wird.

Für die Bemessung der *Verteilungsabschreibungen* auf Verschleißanlagen und die anzuwendende Abschreibungsmethode verweist das Handelsrecht auf die Grundsätze ordnungsmäßiger Buchführung. Da die Abschreibungsgründe außerordentlich mannigfaltig sind, hat das Ermessen des ordentlichen Kaufmanns einen wesentlichen Einfluß auf die Bestimmung des fortgeführten Anschaffungswertes. Neben der Berücksichtigung des technischen Verschleißes als Abschreibungsgrund steht gleichrangig die wirtschaftliche Entwertung. Damit können auch die Unwirtschaftlichkeit der vorhandenen Anlagen, der Einfluß technischer Neuerungen und dergleichen auf den Abschreibungsumfang einwirken.

Die Bestimmung, daß die Verteilungsabschreibungen nach der voraussichtlichen Gesamtdauer der Nutzung zu bemessen sind, läßt die Möglichkeit einer *Änderung der Abschreibungssätze* im Zeitablauf offen. Da der fortgeführte Anschaffungswert gesetzlich als Höchstwert beziehungsweise anzusetzender

Wert aufgefaßt werden muß, wird eine Abschreibungsnachholung dann notwendig, wenn die Lebensdauer der Anlagen zu lang geschätzt wurde. Gleichfalls sind außergewöhnliche Abnutzungen im betreffenden Geschäftsjahr durch Sonderabschreibungen zu erfassen. Demgegenüber kann auch eine Senkung der Abschreibungssätze inbetrachtkommen, wenn die Lebensdauer der Verschleißanlagen zu kurz geschätzt wurde.

Handelsrechtlich ist allgemein anerkannt – worauf insbesondere Schlegelberger-Quassowski hinweisen –, Abschreibungen durch *Zuschreibungen* wieder aufzuheben, wenn sie über das erforderliche Ausmaß hinaus vorgenommen wurden. Allerdings sollten derartige Zuschreibungen nicht zu Gewinnausschüttungen führen, sondern in die Rücklagen eingestellt werden. Ein derartiges Vorgehen stört zweifelsohne die Periodenkontinuität, da Aufstockungserträge unrealisierte Erträge sind. Zuschreibungen müssen nach § 152, Absatz 1 AktG bei den einzelnen Posten des Anlagevermögens gesondert aufgeführt und nach § 160, Absatz 2 AktG im Geschäftsbericht erläutert werden.

Für die Bewertung des *immateriellen* Realgütervermögens – Konzessionen, gewerbliche Schutzrechte und ähnliche Rechte sowie Lizenzen an solchen Rechten (§ 151, Position II A 8) – gilt gleichfalls das *gemilderte Niederstwertprinzip*. Analog zur Behandlung der Verschleißanlagen sind hier die gleichen Abschreibungsprinzipien anzuwenden, allerdings unter Zugrundelegung der wirtschaftlichen Nutzungsdauer als Bemessungsgrundlage. Diese wird dann nicht mit der Laufzeit des Rechtes identisch sein, wenn konkurrierende Rechte auf dem Markt auftreten. Daher ist die Abschreibung an den Einzelfall anzupassen (außerplanmäßige Abschreibungen nach § 154, Absatz 2 AktG).

Für die Bewertung der sogenannten Vorräte, die *materielles Umlaufvermögen* der Unternehmung darstellen, gilt wiederum das *strenge Niederstwertprinzip* (§ 155, Absatz 2 AktG). Damit wird bei diesen Beständen, die unmittelbar in den Umsatzprozeß der Unternehmung eingehen und daher dem Marktgeschehen näherstehen als das materielle Anlagevermögen, der Grundsatz vorsichtiger Bewertung verwirklicht. Dieser darf auch hier nicht als Niederschlag statischer Funktionen der Jahresbilanz gedeutet werden, sondern vielmehr als eine aus Erfolgsermittlungsprinzipien resultierende Aufwandsantizipation. Mit diesem Gebot des Ausweises unrealisierter Verluste verbindet sich das Verbot des Ausweises unrealisierter Gewinne.

Zurecht weisen *Adler-Düring-Schmaltz* in Übereinstimmung mit den hier dargelegten Prinzipien darauf hin[6], daß vom Standpunkt der Erfolgsrechnung das Niederstwertprinzip unter Umständen eine *ungleichmäßige Erfolgsvertei-*

[6] Adler, H., Düring, W., Schmaltz, K.: Rechnungslegung und Prüfung der Aktiengesellschaft. Handkommentar. Band I, Stuttgart 1968, S. 533, Tz. 148.

lung auf die einzelnen Abrechnungsperioden bedeutet. „Bei stark sinkenden Preisen gegen Schluß einer Abrechnungsperiode wird" (durch den Ansatz des Tageswertes – der Verfasser) „der gesamte, nicht-realisierte Verlust unter Umständen einer einzigen Periode zugerechnet und das negative Ergebnis stark verschärft, während anderseits eine Preissteigerung erst in der Periode berücksichtigt werden kann, in der die Gewinne realisiert werden. Dies bedeutet, daß bei sinkenden Preisen einzelne Abrechnungsperioden besonders ungünstig" (und bei ansteigenden Preisen einzelne Abrechnungsperioden besonders günstig – der Verfasser) „abschneiden". Zutreffend folgern sie hieraus, daß dieses Prinzip dem Grundsatz der Vorsicht entspricht und nur aus diesem zu erklären ist.

Da bei den *Roh-, Hilfs- und Betriebsstoffen* ein Börsen- oder Marktpreis selten gegeben ist, stellen in der praktischen Handhabung die gegen Jahresschluß gezahlten Einkaufspreise als Wiederbeschaffungspreise ersatzweise „den Wert" dar, „der den Gegenständen am Abschlußstichtag beizulegen ist".

Auf die Ermittlung des Tageswertes bei *unfertigen Erzeugnissen, fertigen Erzeugnissen und Waren* wirken sich nach einheitlichen Kommentarmeinungen sowohl Einflüsse des Beschaffungs- als auch des Veräußerungsmarktes aus. Sofern bei sinkenden Preisen der Reproduktionsaufwand der Bestände nicht zu ermitteln ist, soll an seiner Stelle unter Berücksichtigung der Absatzmöglichkeiten, ausgehend vom erzielbaren Verkaufspreis unter Abzug der Vertriebsaufwendungen, der gesetzlich zulässige Bilanzwert ermittelt werden. Dieses Verfahren findet vornehmlich im Warenhandel Anwendung. Gleichwohl darf man hierin nur die ersatzweise Ermittlung des niedrigeren Tagesbeschaffungswertes erblicken.

Der Hinweis auf das erwartete Sinken der Verkaufspreise darf nicht dazu verleiten, im Niederstwertprinzip eine unmittelbare Berücksichtigung von Einflüssen des Veräußerungsmarktes zu sehen. Maßstab für die Nachverrechnung von Ausgabengegenwerten (Vorräten) sind die Preise des Beschaffungsmarktes. Infolgedessen ist in der Niederstwertrechnung unter dem Tageswert stets der Tagesbeschaffungswert zu verstehen.

Da das Aktienrecht eine besondere Bewertungsvorschrift für Rechnungsabgrenzungsposten nicht erlassen hat, ist die Bewertung aus den zugrundeliegenden Geschäftsvorfällen herzuleiten. Bei der hier gemeinten *transitorischen Rechnungsabgrenzung* handelt es sich um von der bilanzierenden Unternehmung geleistete (Voraus-)Zahlungen, die den Erfolg künftiger Rechnungsperioden betreffen, vornehmlich Mieten, Zinsen, Diskonte, Versicherungsprämien. Der Ansatz dieser Realforderungen in der Jahresbilanz leitet sich zwanglos her; die geleisteten Ausgaben sind periodenanteilig zurückzuverrechnen.

Bei *antizipativer Rechnungsabgrenzung* handelt es sich dagegen um gegenwärtige Erträge, die erst in kommenden Rechnungsperioden effektiv zahlungswirksam werden und daher Geldforderungen (Voreinnahmen) darstellen. In der Praxis kommen hierfür im wesentlichen Ansprüche auf Zinsen, Mieten, Gutschriften, Rabatte und Umsatzprämien inbetracht. Auch hier erklärt sich die Bewertung zwanglos, der Ansatz erfolgt zu der erwarteten, der Rechnungsperiode zugehörigen zukünftigen Bareinnahme.

Zu den Ausgabengegenwerten gehören auch diejenigen auf mehrere Erfolgsperioden zu verteilenden Ausgaben, die der Gesetzgeber als „Kosten der *Ingangsetzung des Geschäftsbetriebes* der Gesellschaft" bezeichnet (§ 153, Absatz 4 AktG). Es sind die entstandenen Ausgaben zu aktivieren. Der Gesetzgeber beschränkt nach geltender Auffassung die Aktivierung auf diejenigen Ausgaben, die im Interesse des organisatorischen Aufbaus der Unternehmung getätigt werden. Der somit entstehende Bestand, der mindestens mit 20% abzuschreiben ist, kann auch als immaterielles Vermögen betrachtet werden. Nach § 153, Absatz 3 AktG darf für immaterielle Anlagewerte nur ein Aktivum angesetzt werden, wenn sie entgeltlich erworben wurden. Unterstellte Ausgaben kommen hier nicht infrage.

Aus dem gleichen Grunde verbietet der Gesetzgeber in § 153, Absatz 3 AktG die Aktivierung eines *originären Firmenwertes,* wohl auch aus dem Gesichtspunkt der Vorsicht und wegen der Schwierigkeiten seiner Bestimmung. Lediglich ein *derivativer Firmenwert* ist aktivierungsfähig, nicht -pflichtig. Es darf dann der Wert der Gegenleistung, soweit er das Vermögen der übernommenen Unternehmung übersteigt, in Ansatz gebracht werden. Hier liegen tatsächliche oder unterstellte Ausgaben vor.

Die handelsrechtlichen Bewertungsvorschriften, wie sie vorstehend zunächst für das Bilanzvermögen geschildert wurden, sind dadurch gekennzeichnet, daß die für Anlage- und Umlaufvermögen geforderten Wertansätze exakte Wertvorschriften beziehungsweise Höchstwertvorschriften sind, die nicht überschritten werden dürfen. Damit wird der Ausweis unrealisierter Gewinne vermieden.

Wie wiederholt darauf hingewiesen wurde, durchbricht dagegen die Einbeziehung von Tageswerten durch die Niederstwertrechnung die klare Linie des realisierten Umsatzerfolges. Denn mit der Anwendung des Niederstwertprinzips wird eine unrealisierte Aufwandsantizipation vorgenommen.

c) Die Bewertung der Nominalschulden

Die Ausgabenbestände in der Bilanz stellen die Nominal-, Geld- oder Finanzschulden der Unternehmung dar, die zusammen mit den Realschulden das Bilanzkapital bilden. Bei den Nominalschulden handelt es sich um Ausgabenüberschüsse, somit um Schulden (in Geld) aus offenen (unausgeglichenen) zukünftigen Ausgaben. Die Schulden werden hierbei als eine wirtschaftlich-rechnungstheoretische Kategorie aufgefaßt, die das Fremdkapital (Gläubigerkapital, Darlehnskapital) und das Eigenkapital (Unternehmerkapital, Beteiligungskapital) umschließt.

In der *aktienrechtlichen Bilanzgliederung* in § 151, Absatz 1 AktG erscheint das *Eigenkapital* unter den Positionen Grundkapital, offene Rücklagen und Bilanzgewinn sowie gegebenenfalls als Sonderposten mit Rücklageanteil nach § 152, Absatz 5 AktG.

Das *Fremdkapital* tritt in zwei Klassen von Verbindlichkeiten auf: solche mit einer Laufzeit von mindestens vier Jahren und andere Verbindlichkeiten. Die erhaltenen Anzahlungen (Position VI 4) stellen Realschulden dar. Die Rückstellungen werden nach vorherrschender Auffassung meist zum Fremdkapital gerechnet. Eine Diskussion dieses zwiespältigen Postens ist bereits erfolgt.

Die *passiven Abgrenzungsposten* (Position VII) umfassen nur die *transitorischen* Passiva und stellen Realschulden dar (§ 152, Absatz 9, Nr. 2 AktG). Hierzu rechnen nur Einnahmen vor dem Abschlußstichtag, die für eine bestimmte Zeit nach diesem Tag Ertrag darstellen (Reservate). *Antizipative* Passiva dagegen sind ertragswirksame Vorausgaben (Geldschulden) und gehören zu den Verbindlichkeiten. Ihre Zusammenfassung mit transitorischen Rechnungsabgrenzungsposten, die nach dem Aktiengesetz 1937 (§ 131) zulässig war, kommt heute nur noch für Nicht-Aktiengesellschaften infrage. Sie vereinigt unterschiedliche Tatbestände und entspricht nicht dem Grundsatz der Bilanzklarheit. Dasselbe gilt für transitorische und antizipative Aktiva.

Für die Bewertung des *Grundkapitals* bestimmt der Gesetzgeber den Ansatz zum Nennbetrag (§ 156, Absatz 1 AktG). Dieser stellt den zukünftigen Ausgabenwert dar. Im Falle der Liquidation stellt der Nennwert theoretisch die Rückzahlungsforderung des Aktionärs an die Gesellschaft dar. Führt eine Unternehmung bewegliche Kapitalkonten (Personengesellschaften, Einzelfirmen), so stellt der jeweilige Saldo des (der) Kapitalkontos (-konten) den Ausgabenwert unter Berücksichtigung der erfolgsermittelnden Funktion der Jahresschlußbilanz dar.

Für die *Rücklagen* hat der Gesetzgeber keine Bewertungsvorschrift erlassen. Dies ist zunächst für die gesetzliche Rücklage auch nicht vonnöten, da einerseits deren Bildung durch Zuweisungsvorschriften eindeutig fixiert, anderseits auch die Verwendungsmöglichkeiten genau determiniert sind. Insofern erübrigt sich ein Bewertungsmaßstab. Der jeweilige Stand der gesetzlichen Rücklage stellt den zukünftigen Ausgabenwert dieses Zusatzkapitals dar. Das gleiche dürfte für die freien Rücklagen gelten, die aus dem erzielten Unternehmungsgewinn gespeist werden. Der Zahlungscharakter dieser Rücklagen wird beispielsweise bei Dividendenausgleichsrücklagen und Kapitalerhaltungsrücklagen sichtbar, da aus deren Gegenwerten zukünftige Ausgaben (Gewinnzahlungen, Mehrausgaben bei Ersatzbeschaffungen) bestritten werden sollen.

Rückstellungen werden für zukünftige Ausgaben gebildet. Aus der Sicht der Periodenabgrenzung werden sie meist als Aufwand verrechnet und stellen dann erfolgswirksame Ausgabenvorgriffe dar. Von den Verbindlichkeiten unterscheiden sie sich durch die Ungewißheit über den Eintritt, über die Höhe des Betrages und den Zeitpunkt der Zahlungsverpflichtung. Die gegenwärtige Aufwandsverrechnung erfolgt wegen der möglichst genauen Gewinnermittlung, die damit verbundene Berücksichtigung einer eventuellen Zahlungsverpflichtung ergibt sich zugleich aus dem Vorsichtsprinzip. In der Praxis werden Rückstellungen gebildet zum Beispiel für ernsthaft zu erwartende Zahlungsverpflichtungen, wie Pensionen, Tantiemen, Provisionen und Steuern, für drohende liquiditätswirksame Verluste aus schwebenden Geschäften, wie Bergschäden, Prozesse und Garantieleistungen sowie für unterlassene Aufwendungen für Instandhaltung und Abraumbeseitigung, die im folgenden Geschäftsjahr nachgeholt werden.

Die *Bewertung* der Rückstellungen ist handelsrechtlich im einzelnen nicht geregelt; es wird in § 156, Absatz 4 AktG für die Höhe des Betrages lediglich auf eine vernünftige kaufmännische Beurteilung verwiesen. Das Fachgutachten Nr. 3/1937 des Instituts der Wirtschaftsprüfer fordert die Anwendung des Grundsatzes vorsichtiger Schätzung. Dieser umschließt sowohl das Vorsichtsprinzip in dem Sinne, daß zukünftig erwartete, dem Grunde nach jetzt bereits bestehende Verpflichtungen überhaupt berücksichtigt werden, aber auch in dem Sinne, daß keine übermäßigen oder gar fiktiven Rückstellungen (stille Rücklagen) gebildet werden. Dies bedeutet den Ansatz des Ausgabenwertes in Höhe der erwarteten zukünftigen Zahlungsverpflichtungen.

Verbindlichkeiten sind nach § 156, Absatz 2 AktG stets mit dem vollen Rückzahlungsbetrag anzusetzen. In § 156, Absatz 3 AktG ist ausdrücklich vorgesehen, daß ein Unterschied zwischen dem ursprünglich erhaltenen Ausgabebetrag und dem höheren Rückzahlungsbetrag aktiviert werden darf und dann durch planmäßige jährliche Abschreibungen zu tilgen ist. Wenn somit das Aktiengesetz die Passivierung des Rückzahlungsbetrages vorschreibt und damit die übrigen Möglichkeiten, die bei den Geldforderungen näher erörtert wurden, ausschließt, so ist dafür nicht die periodengerechte Erfolgsermittlung entscheidend, da sie auch bei der Wahl einer anderen Passivierungsform gewährleistet ist. Es sind vielmehr statische Gesichtspunkte maßgeblich, wonach nicht die erfolgsrechnerisch bedingte Vorausgabe, sondern der „eigentlich geschuldete Betrag" (Schlegelberger) bereits zum Zeitpunkt der

Begebung zu passivieren ist. Im übrigen ist auf die Grundsätze ordnungsmäßiger Buchführung zurückzugreifen. Diese erfordern allgemein die Anwendung des Vorsichtsprinzips.

Rentenverpflichtungen sind zu ihrem Barwert anzusetzen. Dies gilt insbesondere für Pensionsverpflichtungen. Den Barwert kann man als eine Art Tageswert auffassen, der durch Abzinsung aus einer oder mehreren in Zukunft fällig werdenden Ausgaben hervorgeht. Durch den Abzinsungsvorgang geht dieser Charakter des Barwertes nicht verloren, da zukünftig erwartete Zahlungen die Grundlage bilden. Dagegen ist eine Abzinsung unverzinslicher oder niedrig verzinslicher langfristiger Verbindlichkeiten nicht mehr zulässig.

Für die Bewertung der Verbindlichkeiten gilt analog der Behandlung des Umlaufvermögens das *strenge Niederstwertprinzip* in dem Sinne, daß der Tageswert dann anzusetzen ist, wenn dieser über dem Anschaffungswert beziehungsweise Rückzahlungsbetrag liegt. Dies kommt insbesondere für Schulden in Fremdwährung bei Kurssteigerungen infrage.

Unter dem Gesichtspunkt der Zahlungsvorgänge ist für Verbindlichkeiten der ursprüngliche Ausgabenwert im Sinne der vereinbarten zukünftigen Barausgaben anzusetzen. Bei zinsbehafteten Verbindlichkeiten treten – analog zu den vorher behandelten zinsbehafteten Forderungen – die entsprechenden Passivierungsmöglichkeiten auf, wie sie im obigen Zahlenbeispiel gezeigt wurden. Als Bilanzwert ist zum Beispiel bei höherem Rückzahlungsbetrag der reine Nennwert zuzüglich aufgelaufener beziehungsweise vorgreifender Zinsausgaben und abzüglich vorausverausgabter Zinsen anzusetzen. Hieraus ergibt sich als Sonderfall die Abzinsung von Buchschulden und Akzepten. Bei dem theoretischen Fall eines niedrigeren Rückzahlungsbetrages müßte sinngemäß der reine Nennwert abzüglich aufgelaufener beziehungsweise vorgreifender Zinseinnahmen und zuzüglich vorausvereinnahmter Zinsen bilanziert werden.

Steuerrechtlich gilt grundsätzlich der zugeflossene Verfügungsbetrag als Anschaffungswert. Trotzdem wird verlangt, daß bei geringerem Tilgungsbetrag höchstens dieser angesetzt werden darf, was an sich richtig sein kann, wenn er die Stammschuld (Nennbetrag) darstellt. Dagegen ist die Vorschrift betriebswirtschaftlich unhaltbar, wonach die Wertdifferenz den Gewinn erhöht, anstatt sie zu passivieren und laufend abzuschreiben. Umgekehrt muß bei Rückzahlung zum Nennbetrag und niedrigerem Verfügungsbetrag dieser angesetzt und das Abgeld durch passive Zuschreibung verteilt werden. Dies führt zwar zur richtigen Erfolgsermittlung, läßt sich aber auch durch Passivierung des höheren Nennbetrages und Abschreibung des aktivierten Abgeldes (Disagios) erreichen. Störend wirkt ferner die zugunsten des Fiskus unterschiedliche Behandlung beider Fälle.

Unverzinsliche Verbindlichkeiten werden – wie unverzinsliche Forderungen – nach den gleichen Grundsätzen bilanziert. Abzinsungen sind als Aussonderung der verdeckten Zinsschulden nach erfolgsrechnerischen Gesichtspunkten vorzunehmen. Herabsetzungen auf den Tageswert des Bilanzstichtages (Teilwert) wegen fehlender oder zu niedriger Verzinsung liegen außerhalb des Zahlungscharakters der Bewertung.

d) Die Bewertung der Realschulden

In der Beständebilanz entstehen die Einnahmengegenwerte aus zurückverrechneten Reservateinnahmen und stellen Realschulden (Reservate) dar, das heißt, gütermäßige Verpflichtungen.

In der *aktienrechtlichen Bilanz* gehören zu den Einnahmengegenwerten die erhaltenen Anzahlungen (Position VI 4) und die (transitorischen) Rechnungsabgrenzungsposten (Position VII). Dagegen sind antizipative Passiva zu den Ausgabenbeständen (Geldschulden) zu rechnen.

Besondere *Bewertungsvorschriften* hat der Gesetzgeber für Rechnungsabgrenzungsposten nicht erlassen, so daß der Ansatz in der Bilanz – wie bei der aktiven Rechnungsabgrenzung – aus den Geschäftsvorfällen herzuleiten ist. Da sie nach § 152, Absatz 9, Ziffer 2 AktG Einnahmen darstellen, ist die Bestimmung des Wertansatzes hieraus unschwer abzuleiten.

Bei den Reservaten handelt es sich allgemein um die periodenanteilige Verrechnung der Ertragswirkung erhaltener Vorauszahlungen (zum Beispiel Mieten, Zinsen, Anzahlungen für Lieferungen und Leistungen) und deren Reservierung für künftige Rechnungsperioden durch die Buchung einer Rückausgabe zur Kompensation der Reservateinnahme. Die auftretenden Periodenanteile (Nacheinnahmen) wird man – analog zum entsprechenden Vorgang bei Ausgabengegenwerten – als Ertragsabschreibungen (erfolgswirksame Verteilung von Passivbeständen) bezeichnen müssen.

Bei *erhaltenen Anzahlungen* ist ohne Zweifel der Einnahmenwert der adäquate Wertansatz. Daher stört die gliederungsmäßige Zuordnung zu den Verbindlichkeiten, wodurch nach § 156, Absatz 2 AktG der völlig unpassende Rückzahlungsbetrag anzusetzen wäre. Die bewertungsmäßig wichtige Unterscheidung von Nominal- und Realschulden wird dabei übersehen.

III. Das Niederstwertprinzip in der Bilanz

Der Zweck des Niederstwertprinzips besteht darin, daß in den Beständen erkennbare Aufwendungen und Verlustmöglichkeiten der Zukunft unrealisiert vorweggenommen werden. Diese werden dadurch sichtbar, daß der Tageswert der Bilanzbestände niedriger oder höher liegt als der Anschaffungswert. In Höhe dieser Differenz wird der zu erwartende Aufwand oder Verlust durch *Aufwandsantizipation* vorverlagert.

Das Niederstwertprinzip blickt auf eine jahrzehntelange geschichtliche Entwicklung zurück und ist heute allgemein anerkannter Bestandteil der Grundsätze ordnungsmäßiger Buchführung. Es fand seine erste umfassende Regelung in der Aktiennovelle von 1884. Wenn auch seine ausdrückliche Formulierung nur im § 133 AktG 1937, in den §§ 154 und 155 AktG 1965 und § 33c GenG vorliegt, so besteht doch seit den bahnbrechenden Forschungen Schmalenbachs kein Zweifel mehr, daß der allgemeine § 40 HGB das Niederstwertprinzip in sich schließt. Nach § 155, Absatz 2 AktG gilt für Umlaufvermögen und sinngemäß für Schulden (Fremdkapital) das sogenannte strenge Niederstwertprinzip (Mußvorschrift). Nach § 154, Absatz 2 AktG wird auf Anlagevermögen das sogenannte gemilderte Niederstwertprinzip (Kannvorschrift) angewandt.

Die *Bezeichnung* Niederstwertprinzip ist einseitig und gilt wörtlich nur für den niedrigeren Tageswert beim Vermögen (Aktivseite). Für Schulden (Passivseite) ist sinngemäß der höhere Tageswert anzusetzen. Erst für den *Saldo* von Vermögen und Schulden (im Sinne des Reinvermögens) kann man einheitlich davon sprechen, daß der niedrigere von zwei Werten (Anschaffungs- oder Tageswert) zu nehmen ist. Dabei darf man aber nicht übersehen, daß nicht erst der Saldo insgesamt, sondern jeder einzelne Vermögens- und Schuldenteil dem Niederstwertprinzip zu unterwerfen ist. Die in den Grundsätzen ordnungsmäßiger Buchführung und Bilanzierung verankerte Forderung nach Einzelbewertung verbietet Kompensationen zwischen Einzeltageswerten einer oder beider Bilanzseiten.

Es widerspricht daher dem Niederstwertprinzip, niedrigere Tageswerte der Aktivseite gegen höhere Tageswerte der Aktivseite oder niedrigere Tageswerte der Passivseite beziehungsweise höhere Tageswerte der Passivseite gegen niedrigere Tageswerte der Passivseite oder höhere Tageswerte der Aktivseite auszugleichen.

Hierzu einfache *Zahlenbeispiele:* Forderungen = 40.000, Waren = 60.000, Schulden = 30.000, Akzepte = 20.000, Reinvermögen = 50.000, sämtliche

Beträge zu Anschaffungswerten. Am Bilanzstichtag werden vier Fälle abweichender Tageswerte angenommen:

(1) Forderungen = 35.000, Waren = 70.000;
(2) Forderungen = 35.000, Akzepte = 10.000;
(3) Schulden = 35.000, Akzepte = 10.000;
(4) Schulden = 35.000, Waren = 70.000.

In sämtlichen Fällen ist der Tageswert des Reinvermögens auf 55.000 gestiegen. Trotzdem bleiben die höheren Einzeltageswerte auf der Aktivseite und die niedrigeren Einzeltageswerte auf der Passivseite unberücksichtigt, so daß ein vermindertes Reinvermögen von 45.000 ausgewiesen wird. Hieraus ist ersichtlich, daß es beim Niederstwertprinzip nicht auf die niedrigere Tagesbewertung des Reinvermögens ankommt, sondern auf die Aufwandsantizipation in der Erfolgsrechnung.

Eine klare Formulierung muß daher das *Doppelprinzip* erkennen lassen:

1. Gegenstände des *Vermögens* sind zum Tageswert anzusetzen, sofern dieser unter dem Anschaffungswert liegt. Von beiden Werten ist der niedrigere (niederste) zu bilanzieren.
2. *Schulden* (Gegenstände des Fremdkapitals) sind zum Tageswert anzusetzen, sofern dieser über dem Anschaffungswert liegt. Von beiden Werten ist der höhere (höchste) zu bilanzieren.

Wenn man auf der Aktivseite von einem Niederstwertprinzip spricht, ergibt sich entsprechend für die Passivseite ein Höchstwertprinzip. Bei beiden Ausdrücken besteht für das sprachliche Verständnis die Gefahr, sie als Grenzwerte nach unten oder oben aufzufassen, obwohl sich die weitere Entwicklung des geltenden Rechts zunächst gerade umgekehrt vollzogen hat. Erst für das Aktiengesetz 1965 ist diese Deutung wenigstens im Prinzip möglich.

Will man den Bewertungsgrundsatz für beide Bilanzseiten unter einen *einheitlichen Gesichtspunkt* bringen, so ist dieser nur durch folgende Formulierung möglich: Gegenstände des Vermögens und des Fremdkapitals sind entweder zum Anschaffungswert oder zum Tageswert derart zu bilanzieren, daß der einzelne Wertansatz zu einer niedrigeren (der niedrigsten, der niedersten) Bewertung des Saldos beider Bilanzseiten (Reinvermögen) führt. Nur in diesem Sinne kann die Bezeichnung Niederstwertprinzip allgemein für aktive und passive Bilanzgegenstände aufrechterhalten werden. Man kann dann den hieraus folgenden Wertansatz kurz als *Niederstwert* bezeichnen. Es handelt sich dabei trotzdem für die Einzelposten um ein Doppelprinzip, das sich beim Vermögen als Minderbewertung und beim Fremdkapital als Höherbewertung auswirkt. Das verbindende Merkmal liegt in der Aufwandsbuchung im Soll, der in beiden Fällen Habenbuchungen auf Bestandskonten entsprechen.

Der durch das Niederstwertprinzip in der Erfolgsermittlung auftretende Aufwand kann in allen Fällen der Entstehung nach als *Antizipationsaufwand* gekennzeichnet werden. Um Mißverständnisse auszuräumen, sei der deutliche Unterschied zu den Ausgabenantizipationen (Vorausgaben), die den auf die Periode tatsächlich entfallenden Aufwand erfassen, nochmals hervorgehoben. Der Antizipationsaufwand stellt innerhalb der Rechnungsperiode, in die er einbezogen wird, einen aperiodischen, unrealisierten Aufwand dar.

Der *Umfang* der Aufwandsvorwegnahme ist durch die Höhe des Tageswertes beziehungsweise durch dessen Abweichung vom Anschaffungswert gegeben. Der entstehende Aufwand läßt sich daher auch als Wertminderungsaufwand, soweit er durch Abwertung von Aktivbeständen hervorgerufen wird, und als Wertmehrungsaufwand, soweit er durch Aufwertung von Passivbeständen bedingt ist, oder allgemein als *Wertänderungsaufwand* bezeichnen.

Wenn das Niederstwertprinzip auch grundsätzlich nur unrealisierte Aufwendungen berücksichtigt, kann es dennoch in der Erfolgsrechnung zu unrealisierten Erträgen führen. Dadurch, daß in der einen Abrechnungsperiode Aufwendungen antizipiert werden, treten im Zeitpunkt der Realisation dieser Aufwendungen automatisch unrealisierte *Ausgleichserträge* auf. Auch vor der Realisation ergeben sich bei Wiederannäherung des Tagesbeschaffungswertes an den früheren Anschaffungswert *Werteinholungserträge*, das heißt, unrealisierte Aufstockungs- oder Abstockungserträge, es sei denn, daß von dem § 155, Absatz 4 AktG Gebrauch gemacht wird (Abbildung 42).

Das Niederstwertprinzip ist Ausfluß der kaufmännischen *Vorsicht* in der Erfolgsermittlung, wonach günstige Zukunftsperspektiven unbeachtet bleiben, während ungünstige Momente schon im Zeitpunkt ihrer Erkennbarkeit ein-

Abb. 42. System der unrealisierten Erfolgskomponenten bei Niederstwertrechnung

A. Unrealisierte Erfolgskomponenten, die durch Antizipation entstehen:
Antizipationsaufwand = Wertänderungsaufwand
   1. Wertminderungsaufwand infolge Abwertung von Aktiven
   2. Wertmehrungsaufwand infolge Aufwertung von Passiven

B. Unrealisierte Erfolgskomponenten, die durch *Auflösung früherer Antizipation* entstehen:
Auflösungsertrag
   I. Auflösung durch Werteinholung, das heißt, durch Wiederannäherung des Tageswertes an den früheren Anschaffungswert: *Werteinholungsertrag*
      1. Aufstockungsertrag infolge Tageswerterhöhung bei Aktiven
      2. Abstockungsertrag infolge Tageswertverminderung bei Passiven
   II. Auflösung (Ausgleich) durch Realisation, das heißt, durch Verwirklichung des Zahlungsvorganges: *Ausgleichsertrag*
      1. bei Aktiven, sofern der Buchwert unter dem Anschaffungswert liegt
      2. bei Passiven, sofern der Buchwert über dem Anschaffungswert liegt

bezogen werden. Dadurch verbindet sich mit dem Niederstwertprinzip zugleich das sogenannte *Imparitätsprinzip*. Im Gegensatz zu Aufwandsantizipationen verbietet dieses Prinzip in einseitiger Weise Ertragsantizipationen. Ist der Tageswert der Gegenstände des Vermögens (des Fremdkapitals) höher (niedriger) als der Anschaffungspreis, bleibt der Anschaffungswert maßgeblich für die Bilanzierung. Das Imparitätsprinzip ist damit gleichfalls Ausfluß der Forderung nach vorsichtiger Bilanzierung (Gläubigerschutz). Allerdings bleibt zu beachten, daß die grundsätzliche Berücksichtigung nur unrealisierter Aufwendungen durch das Niederstwertprinzip gleichwohl in der Erfolgsrechnung auch unrealisierte Erträge durch Auflösung der Antizipation entstehen läßt.

Bei *dauerhaften Gütern* (Grund und Boden, Beteiligungen und Anlagewertpapieren) werden durch die Herabsetzung auf den niedrigeren Tageswert zukünftige Aufwendungen beziehungsweise Verluste vorweggenommen, die bei einer späteren Realisation (zum Beispiel durch Verkauf) voraussichtlich auftreten werden. Bei *Sachanlagen,* zum Beispiel Maschinen, werden – wie bei den Vorräten des Umlaufvermögens – im Hinblick auf die Entstehung des Ertrages im späteren Erlös für die Erzeugnisse die zugehörigen Nachausgaben antizipiert. Die dadurch entstehenden außerplanmäßigen Abschreibungen nach § 154, Absatz 2, Ziffer 1 AktG sind vorverlagerter, aperiodischer Aufwand.

Falsch ist eine häufig anzutreffende Auffassung, die nur den Wertänderungsaufwand und den Werteinholungsertrag als unrealisierte Erfolgseinflüsse ansieht, dagegen den Ausgleichsertrag unberücksichtigt läßt. Auf diese Weise wird der tatsächlich realisierte Periodenerfolg nicht in richtiger Höhe, und zwar grundsätzlich zu hoch, ausgewiesen.

Die klare Linie des zweifach realisierten Umsatzerfolges (im Hinblick auf den Zeitpunkt der Realisation und die realisierte Werthöhe) wird durch die Einbeziehung von Tageswerten für die Bestände und/oder den Aufwand *durchbrochen.* Das geschlossene Buchhaltungsmodell der realisierten Erfolgsrechnung mit Anschaffungswerten wird dadurch *gesprengt.* Die darin liegende Erweiterung des Erfolgsinhaltes durch unrealisierte Bestandteile kann dennoch nur unter rein erfolgsrechnerischen Gesichtspunkten verstanden werden. Jede Übertragung fremdartiger statischer Zielsetzungen muß die Periodenerfolgsrechnung überhaupt zerstören.

Das Niederstwertprinzip verfolgt den *Zweck,* in den Beständen erkennbare zukünftige Aufwendungen beziehungsweise Verluste vor dem Zeitpunkt ihrer Realisation im Erfolg vorwegzunehmen. Die Einflüsse der Tageswertänderungen auf den Erfolg zukünftiger Perioden sind der entscheidende Grund für diese rechnerischen Maßnahmen. In strenger Folgerichtigkeit ließe daher die Erfolgsrechnung nur nachhaltige und endgültige Wertänderungen zu, deren

Einwirkung auf spätere Periodenerfolge mit einiger Sicherheit zu erwarten ist. Wenn das Handelsrecht das Niederstwertprinzip für das Umlaufvermögen uneingeschränkt und obligatorisch gestaltet hat, so liegt darin ein Schritt zu verstärkter Vorsicht, der sich aus den Schwierigkeiten der Ermessensentscheidung herleitet. Dagegen wird für das Anlagevermögen bei Anwendung des strengen Niederstwertprinzips (Mußvorschrift) die Nachhaltigkeit einer voraussichtlich dauernden Wertminderung verlangt. Die Möglichkeit der vorzeitigen Auflösung des Antizipationsaufwands durch einen unrealisierten Werteinholungsertrag muß man in Verbindung mit der großzügigen Handhabung und Verselbständigung des Niederstwertprinzips sehen.

In der handelsrechtlich geformten Niederstwertrechnung verbindet sich, soweit dies nicht durch die neuen Vorschriften des Aktiengesetzes von 1965 geändert worden ist, das Niederstwertprinzip mit dem sogenannten *Grenzwertprinzip*. Dieses bedeutet, daß das Niederstwertprinzip – wie auch das Anschaffungswertprinzip – keinen bestimmten Wert festsetzt, sondern (auf der Aktivseite) nur eine obere Wertgrenze (Tagesbeschaffungs- oder Anschaffungswert), die beliebig unterschritten werden darf. Hiermit wird die willkürliche Durchbrechung des Realisationsprinzips dem Ermessen des Kaufmannes überantwortet. Er darf handelsrechtlich durch Zulassung der durch diese Unterbewertung entstehenden stillen Rücklagen den Erfolg beliebig niedriger ausweisen, als es den Forderungen des Realisationsprinzips und dem Ansatz des genauen Niederstwertes entspricht. Wie noch zu zeigen sein wird, kann dem Erfordernis kaufmännischer Vorsicht – das weitgehend als Begründung für die Bildung stiller Rücklagen herangezogen wird – eher durch die Bildung offener Rücklagen gedient werden.

Das *Vorsichtsprinzip* hat erst im Laufe der Zeit die nahezu unbeschränkte Erweiterung zum Grenzwertprinzip erfahren, die auch in der Rechtsprechung, zwar zunächst zögernd, schließlich in fortschreitender Entscheidungspraxis und Kommentierung – und zwar in schroffem Gegensatz zur steuerrechtlichen Auffassung – volle Anerkennung gefunden hat. Sieht man vom Aktiengesetz von 1965 ab, gilt auch heute noch als Bestandteil der Grundsätze ordnungsmäßiger Buchführung, daß der Niederstwert nur als Bewertungsgrenze anzusehen ist. Man kann im Sinne der vorhergehenden Ausführungen zusammenfassend so formulieren, daß der Niederstwert schlechthin den oberen Grenzwert für das Reinvermögen darstellt. Gegenstände des Vermögens und des Fremdkapitals sind derart zu bilanzieren, daß der einzelne Wertansatz zu keiner höheren Bewertung des Saldos beider Bilanzseiten (Reinvermögen) führt, als sie sich durch den Ansatz des Niederstwertes ergibt. Auch hier handelt es sich für die Einzelposten um ein Doppelprinzip, das heißt, ein *zweifaches* Grenzwertprinzip.

Das Niederstwertprinzip als Grenzwertprinzip im Sinne zweier Obergrenzen (Maximalwerte) gilt uneingeschränkt und zwingend für das Umlaufvermögen *(strenges Niederstwertprinzip)*, beim Anlagevermögen nur unter der Voraussetzung nachhaltiger Entwertung der betreffenden Wirtschaftsgüter *(gemildertes Niederstwertprinzip)*. Wenn eine dauernde Wertminderung bei Anlagegütern noch nicht erkennbar ist, hat der Bilanzierende die Wahl zwischen dem (vollen oder fortgeschriebenen) Anschaffungswert und seiner Herabsetzung auf die Höhe des niedrigeren Tagesbeschaffungswertes. Man spricht daher in diesem Falle auch von einem *fakultativen* Niederstwertprinzip.

Bei den *Schulden* verlangt das Niederstwertprinzip als Grenzwertprinzip den Ansatz des ursprünglichen oder des höheren gegenwärtigen Ausgabenwertes im Sinne zweier Untergrenzen (Minimalwerte). Der letztere Fall, verbunden mit Aufwandsantizipation, tritt unmittelbar nur dann ein, wenn eine Verpflichtung in Fremdwährung am Bilanzstichtag gegenüber dem Entstehungstage der Schuld zu einem höheren Devisenkurs bewertet wird. Mittelbar können höhere gegenwärtige Ausgabenwerte, verbunden mit Aufwandsantizipation, dann auftreten, wenn die mögliche Aktivierung des Unterschiedsbetrages zwischen dem – vorgeschriebenen – höheren Rückzahlungsbetrag und dem niedrigeren Ausgabebetrag von Anleihen und sonstigen langfristigen Verbindlichkeiten unterlassen wird (Begebungsdisagio, Rückzahlungsagio). Im übrigen verstößt die Überschreitung feststehender Rückzahlungsbeträge von Schulden gegen die Grundsätze ordnungsmäßiger Buchführung, das heißt, die Bewertung der Passiva folgt stärker als die der Aktiva dem Realisationsprinzip. Lediglich die Rückstellungen können wegen ihres Schätzungscharakters die tatsächlichen Aufwendungen überschreiten. Die Obergrenze entspricht dabei dem bei pessimistischer Einstellung zu erwartenden Ausgabenbetrag. Es handelt sich dann nicht um die Vorwegnahme eines im Rahmen der Totalerfolgsrechnung feststehenden Aufwandsbetrages, sondern um ein Zuviel an Aufwand, das durch entsprechende Erträge aus der Auflösung von Rückstellungen (mit dem Charakter von aperiodischen Aufwandsminderungen) später ausgeglichen werden muß.

Um die bisher betrachtete Anwendung des Niederstwertprinzips vom Grenzwertprinzip zu unterscheiden, ist es zweckmäßig, von einem *exakten Niederstwertprinzip* zu sprechen, wenn die Bilanzgegenstände bei Abweichungen zwischen dem historischen Anschaffungswert und dem gegenwärtigen Tagesbeschaffungswert *genau (exakt)* mit dem niedrigeren (beziehungsweise höheren) der beiden Werte angesetzt werden. Eine noch niedrigere (oder höhere) Bewertung wird dadurch ausgeschlossen. Damit fixiert das exakte Niederstwertprinzip einen festen Wert und läßt keine Bewertungsfreiheit zu.

Das *Aktiengesetz* von 1965 schreibt den Aktiengesellschaften grundsätzlich das exakte Niederstwertprinzip vor, so daß bei Gütern des *Umlaufvermögens* die Aufwandsantizipation auf die Differenz zwischen Anschaffungswert und niedrigerem Tagesbeschaffungswert beschränkt bleibt. Über diese strenge Mußvorschrift hinaus darf die Wertgrenze nur insoweit unterschritten werden, als dies bei vernünftiger kaufmännischer Beurteilung notwendig ist, um weitere Wertminderungen in der nächsten Zukunft vorwegzunehmen. Dadurch wird eine höhere Aufwandsantizipation im Sonderfall zugelassen. Siehe § 155, Absatz 3, Nr. 1 AktG.

Dasselbe gilt, wenn nach dem Grundsatz der Maßgeblichkeit der Handelsbilanz für die Steuerbilanz eine Unterschreitung der aktienrechtlichen Wertgrenze Voraussetzung für die Inanspruchnahme von Vergünstigungen bei den Steuern vom Einkommen und vom Ertrag ist. Siehe § 155, Absatz 3, Nr. 2 AktG.

Analoge Bestimmungen des grundsätzlich angewandten exakten Niederstwertprinzips gelten für das *Anlagevermögen* nur als Kannvorschrift mit Zulassung weiterer Unterbewertung für Steuerzwecke. Siehe § 154, Absatz 2, Nrn. 1 und 2 AktG.

Für die Berechnung des *Herstellungswertes* enthalten die §§ 153, Absatz 2 und 155, Absatz 1 AktG nur eine Kannvorschrift.

Hinsichtlich der Passiva verstärkt das Aktiengesetz von 1965 die Gültigkeit des Realisationsprinzips durch die Beschränkung der *Rückstellungen* auf die Höhe des Betrages, der nach vernünftiger kaufmännischer Beurteilung notwendig ist (§ 156, Absatz 4 AktG). Die bisher nicht selten anzutreffenden Aufwandsüberhöhungen über den Schätzungsspielraum hinaus sollen dadurch ausgeschlossen werden.

Abgesehen von den vorerwähnten Wertminderungen und Unterbewertungen entspricht die neue aktienrechtliche Bewertung stärker dem *Realisationsprinzip*. Die früher möglichen und weithin üblichen Aufwandsantizipationen – gleichbedeutend mit der Entstehung stiller Rücklagen – sind dadurch unterbunden worden, daß die Bilanzgegenstände grundsätzlich mit dem Anschaffungswert zu bewerten sind, wie es dem Wesen und Ziel der realisierten Erfolgsrechnung entspricht. Dabei erscheint der Anschaffungswert als voller beziehungsweise als fortgeführter Ausgaben- oder Einnahmenwert. Im letzteren Falle sind die Ausgabenwerte der Anlagegegenstände, deren Nutzung zeitlich begrenzt ist, planmäßig abzuschreiben oder zu berichtigen.

Während die auf dem Grenzwertprinzip beruhenden Bewertungsbestimmungen des Aktiengesetzes von 1937 als Grundsätze ordnungsmäßiger Buchführung über die Aktiengesellschaften hinaus *allgemeine Geltung* besitzen, bestehen Zweifel daran, ob die Bewertungsvorschriften des Aktiengesetzes von

1965 eine entsprechende Gültigkeit erlangen können. Die Neuerungen des Aktiengesetzes folgen nicht nur dem Gedanken des Gläubigerschutzes, der für alle Rechtsformen der Unternehmungen bedeutsam ist, sondern dienen außerdem – aus rechts- und gesellschaftspolitischen Beweggründen – einer Stärkung des Eigentumsrechts der Aktionäre, also speziellen Belangen der Aktiengesellschaft, die für andere Rechtsformen nicht oder nicht in gleichem Maße relevant sind. Die angeschnittene Frage wird sich erst nach Jahren diesbezüglicher Entwicklung und Rechtsprechung mit Sicherheit beantworten lassen.

Das Verhältnis des Niederstwertprinzips zur Erfolgsrechnung zwingt dazu, den Standort der sogenannten Niederstwertbilanz klar zu kennzeichnen. Die *exakte Niederstwertbilanz*, die ohne Anwendung des Grenzwertprinzips allein nach dem exakten Niederstwertprinzip aufgestellt wird, bleibt ihrem Wesen nach eine *Erfolgsbilanz*. Sie darf keineswegs, auch nicht teilweise, als Statusbilanz aufgefaßt werden. Es soll nicht primär der statische Wert von Bilanzbeständen am Stichtag (etwa als sogenannter richtiger Wert im Gegensatz zum – unzutreffenden – Anschaffungswert) bestimmt werden, sondern ein unrealisierter Aufwand antizipativ in die Erfolgsrechnung einbezogen werden. Die Folge ist, daß grundsätzlich nur ein Teil des realisierten Umsatzerfolges ausgewiesen wird, dagegen ein höherer Erfolg nur dann auftreten kann, wenn später der Antizipationsaufwand wieder aufgelöst wird.

Durch die mit dem *Grenzwertprinzip* verbundene Möglichkeit willkürlicher Unterbewertung wird demgegenüber jede sachgerechte Periodenerfolgsrechnung überhaupt *aufgehoben*.

Vom Standpunkt der Erfolgsrechnung ist festzustellen, daß durch die Antizipation zukünftiger Aufwendungen (und Verluste) stillschweigend eine Verwendung des realisierten Gewinnes vorweggenommen wird, ohne daß der Bilanzleser über diese Tatsache und ihr Ausmaß in der Regel Informationen erhält. Durch die ertragswirksame Auflösung der antizipierten Aufwendungen wird in späteren Perioden ein rein rechnerischer, buchmäßiger Gewinn ausgewiesen. Es liegt somit sowohl eine *Verquickung von Erfolgsermittlung und Erfolgsverwendung* als auch eine erhebliche *Störung der Vergleichbarkeit* der Periodenerfolge vor.

Gewichtige Gründe lassen sich für die *reine Anschaffungswertbilanz* und ihre Verwirklichung in der Wirtschaftspraxis anführen. Wie das angelsächsische Beispiel zeigt, kann man auf das typisch kontinentaleuropäische Niederstwertprinzip verzichten. Vorerst erscheint aber ein solcher Bruch in der deutschen Tradition unwahrscheinlich.

IV. Die steuerrechtliche Bilanzbewertung

Die Ermittlung des steuerlichen Gewinneinkommens lehnt sich an die handelsrechtliche Erfolgsermittlung an. Es wird kein eigenes Verfahren in selbständiger Ausgestaltung daneben entwickelt. Die steuerliche Erfolgsermittlung baut vielmehr unmittelbar auf der betriebswirtschaftlichen Rechnung auf. Die handelsrechtlichen Vorschriften und die Grundsätze ordnungsmäßiger Buchführung werden prinzipiell übernommen. Das Steuerrecht beschränkt sich auf Sonderbestimmungen, die allerdings allen übrigen Vorschriften vorangehen und insbesondere dann wirksam werden, wenn sie zu diesen im Widerspruch stehen. Dies gilt namentlich für die handelsrechtlich zulässigen Unterbewertungen, die die erfolgsermittelnde Funktion der Jahresbilanz stören und eine Diskrepanz zwischen dem Ausweis des realisierten Periodenerfolges der Unternehmung und den vielfach durch Willkür verzerrten handelsrechtlichen Bilanzergebnissen schaffen.

Infolge des Aktiengesetzes von 1965 sind zwar die Möglichkeiten der *Unterbewertung* stark beschränkt worden. Aber auch heute gibt es in handelsrechtlichen Bilanzen noch viele Möglichkeiten dazu, zum Beispiel durch die Kannvorschrift des § 153, Absatz 2 AktG für die Berechnung der Herstellungskosten, durch die Nichtaktivierung originärer immaterieller Wirtschaftsgüter (selbstgeschaffenes technologisches Wissen, Fabrikationsgeheimnisse, ökonomische Potenzen) und durch die Ausnutzung steuerlicher Sonderabschreibungsrechte, die über den betriebswirtschaftlich gerechtfertigten Betrag oft erheblich hinausgehen und nicht der Ermittlung eines realisierten Periodenerfolges, sondern wirtschafts- beziehungsweise strukturpolitischen Zielen dienen. Steuerlich zulässige Unterbewertungen (Teilwertabschreibungen, Bewertungsfreiheiten für bestimmte Güter und Personenkreise) sind nach § 154, Absatz 2, Nr. 2 und § 155, Absatz 3, Nr. 2 AktG 1965 ausdrücklich auch handelsrechtlich gestattet.

Die steuerrechtliche Erfolgsbilanz (Steuerbilanz), unter der im folgenden die Einkommen- bzw. Körperschaftsteuerbilanz verstanden wird, ist durch den Grundsatz der *Maßgeblichkeit der Handelsbilanz* für die Steuerbilanz sehr eng mit der handelsrechtlichen Erfolgsbilanz verbunden. Diese Maßgeblichkeit gilt jedoch nur unter der Bedingung, daß hierdurch die Interessen des Fiskus, die in erster Linie auf den Ausweis eines Erfolges als Ausdruck steuerlicher Leistungskraft gerichtet sind, nicht verletzt werden. Durch das Verbot der handelsrechtlich zulässigen Unterbewertungen kommt die Maßgeblichkeit nur innerhalb bestimmter Grenzen zur Auswirkung.

Der enge Zusammenhang zwischen betriebswirtschaftlich-handelsrechtlicher und steuerlicher Erfolgsermittlung bedeutet, daß beide auf dem gleichen geldmäßigen oder nominalen Gewinnbegriff beruhen und daher auch die steuerliche Erfolgsrechnung in ihrem wesentlichen Kerngehalt auf Zahlungsvorgängen aufbaut. Nur aus dieser inneren Verwandtschaft heraus erklärt es sich, daß man überhaupt die Steuerbilanz aus der Handelsbilanz ableiten kann.

Wenn in weitgehendem Umfang in der Praxis Handels- und Steuerbilanz übereinstimmen, so kann dies durchaus in der Sache begründet und deshalb vertretbar sein. Es ist aber auch möglich, daß man auf die besondere Aufstellung einer abweichenden Handelsbilanz verzichtet und diese, leider auch aus Bequemlichkeit, einfach mit der Steuerbilanz gleichsetzt. In diesem Falle vollzieht sich der handelsrechtliche Jahresabschluß ganz unter dem Einfluß steuerrechtlicher Sondervorschriften. Abweichungen zwischen beiden Bilanzen sind aber infolge der unterschiedlichen Zielsetzungen häufig unvermeidbar.

1. Der Grundsatz der Maßgeblichkeit der Handelsbilanz für die Steuerbilanz

Die *handelsrechtlichen* Bestimmungen zur Ermittlung des Jahreserfolges werden im wesentlichen von den Motiven des Gläubigerschutzes, des Unternehmungsschutzes und bei Aktiengesellschaften auch des Aktionärsschutzes getragen. Dem Gläubigerschutz wird der Gesetzgeber dadurch gerecht, daß er Höchstwertvorschriften für Aktiva festsetzt und dadurch den Ausweis unrealisierter Gewinne verbietet. Hiernach steht bei den Nicht-Aktiengesellschaften einer Unterbewertung nichts im Wege; denn wenn der Kaufmann sich ärmer stellt als er ist, schädigt er – vom Standpunkt des Handelsrechts aus gesehen – höchstens sich selbst, keinesfalls aber die Gläubiger. Aktiengesellschaften müssen gewisse Mindestbewertungen einhalten, da das Vorsichtsprinzip mit dem Prinzip des Aktionärsschutzes durch die übermäßige Bildung stiller Rücklagen kollidiert. Der Forderung nach Unternehmungsschutz glaubt der Gesetzgeber dadurch gerecht zu werden, daß er ein Prinzip der Mindestbewertung allgemein nicht aufgestellt hat. Das Gewohnheitsrecht oder Gewohnheitsunrecht der Kaufleute konnte somit das Unterbewertungsrecht in der Handelsbilanz entwickeln. Der handelsrechtlich ermittelte Unternehmungsgewinn ist damit eine Größe, die vom subjektiven Ermessen des Bilanzierenden weitgehend bestimmt wird. Von einer objektiven Bilanzwahrheit kann daher keine Rede sein. Es genügt, wenn die zwingenden Gesetzesbestimmungen, die für Nicht-Aktiengesellschaften auch das Unterbewertungsrecht enthalten, befolgt werden.

Das *Steuerrecht* unterliegt dem Postulat der gerechten und gleichmäßigen Besteuerung. Dadurch gewinnt die Forderung nach Bilanzwahrheit objektiven, allgemeingültigen Gehalt. Dient das Höchstwertprinzip handelsrechtlich dem Gläubigerschutz, so verhindert seine Einhaltung steuerrechtlich die Erfassung einer nicht vorhandenen wirtschaftlichen Leistungsfähigkeit; denn Überbewertungen führen zu unrealisierten Gewinnen, die nicht Grundlage für Steuerzahlungen sein können. Auch könnten Überbewertungen zu Gewinnverlagerungen in verschiedenen Erfolgsperioden führen, was dem Grundsatz der gleichmäßigen Besteuerung widerspricht. Eine gerechte Besteuerung verbietet Überbewertungen, da hierdurch die wirkliche Leistungskraft des Steuerpflichtigen verschleiert wird.

Hat das Handelsrecht die Ermittlung eines unternehmungsindividuell verteilbaren, ausschüttbaren Gewinns im Auge, zielen die steuerrechtlichen Vorschriften auf die Erfassung des erzielten Gewinns in einem objektivierten Sinne ab. So gesehen, bedeutet Maßgeblichkeit nicht Kongruenz von Handels- und Steuerbilanz. Zwischen nicht vorhandener Bilanzwahrheit im Handelsrecht und geforderter Bilanzwahrheit im Steuerrecht besteht nur eine *bedingte, relative Maßgeblichkeit*.

Der Grundgehalt des Maßgeblichkeitsprinzips – wie es heute gültig ist – hat nach einer kontinuierlichen historischen Entwicklung seinen Ursprung im Preußischen Einkommensteuergesetz von 1891. Die einmal vorhanden gewesene absolute Maßgeblichkeit im Sinne einer Kongruenz wurde zugunsten folgender Regelung aufgegeben:

1. Ausgangspunkt für die Besteuerung des gewerblichen Gewinnes ist die rechtsgültige Handelsbilanz. Sie ist stets der Steuerbilanz zugrundezulegen. Sofern ihre Ordnungsmäßigkeit gegeben ist, knüpfen an sie alle Überlegungen zur Ableitung der Steuerbilanz an. Das Zugrundelegen der Handelsbilanz erfolgt zunächst ohne Rücksicht auf materiale Änderungen, die für die Steuerbilanz notwendig sind, und kann daher als *formale Maßgeblichkeit* bezeichnet werden.
2. Der materiale Inhalt der Handelsbilanz ist darüber hinaus Grundlage der Besteuerung, soweit er sich im Rahmen der steuerrechtlichen Bewertungsvorschriften bewegt. Insofern kann man von einer *materialen Maßgeblichkeit* sprechen. Änderungen handelsrechtlicher Wertansätze in der Steuerbilanz ergeben sich aus der Priorität der steuerrechtlichen Bewertungsvorschriften.

Deutlich ist erkennbar, daß die materiale Maßgeblichkeit – die im Vordergrund der folgenden Betrachtungen steht – von den sich ändernden steuerrechtlichen Bewertungsnormen abhängig ist. Insbesondere an der wechselnden Höhe der Abschreibungsfreiheit für geringwertige (kurzlebige) Wirtschaftsgüter tritt dies in Erscheinung. Hierin liegt zugleich aber auch die Wurzel für die Trennung von Handels- und Steuerbilanz.

Die angedeuteten *Einschränkungen* der absoluten Maßgeblichkeit der Handelsbilanz für die Steuerbilanz machen deutlich, daß es sich nur um einen grundsätzlichen Zusammenhang beider Bilanzen handelt. Die Abweichungen sind in der Praxis – was nicht in erster Linie gegen die Steuerbilanz, sondern gegen die Handelsbilanz spricht – so groß, daß Bühler[7] voll beizupflichten ist, wenn er feststellt: „Die Einschränkungen von der Maßgeblichkeit sind überhaupt das Wichtigste. Sie machen die scheinbare Regel von der Maßgeblichkeit zur Ausnahme und die Ausnahme von ihr zur Regel." Bezeichnenderweise nimmt schon das Einkommensteuergesetz von 1925, im Gegensatz zu dem von 1891, auf die „Gebräuche eines ordentlichen Kaufmanns" im Zusammenhang mit der Bewertungsproblematik nicht mehr bezug. Hierzu vermerkt der Gesetzesentwurf: „Um übermäßige Abschreibungen zu verhindern, hat der Entwurf die Bezugnahme auf die sonstigen Gebräuche eines ordentlichen Kaufmannes weggelassen[8].

§ 5, Absatz 1 EStG enthält den Hinweis auf die handelsrechtlichen Grundsätze ordnungsmäßiger Buchführung, nach denen das Betriebsvermögen auszuweisen ist. Der Bewertungsparagraph 6 EStG erwähnt dagegen nicht die Grundsätze ordnungsmäßiger Buchführung oder die Gebräuche des ordentlichen Kaufmanns. Daraus kann man folgern, daß das Steuerrecht hinsichtlich der Bewertung, auch abweichend von diesen Grundsätzen und Gebräuchen, eigene Wege gehen will.

Der Grundsatz der Maßgeblichkeit bezweckt aber auch einen *Schutz für den Steuerpflichtigen,* der darin besteht, daß in der Steuerbilanz keine andere Bewertung vorgenommen werden darf, sofern die handelsrechtliche den steuerrechtlichen Vorschriften nicht widerspricht. Der Steuerpflichtige kann, außer wenn es ausdrücklich steuerliche Vorschriften verlangen, nicht gezwungen werden, in der Steuerbilanz einen höheren Gewinn als in der Handelsbilanz auszuweisen, es sei denn, er tut es von sich aus. Die im Rahmen der steuerlichen Bewertungsgrenzen liegenden handelsrechtlichen Wertansätze sind maßgeblich mit verbindlicher Wirkung für den Steuerpflichtigen und den Fiskus. Hierbei erstreckt sich der Maßgeblichkeitsgrundsatz nicht auf die Bilanz im ganzen, sondern auf die Einzelposten; auch steuerlich gilt der Grundsatz der Einzelbewertung.

Außer der Schutzwirkung der Maßgeblichkeit für den Steuerpflichtigen gibt es auch eine *Schutzwirkung zugunsten der Steuerbehörde.* Der Steuerpflichtige

[7] Bühler, O.: Die Einwirkungen der Steuerbilanz auf die Handelsbilanz. In: Der Wirtschaftsprüfer 1933, S. 258.

[8] Reichsdrucksachen Bd. 340, Nr. 1624, S. 59.

kann steuerrechtliche Bewertungsfreiheiten und Sonderabschreibungen nur dann und soweit ausnutzen, wie er auch in der Handelsbilanz entsprechend verfährt.

Die materiale Maßgeblichkeit der Handelsbilanz für die Steuerbilanz ist in Auslegung des § 5 EStG somit dann gegeben, wenn die allgemeinen Erfordernisse der Rechtsgültigkeit der Handelsbilanz erfüllt sind, in ihr die Grundsätze ordnungsmäßiger Buchführung beachtet werden, die handelsrechtlichen Bewertungsvorschriften zur Anwendung kommen – somit also die formale Maßgeblichkeit besteht – und der Bilanzinhalt den steuerrechtlichen Sondervorschriften zur Ermittlung des steuerpflichtigen Gewinnes entspricht.

Von den steuerrechtlichen Sonderbestimmungen verdienen zumindest die *Bewertungsvorschriften* Beachtung. Im einzelnen bestimmt das Einkommensteuerrecht in den §§ 6ff. EStG:

1. Für die *abnutzbaren* Wirtschaftsgüter des *Anlagevermögens* gilt das *gemilderte Niederstwertprinzip,* das heißt, der niedrigere Teilwert kann angesetzt werden. Es besteht keine Unterbewertungsmöglichkeit, mit Ausnahme der geringwertigen Anlagegüter, weiterer Bestände, die im Zeitablauf wechselnd in den §§ 7ff. (also 7a, b und so weiter) EStG genannt werden, der durch Sondervorschriften im Rahmen des § 51 EStG erfaßten Wirtschaftsgüter und förderungsbedürftigen Personenkreise und der Unterbewertung gemäß Berlinförderungsgesetz, Schutzbaugesetz und anderen Gesetzen. Der *vorjährige Bilanzansatz* darf jedoch nicht überschritten werden (§ 6, Absatz 1, Nr. 1 EStG). Was steuerlich einmal abgeschrieben ist, bleibt abgeschrieben.
2. Für die *nicht-abnutzbaren* Wirtschaftsgüter des *Anlagevermögens* und für das *Umlaufvermögen* darf der niedrigere Teilwert auch dann angesetzt werden, wenn der letzte Bilanzansatz tiefer liegt. Im Gegensatz zum Handelsrecht dürfen auf den derivativen Geschäfts- oder Firmenwert keine Absetzungen für Abnutzung (planmäßige Abschreibungen) vorgenommen werden.
3. Nach dem Wortlaut des Gesetzes gilt für die Gegenstände des *Umlaufvermögens* ebenfalls das *gemilderte Niederstwertprinzip.* Die Maßgeblichkeit der Handelsbilanz für die Steuerbilanz ist hier von weittragender Bedeutung. Nach aktienrechtlicher Vorschrift, die einen allgemeinen Grundsatz ordnungsmäßiger Buchführung zum Ausdruck bringt, ist der Tageswert am Bilanztag zwingend anzusetzen, sofern dieser unter dem Anschaffungswert der Wirtschaftsgüter liegt. Das Einkommensteuerrecht enthält nur eine *Kannvorschrift;* diese ist jedoch nach heute noch geltender Auslegung durch den früheren Reichsfinanzhof in Verbindung mit dem aktienrechtlichen Herabsetzungszwang zur *Mußvorschrift* für das Umlaufvermögen geworden.

Damit ist keine Absetzung für Abnutzung, sondern eine Kenntlichmachung der Wertminderung durch Abwertung auf den niedrigeren Teilwert möglich. Für die Bewertung dieser Bestände besteht, wie bereits oben erwähnt, keine materiale Bilanzkontinuität. Anstelle der aktienrechtlich zulässigen Lifo- und Fifoverfahren (§ 155, Absatz 1, Satz 3 AktG) kommen steuerrechtlich nur ein Verfahren, das dem tatsächlichen Verbrauch entspricht, ein Durchschnittspreisverfahren, eine Festbewertung oder der Verkaufspreis abzüglich Rohgewinn infrage.

4. Analog gilt für die Bewertung der *Verbindlichkeiten* im Gegensatz zum Handelsrecht das *gemilderte Höchstwertprinzip*, das heißt, daß statt des empfangenen Verfügungsbetrages ein höherer Rückzahlungsbetrag angesetzt werden darf (§ 6, Absatz 1, Nr. 3 EStG). Auch hier greift – wie noch näher zu zeigen sein wird – die Maßgeblichkeit der Handelsbilanz für die Steuerbilanz in starkem Ausmaß Platz.

Die *Maßgeblichkeit* der Handelsbilanz für die Steuerbilanz wirkt sich bei den verschiedenen Beständen wie folgt aus:

a) Bei der Bewertung der *abnutzbaren Wirtschaftsgüter* des Anlagevermögens ist handelsrechtlich mindestens der Anteil des jährlichen Wertverlustes abzuschreiben, während steuerrechtlich dieser, und grundsätzlich nur dieser, Anteil abzusetzen ist. Geht die handelsrechtliche Abschreibung darüber hinaus und findet sich hierfür keine Begründung, ist der Wertansatz für die Steuerbilanz nicht maßgeblich. Begründet sind nachweisbare außergewöhnliche technische oder wirtschaftliche Wertminderungen oder Sinken des Teilwertes sowie Geringwertigkeit der Wirtschaftsgüter (§ 6, Absatz 2 EStG) oder das Bestehen einer steuerlichen Sonderabschreibungsmöglichkeit (zum Beispiel in den §§ 7 ff. EStG).

Bemerkenswert ist, daß die Steuerbehörde nicht alle in der Praxis vorkommenden *Abschreibungsmethoden* (progressive Abschreibungen, Annuitätenabschreibungen) anerkennt. Progressive Abschreibungen sind zwar nicht ausdrücklich im EStG untersagt, doch ist ihre praktische Bedeutung sehr gering, da sie meist dem Prinzip der Vorsicht widersprechen. Der Fiskus folgt dem nominalen Denken des Handelsrechts, wenn er gleichfalls eine Abschreibung vom Tageswert als unzulässig bezeichnet.

Die Maßgeblichkeit eines handelsrechtlichen Wertansatzes ergibt sich aus der Zugrundelegung der *gleichen Nutzungsdauer* bei der Abschreibungsbemessung in beiden Bilanzen. Der frühere Reichsfinanzhof erkannte nur insoweit eine Bindung an; diese Rechtsprechung gilt heute noch. Unterlassene Abschreibungen dürfen nicht immer nachgeholt werden. Sofern sie handelsrechtlich zulässigerweise vorgenommen werden, ist dieser Wertansatz für die Steuerbilanz nicht maßgeblich. Ausnahmen werden nur zugelassen, wenn die Unterlassung nicht bewußt, etwa zur Steuerersparnis, sondern versehentlich oder aufgrund rechtlicher Überlegungen zustande kam.

Ein handelsrechtlicher Wertansatz, der die normale Abschreibung überschreitet, ist dann für die Steuerbilanz maßgeblich, wenn, wie schon gesagt, die technische Veraltung oder eine außergewöhnliche wirtschaftliche Wertminderung des abgeschriebenen Gegenstandes eine Einbeziehung dieser Tatsachen nach § 7 EStG in die Abschreibung rechtfertigt. In diesem Falle ist der Steuerpflichtige nicht gehalten, den niedrigeren Teilwert anzusetzen. Die Steuerbilanz hat der Handelsbilanz über einen eventuellen Zwischenwert bis zur unteren Grenze des Teilwertes zu folgen.

Eine darüber hinausgehende Abschreibung bei geringwertigen Wirtschaftsgütern und bei Inanspruchnahme sonstiger Sonderabschreibungsmöglichkeiten setzt stets voraus, daß diese auch in der Handelsbilanz vorgenommen werden.

b) Für den *derivativen Geschäfts- oder Firmenwert* besteht handelsrechtlich ein Abschreibungsgebot (§ 153, Absatz 5, Satz 3 AktG). Steuerrechtlich ist eine Abschreibung nur bei Nachweis einer echten Wertminderung möglich. Ist also eine steuerrechtlich unbegründete, handelsrechtlich aber gebotene Abschreibung in der Handelsbilanz vorgenommen worden, so ist dieser Ansatz für die Steuerbilanz nicht maßgeblich. Darüber hinaus ist die Möglichkeit einer steuerrechtlichen Abschreibung überhaupt umstritten.

Bei den *Wertpapieren des Anlagevermögens* sind handelsrechtlich Abschreibungen vorzunehmen, wenn es die Grundsätze ordnungsmäßiger Buchführung bedingen beziehungsweise eine voraussichtlich dauernde Wertminderung vorliegt (§ 154, Absatz 2 AktG). Steuerrechtlich ist der Ansatz einer solchen Wertminderung nur durch das Herabgehen auf den niedrigeren Teilwert möglich. Wenn also handelsrechtlich ein vorübergehender Kursrückgang nicht berücksichtigt wird, so darf die Steuerbilanz dem Grundsatz der Maßgeblichkeit zufolge diesen auch nicht berücksichtigen. Der mögliche Hinweis, daß steuerlich für Gegenstände des Umlaufvermögens das Niederstwertprinzip gilt, was die Berücksichtigung des niedrigeren Kurswertes erfordert, ist hier unbegründet. Das steuerliche Niederstwertprinzip folgt aus dem Grundsatz der Maßgeblichkeit. Wenn also handelsrechtlich für die nicht-abnutzbaren Wirtschaftsgüter des Anlagevermögens nicht das strenge Niederstwertprinzip gilt, so kann es steuerlich für diese Bestände ebenfalls nicht zur Anwendung kommen. Wird somit handelsrechtlich eine Wertberichtigung vorgenommen, muß ihr die Steuerbilanz bis zur unteren Grenze des Teilwertes folgen.

Da allgemein für die nicht-abnutzbaren Güter des Anlagevermögens steuerrechtlich die für das Umlaufvermögen inbetrachtkommenden Bewertungsvorschriften gelten, wird ein handelsrechtlicher Wertansatz, der einen vorjährigen übersteigt, bis zur Grenze des Anschaffungswertes für die Steuerbilanz maßgeblich sein.

c) Für die Bewertung der Bestände des *Umlaufvermögens* bedeutet der Maßgeblichkeitsgrundsatz, daß die Steuerbilanz an das Herabgehen der Handelsbilanz auf den Tageswert – ohne die Möglichkeit, einen Zwischenwert zu wählen – gebunden ist. Da für die Wirtschaftsgüter des Umlaufvermögens der eingeschränkte Wertzusammenhang gilt, ist ein über den letzten Bilanzansatz bis zur Grenze des Anschaffungswertes gehender Tageswertansatz in der Handelsbilanz für die Steuerbilanz maßgeblich.

Analog ist der Maßgeblichkeitsgrundsatz auf die Bewertung der *Verbindlichkeiten* anzuwenden. Sofern also in der Handelsbilanz ein höherer Zeitwert angesetzt wird, ist dieser Ansatz bis zur Grenze des Teilwertes für die Steuerbilanz maßgeblich. Dem Grundsatz des eingeschränkten Wertzusammenhanges zufolge ist auch ein handelsrechtlicher Wertansatz, der den vorjährigen Bilanzwert unterschreitet, bis zur Grenze des Anschaffungswertes für die Steuerbilanz verbindlich.

d) Bei der Bewertung der *Rückstellungen* geht das Steuerrecht weit stärker als das Handelsrecht vom Vorhandensein einer ungewissen Verbindlichkeit aus. Eine handelsrechtliche Rückstellung, die den Grundsätzen ordnungsmäßiger Buchführung entspricht, ist nur unter diesem Gesichtspunkt für die Steuerbilanz maßgeblich. Die Nachholung unterlassener Rückstellungen ist allerdings in der Regel nicht zulässig.

Eine Maßgeblichkeit kommt für *Rücklagen* grundsätzlich nicht inbetracht. Im Steuerrecht werden in der Regel nur solche Rücklagen als Passiva anerkannt, die aus versteuerten Gewinnen stammen. Neben diesen voll versteuerten Rücklagen gibt es auch Rücklagen nach § 152, Absatz 5 AktG, die aus nicht versteuerten Gewinnen gebildet werden und erst bei ihrer Auflösung zu Steuerzahlungen führen, zum Beispiel nach § 6 EStG. Alle diese Rücklagen müssen auch in der Handelsbilanz vorgenommen werden, wenn sie steuerrechtlich gelten sollen.

Zusammengefaßt wird man die Beziehungen zwischen der Bewertung in Handels- und Steuerbilanz nach dem Grundsatz der Maßgeblichkeit, der sich nach *zwei Richtungen* auswirkt, wie folgt ausdrücken können:

I. Für die Wirtschaftsgüter der *Aktivseite* bilden die Wertansätze der *Handelsbilanz* schlechthin die *untere Grenze* für die Bewertung in der Steuerbilanz. Entsprechend bilden die *Passiva* der Handelsbilanz, abgesehen vom Eigenkapital, die *obere Grenze* für die Steuerbilanz. Die Handelsbilanz muß der Steuerbilanz in der Bewertung auf der Aktivseite nach unten, auf der Passivseite nach oben *vorangehen.* Die Maßgeblichkeit zeigt sich darin, daß diese die Vorbedingungen für die steuerliche Bewertung schafft. Die Steuerbilanz kann ihre Wertansätze nur in Abhängigkeit von der *vorherigen* entsprechenden Bewertung in der Handelsbilanz verwirklichen.

II. Die Wertansätze der *Handelsbilanz* stellen auf der *Aktivseite* im allgemeinen auch die *obere Grenze* beziehungsweise auf der *Passivseite* die *untere Grenze* für die Bewertung in der Steuerbilanz dar, soweit sie nicht steuerrechtlichen Sondervorschriften widersprechen, das heißt, insbesondere keine stillen Rücklagen enthalten. Die Steuerbilanz muß der Handelsbilanz in der Bewertung auf der Aktivseite nach unten und auf der Passivseite nach oben *folgen,* soweit dies mit steuerrechtlichen Sondervorschriften vereinbar ist. Sie schließt sich den handelsrechtlichen Wertansätzen nach Möglichkeit an.

Interessant ist die Tatsache, daß die steuerliche Gewinnermittlung nicht inform einer ausgesprochenen *Erfolgsrechnung* durchgeführt wird, die Aufwendungen und Erträge miteinander vergleicht. Obwohl die Eigenart der Doppik gerade auf dem Ausbau einer gesonderten Aufwands- und Ertragsrechnung beruht, wird steuerlich auf die Heranziehung dieser Rechnungsunterlagen verzichtet, indem wohl die vollständige Bilanz, nicht aber die Gewinn- und Verlustrechnung zugrundegelegt wird. Dieser Widerspruch löst sich, wenn man beachtet, daß die von der Kameralistik beeinflußte fiskalische Denkweise von der Einnahmen- und Ausgabenrechnung ausgeht, die folgerichtig in die Bilanz einmündet. Es führt eine einheitliche Linie von der einfachen Kassenrechnung bis zur ausgebauten Abschlußbilanz.

Die Aufwands- und Ertragsrechnung macht sich, gewissermaßen durch eine Hintertür, geltend, soweit die Fragen der *Zulässigkeit* der Aufwendungen und der *Einbeziehungspflicht* der Erträge, insbesondere der Abgrenzung der sogenannten abzugsfähigen Posten, auftreten. Auch hier spricht das Steuerrecht von Betriebseinnahmen und Betriebsausgaben. Aus den Beständen der saldierten Zeitpunktbilanz sind die Einzelzusammenhänge der Bewegungen nicht mehr ersichtlich, so daß man auf diese selbst zurückgreifen muß. Darum sind auch neben der Bilanz Aufwendungen und Erträge Gegenstand der steuerlichen Betriebsprüfung.

2. Betriebswirtschaftliche Mängel der Steuerbilanz

Die Betrachtung der steuerlichen Bilanzierungs- und Bewertungsbestimmungen läßt deutlich ihre Struktur erkennen. Dies kommt zunächst im Verbot des Ausweises unrealisierter Gewinne durch Überschreitung (Unterschreitung) der Anschaffungs- oder Herstellungswerte auf der Aktivseite (Passivseite) der Bilanz, sodann aber insbesondere durch das Verbot stiller Willkürrücklagen durch Unterschreitung (Überschreitung) des niedrigeren (höheren) Teilwertes zum Ausdruck. Abgesehen von bestimmten, zumeist wirtschaftspolitisch bedingten Sonderabschreibungsmöglichkeiten und dem Niederstwertprinzip, weist somit der steuerliche Gewinn eine weitgehende Annäherung an den realisierten Umsatzerfolg der Unternehmung auf. Dadurch entspricht der Erfolg der Steuerbilanz oft eher den Erfordernissen betriebswirtschaftlicher Erfolgsermittlung als der aufgrund handelsrechtlicher Bewertungsvorschriften festgestellte Erfolg. Dennoch bietet die Steuerbilanz eine ganze Reihe von Reibungspunkten, die betriebswirtschaftlich zu beanstanden sind.

Der frühere Reichsfinanzhof hatte sich schon seit langem von einer rein rechtlichen Behandlung der Bewertungsfragen abgekehrt und betonte in seiner Spruchpraxis, ebenso wie heute der Bundesfinanzhof, in höchst anerkennenswerter Weise die *wirtschaftliche Betrachtungsweise* hinsichtlich der Tatbestände sowie in der Anwendung und Auslegung der steuerrechtlichen Bestimmungen. Diese wirtschaftliche ist aber noch keine *betriebswirtschaftliche Betrachtungsweise*. So eng die Beziehungen auch sein mögen und so sehr der Bundesfinanzhof bestrebt war, seine Gedankengänge in dieser Richtung zu entwickeln, in wichtigen Einzelheiten bestehen Widersprüche, die vom betriebswirtschaftlichen Standpunkt aus nicht vertretbar sind und als unüberwindbar erscheinen. Es ist zuzugeben, daß manche Störungsmomente darauf beruhen, daß auch die geltende Handelsbilanz gegen betriebswirtschaftliche Gesichtspunkte verstößt und die Steuerbilanz entsprechende Vorkehrungen treffen muß. Wenn aber eine stärkere *Annäherung beider Bilanzen* erreicht werden soll, besteht kein Zweifel darüber, daß dies nur auf der gemeinsamen Linie einer streng betriebswirtschaftlichen Bilanz erfolgen kann.

Die Ermittlung der steuerlichen Bemessungsgrundlagen in den Unternehmungen ist eine Rechenaufgabe, die nur unter betriebswirtschaftlichem Aspekt befriedigend gelöst werden kann. Wenn daher zur Berechnung des Gewinneinkommens mit der Ableitung aus der Handelsbilanz Ernst gemacht werden soll, muß die betriebswirtschaftliche Betrachtungsweise in Bilanz- und Bewertungsfragen weit stärker als bisher zur Durchsetzung gelangen[9]. Aus der Fülle

[9] Vergleiche Kosiol, Erich: Betriebswirtschaftliche Gesichtspunkte zum Bilanzsteuerrecht. In: Zeitschrift für Betriebswirtschaft 1952, S. 265–276 und S. 346–354 (Bilanzsteuerrecht).

der Einzelheiten sollen nachstehend nur einige Kernpunkte erörtert werden, die nach einer Bereinigung drängen: die Rückstellungen[10], der Geschäftswert, die Abschreibungsbemessung und die Bewertungsfreiheit. Dem Teilwert ist der anschließende Abschnitt gewidmet.

1. Das Steuerrecht geht bei aller Anerkennung des Erfolgsermittlungscharakters der Bilanz gerade beim *Rückstellungsbegriff* von einer *statischen Denkweise* aus, die dem Bilanzposten einen selbständigen Bestandswert geben möchte. Die dynamische Betrachtungsweise kommt bei der Bildung von Rückstellungen im Steuerrecht nur ausnahmsweise zum Zuge. Im Urteil des BFH vom 15. 2. 1955 (BStBl 1955, III, S. 173) werden zum Beispiel Rückstellungen für nachzuholende Instandsetzungen in der Steuerbilanz zugelassen, wenn die Arbeiten innerhalb von 3 Monaten nach dem Bilanzstichtag nachgeholt werden. Die Beschränkung auf 3 Monate zeigt, wie zurückhaltend man im Umgang mit dynamisch begründeten Rückstellungen ist. Vom Standpunkt der dynamischen Bilanzauffassung ist eine solche zeitliche Beschränkung unverständlich und daher abzulehnen. Die statische Betrachtungsweise ist nur soweit mit der dynamischen verträglich, als sie dem Erfolgsrechnungsziel nicht zuwiderläuft. Sucht man daher den Begriffsinhalt der Rückstellungen primär von der Bilanz als Beständeübersicht her zu erfassen, läßt er sich nicht in voller Breite und erfolgsrechnerisch ausreichend bestimmen. Man muß ihn von der *Aufwandsermittlung* her verstehen.

Liegt in der Abrechnungsperiode ein Aufwand im Sinne des Güterverbrauchs tatsächlich vor oder verlangt die periodische Verteilung eines langfristigen Aufwandes eine derartige Zuweisung in den betreffenden Zeitraum, obwohl keine Barausgabe stattgefunden hat, so fordert die Erfolgsrechnung die *Antizipation einer zukünftigen Barausgabe,* die zu einer Verrechnungsausgabe (Vorausgabe) führt, auch ohne daß juristisch eine Schuld vorliegt. Wird der Aufwand der abzurechnenden Periode nicht, wie es in der Regel ist, durch Geldzahlungen, sondern durch *Gewährung von Realgütern* später abgegolten (zum Beispiel durch Lieferung von Deputatkohle für das alte Jahr im neuen Jahr) und steht eine solche Realschuld noch nicht endgültig fest (weil zum Beispiel die genaue Berechnung noch aussteht), so muß eine Rückstellung gebildet werden. Sie wäre mit dem Anschaffungs- oder Herstellungswert der zu leistenden Realgüter als Rückausgabe zu bilanzieren. Ohne diese Vorgriffe würde die Erfolgsrechnung falsch periodisiert.

Keinesfalls darf man damit die *Vorwegnahme von Aufwand* verwechseln. Der Aufwand erwächst eindeutig in der Rechnungsperiode, nur die Barausgabe vollzieht sich in der Zukunft. Antizipierter Aufwand kommt dagegen in

[10] Hier werden nur Aufwandsrückstellungen behandelt. Die seltenen Vorratsrückstellungen kommen nicht inbetracht.

der Niederstwertrechnung vor, die vorsichtshalber durch Bestandswertherabsetzung unrealisierten Aufwand vorzeitig verrechnet. Damit hat die Rückstellung nichts zu tun. Durch sie wird stets ein als realisiert anzusehender Aufwand erfaßt. Vorausgaben und Rückausgaben sind unerläßliche Bestandteile der Realisationsrechnung.

Bei der Rückstellung wird *gegenwärtiger Aufwand* an der *zukünftigen Ausgabe* geschätzt. Bei den antizipierten Abgrenzungsposten, die zu den Verbindlichkeiten gehören, handelt es sich um feststehende Beträge oder laufende Raten, deren Zahlungstermine ins nächste Jahr fallen, wie zum Beispiel Versicherungsprämien, Mieten und Gebühren, so daß man eine glatte Verteilungsrechnung zu lösen hat. Aber schon bei aufgelaufenen Löhnen, Provisionen, Umlageanteilen und Steuern stehen die Ausgaben nicht immer genau fest, auch wenn Unterlagen vorhanden sind. Bei Garantieverpflichtungen, Bürgschaften, Prozeßaufwendungen, Versorgungsleistungen und Instandsetzungen ist dagegen die Unbestimmtheit der Ausgaben offensichtlich. Rückstellungen sind Ausgaben mit ausgeprägtem Schätzungscharakter. Um diesen unsicheren Aufwand (unsicher in der Regel dem Gläubiger nach, stets der Höhe und der Ausgabenfälligkeit nach) erkennbar zu machen, und zwar auch für den aus mehreren Perioden stammenden Güterverbrauch, fordert das Aktienrecht die Aussonderung des Passivums als Rückstellung.

Daß die Vorwegnahme ungenau bestimmbarer Zukunftsausgaben praktisch sehr schwierig ist und am stärksten der Schätzungswillkür unterliegt, spricht nicht gegen die Notwendigkeit der Rückstellung. Die steuerlichen Bedenken gegen die *subjektiven* Momente der Schätzung sollen damit nicht beiseitegeschoben werden. Sie sind aber nicht als Begründung dafür verständlich, einen klaren Sachverhalt zu verneinen.

Die ganze Bilanz- und Erfolgsrechnung ist mit Elementen der *Ungenauigkeit und Approximation* derart durchsetzt, daß auch das Steuerrecht, zum Beispiel im RFH-Urteil vom 26. 10. 1938 (RStBl 1939, S. 115), sich notgedrungen damit abfinden muß. Wenn man schon nicht auf Abschreibungen mit all ihrer Verteilungsproblematik verzichten kann und bei der Lebensdauerermittlung die Berücksichtigung der schwer voraussehbaren technisch-wirtschaftlichen Entwicklung zulassen muß oder wenn man sich überhaupt der subjektiven Elemente bei der Bestandsbewertung voll bewußt ist, dann kann man den Rückstellungen keine grundsätzliche Sonderstellung einräumen. Nachausgaben (Abschreibungen) und Vorausgaben beziehungsweise Rückausgaben (Rückstellungen) unterliegen den gleichen Unsicherheitseinflüssen.

Eine *Verkennung* des Rückstellungscharakters bedeutet die feste Bindung an den Begriff der *Verbindlichkeit* im Sinne des Fremdkapitals. Die ungewisse Verbindlichkeit, deren Eintritt, Gläubiger, Höhe und Fälligkeit nicht feststehen, ist an sich schon eine rechtlich unglückliche Konstruktion, die lediglich die *statische Vorstellung* eines greifbaren Passivums retten soll. Sie wird zur Zwangsjacke, wenn man sich krampfhaft an das Vorhandensein einer solchen Quasiverbindlichkeit klammert. Was nicht darunter subsumiert werden kann, fällt in der betreffenden Periode erfolgsrechnerisch unter den Tisch und wird in die falsche Periode der tatsächlichen Zahlung oder Leistung verlagert.

In der Erkenntnis, daß der Verbindlichkeitsbegriff auch in seiner künstlichen Erweiterung nicht ausreicht, wird er dann noch durch den in seiner Höhe nicht genau feststehenden Verlust ergänzt. Diese *Verlustrückstellungen* lassen sich aber logisch nicht als Unterart der Verpflichtungsrückstellungen auffassen, da man hier beim besten Willen nicht von einer Verbindlichkeit sprechen kann, auch wenn man einen erweiterten Begriff akzeptiert, der über die eigentliche juristische Verbindlichkeit hinausgeht.

Die Heranziehung von Verlusten ist nur ein Notbehelf, der um den Kern der Sache herumgeht. In Wirklichkeit handelt es sich auch bei Wagnissen und der periodischen Verteilung ihrer Auswirkungen (Fabrikationsrisiken, Kursrisiken, Debitorenrisiken) um Aufwand, dem Verrechnungsausgaben entsprechen. Da diesem Aufwand durchweg kein zugehöriger Ertrag gegenübersteht oder eine sofortige Saldierung, zum Beispiel bei Kursverlusten, stattfindet, spricht man von Verlustaufwand. Die Betonung dieses Sonderfalles wird nur dann notwendig, wenn man zunächst von der Rückstellung für ungewisse Verbindlichkeiten ausgeht und dann feststellt, daß diese Vorstellung nicht alle Möglichkeiten umfaßt.

Verzichtet man auf die statische Deutung bei der Begriffsbestimmung, so ergibt sich die theoretisch ganz einheitliche Linie der *Antizipation von Aufwandsausgaben.* Insbesondere sind dann zum Beispiel Rückstellungen für aufgeschobene Instandsetzungen ausnahmslos und einwandfrei begründet, unabhängig von der unerheblichen Differenzierung, ob sie später in eigener Regie durchgeführt oder an fremde Handwerker vergeben werden, namentlich auch dann, wenn diese Frage der Erledigung offenbleibt. Auch eine steuerliche Frist von 3 Monaten oder eine aktienrechtliche Frist von 1 Jahr dürfte keine Rolle spielen. In allen Fällen wird nicht der Aufwand auf später verschoben, sondern die Ausgaben, die mit dem durch den Periodenverschleiß der Anlagen verursachten Erhaltungsaufwand verbunden sind. Die Art der Ausgabe ist betriebswirtschaftlich irrelevant. Ausgabenantizipation ist erfolgsrechnerisch notwendig, ob es sich nun um Bezahlung von Lohn, Material und mittelbarem Fertigungsaufwand im eigenen Betrieb oder von Fremddienstleistungen Außenstehender handelt. Die Frage nach irgendeiner Verbindlichkeitsentstehung braucht gar nicht aufgeworfen zu werden.

Interessant ist in diesem Zusammenhang, daß das Steuerrecht aus alter Übung Rückstellungen für *Forderungsausfälle* ohne weiteres anerkennt. Auch hier liegt kein Verbindlichkeitscharakter vor. Rechnungstechnisch wird im Hinblick auf die spätere Tilgung einer Forderung neben der zu erwartenden tatsächlichen, jedoch geringeren Bareinnahme, die wechselbezüglich eine gleichgroße Forderungsausgabe (Haben) hervorruft, zum Ausgleich der Differenz ein Aufwand angesetzt, dem eine Verrechnungsausgabe, das heißt, die Rückstellung, entspricht.

Auch die Einstellung des *Eigenkapitals* auf der Passivseite wird steuerrechtlich nicht beanstandet. Dies erklärt sich daraus, daß mit dem Begriff des Reinvermögens gearbeitet wird und so die Vorstellung entsteht, als ob hier einfach der Saldo zum Ausgleich der Bilanz eingesetzt würde. Tatsächlich handelt es sich aber auch beim Eigenkapital um die Antizipation zukünftiger Barausgaben, die dazu dient, Einnahmen erfolgsrechnerisch zu kompensieren.

Wenn man die Rückstellung als ungewisse Verbindlichkeit auffaßt, gilt für sie die *sinngemäße Anwendung des Niederstwertprinzips*. Dies hat Konsequenzen, die steuerrechtlich keineswegs beabsichtigt oder erwünscht sind. Es wäre mindestens der Anschaffungswert und eventuell der höhere Tageswert beziehungsweise Teilwert anzusetzen. Anschaffungswert sind die ursprünglich angesetzten und als realisiert anzusehenden Vor- und Rückausgaben. Tageswert sind die gegenwärtigen und als unrealisiert angesehenen Vor- oder Rückausgaben, die auf der Passivseite nur infragekommen, wenn sie höher liegen und dadurch Aufwand antizipiert wird. Eine Herabsetzung, wie sie geltende Auslegung und praktische Handhabung verlangen, *widerspricht glatt dem Niederstwertprinzip*. Was für die Auslandsschulden billig ist, sollte für die Rückstellungen recht sein. Es ist auch nicht einzusehen, weshalb marktmäßig objektivierte Valutasenkungen anders behandelt werden als sehr fragliche Schätzungen zukünftiger Ausgaben. Diese Folgerung träte nicht ein, wenn man den wirklichen Charakter der Rückstellungen berücksichtigte und die völlig verfehlte statische Verbindlichkeitsvorstellung aufgäbe.

Die aktienrechtliche Kommentierung im Anschluß an die *verunglückte Gesetzesformulierung* in § 152, Absatz 7 AktG 1965 (Rückstellungen für ungewisse Verbindlichkeiten und drohende Verluste aus schwebenden Geschäften), die sich von § 131 AktG 1937 (Rückstellungen für ungewisse Schulden) hinsichtlich ihres statischen Charakters nicht unterscheidet, auch wenn sie einige Ausnahmen zuläßt, die dynamischer Interpretation entsprechen, ist ebenfalls vom Verbindlichkeitscharakter der Rückstellung beherrscht und macht sich von einer statischen Ausrichtung nicht ganz frei. Darum liegt auch heute der handelsrechtliche Begriff der Rückstellung *immer noch nicht ein-*

wandfrei fest, obwohl die Praxis durchaus im Sinne der dargelegten Gedankengänge zu verfahren sucht. Und das letztere ist entscheidend.

2. Steuerrechtlich werden Absetzungen für Abnutzung auf den *Geschäftswert* abgelehnt und nur Abschreibungen auf den niedrigeren Teilwert zugelassen. Dieser Standpunkt ist betriebswirtschaftlich unhaltbar. Grundsätzlich treten in der Handels- und Steuerbilanz nur Immaterialwerte, für die Ausgaben entstanden sind, und der an den Vorbesitzer bezahlte Ertragsmehrwert als Aktiva auf. Dies entspricht durchaus dem Charakter dieser beiden Bilanzen, wonach Realgüter nur als Ausgabengegenwerte erscheinen. Bei isolierbaren immateriellen Anlagewerten, wie zum Beispiel Patenten und Lizenzen, ist die Notwendigkeit von Verteilungsabschreibungen auch steuerrechtlich anerkannt. Beim Geschäftswert beziehungsweise Kapitalisierungsmehrwert liegt betriebswirtschaftlich ebenfalls ein *langfristiger Wertverzehr* vor, der nur durch Abschreibungen erfaßt werden kann. Es geht nicht an, den Geschäftswert mit den dauerhaften Grundstücken in Parallele zu setzen. Während der Grund und Boden bei der Auflösung der Unternehmung ein veräußerliches Einzelgut darstellt, sind die adjunktiven, nicht-isolierbaren Wirtschaftsgüter bis zu diesem Zeitpunkt aufgezehrt. Auch läßt sich eine ständige Kompensation mit dem vorhandenen originären Geschäftswert nicht verantworten.

Theoretisch wäre eine Abschreibung auf die *Gesamtlebensdauer* der Unternehmung zu fordern, die jedoch praktisch nicht durchführbar ist. Aus Gründen der Vorsicht wird man, wie bei anderen immateriellen Anlagewerten, einen wesentlich *kürzeren Verteilungszeitraum* ansetzen, der im allgemeinen mit zehn Jahren angemessen sein dürfte. Eine Sofortabschreibung des ganzen Geschäftswertes wird nur in Ausnahmefällen zu vertreten sein. Angesichts der Unmöglichkeit, die jährlichen Aufwandsanteile irgendwie vernünftig bemessen zu können, erscheint die gleichbleibende Verteilungsrate als geboten.

3. Die größten Schwierigkeiten für eine Angleichung von Handels- und Steuerbilanz liegen überhaupt auf dem Gebiete der *Verteilungsabschreibungen*. Steuerrechtlich ist hier eine starke Annäherung an die Grundsätze der Kostenrechnung unverkennbar. Damit hängt die zeitweise hervortretende Abkehr von einer ungleichmäßigen Bemessung der AfA, insbesondere von der fallenden Abschreibung, zusammen. Seit 1958 ist die degressive Abschreibung, allerdings durch Abschreibungshöchstsätze nach § 7, Absatz 2 EStG beschränkt, wie auch die progressive Abschreibung erlaubt. Bei beweglichen Anlagegütern darf auch nach der Leistung abgeschrieben werden. Eine Abweichung zwischen steuerlicher und kalkulatorischer Abschreibungsmethode wird in Zukunft nur in den seltensten Fällen zu begründen und durchzusetzen sein. Diese Entwicklung birgt eine große Gefahr für die Bemühungen um eine Vereinheitlichung. Abschreibungskosten sind grundsätzlich keine Raten der

Ausgabenverteilung. Die steuerlichen AfA könen sich nur an die Abschreibungsaufwendungen der Finanzbuchhaltung anlehnen, da beide Verteilungsabschreibungen darstellen.

4. Unverständlich ist, daß die Steuerbilanz, die alle stillen Willkürrücklagen zu eliminieren sucht, selbst zum Mittel der *Bewertungsfreiheit* greift, um steuerliche Vorteile zu gewähren. Bei den noch geltenden Handelsbilanzen für Nicht-Aktiengesellschaften liegt dieser Weg nahe, zumal an ihnen in dieser Hinsicht nichts mehr zu verderben ist. Er ist jedoch nicht mehr gangbar, wenn man von der betriebswirtschaftlich richtigen Erfolgsbilanz ausgeht, die keine willkürlichen Bewertungsrücklagen enthält. Die steuerliche Bewertungsfreiheit ist somit der *stärkste Hemmschuh für eine Vereinheitlichung* und muß unter allen Umständen beseitigt und durch geeignetere Maßnahmen ersetzt werden. Auf die unheilvollen volks- und betriebswirtschaftlichen Auswirkungen der Abschreibungspolitik der kurzlebigen beziehungsweise geringwertigen Wirtschaftsgüter in den vergangenen Jahren sei nur hingewiesen. Finanz- und wirtschaftspolitische Gesichtspunkte gehören nun einmal nicht in eine Bilanz, die ein höchst empfindliches Rechnungsinstrument darstellt. Steuervorteile können und sollten auf andere Weise, zum Beispiel durch Tarifbegünstigungen oder Bildung offener steuerfreier oder steuerbegünstigter Rücklagen, zweckmäßiger zugebilligt werden.

Bewertungsfreiheiten in der Steuerbilanz sind betriebswirtschaftlich vor allem deshalb abzulehnen, weil sie nicht auf diese beschränkt bleiben, sondern *auf die Handelsbilanz zurückwirken*. Der Grundsatz der Maßgeblichkeit verlangt, daß die Handelsbilanz mindestens in dem Umfange in der Unterbewertung der Aktiven vorangeht, in dem in der Steuerbilanz diese Möglichkeit beansprucht werden soll. Es ergibt sich somit der groteske Zustand, daß die Steuerbilanz, die wegen ihrer betriebswirtschaftlichen Vorzüge weithin gelobt wird, die Handelsbilanz zu unrichtiger Periodenabgrenzung geradezu zwingt. Sobald jedoch handelsrechtliche Bestimmungen de lege ferenda oder eine entsprechende Rechtsprechung und Kommentierung die willkürlichen Bewertungsrücklagen auch für Nicht-Aktiengesellschaften untersagen, wird es nicht mehr möglich sein, daß die Steuerbilanz zu einem Verstoß gegen bindende Vorschriften veranlaßt. Steuerliche Bewertungsfreiheit ist dann nur noch denkbar, indem die Steuerbilanz bewußt von der Handelsbilanz abweicht und den Grundsatz der Maßgeblichkeit durchbricht. Es kann kein Zweifel sein, daß eine Bilanzvereinheitlichung den Verzicht auf Bewertungsfreiheit in beiden Bilanzen unbedingt voraussetzt.

3. Der Teilwert und seine kritische Analyse

Hauptanlaß betriebswirtschaftlicher Kritik ist die Schaffung einer *besonderen steuerlichen Wertkategorie,* des sogenannten Teilwertes, der eine recht bewegte Entstehungsgeschichte innerhalb des Steuerrechts aufzuweisen hat. Der Teilwertbegriff ist aus dem älteren Begriff des gemeinen Wertes, der bereits im Preußischen Allgemeinen Landrecht definiert wird, hervorgegangen und hat diesen unter völliger Verselbständigung weitestgehend verdrängt. In der Steuergesetzgebung von 1925 ist der Ausdruck Teilwert noch nicht enthalten. Die sich in der Rechtsprechung bahnbrechende Entwicklung findet erst bei der Neuordnung des Jahres 1934 in § 6 EStG und § 12 RBewG ihre gesetzliche Formulierung.

Der Teilwert stellt bereits theoretisch eine *künstliche Gedankenkonstruktion* dar, die *voller Widersprüche* steckt und sich daher begrifflich nicht nach eindeutigen Merkmalen erfassen läßt. Mehrere Bewertungsprinzipien laufen nebeneinander her, ohne daß diese als verträglich zu einer einheitlichen Resultante vereinigt werden könnten. Dadurch, daß sich der Teilwertgedanke im Gegensatz zum gemeinen Wert bruchstückweise herauskristallisiert hat, statt aus einem Guß geformt zu werden, gewinnt er mosaikähnliche Struktur und zerspringt in seine einzelnen Bestandteile. Abgesehen von diesen theoretischen Schwierigkeiten ist es auch nicht gelungen, den Teilwert durch praktische Hinweise und gangbare Ermittlungsverfahren als empirischen Zweckbegriff festzulegen und seine tatsächliche Anwendung sicherzustellen.

Der frühere Reichsfinanzhof hatte sich in überaus interessanten und tiefschürfenden Ausführungen redlich bemüht, die theoretischen Grundlagen zu untermauern und die methodischen Hindernisse für die Praxis zu überwinden. Trotz aller wohldurchdachten Erkenntnisse mußten diese Anstrengungen scheitern, da es sich im Grunde um eine Fehlkonstruktion handelt, der selbst durch subtilste Überlegungen nicht zu helfen ist.

Gerade die neuere *Weiterentwicklung des Teilwertbegriffs* zeigt seine amorphe Gestalt, die sich nach den verschiedensten Richtungen umbilden läßt. Eine Wertkategorie, die man inhaltlich beliebig verbiegen kann, da ihr Wesenskern keine eindeutige Struktur aufweist, ist betriebswirtschaftlich unhaltbar. Da sie einer dauernden Umwandlung, Veränderung und Verzerrung, sogar im Wege der Auslegung, keinen Widerstand zu leisten vermag, erscheint es fraglich, ob sie vom steuerlichen Standpunkt aus befriedigen kann. Es besteht die Gefahr, daß der Teilwert zu einem fiskalischen Wert ad hoc herabsinkt, eine Entwicklung, die sicherlich nicht beabsichtigt ist. Jedenfalls sieht es so aus, als ob die Weiterbildung des Teilwertes noch keineswegs beendet sei, und niemand weiß zu sagen, wohin die Reise gehen mag.

Die *Legaldefinition* bezeichnet als Teilwert den Betrag, den ein Erwerber der ganzen Unternehmung im Rahmen des Gesamtkaufpreises für das einzelne Wirtschaftsgut ansetzen würde, wobei davon auszugehen ist, daß der Erwerber die Unternehmung fortführt.

Die erste begriffliche Schwierigkeit setzt bereits bei der unterstellten *Veräußerung der Unternehmung im ganzen* ein. Von der Einzelveräußerung, auf welcher der gemeine Wert aufbaut, ist man beim Teilwert zur Gesamtveräußerung übergegangen. Statt vom Gesamtkaufpreis des Erwerbers kann man auch vom Gesamtverkaufspreis des Veräußerers sprechen. Trotzdem ist hier kein irgendwie greifbarer Marktpreis gemeint, der ja für Unternehmungen im Prinzip gar nicht existiert. Wenn man subjektive Überlegungen der Partner ausschalten und eine Bewertung in objektiven Grenzen erreichen will, kann nur der Gesamtertragswert herangezogen werden, auf den sich beide Partner unter objektiver Betrachtung der tatsächlichen Verhältnisse einigen würden. Die Summe der Barwerte aller zukünftigen Reinerträge (Gewinne) ist der mathematische Ausgangsbetrag, von dem her sich unter anderem unter Berücksichtigung der Wettbewerbsverhältnisse und unter Absetzung aller persönlich bedingten Ertragseinflüsse vonseiten des Unternehmers und der Mitarbeiter der Vermögenswert der Unternehmung im Prinzip bestimmen läßt.

Der *Gesamtertragswert* der Unternehmung erfüllt alle Anforderungen, die an den Teilwert gestellt werden. Er ist ein sogenannter Verbundenheitswert, der die Zugehörigkeit aller Wirtschaftsgüter des Betriebsvermögens zu einer Wirtschaftseinheit zum Ausdruck bringt. An die Stelle der isolierten Einzelbewertung setzt er die Gesamtbewertung der Unternehmung. Er ist auch ein sogenannter Fortführungswert, der auf die Aufrechterhaltung des betrieblichen Güterverbandes gerichtet ist. Im Gegensatz zum Liquidationswert, der auf Marktpreisen bei Einzelveräußerung der Wirtschaftsgüter unter Zerschlagung der Unternehmung aufbaut, tritt hier sogar die fiktive Gesamtveräußerung erheblich zurück. Der Gesamtertragswert bewertet das Betriebsvermögen nach seiner Bedeutung im Betriebe und für den Betrieb und ist durch die betriebsindividuellen Verhältnisse der produktiven Nützlichkeit der Wirtschaftsgüter bestimmt.

Dagegen hat der Gesamtertragswert einen wesentlichen Mangel für die Zwecke der Bilanzbewertung. Er gibt den Vermögenswert der ganzen Unternehmung in einer Summe wieder, während der Teilwert für die einzelnen Wirtschaftsgüter angesetzt werden soll. Hier ergibt sich bereits der entscheidende Widerspruch zwischen dem Grundsatz der *Einzelbewertung,* der den Teilwert beherrscht, und dem Prinzip der *Einheitsbewertung,* der im Ertragswert zum Ausdruck kommt.

Zwei Wege sind vorgeschlagen worden, um die Brücke vom Gesamtwert zum Teilwert zu schlagen. Nach dem grundlegenden (inzwischen überholten)

Urteil des Einkommensteuersenates vom 14. 12. 1926 (RStBl 1927, S. 385 ff.) bestimmte sich der Teilwert eines Wirtschaftsgutes nach dem Betrage, den der Käufer der ganzen Unternehmung weniger gäbe, wenn das Wirtschaftsgut nicht zu der Unternehmung gehörte. Diese *Differenzmethode,* die die Unternehmung zweimal, einmal mit, einmal ohne das betreffende Gut, bewertet, ist völlig unbrauchbar und im Widerspruch zum Teilwertgedanken. Abgesehen von der praktischen Unmöglichkeit, in dieser Weise sämtliche Wirtschaftsgüter zu bewerten, wird der Gesamtwert dadurch unorganisch zerrissen. Es wird für jedes Gut ein spezifischer *Abtrennungs- oder Ausfallwert* bestimmt, das heißt, nicht der Wert für das vorhandene, sondern der *für das fehlende Wirtschaftsgut.* Die Blickrichtung der Bewertung wird dadurch verschoben. Es ergibt sich ein Wertverlust infolge Behinderung der Betriebstätigkeit, das heißt, eine negative Bewertung, die dem absoluten Betrag nach weit höher liegen kann als der positive Wertansatz inform des Anschaffungswertes des als fehlend angenommenen Gutes.

Die Verbundenheit der einzelnen Wirtschaftsgüter tritt bei jedem Gegenstand für sich und dadurch *mehrfach* in Erscheinung. Es ist unmöglich, innerhalb der Totalverbundenheit aller Wirtschaftsgüter untereinander eine Verbundenheit der Einzelgüter zu isolieren, ohne stets den Allzusammenhang mit hineinzuziehen. Die Folge davon ist, daß die Summe der Ausfallwerte niemals den Gesamtwert ergibt, sondern weit höher liegt, da jedem Gut ein spezifischer Überwert von den übrigen Gütern her zugerechnet wird. Die Differenzmethode führt daher zu sinnlosen Konsequenzen und wurde auch vom Reichsfinanzhof bald aufgegeben.

Die geltende Begriffsbestimmung des Gesetzes greift wieder auf *Mirre*[11] zurück, wonach die Aufgabe darin besteht, eine *Verteilung* der wirtschaftlichen Einheit auf die die Einheit bildenden Wirtschaftsgüter vorzunehmen, das heißt, jedes Wirtschaftsgut mit dem Wert anzusetzen, der seiner Bedeutung für die Bildung des Gesamtwertes entspricht. Damit wandelt sich der Teilwertgedanke in ein *Zurechnungsproblem* um. Theoretisch besitzt das einzelne Wirtschaftsgut keinen selbständigen eigenen Ertragswert. Er besteht nur für Wirtschaftseinheiten, die in einem geschlossenen Erzeugungsprozeß Aufwendungen erfordern, um Erträge zu erzielen. Ein Ertragswertanteil der beteiligten Produktoren ist nur in gedanklicher Konstruktion erfaßbar, aber nicht wertmäßig konkret bestimmbar. *Es fehlt der erforderliche Verteilungsschlüssel.*

Wenn man versuchen wollte, die *innerbetriebliche Abrechnung* heranzuziehen, so stünde man bald vor unüberwindlichen Schwierigkeiten. Die Kostenplatzrechnung müßte auf jedes einzelne Wirtschaftsgut ausgedehnt und

[11] Gemeiner Wert und Ertragswert. In: Zeitschrift des Deutschen Notarvereins, 1913, S. 169.

mit einem ganzen System von Verrechnungspreisen durchsetzt werden. Dabei wären Aufwendungen und Erträge auf sämtliche Wirtschaftsgüter als Untereinheiten rechnerisch aufzuspalten, so daß sich ein vielmaschiges Netz gesonderter Erfolgsrechnungen ergäbe. Aber auch dann erhielte man rein mathematische Ertragswertanteile, die keine reale Beziehung auf den Gesamtwert zuließen. Zudem wäre die Aufteilung nur für Realgüter durchführbar. Bei Nominalgütern (Kasse, Forderungen) versagt auch die theoretische Erfolgsspaltung. Ganz außeracht gelassen ist dabei die Tatsache, daß diese partiale Ertragswertermittlung den Rechnungsbereich der Finanzbuchhaltung völlig verläßt und sich aufgrund kalkulatorischer Wertansätze vollzieht.

Der Gesamtertragswert umfaßt auch den sogenannten *Firmen- oder Geschäftswert* (Goodwill), der im Gesamtkaufpreis vom Erwerber mit entgolten wird. Dieser *engere immaterielle Geschäftswert* ist eine zusammenfassende Sammelbezeichnung für die sogenannten *adjunktiven Wirtschaftsgüter* (wirtschaftliche Tatbestände, ökonomische Potenzen), die nur in Verbindung mit der Unternehmung als Wirtschaftseinheit und in Beziehung zu ihr als Werte auftreten, unabhängig von der Unternehmung kein selbständiges Dasein führen und daher mit ihr, zum Beispiel bei Abwicklung, als solche untergehen. Sie unterscheiden sich von den immateriellen Rechtswerten (Patente, Lizenzen) und gehören mit den übrigen sogenannten isolierbaren Wirtschaftsgütern zum Vermögen der Unternehmung. Bei der Aufspaltung des Gesamtertragswertes müßte für diese adjunktiven, nicht-isolierbaren Wirtschaftsgüter ein besonderer Teilwert erscheinen.

Trotzdem wird die selbständige Bewertung immaterieller Güter, die keine Ausgaben verursacht haben, insbesondere die des sogenannten originären Geschäftswerts, innerhalb der Teilwerttheorie *abgelehnt*, ohne daß die Begründung des Reichsfinanzhofes stichhaltig wäre (vergleiche RFH-Urteil vom 19. 1. 1938, RStBl 1938, S. 179). Im Urteil heißt es: „Man muß davon ausgehen, daß bei Verteilung des Gesamtpreises auf die einzelnen Wirtschaftsgüter zunächst der Geschäftswert auszuscheiden und dann der Restbetrag des Gesamtkaufpreises auf die anderen Wirtschaftsgüter zu verteilen ist." *Aufermann*[12] schreibt dazu: „Somit ist aber die Gesamtrepartition hinfällig und der Teilwert hat keine Verbindung mehr zum Gesamtwert. Der Begriff Teilwert ist also in sich unhaltbar."

Der Reichsfinanzhof lehnt sich hier zu Unrecht an den Zahlungscharakter der Bilanz an und übersieht dabei den Ertragswertcharakter des Teilwertes. Soweit der Gesamtertragswert auf wirtschaftlichen Tatbeständen, wie zum Beispiel Standort, Kundschaft, Organisation, Erfahrungen, Ruf oder Vertrags-

[12] Aufermann, E.: Grundzüge Betriebswirtschaftlicher Steuerlehre. Wiesbaden 1959, S. 157.

verhältnisse, beruht, muß er theoretisch diesen adjunktiven Gütern zugerechnet werden. Der geldmäßige Aufwand ist für die Werteigenschaft nicht maßgeblich. Der güterliche Gegenstandscharakter entsteht nicht erst durch den Entgeltvorgang. Auch ist für die Gesamtbewertung unerheblich, ob der Geschäftswert als einzelner Gegenstand für sich veräußerlich (isolierbar) ist oder nicht.

Um die Schwierigkeiten der Zurechnung zu umgehen, setzt man den Ertragswert zu dem durch Einzelbewertung ermittelten Tagesbeschaffungswert der Unternehmung in Beziehung. Die Abweichung beider Gesamtwerte wird am klarsten als *Kapitalisierungsdifferenz* bezeichnet, da sie auf die mathematische Kapitalisierung der zukünftigen Reinerträge beim Ertragswert der Unternehmung zurückgeht. Liegt der Ertragswert höher, so ergibt sich ein Kapitalisierungs-, Ertrags- oder Unternehmungsmehrwert; sonst liegt ein entsprechender Minderwert vor.

Man darf diesen Mehrwert nicht einfach mit dem Ertragswertanteil des adjunktiven Geschäftswertes gleichsetzen. Der oben entwickelte *engere* Geschäftswert als Gesamtheit der adjunktiven Wirtschaftsgüter kommt nur als *positive* Größe vor. Wie der Begriff der negativen Wirtschaftsgüter abzulehnen ist, so gibt es auch keine negativen adjunktiven Güter. Ein negativer Geschäftswert in diesem engeren Sinne ist ein Widerspruch in sich. Man müßte sonst alle nicht vorhandenen ökonomischen Tatbestände und Potenzen, wie auch fehlende Patente und Lizenzen, als Passivwerte ansetzen. Der adjunktive Geschäftswert gehört dem Umfange nach, das heißt, *mengenmäßig,* zum Betriebsvermögen. Bleibt er unberücksichtigt, so wird das Vermögen unvollständig erfaßt. Die Gesamtheit der isolierbaren Wirtschaftsgüter ergibt nur ein *Teilvermögen* der Unternehmung. Es besteht kein Zweifel, daß die Erfolgsbilanz im Betriebsvermögen (Bilanzvermögen) nur ein Teilvermögen auf der Aktivseite erfaßt.

Im Gegensatz hierzu ist die Kapitalisierungsdifferenz ein *Bewertungsunterschied,* der auf abweichendem Wertansatz für das Gesamtvermögen beruht. Sie tritt erst dann in reiner Form auf, wenn man das umfangmäßig vollständige Betriebsvermögen sowohl zum Ertragswert als auch zum Tagesbeschaffungswert bewertet. Der Höhe nach kann sie daher positiv, negativ oder im Grenzfall gleich Null sein. Auf die Unterscheidung von Ertragswert der Unternehmung und Ertragswert des Eigenkapitals wird hier nicht näher eingegangen.

Da es praktisch fast unmöglich ist, für die adjunktiven Wirtschaftsgüter einen Tagesbeschaffungswert zu bestimmen, verzichtet man auf die Trennung von adjunktivem Geschäftswert und Kapitalisierungsdifferenz und vereinigt beide zu einem *rein differenziellen Geschäftswert im weiteren Sinne.* Er ergibt sich als Differenz zwischen Gesamtertragswert und partialem Tagesbeschaffungswert der Unternehmung. Auch *Schmalenbach* spricht von einem *Teil-*

reproduktionswert. Dennoch ist es für theoretische Überlegungen notwendig, diese uneinheitliche Wertdifferenz in ihre Bestandteile wenigstens gedanklich aufzulösen.

Der *Ertragsmehrwert* müßte theoretisch auf sämtliche, auch die adjunktiven Wirtschaftsgüter, zum Beispiel auf Maschinen und auch Standortvorteile, in dem Verhältnis umgelegt werden, in dem sie zu seiner Entstehung beitragen. Nur so ergibt sich theoretisch einwandfrei der Teilwert im Sinne der Legaldefinition. Diese Auffassung wurde jedoch ausdrücklich vom Reichsfinanzhof abgelehnt. Der Kapitalisierungsmehrwert steht – ebenso wie der originäre Geschäftswert – außerhalb des Teilwertes. Anders ist dagegen der *Minderwert* in seiner Wirkung auf den Teilwert zu beurteilen.

Zusammenfassend ist festzustellen, daß der Teilwertgedanke zwar zunächst vom Gesamtertragswert der Unternehmung ausgeht, diesen aber wegen der Unlösbarkeit des Zurechnungsproblems aufgeben muß und zum Prinzip der Einzelbewertung von Wirtschaftsgütern zurückkehrt. Der im Gesamtertragswert enthaltene Kapitalisierungsmehrwert über den additiven Tagesbeschaffungswert der Unternehmung hinaus wird ausdrücklich ausgesondert und damit ein wesentlicher Bestandteil des Ertragswertes im Teilwertbegriff aufgegeben. Insbesondere werden als selbständig bewertbare Bilanzgegenstände nur solche Immaterialgüter zugelassen, die derivativen, das heißt hier, Zahlungscharakter tragen. Trotzdem wird für die Bestimmung des Teilwertes die Beziehung zum Ertragswert nicht völlig abgebrochen.

Bereits in der Entscheidung vom 14. 12. 1926 (RStBl 1927, S. 385) operierte der Reichsfinanzhof mit dem Merkmal der *Rentierlichkeit.* Mit seiner Hilfe soll ermöglicht werden, die Tatsache der Zugehörigkeit der Wirtschaftsgüter zur Unternehmung als Wirtschaftseinheit und ihren werterhöhenden oder wertvermindernden Einfluß im Teilwert zu berücksichtigen. Um dies zu erreichen, wird der *Tagesbeschaffungswert* (Wiederbeschaffungswert, Reproduktionswert) als *Obergrenze* des Teilwertes stipuliert und zum Ausgangswert für seine Ermittlung gemacht. Vom Gesamtertragswert her gesehen, bedeutet dies, daß nur der Kapitalisierungs*minderwert* berücksichtigt wird. Soweit der auf die einzelnen Wirtschaftsgüter entfallende Zurechnungsanteil über dem Tagesbeschaffungswert liegt, bleibt er ausgeschaltet (vergleiche BFH-Urteil vom 8. 10. 1957, BStBl III 1957, S. 442). Dagegen soll der wertsenkende Einfluß des Gesamtertragswertes unter dem Gesichtspunkt der geringeren Rentierlichkeit im Teilwert zum Ausdruck kommen (vergleiche BFH-Urteil vom 15. 5. 1951, BStBl III 1952, S. 169).

Wenn man die Tageswertobergrenze damit begründet, daß der Erwerber für das einzelne Wirtschaftsgut im Gesamtkaufpreis niemals einen höheren Wert ansetzen würde, da er es jederzeit zum Tageswert beschaffen könnte, so ist dies *nicht stichhaltig*. Dies mag für einzelne Wirtschaftsgüter möglich sein, kommt aber nicht für die Gesamtheit aller Wirtschaftsgüter infrage. Hier dringt eine isolierte Bewertung durch. Liegt der Gesamtertragswert unangefochten höher als der Gesamttageswert, so wird der Veräußerer nicht darunter gehen wollen und auch der Käufer geneigt sein, mehr zu zahlen. Die mittlere Linie, auf der sich beide Partner praktisch einigen werden, ist eben der objektivierte Gesamtertragswert, der im Vorstadium nur rechnerisch ermittelt wird.

Außerdem wird eine *Untergrenze* im *Einzelveräußerungswert* des Bilanzgegenstandes gesetzt. Unter diesem isolierten Liquidationswert, der den Umstand der Betriebsverbundenheit der Wirtschaftsgüter unbeachtet läßt, kann der Teilwert nicht angesetzt werden. Hier wird der Blickpunkt des Ertragswertgedankens völlig verlassen und wieder auf den gemeinen Wert zurückgegriffen.

Man argumentiert meist damit, daß der Erwerber der ganzen Unternehmung mindestens den Nettoerlös der einzeln abgestoßenen Wirtschaftsgüter zu zahlen bereit ist, übersieht aber dabei, daß er dies kaum in der Absicht einer Fortführung der Unternehmung tun wird. Gerade wenn der Erwerber die nicht oder schlecht rentierende Unternehmung unter eigener Kraftanstrengung weiterbetreiben will, wird er nur den niedrigeren Ertragswert für die gedachte Verwendung und Rentabilisierung entschädigen wollen. Geht er dabei formal von einer Addition der Einzelveräußerungswerte aus, kommt dieser totale Gesichtspunkt zwangsläufig im Wertansatz zur Geltung.

Die Einengung des Teilwertes zwischen zwei Grenzwerten hebt die Schwierigkeiten des *Zurechnungsproblems* nicht auf. Auch in der Literatur wird nicht genügend beachtet, daß die Bindung an den Gesamtertragswert und die theoretisch und praktisch unlösbare Verteilungsaufgabe bestehen bleiben. Die Zurechnung wird lediglich auf den Spielraum zwischen zwei Markierungswerten eingeschränkt. Innerhalb dieser Grenzen wird die *Unbestimmbarkeit* des Teilwertes keineswegs überwunden. Während der Tagesbeschaffungswert als Obergrenze eine hinreichend genau zu ermittelnde Größe darstellt, verschwimmt zudem der Liquidationswert als Untergrenze in einem unübersehbaren Schätzungsbereich, in dem Zerschlagungsgesichtspunkte und Ertragsmomente ineinanderfließen.

Um die Verbundenheitseinflüsse zu berücksichtigen, wurde vom Reichsfinanzhof zunächst die *Rentierlichkeit der ganzen Unternehmung* ins Auge gefaßt. Dieser Weg, den Kapitalisierungsminderwert zu erfassen, setzt die Ermittlung des Gesamtertragswertes voraus und ist daher bereits von Helpenstein abgelehnt worden. Eine Gesamtabschreibung in Höhe des Ertragsminderwertes widerspricht dem Grundsatz der Einzelbewertung. Geht man aber den einzelnen Ursachen der Unrentierlichkeit nach und rechnet den Minderwert den Einzelgegenständen des Betriebsvermögens zu, so gelangt man zu dem zweiten Gesichtspunkt des Reichsfinanzhofes, der die *Rentierlichkeit der einzelnen Wirtschaftsgüter* betrifft. Bereits das RFH-Urteil vom 9. 7. 1931 (RStBl 1931, S. 819) geht nicht mehr von der Rentierlichkeit der Unternehmung, sondern von der des zu bewertenden Gegenstandes aus. Heute spielt auch die Rentierlichkeit eines einzelnen Wirtschaftsgutes kaum noch eine Rolle. Nur bei nicht-börsennotierten Aktien kann eine dauerhaft geringere Rentabilität zur Verringerung des Teilwertes führen.

Daß man sich bei dieser Verschiebung der Betrachtungsweise nur im Kreise herumdreht, wurde nicht immer klar genug erkannt. Da es schon unmöglich ist, den Gesamtminderwert auf die einzelnen Wirtschaftsgüter verursachungsgerecht zu verteilen, wird die Angelegenheit noch problematischer, wenn man unter Umgehung der Kapitalisierungsdifferenz das Verteilungsergebnis vom einzelnen Wirtschaftsgut her unmittelbar erfassen will. Es bedeutet nur ein Spiel mit Worten, wenn man zwischen dem Anteil am Gesamtertragswert der Unternehmung und den wertmäßigen Beziehungen der Wirtschaftsgüter zur Gesamtunternehmung einen Unterschied zu machen sucht. Auf keinem der beiden Wege ist eine Handhabe gegeben, den Ertragseinfluß wertmäßig zu bestimmen. Wohl läßt sich im Einzelfall bei einer technischen Fehlanlage, der Überalterung von Maschinen, bei ungenügender Ausnutzung, Betriebseinschränkung oder Stillegung der Rentabilitätseinfluß der Tatsache nach feststellen. Es fehlt aber jeder Anhaltspunkt, das Ausmaß zu bestimmen, mit dem sich die Unrentierlichkeit im Teilwert des Produktionsmittels ausdrückt. Es müßten isolierte Wirtschaftlichkeitsberechnungen durchgeführt werden, wobei Zurechnung und Kapitalisierung der Mindererträge völlig in der Luft hängen.

Durch ein *System von Vermutungen* hat schon der Reichsfinanzhof und neuerdings auch der Bundesfinanzhof den Teilwert eng an den Anschaffungswert beziehungsweise Tagesbeschaffungswert gebunden und sicherlich Unsicherheit und Willkür durch strenge Handhabung dieser Vermutungen und durch die Pflicht zum Nachweis oder Glaubhaftmachung von Abweichungen auf ein erträgliches Mindestmaß herabgedrückt. Beachtlich ist aber dabei, daß dies nur durch eine weitgehende Ausschaltung des Ertragsmomentes erreicht wird. Bei Abweichungen vom Anschaffungswert erweist sich der *Tagesbeschaffungswert* als die einzige klare und bestimmbare Wertkategorie.

Die bisherigen Ausführungen zeigen, daß alle Versuche, neben den isolierten Wertgrößen des Anschaffungswertes, des Liquidationswertes und des gemeinen Wertes, die alle durch ihre Zahlungsgrundlage gekennzeichnet sind, im Teilwert eine davon abweichende, spezifische Wertkategorie zu schaffen, auf dem Einbau des Ertragsmomentes beruhen. Entweder erscheint der Teilwert als Zurechnungsanteil am Gesamtertragswert der Unternehmung, gleichgültig, ob unbeschränkt oder auf ein bestimmtes Ausmaß eingeengt, oder er tritt als amorphes Mischgebilde auf, das die Zugehörigkeit der einzelnen Wirtschaftsgüter zu einer Wirtschaftseinheit durch Erfassung der Ertragseinflüsse im Falle ihrer Unrentierlichkeit wertmäßig zu berücksichtigen sucht. Die besondere Note des Teilwertes liegt also darin, daß er innerhalb gesteckter Grenzen ein ertragsbedingter Wert ist. Daraus ergibt sich aber der entscheidende und generelle Einwand gegen ihn.

Der klare, auf Zahlungsvorgänge gegründete Erfolgsbegriff wird durch Verwendung heterogener Wertgrößen in seinem Wesensgehalt zersetzt. Die Herabsetzung auf den niedrigeren Teilwert, das heißt, die sogenannte *Teilwertabschreibung,* kann innerhalb der Erfolgsermittlung nicht als Aufwand angesehen werden. Sie erfaßt weder den realisierten produktiven Wertverzehr der betreffenden Periode an den hierfür erwachsenden Ausgaben noch nimmt sie unrealisierten Aufwand wie beim Niederstwertprinzip der Handelsbilanz vor-

Es handelt sich vielmehr um einen selbständigen Wertansatz, der außerhalb der Zielsetzung der Erfolgsermittlung liegt und daher im dualistischen Widerspruch zu ihr steht.

Dazu kommt, daß alle ertragsabhängigen Wertansätze in der Erfolgsbilanz einen bewertungstheoretischen *Circulus vitiosus* nach sich ziehen. Eine Wertgröße, die vom Reinertrag der Unternehmung beeinflußt wird, kann nicht dazu dienen, diesen Reinertrag selbst zu ermitteln. Der Teilwert setzt aber voraus, daß der Erfolg der Unternehmung rechnerisch festgestellt werden kann beziehungsweise die Rentierlichkeit der einzelnen Wirtschaftsgüter eindeutig erfaßbar ist. Dann kann er aber nicht dazu verwandt werden, um den Reinertrag der Unternehmung zahlenmäßig zu bestimmen. Ertragsbedingte Werte können daher ganz grundsätzlich in einer Erfolgsermittlungsbilanz nicht auftreten, da sie erst nachträglich bestimmbar werden.

Während der Reichsfinanzhof ursprünglich auf dem Standpunkt stand, daß der Ertragsmehrwert beziehungsweise der positive originäre Geschäftswert der Unternehmung im Teilwert nicht berücksichtigt werden soll, ging die neuere Entwicklung der Teilwertidee dazu über, unter besonderen Umständen eine *Mehrwertquote oder Geschäftswertspitze* einzurechnen. Dadurch wurde eine weitere Undurchsichtigkeit und Uneinheitlichkeit in den Teilwertbegriff hineingetragen.

Der frühere Staatssekretär Reinhardt hatte eine Theorie des *erhöhten Wiederbeschaffungsaufwandes* (statt ungenau: Wiederbeschaffungskosten) entwickelt. Danach war für sogenannte *betriebsarteigene Wirtschaftsgüter,* das heißt, für solche Anlagegüter, deren Wiederbeschaffung mehr als einen Tag beansprucht und deren unerwarteter Ausfall eine Behinderung in der Fortführung der Betriebstätigkeit mit sich bringt, den gewöhnlichen Wiederbeschaffungsaufwendungen der Betrag des wirtschaftlichen Nachteils infolge Betriebsstörung während der Wiederbeschaffungszeit hinzuzufügen. *Aufermann* bezeichnete diesen Mehrwert als *Schadenswertspitze.* Reinhardt selbst sah darin eine Geschäftswertspitze, die auf dem tatsächlichen Vorhandensein des betriebswichtigen Produktionsmittels beruht, wie er den Geschäftswert überhaupt als Betriebsbestehenswert deutete.

Dadurch wurde der Teilwert in seiner ursprünglichen Gestalt aus den Angeln gehoben und erreicht, daß sinkende Wiederbeschaffungswerte durch *Mehrwertzuschläge* zum mindesten ausgeglichen wurden. Obwohl diese Umwandlung der Teilwertidee niemals die ausdrückliche Zustimmung des Reichsfinanzhofes gefunden hatte – die versuchte Auslegung von Entscheidungen in dieser Richtung war zweifellos abwegig –, wurde sie im Verwaltungswege praktisch gehandhabt.

Heute wird eine Geschäftswertspitze nicht zugeschlagen. Reinhardts Vorschläge sind vom Bundesfinanzhof ausdrücklich *abgelehnt* worden (BFH-Urteil vom 30. 10. 1956, BStBl III 1957, S. 5).

Die Einbeziehung von Schadenswertspitzen in den Teilwert bedeutete den Rückfall in frühere, bereits als verfehlt erkannte Gedankengänge. Was hierdurch ermittelt wird, ist kein ertragsabhängiger Teilwert, sondern ein Ausfallwert im Sinne der vorher erörterten Differenzmethode zur Ermittlung von Ertragswertanteilen. Dadurch entstehen bei den Anlagegütern ganz erhebliche Ausfallspitzen, die keine verursachungsgerechte Aufteilung des Kapitalisierungsmehrwertes ergeben, sondern auf eine *Aufblähung* durch *mehrfache* Zurechnung hinauslaufen.

Es handelt sich auch nicht um den Geschäftswert als selbständiges adjunktives Wirtschaftsgut, sondern um Störungsverluste durch den Fortfall von Realgütern. Diese können zufällig dem Umfange nach mit einem vorhandenen Ertragsmehrwert übereinstimmen, der dann in dieser Höhe und unter sachlich unzulänglicher Begründung zur Anrechnung gelangt. Die Summe der Ausfallspitzen wird aber regelmäßig den Kapitalisierungsmehrwert erheblich übersteigen und sinnlos hohe Beträge erreichen können.

Praktisch kam der erhöhte Teilwert überhaupt nicht zum Ansatz, da er vorläufig auf die Einkommenbesteuerung beschränkt blieb und für die Vermögensbesteuerung keine Gültigkeit hatte. Da die Steuerbilanz nur den niedrigeren Teilwert zuläßt, wirkte er hier lediglich als *Sperre* für ein Heruntergehen unter den Anschaffungswert.

In einem anderen Zusammenhang forderte auch der Reichsfinanzhof die Anrechnung einer Geschäftswertspitze beziehungsweise die Einrechnung des Kapitalisierungsmehrwertes. In den Urteilen vom 19. 1. 1938 (RStBl 1938,

S. 179) und vom 15. 2. 1939 (RStBl 1939, S. 607) geht er wieder von der Verteilung des Gesamtpreises der Unternehmung auf die einzelnen Wirtschaftsgüter aus.

Wenn er dann durch die Forderung der Selbständigkeit des Bilanzgegenstandes den originären Geschäftswert ausschaltet, bedeutet dies die Aufspaltung des Geschäftswertes auf die übrigen Wirtschaftsgüter, denen dadurch *Geschäftswertspitzen zuwachsen*. Der so gewonnene Teilwert geht sogar über den Zurechnungsanteil am Gesamtertragswert hinaus, der tatsächliche Geschäftswertbestandteile verselbständigen müßte.

Im besonderen begrenzte der Reichsfinanzhof seine Gedankengänge vorläufig auf *bebaute Grundstücke;* Bodenfläche und Bauanlage wurden als untrennbare wirtschaftliche Einheit und daher nur als gemeinsam bewertbar angesehen. Sank zum Beispiel durch Rückgang der Wiederbeschaffungsaufwendungen der Teilwert des Gebäudes, so blieb dies in dem Umfange unberücksichtigt, in dem der Teilwert des Bodens gestiegen war. Wurde trotzdem eine Herabsetzung des Gebäudewertes vorgenommen, wuchs die Differenz dem Bodenwert zu. Es wurde eine *Gruppenbewertung* eingeführt, wonach gegenläufige Teilwertveränderungen innerhalb der Gütergruppe ausgeglichen wurden. Erst wenn der gemeinsame Teilwert aller Bestandteile sank, war eine echte Teilwertabschreibung zulässig.

Auch der Bundesfinanzhof folgte bis 1968 der Auffassung des Reichsfinanzhofes, wonach Grundstücke und zugehörige Gebäude als Einheit zu betrachten waren. Seitdem können Teilwerte getrennt für Grundstücke und Gebäude angesetzt werden (BFH-Urteil vom 16. 7. 1968, BStBl II 1969, S. 108).

Abgesehen von rechtlichen Bedenken ist die Methode der Gruppenbewertung *betriebswirtschaftlich nicht haltbar*. Sie widerspricht dem Prinzip der Einzelbewertung, das sich ausdrücklich von der Gesamtbewertung abkehrt. Man fragt sich vergeblich, nach welchen Gesichtspunkten die Gütergruppen gebildet werden sollen und wo die Grenzen liegen. Außer den Grundstücken lassen sich auch für Maschinen, Einrichtungsgegenstände, Patente, Beteiligungen, Rohstoffe und Warenvorräte solche verbindenden Untereinheiten unterscheiden. Darin drückt sich ja nur die vielfach verwobene Verbundenheit aller Wirtschaftsgüter einer Unternehmung aus. Warum aber Boden und Gebäude eine besondere Einheit bilden sollen, ist nicht einzusehen. Gerade hier besteht ein zwingendes Trennungsbedürfnis für die Bewertung, die auf dem unterschiedlichen Verzehrscharakter beruht. Man kann unmöglich die Abschreibungsgegenstände einerseits herausheben und anderseits mit nicht-abnutzbarem Grund und Boden wertmäßig koppeln. Daß Liegenschaften eine rechtliche Einheit bilden und Boden und Gebäude nicht getrennt veräußert werden können, ist für die Bewertungsfrage unerheblich.

Vor allem verdeckt die *Wertverlagerung* die darin enthaltene Wertaufstokkung. Der unrealisierte Aufwand am Gebäude wird durch unrealisierten Ertrag am Boden kompensiert. Auf diese Weise werden im Widerspruch zur steuerlichen Grundauffassung unmerklich unrealisierte Erträge ausgewiesen, wobei auch das handelsrechtliche Niederstwertprinzip dem scharf entgegensteht.

Der Grundsatz der Gruppenbewertung hat an sich mit der Ermittlung und Höhe des Teilwertes nichts zu tun. Er betrifft zunächst nur die *Zusammenfassung mehrerer Teilwerte* zu einem gemeinsamen Gesamtteilwert. Wird aber dem Boden über den Wiederbeschaffungsaufwand hinaus ein anteiliger Ertragsmehrwert zugerechnet und sogar eine eigentliche Geschäftswertspitze umgelegt, dann ergibt sich eine Erhöhung des Bodenteilwertes, die im allgemeinen jede Senkung des Gebäudeteilwertes überdeckt. Zieht man weiterhin den engen und fast untrennbaren Zusammenhang zwischen Unternehmung und Grundstück heran, so nähert man sich der Betrachtungsweise Reinhardts, die dem Grundstück als betriebsarteigenem Wirtschaftsgut einen erhöhten Teilwert zuschreibt. Auf diese Weise läßt sich der ganze Kapitalisierungsmehrwert schließlich dem Grundstück als Ausfallwert zurechnen. Ein stärkerer Prellbock gegen die Teilwertabschreibung auf Boden und Gebäude läßt sich kaum noch schaffen.

Abschließend sollen im Hinblick auf die große Bedeutung des Problems die betriebswirtschaftlichen Einwendungen gegen den Teilwert *nach 12 Gesichtspunkten* nochmals zusammengestellt werden.

1. Der Teilwert ist eine *künstliche Konstruktion,* die nicht aus einer positiven Grundidee einheitlich herauswächst, sondern im Gegensatz zum gemeinen Wert schrittweise und unter dauernden Abwandlungen und sprunghaften Einzelbestimmungen entwickelt wurde. Er steckt daher theoretisch voller Widersprüche, die es nicht zulassen, ihn unter einem einzigen Leitgedanken zu definieren. Seine Formungselemente (Gesamtkaufpreis, Verbundenheit der Wirtschaftsgüter, Fortführung der Unternehmung) erweisen sich *nicht* als *begriffsbildend,* da ihre Gedankenlinien nicht folgerichtig zu Ende geführt werden. Die Teilwertidee schwankt zwischen den Grundsätzen der Einzel-, Gruppen- und Gesamtbewertung hin und her. Der einzige Kern, der allen Varianten des Teilwertes, in die er sich fast kasuistisch auflöst, gemeinsam ist, läßt sich darin erkennen, daß der Teilwert als *ertragsabhängiger* Wert gedacht ist, der die wertmäßigen Beziehungen der einzelnen Wirtschaftsgüter zum Gesamtunternehmen zum Ausdruck bringen soll.

2. Durch den Teilwert wird in die Erfolgsrechnung ein *Störungselement* hineingetragen, das als *dualistischer Widerspruch* die Zielsetzung der Bilanz aufhebt. In einer Erfolgsrechnung, die auf Zahlungsvorgängen aufgebaut ist

und deren Bewertungsgrundsätze daher auf dieser Grundlage ruhen, ist jeder ertragsabhängige Wert ein Fremdkörper, der sich nicht in die Aufwands- und Ertragsbegriffe einordnen läßt. Herabsetzungen auf den Teilwert sind als Aufwand undeutbar. So trägt der ertragsabhängige Teilwert *statische Wesenszüge*, die ihn für die Erfolgsbilanz ungeeignet machen.

3. In einer Rechnung, welche die Ermittlung von Reinerträgen verfolgt, führt die Verwendung von Wertansätzen, die von der Rentierlichkeit abhängig sind, zu einem *Circulus vitiosus*. Sie setzen logisch voraus, was mit ihrer Hilfe erst ermittelt werden soll. In diesem Sinne bedeutet der Teilwert im Rahmen der Erfolgsbilanz einen Widerspruch in sich.

4. Eine echte Ertragswertermittlung ist von der Teilwerttheorie gar nicht beabsichtigt, da sie nur für das gesamte Betriebsvermögen möglich wäre. Abgesehen davon, daß sie praktisch zu verwickelt und ihr für Besteuerungszwecke ein zu starkes Unsicherheits- und Willkürmoment anhaftet, führt sie zu dem theoretisch *unlösbaren Zurechnungsproblem*. Die *Verteilungsmethode* (von Aufermann als Repartitionsmethode bezeichnet) bleibt ein abstraktes Gedankengebilde, da ein konkret bestimmbarer Umlageschlüssel für die einzelnen Wirtschaftsgüter nicht gegeben ist. Die *Differenzmethode* gleitet in einen andersgearteten Ausfallwert ab, der nicht den Wert für das vorhandene, sondern für das fehlende Wirtschaftsgut darstellt. Der Teilwert ist daher grundsätzlich nicht als Zurechnungsanteil am Gesamtertragswert anzusehen. An die Stelle des Ganzheitsprinzips tritt das der Einzelbewertung der Wirtschaftsgüter. Der Teilwert wird damit zu einem *fiktiven Einzelwert*, der zwar für sich, aber dennoch unter Berücksichtigung der Verbundenheit bestimmt werden soll.

5. Es wird nicht präzise zwischen der *Kapitalisierungsdifferenz* und dem *engeren adjunktiven Geschäftswert* unterschieden. Der adjunktive Geschäftswert stellt als Gesamtheit der adjunktiven Immaterialgüter ebenfalls ein selbständiges Wirtschaftsgut dar, das neben den übrigen isolierbaren Wirtschaftsgütern in der Bilanz auftreten kann. Er kann (wie jedes Wirtschaftsgut) nur positive Werte annehmen, oder er ist nicht vorhanden. Die Kapitalisierungsdifferenz ergibt sich dagegen als Abweichung zwischen dem (bereinigten) Gesamtertragswert und dem Gesamttagesbeschaffungswert der Unternehmung. Je nachdem, ob sie positiv oder negativ ist, liegt im allgemeinen der Ertragswertanteil der einzelnen Wirtschaftsgüter über oder unter ihrem Tagesbeschaffungswert. Dabei ist auch der adjunktive Geschäftswert Zurechnungsobjekt. Die zusätzliche Umlage dieses Geschäftswertes selbst auf die isolierbaren Wirtschaftsgüter ist bewertungstheoretisch unlogisch. Die Verteilung der Kapitalisierungsdifferenz (Ertragsmehrwert oder -minderwert) deckt sich mit dem Zurechnungsproblem.

6. Die *obere Begrenzung* durch den *Tagesbeschaffungswert* bedeutet den Ausschluß des Kapitalisierungsmehrwertes bei der Teilwertbestimmung. Das Ausmaß der *Rentierlichkeit* der Unternehmung bleibt insofern im Teilwert *unberücksichtigt*. Der derivative Geschäftswert wird damit nicht ausgeschaltet. Jedoch wird dieser Grundsatz an mehreren Stellen kasuistisch durchbrochen. Schon der Ansatz eines Zwischenwertes zwischen Anschaffungswert und niedrigerem Tagesbeschaffungswert liegt in dieser Richtung.

7. Die Berücksichtigung der *Unrentierlichkeit* läuft darauf hinaus, den Kapitalisierungsminderwert im Teilwert zum Ausdruck zu bringen. Auch hier ist der Geschäftswert einzubeziehen. Diese Einengung der Ertragsbezogenheit des Teilwertes hebt das Zurechnungsproblem keineswegs auf. Ebenso bleibt der logische Zirkelschluß bestehen. Die ursprünglich betonte Unrentierlichkeit der Gesamtunternehmung tritt später zurück, da Gesamtabschreibungen als Widerspruch zur Einzelbewertung unzulässig sind. Die Unrentierlichkeit der einzelnen Wirtschaftsgüter rückt dagegen alle theoretischen Bedenken verstärkt in den Vordergrund. Ist aber Gesamtunrentierlichkeit Voraussetzung für die Berücksichtigung der Einzelunrentierlichkeit, so liegen darin Kompensationen, die auch der Einzelbewertung zuwiderlaufen.

8. Die theoretische Unbestimmtheit des Teilwertes wird auch durch die *Untergrenze der Einzelveräußerungswerte* nicht überwunden. Der Einzelveräußerungswert bedeutet die völlige Abkehr von der Verbundenheits- und Fortführungsidee, zumal der Ertragswertanteil durchaus darunter liegen kann. Die Heranziehung eines Einnahmenwertes für Ausgabengegenwerte ist logisch widerspruchsvoll. Die Erfolgsrechnung wandelt sich dadurch in eine Liquidationsrechnung um. Beachtlich ist auch die Tatsache, daß durch die beiden Grenzwerte ein ertragsabhängiger Wert zwischen zwei heterogenen Werten eingefangen werden soll. Der Hinweis auf den Gesamtkaufpreis des Erwerbers ist durchaus nicht schlüssig.

9. Um die Herabsetzungsmöglichkeit vom Anschaffungswert auf den niedrigeren Teilwert wirksam abzubremsen, schleicht sich der zunächst verpönte Kapitalisierungsmehrwert im tarnenden Gewande von (inzwischen wieder aufgegebenen) *Geschäftswertspitzen* unter spezifischer Begründung in Sonderfällen wieder ein. Dadurch wird die Tagesbeschaffungswertgrenze aufgehoben und ganz erheblich nach oben verschoben. Dabei wird der Umstand, daß adjunktive Immaterialgüter mit der Auflösung der Unternehmung schwinden und im Gegensatz zu den isolierbaren Wirtschaftsgütern nicht selbständig fortbestehen oder veräußert werden können, in einen besonderen Betriebsbestehenswert umgedeutet. Auf diese Weise wird den *betriebsarteigenen Wirtschaftsgütern* neben dem Tagesbeschaffungswert ein *zusätzlicher Vorhandenheitswert* zugerechnet, der theoretisch nichts anderes als ein verkappter

Ertragsmehrwert ist. Mit dem eigentlichen Geschäftswert hat er nichts zu tun. Das bloße Vorhandensein isolierbarer Wirtschaftsgüter ruft noch keinen Geschäftswert hervor. Ein Ertragsmehrwert entsteht erst durch die Rentierlichkeit der Unternehmung.

10. Da der Betriebsbestehenswert nicht erfaßt werden kann, werden auf einem Umwege sogenannte *außergewöhnliche Wiederbeschaffungsaufwendungen* an seine Stelle gerückt, die bei unerwartetem Ausfall auftreten. Tatsächlich handelt es sich gar nicht um Aufwand zur Wiederbeschaffung des Wirtschaftsgutes, sondern um *Behinderungsverluste* infolge seines Fehlens. Die Bezeichnung „erhöhter Wiederbeschaffungswert" ist daher unzutreffend. Theoretisch bedeutet aber dieser (inzwischen wieder abgelehnte) Kunstgriff einen Rückfall in die unhaltbare und aufgegebene Differenzmethode. Die aufgeblähten Werte kommen auch gar nicht zum Ansatz, sondern bleiben als deus ex machina im Hintergrunde. Ihre übersteigerte Höhe geht weit über den Ertragswertanteil hinaus.

11. Die (ebenfalls wieder aufgegebene) *Gruppenbewertung* widerstrebt kraß dem Prinzip der Einzelbewertung. Es werden ad hoc wirtschaftliche Untereinheiten gebildet, und zwar gerade bei bebauten Grundstücken, wo betriebswirtschaftlich ein unbestreitbares Bedürfnis nach Trennung besteht, nur um einen Ausgleich gesunkener mit gestiegenen Teilwerten herbeizuführen. Dieses Verfahren sprengt in seiner Uferlosigkeit den bislang entwickelten Teilwertgedanken, ohne mit einer echten Gesamtbewertung Ernst zu machen. Verbindet man damit die Idee der Betriebsarteigenheit, so werden in beliebigem Ausmaß Kapitalisierungsmehrwerte und sogar originäre Geschäftswerte auf Wirtschaftsgüter verrechnet, obwohl sie sachlich nicht darauf entfallen.

12. Zu der theoretischen Mangelhaftigkeit des Teilwertbegriffes tritt die *praktische Unmöglichkeit* hinzu, ihn irgendwie mit genügender Genauigkeit zu bestimmen. Gelingt es, die Berechtigung einer Abweichung vom Tagesbeschaffungswert glaubhaft zu erhärten, ist kein Rechenverfahren vorhanden, sie zahlenmäßig festzulegen. Die Finanzbehörde ist auf die Angaben des Steuerpflichtigen oder eines Sachverständigen angewiesen. Der Teilwert kann letztlich nur ausgehandelt werden. Er ist ein *subjektivistischer Wertansatz,* dessen Objektivierung an der Scheidewand des Möglichen scheitern muß.

Angesichts dieses geradezu niederschmetternden Ergebnisses habe ich bereits 1944 den Teilwert, vom betriebswirtschaftlichen Standpunkt aus, als *Unikum* bezeichnet, da er in seiner gestaltlosen Nebelhaftigkeit, die theoretische Konstruktionsmängel mit praktischer Unbestimmbarkeit verbindet, einzigartig in der Bewertungslehre dasteht. Man muß sich daher fragen, warum man solche Mühe an die Ausgestaltung dieser besonderen Wertkategorie gewandt hat.

Der dauernde Wert all dieser Überlegungen liegt darin, daß der *gemeine Wert,* hoffentlich endgültig, als *ungeeignet* für die Erfolgsbilanz erkannt wurde. Ihre bleibende Bedeutung wird in der *Loslösung von der Liquidationsvorstellung* und in der Herausarbeitung der *Fortführungsidee* sichtbar. Sie unterstützen die dominierende Stellung des Tagesbeschaffungswertes, der als unrealisierter Wert in der Form des gegenwärtigen Einnahmen- oder Ausgabenwertes allein in einer Erfolgsermittlungsbilanz neben dem realisierten Anschaffungswert Verwendung finden kann.

Abzulehnen ist aber jeder weitergehende Versuch, eine Beziehung zum *Ertragswert* der Unternehmung in irgendeiner Weise herzustellen. Hier setzt der *Irrweg* ein, der, im ursprünglichen Ansatz verfehlt, trotz aller Geistesschärfe und ehrlichem Wollen zu keinem vernünftigen Ziele führen kann.

Verständlich wird das Bestreben der Teilwerttheorie dadurch, daß man sie mit der *stillen Rücklagenbildung* in Berührung bringt. Alle Anstrengungen, den Teilwert durch gangbare Verfahren zu bestimmen, ihn nach unten zu begrenzen und besondere Bremswerte für sein Abgleiten zu erfinden, verfolgen letztlich den Zweck, die willkürliche Schaffung stiller Rücklagen zu hemmen. Der Teilwert soll die endgültige Schranke für die Bewertung sein.

Daß man dabei auf den Ertragswert stieß, zeugt zweifellos an sich von einem gesunden Wertungsgefühl. Sicherlich wollte man auch der Praxis entgegenkommen, indem man für unrentierliche Wirtschaftsgüter eine Abwertungsmöglichkeit schuf. Dennoch ist der Teilwert in seiner amöboiden Wandelbarkeit dem Kaufmann fremd geblieben. Daß aber *jeder ertragsbedingte Wert dem Wesen der Erfolgsbilanz widerspricht,* erkennt man erst, wenn man die Grundlagen der Erfolgsermittlung klarlegt. Der Teilwert ist eben nicht der sogenannte wahre Bilanzwert, da dieser vielmehr ausschließlich von der Zwecksetzung abhängt.

Sofern es de lege ferenda gelingt, die willkürlichen stillen Rücklagen nicht nur aus der Bilanz nach dem Aktiengesetz von 1965, sondern allgemein aus der Handelsbilanz auszumerzen, ist der entscheidende Grund ausgeräumt, aus dem für die Steuerbilanz eine besondere Wertkategorie inform des Teilwertes notwendig erschien. Jeder Versuch einer Vereinheitlichung oder Annäherung beider Bilanzen muß an dieser Stelle einsetzen. Das gemeinsam geltende Niederstwertprinzip klafft an der Schnittlinie der unteren Grenze auseinander. Wird allgemein eine Schranke gesetzt, über die hinaus in der Handelsbilanz stille Rücklagen nicht gebildet werden dürfen, besteht für die abgeleitete Steuerbilanz kein Bedürfnis mehr, eigene Wege zu beschreiten. Sie kann sich dann unbedenklich der handelsrechtlichen Regelung anschließen. Teilwerttheorie und stille Rücklagenbildung umreißen somit eine Problematik, die nur im Zusammenhang gelöst werden kann.

Eingehend hat sich auch *Aufermann*[13] mit der Kritik des Teilwertes befaßt. Er gelangt ebenfalls zu dem Ergebnis, daß dieser „Falschwert“ verschwinden müsse und grundsätzlich durch den Tageswert auf dem Anschaffungsmarkt ersetzt werden sollte.

Interessant sind auch die Ausführungen des *Obersten Finanzgerichtshofes* in seiner Entscheidung vom 17. 7. 1947 (I 5/47, Steuer und Wirtschaft 1947, Nr. 14), wonach der Teilwert ein objektiver Wert sei, der auf der allgemeinen Auffassung beruhe, wie sie in der Marktlage am Bilanzstichtage ihren Ausdruck finde. Die Annäherung an den von mir propagierten Tagesbeschaffungswert ist unverkennbar.

Neuerdings mehren sich die Stimmen, die den Teilwert ablehnen und ihn, wie von mir schon 1944 vorgeschlagen, durch den Tagesbeschaffungswert beziehungsweise durch die Wertgrenzen im Aktiengesetz von 1965 ersetzen wollen[14]. Die Forderung *H. Kochs,* statt des Teilwertes einen mutmaßlichen Nettoverkaufserlös zu verwenden, widerspricht der grundlegenden Tatsache, daß die Unternehmung nicht liquidiert, sondern fortgeführt wird. Auf meine vielfältigen Argumente geht er nicht ein[15].

Auch *Dinkel*[16] kommt in seiner zusammenfassenden Darstellung der neueren Literatur zum Teilwert zu einem ablehnenden Ergebnis, das die hier dargelegten Einwendungen unterstreicht.

V. Bewertungsrücklagen in der Bilanz (stille Rücklagen)

1. Begriff der Bewertungsrücklagen

Eine klare Abgrenzung des Begriffes Bewertungsrücklagen macht es zunächst erforderlich, diese sogenannten stillen Rücklagen von den anderen möglichen Unternehmungsrücklagen abzugrenzen.

Das Wort Rücklagen ist als Verdeutschung an die Stelle der früheren Bezeichnung *Reserven* beziehungsweise *Reservefonds* getreten und hat sich

[13] Problematik und Kritik des Teilwertes. In: Finanz und Steuer 1947, S. 86. – Das Ende des Teilwertes? In: Die Aktuelle, 1948, Heft 10/11, S. 400.

[14] Wall, F.: Der Teilwert, seine Problematik und seine Ersetzung durch den gemeinen Wert. In: Wirtschaftsprüfung 1957, S. 545 ff. – Jacob, H.: Das Bewertungsproblem in den Steuerbilanzen. Wiesbaden 1961, S. 217. – Heigl, H.: Brauchen wir den Teilwert noch? In: Steuern und Wirtschaft. 1969, Sp. 462 ff.

[15] Koch, H.: Zum Problem des Teilwertes. In: Zeitschrift für handelswissenschaftliche Forschung 1960, S. 319 ff.

[16] Dinkel, Fritz: Bilanz und Bewertung. Berlin 1974, S. 96–108.

allgemein eingebürgert. Da der alte Begriff umfassender war und zum Beispiel die Rückstellungen (als sogenannte Aufwandsreserven) einschloß, soll im Interesse einer klaren Terminologie die Bezeichnung Reserven vermieden werden.

Zunächst sind Vermögens- und Kapitalrücklagen zu unterscheiden.

Vermögensrücklagen sind bestimmte Vermögensgüter, die noch nicht für produktive Unternehmungszwecke eingesetzt sind, sondern aus Sicherungsgründen vorsorglich für eine spätere Verwendung bereitgehalten werden. Insofern können sie durchaus betriebsbedingt sein, obwohl sie noch nicht unmittelbar dem Leistungsprozeß der Unternehmung dienen. Für sie wäre die frühere Bezeichnung Reservefonds (Rücklagenfonds) angebracht, namentlich wenn sie als Sondervermögen ausgegliedert und einer getrennten Verwaltung unterworfen werden (zum Beispiel Treuhandvermögen). Das Rücklagevermögen ist stets auf der Aktivseite feststellbar: entweder in besonders bezeichneter Form oder an einer im Verhältnis zum Unternehmungszweck bestehenden Überdosierung von Vermögensteilen (zum Beispiel von Guthaben oder Wertpapieren). Im letzteren Falle ist zu ihrer Feststellung zumeist eine bilanzanalytische Untersuchung erforderlich.

Kapitalrücklagen sind dagegen Teile des Eigenkapitals. Wenn man das ursprünglich eingelegte oder durch Erhöhung später zugeführte Grund- oder Stammkapital gesondert bucht und dabei nur ausdrückliche Herabsetzungen berücksichtigt, tritt neben dieses sogenannte konstante Kapital (Hauptkapital) ein variables Zusatzkapital, das alle sonstigen Eigenkapitalveränderungen auffängt. Bei Kapitalgesellschaften ist ihre Aussonderung gesetzlich vorgeschrieben (zum Beispiel als gesetzliche Rücklage bei Aktiengesellschaften). Aber auch bei Personengesellschaften ist diese Rücklagenform vorhanden, selbst wenn sie bilanzmäßig nicht sichtbar in Erscheinung tritt.

Der *Gewinnvortrag* nimmt eine Sonderstellung ein. Es ist nicht zweckmäßig, wie die Kommentare zum Aktiengesetz es früher getan haben, ihn schlechthin zu den Rücklagen zu rechnen. Beim Gewinnvortrag handelt es sich um eine Verrechnungsspitze (meist infolge Ausschüttung des Gewinns nach runden Prozentsätzen), die im nächsten Jahre automatisch und unmittelbar in die Erfolgsrechnung überführt wird, während dies bei den Rücklagen nicht der Fall ist. Es ist demnach zu unterscheiden zwischen Hauptkapital (Nennkapital), Rücklagen und Gewinnvortrag. Rücklagen und Gewinnvortrag bilden zusammen das Zusatzkapital.

Nach dem *Aktiengesetz* von 1965 erscheint der Gewinnvortrag nicht mehr als besonderer Posten, sondern ist – mit eventuellen Gewinnvorträgen aus früheren Perioden – im Bilanzgewinn beziehungsweise -verlust enthalten, wie er sich auch aus der Gewinn- und Verlustrechnung ergibt. Der Gewinnvortrag wird nur als Position 29 der Staffelgliederung nach § 157 AktG sichtbar, wenn er nicht zusätzlich in einer Vorspalte der Bilanz ausgewiesen wird. Die Kommentare rechnen daher jetzt den Gewinnvortrag ebenfalls nicht zu den Rücklagen.

Vermögens- und Kapitalrücklagen brauchen sich *keineswegs zu entsprechen*. Rücklagekapital kann sowohl im arbeitenden als auch im Rücklagevermögen beziehungsweise sogar im Sondervermögen investiert sein. Umgekehrt kann Rücklagevermögen sowohl mit Fremdkapital als auch mit Eigenkapital, Haupt- oder Rücklagekapital, finanziert sein. Eine Zuordnung bestimmter Vermögensteile zu bestimmten Kapitalteilen, und umgekehrt, ist grundsätzlich nicht möglich. Hier zeigt sich deutlich die Notwendigkeit der früher erläuterten begrifflichen Unterscheidung zwischen Vermögen und Kapital. Die zwischen den Bilanzseiten bestehenden Beziehungen sind für die Problematik der stillen Rücklagen ohne Bedeutung.

Die bisher betrachteten Rücklagen sind sogenannte *offene Rücklagen*. In dieser Bezeichnung drückt sich ein formales, kontenmäßig-buchungstechnisches Merkmal aus. Offene Rücklagen sind Kapitalrücklagen, die als selbständige Posten auf der Passivseite ausgewiesen werden und als Zusatzkapital erkennbar sind. Dabei ist es gleichgültig, wie sie sprachlich genannt werden. Es genügt, daß der sachkundige Bilanzleser ihren Rücklagecharakter feststellen kann.

Ein *Grenzfall* liegt vor, wenn Rücklagen dadurch der Erkennbarkeit entzogen werden, daß man sie mit andersartigen Posten verquickt oder unter falschem Namen ausweist, indem man sie zum Beispiel unter Verbindlichkeiten oder als Rückstellungen bucht. Hier kann man von heimlichen, verborgenen oder versteckten Rücklagen beziehungsweise von einer *Falschkontierung* der Rücklagen reden. Da es sich nach den Grundsätzen ordnungsmäßiger Buchführung oder nach zwingenden Vorschriften um eine Bilanzfälschung handelt, kann dieser Fall bei den theoretischen Überlegungen ausgeschieden werden.

Offene Kapitalrücklagen entstehen auf zwei völlig verschiedenen Wegen. Die Rücklage kann auf einer *erfolgsunwirksamen Einlage* beruhen, die unmittelbar passiviert wird, zum Beispiel Aufgeld bei Aktienausgabe (*capital surplus* oder Kapitalrücklage im engeren Sinne). Sie kommt außerhalb beziehungsweise unter Umgehung der Erfolgsrechnung zustande. In der Regel werden aber Rücklagen aus *Überschüssen* gebildet (*earned surplus* oder Gewinnrücklage). Sie stehen mit der Erfolgsrechnung zwar in Verbindung, entstehen aber erst nachträglich außerhalb derselben als *Gewinnverwendung*. Erzielte Gewinne werden nicht ausgeschüttet, sondern als Rücklage einbehalten (thesauriert). Diese Rücklagen sind in der Regel bereits versteuerte

Gewinne, die sogar als nicht-ausgeschüttete Gewinne einem erhöhten Steuersatz unterliegen können. Nur ausdrücklich im Gesetz vorgesehene Ausnahmen lassen unversteuerte Rücklagenbildung zu, zum Beispiel bei Kapitalanlagen in Entwicklungsländern.

Da die Bildung von Rücklagen eine Gewinnverwendung ist, ist es *bedenklich*, diesen Vorgang im § 58, Absatz 4 AktG als *Aufwand* zu bezeichnen. Es handelt sich nur formal-buchungstechnisch um einen Posten auf der Aufwandsseite der Gewinn- und Verlustrechnung. Die Formulierung der Position 31 der Staffel nach § 157 AktG als „Einstellungen aus dem Jahresüberschuß in offene Rücklagen" läßt nicht zu, daß hinter dem Jahresüberschuß (Position 28) noch Aufwand auftritt. Das Gesetz ist also begrifflich inkonsequent.

Rücklagen unterscheiden sich unzweideutig von den *Aufwandsrückstellungen*[17]. Diese entstehen innerhalb der Erfolgsermittlung, sind als Sonderfall der Vorausgaben (oder Rückausgaben) stets Aufwand und daher erfolgsbildend. Aufwandsrückstellungen bedeuten somit *Aufwandspassivierung* und mindern den Gewinn. Darum werden freiwerdende Rückstellungsbeträge als *außerordentliche Erträge* (Position 13 der Staffelgliederung) wieder zurückgerechnet, das heißt, die überhöhten Vorausgaben werden ertragswirksam vereinnahmt.

Zu beachten ist, daß der dynamische Erfolgsgesichtspunkt unter Vorrang den Begriffsinhalt bestimmt und die Festlegung des *Bestandscharakters* der Rückstellungen nur eine zusätzliche Deutung ist.

Offene Rücklagen sind dagegen niemals Aufwand und daher erfolgsverwendend. Auch wenn das Aktienrecht unter Bilanzgewinn den nach Rücklagenbildung verbleibenden Betrag versteht, liegt hier kein Aufwand vor. Die Aktienbilanz weist statt des erzielten Gewinns den rechtlich ausschüttbaren oder verteilbaren Bilanzgewinn aus, von dem allerdings durch Beschluß der Hauptversammlung noch weitere Rücklagen abgesetzt werden können.

Im Gegensatz zu den offenen (oder auch versteckten) Rücklagen stehen die sogenannten *stillen Rücklagen*. Bei ihnen ist die Erkennbarkeit in der Bilanz ebenfalls beeinträchtigt. Sie können entweder nicht einmal der Tatsache nach festgestellt oder, wenn sie der Bilanzkundige vermuten kann, zum mindesten nicht in ihrer Höhe aus der Bilanz entnommen werden.

Stille Rücklagen entstehen durch die Art der Bewertung von Bilanzgegenständen und können daher als *Bewertungsrücklagen* bezeichnet werden. Sie beruhen entweder auf einer *Unterbewertung* von Aktiven oder einer *Überbewertung* von Passiven. An die Stelle der offenen Rücklagen aus Ertragsüberschüssen tritt die Abweichung im Wertansatz. Stille Rücklagen sind in

[17] *Vorratsrückstellungen* bleiben hier unberücksichtigt, da sie erfolgsunwirksam sind.

einem gewissen, nicht unbeachtlichen Umfange sowohl handels- als auch steuerrechtlich zugelassen.

Um die stillen Rücklagen in ihrer Funktion und Auswirkung auf die Erfolgsrechnung erschöpfend charakterisieren zu können, ist es erforderlich, sie nach der buchtechnischen Form, nach ihrem Umfang, gemessen an bestimmten Bezugswerten, und nach ihren Entstehungsgründen zu analysieren.

Arten der Bewertungsrücklagen

a) Nach der buchtechnischen Form

Stille Rücklagen werden im Gegensatz zu den offenen Rücklagen durchweg *innerhalb der Erfolgsermittlung* gebildet. Sie selbst formen dann den Gewinn oder Verlust mit. Insofern nähern sie sich den Rückstellungen, soweit diese aufwandswirksam sind.

Bewertungsrücklagen sind regelmäßig *antizipierte* Rücklagen, da sie nachträglich offen zu bildende Rücklagen schon im Rahmen der Erfolgsermittlung still vorwegnehmen. Darin liegt eine gewisse Heimlichkeit und zugleich auch Unheimlichkeit ihres Daseins.

Um die Auswirkung auf das Bilanzbild im Verhältnis zur Verwendung offener Rücklagen zu zeigen, wird nachstehendes *Zahlenbeispiel* benutzt:

Offene Rücklage

Anlagevermögen	80.000,–	Grundkapital	100.000,–
Umlaufvermögen	120.000,–	Rücklage	20.000,–
		Verbindlichkeiten	70.000,–
		Gewinn nach Rücklage	10.000,–
	200.000,–		200.000,–

Stille Rücklage durch Unterbewertung

Anlagevermögen	80.000,–	Grundkapital	100.000,–
Umlaufvermögen	100.000,–	Verbindlichkeiten	70.000,–
		Gewinn wie oben	10.000,–
	180.000,–		180.000,–

Stille Rücklage durch Überbewertung

Anlagevermögen	80.000,–	Grundkapital	100.000,–
Umlaufvermögen	120.000,–	Verbindlichkeiten	90.000,–
		Gewinn wie oben	10.000,–
	200.000,–		200.000,–

Bei Unterbewertung verschwindet der offene Rücklageposten gewissermaßen durch Ausgleich beider Bilanzseiten. Diese *Nichtkontierung* führt zur Verkürzung der Bilanzsumme. Bei Überbewertung wird die offene Rücklage in die Werthöhe eines anderen Bilanzpostens verlagert beziehungsweise versteckt. Diese *Anderskontierung* ändert die Bilanzsumme nicht. In allen Fällen ergibt sich der gleiche Gewinn nach Rücklage.

Infolge ihres Bildungsprozesses wirken die Bewertungsrücklagen *unmittelbar* auf die Erfolgsermittlung. Die Herabsetzung der Einnahmenbestände (Forderung jeder Art, Fremdwährungsbestände) bedeutet entweder eine Ertragskürzung oder führt zur Entstehung von aperiodischem Aufwand. Bei Ausgabengegenwerten (Vorräten jeder Art) unterbleibt entweder die Rückverrechnung von Ausgaben (Nichtaktivierung) oder sie wird niedriger als erforderlich durchgeführt, oder es wird zunächst voll zurückverrechnet (aktiviert und dann vorzeitig nachverrechnet (zum Beispiel sofort bei geringwertigen Wirtschaftsgütern oder zu schnell bei Sonderabschreibungen nach dem Berlinförderungsgesetz). In allen Fällen erhöht sich der Periodenaufwand. Umgekehrt ruft auch die Heraufsetzung von Ausgabenbeständen (Währungsschulden, Auslandsanleihen, Rückstellungen) eine Aufwandserhöhung hervor. Bei Einnahmengegenwerten (Reservaten) wird durch höhere Rückverrechnung der Erfolg vermindert oder ein Aufwand bewirkt. Allen Formen der Bewertungsrücklagen ist somit die *erfolgssenkende* Wirkung gemeinsam. Sie können dazu benutzt werden, den Gewinn zu kürzen oder den Verlust noch zu erhöhen.

Neben der unmittelbaren Bildung stiller Rücklagen innerhalb der Erfolgsermittlung können diese auch *nachträglich* gelegt werden, zum Beispiel mittels Sonderabschreibungen aus dem Gewinn. Solche Rücklagen sind zwar erfolgsverwendend, wirken sich aber in späteren Perioden (wie alle stillen Rücklagen) ebenfalls erfolgsbildend aus, zum Beispiel infolge dann verminderter Abschreibungen.

In der Praxis kommen hauptsächlich aktive Bewertungsrücklagen vor. Wegen der strengen handelsrechtlichen Bewertungsvorschriften für die Passivbestände beschränken sich dort die stillen Rücklagen auf wenige Fälle.

Im Interesse der Klarheit der vielfach verschlungenen Beziehungen wird in Abbildung 43 eine Übersicht über die Arten von Rücklagen gegeben.

Das aus dem ursprünglich exakten Niederstwertprinzip heraus entstandene *Grenzwertprinzip* bedeutet Bewertungsfreiheit im Sinne der Bildung stiller Rücklagen. Grenzwertcharakter der Niederstwerte und stille Rücklagenbildung umschreiben weithin identische Zusammenhänge. Dennoch besteht keine völlige Übereinstimmung, da der Rücklagenbegriff einen umfassenderen Vorstellungsinhalt aufweist.

Abb. 43. Rücklagen nach dem erfolgsrechnerischen Inhalt und der buchtechnischen Form

A. Rücklagen nach dem *erfolgsrechnerischen Inhalt*

1. *Erfolgsunwirksame* Rücklagen:
   dem Kapital *zugeführte* Rücklagen (capital surplus, Kapitalrücklagen im engeren Sinne); außerhalb beziehungsweise unter Umgehung der Erfolgsermittlung; unmittelbare Passivierung (Einlagen, Agio)
2. *Erfolgsverwendende* Rücklagen:
   verdiente Rücklagen (earned surplus, Gewinnrücklagen); im Anschluß an die Erfolgsermittlung; Einbehaltung von erzieltem Gewinn
   a) meist nachträgliche Passivierung inform *offener* Rücklagen
   b) auch als *stille* Rücklage möglich mit *späterer Erfolgswirkung* (vergleiche 3b)
3. *Erfolgsermittelnde* Rücklagen:
   verdiente Rücklagen (wie unter 2); innerhalb der Erfolgsermittlung; Beeinflussung des Gewinnausweises; ohne Passivierung
   a) *antizipierte* Rücklagen in stiller Form (Bewertungsrücklagen), Erfolgswirkung im Bildungsprozeß
   b) *nachträgliche Erfolgswirkung* erfolgsverwendender Rücklagen (vergleiche 2b)

B. Rücklagen nach der *buchtechnischen Form*

I. Konten- und postenmäßig *ausgewiesene* Rücklagen:
   a) *offene* Rücklagen,
      als Rücklagen buchtechnisch erkennbar
   b) *versteckte* Rücklagen,
      als Rücklagen nicht erkennbar
      1. *heimliche* Rücklagen (*Falschkontierung*, Bilanzfälschung),
         mit anderen Posten verquickt oder unter falschem Namen
         (Grenzfall der offenen Rücklagen)
      2. *stille* Passivrücklagen (*Anderskontierung*),
         Überbewertung von Posten der Passivseite

II. Konten- und postenmäßig *nicht ausgewiesene* Rücklagen:
   stille Aktivrücklagen (*Nichtkontierung*),
   Unterbewertung einschließlich Nichtaktivierung von Posten der Aktivseite
   (Bilanzsumme verkürzt)

b) Nach Bezugswerten

Die Erörterungen über stille Rücklagen sind durch die *Mehrdeutigkeit* des Rücklagenbegriffs mit störenden Unklarheiten und Mißverständnissen belastet. Es werden durchaus verschiedene Dinge mit dem gleichen Namen belegt, so daß Verwechslungen auftreten und man in der Diskussion häufig aneinander vorbeiredet. Daher erscheint es als ein dringendes Erfordernis für die gedankliche Sauberkeit, klare Unterscheidungen durch eine weitere *Differenzierung* stiller Rücklagen zu treffen.

Wenn man von einer stillen Rücklage im Sinne einer Bewertungsdifferenz spricht, muß eindeutig festgelegt sein, von welchem *Ausgangs- oder Bezugswert* (Bezugsbasis) derjenige Wertansatz abweicht, von dem man aussagt, er enthalte oder in ihm stecke eine stille Rücklage. Je nach dem Bezugswert ergeben sich sodann scharf zu unterscheidende Arten von stillen Rücklagen.

Als *Bezugswerte* kommen namentlich infrage der Anschaffungswert, der Tagesbeschaffungswert, der Niederstwert und der Tagesveräußerungswert, insbesondere der Liquidationswert. Dabei werden die weiteren Betrachtungen zur Vereinfachung der Ausdrucksweise auf Aktivwerte der Bilanz beschränkt und in erster Linie Realgüter ins Auge gefaßt. Der Leser kann die Gedankengänge unschwer auf andere Aktivwerte sowie auf Passivwerte übertragen.

Nachstehend betrachten wir einige *Zahlenbeispiele:*

Bezugswerte	1. Fall	Stille Rücklage	2. Fall	Stille Rücklage
Buchwert	6.000,–	–,–	9.000,–	–,–
Anschaffungswert	10.000,–	4.000,–	10.000,–	1.000,–
Tagesbeschaffungswert	12.000,–	6.000,–	7.000,–	–,–
Tagesveräußerungswert	13.000,–	7.000,–	8.000,–	–,–
Liquidationswert	11.000,–	5.000,–	6.000,–	–,–

Im 1. Falle weist der Buchwert gegenüber sämtlichen anderen Wertansätzen unterschiedliche stille Rücklagen auf. Im 2. Fall liegen gegenüber den drei Tageswerten keine stillen Rücklagen vor, wohl aber im Vergleich zum Anschaffungswert. Im 1. Falle enthält der Anschaffungswert stille Rücklagen gegenüber den Tageswerten, nicht aber im 2. Falle. Umgekehrt stecken im 2. Falle in den Tageswerten stille Rücklagen gegenüber dem Anschaffungswert, nicht dagegen im 1. Falle. Man sieht an diesen Beispielen, wie notwendig es im Interesse einer eindeutigen Ausdrucksweise ist, stets den Bezugswert bei Unterbewertungen (oder Überbewertungen auf der Passivseite) anzugeben. Damit ergeben sich folgende *Arten von Bewertungsrücklagen*: Anschaffungswert-, Tagesbeschaffungswert-, Tagesveräußerungswert- und Liquidationswertrücklagen.

Für die Erfolgsermittlungsbilanz (Handels- und Steuerbilanz) scheiden die letzten zwei Möglichkeiten stiller Rücklagen aus, da die zugrundeliegenden Bezugswerte für sie nicht inbetrachtkommen. Dagegen muß der Niederstwert als Kombination von Anschaffungs- und Tageswert berücksichtigt werden.

Es sind daher für die weiteren Untersuchungen drei Arten stiller Rücklagen zu unterscheiden:

1. *Anschaffungswertrücklagen*:
   Unterbewertungen gegenüber dem Anschaffungswert; allgemein handelt es sich um Unterschreitungen realisierter Werte auf der Aktivseite beziehungsweise um entsprechende Überschreitungen auf der Passivseite.

2. *Tagesbeschaffungswertrücklagen* (Tageswertrücklagen):
   Unterbewertungen gegenüber dem Tagesbeschaffungswert; wenn es sich nur um Erfolgsermittlungsbilanzen dreht, kann man ohne Mißverständnis kurz von Tageswertrücklagen sprechen; allgemein liegen Unterschreitungen gegenüber unrealisierten Werten auf der Aktivseite beziehungsweise entsprechende Überschreitungen auf der Passivseite vor.
3. *Niederstwertrücklagen*:
   Unterbewertungen gegenüber dem Niederstwert; unabhängig von der Art des ausschlaggebenden Grenzwertes bedeuten sie zugleich eine Anschaffungswert- und eine Tageswertrücklage; beide weichen allerdings der Höhe nach voneinander ab; die niedrigere von ihnen wird außerdem als Niederstwertrücklage bezeichnet.

Man sollte nicht mehr schlechthin von stillen Rücklagen reden, sondern genau sagen, welche Rücklagenart man je nach dem Bezugswert im Einzelfall meint. Viele Unklarheiten würden dadurch beseitigt, und auch die Sprache des Praktikers würde nur an Gedankenschärfe gewinnen. Die meist recht nebelhafte Vorstellung von der Bilanzwahrheit erfährt durch diese Präzision der Ausdrucksweise eine segensreiche Entschleierung.

Anschaffungswertrücklagen liegen stets dann vor, wenn der Bilanzansatz auf der Aktivseite unter den ursprünglichen Wert heruntergeht. Der für den Bilanzposten angesetzte niedrigere Tagesbeschaffungswert enthält somit eine stille Rücklage in diesem Sinne. Der Antizipationsaufwand ist gleich der Differenz zwischen diesem Buchwert und seinem Wert aufgrund der Realisationsrechnung, das heißt, dem vollen oder fortgeführten Anschaffungswert. Vom Standpunkt der strengen Realisationsrechnung werden hierdurch erfolgsrechnerisch Rücklagen, und zwar Anschaffungswertrücklagen gebildet. Der sonst höhere erzielte Gewinn wird um stille Rücklagen vermindert ausgewiesen.

Die ausgesprochene *Anschaffungswertbilanz* ist durch das Fehlen jeglicher stillen Anschaffungswertrücklagen gekennzeichnet. Sie treten erst auf, wenn andere Wertarten unter Aufgabe des strengen Realisationsprinzips in der Praxis eingeführt, rechtlich vorgeschrieben oder zugelassen oder auch nur zum Vergleich herangezogen werden. Für eine auf dem Gedanken der Realisation aufgebaute Erfolgsrechnung ist der maßgebliche Bilanzwert der Anschaffungswert, so daß keine Anschaffungswertrücklagen in ihr selbst auftreten können.

Tageswertrücklagen sind immer vorhanden, wenn der Buchwert auf der Aktivseite unter dem höheren Tagesbeschaffungswert liegt. Der niedrigere Anschaffungswert enthält also eine stille Tageswertrücklage. Der höhere Tageswert würde einen größeren Gewinn zum Ausweis bringen, demgegenüber die Anschaffungswertrechnung eine Rücklagenbildung vornimmt. Diese stillen Rücklagen sind jedoch nicht Bestandteil der Erfolgsrechnung, sondern werden erst durch eine außerhalb der Buchhaltung nebenher erfolgende Bewertung zu Tagesbeschaffungswerten sichtbar.

Die *strenge Tageswertbilanz* ist im Gegensatz zur Anschaffungswertbilanz dadurch gekennzeichnet, daß sie keine stillen Tageswertrücklagen enthält.

Niederstwertrücklagen ergeben sich in der handelsrechtlichen Bilanz, wenn der Bilanzansatz auf der Aktivseite unter den Niederstwert heruntergeht. Dabei handelt es sich zugleich um eine Unterschreitung des Anschaffungswertes und auch des Tageswertes, ganz abgesehen von dem Größenverhältnis dieser beiden Werte zueinander. Die Wertherabsetzung stellt damit immer *sowohl eine Anschaffungswert- als auch eine Tageswertrücklage* dar. Sie kann daher nur in einer Bilanz auftreten, in der der Niederstwert als Grenzwert erscheint. Stille Niederstwertrücklagen sind daher für Nicht-Aktiengesellschaften bis auf weiteres immer noch das charakteristische Merkmal der geltenden Handelsbilanz. Für die Bilanz nach dem Aktiengesetz von 1965 kommen sie nur noch bei Herabsetzungen auf den steuerrechtlich für zulässig gehaltenen Wert oder sonstige gesetzliche Wertuntergrenzen vor.

c) Nach Entstehungsgründen

Stille Rücklagen können auf zwei grundsätzlich verschiedenen Wegen entstehen. Geschieht dies *ohne besonderen Bewertungsakt,* so entsteht die stille Rücklage ohne positives Zutun des Unternehmers, durch Unterlassung von Buchungsmaßnahmen, selbsttätig und *automatisch.* Sie ist darauf zurückzuführen, daß der Bezugswert gegenüber dem Buchwert gestiegen ist, ohne daß dieser abgeändert worden ist. Auf diese Weise entstehen Tageswert- oder auch Niederstwertrücklagen, wenn der Tagesbeschaffungswert zum Beispiel von Grundstücken, Wertpapieren oder Warenvorräten zunimmt und der niedrigere Buchwert nicht entsprechend heraufgesetzt wird.

Im Regelfall entstehen stille Rücklagen jedoch durch Zutun des Unternehmers, durch Buchungsmaßnahmen, das heißt, *durch besonderen Bewertungsakt.* Sie werden durch postives Handeln im eigentlichen Sinne gebildet. Bei Schätzungsfehlern, zum Beispiel bei unbeabsichtigter Unterschätzung der Lebensdauer von Anlagen, erfolgt auch die Bildung stiller Rücklagen zunächst unbewußt und wird erst später als solche erkannt. Im allgemeinen geht jedoch die stille Rücklagenbildung als Mittel zielbewußter Bilanzpolitik vor sich. Dabei können, je nach dem gesetzlichen Rahmen, alle Arten von Rücklagen, auch Niederstwertrücklagen, gelegt werden.

Die sich *automatisch* bildenden stillen Rücklagen haben verschiedene Entstehungsursachen. Sowohl die Niederstwertbilanz als auch die uneingeschränkte Tageswertbilanz enthalten grundsätzlich stille Anschaffungswertrücklagen und zwar in Höhe der Differenz zwischen Anschaffungswert und niedrigerem Tagesbeschaffungswert. Bei obligatorischem Niederstwert (zum Beispiel für das Umlaufvermögen) liegen gesetzlich erzwungene (gebotene) oder stille Zwangsrücklagen vor. Bei fakultativem Niederstwert (zum Beispiel für das Anlagevermögen) sind die stillen Rücklagen gesetzlich nur vorgesehen und daher zulässig (erlaubt). In beiden Fällen handelt es sich um eine gesetzliche stille Anschaffungswertrücklage.

In den Wertansätzen der Anschaffungs- und auch der Niederstwertbilanz liegen grundsätzlich stille Tageswertrücklagen vor. Steigt der Tageswert über den Anschaffungswert hinaus, so ist in der Handelsbilanz die Bildung stiller Rücklagen in Höhe der Wertabweichung zwingend vorgeschrieben. Dabei darf nicht übersehen werden, daß es sich nur dann um stille Rücklagen handelt, wenn man vom Tageswert als Bezugswert ausgeht, nicht aber, wenn man den Anschaffungswert als Bezugsbasis wählt. Hier liegt also eine gesetzlich erzwungene Tageswertrücklage vor. Ob die Zeitwertsteigerung dem bilanzierenden Unternehmer bewußt wird oder aus irgendwelchen Gründen unbekannt bleibt, das heißt, ob sich die Unterlassung der Höherbewertung bewußt oder unbeabsichtigt vollzieht, ist unerheblich.

Automatische Anschaffungswertrücklagen gibt es infolge der Unveränderlichkeit des realisierten Anschaffungswertes nicht. Bei obligatorischer Geltung des Niederstwertprinzips fallen selbsttätige Niederstwertrücklagen ebenfalls fort, sofern stets der niedrigere, auch der inzwischen gestiegene, Tageswert anzusetzen ist.

Man gelangt somit zu zwei Arten *stiller Zwangsrücklagen* in der Handelsbilanz, die auf dem Grenzwertprinzip beruhen. Der Anschaffungswert als Obergrenze führt zu erzwungenen *Tageswertrücklagen*. Der Tageswert als Höchstgrenze ruft erzwungene *Anschaffungswertrücklagen* hervor. Der vorgeschriebene Niederstwert schließt grundsätzlich diese beiden Rücklagenarten ein. Beim Praktiker mag diese Formulierung zunächst Widerspruch auslösen. Sie ist aber unumgänglich, wenn man alle vorkommenden Formen stiller Rücklagenbildung begrifflich präzise erfassen und den Gesamtzusammenhang analysieren will.

Das Problem der stillen Rücklagen berührt sich mit dem der *Abschreibungen*. Anschaffungswertrücklagen entstehen bei Ausgabengegenwerten erst dann, wenn der fortgeführte, verminderte Ausgabenwert unterschritten wird. Der Verteilungsrestwert ist die Nahtstelle, von der ab stille Rücklagen auftreten können. Eigentliche Abschreibungen oder Regelabschreibungen sind nur die Verteilungsabschreibungen, das heißt, die planmäßigen Periodenanteile des Anschaffungswertes während der betrieblichen Nutzungsdauer.

Darüber hinaus bedeuten alle uneigentlichen oder außerplanmäßigen Abschreibungen, Sonderabschreibungen oder Abwertungen eine stille Rücklagenbildung gegenüber dem Anschaffungswert.

Dabei spielen die Abschreibungen auf den niedrigeren Tagesbeschaffungswert eine besondere Rolle und werden zweckmäßig als Niederstwertabschreibungen (oder auch Tageswertabschreibungen) bezeichnet. Beim Umlaufvermögen treten sie als erzwungene Niederstwertabschreibungen auf. Gilt das Niederstwertprinzip nur fakultativ und werden dabei sogenannte Zwischenwerte, die unter dem Anschaffungswert und über dem niedrigeren Tagesbeschaffungswert liegen, zugelassen, wie zum Beispiel beim Anlagevermögen in Sonderfällen nach geltendem Handels- und Steuerrecht, so entstehen geringere Sonderabschreibungen, die man Zwischenwertabschreibungen nennen kann. Geht man noch unter den Niederstwert herunter, so ergeben sich übermäßige Sonderabschreibungen, die Niederstwertrücklagen hervorrufen.

Damit ergibt sich folgender *Zusammenhang zwischen Abschreibungen und stillen Rücklagen:*

a) *Eigentliche Abschreibungen* (planmäßige oder Regelabschreibungen): *Verteilungsabschreibungen,* die keine stillen Anschaffungswertrücklagen hervorrufen.
b) *Uneigentliche Abschreibungen* (außerplanmäßige oder Sonderabschreibungen): *Abwertungen,* die Anschaffungswertrücklagen entstehen lassen.
    1. *Niederstwertabschreibungen* (volle Tageswertabschreibungen): Herabsetzungen auf den niedrigeren Tagesbeschaffungswert, die entweder gesetzlich erzwungen oder zugelassen sind.
    2. *Zwischenwertabschreibungen* (teilweise Tageswertabschreibungen): Herabsetzungen auf einen Zwischenwert, der unter dem Anschaffungswert und über dem niedrigeren Tagesbeschaffungswert liegt, die bei gemildertem Niederstwertprinzip zugelassen sind.
    3. *Überabschreibungen* (übermäßige Sonderabschreibungen): Herabsetzungen unter den Niederstwert, die zugleich auch Tageswertrücklagen hervorrufen (Niederstwertrücklagen) und nach geltendem Recht, wenn auch für Aktiengesellschaften mit Einschränkungen, insbesondere zur Erlangung von Steuervorteilen, zugelassen sind.

Die *Erinnerungs- oder Merkposten* von DM 1,–, die man mit Recht als Grabsteine der Erfolgsrechnung bezeichnet hat, weisen stets auf Überabschreibungen hin, die zwar handelsrechtlich allgemein zulässig, aber aktienrechtlich nur noch unter einschränkenden Voraussetzungen möglich sind. Die dem Mehraufwand entsprechende Gewinnschmälerung taucht in späteren Erfolgsperioden wieder auf, in denen der vorwegverrechnete Aufwand fehlt und infolgedessen der frühere unrealisierte Aufwand durch einen entsprechenden unrealisierten Ertrag (Aufwandsminderung) ausgeglichen wird. Bis zu diesem Zeitpunkt betrachtet man den aufgrund der Realisationsrechnung tatsächlich erzielten Mehrgewinn, der aber in der Bilanz als solcher nicht ausgewiesen wird, als still zurückgelegt.

Zur weiteren Klärung sei zunächst der Kreis der *abschreibungsbedürftigen* Bilanzgüter festgelegt. Dabei ist auszugehen vom Gedanken der Ausgabenverteilung. Aufwandsausgaben, deren Erfolgswirkung sich auf einen längeren Zeitraum als eine Abrechnungsperiode erstreckt, müssen auf die zugehörigen Perioden anteilig umgelegt werden. Handelt es sich nur um zwei Jahre, so ist lediglich eine transitorische Abgrenzung erforderlich. Die zurückverrechnete Vorratsausgabe wird am Ende des ersten Jahres aktiviert und belastet in voller Höhe die Erfolgsrechnung des zweiten Jahres. Erst wenn die Erfolgswirkung über zwei Jahre hinausragt, ergibt sich eine fortlaufende Abschreibung der Ausgabengegenwerte.

In dieser Weise sind nicht nur die Vorräte an materiellen Realgütern, wie zum Beispiel Gebäude, technische Anlagen, Maschinen, Apparaturen, Werkzeuge und Ausstattungsgegenstände jeder Art, sondern auch immaterielle Werte, wie zum Beispiel Vorauszahlungen, Großausgaben für Instandsetzungen und Werbung, langfristige Forschungs- und Entwicklungsausgaben, Ausgaben für die Ingangsetzung des Geschäftsbetriebs, der an den Vorbesitzer bezahlte Geschäftswert (Firmenwert), Wertdifferenzen bei Verschmelzung und aktiviertes Abgeld bei Anleihen, abzuschreiben. Insbesondere gehören dazu Konzessionen, gewerbliche Schutzrechte und ähnliche Rechte sowie Lizenzen an solchen Rechten nach § 151, Absatz 1, Aktivseite II A 8 AktG, soweit deren Nutzung zeitlich begrenzt ist.

In allen diesen Fällen liegen Ausgaben auf lange Sicht vor, die sich aufwandsmäßig über mehrere Jahre erstrecken und daher auf dem Wege der Aktivierung (Rückeinnahme) und nachfolgenden Abschreibung (Nachausgabe) verteilt werden müssen. Auch geschätzte Ausgabengegenwerte und solche, die für geschenkte Güter fiktiv unterstellt werden, gehören hierher. Überall handelt es sich um den gleichen Verrechnungsvorgang der *Ausgabenverteilung*. Um diese Art der Abschreibungen umfassend zu kennzeichnen, sind die nur teilweise passenden Bezeichnungen Verbrauchsabschreibungen, Abnutzungsabschreibungen oder Absetzungen für Abnutzung durch den Ausdruck *Verteilungsabschreibungen* zu ersetzen. Dieser Begriff ist folgerichtig auf die Verteilung von Einnahmengegenwerten auszudehnen.

Im praktischen und wissenschaftlichen Sprachgebrauch wird formal jede Herabsetzung eines Bilanzwertes in übertragenem Sinne auch als Abschreibung bezeichnet. Insbesondere wird die *Abwertung* von Beteiligungen, Wertpapieren, Forderungen und Vorräten an Rohstoffen, Fertigerzeugnissen und Handelswaren auch als (uneigentliche) Abschreibung bezeichnet. Sofern diese Wertminderungen über volle Tageswertabschreibungen hinausgehen, liegen ebenfalls Überabschreibungen vor.

Den verschiedenen Arten von Abschreibungen läßt sich eine Gliederung des Betriebsvermögens parallel schalten. Eigentliche (planmäßige) Abschreibungen kommen nur im Bereich des Anlagevermögens vor. Innerhalb der Anlagewerte sind nach der Art der Investition zwei Gruppen zu unterscheiden. Das Vermögen kann in der Unternehmung selbst für Erzeugungszweck angelegt sein und ist dann in Realgütern verkörpert. Dazu gehören sämtliche materiellen Güter (Sachgüter im engeren Sinne), aber auch die in der Unternehmung arbeitenden immateriellen Rechtswerte, wie zum Beispiel Patente, Lizenzen und andere Schutzrechte. Sie lassen sich insgesamt als *Realanlagevermögen* bezeichnen.

Wenn man den Sachgüterbegriff, der zunächst, auch in zivilrechtlicher Auffassung, auf körperliche Gegenstände beschränkt ist, auf unkörperliche Realwerte, einer auch sonst bestehenden Tendenz folgend, ausdehnt (vergleiche hierzu das römische Recht, den Code civil, das Preußische Allgemeine Landrecht und das frühere österreichische Zivilrecht), so ist auch der Ausdruck *Sachanlagevermögen,* wenn auch weniger scharf, mindestens praktisch verwendbar. Alle hierzu gehörigen Anlagegegenstände sind dann durch ihren Abschreibungscharakter gekennzeichnet. Es wäre vielleicht klarer, statt von abschreibungsbedürftigen von verteilungsbedürftigen Anlagegütern zu sprechen (verteilungsbedürftige Ausgabengegenwerte).

Einen Ausnahmefall stellt lediglich der *reine Boden* dar. Soweit er als räumliches Substrat den Standort der Unternehmung bildet oder in landwirtschaftlichen Betrieben als Anbaugrundlage auftritt, ist er ein nicht-abschreibungsbedürftiges Dauergut. Nur im Falle der industriellen Urerzeugung liegt ein mengenmäßiger Abbau der Bodensubstanz vor, der durch Abschreibungen wegen Substanzverringerung erfaßt wird.

Dem Realanlagevermögen steht das *Finanzanlagevermögen* (Nominalanlagevermögen) gegenüber. Das darin steckende Kapital ist nicht in der Unternehmung selbst realiter investiert, sondern als Beteiligungs- oder als Darlehnskredit nach außen weitergeleitet. Es kann zum Beispiel in anderen Unternehmungen angelegt oder dem Staatshaushalt zur Verfügung gestellt sein. Diese Vermögensgruppe ist in Nominalwerten verkörpert und umfaßt insbesondere Beteiligungen und Anlagewertpapiere.

Abweichend von der aktienrechtlichen Gliederung, die vor allem in Anpassung an die geltenden Bewertungsbestimmungen vorgeschrieben ist, muß man betriebswirtschaftlich auch aktive Hypotheken, Grund- und Rentenforderungen, langfristige Darlehn und Forderungen aller Art, auch an Konzernunternehmungen, und unter Umständen auch eigene Aktien und Aktien einer herrschenden Gesellschaft hier einbeziehen.

Diese finanziellen Anlagewerte unterliegen, wie das Umlaufvermögen, nicht der regelmäßigen, durch die innerbetriebliche Verwendung bedingten Abschreibung. Bei ihnen spielen vielmehr die außerordentlichen Abschreibungen und Herabsetzungen auf den niedrigeren Tageswert als uneigentliche Abschreibungen eine wichtige Rolle.

Die Bewertungsfreiheit des *Grenzwertprinzips* besteht darin, daß bei sämtlichen Gütern des Betriebsvermögens durch *Überabschreibungen* in unbeschränktem Umfange stille Niederstwertrücklagen absichtlich gebildet werden können. Nur in Bilanzen nach dem Aktienrecht von 1965 sind die Möglichkeiten der Überabschreibung gesetzlich stark eingeschränkt. Eine weitere Analyse der Entstehung dieser Überabschreibungen hat im folgenden zu zeigen, wie die Grenze verläuft und in welchem Grade sie genügend scharf markiert werden kann.

Dabei darf nicht übersehen werden, daß die hier interessierenden gesetzlichen stillen Rücklagen stets *Anschaffungswertrücklagen* sind. Sie sind entweder stille *Zwangsrücklagen* bei obligatorischem Niederstwertprinzip oder stille *Wahlrücklagen* bei fakultativem Niederstwertprinzip.

Hierzu einige *Zahlenbeispiele*

a) *Handelsware*	
Anschaffungswert	DM 10.000,–
Tagesbeschaffungswert	DM 8.000,–
b) *Maschine* (Nutzungsdauer 10 Jahre, gleichbleibende Verteilung)	
Anschaffungswert	DM 30.000,–
Verteilungsrestwert nach 4 Jahren	DM 18.000,–
Tagesbeschaffungswert einer neuen Maschine	DM 25.000,–
Tagesbeschaffungswert einer 4 Jahre gebrauchten Maschine	DM 15.000,–

Die Bewertung der Handelsware zu DM 8000,– bedeutet eine stille Zwangsrücklage von DM 2.000,– nach geltendem Recht. Die Bewertung der Maschine kann nach der lex lata sowohl zu DM 18.000,– als auch zu DM 15.000,– angesetzt werden. Der Ansatz von DM 15.000,– bedeutet eine stille Wahlrücklage von DM 3.000,–. Wählt man einen Zwischenwert (zum Beispiel von DM 16.000,–), so ermäßigt sich entsprechend die Wahlrücklage (zum Beispiel auf DM 2.000,–). Da bei fakultativem Niederstwertprinzip die Wahl des Niederstwertes oder eines beliebigen Zwischenwertes im Ermessen des Unternehmers liegt, läßt sich die entstehende Rücklage auch als Ermessensrücklage bezeichnen.

Bei den *Niederstwertrücklagen* handelt es sich um unerzwungene, aber beliebig bildbare stille Rücklagen. Bei der Unbegrenztheit ihres Ausmaßes (außer bei Aktienbilanzen) erscheint es erforderlich, ein im Rahmen des Niederstwertprinzips vertretbares billiges Ermessen von einer bewußten Willkür der Unterbewertung zu unterscheiden. Hält man daran fest, daß das Grenzwertprinzip nur eine durch Rechtsprechung zugelassene, sicherlich übertriebene Ausweitung des Niederstwertes als ursprünglicher Untergrenze darstellt, so wird man den Ermessensumfang nach den Schwierigkeiten vorsichtiger Bewertung abstecken.

Sobald sich die Bewertung von dem bereits in Geld realisierten Wert, dem baren Anschaffungswert, entfernt, beginnt die *Problematik ihrer Ungenauigkeit.* Sie macht sich schon bei den antizipierten Zahlungsvorgängen bemerkbar. Der Anschaffungswert ist bei Rückstellungen am Bilanzstichtag noch nicht exakt faßbar. Die Schätzung wird also auch beim Anschaffungswert unvermeidlich. Sowie man aber zu Tageswerten übergeht, steigen die Schwierigkeiten genauer Wertfixierung gewaltig an. Die Bewertung wird eben zu einer wirtschaftlichen Ermessensfrage.

Selbst wenn man den exakten Niederstwert als untere Schranke aufrichtet, wie dies im Aktiengesetz von 1965 grundsätzlich geschieht, ist die Bildung stiller Rücklagen im Sinne *unvermeidbarer und oft unbewußter Ermessensrücklagen* nicht zu umgehen. Es sind namentlich drei Fälle, die sich hierbei als charakteristisch aufdrängen.

Will man den Tagesbeschaffungswert einer gebrauchten Maschine ermitteln, so muß man von den tatsächlichen Marktpreisen der gleichen oder einer vergleichbaren Maschine ausgehen. Werden von mehreren Lieferern hierfür unterschiedliche Preise gefordert, die nicht einmal alle dem Bilanzierenden bekannt zu sein brauchen, so liegt in der *Preisstreuung* ein beachtliches Ungenauigkeitsmoment für die Bewertung. Im Ansatz eines der niedrigeren Werte oder eines durchschnittlichen Wertes liegt ohne Zweifel eine stille Rücklage gegenüber dem höchsten Werte, ohne daß man ihre Höhe einfach durch die Abweichung festlegen könnte. Ähnlich können die Dinge auch bei Handelswaren liegen, da sich selbst bei einheitlichen Marktpreisen immer wieder Differenzierungen verschiedenster Art auf den Teilmärkten ergeben.

Ist überhaupt *kein genügend vergleichbarer Gegenstand* im Beschaffungsmarkt vorhanden, so ist man auf die *Schätzung* vollends angewiesen. Der entscheidende Grund für die Schwierigkeiten der Ermittlung von Tageswerten, insbesondere für Anlagegegenstände, liegt darin, daß die Vergleichbarkeit der Marktpreise durch die technisch-wirtschaftliche Weiterentwicklung erheblich gestört wird. Es ist kaum möglich, genau den gleichen unveränderten Anlagenteil zum Vergleich heranzuziehen. Bei Maschinen ist in der Zwischenzeit eine technische Leistungssteigerung, zum Beispiel durch Verbesserung der Produktqualität, höhere Ausbringungsmengen, größere Arbeitsgeschwindigkeiten oder durch geringeren Energieverbrauch, oder bei gleicher technischer Konstruktion eine erhöhte wirtschaftliche Leistungsfähigkeit, zum Beispiel durch vermindertes Bedienungspersonal, durch Umstellung auf Anlernkräfte oder durch organisatorische Änderungen der Verfahrensart, erzielt worden. Alle diese Einflüsse müssen *im Tageswert eliminiert* werden, da der Zeitwert lediglich auf eine gleichartige Anlage bezogen werden darf. In anderen Fällen fehlt überhaupt ein irgendwie vergleichbarer Gegenstand, zum Beispiel bei Anlagebauten, Aggregaten oder Sonderkonstruktionen. Beim Umlaufvermögen sind die Verhältnisse zwar meist einfacher gelagert, aber nur graduell verschieden.

Ist das Wirtschaftsgut auf dem Markt *nicht mehr zu beschaffen,* muß man versuchen, *von dem Tagesveräußerungswert auf den Tagesbeschaffungswert zu schließen.* Dies geschieht durch Abzug der sogenannten Handelsspanne bei Handelswaren und einer entsprechenden Spanne bei eigenen Erzeugnissen, die vor allem den Gewinnzuschlag enthält. Bei diesem Schluß vom Absatz- auf den Beschaffungsmarkt macht sich eine erhebliche Schätzungsbreite bemerkbar, die in dem Ansatz der Spanne zwischen beiden Marktpreisen liegt. Wenn sich daher der Unternehmer zu einem bestimmten Tageswertansatz entschließt, so kann darin eine stille Rücklage gegenüber einer höheren, ebenso vertretbaren Wertschätzung liegen, zu der ein anderer Unternehmer mit gleichguter Begründung gelangen würde. Derartige Schätzungsdifferenzen sind zahlenmäßig überhaupt nicht fixierbar.

Die Grenze, die durch den Niederstwert inform des Tagesbeschaffungswertes gezogen werden kann, verläuft somit nicht in eindeutiger, klar markierter Linie, sondern zeigt ein *unscharfes und verschwimmendes Bild,* das durch die beschriebenen Streuungs- und Schätzungsrücklagen hervorgerufen wird. Allerdings ist dabei die Tatsache wichtig, daß von einer bestimmten Höhe der Bewertung ab, die praktisch leicht erkennbar ist, die an sich vage Grenze zweifelsfrei unterschritten wird. Es ist eben ein Unterschied, ob man den Tageswert nach billigem Ermessen vorsichtig ermittelt oder ob man in freier Willkür nach unten tendiert.

Ein dritter Ermessensfall ist von großer Tragweite für Anlagewerte und kann zu Anschaffungswert- und zu Niederstwertrücklagen führen.

Es ist unvermeidlich, daß bei der Festlegung der *Nutzungsdauer Schätzungsfehler* unterlaufen, die dann die Höhe der Abschreibungen und Restwerte beeinflussen. Unterschätzung der Nutzungsdauer bedeutet, gemessen an der richtigen Verteilung, die Bildung zunächst steigender und dann fallender stiller

Rücklagen, und zwar um so ausgeprägter, je stärker die Verkürzung ist. Dabei ist es gleichgültig, ob man die Nutzungsdauer unmittelbar abschätzt und gleichbleibende Abschreibungsbeträge in festen Prozenten vom ursprünglichen Anschaffungswert ansetzt oder ob man feste Abschreibungssätze vom restlichen Anschaffungswert festlegt. Die Zusammenhänge zeigt Abbildung 44.

Diese stillen Rücklagen hängen mit dem Ausgabenverteilungsvorgang zusammen (Verteilungsrücklagen oder Abschreibungs-Schätzungsrücklagen) und führen zunächst zu einer Unterschreitung des verminderten Ausgabenwertes

Abb. 44. Abschreibungen und stille Anschaffungsrücklagen

	Restwerte nach erfolgter Abschreibung DM		*Stille Ermessensrücklagen* DM
Anfang des Jahres	12 1/2% vom *ursprünglichen* Anschaffungswert, genaue Nutzungsdauer 8 Jahre	16 2/3% vom *ursprünglichen* Anschaffungswert, unterschätzte Nutzungsdauer 6 Jahre	(Anschaffungswertrücklagen)
1	24.000	24.000	0
2	21.000	20.000	1.000
3	18.000	16.000	2.000
4	15.000	12.000	3.000
5	12.000	8.000	4.000
6	9.000	4.000	5.000
7	6.000	0	6.000
8	3.000		3.000
9	0		0
	20% vom *restlichen* Anschaffungswert, genaue Schätzung der Nutzungsdauer	30% vom *restlichen* Anschaffungswert, Unterschätzung der Nutzungsdauer	
1	24.000	24.000	0
2	19.200	16.800	2.400
3	15.360	11.760	3.600
4	12.288	8.232	4.056
5	9.830	5.762	4.068
6	7.864	4.033	3.831
7	6.291	2.823	3.468
8	5.033	1.976	3.057
9	4.026	1.383	2.643

(Verteilungsrestwertes). Im allgemeinen stellen sie daher Anschaffungswertrücklagen dar. Je nach dem Umfang der Unterbewertung und der Höhe des niedrigeren Tagesbeschaffungswertes werden sie auch zu Niederstwertrücklagen.

Ohne Anspruch auf Vollständigkeit damit zu erheben, gelangt man nach der Art ihrer Entstehung zu folgender Gruppierung der *gelegten stillen Ermessensrücklagen:*

1. *Wahlrücklagen* werden bewußt gebildet durch die gesetzlich zugelassene Wahl zwischen Anschaffungswert, niedrigerem Tagesbeschaffungswert oder einem Zwischenwert zwischen beiden. Sie sind stets Anschaffungswertrücklagen.
2. *Streuungsrücklagen* entstehen mehr oder weniger bewußt bei der Ermittlung des Tagesbeschaffungswertes durch die Streuung differenzierter Marktpreise. Sie sind stets Niederstwertrücklagen.
3. *Preisschätzungsrücklagen* entstehen mehr oder weniger unabsichtlich beim Ansatz von Tagesbeschaffungswerten, wenn das Wirtschaftsgut auf dem Markt nicht mehr beschafft werden kann oder ein technisch-wirtschaftlich fortentwickeltes Gut zum Vergleich herangezogen werden muß. Sie sind stets Niederstwertrücklagen.
4. *Verteilungsrücklagen* treten unabsichtlich und unvermeidbar bei Anlagegütern auf, wenn bei der Verteilung des Anschaffungswertes die Nutzungsdauer unterschätzt beziehungsweise der Abschreibungssatz überschätzt wird. Sie sind regelmäßig Anschaffungswertrücklagen, können aber auch in Niederstwertrücklagen übergehen.

Verteilungsrücklagen können auch entstehen, wenn der Verteilungsmodus, die Abschreibungsmethode, vom Verbrauchsmodus abweicht, zum Beispiel gleichbleibender Verschleiß bei degressiven Abschreibungen. Man vergleiche hierzu die Zahlen in Abbildung 44.

Bei der Ausnutzung von Steuervorteilen bei den Steuern vom Einkommen und vom Ertrag entstehen ebenfalls Ermessensrücklagen, die man als fünfte Kategorie *Steuervorteilsrücklagen* nennen könnte. Um in den Genuß zulässiger steuerlicher Bewertungsfreiheiten zu gelangen, müssen auch in der Handelsbilanz entsprechende Überabschreibungen mindestens auf den steuerrechtlich zugelassenen Minderwert vorgenommen werden. In diesen Fällen wird das Höchstmaß der Aufwandsantizipation nicht vom Niederstwert bestimmt, sondern allein von der steuerrechtlich gezogenen Untergrenze. Auch Aktiengesellschaften können den üblichen Niederstwert nach § 154, Absatz 2 AktG für Anlagevermögen und nach § 155, Absatz 3 AktG für Umlaufvermögen entsprechend unterschreiten.

Theoretisch hat der Steuerpflichtige das Wahlrecht zwischen Anschaffungswert, steuerlichem Mindestwert oder einem Zwischenwert, das heißt, ob er die Steuervergünstigungen wahrnehmen will oder nicht, so daß man insofern von Wahlrücklagen sprechen kann. Praktisch dürfte aber kaum ein gut verdienender Steuerpflichtiger sich bewußt die Vergünstigungen entgehen lassen, so daß eine Art von Zwang vorliegt.

Unter dem Aspekt einer möglichst einwandfreien Erfolgsermittlung dürften jedoch die meisten Steuervorteilsrücklagen betriebswirtschaftlich unbegründet sein und den vertretbaren Ermessensspielraum willkürlich überschreiten, so daß man sie auch den Willkürrücklagen zurechnen könnte. Die Einordnung stiller Steuervorteilsrücklagen ist also nicht eindeutig, sondern hängt vom Blickwinkel der Betrachtung ab.

Den Ermessensrücklagen stehen die willkürlichen (willentlichen, gewillkürten) oder *Willkürrücklagen* gegenüber. Wenn hier von Willkür gesprochen wird, so ist damit nicht unüberlegte oder sinnlose Willkür gemeint. Auch wenn ein Anlagegut übermäßig stark im Wert herabgesetzt oder gar auf einen Erinnerungswert abgeschrieben wird, liegt kein gedankenloser Mutwille vor. Unter Willkür wird im alten Sinne des Wortes etwas Gekürtes, Gewähltes oder Gewolltes verstanden, bewußt durchdachte und von Vernunft geleitete Willkür, die unter mehreren beliebigen Möglichkeiten eine begründete Entscheidung willentlich trifft. Willkürliche Bewertung liegt vor, wenn der Wertansatz ohne gesetzliche oder vom Rechnungszweck geforderte Bindungen in völlig freier Entscheidung nach eigenen Gesichtspunkten vom Unternehmer gewählt werden kann. Wenn unterhalb einer Grenze grundsätzlich jeder beliebige Wert angesetzt werden kann, ist damit die Bewertung der Willkür überantwortet.

Willkürrücklagen entstehen durch *absichtliche Unterschreitung* eines Wertansatzes, der durch gesetzliche Vorschriften als Höchstwert oder durch Erfordernisse der rechnerischen Zielsetzung festgelegt ist und über den unvermeidlichen und vertretbaren Ermessensspielraum der Bewertungsschwierigkeiten offenkundig hinausgeht. Bei strenger Anschaffungswert- oder Realisationsrechnung ergeben sich Willkürrücklagen, wenn das zulässige Maß unumgänglicher Anschaffungswertrücklagen überschritten wird. Bei voller Tageswertrechnung entstehen sie entsprechend durch uneingeschränkte Bildung von Tageswertrücklagen. Wird unter teilweiser Einbeziehung unrealisierter Erfolge eine Niederstwertrechnung durchgeführt, so liegt die Willkür in der ungehemmten Bildung von Niederstwertrücklagen. Man sieht, daß Inhalt und Umfang der stillen Willkürrücklagen in allen Fällen durch das Ordnungsgesetz des Rechnungszweckes bestimmt werden. Sie treten in der Praxis auf, wenn und soweit nach den Neuerungen des Aktienrechts von 1965 handelsrechtlich noch bewußt und schrankenlos Aktiva unterbewertet werden.

Das *Aktiengesetz* enthält keine ausdrückliche Bestimmung darüber, ob und in welchem Ausmaß solche Rücklagen gebildet werden dürfen. Durch höchstrichterliche Entscheidung wurde die Zulässigkeit grundsätzlich bejaht. Allerdings verbieten gewisse Gesetzesvorschriften und die Grundsätze ordnungsmäßiger Buchführung bestimmte Formen stiller Rücklagen; auch sind Beschränkungen der Höhe nach nicht zu verkennen. So ist es beispielsweise verboten, Vermögensbestände aus der Bilanz herauszulassen oder fiktive Schulden einzusetzen (§ 40 HGB, § 152, Absatz 8 AktG 1965). Damit ist auch die Unzulässigkeit verbunden, Anlagenzugänge unmittelbar als Aufwand zu buchen (§ 153, Absatz 1 AktG 1965). Der Grundsatz vorsichtiger Schätzung erlaubt nicht, Rückstellungen bewußt überhöht zu bilden. Auch widerspricht es dem Grundsatz der Bilanzklarheit, Geldkonten unter ihrem effektiven Nominalwert in der Bilanz auszuweisen oder gar Forderungen gegen Vorstands- und Aufsichtsratsmitglieder unbegründet abzuschreiben. Erfolgt eine Unterbewertung mit der Absicht, die Vermögens- und Ertragslage der Gesellschaft unrichtig wiederzugeben oder zu verschleiern, kann möglicherweise eine Nichtigkeit der Bilanz gegeben sein, wozu eine Feststellungsklage notwendig ist (§ 256, Absatz 5 AktG 1965). Innerhalb dieser Grenzen bleibt jedoch ein breites Feld möglicher stiller Rücklagen, deren zunehmender Umfang einen abnehmenden Aussagewert der Erfolgsrechnung mit sich bringt.

3. Auflösung der Bewertungsrücklagen

Eine besondere Auswirkung der stillen Rücklagen verdient hervorgehoben zu werden. Von Bedeutung ist nicht nur die Entstehung, sondern auch die Auflösung stiller Rücklagen. Auch hierbei ist die selbständige von der durch einen Bewertungsakt oder direkten Buchungsvorgang bewirkten Auflösung zu unterscheiden. Umgekehrt wie bei der Entstehung spielt aber das *automatische Verschwinden* ohne Zutun des Bilanzierenden die größte Rolle. Darin liegt gerade die gefährliche Kehrseite der stillen Rücklagenbildung, daß man sie zwar in bestimmtem Umfange bewußt und willkürlich vornehmen kann, daß aber die Aufrechterhaltung gelegter stiller Rücklagen besondere Maßnahmen erfordert und erhöhter Aufmerksamkeit bedarf.

Der Verrechnungsmechanismus der Erfolgsrechnung bewirkt, daß alle stillen Rücklagen nach kürzerer oder längerer Zeit von selbst wieder zur Auflösung gelangen und zu unrealisierten Erträgen führen. Zudem kann das selbsttätige Verschwinden *mit Wissen des Unternehmers* vor sich gehen, indem er zum Beispiel die ihm bekannte weitere Tageswertsenkung einer bereits voll abgeschriebenen Anlage hinnimmt, ohne die sich dadurch auflösende stille Rücklage auf einen anderen Gegenstand zu übertragen. Es kann aber auch *unbeabsichtigt* eintreten, wenn die Zeitwertminderung unbekannt bleibt oder die Tageswertschwankungen überhaupt nicht laufend zum Vergleich mit den Buchwerten verfolgt werden.

Hieraus folgt die für die Problematik der stillen Rücklagen überaus wichtige Erkenntnis, daß die periodische Erfolgsrechnung und das statische Bilanzbild der Vermögenslage nicht allein durch die Bildung stiller Rücklagen erheblich gestört, sondern weit stärker durch deren automatische und oft unbewußte Auflösung verzerrt werden. Es ist eine bedenkliche Erfahrungstatsache, daß der Unternehmer nur mit Mühe einen Überblick über den tatsächlichen Stand der stillen Bilanzrücklagen behält, insbesondere dann, wenn er seine Überlegungen auf Anschaffungswert- oder Niederstwertrücklagen abstellt.

Die Maßnahmen, die getroffen werden müssen, um die Entwicklung der stillen Rücklagen, ihre Neubildung, Auflösung und Übertragung, ständig zu beobachten und dadurch ihre Aufrechterhaltung sicherzustellen, sollen hier nicht näher erörtert werden.

Die *automatische Auflösung* stiller Rücklagen vollzieht sich in der Hauptsache auf drei Wegen:

1. Durch *Zeitwertveränderungen* auf den Buchwert zu, das heißt, durch Tageswertminderungen bei Aktivposten und gegebenenfalls durch Tageswertsteigerungen bei Passivposten;
2. durch den *Abschreibungsverlauf* bei verteilungsbedürftigen Anlagegütern;
3. durch *Veräußerung*, insbesondere durch Verkauf der Umsatzträger.

Die Zeitwertveränderungen greifen nur Tageswert- und Niederstwertrücklagen an. Anschaffungswertrücklagen bleiben von ihnen unberührt.

Durch den Abschreibungsverlauf werden namentlich auch Anschaffungswertrücklagen zur Auflösung gebracht.

Wird zum Beispiel bei *gleichbleibender Abschreibung* der herabgesetzte Restwert auf die verbleibende Nutzungsdauer (Restnutzungsdauer) umgelegt, so löst sich die stille Rücklage fortschreitend wieder auf. Will man sie möglichst lange aufrechterhalten, muß man die alten Abschreibungsraten in alter Höhe weiter verwenden. Dann setzt die automatische Auflösung erst nach Vollabschreibung sprunghaft ein. Neuverteilung führt dagegen stets zu sofort beginnender laufender Auflösung.

Ähnlich wirkt die *geometrisch-degressive Abschreibungsform,* sofern man nicht am alten Abschreibungsplan in absoluten Raten festhält. Dieser praktisch kaum gehandhabte Fall verschiebt die Auflösung bis zur völligen Abschreibung. Wird dagegen der Abschreibungsprozentsatz vom Restwert fortgeführt, so ergibt sich eine sofort einsetzende, auf lange Sicht wirkende und sich verlangsamende Auflösung.

Abbildung 45 zeigt die automatische Auflösung stiller Rücklagen durch *Abschreibungsverlauf* am Beispiel einer Maschine:

Anschaffungswert 80.000 DM, Nutzungsdauer 10 Jahre, Endwert 2.000 DM beziehungsweise 2.260 DM, Bildung einer stillen Rücklage am Ende des 2. Jahres in Höhe von 10.000 DM.

Abb. 45. Automatische Auflösung einer stillen Anschaffungswertrücklage durch Abschreibungsverlauf am Beispiel einer Maschine

Ende des Jahres	10% Abschreibung vom *ursprünglichen* Anschaffungswert abzüglich Endwert *ohne* stille Rücklage	Gleiche Abschreibung *mit* stiller Rücklage			
		Verschiebung der Auflösung		*Laufende* Auflösung	
	Restwert	Restwert	Stille Rücklage	Restwert	Stille Rücklage
1	72.200	72.200	0	72.200	0
2	64.400	54.400	10.000	54.400	10.000
3	56.600	46.600	10.000	47.850	8.750
4	48.800	38.800	10.000	41.300	7.500
5	41.000	31.000	10.000	34.750	6.250
6	33.200	23.200	10.000	28.200	5.000
7	25.400	15.400	10.000	21.650	3.750
8	17.600	7.600	10.000	15.100	2.500
9	9.800	2.000	7.800	8.550	1.250
10	2.000	2.000	0	2.000	0
	30% vom *restlichen* Anschaffungswert *ohne* stille Rücklage	Gleiche Abschreibung *mit* stiller Rücklage			
		Verschiebung der Auflösung		*Laufende* Auflösung	
	Restwert	Restwert	Stille Rücklage	Restwert	Stille Rücklage
1	56.000	56.000	0	56.000	0
2	39.200	29.200	10.000	29.200	10.000
3	27.440	17.440	10.000	20.440	7.000
4	19.208	9.208	10.000	14.308	4.900
5	13.446	3.446	10.000	10.016	3.430
6	9.412	2.260	7.152	7.011	2.401
7	6.588	2.260	4.328	4.908	1.680
8	4.612	2.260	2.352	3.436	1.176
9	3.228	2.260	968	2.405	823
10	2.260	2.260	0	2.260	0

Bei *gleichbleibender Abschreibung* ohne stille Rücklage beträgt die jährliche Rate (80.000 – 2.000) : 10 = 7.800 DM. Sie gilt auch weiter bei *Verschiebung* der Auflösung bis zum Ende des 8. Jahres. Von da ab vermindert sich die stille Rücklage. Bei laufender Auflösung ergibt sich ab 3. Jahr eine neue Rate von (54.400 – 2.000) : 8 = 6.550 DM. Die stillen Rücklagen lösen sich sofort automatisch auf, indem sie jährlich um den festen Betrag von 10.000 : 8 = 1.250 DM abnehmen.

Bei *geometrisch-degressiver* Abschreibung und *Verschiebung* der Auflösung bleibt die stille Rücklage bis zum Ende des 5. Jahres erhalten. Von da ab sinkt sie ab. In diesem Falle werden die gleichen absoluten Raten wie ohne Rücklagenbildung angesetzt, das heißt, mit einem entsprechend höheren Prozentsatz vom Restwert. Bei *sofort einsetzender* Auflösung werden weiterhin 30% vom Restwert abgeschrieben, so daß sich niedrigere absolute Raten ergeben. Die fallenden stillen Rücklagen bilden eine fallende geometrische Reihe mit dem Faktor 0,7 beziehungsweise mit einem Hundertsatz von 100 – 30 = 70%.

Auch die stillen Rücklagen, die durch *Nichtaktivierung* von Vermögensteilen entstehen, wie zum Beispiel von langfristigen Ausgaben für Werbung, Forschung, Standortverbesserung und Mitarbeiterschulung, lösen sich automatisch allmählich auf, wenn sie nicht ständig durch Neubildung erhalten werden.

Eine endgültige Auflösung stiller Rücklagen erfolgt durch *Veräußerung* ihrer Träger. Sie wird ebenfalls automatisch bewirkt, da kein Bewertungsakt stattfindet oder eine besondere Buchungsmaßnahme getroffen wird. Sie tritt vielmehr selbsttätig mit dem Veräußerungsvorgang und rechnerisch zwangsläufig zutage. Dabei werden sämtliche im abgestoßenen Wirtschaftsgut steckenden stillen Tagesveräußerungswert- beziehungsweise im Sonderfall stillen Liquidationswertrücklagen restlos aufgelöst (Differenz zwischen Buchwert und höherem Erlös). Anschaffungswert-, Tagesbeschaffungswert- und Niederstwertrücklagen werden nur soweit erfaßt, als sie darin enthalten sind. Liegt zum Beispiel der Erlös unterhalb des (fortgeführten) Anschaffungswertes, so wird eine bestehende Anschaffungswertrücklage nur teilweise aufgelöst.

Während die automatische Auflösung durch Veräußerung bei Wirtschaftsgütern des *Anlagevermögens* meist zeitlich weit hinausgeschoben ist und insbesondere bei nicht-abschreibungsbedürftigen Anlagegütern (Grundstücken, Beteiligungen und Anlagewertpapieren) eine längere Beständigkeit stiller Rücklagen ermöglicht, unterliegt das *Umlaufvermögen* einem schnelleren Umschlag. Bei Vorräten an Rohstoffen, Handelswaren und eigenen Erzeugnissen vollzieht sich im Absatzprozeß eine ständige automatische und unauffällige Rücklagenauflösung. Beständigkeit ist hier nur schwer zu erreichen.

Bedenkt man, daß durch Nichtbeachtung vorjähriger stiller Rücklagen auch die Bewertung der Endbestände zum vollen Tageswert eine unbewußte direkte Auflösung bedeuten kann, so erkennt man die Undurchsichtigkeit dieses Gestrüpps an stillen Rücklagen.

4. Stille Rücklagen und Bilanzwahrheit

Die Untersuchung der stillen Rücklagen auf ihre Entstehungsgründe hin ließ drei Hauptgruppen (Klassen) von *Bewertungsrücklagen* deutlich hervortreten:

1. *Zwangsrücklagen,* wenn die Bildung der Rücklage gesetzlich vorgeschrieben ist;
2. *Ermessensrücklagen,* wenn die Bildung der Rücklage durch Wahl zwischen verschiedenen gesetzlich zulässigen Werten oder infolge unvermeidbarer Unschärfe bei der Ermittlung der an sich eindeutigen Wertart dem sachlich gebundenen Ermessen anheimgestellt ist; sie sind entweder Wahlrücklagen oder zum Beispiel Streuungs-, Preisschätzungs- oder Verteilungsrücklagen; auch Steuervorteilsrücklagen können dazu gerechnet werden;
3. *Willkürrücklagen*, wenn der Ermessensspielraum in völlig freier Entscheidung ohne Bindung an den Rechnungszweck überschritten wird.

Eine Betrachtung dieser Formen von Bewertungsrücklagen setzt zunächst an den Tageswertrücklagen an. Die erzwungene Tageswertrücklage leuchtet dem Praktiker meist ohne weiteres ein. Das Bilanzgut hat einen höheren Tageswert, also steckt in dem niedrigeren Buchwert eine stille Rücklage. Wenn man gemeinhin an stille Rücklagen denkt, hat man meist Tageswertrücklagen im Sinn.

Dies hängt (oft unbewußt) mit kalkulatorischen Gedankengängen zusammen, indem man die Wiederbeschaffung des vorrätigen Gutes beziehungsweise die reale Erstattung im Erlös ins Auge faßt. Daneben schleichen sich auch Überlegungen ein, die auf die Verwertungsmöglichkeiten gerichtet sind und in Vorstellungen einer unterstellten Abwicklung hineinführen. Darum tritt an die Stelle des Tagesbeschaffungswertes leicht der hier unzuständige Tagesveräußerungswert oder sogar der Liquidationswert.

Letztlich ruht diese Auffassung auf statischem Untergrund. Unausrottbar ist daher der zum mindesten einseitige Standpunkt, wonach der Tageswert der gegebene Bilanzansatz sei. Man sieht als „wahre" Bilanz die Tageswertbilanz an. Wahre Bilanzbewertung und Tagesbewertung werden als identisch betrachtet.

Darin liegt eine *völlige Verkennung des Wertinhaltes* der Handelsbilanz, die ihrem Wesen nach eine Erfolgsermittlungsbilanz ist. Für eine auf Realisation aufgebaute Erfolgsrechnung ist die wahre Bilanz die Anschaffungswertbilanz. Wahre Bilanzbewertung bedeutet dann den Ansatz ursprünglicher, auf realisierten Zahlungsvorgängen beruhender Werte.

Aufwandsantizipation deckt sich erfolgsrechnerisch mit stiller Rücklagenbildung. Umgekehrt stellt die Ertragsantizipation eine stille Aufblähung des nominalen Kapitals dar. Während das Niederstwertprinzip die Antizipation von Aufwand zur Bildung von Rücklagen erzwingt, unterbindet es die Möglichkeit stiller Aufblähung. Im Rahmen der realisierten Erfolgsrechnung setzt die Bildung stiller Rücklagen ausschließlich gegenüber dem Anschaffungswert ein. Im Ansatz des niedrigeren Tagesbeschaffungswertes liegt bereits eine Unterschreitung des wahren Bilanzwertes, der Anschaffungswert heißt.

Bei *Statusbilanzen,* sofern sie in der Gestalt von Tageswertbilanzen auftreten, verhalten sich die Dinge anders. Hier spielen stille Tageswertrücklagen eine dominierende Rolle. Eine Tageswertbilanz ist nur dann wahr, wenn ihre Posten zum sachgerechten Tageswert angesetzt sind.

Man kann auch eine *Erfolgsermittlungsbilanz* nachträglich vom *statischen* Gesichtspunkt aus beurteilen und zum Beispiel die in ihr steckenden stillen Tageswert- und insbesondere Liquidationswertrücklagen feststellen. Gerade der Praktiker darf aber dann nicht den Wechsel der Betrachtungsweise übersehen. Es ist abwegig, eine Handelsbilanz, die realisierte oder (durch das Niederstwertprinzip) eingeschränkt unrealisierte Erfolgsbilanz sein will, darum als unwahr zu bezeichnen, weil sie sich nicht mit einer vollständigen Tageswertbilanz deckt.

Bilanzwahrheit, soweit es sich dabei um *Bewertungswahrheit* handelt, läßt sich nicht durch generelle Merkmale umschreiben, nach denen man jede Bilanz beurteilen könnte. Es gibt *keine Kriterien* der Bilanzwahrheit, die sich *allgemein* anwenden lassen. Sie bestimmen sich nach dem Bewertungscharakter der verschiedenen Bilanzarten. So gesehen, haben Anschaffungswert-, Tageswert- und auch Niederstwertbilanz ihre jeweils besonderen Maßstäbe der Bilanzwahrheit. Insbesondere wird dann das Wesen der erzwungenen stillen Tageswertrücklagen in der Handelsbilanz offenbar.

Das noch weithin geltende *Grenzwertprinzip* läßt sich dahingehend kennzeichnen, daß es die Bildung stiller *Willkürrücklagen* auf der Aktivseite der Bilanz zuläßt. Die Handelsbilanz erhält, abgesehen von den erheblichen Einschränkungen bei der Aktienbilanz, ihr derzeitiges Gesicht durch das Fehlen jeder Untergrenze der Bewertung. Sie verliert dadurch ihre Aussagefähigkeit und damit ihren betriebswirtschaftlichen Sinn als Rechnungsgebilde.

Alle *Einwände* gegen die Handelsbilanz konzentrieren sich auf diesen entscheidenden Punkt. Es erhebt sich auch weiterhin die Frage, ob die uferlose Bewertungsfreiheit, die eine Bilanz bis zur Unkenntlichkeit verzerren kann, immer noch bei Nicht-Aktiengesellschaften beibehalten werden soll oder ob es geboten erscheint, der stillen Rücklagenbildung allgemein und endgültig Bremsen anzulegen und für alle Bilanzen Mindestwerte als Grenzpfähle für die Bewertung der Aktivposten aufzurichten. Auch die Steuervorteilsrücklagen im Aktiengesetz sind wahrlich kein befriedigender Tatbestand.

Der *schwerstwiegende Einspruch* gegen stille Rücklagen in der Handelsbilanz geht von der Erfolgsrechnung aus. Sie machen eine betriebswirtschaftlich vertretbare Erfolgsermittlung unmöglich. Keine der drei Zielsetzungen läßt sich erreichen: weder eine reine Anschaffungswertrechnung, die nur realisierten Gewinn oder Verlust ausweist, noch eine volle Tageswertrechnung, die sämtliche unrealisierten Erfolgseinflüsse berücksichtigt, noch eine gemischte Niederstwertrechnung, die unrealisierte Aufwendungen (und als Auswirkung auch unrealisierte Erträge) nach dem Grundsatz der Vorsicht in beschränktem Umfange einbezieht. Es fehlt jede klare Linie, der ermittelte Erfolg ist undeutbar.

Von *Vorsicht* im ernsthaften Sinne kann bei unbegrenzter Bewertungsfreiheit keine Rede mehr sein. Ein guter alter und bewährter Grundsatz wird hemmungslos übertrieben und auf den Kopf gestellt. Vor lauter Vorsicht (und auch wegen Steuervorteilen) wird die Erfolgsrechnung zur Farce erniedrigt, während man erwarten dürfte, daß dieses Prinzip selbst mit Vorsicht gehandhabt würde. Es gibt überhaupt kein Argument, mit dem sich stille Willkürrücklagen erfolgsrechnerisch verteidigen ließen.

Nicht weniger hart lastet die Bewertungsfreiheit auf der *Beständebilanz* selbst. Die sicher nicht übermäßigen statischen Ansprüche, die man an die Erfolgsbilanz stellen kann, werden hierdurch ebenfalls zunichtegemacht, obwohl man sie gerade pflegen sollte. Das muß auch vom dynamischen Standpunkt deutlich gesagt werden. Man braucht nicht Vertreter einer statischen, organischen oder totalen Bilanzlehre zu sein, um den Unsinn der zulässigen Bewertungsmöglichkeiten in Handelsbilanzen zu erkennen. Eine weithin willkürliche Bewertung von Bilanzposten ist überhaupt keine vernünftige Bewertung, da ihr der einheitliche Gesichtspunkt fehlt, auf den es auch gerade statisch ankommt.

Eine Bilanz ist nur dann als *wahr* anzusprechen, wenn ihre Bestände zu deutlich erkennbaren Werten angesetzt werden, das heißt, eine präzisierte Wertkategorie wahrhaftig zum Ausdruck bringt. Danach können Anschaffungswertbilanzen, Tageswertbilanzen und auch Niederstwertbilanzen, und zwar jede für sich, als wahre Bilanzen aufgemacht werden. Das ist aber nur möglich, wenn man sie von der Willkür bei der stillen Rücklagenbildung bereinigt. Diese führt nicht nur zu einer Verfälschung des Periodenerfolges, sondern auch zu einer Verzerrung des Ausweises der Vermögenslage.

Wenn es auch als beachtlicher Fortschritt anzusehen ist, daß meine Argumente gegen die stillen Willkürrücklagen wenigstens im *Aktiengesetz* von 1965 zu einer grundsätzlichen Abschaffung der unbegrenzten Bewertungsfreiheit geführt haben, so bleibt doch die Hauptarbeit einer allgemeinen Lösung des Problems zu leisten.

Bis zum Inkrafttreten des Aktiengesetzes von 1965 sind die stillen Rücklagen ganz allgemein für die praktische Gestaltung der Handelsbilanzen charakteristisch gewesen. Dabei trat die Manipulation des Erfolges unter dem Gesichtspunkt der Gewinnverwendung als Leitidee hervor, daneben jedoch auch die Wahrnehmung von Steuervorteilen. Während die aus dem letzten Beweggrund gebildeten stillen Rücklagen beibehalten werden, dürften die übrigen stillen Willkürrücklagen an Bedeutung verlieren, verschwinden werden sie jedoch bei den Nicht-Aktiengesellschaften zunächst nicht. Auch bei Aktiengesellschaften besteht noch die Möglichkeit, bei den Herstellkosten von Anlage- und Umlaufvermögen stille Anschaffungswertrücklagen als Wahlrücklagen zu bilden (§ 153, Absatz 2 und § 155, Absatz 1 AktG). Hinzu kommt die ungenügende Differenzierung zwischen dem erzielten und dem ausschüttbaren Gewinn, das heißt, zwischen Gewinnermittlung und Gewinnverwendung. Daher müssen die bisherigen Einwände gegen die Bilanzierungspraxis auch weiterhin erhoben werden.

E. Die Kapitalerhaltung in der Erfolgsrechnung

I. Kapitalerhaltung und Preisveränderungen

Das Problem der Kapitalerhaltung steht in einem engen Zusammenhang mit dem Erfolgsbegriff. Mit dem gewählten Erfolgsermittlungsziel verbindet sich eine bestimmte Art von Kapitalerhaltung. *Erfolg* bedeutet stets einen Überschuß im Gewinnfall beziehungsweise Unterschuß im Verlustfall über beziehungsweise unter eine festgelegte Wertgröße als *Bezugsbasis,* die rechnerisch unverändert bleiben muß, so daß erst ein Mehr beziehungsweise Weniger als Erfolg (Gewinn beziehungsweise Verlust) ausgewiesen wird. Die glatte Erhaltung dieser Basisgröße ergibt weder Gewinn noch Verlust. Erst die Abweichung von ihr stellt als positive Differenz Gewinn und als negative Differenz Verlust dar.

Diese fixierte Wertgröße ist für die buchhalterische Erfolgsrechnung nichts anderes als das in den Unternehmungsprozeß hineingesteckte, am Anfang der betrachteten Abrechnungsperiode vorhandene *Kapital*, das heißt, das bei der Werterzeugung als Aufwand verbrauchte und durch den Absatz als Ertrag zu erneuernde (im Ergebnis entweder vermehrte oder verminderte) Kapital. Daher wurde schon früher der Gewinn beziehungsweise Ertrag als Kapitalmehrung und der Verlust beziehungsweise Aufwand als Kapitalminderung interpretiert.

Die Forderung nach rechnerischer Kapitalerhaltung beziehungsweise Gewinnerzielung besitzt für das *Gleichgewicht* des Produktions- und Umsatzprozesses der Unternehmung hervorragende Bedeutung. Sie besagt nämlich, daß das wirtschaftliche Handeln im Güterkreislauf, das heißt, im Durchlauf der Einsatz- und Ausbringungsgüter beziehungsweise Aufwands- und Ertragsgüter, mindestens den Tatbestand der glatten Kapitalerhaltung gewährleisten soll, um auf diese Weise die ständige und ununterbrochene Aufrechterhaltung des produktiven Wirtschaftsgeschehens zu ermöglichen. Es handelt sich hierbei jedoch nicht um die organisatorischen und dispositiven Maßnahmen, welche die *tatsächliche* Kapitalerhaltung bewirken sollen, sondern um die *rechnerische* Bezugsgröße der Erfolgsrechnung, den *Nullpunkt* der Ergiebigkeitsmessung. Die Erfolgsrechnung ist nicht das Mittel und kann es auch nicht sein, die Erhaltung der Unternehmung realiter durchzuführen und zu sichern. Dazu bedarf es einer entsprechenden unternehmerischen Politik, der zugehörigen

Entscheidungen und ihrer Verwirklichung. Wohl aber ist die Erfolgsrechnung durch die Ermittlung des Erfolges ein zahlenmäßiges *Kontrollinstrument*, das über das erreichte Erhaltungsziel nachträglich unterrichtet.

Die Auffassungen darüber, welche Kapitalgröße als Zielsetzung der Unternehmung erhalten und auch bei der Erfolgsermittlung als formale Bezugsgröße gewählt werden soll, sind verschieden. Die Unterschiede wirken sich in der *Bemessung des Aufwandes* nach Menge und Preis aus, da er den Kapitalverzehr repräsentiert. So besteht eine enge Verbindung zwischen Aufwandsbemessung, inhaltlicher Erfolgsdefinition und rechnerischer Kapitalerhaltung.

Von entscheidendem Einfluß auf die Wahl des rechnerischen Erhaltungszieles sind die Tatsache der Wert- beziehungsweise *Preisveränderungen* im Laufe der Zeit und die damit zusammenhängende Frage, wie diese Preisveränderungen im Erfolgsinhalt des Rechnungszieles berücksichtigt werden sollen. Dieser Einfluß erstreckt sich vor allem auf die Bewertung des Aufwandes und führt unter anderem zur Unterscheidung zwischen nominaler und realer Kapitalerhaltung und Erfolgsermittlung, die anschließend näher erörtert werden sollen.

Bei der Betrachtung von Preisveränderungen ist es höchst wichtig, zwischen *zwei Klassen* von Veränderungen zu differenzieren, die völlig verschiedene Aspekte unterscheidbarer Einflüsse widerspiegeln: *allgemeine* Preisniveauveränderungen und *individuelle* (relative) Preisveränderungen einzelner Güter.

Allgemeine Preisveränderungen beruhen auf *Veränderungen des Geldwertes*, zum Beispiel durch Inflation. Sämtliche Preise werden generell auf einen höheren oder auch niedrigeren Stand gehoben beziehungsweise gesenkt. Dies zeigt an, daß die Maßeinheit der Währung ihren Wert verändert hat. Nicht allein die Preise der Güter als solche haben sich verändert, sondern auch die Skaleneinheit, der Maßstab, auf den sie bezogen sind. Ein auf diese Weise aus Unterlagen mit Preisen verschiedenen Geldwerts ermittelter Erfolg ist eine Mischung, die aus Zahlengrößen mit inhaltlich unterschiedlicher Bedeutung besteht, als ob Eier und Birnen addiert würden. Der Sinn der Erfolgsrechnung ist völlig zerstört. Dieser Fall der Geldwertveränderung wird in späteren Abschnitten weiter behandelt.

Auch wenn eine stabile Währung (mit konstantem Geldwert) vorliegt, gibt es dennoch *individuelle Preisveränderungen*. Sie ergeben sich aus der Marktlage und hängen im Auf und Ab der Konjunktur von Angebot und Nachfrage und vielen anderen Einflüssen ab, die jedes einzelne Gut für sich betreffen. Nur diese Preisveränderungen können als wahre oder reine Preisveränderungen angesehen werden, die man im Gegensatz zu den Geldwertveränderungen auch als Güterwert- oder Sachwertschwankungen bezeichnet. Man kann sie als *relative* Preisveränderungen ansprechen, da sie relativ zum Preisniveau verlaufen und um dieses Niveau oszillieren. Darum lassen sich innerhalb der Streuung der Preise zwei Gruppen (Klassen) relativer Preise unterscheiden: solche, die *oberhalb*, und solche, die *unterhalb* des Durchschnittstrends liegen. Nur so kann das Preisniveau konstant gehalten werden; sonst müßte es sich verändern.

Die Bezeichnung *relativ* deutet weiterhin darauf hin, daß die sich verändernden Preise eines bestimmten Gutes einmal im Zeitverlauf für das gleiche Gut und dann im gleichen Zeitpunkt mit den verschiedenen Preisen aller anderen Güter verglichen werden können. Die individuellen Preise spiegeln den relativen ökonomischen Wert der im Markt vorhandenen Güter untereinander wider, gemessen an der konstanten Währungseinheit.

Selbst wenn eine instabile Währung rechnerisch stabilisiert wird, sind die relativen Preisveränderungen immer noch vorhanden, gemessen am neuen wertbeständigen Preismaßstab. Sie existieren stets und werden von den Geldwertveränderungen zusätzlich überlagert. Die Unterscheidung zwischen historischen Anschaffungspreisen und laufenden Tages- und Wiederbeschaffungspreisen ist weiterhin gültig.

Die bedeutsame *Unterscheidung* zwischen Geldwertveränderungen und Güterwertschwankungen ist literarisch oft hervorgehoben worden und ebenso oft *unbeachtet geblieben*. Manche Autoren sprechen von generellen und speziellen Preisveränderungen und vergleichen sie mit den Bewegungen der Gezeiten und der einzelnen Wellen. Entsprechend unterscheidet man dann auch zwischen Generalindizes für die Kaufkraft des Geldes und speziellen Indizes für die Preisschwankungen der einzelnen Güter. Es ist dabei zweckmäßig, den Ausdruck *Preisniveau* auf den Durchschnitt aller Preise eines geschlossenen Gütersystems zu beschränken. Man kann zwar jederzeit Spezialindizes für relative Sachwertschwankungen berechnen, doch messen diese nicht Geldwert- oder Preisniveauveränderungen.

Das Problem der rechnerischen Kapitalerhaltung bei veränderlichen Güterpreisen hat in früheren Zeiten keine starke Beachtung gefunden. Erst die Inflation nach dem ersten Weltkriege mit ihren galoppierenden Preissteigerungen hat das Interesse in Wissenschaft und Praxis angeregt und auf die Berücksichtigung von Preisveränderungen im Rechnungswesen gelenkt. Vorher hatte die historisch gewachsene und rechtlich kodifizierte *nominale Kapitalerhaltung* mit der üblichen Bewertung des Aufwandes zu Anschaffungspreisen, auch in der Kalkulation, meist ausgereicht. Innerhalb der Nominalrechnung war in weitem Umfange auch die tatsächliche reale Kapitalerhaltung möglich gewesen. Der Marktpreis der Realgüter veränderte sich vom Zeitpunkt ihres Eintritts in die Unternehmung bis zum Zeitpunkt der Erfolgsrealisierung beziehungsweise Wiederbeschaffung der verbrauchten Realgüter meist nur in geringem Ausmaß. Dazu kam, daß sich die Güterwertschwankungen im Laufe der Zeit vielfach nach oben und nach unten bewegten und auch durch die gegenläufigen Preisbewegungen verschiedener Realgüter gewisse Kompensationen auftraten. Erst die hochgradige Inflation zeigte in krasser Weise, daß die überlieferte Nominalrechnung nicht genügt, die Erhaltung des realen Güterkomplexes zu messen und hierfür sinnvolle Erfolgsgrößen zu ermitteln. Dabei wurde sowohl der wichtige Unterschied zwischen Geldwertveränderungen und Güterwertschwankungen übersehen als auch nicht beachtet, daß die Nominalrechnung unbedingt notwendig bleibt, solange die Wirtschaft auf einer nominalen Geldverfassung ruht.

II. Zielsetzungen der Kapitalerhaltung

1. Nominale Kapitalerhaltung

Der Grundsatz nominaler Kapitalerhaltung[1] bedeutet *rechnerisch,* daß ein Gewinn dann erzielt worden ist, wenn die ursprünglichen (tatsächlichen oder unterstellten) Ertragseinnahmen der Abrechnungsperiode die zugehörigen ursprünglichen (tatsächlichen oder unterstellten) Aufwandsausgaben übersteigen. Die tatsächlich verbrauchte Menge an Einsatzgütern wird mit dem realisierten Ausgabenwert je Mengeneinheit am Anschaffungstage (Anschaffungspreis) multipliziert. Die so ermittelten Aufwandsausgaben repräsentieren das im Umsatzprozeß der Periode verbrauchte nominale Kapital (Geldkapital). Da der Verbrauchszeitpunkt unabhängig vom internen naturalen Güterverbrauch durch den Zeitpunkt der Erfolgsrealisation im Markt bestimmt wird, werden die Anschaffungswerte des in Einnahmenbeständen und Vorräten investierten Kapitals bis dahin unabhängig von allen Marktpreiseinflüssen fortgeführt. Auf diese Weise wird das in der Unternehmung arbeitende *Nominalkapital* dem Wertbetrage nach erhalten, bevor ein Gewinn als Kapitalüberschuß ermittelt wird, so daß man auch von *wertmäßiger* Kapitalerhaltung sprechen kann. Ob das Kapital auch als mengenmäßiger Güterbestand erhalten bleibt, hängt von der Preisentwicklung ab. In welchem Umfange das investierte Nominalkapital erhalten worden ist, ergibt sich für die betrachtete Rechnungsperiode, indem man die Beständebilanzen am Ende und am Anfang

[1] Vergleiche hierzu Pfleiderer, Otto: Der Sinn des Nominalprinzips und seine Bedeutung für das Rechts- und Wirtschaftsleben. In: Das Inflationsproblem heute. Stabilisierung oder Anpassung. Beihefte zur Konjunkturpolitik, Heft 21. Berlin–München 1975.

der Periode miteinander vergleicht. Unter Kapital ist dabei stets das Beteiligungskapital (Eigenkapital) zu verstehen.

Der Kalkül der realisierten Erfolgsrechnung und ihr Erfolgsbegriff *korrespondieren* folgerichtig mit dem Ziel nominaler Kapitalerhaltung. Beide Sachverhalte sind zwangsläufig *miteinander verbunden*. Dieser systematische Zusammenhang schließt insbesondere die Bewertung ein.

Bei *unbeschränkter Tageswertrechnung* ist infolge der Ertragsantizipation die nominale Kapitalerhaltung rechnerisch nicht mehr gewährleistet. Es werden unrealisierte Gewinne ausgewiesen, durch deren Ausschüttung das investierte Kapital angegriffen würde.

Die Tagesbewertung der Bilanzbestände wird zum Störungsfaktor und kann daher nur zusätzlich und nebenher durchgeführt werden. Sie wird dann äußerlich übergestülpt, indem die Abweichungen gegenüber dem Anschaffungswert auf einem Sonderkonto (Wertänderungskonto) zusammengefaßt werden, das den Saldo der *unrealisierten Erfolgseinflüsse* wiedergibt und, wenn man will, als *erfolgsneutral* betrachtet werden kann. Damit sinkt die Tageswertrechnung in der Erfolgsbilanz zu einer abgesonderten Parallelrechnung herab, die von der realisierten Erfolgsrechnung unabhängig gehalten wird. Diesen Weg beschreitet auch F. Schmidt, soweit es sich um die statischen Wertveränderungen handelt.

Bei der *Niederstwertrechnung* liegen die Dinge etwas anders. Hier ergibt sich ein Gesamterfolg, der die Erhaltung des nominalen Kapitalbestandes verbürgt. Es wird auch durch Aufwandsantizipation ein Gewinn ermittelt, der über das geldmäßig investierte Kapital hinaus entstanden ist. Der realisierte Kapitalzuwachs wird dadurch *höchstens unterschritten*. Die auf Niederstwertrechnung basierende Erfolgsrechnung bedeutet somit eine aus Vorsicht übersteigerte nominale Kapitalerhaltung. Sie gilt auch dann, wenn Auflösungserträge auftreten, da diese durch den Anschaffungswert begrenzt sind. In jeder Periode kann höchstens eine frühe Gewinnkürzung beziehungsweise Verlusterhöhung nachträglich rückgängig gemacht werden. Die Kapitalerhaltung selbst wird dadurch *nicht durchbrochen*, auch wenn sämtliche ausgewiesenen Gewinne voll ausgeschüttet werden.

Als *Endergebnis* ist festzustellen:

1. Nominale Kapitalerhaltung im strengen Sinne ist nur in der reinen *Anschaffungswertbilanz* gegeben. Sie liefert einen Periodenerfolg nach dem Realisationsprinzip.

2. Die *Tageswertbilanz* ist mit nominaler Kapitalerhaltung *unvereinbar* und daher abzulehnen. Durch den unbegrenzten Ansatz von Tageswerten wird das Realisationsprinzip aus den Angeln gehoben und die Erfolgsrechnung durch

statische Gesichtspunkte verzerrt. Die Tageswertbilanz ist nur als parallellaufende Statusbilanz vertretbar, die losgelöst vom Abschluß der Buchhaltung gewonnen wird.

3. Die *Niederstwertbilanz* ist mit nominaler Kapitalerhaltung, die hier vorsichtshalber übersteigert wird, *gerade noch verträglich*. Sie bringt Tagesbeschaffungswerte in einseitiger Bewegungsrichtung zum Ansatz und enthält durch Antizipation zukünftiger Aufwendungen unrealisierte Erfolgsbestandteile. Das eingeschränkte Realisationsprinzip und die nominale Kapitalerhaltung werden dadurch nicht völlig aufgehoben.

Die nominal ausgerichtete Erfolgsrechnung ist *Ausfluß der unvermeidbaren Geldrechnung* auf der Grundlage des Denkens in Geld in der modernen Wirtschaft. Sie ist eine Rechenschaftslegung über das geldmäßig (durchweg sogar in Geldform) zur Verfügung gestellte Kapital, das ausnahmslos – ohne Unterschied für Eigen- und Fremdkapital – aus der Volkswirtschaft (das heißt, aus Haushaltungen oder anderen Unternehmungen) in die Unternehmungen abgeleitet wird und dessen Verbleib rechnerisch in Geld verfolgt wird.

Die Tatsache, daß auch ein von der nominalen Kapitalerhaltung abweichendes Kapitalerhaltungskriterium *zusätzlich* Gegenstand einer individuellen Zielsetzung der Unternehmung sein kann, widerspricht nicht dem Faktum, daß die allgemeine und ständige Aufgabe der Erfolgsrechnung geldorientiert sein muß. Diese besteht in der kontinuierlichen Ermittlung eines vergleichbaren Erfolges aus der Umsatztätigkeit der Unternehmung. Sie erfordert die Anwendung eines einheitlichen, eindeutigen, widerspruchs- und willkürfreien Rechenmaßstabes, der allein durch das Währungsgeld als generelle Kaufkraft und damit durch den nominalen Erfolgsbegriff gegeben ist.

Es wäre abwegig, die reale Kapitalerhaltung zum alleinigen Ziel der Erfolgsrechnung zu machen, da damit die Nominalrechnung als notwendige Grundrechnung aufgegeben würde. Nichts ist jedoch dagegen einzuwenden, ein anderes Erhaltungsziel in der Finanzbuchhaltung *zusätzlich* (zweidimensional-parallel oder als Nebenrechnung) zu verfolgen oder in der *kalkulatorischen* Erfolgsrechnung der Betriebsbuchhaltung durchzuführen.

Das Kapital der Unternehmung, das in der Bilanz der *realisierten* Erfolgsrechnung erscheint, ist eine nominale Geldgröße (Ausgabenvorgriffe und Einnahmengegenwerte). Aufgrund des Charakters des Erfolges ist jede durch eine Erfolgsrealisation herbeigeführte Kapitalveränderung realisiert. Die nominale Kapitalerhaltung bedeutet nicht nur die Erhaltung des Eigenkapitals, das in erster Linie Risikoträger ist, sondern auch die des Fremdkapitals.

Die nominale Kapitalerhaltung ist aus den dargelegten Gründen auch die älteste Form rechnerischer Erhaltungs- und Sicherungspolitik der Unternehmungen. Der *Anschaffungswert* war von Anfang an der angemessene Bilanzwert. Er ist bereits in der Ordonnance de Commerce von Colbert (1673) und bei Jacques Savary (1675) zu finden. Vom Allgemeinen Preußischen Landrecht von 1794 geht er über das Allgemeine Deutsche Handelsgesetzbuch von 1861 in das Handelsgesetzbuch und später in das Aktiengesetz über. Er ist und bleibt wohl auch auf lange Sicht der *grundlegende Bilanzansatz*.

2. Reale Kapitalerhaltung und Güterwertveränderungen

Der Grundsatz realer Kapitalerhaltung bedeutet *rechnerisch*, daß ein Gewinn erst dann erzielt worden ist, wenn ein gütermäßig aufgefaßtes Kapital als zu erhaltende Bezugsgröße gewählt wird, das heißt, die Aufwendungen derart bemessen werden, daß der verbrauchte reale Güterkomplex in bestimmter Weise gedeckt wird. Während das im Ertrag zu restituierende Nominalkapital durch den Anschaffungspreis eindeutig bestimmt ist, ist das sogenannte *Realkapital mehrdeutig* und muß daher genau definiert werden.

In der Literatur werden hierzu *verschiedene Vorschläge* unterbreitet. Manche Autoren fordern auch die Berücksichtigung der technischen Rationalisierung bei der Festsetzung der Verbrauchsmenge der Einsatzgüter. H. Sommerfeld geht es um die Wachstums- und Substanzsicherung der Unternehmung. E. Geldmacher betont die Erhaltung des betrieblichen Güterverbandes, F. Schmidt will die relative Stellung der Unternehmung in der Volkswirtschaft erhalten. W. Hasenack sucht die Leistungsäquivalenz der verbrauchten Güter zu sichern und K. Hax hebt die Erhaltung der Produktionskapazität hervor.

Alle diese Restitutionsziele, für die sich die Unternehmung individuell entscheiden kann, wirken sich über die angewandten Maßstäbe für die *Aufwandsbemessung* auf die Höhe des ermittelten Gewinns aus. Sie werden gewöhnlich unter den Ausdruck Substanzerhaltung oder *substanzmäßige Kapitalerhaltung* subsumiert. Vielfach verquicken die Betrachtungen auch die beiden heterogenen Fragen des erzielten und des ausschüttbaren Gewinns.

Bei der realen Kapitalerhaltung kommt es nicht in erster Linie auf den Ersatz der in der Vergangenheit verbrauchten Einsatzgüter an, sondern darauf, daß die *Marktleistung wieder erbracht werden kann*, deren gütermäßige Zusammensetzung nicht konstant, sondern den Markterfordernissen anzupassen ist. Dies erfordert in der Gegenwart und Zukunft häufig den Einsatz anderer Aufwandsgüter und/oder die Verwendung anderer Güterkombinationen, selbst wenn die Marktleistung gütermäßig die gleiche Struktur beibehält. Bei steigenden, aber auch bei fallenden Güterpreisen sucht daher der wirtschaftlich disponierende Unternehmer nach günstigeren Möglichkeiten. Diese *neuen Einsatzverhältnisse* sind daher bei der realen Aufwandsbestimmung zugrundezulegen.

Eine häufig benutzte Fixierung des Realkapitals geht dahin, die Aufwendungen dadurch festzulegen, daß man die tatsächlich verbrauchten Gütermengen mit den Tagesbeschaffungspreisen am Umsatztage, das heißt, am Absatztage als dem Tage der Umsatzvollendung im Markt, multipliziert (tageswertige Aufwendungen). Im Gegensatz zur nominalen Kapitalerhaltung, die eine *anschaffungswertige* Kapitalerhaltung darstellt, kann man diese Form der realen Kapitalerhaltung als *tageswertige Kapitalerhaltung* bezeichnen.

Man spricht auch von absoluter, materieller oder reproduktiver Kapitalerhaltung. Alle übrigen Arten von realer Kapitalerhaltung werden im Gegensatz dazu als relative Kapitalerhaltung bezeichnet. Sie legen den Umfang des zu erhaltenden Güterkapitals durch Relationen zu speziellen Bezugsgrößen fest.

Neben dem Umsatztag werden unter anderem der Verbrauchstag, der Tag der Herstellung, der Tag des Geldeingangs und der Tag der tatsächlichen Wiederbeschaffung als *Bezugstage* diskutiert. Für die vorliegende Untersuchung wird der Umsatztag bevorzugt, da auf diese Weise Aufwendungen und Erträge zu Marktpreisen des gleichen Tages einheitlich bewertet werden. Außerdem wird diese Bewertung auch in der Kostenrechnung, der kalkulatorischen Erfolgsrechnung und der Kalkulation häufig vorgenommen.

Unterstellt man eine *virtuelle Ersatzbeschaffung* der in den Ertragsgütern steckenden Einsatzgüter *am jeweiligen Umsatztage*, so kann man von einer *mengenmäßigen* Kapitalerhaltung sprechen. Ob das Kapital auch wertmäßig (nominal) erhalten bleibt, wird durch die Preisentwicklung bestimmt. Die tatsächliche Erhaltung des mengenmäßigen Gütervorrats hängt von den Preisen am Tage der effektiven Ersatzbeschaffung ab.

Auch bei realer Kapitalerhaltung dient der Kalkül der Erfolgsermittlung nicht zugleich der Entscheidung über die Art der Gewinnverwendung, insbesondere über die Höhe der Ausschüttung.

F. Schmidt hat sich in besonderem Maße für die reale Kapitalerhaltung eingesetzt. Das Verständnis seiner *organischen Bilanztheorie* wird dadurch erschwert, daß er zwei sich widersprechende Rechnungsziele verfolgt: die vollständige Vermögensdarstellung (mit Ausnahme des auf dem Ertragswert der Unternehmung beruhenden Firmenwertes) und die Erfolgsermittlung aus Erträgen und Aufwendungen. Diese Denkweise wird daher auch als *dualistisch* bezeichnet.

Die Bilanz hat danach den Nachweis über die Unternehmungssubstanz zu erbringen, die von der Unternehmung als Glied der Volkswirtschaft relativ zu erhalten ist. Der Gewinn der Unternehmung besteht in der *Substanzmehrung*. Aus dieser Grundidee erwachsen die Bewertungsprinzipien.

Entscheidende Bedeutung hat der *Tagesbeschaffungswert*, der beim Abschluß in unterschiedlicher Weise doppelt auftritt. Für den Güterverbrauch im

Verlauf der Erfolgsperiode (Aufwand) bemißt er sich nach den Marktgegebenheiten am *Umsatztage,* für die Bilanzbestände wird er auf den *Bilanzstichtag,* unter Berücksichtigung von Abschreibungen, bezogen.

Der begreifliche Wunsch, der hier zum Vater des Gedankens wird, man könne mit der Erfolgsrechnung zugleich eine *selbständige Vermögensrechnung* störungsfrei durchführen, ist in Wissenschaft und Praxis nicht auszurotten. Immer wieder stößt man, namentlich bei Juristen und bei Praktikern, auf die Vorstellung, eine Bilanz sei nur dann richtig und wahr, wenn sie die Wirtschaftsgüter zu Tageswerten am Stichtag ansetzt.

Man erkennt, daß dies ohne schwere Verzerrung der Erfolgsrechnung nicht möglich ist. Was sich durchführen läßt, ist die Aufstellung einer Tageswertbilanz *neben* der Erfolgsrechnung und *zusätzlich* zu der mit dieser gekoppelten Bilanz, so oft man nur mag und zu jedem beliebigen Stichtag. Sie wird zum Beispiel häufig von Banken als Kreditunterlage verlangt. Man kann eine solche statische Bilanz auch zum Ende eines jeden Jahres aufstellen, ja sogar in Parallelspalten über die laufende Schlußbilanz stülpen, so daß man die Posten in zwei Bewertungen nebeneinander sieht. Was man aber nicht kann, ist die zwangsläufige Verkoppelung dieser zusätzlichen Tageswertbilanz mit der jährlichen Erfolgsrechnung.

F. Schmidt glaubte zwar, die Verbindung von Vermögens- und Erfolgsrechnung einwandfrei gelöst zu haben. In Wirklichkeit konnte dies gar nicht gelingen. Auch bei ihm ist die statische Vermögensrechnung nur äußerlich aufgepfropft und *ohne zwangsläufigen Zusammenhang* mit der Erfolgsrechnung lediglich nebenhergeschaltet. Daher muß er mit *zwei verschiedenen Wertabweichungen* arbeiten, die, obwohl durchaus heterogene Bestandteile, von ihm auf einem einzigen Wertänderungskonto vereinigt werden. Dadurch wird der tatsächliche Dualismus verdeckt.

Die *statische Wertdifferenz* korrigiert die ursprünglichen Bilanzwerte und bedeutet nichts anderes als die übergestülpte Parallelrechnung, die ohne Zusammenhang mit der Erfolgsrechnung nebenherläuft. Das kann man, wie schon erwähnt, mit jeder anderen Bilanz, auch mit der üblichen Anschaffungswertbilanz, ebenfalls erreichen.

Man ersieht daraus, daß auch F. Schmidt das Unmögliche nicht ermöglichen kann. Der Weg einer Wertkorrektur der Bilanz mithilfe eines Ausgleichskontos ist nicht typisch für die organische Bilanztheorie, sondern steht in der Praxis *ganz allgemein zur Verfügung.* Er liefert keine laufende Vermögensrechnung, geht überhaupt nicht aus der Buchhaltung als Abschluß hervor, sondern bedeutet eine *isolierte Stichtagskorrektur* der bereits gebuchten Werte.

Der *dynamische Bestandteil* des Wertänderungskontos führt den Aufwand von Anschaffungswerten in Tageswerte am Umsatztage über und hat mit der statischen Vermögensrechnung der Aktiva und Passiva nichts zu tun. Er wandelt den nominalen Erfolg in den realen Erfolg um und ist daher für diesen erfolgsunwirksam.

Die substanzielle Aufwandsrechnung soll bei steigenden Einsatzgüterpreisen nach F. Schmidt die Ausschüttung sogenannter *Scheingewinne* und damit einen Substanzverzehr verhindern, während bei sinkenden Einsatzgüterpreisen sogenannte *Scheinverluste* sehr wohl ausgeschüttet werden können. Ermittelter (erzielter) Gewinn und ausschüttbarer Gewinn werden zu Unrecht gleichgesetzt.

Die Ausdrücke Scheingewinn und Scheinverlust haben nur einen Sinn vom Standpunkt realer Kapitalerhaltung. Scheingewinn (Scheinverlust) bedeutet lediglich, daß er keinen realen Gewinn (Verlust), wohl aber Nominalgewinn (Nominalverlust) darstellt.

Die Konzeption von F. Schmidt hat zwar einen nachhaltigen Einfluß auf das Bilanzdenken und die literarische Diskussion ausgeübt, sich aber in der von ihm propagierten Form in Wissenschaft und Praxis nicht durchgesetzt. Der *berechtigte Kern* seines Anliegens wird keineswegs bestritten. Wogegen man sich meines Erachtens wenden muß, ist die Forderung F. Schmidts, die Nominalrechnung abzuschaffen und durch die Realrechnung zu ersetzen. Dies würde eine unvertretbare Verarmung des kaufmännischen Rechnungswesens bedeuten.

Der Kalkül der real orientierten Erfolgsrechnung ist eine *einfache* Realisationsrechnung, da sie *nur die Zeitpunktrealisierung* kennt, die Aufwendungen und Erträge erst erfaßt, wenn sie am Umsatztage im Markt realisiert sind. Demgegenüber ist die nominal orientierte Erfolgsrechnung eine doppelte Realisationsrechnung, da sie außerdem auf Wertrealisierung beruht, während die Realrechnung mit unrealisierten Tagesbeschaffungswerten arbeitet.

Zusammenfassend ergibt Abbildung 46 eine *Gegenüberstellung beider Rechnungsziele.*

Abschließend sei mit Nachdruck darauf hingewiesen, daß die hier vorgetragenen betriebswirtschaftlichen Überlegungen deutlich von dem *steuerlichen Problem* zu trennen sind, welche Gewinngröße der Einkommen- beziehungsweise Körperschaftsteuer und der Gewerbeertragsteuer zugrundezulegen ist. Solange Handels-, Aktien- und Steuerrecht grundsätzlich auf der nominalen Erfolgsermittlung beharren, werden Gesetzgebung und Rechtsprechung auf die rechnerischen Zielsetzungen der Unternehmungen entsprechend einwirken. Abweichende Erhaltungs- und Ermittlungsziele lassen sich nur intern in Zusatz- und Nebenrechnungen verfolgen.

Abb. 46. Vergleich nominaler und realer Kapitalerhaltung

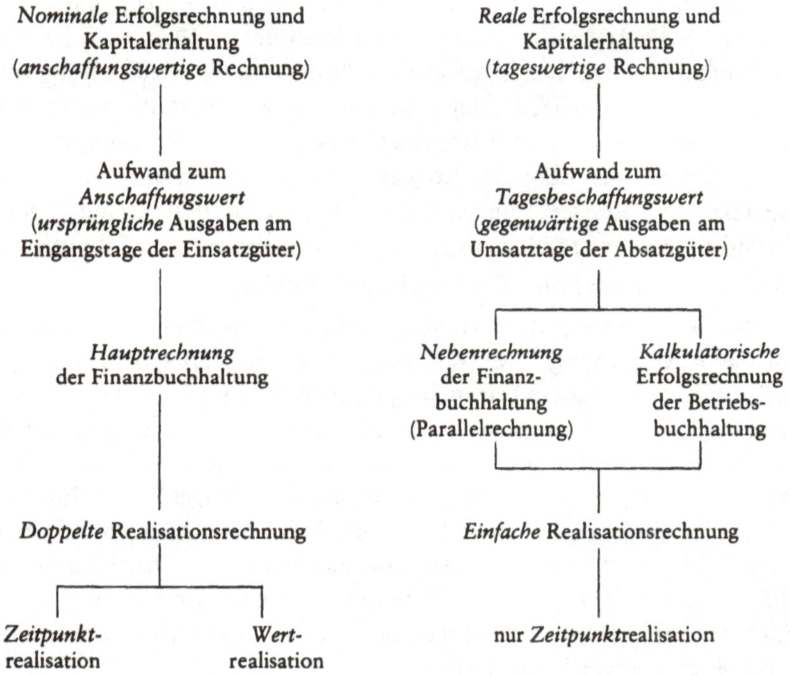

3. Kapitalerhaltung und Geldwertveränderungen

Während man bei Güterpreisschwankungen, die im Auf und Ab der Konjunktur namentlich auf den Einflüssen von Angebot und Nachfrage beruhen, mit Verfahren geeigneter Aufwandsbemessung zum Ziele rechnerischer Erhaltung einer realen beziehungsweise substanziellen Kapitalgröße zurechtkommen kann, handelt es sich bei Geldwertänderungen um die Problematik der *Recheneinheit als Maßstab*.

Jede betriebswirtschaftliche Rechnung, die nicht unmittelbar mit Mengengrößen und deren Maßeinheiten arbeitet, sondern Wertgrößen benutzt, drückt diese in Währungsgeldeinheiten aus. Wie für jede andere Art von Messung, gilt auch für die Geldrechnung allgemein, daß – leider oft nur stillschweigend – die *Konstanz des Rechnungsmaßstabes,* das heißt, des Geldwertes der benutzten Währung, vorauszusetzen ist. Dies gilt nicht nur für die nominale Erfolgsrechnung, sondern gerade auch für jede Form einer realen Erfolgsrechnung. Bei Geldwertveränderungen, namentlich wenn sie ein erhebliches Ausmaß annehmen, in einer Richtung ständig fortschreiten, schleichen oder sogar galoppieren, entfällt jede Möglichkeit der Skalenmessung, da bei veränderlichem Maßstab die Maßzahlen unvergleichbar und damit sinnlos sind. Störungen in der Stabilität der Währung lassen sich nicht immanent, das heißt, durch die Änderung des Meßverfahrens oder die Wahl einer bestimmten Wertkategorie, etwa des Tageswertes, beseitigen. Es bleibt nichts anderes übrig, als einen *anderen Maßstab,* eine neue Wertskala zu verwenden. Die Wahl einer Auslandswährung, eines bestimmten Sachgutes, insbesondere des Goldes oder des Roggens, oder einer sogenannten Indexmark bedeutet das Verlassen, die Aufgabe des monetär bestimmten, nominalen Gewinnbegriffes wie auch jeder Art von tageswertiger Erfolgsrechnung. Grundsätzlich sind *vier Entscheidungen* denkbar.

Erstens kann man in der instabilen Währung formal weiterrechnen und die einschneidenden Mängel der Rechnung *ignorieren.* Diesen Weg beschreitet man grundsätzlich zurzeit fast in der ganzen Welt, obwohl die Geldentwertung fast überall dauernd zunimmt. Gesetzgebung und Rechtsprechung zwingen zu dieser Haltung. Der Bundesfinanzhof sieht es nach wie vor nicht als seine Aufgabe an, den Folgen der Geldentwertung auf dem Teilgebiet des Einkommensteuerrechts entgegenzuwirken. Dies muß dem Gesetzgeber vorbehalten bleiben, die Mittel der Gesetzesauslegung bieten für die Berücksichtigung der Geldentwertung keinen Raum. Insbesondere ist die Umrechnung von DM-Nennbeträgen auf andere Nennbeträge nach Maßgabe eines Kaufkraftindex für Besteuerungszwecke unstatthaft.

Zweitens könnte man auf eine sinnlose Rechnung *verzichten.* Dieser Weg ist, abgesehen vom gesetzlichen Zwang, irreal, da die Wirtschaftspraxis ein wertvolles und unerläßliches Meßinstrument, Steuerungs- und Kontrollmittel aufgeben würde. Er scheidet daher aus.

Drittens bleibt als einzig sinnvolle Lösung die Wahl einer neuen *wertbeständigen Recheneinheit.* Die Verwendung von Sachgütern oder einer Auslandswährung ist nicht möglich, da in keinem Falle die Konstanz der Wertskala gegeben und gesichert ist. Trotz aller praktischen Schwierigkeiten der hinreichend genauen Bestimmung bleibt nur übrig, eine rein *rechnerische Bezugsgröße* im Sinne einer *Indexwährung* zu entwickeln, wenn man überhaupt noch mit vergleichbaren, addierbaren und ökonomisch informativen Zahlen rechnen will.

Viertens kann man, statt der Einführung einer stabilen neuen Recheneinheit, sich mit *Korrekturrechnungen* innerhalb der gesetzlichen Währungseinheit begnügen. Diesen Weg beschreitet zurzeit die Wirtschaftspraxis, zum Teil auch die wissenschaftliche Diskussion. Er mag *pragmatisch* durchaus befriedigen, zumal wenn man vereinfachte und praktikable Lösungen sucht, die auch kleinere und mittlere Unternehmungen leicht anwenden können. Methodisch einwandfrei ist allein die Einführung einer stabilen Rechenskala, die daher in den folgenden Ausführungen zugrundegelegt werden soll.

Bei allen Bemühungen, die Einflüsse von Sachwert- und Geldwertschwankungen im Rechnungswesen zu berücksichtigen, darf man nicht übersehen, daß es sich stets nur um *Näherungsrechnungen,* um approximative Korrekturen handeln kann. Keine der vorgeschlagenen Konzeptionen ist frei von theoretischen und praktischen Mängeln. Schon die traditionale Erfolgsrechnung ist durchsetzt mit Hypothesen und Konventionen, die keine exakte Rechnung zulassen, wie zum Beispiel die Ermittlung des Güterverbrauchs und der Abschreibungen. Was man lediglich erwarten darf, ist eine *methodisch gesicherte und weitestgehend nachprüfbare Rechnung.*

Der Hinweis darauf, daß von der kaum übersehbaren Anzahl von Indexzahlen[2] keiner dieser *Indizes* voll befriedigt, ist nicht stichhaltig, da er die stets nur approximative Verwirklichung und nicht die Zielsetzung des Problems betrifft.

Trotz großer Mängel wird in der Wirtschaftspraxis zum Beispiel mit Lebenshaltungs-, Großhandels- und Einzelhandelsindizes gearbeitet, weil man sie für bestimmte Zwecke und Überlegungen benötigt. Niemand wird bestreiten, daß alle diese Indizes erheblichen Einwendungen ausgesetzt sind. Die Tatsache, daß jeder Index praktisch auf einem irgendwie begrenzten Warenkorb aufbaut, ist unaufhebbar. Auch die wirklichkeitsfremde Fiktion, daß der gewählte Güterkomplex über eine längere Zeit invariant bleibt, muß hingenommen werden.

Man darf aber nicht übersehen, daß dieser Tatbestand *weit allgemeinere Geltung* hat. Er trifft für jede Geldrechnung zu und ist jeder nominalen Erfolgsermittlung unausweichlich immanent. Die Abbildung des Wirtschaftsprozesses auf Zahlungsmittelbewegungen geht von der generellen Kaufkraft des Geldes gegenüber der Gütergesamtheit aus. Auch bei stabiler Währung erfassen Preisveränderungen (Güterwertveränderungen) die einzelnen Wirtschaftsgüter unterschiedlich. Der Nominalgewinn ist daher in seiner Kaufkraft gegenüber Einzelgütern, insbesondere Produktionsmitteln, keineswegs invariant. Der güterhafte Gehalt des Ertrages kann inbezug auf die durch ihn zu ersetzenden Produktoren erheblich fallen oder steigen. Geht man zur realen Erfolgsermittlung über, so steht man vor dem Problem des Tagespreisindex, für den alle obigen Einwendungen auch gelten.

Schulze[3] hat die Ersetzung des Geldmaßstabes unter dem Gesichtspunkt der Meßtheorie untersucht. Er unterscheidet nach Schmalenbach drei *Meßobjekte:*

[2] Siehe Haberler, Gottfried: Der Sinn der Indexzahlen. Tübingen 1927.
[3] Schulze, Hans-Herbert: (Messung) S. 216 ff.

(1) die *Kaufkraft* des Einkommens, zum Beispiel des Gewinnes, (2) den *Geldwert* und (3) den *Güterwert.* Als Maßstäbe betrachtet er ebenfalls nach Schmalenbach (1) eine stabile *Fremdwährung,* das heißt, einen anderen Nominalmaßstab, (2) ein stabiles *Realgut* und (3) einen *Index,* der aus den Tauschrelationen zwischen Geld und einem bestimmten Güterkomplex als Mittelwert konstruiert wird, wobei er (4) ein *physikalisch-technisches Grundmaß,* zum Beispiel die Kalorie als Arbeitsmaß, hinzufügt. Er gelangt, wie zu erwarten, zu dem kritischen Resultat, daß alle von ihm diskutierten Maßstäbe weitgehend ungeeignet sind, die Vorgänge im Bereich des realen wirtschaftlichen Handelns abzubilden, so daß nur die *Resignation* verbleibt.

Die hier vertretene Auffassung respektiert diese Argumente der Ablehnung, glaubt aber, daß die Umbewertung auf fiktive Zahlungsvorgänge durch einen Indexmaßstab das *geringste Übel einer Approximation* darstellt. Dieses Verfahren steht den tatsächlichen Zahlungsvorgängen am nächsten, indem es sich auf die Marktpreise der Realität stützt. Es erlaubt zudem, sowohl den Nominalgewinn als auch den Realgewinn zu stabilisieren.

Es wird häufig die Ansicht vertreten, die Indexrechnung diene dazu, die Ausschüttung zu beschränken. Hier liegt wiederum die Verquickung von Ermittlung und Verwendung von Überschüssen vor.

Die Indexrechnung bezweckt die *Stabilisierung* des inkonstanten Währungsmaßstabes. Indem alle Preise auf das *Preisniveau eines Stichtages* umgerechnet werden, wird die Veränderung dieses Preisniveaus eliminiert, während die Güterpreisveränderungen davon unberührt bleiben. So ergibt sich eine fiktive Erfolgsrechnung auf der Basis einer konstruierten Indexwährung. Sobald die Zeit dazu reif ist, müßte ein geeigneter Güterkomplex für die automatische Datenverarbeitung festgelegt werden, der eine ausreichende Approximation gewährleistet.

Demgegenüber ist die Frage der *Gewinnausschüttung* ein Entscheidungsproblem, das nichts mit der Gewinnermittlung zu tun hat. Lediglich der ermittelte Geldentwertungsverlust geht als Hilfsgröße (Variable) in das Entscheidungsmodell irgendwie ein.

Alle Versuche, die rechnerischen Methoden der *realen* Erfolgsrechnung und Kapitalerhaltung zur Eliminierung von Geldwertveränderungen anzuwenden, sind als *ungeeignet* abzulehnen. Sie bedeuten ein Laborieren mit untauglichen Mitteln, das zwar komplexe Berichtigungen zuläßt, die aber dennoch das eigentliche Ziel der Geldwertstabilisierung verfehlen.

Es bleibt zum Beispiel bei tageswertiger Realrechnung die grundlegende Tatsache weiterbestehen, daß die einzelnen Rechnungsgrößen, die addiert oder subtrahiert werden, einen unterschiedlichen, sich ständig verändernden Wertgehalt aufweisen. Wenn sämtliche Zahlen der Buchhaltung auf die Indexwährung umgerechnet werden, bleiben die Einflüsse der *Güterwertschwankungen* dennoch *wirksam*. Diese Erkenntnis gewinnt man nur, wenn man den dritten Weg einschlägt.

Es kann nicht daran gedacht werden, die durch Indexumrechnung gewonnene stabilisierte Erfolgsrechnung als einzige Rechnung oder als Grundrechnung zu fordern. Die Erfolgsrechnung in der gesetzlichen, wenn auch instabilen Währung ist, unabhängig vom gesetzlichen Zwang, als Basisrechnung beizubehalten.

III. Maßnahmen zur Erreichung der Kapitalerhaltung

1. Berücksichtigung der realen Kapitalerhaltung durch offene Rücklagen

Da sowohl die anschaffungswertige (nominale) als auch die tageswertige (reale) Erfolgsrechnung und Kapitalerhaltung Konstanz des Geldwertes (Stabilität der Währung) voraussetzen, wird in den folgenden Betrachtungen von dieser Annahme ausgegangen.

Allgemein kann sich die Unternehmung unter Beibehaltung der nominalen Erfolgsrechnung gegenüber Güterpreisveränderungen im Extrem zweier *Verhaltensweisen* bedienen.

Die Unternehmung kann sich *erstens* durch *Abbau oder Anreicherung der Substanz* der Situation anpassen. Dann wird sie bei Preissteigerungen den vollen Nominalgewinn ausschütten und an Substanz verlieren. Vom Standpunkt realer Kapitalerhaltung wird die Differenz zwischen Nominal- und Realgewinn als sogenannter Scheingewinn, das heißt Realkapital, ausgeschüttet. Bei Preissenkungen wird die Unternehmung ebenfalls den vollen Nominalgewinn abführen, jedoch an Substanz gewinnen. Vom Standpunkt realer Kapitalerhaltung wird die nicht ausgeschüttete Differenz zwischen Real- und Nominalgewinn als Scheinverlust bezeichnet, sie deckt sich mit der Erhöhung des Realkapitals. Die Unternehmung paßt sich bei diesem Verhalten unter *Erhaltung ihres Nominalkapitals* durch Schwankungen ihres Realkapitals dem Auf und Ab der Güterpreisschwankungen an.

Zweitens kann die Unternehmung neben der nominalen Kapitalerhaltung auch nach *mengenmäßiger Substanzerhaltung* streben. Hierfür stehen ihr wiederum zwei Wege zur Verfügung.

Einerseits kann die Unternehmung unter voller Ausschüttung des Nominalgewinns bei Preissteigerungen das geschwundene Realkapital durch Kapitalerhöhung wieder hereinholen. Bei Preissenkungen kann sie das entstandene Realkapital durch Kapitalherabsetzung ausgleichen. In beiden Fällen erreicht sie die Erhaltung ihres Realkapitals durch *Schwankungen ihres Nominalkapitals* mittels Zu- oder Abfluß im Wege der *Außenfinanzierung*. Diese Schwankungen können sich nicht nur auf Eigenkapital, sondern auch auf Fremdkapital erstrecken.

Anderseits steht der Unternehmung das Verfahren der *Innenfinanzierung* (Selbstfinanzierung) bereit. Sie schüttet dann bei Preissteigerungen nur den Teil des Nominalgewinns aus, der dem Realgewinn entspricht, und bildet für den Rest, den sogenannten Scheingewinn, eine *offene, zweckgebundene Rücklage (Kapitalerhaltungsrücklage)*. Sie dient dazu, die reale Kapitalerhaltung durch Ausschüttungssperre zu sichern. Bei Preissenkungen ist die Unternehmung in der Lage, die reale Kapitalerhaltung dennoch zu gewährleisten, obwohl zusätzlich zum Nominalgewinn die Differenz von Real- und Nominalgewinn, der sogenannte Scheinverlust, aus einer vorher gebildeten Rücklage oder mithilfe entsprechender Aktivierung (sogenannte Vorlage) ausgeschüttet wird, das heißt, eine frühere Ausschüttungssperre wird aufgehoben.

Die zu bildenden Rücklagen sind so wenig Scheingewinne, wie die aufzulösenden Rücklagen Scheinverluste darstellen. Sie sind nichts anderes als die positiven oder negativen Differenzen zwischen Nominal- und Realgewinnen. Die offenen Rücklagen dienen hier ihrem ureigenen Zweck, die nominale Erfolgsrechnung mit der realen Substanzerhaltung zu verbinden.

Hiermit wird auch dem Umstand Rechnung getragen, daß Gewinnermittlung und Gewinnverwendung unterschiedliche Ziele verfolgen. Es versteht sich keineswegs von selbst, den ermittelten Gewinn auch in dieser Höhe ausschütten zu müssen. Die Ausschüttung wird je nach den Verhältnissen niedriger oder auch höher vorgenommen werden können. Das Ausmaß der dabei bezweckten Kapitalerhaltung hat der Unternehmer individuell und situationsbedingt zu wählen. Die *reale* Kapitalerhaltung ist somit für die nominale Erfolgsrechnung nicht eine Frage der Gewinnermittlung, sondern der *Gewinnverwendung*.

Die *Rücklagenbildung und -auflösung* ergibt über mehrere Jahre folgendes Bild:

Nominalgewinn	7	8	9	7	6	5
Realgewinn	7	7	7	7	7	7
Rücklage	–	1	3	3	2	–
Verteilbarer Realgewinn	7	7	7	7	7	7

Die Entwicklung einer *aktiven (negativen) Rücklage (Vorlage)* zeigt folgende Darstellung:

Nominalgewinn	5	7	8	8
Realgewinn	7	7	7	7
Vorlage (aktive Rücklage)	2	2	1	–
Verteilbarer Realgewinn	7	7	7	7

Es verdient nochmals betont zu werden, daß der Vorgang der *effektiven Ersatzbeschaffung* von der an der realen Kapitalerhaltung orientierten Rechnungsweise zu trennen ist. Die Erfolgsrechnung muß sich mit einer diesbezüglichen globalen Rücklagenbildung begnügen, da sie nur Rechnungsziele und keine faktischen, auf die Zukunft gerichteten Handlungsziele in der Realität verfolgen kann. Die realisierte Erfolgsrechnung als Nominalrechnung braucht nicht aufgegeben zu werden, wenn die Rücklagenverwendung zum Zwecke der tatsächlichen Kapitalerhaltung finanzwirtschaftlichen Dispositionen unterworfen wird. Mit der Rücklagenbildung allein kann – ebensowenig wie mit einer Aufwandsbewertung – die effektive Kapitalerhaltung nicht erreicht werden.

Alle anderen Versuche, den verwendungsfähigen Gewinn innerhalb der Nominalrechnung zu ermitteln, wie zum Beispiel die Lifo-Methode, die Festbewertung des eisernen Bestandes und sonstige sogenannte *Bewertungsmethoden,* verlassen die Grundsätze der Anschaffungswertrechnung und arbeiten mit *stillen Rücklagen.* Sie verstoßen damit gegen den nominalen Strukturcharakter der Bilanzrechnung. Verträgliche, ja geradezu notwendige Ergänzung der Nominalrechnung ist allein die Methode der offenen Rücklagen. Nur sie ermöglicht es, bei Güterwertschwankungen die Substanzerhaltung zusätzlich zu berücksichtigen.

Die *Gewinnbesteuerung* nach der herrschenden Steuergesetzgebung steht allerdings den hier geäußerten Gedanken dadurch entgegen, daß sie für die Einkommensbesteuerung den ermittelten Nominalgewinn zugrundelegt. Hierdurch ist es möglich, daß bei steigenden Preisen durch sofortige Besteuerung des vollen Nominalgewinns eine Minderung des Realkapitals eintritt. Die beabsichtigte Substanzerhaltung wird dadurch erheblich behindert, eventuell sogar unterbunden.

Wenn man bedenkt, daß der erzielte Gewinn noch kein echtes Einkommen darstellt, solange er nicht den Haushaltungen der Unternehmer und anderer Gewinnbeteiligter zugeflossen ist, dann erscheint der Anspruch der Wirtschaft berechtigt, nicht auch noch die Substanzerhaltung durch Besteuerung der

Gewinne zu gefährden. Wenn sich ein Unternehmer zur realen Kapitalerhaltung durch Selbstfinanzierung entschließt, sollte der Fiskus die damit verbundene offene Rücklagenpolitik unterstützen.

Da der Nominalgewinn auf jeden Fall voll besteuert wird, sollte die periodische *Verlagerung der Besteuerung* kein Hemmnis sein. Die Besteuerung erfolgt dann in der Periode, in der der Gewinn ausgeschüttet und damit effektiv zu Einkommen wird, das heißt, auch bei der Auflösung offener Rücklagen zum Zwecke der Ausschüttung. Dies setzt voraus, daß zum Beispiel bei Körperschaften die aufgelösten Rücklagen mit dem Steuersatz belegt werden, der für die Periode galt, in der die Gewinne erzielt und in Rücklage gestellt wurden. Bei anderen Unternehmungsformen müßte man entsprechende Lösungen suchen. Nicht nur Beteiligungs- und Darlehnskapitalgeber, sondern auch der Fiskus muß an der Erhaltung des Realkapitals interessiert sein.

In diesem Sinne ist § 74 EStDV zu begrüßen, wonach in der Fassung vom 24. 1. 1975 (BGBl I, S. 369) für Teile des Umlaufvermögens, und zwar für Roh-, Hilfs- und Betriebsstoffe, halbfertige und fertige Erzeugnisse und Waren, die vertretbare Wirtschaftsgüter sind und deren Wiederbeschaffungspreis am Schluß des Wirtschaftsjahres gegenüber dem Wiederbeschaffungspreis am Schluß des vorangegangenen Jahres um mehr als 10% gestiegen ist, im Jahre der Preissteigerung eine den steuerlichen Gewinn mindernde *Rücklage für Preissteigerung* gebildet werden darf. Diese Rücklage muß spätestens bis zum Ende des auf die Bildung folgenden 6. Wirtschaftsjahres gewinnerhöhend aufgelöst werden. Obwohl die steuerfreie Rücklage erheblich eingeschränkt ist und auf die Aufwendungen des betreffenden Jahres nicht bezugnimmt, ist sie immerhin ein Anfang.

Allerdings machte die Eberhard-Steuerreformkommission 1971 in ihrem Gutachten, Band 2, Abschnitt V, S. 281, den bei der Steuerreform 1974 jedoch nicht berücksichtigten Vorschlag, die oben genannte Vorschrift des § 74 EStDV, die mit dem System der Ertragsbesteuerung nicht zu vereinbaren sei, da sie sich von dem Nominalwertprinzip löse, ersatzlos zu streichen.

In diesen Zusammenhang gehören auch die Zulassung von steuerbegünstigten Umwandlungen und die Schaffung des § 6b EStG. Diese steuerrechtlichen Bestimmungen spielen heute eine besonders wichtige Rolle, soweit die Preissteigerungen auf Geldentwertung beruhen und damit eine inflatorische Scheingewinnbesteuerung vermieden wird.

2. Berücksichtigung der Geldwertveränderungen

Die *Messung in Geldeinheiten,* meist in speziellen Währungseinheiten, zum Beispiel amerikanische Dollar, englische Pfund oder Deutsche Mark, gehört zur metrischen, und zwar zur proportionalen oder relationalen Messung, mathematisch ausgedrückt durch die Invarianz der funktionalen Beziehung $x' = cx$ der Gruppe der äquiformen oder Ähnlichkeitstransformationen $(c > 0)$.

Jede Maßskala besteht aus einem System von Klassen, die derart durch Zahlen unterschieden sind, daß dem zu messenden Gegenstand eine einzige dieser Zahlen eindeutig zugeordnet wird. Die *metrisch-proportionale Skala* ist dadurch gekennzeichnet, daß, außer dieser Klassifizierung, eine Rangordnung unter den Klassen besteht und eine Regelmäßigkeit der Klassengrößen gegeben ist. Ihre spezifische Eigenart ist darin zu sehen, daß sie eine *absolute Nullklasse* (Nullpunkt der Skala) besitzt, die bei jeder Transformation unverändert bleibt, da mathematisch für jedes $x = 0$ auch $x' = 0$ ist. Die Regelmäßigkeit der Klassengrößen zeigt sich darin, daß alle Klassenintervalle von gleicher Größe sind.

Jeder Wert x einer bestimmten Skala kann in den entsprechenden Wert x' einer beliebigen anderen Skala durch Multiplikation mit einem konstanten Faktor c, dem sogenannten *Proportionalitätsfaktor,* transformiert werden. Auf diese Weise kann zum Beispiel jeder Wert in DM in den entsprechenden Wert in sfr umgewandelt werden, indem man ihn mit dem Kurs (zum Beispiel $c = 0{,}94$) multipliziert. Alle möglichen Währungsskalen sind somit durch konstante Relationen $x' : x = c$ untereinander verbunden, so daß man sie auch relational nennen kann. Dem Wert 0 DM entspricht stets 0 sfr.

In gleicher Weise sind Längenskalen konstruiert. Ihre Rangordnung ist zum Beispiel durch die Aufeinanderfolge von 1 m, 2 m, 3 m und so weiter festgelegt. Die Intervalle sind gleichgroß und decken sich mit der Längeneinheit 1 m. Die Umwandlung von km in m erfolgt durch Multiplikation mit $c = 1.000$. Ferner sind 0 km auch gleich 0 m.

Eine notwendige Voraussetzung für jede proportionale Messung und damit auch für die Bewertung in Geld- und Währungseinheiten ist die Festlegung einer *unveränderlichen Skaleneinheit,* das heißt, die Bestimmung der konstanten Klassenintervalle, verbunden mit dem invarianten Nullpunkt der Skala. Alle Skalengrößen sind Vielfache der konstanten Maßeinheit.

Ohne dieses grundlegende Erfordernis einer *stabilen Währungseinheit* ist eine monetäre Messung überhaupt nicht möglich. Geldgrößen, die durch eine veränderliche Maßskala ausgedrückt werden, sind – gleich einem Metermaß aus leicht dehnbarem Gummiband – völlig unbrauchbar. Sie können mit einer vernünftigen Bedeutung weder addiert noch subtrahiert werden. Die Veränderung einer Währungseinheit kann nur durch Konversion in eine andere Skala, nicht aber innerhalb der gleichen Skala erfolgen.

Vor allem ist zu beachten, daß es unmöglich ist, Wertgrößen sinnvoll zu vergleichen, wenn sie in verschiedenen oder veränderlichen Werteinheiten gemessen werden. Dies gilt für Vergleiche innerhalb eines Jahres und mehrerer aufeinanderfolgender Jahre. Da nun das gesamte Rechnungswesen, insbesondere Buchhaltung und Erfolgsrechnung (für Aktiva und Passiva, Aufwendungen und Erträge), auf der Akkumulation und dem Vergleich von Wertgrößen, gemessen in Geld, aufbauen, ist die Sicherung einer stabilen Geldwerteinheit von entscheidender Bedeutung.

Den *Unterschied* von relativen *Güterpreis*veränderungen und *Geldwert*veränderungen zeigt Abbildung 47. Zur Vereinfachung werden nur vier Wirtschaftsgüter A, B, C und D (Zeile 1) mit den zugehörigen Marktumsätzen q in Mengeneinheiten (Zeile 2) und Marktpreisen p (Zeile 3) angenommen. Zeile 4 ermittelt das absolute Preisniveau Σpq mit DM 770, das als Bezugsbasis gleich 100% gesetzt wird. Zeile 5 gibt die veränderten Preise p_1, Zeile 6 die prozentuale Veränderung wieder. Die Preise für A und C sind gestiegen (der von A stärker als der von C). Die Preise von B und D sind gefallen (der von B mehr als der von D). In Zeile 7 ergibt sich für $\Sigma p_1 q$ wiederum DM 770, das heißt, die Preisveränderungen sind relative Güterwertveränderungen, gemessen in einer stabilen Geldeinheit. Zeile 8 enthält andere Preisveränderungen p_2, Zeile 9 die prozentuale, überall steigende Veränderung. Das absolute Preisniveau $\Sigma p_2 q$ hat sich auf DM 1.066 erhöht (Zeile 10), und zwar auf 138,4%. Der Geldwert der DM ist entsprechend gesunken. Die Preisveränderungen in der Zeile 9 sind durch eine Skalenveränderung beeinflußt. Alle Preise sind gestiegen und haben ein höheres Preisniveau hervorgerufen.

Die hier entscheidende Frage lautet: Wie können die *relativen Preisveränderungen,* unabhängig vom gestiegenen Preisniveau beziehungsweise gesunkenen Geldwert, *sichtbar* gemacht werden? Zu diesem Zweck werden in Zeile 11 stabilisierte Preise $\bar{p}_2$ ermittelt, indem die Preise p_2 (in der Zeile 8) durch den Preisniveauindex oder Konversionsdivisor 1,384 (138,4 : 100 aus Zeile 10) dividiert werden. Die stabilisierten relativen Preisänderungen von A und D sind gestiegen, weil die prozentualen Preisänderungen (in Zeile 9) höher sind (100 und 40%) als der Durchschnitt (38,4%). Umgekehrt sind die relativen Preise von B und C gefallen, da die prozentualen Preisveränderungen (10 und 25%) unter 38,4% liegen. Die stabilisierten relativen Güterpreisveränderungen enthält die Zeile 12 in Prozenten. Zeile 13 zeigt, daß das stabilisierte Preisniveau $\Sigma \bar{p}_2 q$ wiederum DM 770 beziehungsweise 100% beträgt.

Bei Geldwertveränderungen liegt die Aufgabe darin, eine *neue proportionale Skala* mit konstanter Intervalleinheit zu suchen. Es ist nicht sinnvoll, die alte Skala weiterzubenutzen, indem man die falschen und unpraktikablen Zahlen irgendwie berichtigt oder anpaßt. Dies bedeutet, ein richtiges Ziel mit untauglichen Mitteln zu verfolgen. Daher ist es unvertretbar, Geldwertveränderungen durch Tagesbeschaffungspreise der instabilen Skala zu eliminieren.

Abb. 47. Relative Güterveränderungen und Geldwertveränderung

					Index absolut	Index in Prozenten
1. Wirtschaftsgut	A	B	C	D		
2. Umsatz q in Mengeneinheiten	30	40	20	50		
3. Preis p in DM	3	4	6	8		
4. *Preisniveau* Σpq in DM	90	+ 160	+ 120	+ 400	= 770	100%
5. Preis p_1 in DM	4	3	7	7,80		
6. Preisveränderung in Prozenten	+ 33 1/3% steigend	− 25% fallend	+ 16 2/3% steigend	− 2,5% fallend		
7. *Preisniveau* $\Sigma p_1 q$ in DM	120	+ 120	+ 140	+ 390	= 770	100%
8. Preis p_2 in DM	6	4,40	7,50	11,20		
9. Preisveränderung in Prozenten	+ 100% steigend	+ 10% steigend	+ 25% steigend	+ 40% steigend		
10. *Preisniveau* $\Sigma p_2 q$ in DM	180	+ 176	+ 150	+ 560	= 1066	138,4%
11. Stabilisierter Preis $\bar{p}_2$	4,34	3,18	5,42	8,09		
12. Relative Güterpreisveränderung	+ 44,7% steigend	− 20,5% fallend	− 9,7% fallend	+ 1,1% steigend		
13. *Stabilisiertes Preisniveau* $\Sigma \bar{p}_2 q$	130	+ 127	+ 108	+ 405	= 770	100%

Es sei mit aller Deutlichkeit festgestellt: Wenn eine Währungsskala instabil wird, kann dieser Wertmaßstab nicht mehr als Recheneinheit benutzt werden. Zahlenunterlagen, die auf veränderlichen Skalen beruhen und irgendwie korrigiert werden, sind reines Flickwerk. Sie sind ungeeignet, ein sinnvolles Rechnungssystem zu entwickeln.

Da der Übergang zu einer anderen, in der Realität gegebenen proportionalen Wertskala leider ausgeschlossen werden muß, weil auf der ganzen Welt weder eine stabile Währung noch ein preisstabiles Wirtschaftsgut zu finden ist, bleibt als *einzige Methode,* die man dauernd und ohne Abänderung anwenden kann, die *Indexumrechnung.* Mithilfe statistischer Verfahren wird das absolute Preisniveau laufend ermittelt und auf das eines bestimmten Ausgangszeitpunkts als Bezugsbasis prozentual bezogen. Dann werden alle Preise auf das Niveau des Bezugszeitpunktes umgerechnet. Durch diese Transformation wird die gegebene gesetzliche DM-Währung in eine auf den Basistermin bezogene Index-

oder Rechnungswährung umgewandelt. Wir können im übertragenen Sinne von einer *Index- oder Rechnungsmark* sprechen.

Es kann kaum bestritten werden, daß die Indexmethode zwecks Stabilisierung von monetären Rechnungsgrößen allen anderen Methoden vorzuziehen ist. Die *praktischen Schwierigkeiten* sind allgemein bekannt. Dennoch bleibt die Indexskala die einzige Lösung bei fortschreitender und starker Geldentwertung, wenn man überhaupt noch sinnvoll und interpretierbar rechnen will.

Indem wir in Abbildung 47 in Zeile 11 den prozentualen Index 1,384 benutzen, multiplizieren wir alle einzelnen Preise mit dem Reziprokwert des Index. Dieser Koeffizient ist identisch mit dem erwähnten Proportionalitätsfaktor c der Transformationsgleichung $x' = cx$. Man beachte den tiefen Unterschied zwischen einer Stabilisierung der Aktiva und Passiva in der Bilanz und der Umrechnung der Aufwendungen in Tagespreise auf der einen Seite und der hier vertretenen *Umrechnung jeder einzelnen Eintragung* auf der anderen Seite.

Außer der grundlegenden Frage des zu wählenden Güterkomplexes beziehungsweise Warenkorbes gibt es viele *technische Einzelfragen*. Sie betreffen unter anderem (1) die Periode der Indexberechnung und Zahlenumrechnung, ob jährlich, monatlich oder sogar täglich; (2) die Bezugsperiode beziehungsweise den Bezugszeitpunkt als Stabilisierungsbasis; (3) die Unterscheidung zwischen generellen und speziellen Indizes; und (4) die Prozedur der Preiskonversion, ob mehr spezifiziert oder grob aggregiert. Diese zum Teil statistischen, zum Teil pragmatischen Probleme werden hier nicht diskutiert. Es mag genügen, meine Gründe für die folgenden Darlegungen kurz anzuführen.

Die Verwendung eines allgemeinen Preisindex wird bevorzugt, weil die gesetzliche Währung ebenfalls eine generelle Kaufkraft des Geldes als totalen Durchschnitt widerspiegelt. Der spezifische Geldwert gegenüber einem bestimmten Wirtschaftsgut wird besser durch den relativen Preis ausgedrückt statt durch das Preisniveau. Ferner erscheint mir die gleiche einheitliche Preisbasis als 100% für sämtliche Preisumrechnungen für mehrere, möglichst alle Jahre, nämlich der Beginn der Indexrechnung, geeigneter, um die Vergleichbarkeit aller Zahlen zu sichern, und zwar sowohl für jeden Zeitpunkt als auch über eine beliebige Anzahl von Perioden und Jahren.

Es werden also sämtliche Eintragungen auf den Geldwert am Bezugstag der Indexrechnung umgerechnet, das heißt, alle Buchungsbeträge werden einheitlich in Geldeinheiten dieses Stichtages ausgedrückt, als ob sich der Geldwert seit diesem Zeitpunkt nicht geändert hätte. Die seitdem tatsächlich eingetretenen Geldwert- beziehungsweise Kaufkraftveränderungen werden auf diese Weise eliminiert.

Es sei nochmals hervorgehoben, daß jede Art von Indizierung des Zahlenmaterials Mängel aufweist und daher nur Näherungslösungen möglich sind. Worauf es bei der Anwendung in Unternehmungen vor allem ankommt, sind methodische Einheitlichkeit, weitgehende Objektivierung, Nachprüfbarkeit und Praktikabilität des Verfahrens.

IV. Durchführung eines Zahlenbeispiels bei Güterwert- und Geldwertveränderungen

1. Nominale Erfolgsrechnung in gesetzlicher Währung

Die hier durchgeführte Nominalrechnung ist eine *reine Anschaffungswertrechnung*, die nur *realisierte* Gewinne oder Verluste ausweist. Die gesetzlich vorgeschriebene beziehungsweise zugelassene Unterbewertung (Niederstwertrechnung) wird nicht angewandt, um die Einheitlichkeit, Vergleichbarkeit und Eindeutigkeit der Rechnung in sämtlichen Beispielen zu gewährleisten.

Die Bewertung erfolgt in *gesetzlicher Währung* (DM). Es kann also angenommen werden, daß entweder der Geldwert tatsächlich stabil ist oder trotz vorhandener Geldwertveränderung (Instabilität der Währung) in gesetzlicher Währung weitergerechnet wird.

Das Beispiel in Abbildung 48 ist sehr vereinfacht, um die grundsätzlichen Zusammenhänge zu unterstreichen. Die Gewinn- und Verlustrechnung enthält nur je zwei Posten für Aufwendungen und Erträge. Die Bilanz weist nur drei Posten auf: Aktiva, Eigen- und Fremdkapital. Der Nominalgewinn in gesetzlicher Währung beträgt DM 10.000, das heißt, 10% des nominalen Eigenkapitals von DM 100.000.

2. Reale Erfolgsrechnung in gesetzlicher Währung

Bei der Realrechnung in Abbildung 49 wird eine Umrechnung der Aufwendungen auf den *Tagesbeschaffungswert am Umsatztage* für das gleiche Beispiel vorgenommen. Dadurch werden die Preise der Aufwendungen und Erträge auf den Realisationstag bezogen, so daß der ermittelte *Realverlust* von DM 3.000 ein zeitpunktorientierter *realisierter* Verlust ist.

Zur Vereinfachung werden nur zwei Verkaufstage für die Erträge angenommen. Die Bewertungsdifferenz zwischen den Aufwendungen zum (hier

Abb. 48. Nominale Erfolgsrechnung in gesetzlicher Währung

Aufwendungen	Gewinn- und	Verlustrechnung	Erträge
Aufwand der verkauften Güter	75.000	Verkäufe	89.000
Aufwand der verkauften Güter	40.000	Verkäufe	36.000
Nominalgewinn in gesetzlicher Währung	10.000		
	125.000		125.000

Aktiva		Bilanz	Passiva
Verschiedene Aktiva	400.000	Eigenkapital	100.000
		Fremdkapital	290.000
		Nominalgewinn in gesetzlicher Währung	10.000
	400.000		400.000

Abb. 49. Reale Erfolgsrechnung in gesetzlicher Währung (1)

Aufwendungen	Gewinn- und	Verlustrechnung	Erträge
Aufwand der verkauften Güter	83.000	Verkäufe	89.000
Aufwand der verkauften Güter	45.000	Verkäufe	36.000
		Realverlust in gesetzlicher Währung	3.000
	128.000		128.000

Aktiva		Bilanz	Passiva
Verschiedene Aktiva	450.000	Eigenkapital	100.000
Realverlust in gesetzlicher Währung	3.000	*Aufwandsberichtigung*	13.000
		Bilanzberichtigung	20.000
		Fremdkapital	320.000
	453.000		453.000

höheren) Tageswert und denen zum Anschaffungswert (DM 8.000 + DM 5.000 = DM 13.000) stellt keinen Realgewinn dar. Dieser sogenannte Scheingewinn erscheint in der Bilanz als Kapitalkorrektur *(Aufwandsberichtigung)*. Der Realverlust ist gleich dem Nominalgewinn abzüglich der Bewertungsdifferenz (DM 10.000 − DM 13.000 = − DM 3.000).

Um für die Erfolgsrate, bezogen auf das Eigenkapital, eine geeignete Basis zu erhalten, ist es zweckmäßig, auch die Aktiva und das Fremdkapital umzubewerten, und zwar zum *Tagesbeschaffungswert am Bilanzstichtage*. Die unrealisierte Bewertungsdifferenz von DM 20.000 ist ebenfalls kein Realgewinn, sondern erscheint in der Bilanz als Kapitalkorrektur *(Bilanzberichtigung)*. Sie ergibt sich als Saldo der Bewertungsdifferenzen der Aktiva (DM 50.000) und des Fremdkapitals (DM 30.000).

Beide *Bewertungsdifferenzen* (DM 13.000 + DM 20.000 = DM 33.000) wandeln das nominale Eigenkapital von DM 100.000 in das *Realkapital* von DM 133.000 um, so daß der Realverlust 2,3% des Realkapitals beträgt.

In Abbildung 50 werden *sinkende Preise* für die Einsatzgüter angenommen. Dann erscheinen beide Bewertungsdifferenzen (DM 23.000 und DM 25.000) auf der Aktivseite und vermindern das Nominalkapital auf das Realkapital von DM 100.000 − DM 48.000 = DM 52.000. Der Realgewinn von DM 33.000 (= DM 10.000 + DM 23.000) beträgt 63,5% des Realkapitals. Die Aufwandsberichtigung von DM 23.000 ist ein sogenannter Scheinverlust.

Abb. 50. Reale Erfolgsrechnung in gesetzlicher Währung (2)

Gewinn- und Verlustrechnung

Aufwendungen			Erträge
Aufwand der verkauften Güter	60.000	Verkäufe	89.000
Aufwand der verkauften Güter	32.000	Verkäufe	36.000
Realgewinn in gesetzlicher Währung	33.000		
	125.000		125.000

Bilanz

Aktiva			Passiva
Verschiedene Aktiva	315.000	Eigenkapital	100.000
Aufwandsberichtigung	23.000	*Fremdkapital*	230.000
Bilanzberichtigung	25.000	*Realgewinn* in gesetzlicher Währung	33.000
	363.000		363.000

3. Gewinnverteilung, Nominal- und Realgewinn

Anhand der Abbildungen 48 und 49 soll die nominale, anschaffungswertige Erfolgsrechnung mit einer realen und zwar tageswertigen Erfolgsrechnung bei steigenden Güterpreisen verbunden werden. Dem Nominalgewinn von DM 10.000 steht dann im ersten Jahr ein Realverlust von DM 3.000, das heißt, eine Bewertungsdifferenz der Aufwendungen von DM 13.000 gegenüber. Die Bilanzberichtigung spielt hier keine Rolle. Bildet man eine offene *Rücklage für Aufwandsbewertung*, das heißt, für reale Kapitalerhaltung, so erhält man die Bilanz in Abbildung 51. Es ergibt sich als Saldo kein Nominalgewinn, sondern ein Realverlust von DM 3.000.

Für das nächste, zweite Jahr werden zum Beispiel ein Nominalgewinn von DM 12.000 und eine Bewertungsdifferenz der Aufwendungen von DM 6.000 bei fallenden Güterpreisen angenommen (Abbildung 52). Dann ist insgesamt ein Betrag von DM 15.000 verteilbar, wie die *Bewegungen auf dem Rücklagenkonto* ergeben. Er kann aus dem Nominalgewinn wie folgt abgeleitet werden:

	DM
Nominalgewinn	12.000
+ Bewertungsdifferenz der Aufwendungen	6.000
Realgewinn	18.000
− Verlustvortrag vom Vorjahr	3.000
Verteilbarer Realgewinn	15.000

Abb. 51. Bildung einer Rücklage für Aufwandsbewertung in der nominalen Erfolgsrechnung in gesetzlicher Währung (1. Jahr)

Aufwendungen	Gewinn- und Verlustrechnung (1. Jahr)		Erträge
Aufwand der verkauften Güter	115.000	Verkäufe	125.000
Nominalgewinn in gesetzlicher Währung	10.000		
	125.000		125.000

Aktiva	Bilanz (1. Jahr)		Passiva
Verschiedene Aktiva	400.000	Eigenkapital	100.000
Realverlust in gesetzlicher Währung	3.000	*Rücklage für Aufwandsbewertung*	13.000
		Fremdkapital	290.000
	403.000		403.000

Abb. 52. Auflösung einer Rücklage für Aufwandsbewertung in der nominalen Erfolgsrechnung in gesetzlicher Währung (2. Jahr)

Aufwendungen	Gewinn- und Verlustrechnung (2. Jahr)		Erträge
Aufwand der verkauften Güter	103.000	Verkäufe	115.000
Nominalgewinn in gesetzlicher Währung	12.000		
	115.000		115.000

Aktiva	Bilanz (2. Jahr)		Passiva
Verschiedene Aktiva	395.000	Eigenkapital	100.000
		Rücklage für Aufwandsbewertung	7.000
		Fremdkapital	273.000
		Verteilbarer *Realgewinn* in gesetzlicher Währung	15.000
	395.000		395.000

Rücklagen für Aufwandsbewertung (reale Kapitalerhaltung) (2. Jahr)

Bewertungsdifferenz der Aufwendungen	6.000	Vortrag vom Vorjahr	13.000
Übertrag in die Bilanz	7.000		
	13.000		13.000

Die *tatsächliche Verteilung* hängt von vielen anderen Bedingungen und Umständen ab, sie kann als selbständiges Optimalproblem durch ein Entscheidungsmodell vorbereitet werden. Dabei ist die reale Verteilbarkeit, die hier die zu verteilende Gesamtsumme bestimmt, nur *ein* Gesichtspunkt.

4. Stabilisierung von Rechnungsdaten

Wir nehmen nun an, daß der Geldwert instabil ist. Dann muß jede Eintragung am Tage ihres Entstehens mittels einer stabilen Indexskala umbewertet werden. Dies geschieht durch Division durch die *Preisniveau-Indexzahl (Konversionsdivisor)*, zum Beispiel 1,4 bei sinkendem Geldwert (Preissteigerung von 40%) oder 0,8 bei steigendem Geldwert (Preissenkung von 20%). Auf diese Weise werden alle Rechnungsdaten in stabilen Rechnungseinheiten ausgedrückt, und zwar zu Anschaffungspreisen in sogenannter Indexmark. Nun ist es möglich und sinnvoll, die gleichwertigen Zahlen der Buchhaltung zu akkumulieren und zu vergleichen, insbesondere einen stabilen Nominalgewinn zu ermitteln.

Bevor wir die bisherigen Beispiele behandeln, ist hervorzuheben, daß *realisierte Geldwertgewinne oder -verluste* nur durch Bewegungen bei monetären Aktiven und Fremdkapital auftreten können. Dies soll in Abbildung 53 für Kasse und Forderungen bei Geldwertverlust gezeigt werden.

Von mir wird die Auffassung vertreten, daß stabilisierte Geldwertverluste in Indexmark an *monetären Beständen* selbst nicht berechnet werden sollten, da sie noch unrealisiert sind und niemand die Zukunft der Geldwertentwicklung voraussehen kann. Dagegen sind die *monetären Bewegungen* als realisiert anzusehen, die bei der Kasse als Ausgaben und bei den Forderungen und Schulden als Tilgungen erscheinen. Wertdifferenzen an Beständen, die zunächst als unrealisierte Verluste auftreten, können sich später sogar in einen realisierten Gewinn umkehren, sofern der Geldwert wieder steigt. Sobald jedoch die Ausgabe beziehungsweise Tilgung stattgefunden hat, ist der Geldwertverlust für dauernd *realisiert.* Wenn uneinbringliche Forderungen abgeschrieben werden, ist zwischen Anschaffungs- und Tageswerten in gesetzlicher und in Indexwährung zu unterscheiden.

Beim *Kassenkonto* in Abbildung 53 führen die Bewegungen (1) bis (4) mit dem gesetzlichen DM-Saldo von 10.000 − 7.200 + 6.000 − 5.600 = 3.200, umgerechnet mit dem Divisor 1,2 am Tage der Verausgabung, nach einigen nachstehend angeführten Rechenschritten zu einem *realisierten Geldwertverlust* von 1.660 Indexmark.

Abb. 53. Realisierte Geldwertverluste bei monetären Bewegungen in Indexwährung

Einnahmen		Kasse			Ausgaben	
Gesetzliche DM	Divisor	Indexmark	Gesetzliche DM	Divisor	Indexmark	
10.000 (1)	1,0	10.000	7.200 (2)	1,2	6.000	
6.000 (3)	1,2	5.000	5.600 (4)	1,2	4.670	
3.900 (5)	1,3	3.000	7.100 Saldo			
				Anschaffungswert	5.670	7.330
				Realisierter Geldwertverlust	1.660	
19.900		18.000	19.900		18.000	

Einnahmen		Forderungen			Ausgaben
Gesetzliche DM	Divisor	Index-mark	Gesetzliche DM	Divisor	Index-mark
12.000	1,2	10.000	6.000 (=½)	1,5	4.000
				Realisierter Geldwert-verlust	1.000
				Saldo:	
			6.000 (=½)	1,2	
				Anschaffungs-wert	5.000
					(4.000 + 1.000 + 5.000 – 4.000: 6.000)
12.000		10.000	12.000		10.000

	gesetzliche DM	Divisor	Indexmark
Vorgänge (1)–(4)	3.200	1,2	2.670
Vorgang (5)	3.900	1,3	3.000
Auf den Tag der Verausgabung umgerechneter Anschaffungswert (Kassenvortrag ins nächste Jahr)			5.670
Realisierter Geldwertverlust			1.660
Saldo des Kontos	7.100	tatsächlicher Anschaffungswert	7.330

Der realisierte Geldwertverlust ergibt sich auch auf folgende Weise:

Vorgänge (1) – (4) in Indexmark: 10.000 + 5.000 – 6.000 – 4.670 =	4.330
Vorgänge (1) – (4) in gesetzlicher DM, umgerechnet mit dem Divisor 1,2; 3.200 : 1,2 wie oben =	2.670
Realisierter Geldverlust	1.660

Der nicht berücksichtige *unrealisierte Geldwertverlust*, der sich durch Umrechnung auf den Bilanzstichtag mit dem Divisor 1,4 ergibt, beträgt 600 Indexmark:

	gesetzliche DM	Divisor	Indexmark
Bestand am Bilanzstichtag zum Anschaffungswert, umgerechnet auf den Bilanzstichtag	7.100	1,4	5.070
zum Anschaffungswert, umgerechnet auf den Tag der Verausgabung (siehe oben)			5.670
Unrealisierter Geldwertverlust			600

Wir erhalten folgende Beziehungen:	Indexmark
Totaler Umrechnungssaldo (7.100 gesetzliche DM)	7.330
Durch Ausgaben *realisierter* Geldwertverlust	1.660
Tatsächlicher Kassenendbestand	5.670
Unrealisierter Geldwertverlust am Bilanzstichtag	600
Kassenendbestand, umgerechnet zum Bilanzstichtag (mit 1,4)	5.070

Bei *Forderungen* müssen wir die getilgten Beträge, im Beispiel DM 6.000, zum Divisor 1,5 am Tilgungstage umrechnen und erhalten 4.000 Indexmark. Der Saldo von DM 6.000 hat einen Indexwert von 5.000 (½ des ursprünglichen Betrages). Die verbleibende Saldendifferenz stellt den durch Tilgung *realisierten Geldwertverlust* von 1.000 Indexmark dar. Wir erhalten nachstehende Beziehungen:

	Indexmark
Totaler Umrechnungssaldo (6.000 gesetzliche DM; in Indexmark 10.000–4.000)	6.000
Durch Tilgung *realisierter* Geldwertverlust	1.000
Tatsächlicher Endbestand an Forderungen (½)	5.000
Unrealisierter Geldwertverlust am Bilanzstichtag	1.670
Endbestand: 6.000 DM, umgerechnet zum Bilanzstichtag (1,8)	3.330

Die gleiche Methode wird beim *Fremdkapital* (Schulden) angewandt. Der einzige Unterschied ist der, daß sich bei steigendem Preisniveau ein Geldwertgewinn ergibt.

Als letztes Beispiel sei eine *Maschinenanlage* gewählt (Abbildung 54). Der Abschreibungsplan wird wie folgt angenommen:

Jahr	*gesetzliche DM*	*Divisor*	*Indexmark*
1	3.600	1,2	3.000
2	3.600	1,2	3.000
3	3.600	1,2	3.000
geschätzter Restwert	1.200	1,2	1.000
Summe	12.000	1,2	10.000

Alle Beträge sind Anschaffungswerte, die mit dem einheitlichen Divisor 1,2 umgerechnet werden. Die Lebensdauer beträgt drei Jahre. Der tatsächliche Verkaufspreis der Altanlage sei DM 3.000, umgerechnet mit 1,5 als Divisor am Verkaufstage erhält man 2.000 Indexmark. Daher ergibt sich ein Buchgewinn von DM 1.800 beziehungsweise 1.000 Indexmark.

Abb. 54. Abrechnung einer Maschinenanlage in Indexwährung

Maschinenanlage
(3 Jahre zusammengefaßt)

Gesetzliche DM	Divisor	Index-mark	Gesetzliche DM	Divisor	Index-mark
12.000	1,2	10.000	3.600 (1)	1,2	3.000
			3.600 (2)	1,2	3.000
			3.600 (3)	1,2	3.000
			1.200 Restwert	1,2	1.000
12.000		10.000	12.000		10.000

Restwert der Maschinenanlage

Gesetzliche DM	Divisor	Index-mark	Gesetzliche DM	Divisor	Index-mark
1.200	1,2	1.000	3.000 Verkauf	1,5	2.000
1.800	Buchgewinn	1.000			
3.000		2.000	3.000		2.000

5. Nominale Erfolgsrechnung in Indexwährung

Das der nominalen Erfolgsrechnung in gesetzlicher Währung zugrundegelegte Beispiel (Abbildung 48) wird benutzt, um die Umrechnung in Indexwährung zu zeigen (Abbildung 55). Zur Vereinfachung werden nur je zwei Aufwendungen und Verkäufe mit steigenden Divisoren konvertiert. Als Beispiel wird ein realisierter Geldwertverlust von 3.330 Indexmark willkürlich eingesetzt. In der Bilanz liegen für die einzelnen Buchungen verschiedene Divisoren vor. Sämtliche Werte sind Anschaffungswerte. Dem Nominalgewinn in gesetzlicher Währung (10.000,–) steht ein *Nominalverlust in Indexwährung* (5.977,–) gegenüber.

In der Bilanz sind auch die *Nominalbestände* zum Konversionsdivisor am Anschaffungstage umgerechnet werden, das heißt, die Geldwerteinflüsse vom Indexstichtag bis zu diesem Tage werden in der stabilisierten Rechnung voll berücksichtigt. Sie sind durch den Zahlungsvorgang am Anschaffungstage bereits realisiert. Weitere Geldwerteinflüsse an Bewegungen von Nominalbeständen vom Anschaffungstage an werden nur soweit erfaßt, als sie realisiert worden sind (im Beispiel 3.330 Indexmark).

Abb. 55. Nominale Erfolgsrechnung in Indexwährung

Aufwendungen — Gewinn- und Verlustrechnung — Erträge

Gesetzliche DM		Divisor	Indexmark	Gesetzliche DM		Divisor	Indexmark
75.000		1,5	50.000	89.000		1,7	52.353
40.000		1,6	25.000	36.000		1,8	20.000
	Realisierter Geldwertverlust auf monetäre Werte		3.330		*Nominalverlust in Indexwährung*		5.977
10.000	*Nominalgewinn in gesetzlicher Währung*						
125.000			78.330	125.000			78.330

Aktiva — Bilanz — Passiva

	Gesetzliche DM	Divisor	Indexmark		Gesetzliche DM	Divisor	Indexmark
Verschiedene Aktiva	400.000	verschieden	260.000	Eigenkapital	100.000	1,2	83.333
				Fremdkapital	290.000	verschieden	182.644
		Nominalverlust in Indexwährung	5.977	*Nominalgewinn in gesetzlicher Währung*	10.000		
	400.000		265.977		400.000		265.977

Aktiva — Berichtigte Bilanz in gesetzlicher Währung — Passiva

Verschiedene Aktiva (Real- und Nominalbestände)	400.000	Eigenkapital	100.000
		Fremdkapital	290.000
Nominalverlust	10.759	*Geldentwertungsrücklage*	20.759
	410.759		410.759

Der gesamte *Geldentwertungsverlust* von 10.000 + 5.977 = 15.977 setzt sich *bilanzmäßig* wie folgt zusammen:

Geldentwertungsverlust an Aktiven			
(Real- und Nominalwerten) 400.000,– minus 260.000,–	=		140.000,–
Geldentwertungsgewinn an Passiven:			
am Eigenkapital 100.000,– minus 83.333,–	=	16.667,–	
am Fremdkapital 290.000,– minus 182.644,–	=	107.356,–	124.023,–
Geldentwertungsverlust *insgesamt*			15.977,–

Rechnet man den Verlust in Indexmark (5.977,–) zum Index am Bilanzstichtag (1.8) in die gesetzliche Währung um, so erhält man einen nominalen Verlust von DM 10.759,– gegenüber dem instabilen Gewinn von DM 10.000,–. Demnach ergibt sich ein *Geldentwertungsverlust in gesetzlicher Währung* von DM 20.759 (= 10.759 + 10.000), der in Abbildung 55 in der *berichtigten Bilanz in gesetzlicher Währung* als Geldentwertungsrücklage erscheint. Eine Ausschüttung fällt somit fort.

Abschließend sei auf die Darstellung *Schmalenbachs* hingewiesen, die er dem Einfluß der Geldwertschwankungen auf die Gewinnrechnung widmet[4]. Seine systematische Geldwertumrechnung auf sogenannte Festmark beruht ebenfalls auf einer Indexumrechnung.

6. Reale Erfolgsrechnung in Indexwährung

Dasselbe Verfahren der Indexkonversion läßt sich auch auf die reale Erfolgsrechnung anwenden (Abbildung 56). Zugrundegelegt wird das frühere Beispiel in Abbildung 49. Die Verkäufe werden mit den gleichen Divisoren 1.7 und 1.8 umgerechnet und ergeben dieselben stabilisierten Erträge. Dagegen weichen für die Aufwendungen die Divisoren 1.7 und 1.8 ab, da sie sich auf die Preise der Verkaufstage beziehen. Ertrag und zugehöriger realer Aufwand werden also mit übereinstimmenden Divisoren konvertiert. In der Bilanz wird für alle Aktiva und das Fremdkapital mit dem Divisor 1.8 am Bilanzstichtag umgerechnet, während für das Eigenkapital der Divisor 1.2 am Entstehungstage wie in Abbildung 55 benutzt wird.

Die steigenden *Güterpreise* in gesetzlicher Währung beruhen in diesem Beispiel sowohl auf dem steigenden Preisniveau (Geldwertschwund) als auch auf fallenden relativen Preisen in Indexwährung. Dies zeigt an, daß die Preise in gesetzlicher Währung weniger zugenommen haben als das Preisniveau.

[4] Schmalenbach, Eugen: Dynamische Bilanz. 4. Auflage, Leipzig 1928, S. 217ff.

Die beiden Berichtigungen in Indexwährung werden aus den Abbildungen 55 und 56 durch Addition und Subtraktion gewonnen: ***Aufwandsberichtigung*** **50.000 + 25.000 − 48.824 − 25.000 = 1.176 und *Bilanzberichtigung* 260.000 − 182.644 − 250.000 + 177.777 = 5.133.**

Auch bei stabilisierter Erfolgsrechnung lassen sich reale und nominale Kapitalerhaltung, wie in Abbildung 51, durch Rücklagenbildung miteinander kombinieren. Abbildung 57 zeigt die Verbindung der Abbildungen 55 und 56 durch eine offene ***Rücklage für Aufwandsbewertung*** (reale Kapitalerhaltung) in Höhe von 1.176 Indexmark, das heißt, der Bewertungsdifferenz zwischen nominaler und realer Aufwandsermittlung. Die Rücklage erscheint hier auf der Aktivseite als negative Korrektur zum Eigenkapital von 83.333 Indexmark

Abb. 56. Reale Erfolgsrechnung in Indexwährung

Aufwendungen — Gewinn- und Verlustrechnung — Erträge

Gesetzliche DM		Divisor	Indexmark	Gesetzliche DM		Divisor	Indexmark
83.000		1,7	48.824	89.000		1,7	52.353
45.000		1,8	25.000	36.000		1,8	20.000
	Realisierter Geldwertverlust auf monetäre Werte		3.330	3.000	*Realverlust in gesetzlicher Währung*		
					Realverlust in Indexwährung		4.801
128.000			77.154	128.000			77.154

Bilanz

Gesetzliche DM		Divisor	Indexmark	Gesetzliche DM		Divisor	Indexmark
450.000		1,8	250.000	100.000	Eigenkapital	1,2	83.333
				320.000	Fremdkapital	1,8	177.777
	Aufwandsberichtigung		1.176	13.000	Aufwandsberichtigung		
	Bilanzberichtigung		5.133	20.000	Bilanzberichtigung		
3.000	*Realverlust in gesetzlicher Währung*						
	Realverlust in Indexwährung		4.801				
453.000			261.110	453.000			261.110

Abb. 57. Bildung einer Rücklage für Aufwandsbewertung in der nominalen Erfolgsrechnung in Indexwährung

Aufwendungen — Gewinn- und Verlustrechnung — Erträge

Gesetzliche DM		Divisor	Indexmark	Gesetzliche DM		Divisor	Indexmark
75.000		1,5	50.000	89.000		1,7	52.353
40.000		1,6	25.000	36.000		1,8	20.000
	Realisierter Geldwertverlust auf monetäre Werte		3.330				
10.000	*Nominalgewinn in gesetzlicher Währung*				*Nominalverlust in Indexwährung*		5.977
125.000			78.330	125.000			78.330

Aktiva — Bilanz — Passiva

Gesetzliche DM		Divisor	Indexmark	Gesetzliche DM		Divisor	Indexmark
400.000		verschieden	260.000	290.000	Fremdkapital	verschieden	182.644
	Rücklage für Aufwandsbewertung		1.176	100.000	Eigenkapital	1,2	83.333
3.000	*Realverlust*		4.801	13.000	Rücklage für Aufwandsbewertung		
403.000			265.977	403.000			265.977

Aktiva — Bereinigte Bilanz in gesetzlicher Währung — Passiva

Aktiva		Passiva	
Verschiedene Aktiva (Real- und Nominalwerte)	400.000	Eigenkapital	100.000
Nominalverlust: 10.759		Fremdkapital	290.000
a) *Realverlust*	8.642	*Geldentwertungsrücklage*	20.759
b) *Scheinverlust* (aktive Aufwandsberichtigung beziehungsweise aktive Rücklage für Kapitalerhaltung)	2.117		
	410.759		410.759

beziehungsweise zu einer eventuell früher gebildeten passiven Rücklage. Ihre Stellung in der Bilanz hängt von der Tendenz der relativen Güterpreise ab, die im Beispiel abnehmen, während die nominale Rücklage von DM 13.000 auf der Passivseite das Eigenkapital von DM 100.000 erhöht. Der Realverlust von DM 3.000 beträgt in stabiler Währung 4.801 Indexmark. Umgerechnet zum Index am Bilanzstichtag (1.8) erhält man einen realen Verlust von DM 8.642,– und eine Aufwandsberichtigung von DM 2.117,–. Beide Beträge erscheinen in Abbildung 57 in der *berichtigten Bilanz in gesetzlicher Währung*. Man vergleiche die beiden berichtigten Bilanzen in den Abbildungen 55 und 57.

7. Vergleich der Erfolgsabweichungen im vierdimensionalen Rechnungssystem

Vereinigt man die nominale und die reale Erfolgsrechnung, sowohl in gesetzlicher als auch in Indexwährung, wie sie in den Abbildungen 55 beziehungsweise 57 und 56 dargestellt wurden, zu einem einheitlichen Rechnungssystem, so gelangt man zu einer *vierfachen Erfolgsrechnung*, die in parallellaufenden Spalten durchgeführt werden kann[5]. Die nachstehende Tabelle stellt die vier unterschiedlichen Erfolgsgrößen zum *Vergleich* zusammen (Gewinne positiv, Verluste negativ):

	Indexmark	*Gesetzliche DM*	Geldwertverlust (als formale Differenz)
Nominalerfolg	– 5.977	+ 10.000	– 15.977
Realerfolg	– 4.801	– 3.000	– 1.801
Einfluß der relativen Preisveränderungen	– 1.176	+ 13.000	– 14.176
	Scheinverlust (Preise in Indexwährung fallen)	*Scheingewinn* (Preise in gesetzlicher Währung steigen)	

Die *Kapitalerfolgsrate* in Prozenten zeigt folgende Aufstellung:

	Eigenkapital in Indexmark	*Erfolgsrate*	*Eigenkapital in gesetzlicher DM*	*Erfolgsrate*
Nominal	83.333	– 7,2%	100.000	+ 10,0 %
Real	77.024	– 6,2%	133.000	– 2,3%

[5] Die in diesem Kapitel dargestellte vierdimensionale Erfolgsrechnung habe ich bereits früher in zwei Aufsätzen publiziert: (1) Price Changes, Money Value, and Profit Distribution within the Framework of Financial Accounting. In: The International Journal of Accounting. Urbana. Band 2. 1966, Nr. 1, S. 1 – 24. (2) Vierdimensionale Erfolgsrechnung bei Güterwert- und Geldwertveränderungen. In: Zeitschrift für Betriebswirtschaft. Wiesbaden. 43. 1973, S. 145 – 176.

Die Abweichungen zwischen Nominal- und Realerfolg zeigen den *Einfluß der relativen Preisveränderungen,* in gesetzlicher DM als Scheingewinn und in Indexmark als Scheinverlust. Die Abweichungen zwischen den Erfolgsgrößen in Indexwährung und in gesetzlicher Währung geben den *Geldwertverlust* (beziehungsweise -gewinn) als *formale Differenz* zwischen Index- und gesetzlicher Währung an.

Rechnet man die Beträge in Indexmark zum Index am Bilanzstichtag (1.8) um, so erhält man folgende Tabelle:

	Indexmark umgerechnet in gesetzliche DM	*Gesetzliche DM*	*Geldwertverlust in gesetzlicher DM*
Nominalerfolg	− 10.759	+ 10.000	− 20.759
Realerfolg	− 8.642	− 3.000	− 5.642
Einfluß der relativen Preisveränderungen	− 2.117	+ 13.000	− 15.117

Man vergleiche diese Beträge mit den entsprechenden Größen in den *bereinigten Bilanzen* in gesetzlicher Währung.

Dieser Vergleich zeigt in aller Deutlichkeit den immer wieder unbeachteten *fundamentalen Unterschied zwischen realer Erfolgsrechnung und Geldwertstabilisierung.* Die reale Erfolgsrechnung ist eine Frage der Gewinndefinition, das heißt, bei tageswertiger Erfolgsrechnung eine Frage der *Aufwandsbewertung.* Bei der Geldwertstabilisierung handelt es sich um die Festlegung einer *invarianten Maßskala* für die Rechnungseinheit. Beide Probleme können miteinander verbunden werden, indem man den stabilisierten Realerfolg in Indexwährung ermittelt (− 4.801) im Gegensatz zum instabilen Nominalerfolg in gesetzlicher Währung (10.000).

Der Scheingewinn von DM 13.000,− ist eine *komplexe Größe,* die auf Preissteigerungen in gesetzlicher Währung beruht. Er umfaßt daher sowohl Sachwert- als auch Geldwertschwankungen, ausgedrückt in gesetzlicher Währung. In stabilisierten Preisen, die im Beispiel fallen, ergibt sich ein Scheinverlust von 1.176 beziehungsweise von DM 2.117, umgerechnet in die gesetzliche Währung. Die reinen Geldwertverluste erhält man nur durch Vergleich mit dem stabilisierten Nominal- beziehungsweise Realerfolg, und zwar entweder als formale Differenz oder umgerechnet in die gesetzliche Währung.

Das beschriebene *vierdimensionale System der Erfolgsrechnung* ist unabhängig von der gewählten Aufschreibungstechnik. Aufgrund pragmatischer Überlegungen und Erfahrungen der Praxis lassen sich verschiedene geeignete Verfahren entwickeln, die den unterschiedlichen Ansprüchen und Bedingungen der Realität gerecht werden. Bei der bereits heute ausgebauten automatischen Datenverarbeitung dürften der praktischen Verwirklichung keine Schwierigkeiten entgegenstehen. Wichtig ist, daß die üblichen Konten der Nominalrechnung in gesetzlicher Währung unberührt bleiben und alle bisherigen Informationen weiterhin unverändert liefern. Die hohe zusätzliche Aussagekraft des vierdimensionalen Rechnungssystems steht außerzweifel. Für die Nominalrechnung der Handelsbilanz genügt die Bereinigung nach Abbildung 55.

V. Neuere Verfahren zur Berücksichtigung der Geldentwertung

In den vergangenen Jahren ist eine Reihe in- und ausländischer Unternehmungen dazu übergegangen, in *Nebenrechnungen* zu den auf dem Anschaffungswertprinzip beruhenden Jahresabschlüssen die Geldentwertung zu berücksichtigen und sogenannte Scheingewinne zu errechnen. Dabei unterscheiden diese Korrekturrechnungen nicht zwischen Sachwert- und Geldwertveränderungen, sondern arbeiten mit den *komplexen* Preissteigerungen, die *beide* Einflüsse enthalten. Man übersieht dadurch die Instabilität der Währung als Recheneinheit und rechnet mit den tatsächlichen, inflationierten Preisen weiter, die einen sich verändernden Geldwert aufweisen.

Alle diese Verfahren benutzen *Wiederbeschaffungswerte* beziehungsweise diese widerspiegelnde Preissteigerungsindizes, um den Geldentwertungsverlust und damit einen bereinigten, ausschüttbaren Gewinn zu ermitteln. Sie greifen also auf den gütermäßigen, substanziellen *Realerfolg* zurück, der unter der Voraussetzung stabiler Währung nur die *Sachwertschwankungen* berücksichtigt. Wendet man diese Methode jedoch auch bei instabiler Währung an, so umschließt der derart ermittelte Erfolg automatisch *auch* die *Geldwertschwankungen.*

Die Möglichkeit, einen *Nominalerfolg* in stabilisierten Rechnungseinheiten zu ermitteln, wurde bisher in der allgemeinen Diskussion weder beachtet noch gesehen. Damit erst gibt man das Anschaffungswertprinzip, das auch bei Stabilisierung der Rechnungsdaten beibehalten werden kann, endgültig auf. Gegen die von der Praxis entwickelten Nebenrechnungen ist daher dann nichts einzuwenden, wenn man die Sachwert- und Geldwertschwankungen *miteinander verquicken* will, das heißt, wenn man außer der Eliminierung der Inflationswirkungen auch zu einem neuen, namentlich von F. Schmidt für den Jahresabschluß propagierten Erfolgsbegriff übergehen will.

Diese definitorische *Kehrtwendung vom dynamischen zum organischen Bilanzverständnis* ist kein Problem der Stabilisierung von Rechnungsgrößen, sondern eine weittragende *Zielsetzungsentscheidung*. Ich bin mir nicht sicher, ob sich alle Vertreter der vorgeschlagenen Korrekturverfahren in Wissenschaft und Praxis dieser Konsequenz bewußt sind. Der *Fiskus* hat jedenfalls die Sachlage klar erkannt, da der Bundesfinanzhof in seinen Begründungen ablehnend vom Übergang zum Realwertprinzip und im Gegensatz dazu vom Festhalten am Nominalismus spricht.

Es kommt hier in erster Linie darauf an, die Zusammenhänge theoretisch und praktisch einwandfrei zu klären und die Probleme zu differenzieren. Um das Rechnungswesen auf stabilisierten, wertbeständigen Zahlen aufzubauen, *braucht man das Nominalprinzip nicht abzuschaffen;* dazu muß man vielmehr die Rechenskala, den Wertmaßstab, ändern. Hierfür eignen sich aber nicht die Wiederbeschaffungspreise und spezifischen Indizes für einzelne Güter oder größere Gütergruppen, sondern *nur Preisniveauindizes,* die die generelle Kaufkraft des Geldes ausdrücken.

Bierich[6] hat die bisher bekanntgewordenen Verfahren in vier Formen *klassifiziert,* die noch in Varianten abgewandelt werden können:

1. *Reale Kapitalerhaltung*
   Ihr Ziel ist die *geldmäßige* Erhaltung der Kaufkraft des *Eigenkapitals* unter Verwendung eines allgemeinen Index. Dieses Verfahren ähnelt zwar der stabilisierten Nominalerhaltung, berechnet jedoch nur überschlägig eine globale Rücklage für Geldentwertung.
2. *Brutto-Substanzerhaltung*
   Sie verfolgt die *mengenmäßige* Erhaltung des gesamten *Sachvermögens* ohne Berücksichtigung der Art der Finanzierung. Dieses Verfahren benutzt eine Vielzahl von Indizes, deren Zusammensetzung und Gewichtung der Struktur des Sachvermögens entspricht. Es bezieht sich auf *Eigen- und Fremdkapital.*

Von den drei Bestimmungsfaktoren, von denen die Auswirkungen der Preissteigerungen abhängen: (1) dem *Ausmaß* der Preissteigerungen, (2) der Dauer der *Bindung* der Vermögensgegenstände in der Unternehmung und (3) der Art der *Finanzierung* durch Eigen- und Fremdkapital, berücksichtigen die ersten beiden Grundformen nur je zwei Faktoren: die reale Kapitalerhaltung den ersten und dritten, die Brutto-Substanzerhaltung den ersten und zweiten Bestimmungsfaktor. Sie orientieren sich nur an je *einer Bilanzseite.*

[6] Bierich, Marcus: Geldwertschwankungen und Rechnungslegung der Unternehmung. Bericht auf der Jubiläumstagung der Schmalenbach-Gesellschaft am 11. 10. 1973 in Köln. Manuskriptdruck.

Die beiden anderen Formen sind Mischformen, die alle drei Bestimmungsfaktoren und *beide Bilanzseiten* heranziehen. Es sind kombinierte *Geld- und Mengenrechnungen.*

3. *Substanzielle Kapitalerhaltung*
   Die Erhaltung beschränkt sich auf das dem *Eigenkapital* voll zugeordnete *Sachvermögen.*
4. *Netto-Substanzerhaltung*
   Die Erhaltung erstreckt sich auf das dem Eigenkapital *anteilig* zugeordnete *gesamte Vermögen* (Anlage- und Umlaufvermögen).

Auf weitere Einzelheiten der technischen Durchführung wird hier nicht näher eingegangen. Auch die Vorschläge für handels- und steuerrechtliche Bestimmungen bleiben unerörtert.

In den Verfahren macht sich eine *statische* Betrachtungsweise geltend, da die Korrekturen an den *Bilanzbeständen* vorgenommen werden und die Aufwands- und Ertragsrechnung nur mittelbar durch die Bestandsveränderungen berührt wird. Die Umbewertung der Aktiva und Passiva bezieht sich dabei auf den Preisstand am Bilanzstichtag und erfolgt mithilfe kumulativer Indexsteigerung.

F. Die Buchhaltung als finanzanalytische Kapitalflußrechnung

I. Zwecke der finanzwirtschaftlichen Analyse

Der Kalkül der Erfolgsrechnung hat die Aufgabe, die Ergiebigkeit des Leistungsprozesses zu messen, den Periodenerfolg als spezifisches Unternehmungsziel zu ermitteln. Neben diesem Primärziel verfolgt die Unternehmung unter anderem das gleichwertige *Sekundärziel* der ständigen Zahlungsbereitschaft, der Erhaltung der Liquidität. Zweck *finanzwirtschaftlicher Analysen* ist es nun, den Grad der Erreichung dieses unternehmerischen Zieles zu bestimmen, das heißt, die Liquiditätsentwicklung vergangener Perioden nachzuweisen, zu kontrollieren und anhand der realisierten Güterbewegungen, insbesondere der Geldströme der Unternehmung, die Beschaffung von Finanzierungsmitteln (Passiva als Kapitalherkünfte) und deren Investition (Aktiva als Kapitalverwendungen) zu beurteilen. Aus diesen Analysen lassen sich auch Schlüsse auf die zukünftige Entwicklung der Liquidität ziehen, deren Kenntnis für die Entscheidung über finanzwirtschaftliche Maßnahmen erforderlich ist.

Um die *Liquidität* der vergangenen Periode sowie die Herkunft und Verwendung der *Finanzierungsmittel* zu erkennen, kann die auf dem reinen Anschaffungswertprinzip beruhende Erfolgsrechnung beziehungsweise ihr Ergebnis, die Bewegungs- oder Veränderungsbilanz und die zugehörige Gewinn- und Verlustrechnung, herangezogen werden. Diese Aufstellungen ermitteln einen geldmäßig realisierten, dem Zeitpunkt und der Bewertung nach durch den Absatz im Markt verwirklichten Erfolg und erfassen dabei grundsätzlich nur tatsächlich aufgetretene Zahlungsströme als Äquivalente der auf den Periodenerfolg einwirkenden Realgüterströme.

Als *vergangenheitsbezogene* Periodenrechnung vermag die Erfolgsrechnung primär und unmittelbar zwar Informationen über die Erreichung gesetzter Optimierungsziele, soweit sie sich im Periodenerfolg niederschlagen, zu liefern. Zur Beurteilung der Liquidität, ihrer bisherigen Entwicklung und ihrer Lage am Bilanzstichtage ist die Erfolgsbilanz, namentlich in der traditionalen Form der Beständebilanz, in der jeweils vorliegenden Aufmachung jedoch nicht ohne weiteres geeignet. Unter der Voraussetzung, daß sie den Unternehmungserfolg auf der Grundlage realisierter Zahlungsbewegungen ermittelt, bietet sie aber einen Ansatzpunkt, die Buchhaltung zu einem Instrument der Finanzanalyse, Finanzkontrolle und darüber hinaus auch der Finanzplanung durch entsprechende *Gliederungsverfahren* weiter auszubauen. Dieses Rechnungsinstrument wird als *Kapitalflußrechnung* (Fluxionsrechnung) bezeichnet. Es umfaßt als Vorstufe auch die *Fondsrechnung* beziehungsweise den Liquiditätsnachweis.

Der Kalkül der *Kapitalflußrechnung* soll Informationen liefern, die über Aussagen der üblichen Beständebilanz und Gewinn- und Verlustrechnung hinausgehen und diese dahin ergänzen, daß sie Einblicke in die Finanzentwicklung und Finanzlage gestatten. Ihre Aufgabe geht dahin, die Veränderungen der finanziellen Situation der Unternehmung aufzuzeigen, insbesondere die Finanzierungs- und Investitionsvorgänge einschließlich der De- und Umfinanzierung sowie der Des- und Uminvestierung offenzulegen. Die Darstellung der *Geldflußrechnung,* die sich nur auf Herkunft und Verbleib der flüssigen Mittel erstreckt, ist ein wichtiger Spezialfall der engeren Liquiditätsanalyse.

Wie jede Rechnung ist auch die Finanzfluß- und Fondsrechnung in Form und Inhalt vom verfolgten Rechnungszweck abhängig. Es lassen sich insbesondere drei miteinander verträgliche *Zwecksetzungen* der finanzwirtschaftlichen Analyse unterscheiden: (1) Die Ermittlung der Periodenliquidität, (2) die Bestimmung der Ursachen der Liquiditätsentwicklung und (3) die Aufzeigung der Kapitalherkunft und -verwendung für bestimmte Bereiche der Unternehmung.

Der erste Zweck kann nur mittels der *Fondsrechnung* verfolgt werden. Für die beiden anderen Zwecke bedarf es einer ausgebauten *Finanzflußrechnung.* Je nach der extensionalen Definition der Periodenliquidität wird entweder nur ein Teil des bilanzierten Güterkomplexes der Unternehmung – zum Beispiel der Barbestand im weiteren Sinne der liquiden Mittel mit seinen Bewegungen bei der Geldflußrechnung –, oder es werden alle Aspekte der Beschaffung und Verwendung von Kapital in der vergangenen Periode betrachtet.

Die gesonderte Aufbereitung von Finanzflußrechnungen ist dadurch bedingt, daß die Erfolgsbilanzen in ihrer ursprünglichen Gestalt zwar ein Bild der Rentabilitätslage geben, die Liquiditätssituation jedoch nicht explizit darstellen. Sie sind in erster Linie auf die Erfolgsermittlung gerichtet und verzichten meist auf Differenzierungen und Gliederungen, die dazu nicht erforderlich sind. Die für die finanzwirtschaftlichen Analysen notwendigen Rechnungen können jedoch aus den Erfolgsbilanzen und der Gewinn- und Verlustrechnung durch *Umformungen* abgeleitet werden, da sie *implizit* in ihnen enthalten sind. Es handelt sich um das gleiche gemeinsame Zahlengebäude, das zwei unterschiedlichen Zwecken, der Erfolgsrechnung und der Finanzanalyse, instrumental nutzbar gemacht werden kann.

Den Ausgangspunkt bildet nicht die auf einen Stichtag bezogene und entsprechend bereits saldierte Beständebilanz. Das Zahlenmaterial ist vielmehr den beiden *periodenbezogenen Bilanzformen*, der Bewegungs- oder der Veränderungsbilanz, zu entnehmen. Der *externe* Analytiker ist meist auf die Veränderungsbilanz allein angewiesen. Die Bewegungsbilanz ist aber weit aussagekräftiger und daher für *interne* Analysen durchweg vorzuziehen.

Je nach den speziellen Zwecken der finanzwirtschaftlichen Analyse sind dann besondere Ausgliederungen, Unterteilungen, Zusammenfassungen und Umformungen des ursprünglichen Zahleninhaltes erforderlich, so daß schließlich eine *eigenständige Rechnungsform* entsteht, die spezifische Finanzflußrechnung mit der Fondsrechnung als Vorstufe.

Die finanzwirtschaftliche Rechnung soll nicht etwa die Erfolgsrechnung ersetzen, sondern sie mit einem neuen Rechnungsziel *ergänzen*. Neben der eigentlichen Kontrolle der tatsächlichen Finanz- und Liquiditätsentwicklung liefert sie auch zahlreiche andere Informationen, die als Grundlage für Entscheidungen und Maßnahmen im finanzwirtschaftlichen Bereich der Unternehmung dienen können.

Von den vielen *Gestaltungsmöglichkeiten* der Finanzflußrechnung wird nur eine Auswahl mit bestimmten Rechnungszwecken beispielhaft dargestellt. Im Einzelfall können sie beliebig kombiniert und umgeformt werden und damit allen spezifischen Anforderungen angepaßt werden.

Neben der zunächst betrachteten rückschauenden, konstatierenden oder dokumentarischen Kapitalflußrechnung besteht die Möglichkeit einer vorausschauenden oder prognostischen *Plan*-Kapitalflußrechnung. Sie wird im Schlußkapitel erörtert.

II. Erweiterung der Bewegungs-, Veränderungs- und Beständebilanz

Bei der Erweiterung der ursprünglichen Bilanzformen wird zweckmäßig von den Abbildungen 5, 6, 13, 14 und 20 ausgegangen.

Die finanzanalytische Erweiterung besteht in der *Untergliederung*, die in Abbildung 14 bereits vorgenommen wurde, obwohl sie für die Erfolgsermittlung selbst nicht erforderlich ist. Sie unterscheidet nach dem Erfolgscharakter in erfolgswirksame, zeitraumneutrale und wesensneutrale beziehungsweise wechselbezügliche Zahlungen. Diese dreifache Untergliederung tritt bei Barzahlungen und Vorzahlungen (Voreinnahmen und Vorausgaben) auf. Dagegen sind Tilgungszahlungen stets wesensneutral und werden nach den Vorzahlungen, die durch sie jeweils getilgt werden, ebenfalls dreifach unterteilt. Auch die Rückzahlungen (Rückeinnahmen und Rückausgaben) sind stets wesensneutral; dagegen sind die Nachzahlungen (Nacheinnahmen und Nachausgaben) durchweg erfolgswirksam. Beide werden nicht weiter gegliedert. In Abbildung 14 sind zu jeder Position in Klammern Beispiele angegeben.

Eine wiederholte Darstellung der finanzanalytisch erweiterten Bewegungsbilanz ist überflüssig. Es sei daher nochmals auf die frühere Abbildung 14 hingewiesen.

Zur näheren Erläuterung wird in Abbildung 58 die *erweiterte Bewegungsbilanz* als Zahlenbeispiel für die 2. Erfolgsperiode wiedergegeben. Auf ihr bauen später alle Zahlenbeispiele für die Fonds- und Finanzflußrechnung auf.

Abb. 58. Erweiterte Bewegungsbilanz
(am Beispiel der 2. Erfolgsperiode)
(vergleiche Abbildung 14)

A. *Einnahmen*				
I. *Bareinnahmen*				
1. *Erfolgswirksame* Bareinahmen	(k)	(17)		60.000,–
2. *Zeitraumneutrale* Bareinnahmen	(k)			
a) Ausgleichseinnahmen für erfolgswirksame Voreinnahmen		(14)	90.000,–	
		(20)	120,–	
		(24)	400,–	
		(27)	120.000,–	
b) Ausgleichseinnahmen für Reservat-Voreinnahmen			–,–	
c) Reservateinnahmen			–,–	210.520,–
3. *Wechselbezügliche* Bareinnahmen	(k)			
a) Schuldeinnahmen		(21)	4.900,–	
		(23)	4.000,–	
b) Ausgleichseinnahmen für wechselbezügliche Voreinnahmen		(29)	3.090,–	11.990,–
Bareinnahmen *insgesamt*				282.510,–
II. *Verrechnungseinnahmen*				
1. *Voreinnahmen*				
a) *Erfolgswirksame* Voreinnahmen	(k)	(7)	120,–	
		(17)	150.000,–	
		(24)	3.000,–	153.120,–

b) *Zeitraumneutrale* Voreinnahmen (Reservat-Voreinnahmen)			–,–	–,–
c) *Wechselbezügliche* Voreinnahmen			–,–	–,–
Voreinnahmen *insgesamt*				153.120,–
2. *Tilgungseinnahmen*				
a) für *erfolgswirksame* Vorausgaben	(k)	(19)	3.000,–	
	(k)	(25)	2.000,–	
	(k)	(30)	800,–	
	(k)	(31)	5.600,–	11.400,–
b) für *zeitraumneutrale* Vorausgaben (Vorratsausgaben)	(k)	(15)	50.000,–	
	(k)	(22)	3.000,–	
	(k)	(28)	100.000,–	153.000,–
c) für *wechselbezügliche* Vorausgaben	(t)	(26)		6.000,–
d) Erfolgswirksame *Tilgungsabweichungen*				
	(k)	(28)	1.500,–	
	(k)	(30)	200,–	1.700,–
Tilgungseinnahmen *insgesamt*				172.100,–
3. *Rückeinnahmen*	(k)	(16)	130.000,–	
	(k)	(16)	50.000,–	
	(l)	(21)	100,–	
	(k)	(25)	400,–	180.500,–
4. *Nacheinnahmen*	(l)	(7)	45,–	
	(k)	(11)	150,–	195,–
Verrechnungseinnahmen *insgesamt*				505.915,–
Einnahmen insgesamt				788.425,–

B. *Ausgaben*

I. *Barausgaben*

1. *Erfolgswirksame* Barausgaben	(k)	(18)		10.000,–
2. *Zeitraumneutrale* Barausgaben				
a) Ausgleichsausgaben für erfolgswirksame Vorausgaben	(k)	(19)	3.000,–	
	(k)	(25)	2.000,–	
	(k)	(25)	400,–	
	(k)	(30)	800,–	
	(k)	(31)	5.600,–	11.800,–

b) Ausgleichsausgaben für Vorrats-Vorausgaben	(k)	(15)	50.000,–	
	(k)	(22)	3.000,–	
	(k)	(28)	100.000,–	153.000,–
c) Vorratsausgaben	(k)	(16)		50.000,–
3. *Wechselbezügliche* Barausgaben				
a) Forderungsausgaben			–,–	
b) Ausgleichsausgaben für wechselbezügliche Vorausgaben	(k)	(26)	6.000,–	6.000,–
Barausgaben *insgesamt*				230.800,–
II. *Verrechnungsausgaben*				
1. *Vorausgaben*				
a) *Erfolgswirksame* Vorausgaben	(k)	(18)	3.500,–	
	(k)	(21)	250,–	
	(k)	(31)	1.600,–	5.350,–
b) *Zeitraumneutrale* Vorausgaben (Vorratsausgaben)	(k)	(16)		130.000,–
c) *Wechselbezügliche* Vorausgaben	(l)	(21)	4.900,–	
	(l)	(21)	100,–	
	(t)	(23)	4.000,–	9.000,–
Vorausgaben *insgesamt*				144.350,–
2. *Tilgungsausgaben*				
a) für *erfolgswirksame* Voreinnahmen	(k)	(14)	90.000,–	
	(k)	(20)	120,–	
	(k)	(24)	400,–	
	(k)	(27)	120.000,–	210.520,–
b) für *zeitraumneutrale* Voreinnahmen (Reservat-Voreinnahmen)				–,–
c) für *wechselbezügliche* Voreinnahmen	(l)	(29)		3.090,–
d) Erfolgswirksame *Tilgungsabweichungen*	(k)	(27)		2.000,–
Tilgungsausgaben *insgesamt*				215.610,–
3. *Rückausgaben*				–,–
4. *Nachausgaben*	(k)	(4)	1.000,–	
	(l)	(6)	1.000,–	
	(l)	(21)	50,–	
	(k)	(25)	1.400,–	
	(k)	(32)	170.000,–	173.450,–
Verrechnungsausgaben *insgesamt*				533.410,–
Ausgaben insgesamt				764.210,–
Saldo: Periodenerfolg				24.215,–
				788.425,–

Die Ziffern in Klammern vor den Zahlenangaben beziehen sich auf die Geschäftsvorfälle der 2. Erfolgsperiode. Bei den einzelnen Beträgen werden die jeweils betroffenen Kontentypen genannt. Man vergleiche daher die Beträge und Kontentypen mit dem Inhalt der Abbildungen 25 und 26.

Ferner ist in Klammern angeführt, ob bei den jeweiligen Beständen Barzahlungen kurzfristig (k), das heißt, innerhalb der betrachteten Erfolgsperiode, oder langfristig (l), das heißt, in einer späteren Erfolgsperiode, oder erst am Ende der Totalperiode (t) ausgelöst werden.

Aus der Bewegungsbilanz ergibt sich durch Differenzenbildung die zugehörige Veränderungsbilanz.

III. Fondsrechnungen

1. Begriff, Zweck und Formalaufbau der Fondsbilanzen

Fondsrechnungen liegen vor, wenn man aus Bewegungs-, Veränderungs- oder Beständebilanzen geeignete Posten aussondert und zu einer eigenen getrennten *Abrechnungseinheit* zusammenfaßt. Die Gesamtheiten dieser Bilanzposten oder Bilanzpostengruppen (Mittelgesamtheiten) werden als *Fonds* bezeichnet. Es ist sinnvoll, Posten zu vereinigen, die zu einer einheitlichen Gruppe von Vermögensteilen gehören und denen man gegebenenfalls eine zurechenbare Gruppe von Kapitalteilen gegenüberstellen kann. Man spricht dann von dem Vermögen und Kapital beziehungsweise den Aktiven und Passiven des betrachteten Fonds.

Entsprechend den fünf Kontentypen der Bilanz können zum Beispiel Fonds der Barbestände, der Forderungen, der Vorräte, der Schulden und der Reservate mit ihren Bewegungen oder Veränderungen gebildet werden. Sie werden hier als *Grundtypen* der Fondsrechnung bezeichnet. Es ist ohne weiteres möglich, diese Fonds weiter aufzuteilen und zum Beispiel bestimmte Teile der Forderungen oder der Vorräte als Fonds zu betrachten. Die vollständigen Bilanzen stellen als Grenzfall einen *Totalfonds* dar. Je nach der gewählten Bilanzform sind Fondsbewegungen, Fondsveränderungen und Fondsbestände zu unterscheiden.

Durch Berücksichtigung zusätzlicher Merkmale und Abgrenzungskriterien lassen sich in beliebiger Vielfalt *Mischtypen* der Fondsrechnung bilden. Diese Mischtypen sind zweckorientiert und setzen sich aus geeignet ausgewählten Fondsaktiven und/oder Fondspassiven zusammen.

Zweck der Fondsrechnungen ist die Darstellung der Finanzierungs- und Investitionsvorgänge, insbesondere der Liquiditätsentwicklung der vergangenen Erfolgsperiode im weitesten Sinne. Sie werden daher auch *Liquiditätsausweise* oder Liquiditätsentwicklungsnachweise genannt. Werden nur Konten der liquiden Mittel (zum Beispiel Kasse, Postscheckguthaben, Bankguthaben) herangezogen, so handelt es sich um die sogenannte *Barliquidität.* Werden weitere kurzfristig oder auch langfristig liquiditätswirksame Bestände berücksichtigt, so werden *spezifische Liquiditäten* verschiedener Grade und Stufen ermittelt.

Stets liegt eine *retrospektive* Rechnung vor, die nur die Entwicklung, Verbesserung oder Verschlechterung in der betrachteten Periode anzeigt, das heißt, sich nur auf die sogenannte *Perioden- oder Zeitraumliquidität* bezieht. Aus ihr ist ersichtlich, welche Mittel in der Periode neu hereingekommen oder wieder abgeflossen sind und wie sie verwendet oder wieder verflüssigt worden sind. Eine Aussage über die *Zeitpunktliquidität* ist nur mithilfe einer Beständebilanz unter gewissen Ergänzungen möglich. Sie gibt an, welche Mittel am Stichtag noch vorhanden sind und wie sie angelegt worden sind.

Die Ausgliederung von Fonds ermöglicht die *finanzielle Analyse* bestimmter Sachverhalte, die sich auf Konten rechnerisch eingrenzen lassen. Die Auswahl des Fonds muß sich nach seiner betriebswirtschaftlichen Bedeutung und Aussagefähigkeit richten. Die Fondsrechnung ist eine Spezialrechnung mit ganz bestimmter Zielsetzung und sachlicher Relevanz. Sie gibt nicht nur die absolute Fondsveränderung an, sondern auch die strukturale Zusammensetzung nach Konten oder Kontengruppen. Insbesondere erlaubt sie eine *Ursachenanalyse* über das Zustandekommen der Fondsveränderungen nach Herkunft und Verwendung der Mittel.

Sämtliche Fondsrechnungen können in *Bilanzform* aufgemacht werden. Abbildung 59 zeigt ihren allgemeinen Aufbau für die drei Fälle der Fondsbewegungsrechnung, der Fondsveränderungsrechnung und der Fondsbestandsrechnung.

Die *Fondsbewegungsbilanz* enthält auf der Sollseite die Fondseinnahmen und auf der Habenseite die Fondsausgaben, die *Fondsveränderungsbilanz* auf der linken Seite die Aktivmehrungen und Passivminderungen und auf der rechten Seite die Passivmehrungen und Aktivminderungen der Fondsbestände und die *Fondsbeständebilanz* auf der linken die aktiven und auf der rechten Seite die passiven Fondsbestände. Der *Saldo* ist in den ersten beiden Fondsbilanzen gleich der Gesamtveränderung des ausgewählten Fonds. Der Saldo der Fondsbeständebilanz ist gleich dem Gesamtnettobestand des jeweiligen Fonds. Die gegebenen vollständigen Bilanzen stellen totale Fondsbilanzen dar. Alle übrigen Fondsbilanzen sind also Ausschnittbilanzen oder *Teilbilanzen* aus den ursprünglichen vollständigen Bilanzen.

Auf eine Darstellung der Fondsbeständebilanzen wird verzichtet, da sie für die Finanzanalyse kaum von Bedeutung sind.

Abb. 59. Formen der Fondsrechnung

Fondsbewegungsbilanz

Fondseinnahmen	Fondsausgaben

Saldo = Gesamtveränderung des Fonds

Fondsveränderungsbilanz

Aktivmehrungen und Passivminderungen (Einzelveränderungen) der Fondsbestände	Passivmehrungen und Aktivminderungen (Einzelveränderungen) der Fondsbestände

Saldo = Gesamtveränderung des Fonds

Fondsbeständebilanz

Fondsaktiva (Fondsvermögen)	Fondspassiva (Fondskapital)

Saldo = Gesamtnettobestand des Fonds

2. Typen der Fondsbilanzen

a) Grundtypen der Fondsbilanzen

Die Grundtypen entsprechen den fünf Beständen der Grundform der Beständebilanz. Sie enthalten nur Barbestände, Forderungen, Vorräte, Schulden oder Reservate als Fonds, also entweder Aktivbestände oder Passivbestände. Eine Kombination von aktiven und passiven Fondsbeständen tritt nur bei den Mischtypen auf.

Die Bilanzen des *Bargeldfonds* (cash fund) zeigen die Liquiditätsänderungen höchsten Grades (Barliquidität) während der vergangenen Periode. Sie umfassen in der Praxis meist Bar- und Giralgeld (Kasse, Postscheckguthaben, frei verfügbare Bankguthaben, Schecks, eventuell auch sofort verwertbare Wechsel und Wertpapiere). Man spricht dann von flüssigen (liquiden) Mitteln. Setzt man kurzfristige Bankvorschüsse (Überziehungskredite) als Fondspassiva ab, so liegt bereits ein gemischter Fonds vor, der Netto-Geldfonds (net cash fund).

Erst eine tiefere Untergliederung nach dem Zahlungs- und Erfolgscharakter der Vorgänge gibt einen Einblick in die Ursachen für *Herkunft* und *Verbleib* der Barmittel. Abbildung 60 zeigt die gleiche Fondsbilanz, umgruppiert nach Erfolgs- und Zahlungskategorien. Sie stellt einen Ausschnitt aus der erweiter-

Abb. 60. Bargeldfonds-Bewegungsbilanz

Bareinnahmen		*Barausgaben*	
1. *Erfolgswirksame* Bareinnahmen	60.000,–	1. *Erfolgswirksame* Barausgaben	10.000,–
2. *Zeitraumneutrale* Bareinnahmen:		2. *Zeitraumneutrale* Barausgaben:	
a) Ausgleichseinnahmen für erfolgswirksame Voreinnahmen	210.520,–	a) Ausgleichsausgaben für erfolgswirksame Vorausgaben	11.400,–
b) Ausgleichseinnahmen für Reservat-Voreinnahmen	–,–	b) Ausgleichsausgaben für Vorrats-Vorausgaben	153.000,–
c) Reservateinnahmen	–,–	c) Vorratsausgaben	50.400,–
3. *Wechselbezügliche* Bareinnahmen:		3. *Wechselbezügliche* Barausgaben:	
a) Schuldeinnahmen	8.900,–	a) Forderungsausgaben	–,–
b) Ausgleichseinnahmen für wechselbezügliche Voreinnahmen	3.090,–	b) Ausgleichsausgaben für wechselbezügliche Vorausgaben	6.000,–
	282.510,–		230.800,–

Saldo: Fondszunahme 51.710

ten Bewegungsbilanz in Abbildung 58 dar. Die tiefgegliederten Fondsbilanzen kommen als Liquiditätsausweise der später zu behandelnden Geldflußrechnung sehr nahe.

Die Bargeld- oder Kassenrechnung, auch Finanzrechnung (im engeren Sinne) genannt, unterscheidet sich von den übrigen vier Grundtypen dadurch, daß sie *keine Verrechnungszahlungen* enthält. Sie wird somit von der Periodenabgrenzung der Erfolgsrechnung in keiner Weise berührt. Sie weist also den *höchsten Genauigkeitsgrad* auf, der durch keine subjektiv-hypothetischen Einflüsse gestört wird.

Die weiteren Fondsbilanzen brauchen nicht gesondert dargestellt zu werden, da sie als Ausschnitte in der Abbildung 58 enthalten sind und dort gut abgelesen werden können.

Die Grundtypen lassen durch die *Untergliederung* in erfolgswirksame, zeitraumneutrale und wesensneutrale beziehungsweise wechselbezügliche Zahlungen die Herkunft und den Verbleib der zugeflossenen Fondsmittel bereits zum Teil erkennen. Für eine genaue Ursachenanalyse der Zahlungsbewegungen ist jedoch eine zusätzliche Unterteilung nach formalen und sachlichen Merkmalen notwendig oder eine regelrechte Finanzflußrechnung durchzuführen.

In der Literatur wird von den Grundtypen überwiegend nur die Bargeld-Fondsrechnung behandelt, während hier aus systematischen Gründen alle Möglichkeiten angeführt werden. Die Bildung kleinerer Spezialfonds ist ohne weiteres möglich.

b) Mischtypen der Fondsbilanzen

Als Mischtypen der Fondsrechnung können aus der Bewegungs- oder Veränderungsbilanz unterschiedliche Fonds durch Zusammenfassung aktiver und/oder passiver Bestände verschiedener Kategorien gebildet werden. Ein häufig verwendetes Aussonderungskriterium ist dabei die Liquidierungsfrist der Bilanzbestände. Je nach dem Umfang dieser Frist entstehen Fonds mit Beständen unterschiedlichen Liquiditätsgrades. Nachstehend sollen nur vier solcher Mischfonds besprochen werden. Weitere Fonds können nach Bedarf und Zwecksetzung beliebig gebildet werden.

(1) Fondsbilanzen für das Umlaufvermögen

Das Umlaufvermögen als Fondsinhalt besteht aus *kurzfristig liquiditätswirksamen Aktiven,* das heißt, aus solchen Vermögensbeständen, die innerhalb eines Jahres, der Erfolgsperiode, zu einer Barzahlung führen können. Dazu werden allgemein gerechnet: Bargeldmittel (zum Beispiel Kasse und Bank), Wechsel, Schecks, Forderungen an Kunden, sogenannte Kasseneffekten und gewisse Vorräte (zum Beispiel Material, Halb- und Fertigerzeugnisse und Handelswaren). Maßgebend ist der Zeitpunkt der möglichen oder erwarteten Umwandlung in Geld im Rahmen des Wirtschaftsprozesses oder des Kapitalflusses. Dieses Umlaufvermögen deckt sich begrifflich nicht unbedingt mit den gesetzlichen Gliederungsvorschriften, zum Beispiel des deutschen Aktiengesetzes. Es ist vielmehr durch den Zweck der jeweiligen Finanz- oder Liquiditätsanalyse bestimmt.

Bei der Abgrenzung des Umlaufvermögens ist insbesondere die Ermittlung der kurzfristig liquiditätswirksamen *Vorräte* problematisch. Die Zurechnung hängt vom Einsatz der Vorräte im normalen Prozeßablauf ab. Relativ einfach ist dies bei Vorräten, die innerhalb der Erfolgsperiode im Wirtschaftsprozeß zu Aufwand und durch den damit verbundenen Absatz der produzierten Wirtschaftsgüter liquiditätswirksam werden. Schwieriger ist die Abgrenzung, wenn die Vorräte zur vollständigen Verflüssigung mehr als ein Jahr benötigen und daher als langfristig liquiditätswirksam anzusehen sind. Sind jedoch in ihnen kurzfristige Bestandteile enthalten, so gehören diese zum Umlaufvermögen. Sie sind in Höhe des in der Erfolgsperiode entstehenden Aufwandes als liquiditätswirksam zu berücksichtigen. Dasselbe gilt für langfristige Forderungen, die in Raten kurzfristig getilgt werden.

Auf eine Darstellung der Fondsbilanzen wird verzichtet, da sie in den Nettobilanzen des nächsten Abschnitts enthalten sind.

(2) Fondsbilanzen für das Netto-Umlaufvermögen

Beim Netto-Umlaufvermögen (net working capital) treten zu den Aktiven des Umlaufvermögens die ihnen entsprechenden *kurzfristigen Passiva* hinzu: Schulden und Reservate. Die Passiven sind als Belastungen oder Restriktionen der Aktivennutzung anzusehen. Bei der Bestimmung der Liquidierungsfrist gelten für diese die gleichen Kriterien wie für das Umlaufvermögen. Insbesondere sind bei langfristigen Verbindlichkeiten kurzfristig liquiditätswirksame Tilgungsraten zu berücksichtigen. Den Wiederverflüssigungserwartungen auf der Aktivseite stehen die Rückzahlungsnotwendigkeiten auf der Passivseite gegenüber.

Dies gilt auch für die Reservate. Da sie Realschulden darstellen, sind im Produktionsprozeß hierfür Güter herzustellen, wobei Barausgaben zum Erwerb der erforderlichen Einsatzgüter entstehen. Die Reservate sind somit indirekt liquiditätswirksam und gehören zum Netto-Umlaufvermögen, sofern die induzierten Ausgaben kurzfristig auftreten.

Abbildung 61 gibt die Fondsbewegungsbilanz für das Netto-Umlaufvermögen wieder, wobei die eingesetzten Zahlen dem Beispiel für die 2. Erfolgsperiode entnommen sind.

Abb. 61. Fondsbewegungsbilanz für das Netto-Umlaufvermögen (mit Zahlen der 2. Erfolgsperiode)

A. *Fondseinnahmen*			
I. *Bareinnahmen*			
1. *Erfolgswirksame* Bareinnahmen			
(17) Warenverkäufe			60.000,–
2. *Zeitraumneutrale* Bareinnahmen			
a) Ausgleichseinnahmen für erfolgswirksame Voreinnahmen			
(14) Bareinzahlungen der Abnehmer	90.000,–	(a)	
(20) Zinseinnahmen für Darlehn	120,–	(b)	
(24) Provisionseinnahmen	400,–	(c)	
(27) Bareinzahlungen der Abnehmer	120.000,–	(d)	
b) Ausgleichseinnahmen für Reservat-Voreinnahmen	–,–		
c) Reservateinnahmen	–,–		210.520,–

3. *Wechselbezügliche* Bareinnahmen			
a) Schuldeinnahmen			
(21) Darlehnsaufnahme	4.900,–		
(23) Kapitaleinlage	4.000,–		
b) Ausgleichseinnahmen für wechselbezügliche Voreinnahmen			
(29) Rückzahlung des gewährten Darlehns	3.090,–		11.990,–
Bareinnahmen *insgesamt*			282.510,–
II. *Verrechnungseinnahmen*			
1. Kurzfristige *Voreinnahmen*			
a) *Erfolgswirksame* Voreinnahmen			
(7) Zinsen für Darlehn	120,–		
(17) Warenverkäufe	150.000,–		
(24) Provision	3.000,–		153.120,–
b) *Zeitraumneutrale* Voreinnahmen (Reservat-Voreinnahmen)			–,–
c) *Wechselbezügliche* Voreinnahmen			–,–
Voreinnahmen *insgesamt*			153.120,–
2. *Tilgungseinnahmen* für kurzfristige Vorausgaben			
a) für *erfolgswirksame* Vorausgaben			
(19) Bezahlung des Kreditaufwandes	3.000,–	(e)	
(25) Mietabstandszahlung	2.000,–	(f)	
(30) Prozeßaufwand	800,–	(g)	
(31) Steuern	5.600,–	(h) (4000,–)	11.400,–
b) für *zeitraumneutrale* Vorausgaben			
(15) Barzahlungen an Lieferer	50.000,–	(i)	
(22) Bezahlung der Einrichtung	3.000,–	(k)	
(28) Barzahlungen an Lieferer	100.000,–	(l)	153.000,–
c) für *wechselbezügliche* Vorausgaben			–,–
d) Erfolgswirksame *Tilgungsabweichungen*			
(28) Gutschrift der Lieferer	1.500,–		
(30) Auflösung der Rückstellung für Prozeßaufwand	200,–		1.700,–
Tilgungseinnahmen *insgesamt*			166.100,–
3. Kurzfristige *Rückeinnahmen*			
(16) Wareneinkäufe	130.000,–	(m)	
(16) Wareneinkäufe	50.000,–	(n)	
(25) Mietabstandszahlung	400,–	(o)	180.400,–
4. Nacheinnahmen für kurzfristige *Rückausgaben*			
(11) Gleisbenutzung			150,–
Verrechnungseinnahmen insgesamt			499.770,–
Einnahmen insgesamt			782.280,–

B. *Fondsausgaben*				
I. *Barausgaben*				
1. *Erfolgswirksame* Barausgaben				
(18) Handlungsaufwand			10.000,–	
2. *Zeitraumneutrale* Barausgaben				
a) Ausgleichsausgaben für erfolgswirksame Vorausgaben				
(19) Kreditaufwand	3.000,–	(e)		
(25) Mietabstand	2.000,–	(f)		
(25) Mietabstand	400,–	(o)		
(30) Prozeßaufwand	800,–	(g)		
(31) Steuern	5.600,–	(h)	11.800,–	
b) Ausgleichsausgaben für Vorrats-Vorausgaben				
(15) Barzahlungen an Lieferer	50.000,–	(i)		
(22) Bezahlung der Einrichtung	3.000,–	(k)		
(28) Barzahlungen an Lieferer	100.000,–	(l)	153.000,–	
c) Vorratsausgaben				
(16) Wareneinkäufe			50.000,–	(n)
3. *Wechselbezügliche* Barausgaben				
a) Forderungsausgaben	–,–			
b) Ausgleichsausgaben für wechselbezügliche Vorausgaben				
(26) Barentnahme	6.000,–		6.000,–	
Barausgaben *insgesamt*			230.800,–	
II. *Verrechnungsausgaben*				
1. Kurzfristige *Vorausgaben*				
a) *Erfolgswirksame* Vorausgaben				
(18) Kreditaufwand	3.500,–			
(21) Zinsen	250,–			
(31) Steuern	1.600,–		5.350,–	
b) *Zeitraumneutrale* Vorausgaben				
(16) Wareneinkäufe			130.000,–	(m)
c) *Wechselbezügliche* Vorausgaben			–,–	
Vorausgaben *insgesamt*			135.350,–	
2. *Tilgungsausgaben* für kurzfristige Voreinnahmen				
a) für *erfolgswirksame* Voreinnahmen				
(14) Bareinzahlungen der Abnehmer	90.000,–	(a)		
(20) Zinseinnahmen	120,–	(b)		
(24) Provisionseinnahmen	400,–	(c)		
(27) Bareinzahlungen der Abnehmer	120.000,–	(d)	210.520,–	

b) für *zeitraumneutrale* Voreinnahmen (Reservat-Voreinnahmen)		–,–
c) für *wechselbezügliche* Voreinnahmen		–,–
d) Erfolgswirksame *Tilgungsabweichungen*		
(27) Forderungsausfall		2.000,–
Tilgungsausgaben *insgesamt*		212.520,–
3. Kurzfristige *Rückausgaben*		–,–
4. Kurzfristige *Nachausgaben*		
(4) Versicherungsprämie	1.000,–	
(25) Mietabstand	1.400,–	
(32) Warenverbrauch	170.000,–	172.400,–
Verrechnungsausgaben *insgesamt*		520.270,–
Ausgaben insgesamt		751.070,–
Saldo: Fondszunahme		31.210,–
		782.280,–

Die Fondszunahme beträgt DM 31.210,–. Dabei ist zu beachten, daß Bargeldzunahmen, Forderungszunahmen und Vorratszunahmen sowie Schuldabnahmen und Reservatabnahmen Fondszunahmen bedeuten, während Bargeldabnahmen, Forderungsabnahmen und Vorratsabnahmen sowie Schuldzunahmen und Reservatzunahmen Fondsabnahmen nach sich ziehen.

Beim Fonds für das Netto-Umlaufvermögen sei auf den Tatbestand hingewiesen, daß Fondsbewegungsbilanzen sogenannte *interne Bewegungen* enthalten können, die auf der Einnahmen- und der Ausgabenseite in gleicher Höhe auftreten und sich daher gegenseitig *ausgleichen*. Sie beeinflussen die Höhe der Fondsveränderung nicht und können oder sollten eliminiert werden. Alle übrigen Bewegungen besitzen ihre Gegenbewegung in einem *anderen* Fonds beziehungsweise dem Restfonds, der sie enthält, oder in der Aufwands- und Ertragsrechnung beziehungsweise dem Erfolgs- oder Gewinnfonds (Eigenkapitalfonds). Siehe die Aufstellung auf S. 328.

(3) Fondsbilanzen für die kurzfristig verfügbaren Geldmittel

Fonds der kurzfristig verfügbaren Geldmittel umfassen nur *Bargeldbestände* und kurzfristige *Forderungen*. Gegenüber den Fonds des Umlaufvermögens fallen die kurzfristigen Vorräte fort. Ihre Darstellung erübrigt sich daher, so daß auf die Abbildung 61 (Bareinnahmen, Voreinnahmen sowie Barausgaben und Tilgungsausgaben) mit einer Fondsabnahme von DM 7.690,– hingewiesen werden kann.

Im Beispiel der Abbildung 61 handelt es sich um folgende internen Bewegungen:

Ausgleichseinnahmen für erfolgswirksame Voreinnahmen	–	*Tilgungsausgaben* für erfolgswirksame Voreinnahmen	210.520,–	(a) – (d)
Tilgungseinnahmen für erfolgswirksame Vorausgaben	–	*Ausgleichsausgaben* für erfolgswirksame Vorausgaben	11.400,–	(e) – (h)
Tilgungseinnahmen für zeitraumneutrale Vorausgaben (Vorrats-Vorausgaben)	–	*Ausgleichsausgaben* für zeitraumneutrale Vorausgaben (Vorratsausgaben)	153.000,–	(i) – (l)
Rückeinnahmen	–	*Zeitraumneutrale Vorausgaben* (Vorrat-Vorausgaben)	130.000,–	(m)
Rückeinnahmen	–	*Vorratsausgaben*	50.000,–	(n)
Rückeinnahmen	–	*Ausgleichsausgaben* für erfolgswirksame Vorausgaben	400,–	(o)
			555.320,–	

Um diese Gesamtsumme von DM 555.320,– verkürzen sich Einnahmen und Ausgaben in Abbildung 61, so daß der Saldo von DM 31.210,– (Fondszunahme) unverändert bleibt.

Auf die Frage fondsinterner Buchungen wird später näher eingegangen.

(4) Fondsbilanzen für die kurzfristig verfügbaren Netto-Geldmittel

Bei diesen Fonds werden, wie beim Netto-Umlaufvermögen, die zugehörigen Passiven, das heißt, die kurzfristigen *Schulden,* neben den Bargeldbeständen und kurzfristigen Forderungen berücksichtigt. In Abbildung 61 fallen die kurzfristigen Rückeinnahmen, Nacheinnahmen, Rückausgaben sowie Nachausgaben weg. Die Fondszunahme beträgt DM 23.060,–. Eine gesonderte Darstellung ist entbehrlich.

Für die praktische Verwendung ist es zweckmäßig, die formale Gliederung durch eine *Sachgliederung nach Bereichen* (zum Beispiel Beschaffung und Absatz, Anlagen, langfristige Forderungen und Schulden) zu ersetzen. Man erhält dann Abbildung 62. Die Nummern der zugehörigen Buchungen sind in Klammern angeführt. Die Klammer (e) weist darauf hin, daß es sich um einen erfolgswirksamen Posten handelt. Die erfolgswirksame Netto-Fondszunahme beträgt DM 197.470,–. Die Fondszunahme im Bereich I ergibt DM 17.200,–.

Abbildung 62 liefert instruktive *Informationen.* Der disponible Einnahmenüberschuß im *Bereich I* zeigt den Finanzierungsspielraum der Unternehmung für zukünftige Maßnahmen und Expansionen sowie das Finanzpotential für Ausschüttungen. Die Aussagekraft läßt sich erhöhen, wenn man den Bereich in

Abb. 62. Fondsbewegungsbilanz für die kurzfristig verfügbaren Netto-Geldmittel (mit Zahlen der 2. Erfolgsperiode)

	Zunahme	*Abnahme*	*Saldo*
I. *Beschaffung und Absatz*			
a) *Bareinnahmen*			
(17) Warenverkäufe (e)	60.000,–		
(14) Einzahlungen der Abnehmer	90.000,–		
(24) Provisionseinnahmen	400,–		
(27) Einzahlungen der Abnehmer	120.000,–		
	270.400,–		
b) *Voreinnahmen* (Forderungsentstehung)			
(17) Vermehrung der Warendebitoren (e)	150.000,–		
(24) Provisionsforderung (e)	3.000,–		
	153.000,–		
c) *Tilgungseinnahmen* (Schuldenminderung)			
(19) Verminderung Kreditaufwand	3.000,–		
(25) Verminderung Mietabstand	2.000,–		
(30) Verminderung Prozeßrückstellung	800,–		
(31) Verminderung Steuerrückstellung	5.600,–		
(15) Verminderung Warenkreditoren	50.000,–		
(28) Verminderung Warenkreditoren	100.000,–		
(28) Gutschrift der Lieferer (e)	1.500,–		
(30) Auflösung Prozeßrückstellung (e)	200,–		
	163.100,–		
Gesamteinnahmen des Bereichs I	586.500,–		
d) *Barausgaben*			
(18) Handlungsaufwand (e)		10.000,–	
(19) Bezahlung Kreditaufwand		3.000,–	
(25) Bezahlung Mietabstand		2.400,–	
(30) Bezahlung Prozeßaufwand		800,–	
(31) Bezahlung Steuern		5.600,–	
(15) Zahlungen an Lieferer		50.000,–	
(28) Zahlungen an Lieferer		100.000,–	
(16) Wareneinkäufe		50.000,–	
		221.800,–	
e) *Vorausgaben* (Schuldenentstehung)			
(18) Handlungsaufwand (e)		3.500,–	
(31) Steuern (e)		1.600,–	
(16) Wareneinkäufe		130.000,–	
		135.100,–	
f) *Tilgungsausgaben* (Forderungsverminderung)			
(14) Verminderung der Warendebitoren		90.000,–	
(24) Verminderung der Provisionsforderungen		400,–	
(27) Verminderung der Warendebitoren		120.000,–	
(27) Forderungsausfall (e)		2.000,–	
		212.400,–	
Gesamtausgaben des Bereichs I		569.300,–	
Nettoeinnahmen (Fondszunahme) des Bereichs I			+ 17 200,–

	Zunahme	Abnahme	Saldo
II. *Anlagen*			
a) *Tilgungseinnahmen* (Schuldenverminderung)			
(22) Verminderung der Liefererschuld für die Einrichtung	3.000,–		
b) *Barausgaben*			
(22) Bezahlung der Einrichtung		3.000,–	
Saldo			–,–

	Zunahme	Abnahme	Saldo
III. *Langfristige Forderungen und Schulden*			
a) *Bareinnahmen*			
(20) Zinsen für gewährtes Darlehn	120,–		
(21) Darlehnsaufnahme abzüglich Disagio	4.900,–		
(23) Kapitaleinlage	4.000,–		
(29) Rückzahlung des gewährten Darlehns	3.090,–		
	12.110,–		
b) *Voreinnahmen*			
(7) Zinsen für gewährtes Darlehn (e)	120,–		
Gesamteinnahmen des Bereichs III	12.230,–		
c) *Barausgaben*			
(26) Barentnahme		6.000,–	
d) *Vorausgaben* (Schuldenentstehung)			
(21) Zinsen für gewährtes Darlehn (e)		250,–	
e) *Tilgungsausgaben* (Forderungsverminderung)			
(20) Zinsen für gewährtes Darlehn		120,–	
Gesamtausgaben des Bereichs III		6.370,–	
Nettoeinnahmen (Fondszunahme) des Bereichs III			+ 5.860,–
Gesamtfondszunahme (Nettoeinnahme)			+ 23.060,–

Aktionssektoren, Aufwands- und Ertragsarten, Einnahmen- und Ausgabenkategorien weiter *aufgliedert*. Bei einem Ausgabenüberschuß liegt umgekehrt ein Finanzdefizit im kurzfristigen Netto-Geldvermögen vor, das auf Störungen des Gleichgewichts hinweist.

Der *Bereich II* ist im Beispiel unentwickelt. Im Regelfall treten hier Einnahmen aus Beteiligungserträgen und dem Verkauf von Sach- und Finanzanlagen auf. Die Ausgaben geben die Bruttoinvestition in Anlagegegenständen an. Die Nettoeinnahmen bedeuten einen disponiblen Finanzüberschuß. Umgekehrt liegt bei Nettoausgaben ein Finanzbedarf vor, der gegebenenfalls aus dem Bereich I ganz oder teilweise gedeckt werden kann oder noch durch ihn erhöht wird.

Der *Bereich III* wird zweckmäßig in Eigen- und Fremdkapital aufgeteilt.

Auf diese Weise zeigt Abbildung 62 die *Struktur und Zusammensetzung* des Netto-Geldvermögens nach den einzelnen Konten, Kontengruppen, Bereichen und Teilbereichen. Der kurzfristige Netto-Geldmittelüberschuß unterscheidet sich vom später erörterten cash flow dadurch, daß er nicht nur erfolgswirksame Zahlungsbewegungen umfaßt und außer den Barbewegungen auch die Bewegungen kurzfristiger Forderungen und Schulden einbezieht. Seine finanzielle Aussage liegt grundsätzlich auf gleicher Ebene, steckt jedoch den ausgewiesenen Spielraum an Finanzierungsmöglichkeiten weiter.

Will man die Positionen der *aktienrechtlichen Gliederung* nach § 151 AktG dem Netto-Geldvermögen zuordnen, so ergibt sich folgender Inhalt:

Aktiva: Forderungen aus Lieferungen und Leistungen;
Wechsel, Schecks;
Kassenbestand, Bundesbank- und Postscheckguthaben;
Guthaben bei Kreditinstituten (soweit kurzfristig verfügbar);
Wertpapiere (soweit kurzfristig verfügbare Kasseneffekten);
sonstige Vermögensgegenstände (soweit kurzfristig verfügbar).

Passiva: Wertberichtigungen (für kurzfristige Forderungen);
Rückstellungen (soweit kurzfristiger Natur);
Verbindlichkeiten aus Lieferungen und Leistungen;
Wechselverbindlichkeiten;
Verbindlichkeiten gegenüber Kreditinstituten (soweit kurzfristig);
sonstige Verbindlichkeiten (soweit kurzfristig).

Auf der Aktivseite gehören geleistete Anzahlungen und Rechnungsabgrenzungsposten (da in der Regel Realforderungen), ausstehende Einlagen und eigene Aktien (da dem Grundkapital zuzuordnen), Anteile an einer herrschenden Gesellschaft, Forderungen an verbundene Unternehmungen und Forderungen aus Krediten nach § 89 und § 119 (wegen ihrer besonderen Eigenart) nicht zum Netto-Geldvermögen. Entsprechend sind auf der Passivseite erhaltene Anzahlungen und Rechnungsabgrenzungsposten (da Realschulden) und Verbindlichkeiten gegenüber verbundenen Unternehmungen nicht dem Netto-Geldvermögen zuzurechnen.

Mit den behandelten Fondsbilanzen sind keineswegs alle Möglichkeiten erschöpft. Aus der erweiterten Erfolgsbilanz in Abbildung 58 läßt sich *jede gewünschte Fondsbilanz* ableiten. In der Praxis kommen am häufigsten die Fonds für Bargeldbestände, kurzfristig liquiditätswirksame Netto-Geldmittel und das Netto-Umlaufvermögen vor.

3. Nominale Fondsbilanzen

Für die Finanz- und Liquiditätsanalyse sind von großer Aussagekraft und daher von besonderer Bedeutung solche Fondsbilanzen, die nur nominale Wertbestände enthalten, das heißt, Bargeld im weitesten Sinne, Forderungen und/oder Schulden in Geld (nominale Fondsbilanzen). Sie weisen weder Vorräte noch Reservate auf, das heißt, keine (absoluten) Realgüter, Realforderungen und Realschulden. Dadurch fallen alle damit verbundenen *Verrechnungsgrößen*, insbesondere die Nachausgaben bei Vorräten, fort, die der Periodenabgrenzung dienen und sich auf stark subjektive, kaum begründbare und selten nachprüfbare Verteilungshypothesen stützen müssen. Hierbei handelt es sich namentlich um den Verbrauch von Stoffen, Waren, fertigen und unfertigen Erzeugnissen im Transformations- und Umsatzprozeß, um Abschreibungen und Wertberichtigungen sowie um die damit zusammenhängenden Bewertungsprobleme. Die weitgehend manipulierbaren Bewegungsgrößen stören erheblich die Eindeutigkeit des Zahlenmaterials.

Von den nominalen Fondsbilanzen sind vor allem drei Bilanzen liquiditätsanalytisch interessant. Sie lassen sich in *Stufen* zusammenhängend aufbauen. Die unterste Stufe bildet (a) der Fonds der liquiden Mittel beziehungsweise der *Bargeldfonds* im weitesten Sinne. Fügt man die kurzfristigen Geldforderungen und Geldschulden (als kurzfristigen Geldkreditfonds) hinzu, so ergibt sich (b) der Fonds der *kurzfristigen Netto-Geldmittel.* Durch Einbeziehung langfristiger Geldforderungen und Geldschulden (als langfristiger Geldkreditfonds) erhält man (c) den Fonds des *Netto-Nominalvermögens.* Dieser letzte Fonds kann somit in drei Teilfonds zerlegt werden; Bargeldfonds, kurzfristiger und langfristiger Geldkreditfonds. Häufig verzichtet man auf die Einbeziehung des Eigenkapitals und beschränkt den Fonds auf das Fremdkapital.

Abbildung 60 gibt die *Bargeldfonds-Bewegungsbilanz* mit den Zahlen der 2. Erfolgsperiode wieder, gegliedert nach erfolgswirksamen und erfolgsunwirksamen Bareinnahmen und -ausgaben sowie nach verschiedenen Zahlungstypen (Schuldeinnahmen, Reservateinnahmen und Ausgleichseinnahmen für Voreinnahmen, Forderungsausgaben, Vorratsausgaben und Ausgleichsausgaben für Vorausgaben). Dieser Fonds zeigt die *größte Eindeutigkeit und Aussagefähigkeit,* da er nur die Bewegungen liquider Mittel (Einzahlungen und Auszahlungen) berücksichtigt. Irgendwelche Hypothesen der Periodenabgrenzung beeinflussen ihn nicht. Seine Aussonderung und laufende Kontierung wird daher von vielen Autoren empfohlen.

Der Saldo der Fondsbewegungsbilanz ergibt die Veränderung des Fonds während der betrachteten Periode, im Beispiel eine Fondszunahme von

DM 51.710,–. Bezieht man den Anfangsbestand des Fonds in die Bilanz ein, so erhält man den Fondsbestand am Ende der Periode.

Abbildung 62 zeigt die *Fondsbewegungsbilanz für die kurzfristigen Netto-Geldmittel* mit den Zahlen der 2. Erfolgsperiode, und zwar gegliedert in die drei Bereiche (1) Beschaffung und Absatz, (2) Anlagen und (3) langfristige Forderungen und Schulden. Hier kommen zum Bargeldfonds kurzfristige Forderungen (Voreinnahmen und Tilgungseinnahmen) und Schulden (Vorausgaben und Tilgungseinnahmen) hinzu. Dadurch treten *Antizipationen* von Barbewegungen auf, die einen *geringeren Grad* an Eindeutigkeit und Genauigkeit aufweisen können. In der Regel liegen jedoch die Beträge und ihre eventuelle Periodisierung aufgrund von Verträgen, Vereinbarungen und Rechnungen fest. Lediglich ungewisse Forderungen und Schulden, insbesondere *Rückstellungen,* erfordern eine Schätzung, so daß es oft zweckmäßig ist, derartige Beträge gesondert auszuweisen oder sie im (dann unvollständigen) Fonds unberücksichtigt zu lassen. Rechnungstechnische *Rück- und Nachverrechnungen* fehlen auch hier, so daß Manipulationen und subjektive Einflüsse auf die Periodenabgrenzung dadurch nicht auftreten können. Unvermeidlich bleiben lediglich die *Tilgungsabweichungen* in der Periode, in der die baren Ausgleichszahlungen für die Antizipationen in früheren Perioden stattfinden, zum Beispiel bei Forderungsausfall und Schuldennachlaß.

Der Saldo der Bilanzen gibt die Veränderung des Fonds an, im Beispiel eine Fondszunahme von DM 23.060,–. Bei Einbeziehung des Anfangsbestandes erhält man auch hier den Endbestand des Fonds.

Die beiden besprochenen Fonds enthalten nur kurzfristige Nominalbewegungen und -veränderungen. Sie sind daher für Liquiditätsnachweise besonders geeignet. Will man auch die *langfristigen* Fondseinflüsse ersichtlich machen, so kommen die *Fondsbilanzen des Netto-Nominalvermögens* infrage, die sämtliche Nominalwerte enthalten. Auch hier werden manipulierbare Periodenabgrenzungen ausgeschlossen, so daß Eindeutigkeit, Genauigkeit und Zuverlässigkeit der Zahlen weitgehend gewährleistet sind.

Auf diese Weise ergibt sich ein *gestufter Aufbau von fünf nominalen Fondsbilanzen:*

(1) Bargeldfonds (Fonds liquider Mittel)
\+ (2) Fonds der kurzfristigen nominalen Forderungen und Schulden

---

(3) Fonds der kurzfristigen Netto-Geldmittel
\+ (4) Fonds der langfristigen nominalen Forderungen und Schulden

---

(5) Fonds des Netto-Nominalvermögens

Erst die Einbeziehung von *Vorräten und Reservaten* ruft die problematischen Nachverrechnungen hervor und verlangt im konkreten Fall die Festlegung eindeutiger und nachprüfbarer, wenn auch hypothetischer Abgrenzungs- und Verteilungsregeln. Die vorstehenden Überlegungen gelten auch für die im folgenden Abschnitt behandelten erfolgswirksamen Fondsbilanzen, die später erörterten Gegenfondsbilanzen und die Fondsaufteilung der Erfolgsbilanz.

Für die *Publikation* von Fondsbilanzen und die *externe* Fondsanalyse taucht die praktische Frage auf, wieweit es möglich ist, generell gültige beziehungsweise rechtsverbindliche Hypothesen für die Periodenabgrenzung bei Realbeständen aufzustellen. Dies würde unter anderem die *Normierung* von Abschreibungen, Rückstellungen, Verbrauchsanteilen, zu aktivierenden Vorratsbeständen und Herstellungsausgaben bedeuten. Die Aussagefähigkeit des Jahresabschlusses, der Fondsbilanzen und Finanzflußrechnungen ließe sich dadurch ganz erheblich verbessern.

4. Erfolgswirksame Fondsbilanzen und Mittelfluß aus Betriebstätigkeit

Bei den bisher dargestellten Fondsbilanzen wurden erfolgswirksame, zeitraumneutrale und wesensneutrale beziehungsweise wechselbezügliche Zahlungsvorgänge insgesamt einbezogen. Zur Abgrenzung der Fonds wurden die Güterarten der Fonds und die Liquidierungsfrist der Bestände benutzt. Nunmehr sollen Fonds derart gebildet werden, daß *nur* die *erfolgswirksamen* Zahlungsvorgänge berücksichtigt werden. Die Fondsveränderung gibt dann den Beitrag an, den der Fonds zum Erfolg beigesteuert hat. Sie wird in Literatur und Praxis als Mittelfluß beziehungsweise Mittelzufluß (oder -abfluß) aus Betriebstätigkeit, Operationen oder Umsatz bezeichnet, sofern die Einnahmen (Ertragseinnahmen) und Ausgaben (Aufwandsausgaben) auf dem Produktionsprozeß der Unternehmung beruhen. Alle sonstigen Erfolgseinflüsse sind dabei auszuschalten.

Der *Erfolgsbeitrag* des Fonds besteht in der Fondsbewegungsbilanz aus erfolgswirksamen Einnahmen und Ausgaben, bezogen auf die betrachtete Erfolgsperiode. Vollständigkeit der Bewegungen oder Veränderungen wird dabei selbstverständlich vorausgesetzt. Die Fondseinnahmen entsprechen den Erträgen, welche die *Herkunft* der Fondsmittel darstellen, während die Fondsausgaben Aufwendungen repräsentieren, welche die *Verwendung* der Fondsmittel anzeigen.

Alle erfolgswirksamen Fondsbilanzen lassen sich aus der erweiterten Erfolgsbilanz in der Abbildung 58 mit den Zahlen der 2. Erfolgsperiode oder aus den entsprechenden Grund- und Mischtypen der Fondsbilanz ableiten.

Auf diese Weise erhält man erfolgswirksame Fondsbilanzen für die *Grundtypen* der Bargeldbestände, Forderungen, Vorräte, Schulden und Reservate. Sie sind alle in der Bewegungsbilanz der erfolgswirksamen Zahlungsvorgänge in Abbildung 63 enthalten, die ohne weiteres aus der Bewegungsbilanz in Abbildung 58 entnommen werden kann.

Von besonderem Interesse für den Liquiditätsnachweis ist in der Praxis der erfolgswirksame *Bargeldfonds*.

Abb. 63. Bewegungsbilanz der erfolgswirksamen Zahlungsvorgänge (Auszug aus Abbildung 58 mit Zahlen der 2. Erfolgsperiode)

Ertragseinnahmen	
1. Erfolgswirksame Bareinnahmen	60.000,–
2. Erfolgswirksame Voreinnahmen (Forderungen)	153.120,–
3. Nacheinnahmen (Reservate)	195,–
4. Tilgungsabweichungen (Tilgungseinnahmen)	1.700,–
	215.015,–
Aufwandsausgaben	
1. Erfolgswirksame Barausgaben	10.000,–
2. Erfolgswirksame Vorausgaben (Schulden)	5.350,–
3. Nachausgaben (Vorräte)	173.450,–
4. Tilgungsabweichungen (Tilgungsausgaben)	2.000,–
Saldo: Periodenerfolg	24.215,–
	215.015,–

Von den *Mischtypen* sollen nur zwei erfolgswirksame Fondsbilanzen behandelt werden: Die Fondsbewegungsbilanz für das Netto-Umlaufvermögen in Abbildung 64 und für die kurzfristig verfügbaren Netto-Geldmittel in Abbildung 65.

Abb. 64. Erfolgswirksame Fondsbewegungsbilanz für das Netto-Umlaufvermögen (Auszug aus Abbildung 61)

Erfolgswirksame Fondseinnahmen	
1. Erfolgswirksame Bareinnahmen	60.000,–
2. Kurzfristige erfolgswirksame Voreinnahmen (Forderungen)	153.120,–
3. Nacheinnahmen für kurzfristige Rückausgaben (Reservate)	150,–
4. Tilgungseinnahmen (Abweichungen)	1.700,–
	214.970,–
Erfolgswirksame Fondsausgaben	
1. Erfolgswirksame Barausgaben	10.000,–
2. Kurzfristige erfolgswirksame Vorausgaben (Schulden)	5.350,–
3. Nachausgaben für kurzfristige Rückeinnahmen (Vorräte)	172.400,–
4. Tilgungsausgaben (Abweichungen)	2.000,–
Saldo: *Erfolgsbeitrag* (Gewinn)	25.220,–
	214.970.–

Für den Saldo der erfolgswirksamen Fondsbewegungsbilanz der Bargeldbestände, zum Beispiel den Bargeldzufluß (in Abbildung 63 die Differenz 60.000 – 10.000 = 50.000 DM), wird auch in der deutschen Literatur und Praxis der amerikanische Ausdruck *cash flow (from operations)* benutzt. Dieser Bargeldzu- oder -abfluß stellt den baren Erfolgsbeitrag aus dem Produktions- und Umsatzprozeß dar. Er kann aus den erfolgswirksamen Barbewegungen als Saldo direkt ermittelt werden.

Der cash flow kann auch als besonderer Erfolg aufgefaßt werden und wird in diesem Sinne als finanzielles Ergebnis oder *Geldgewinn* der Unternehmung bezeichnet. Er schlägt eine Brücke von der Rentabilität zur Liquidität. Er gibt die erwirtschafteten Barmittel an, die beispielsweise für Investitionen und Schuldtilgungen verfügbar waren oder noch sind. Seine Beliebtheit in der Praxis beruht darauf, daß er nicht durch rechnungstechnische Buchungen, insbesondere Abschreibungen und Rückstellungen, manipuliert werden kann. Die Summe aus Gewinn, Abschreibungen und Rückstellungen ist unabhängig davon, welche Abschreibungen und Rückstellungen den Gewinn vermindert haben.

Geht man vom Periodenerfolg (Reingewinn) aus, um den cash flow *indirekt* zu berechnen, so sind nach Abbildung 58 sowohl sämtliche erfolgswirksamen unbaren oder Verrechnungseinnahmen abzusetzen als auch alle erfolgswirksamen unbaren oder Verrechnungausgaben zuzusetzen, das heißt, sämtliche *fondsfremden* erfolgswirksamen Bewegungen sind zu *eliminieren:*

Reingewinn		+ 24.215,–
– Voreinnahmen (Forderungen)	153,120,–	
– Nacheinnahmen (Reservate)	195,–	
– Tilgungseinnahmen (Abweichungen)	1.700,–	– 155.015,–
		– 130.800,–
+ Vorausgaben (Schulden)	5.350,–	
+ Nachausgaben (Vorräte)	173.450,–	
+ Tilgungsausgaben (Abweichungen)	2.000,–	+ 180.800,–
Erfolgswirksamer Bargeldzufluß (cash flow from operations)		+ 50.000,–

Es gilt allgemein die *Beziehung:*

Gewinn = Barerträge – Baraufwendungen + unbare Erträge
– unbare Aufwendungen
= cash flow + unbare Erträge
– unbare Aufwendungen

Sind die unbaren Erträge kleiner als die unbaren Aufwendungen, so ist auch der Gewinn kleiner als der cash flow, und umgekehrt.

Abb. 65. Erfolgswirksame Fondsbewegungsbilanz für kurzfristig verfügbare Netto-Geldmittel (Auszug aus Abbildung 64)

Erfolgswirksame Fondseinnahmen	
1. Erfolgswirksame Bareinnahmen	60.000,–
2. Kurzfristige erfolgswirksame Voreinnahmen (Forderungen)	153.120,–
3. Tilgungseinnahmen (Abweichungen)	1.700,–
	214.820,–
Erfolgswirksame Fondsausgaben	
1. Erfolgswirksame Barausgaben	10.000,–
2. Kurzfristige erfolgswirksame Vorausgaben (Schulden)	5.350,–
3. Tilgungsausgaben (Abweichungen)	2.000,–
Saldo: *Erfolgsbeitrag* (Gewinn)	197.470,–
	214.820,–

Um den Geldfluß auf die *reguläre* produktive Betriebstätigkeit einzuengen und dadurch die Aussagefähigkeit des cash flow zu verbessern, müssen (oder können) betriebsfremde, außerordentliche und finanzwirtschaftliche Ertragseinnahmen und Aufwandsausgaben (zum Beispiel Zinsen, Agio, Disagio, Kurs- und Buchgewinne und -verluste aus Wertpapieren und Anlagen, Schenkungen, Subsidien, Forderungsausfälle, Schuldnachlässe und Wagnisverluste) abgezogen beziehungsweise zugesetzt werden.

Dann gilt allgemein die *Beziehung:*

Gewinn = regulärer cash flow
+ unbare Erträge + neutrale Barerträge
− unbare Aufwendungen − neutrale Baraufwendungen

In der *Praxis* wird der cash flow from operations meist *ungenau* ermittelt. Die vielfach verwendete, primitive Formel: Gewinn + Abschreibungen ± Rückstellungen ± Rücklagen ist völlig unzureichend.

Dies hängt damit zusammen, daß der Begriff cash flow *vieldeutig* benutzt wird. Häufig wird darunter der Mittelzufluß zum (oder -abfluß vom) Netto-Geld- oder Netto-Umlaufvermögen verstanden. Der Ausdruck cash flow sollte dann vermieden und stattdessen die richtige Bezeichnung benutzt werden. Nur so läßt sich die vorhandene terminologische Verwirrung im In- und Ausland beseitigen. Bei falscher Ermittlung des cash flow erhält man eine undefinierbare und inhaltlich verschwommene Größe, die keine Beurteilung der erfolgswirksamen Barliquidität ermöglicht und daher zu Fehlschlüssen verleitet. Bei der *indirekten* Methode sollte man daher auf eine *kasuistische* Aufzählung von einigen Posten verzichten und eine systematisch-präzise Zu- und Abrechnung fondsfremder Bewegungen vornehmen, wie es in dieser Schrift auch geschieht. Die *direkte* Ermittlung aus dem erfolgswirksamen Bargeldfonds ist wesentlich einfacher und daher vorzuziehen. Bei genügend differenzierter Kontierung der Barbewegungen ist sie ohne weiteres durchführbar. Die indirekte Ermittlung wurde hier nur angewandt, um die rechnungstechnischen Zusammenhänge der Fondsbewegungen sichtbarzumachen.

In gleicher Weise kann man den erfolgswirksamen Mittelfluß aus produktiver Betriebstätigkeit *aufgrund anderer Fonds* ermitteln, zum Beispiel aufgrund des Fonds der kurzfristig verfügbaren Netto-Geldmittel (Bargeldbestände, kurzfristige Forderungen und Schulden) oder aufgrund des Netto-Umlaufvermögenfonds. Beide Möglichkeiten sind in den Abbildungen 64 und 65 dargestellt.

Die bisherigen Überlegungen gingen davon aus, denjenigen Fonds- beziehungsweise Geldfluß zu erfassen, der auf den in der betrachteten *Periode* erfolgswirksamen Zahlungsvorgängen beruht. Weitere Fondsflüsse blieben unberücksichtigt.

Eine andere Möglichkeit geht dahin, denjenigen Bargeldfluß zu ermitteln, der aus produktiver *Betriebstätigkeit* herrührt, gleichgültig, in welcher Periode die Erfolgswirksamkeit eintritt. Außer dem periodenwirksamen Bargeldfluß aus Betriebstätigkeit sind daher die *zeitraumneutralen* Bargeldbewegungen (Ausgleichseinnahmen und Ausgleichsausgaben) zu berücksichtigen, die erfolgswirksame Forderungen und Schulden *früherer* Perioden tilgen. Ferner kann man auch Reservateinnahmen und Vorratsausgaben einschließlich der Ausgleichszahlungen für diese einbeziehen, da sie in *späteren* Perioden erfolgswirksam werden. Dann erhält man den gesamten Bargeldfluß der betrachteten Periode aus Betriebstätigkeit.

Abbildung 66 zeigt die Ermittlung des *Bargeldzuflusses* am Beispiel der 2. Erfolgsperiode mit Angabe der Geschäftsvorfälle. Zum Vergleich ist die Abbildung 58 heranzuziehen. Die wechselbezüglichen Barbewegungen sind nicht einbezogen worden, weil hier erfolgsunwirksame Finanzvorgänge vorliegen.

Abb. 66. Gesamter Bargeldzufluß aus Betriebstätigkeit am Beispiel der 2. Erfolgsperiode (vergleiche Abbildung 58)

Bareinnahmen		
1. *Erfolgswirksame* Bareinnahmen der Periode		
(17) Warenverkäufe		60.000,–
2. *Zeitraumneutrale* Bareinnahmen		
a) (14, 20, 24, 27) Ausgleichseinnahmen für *erfolgswirksame* Voreinnahmen	210.520,–	
b) Ausgleichseinnahmen für Reservat-Voreinnahmen	–,–	
c) Reservat-Einnahmen	–,–	210.520,–
		270.520,–

Barausgaben		
1. *Erfolgswirksame* Barausgaben der Periode		
(18) Handlungsaufwand		10.000,–
2. *Zeitraumneutrale* Barausgaben		
a) (19, 25, 30, 31) Ausgleichsausgaben für *erfolgswirksame* Vorausgaben	11.800,–	
b) (15, 22, 28) Ausgleichsausgaben für Vorrats-Vorausgaben	153.000,–	
c) Vorratsausgaben (16) Wareneinkäufe	50.000,–	214.800,–
		224.800,–
Saldo: *Gesamter Bargeldzufluß* aus Umsätzen und Beständen der produktiven Betriebstätigkeit		45.720,–
		270.520,–

Der Geldfluß läßt sich in drei *Stufen* darstellen:

1. *Periodenerfolgswirksamer* Bargeldzufluß	50.000,–
2. Bargeldzufluß durch Ausgleichszahlungen (Tilgungen) für erfolgswirksame Vorzahlungen mit Erfolgswirksamkeit in *früheren Perioden*	198.720,–
Geldzufluß aus bereits eingetretener Erfolgswirkung	248.720,–
3. Bargeldabfluß aus Vorratsausgaben mit Erfolgswirksamkeit in *späteren Perioden*	203.000,–
Gesamter Bargeldzufluß aus produktiver Betriebstätigkeit (jetzt, früher oder später erfolgswirksam)	45.720,–

Die *erste Stufe* gibt den periodenerfolgswirksamen Bargeldzufluß aus Betriebstätigkeit wieder (DM 50.000,–). Er deckt sich mit der Differenz von baren Ertragseinnahmen (DM 60.000,–) und baren Aufwandsausgaben (DM 10.000,–) der Periode. Die *zweite Stufe* umfaßt Barbewegungen aus früheren erfolgswirksamen Umsätzen auf Kredit und ergibt einen Geldzufluß von DM 198.720,–. Es handelt sich um Ertragseinnahmen und Aufwandsausgaben einer *vorhergehenden* Periode. Insgesamt beträgt der Zufluß aus bereits eingetretener Erfolgswirkung DM 248.720,–. Die *dritte Stufe* geht über erfolgswirksame Umsätze hinaus und bezieht Barbewegungen ein, die zu Beständen (Reservaten und Vorräten) führen, die erst in *späteren* Perioden erfolgswirksam werden. Dies ergibt einen Bargeldabfluß aus Beständen in Höhe von DM 203.000,–. Der Gesamtbargeldabfluß aus Umsätzen und Beständen der Betriebstätigkeit beträgt somit DM 45.720,–.

IV. Finanzflußrechnungen

1. Begriff, Zweck und Formalaufbau der Finanzflußbilanzen

Die Finanzflußrechnungen stellen eine wichtige *Ergänzung* zu den Fondsrechnungen dar. Während die Fondsrechnungen als Liquiditätsausweise die Bewegungen oder Veränderungen von Fonds darstellen, dienen die Flußrechnungen dazu, die *Ursachen* hierfür aufzuzeigen. Diese Ursachen werden anhand der Bewegungen oder Veränderungen der *nicht* zu den betrachteten Fonds gehörenden Bestände der Erfolgsbilanz ermittelt. Von ihnen wird auf die *Quelle* der in den Fonds enthaltenen Mittel (Mittelherkunft, Mittelbeschaffung) und auf deren *Verwendung* (Mittelverbleib, Mittelinvestition) geschlossen. Diese Bewegungen und Veränderungen *fondsexterner* Natur bilden den Inhalt der Finanzflußrechnungen. Sie umfassen allgemein die Zahlungsvorgänge, die Zugänge zu den betrachteten Fonds oder Abgänge von diesen bewirken.

Die in den Finanzflußrechnungen untersuchten Bestände, die nach der Ausscheidung von Fonds aus der Erfolgsbilanz verbleiben, können als Rest-, Komplementär- oder Gegenbestände der Fondsrechnungen bezeichnet werden. Einer Finanzflußrechnung liegt also grundsätzlich die Zerlegung aller Bilanzposten der Erfolgsbilanz in *zwei Beständegruppen* zugrunde: die Klasse der *Fondsbestände* und die Klasse der Nicht-Fondsbestände oder *Gegenfondsbestände*. Dabei kann man einen oder auch mehrere Fonds bilden.

Es besteht die Möglichkeit, eine Ursachenanalyse der Fondsbewegungen auch *innerhalb* des betrachteten Fonds selbst vorzunehmen. Dazu ist es erforderlich, zu jeder Bewegung des Fonds das zugehörige Gegenkonto beziehungsweise die Gegenbewegung anzugeben.

Der *Nachteil* dieser Handhabung liegt darin, daß sich die verschiedensten Herkünfte und Verwendungen von Mitteln uneinheitlich auf den einheitlich gruppierten Fonds verteilen. Der Gegenfonds liefert dagegen eine einheitliche Gruppierung der Mittelherkünfte und -verwendungen.

Außer der Ursachenanalyse für die Bewegungen oder Veränderungen von Fonds kann die Finanzflußrechnung auch *weiteren Zwecken* dienen, die hier nur angedeutet werden sollen: der Ermittlung des erfolgswirksamen Bargeldflusses, der Netto-Bareinnahmen aus produktiver Betriebstätigkeit, der Investitionsausgaben für Finanz- und Sachanlagen, des Finanzbedarfs, der Außenfinanzierung durch Eigen- und Fremdkapital und so weiter.

Es sei nochmals darauf hingewiesen, daß ein Aufschluß über die tatsächlichen Zahlungsvorgänge nur gewonnen werden kann, wenn die Erfolgsbilanz mit *Anschaffungswerten* zugrundegelegt wird. Jede davon abweichende Bewertung würde das Grundziel der Finanzflußrechnung verfehlen. Nur eine Erfolgsrechnung, die auf einer modifizierten, durch Verrechnungen differenzierten Einnahmen- und Ausgabenrechnung beruht, kommt den Erfordernissen einer finanzwirtschaftlichen Analyse entgegen. Durch Tages- und Niederstwerte, die Bildung stiller Willkürrücklagen und Wertmanipulationen werden die wahren Zahlungsvorgänge verdeckt.

Die Finanzflußrechnungen sind formal in gleicher Weise aufgebaut wie die Fondsrechnungen, nur daß es sich um Gegenfonds handelt. Die *Bezeichnung* Finanzflußrechnung ist daher nicht zutreffend für den gemeinten Tatbestand. Auch Fondsrechnungen enthalten einen Finanzfluß aufgrund von Zahlungsvorgängen. Es wäre präziser, von Komplementär- oder *Gegenfondsrechnungen* zu sprechen. Dieser Ausdruck soll daher im folgenden benutzt werden.

Als Ausgangspunkt können sowohl Bewegungsbilanzen als auch Veränderungsbilanzen gewählt werden. Man erhält dann Gegenfonds-Bewegungsbilanzen oder Gegenfonds-Veränderungsbilanzen. Entsprechend werden Gegenfonds-Einnahmen, Gegenfonds-Ausgaben, Gegenfonds-Veränderungen, -Zunahmen und -Abnahmen unterschieden. Die Salden ergeben die Gesamtveränderung des Gegenfonds. Abbildung 67 zeigt den allgemeinen Aufbau der Gegenfondsrechnung in ihren drei *Bilanzformen.* Auf der linken Seite ist die Verwendung und auf der rechten Seite die Herkunft der Fondsmittel ersichtlich.

Die Erhöhung der Fondsmittel kann entweder aus einer Verminderung aktiver Gegenbestände oder einer Erhöhung passiver Gegenbestände stammen *(Fondsherkunft).* Entsprechend werden die Fondsmittel entweder für eine Erhöhung aktiver Gegenbestände oder eine Verminderung passiver Gegenbestände verwendet *(Fondsverwendung).* Der Periodenerfolg hat, je nachdem, ob es sich um Gewinn oder Verlust handelt, entweder eine die Fondsmittel erhöhende oder senkende Wirkung. Entsprechend führen Erträge zu einer Erhöhung und Aufwendungen zu einer Verminderung der Fondsmittel.

Soweit durch sich ausgleichende Zahlungsvorgänge ausschließlich Fondsbestände berührt werden (fondsinterne Bewegungen), wird die Gesamtgröße des Fonds nicht verändert. Dasselbe gilt, wenn nur die Gegenbestände durch einander kompensierende Zahlungsvorgänge beeinflußt werden *(gegenfondsinterne Bewegungen).* Dagegen kommen Veränderungen der Fondsgrößen nur dann vor, wenn sowohl Fondsbestände als auch Gegenfondsbestände gleichzeitig durch Zahlungsvorgänge betroffen werden. In diesem Falle kann von den Bewegungen und Veränderungen der Gegenbestände auf die auf die Fondsbestände einwirkenden Unternehmungsprozesse geschlossen werden.

Abb. 67. Formen der Gegenfondsrechnung (Finanzflußrechnung)

Gegenfonds-Bewegungsbilanz
(Finanzfluß-Bewegungsbilanz)

Gegenfonds-Einnahmen (Finanzfluß-Einnahmen)	Gegenfonds-Ausgaben (Finanzfluß-Ausgaben)
= Fondsmittelverwendung (Mittelverbleib)	= Fondsmittelquellen (Mittelherkunft)

Saldo = Gesamtveränderung des Gegenfonds

Gegenfonds-Veränderungsbilanz
(Finanzfluß-Veränderungsbilanz)

Aktivmehrungen und Passivminderungen (Einzelveränderungen) der Gegenfondsbestände	Passivmehrungen und Aktivminderungen (Einzelveränderungen) der Gegenfondsbestände
= Fondsmittelverwendung (Mittelverbleib)	= Fondsmittelquellen (Mittelherkunft)

Saldo = Gesamtveränderung des Gegenfonds

Gegenfonds-Beständebilanz
(Finanzfluß-Beständebilanz)

Aktiva (Vermögen) des Gegenfonds	Passiva (Kapital) des Gegenfonds

Saldo: Gesamtnettobestand des Gegenfonds

Um die Kette der Ursachen zu schließen, wird der *Periodengewinn,* soweit noch keine detaillierte Verwendung gebucht worden ist, global als Vorausgabe beziehungsweise der Periodenverlust als Tilgungseinnahme in die Rechnung eingesetzt. Führt man die *Erfolgskomponenten,* die einzelnen Erträge und Aufwendungen, statt der Saldogröße ein, so wird die Finanzflußrechnung sowohl aus der Erfolgsbilanz als auch aus der Aufwands- und Ertragsrechnung abgeleitet. Dann sind die Salden der Fondsbilanzen und der Gegenfondsbilanzen *entgegengesetzt gleich.* Faßt man beide Teilbilanzen zu einer Bilanzeinheit zusammen, so ergibt sich wieder die vollständige ausgeglichene Erfolgsbilanz.

Wird der Fonds maximal erweitert, das heißt, werden alle Bilanzbestände in ihn einbezogen *(Totalfonds),* so deckt er sich mit dem Gesamtinhalt der Erfolgsbilanz. Da keine Gegenbestände auftreten, fehlt die Finanzflußrechnung zur Erklärung der Fondsveränderung. Wird umgekehrt der Fonds maximal eingeschränkt, so daß er keine Bilanzbestände enthält und somit gar nicht erst gebildet wird, entfällt die Fondsrechnung, und es verbleibt nur eine Finanzflußrechnung, die die gesamten Bestände der Erfolgsbilanz als Gegenbestände umfaßt. Dazwischen liegen alle Möglichkeiten, in beliebiger Weise Fonds und zugehörige komplementäre Gegenfonds zu bilden.

Es ist zweckmäßig, die kombinierte Fonds- und Gegenfondsrechnung insgesamt als Kapitalflußrechnung (totale Fluxionsrechnung) zu bezeichnen.

2. Typen der Finanzflußbilanzen

Zwei Klassen von Finanzflußrechnungen sind zu unterscheiden: Teil- und Gesamt-Finanzflußrechnungen.

Bei *Teilfinanzflußrechnungen* wird ein bestimmter Fonds mit ausgewählten Bilanzgegenständen untersucht, das heißt, es werden die näheren Ursachen für die Bewegungen oder Veränderungen dieser Fondsgegenstände durch eine ergänzende Gegenfondsrechnung aufgedeckt. Statt eines einzigen Fonds können auch gleichzeitig mehrere Fonds ausgesondert und finanzanalytisch erörtert werden. Stets handelt es sich um finanzanalytische Spezialuntersuchungen abgegrenzter Sachverhalte. Darin liegen zugleich die Grenzen der Fondsrechnung.

Bei der Betrachtung eines einzelnen Fonds und zugehörigen Gegenfonds lassen sich, wie früher dargestellt, fünf Grundtypen und zahlreiche Mischtypen mit den verschiedensten Varianten, Untergliederungen und Kombinationen unterscheiden.

Bei der *Gesamtfinanzflußrechnung* werden keine Einzelfonds mit ihren Gegenfonds abgespalten. Der Gesamtinhalt der Erfolgsbilanz wird zugleich als Totalfonds und als Totalgegenfonds aufgefaßt. Die Bilanz weist auf der einen Seite sämtliche während der betrachteten Periode aufgetretenen Bewegungen oder Veränderungen der Bilanzbestände aus und zeigt auf der anderen Seite Herkunft und Verwendung dieser Zahlungsvorgänge und deren Wirkung auf den Umfang des Vermögens und Kapitals der Unternehmung. Damit ist der gesamte Finanzfluß Gegenstand der Untersuchung. Auf diese Weise wird die formale und materiale Identität der Gesamtfinanzflußrechnung mit der Bilanz in ihren Formen der Bewegungs- und Veränderungsbilanz offensichtlich.

a) Teilfinanzflußbilanzen

(1) Grundtypen der Teilfinanzflußbilanzen

Greift man einen bestimmten Fonds aus der Erfolgsbilanz heraus, so stellt man die Ursachen (Herkunft und Verwendung) der Fondsbewegungen dadurch fest, daß man die diese Bewegungen kompensierenden Gegenbewegungen im Gegenfonds ermittelt. Die Gegenbuchungen sind in der Regel auf den

Konten ersichtlich. Für das Zahlenbeispiel der 2. Erfolgsperiode können sie der *Buchungsmatrix (Tabelle)* in Abbildung 25 und der erweiterten Bewegungsbilanz in Abbildung 58 entnommen werden. Als Grundtypen betrachten wir wiederum die Fondsbilanzen der Bargeldbestände, der Forderungen, der Vorräte, der Schulden und der Reservate. Ihnen werden die entsprechenden Finanzflußbilanzen der Gegenfonds zugeordnet.

Betrachten wir zunächst den *Bargeldfonds,* dessen Bewegungen in Abbildung 60 mit einer Fondszunahme von DM 51.750,– dargestellt sind. Stellt man ihm als Gegenfonds alle übrigen Bewegungen von Bilanzbeständen gegenüber, so erhält man zwar eine Bilanz mit dem entgegengesetzt gleichen Saldo, einer Gegenfondsabnahme von DM 51.750,–. Jedoch ist diese umfassende Finanzflußrechnung mit *störenden Posten* durchsetzt, die nichts mit der Analyse des Bargeldfonds zu tun haben und daher das Zahlenmaterial nur aufblähen. Dies sind einmal gegeneinander kompensierte Verrechnungszahlungen, die weder den Fonds noch den Gegenfonds der Höhe nach beeinflussen. Dann kommen die Gegenbuchungen zu dem restlichen Teil des Periodenerfolges hinzu, das heißt, die erfolgswirksamen Vor- und Nachzahlungen der Periode. Alle diese in der Bargeldflußrechnung sich ausgleichenden Zahlungen haben keine Gegenposten in der Bewegungsrechnung des Bargeldfonds und wirken sich daher auf seine Höhe nicht aus. Sie sind zur Erhöhung der Aussagekraft zu *eliminieren.*

Die *gegenfondsinternen* beziehungsweise *fondsunwirksamen* Bewegungen setzen sich somit aus zwei Klassen zusammen: den *zweiseitigen* erfolgsunwirksamen und den *einseitigen* erfolgswirksamen Bewegungen.

Während es zweckmäßig ist, die störenden internen Bewegungen des Gegenfonds auszusondern, da sie für die Ursachenanalyse des Fonds keine Bedeutung haben, ist dies für den Fonds selbst nicht unbedingt empfehlenswert. Hier kann es sinnvoll sein, auch die *fondsinternen Ursachen* bestimmter Bewegungen aufzuzeigen (fondsinterne Herkünfte oder Verwendungen), obwohl sie die Fondsveränderung insgesamt nicht beeinflussen (*Umschichtungen* des Fonds).

Abbildung 68 gibt die *vollständige Gegenfonds-Bewegungsbilanz* zum Bargeldfonds wieder. Darin sind folgende kompensierten Buchungen auszuschalten.

Zunächst die *erfolgsunwirksamen* Buchungen:

a)	Rückeinnahmen – zeitraumneutrale Vorausgaben	DM 130.000,–	(16)
b)	Rückeinnahmen – wechselbezügliche Vorausgaben	100,–	(21)
		DM 130.100,–	

Ferner die *erfolgswirksamen* Buchungen:

c) Voreinnahmen	DM 153.120,–	(7, 17, 20)
d) Tilgungseinnahmen	1.700,–	(20, 30)
e) Nacheinnahmen	195,–	(7, 11)
	DM 155.015,–	
f) Vorausgaben	5.350,–	(18, 21, 31)
g) Tilgungsausgaben	2.000,–	(27)
h) Nachausgaben	173.450,–	(4, 6, 21, 25, 32)
	DM 180.800,–	

Abb. 68. Vollständige Gegenfondsrechnung zum Bargeldfonds (vergleiche Abbildung 60)

I. *Mittelverwendung* (Gegenfondseinnahmen)				
1. *Voreinnahmen:*				
erfolgswirksam	153.120,–	(c)		
zeitraumneutral	–,–			
wechselbezüglich	–,–		153.120,–	
2. *Tilgungseinnahmen:*				
für erfolgswirksame Vorausgaben	11.400,–			
für zeitraumneutrale Vorausgaben	153.000,–			
für wechselbezügliche Vorausgaben	6.000,–			
für erfolgswirksame Abweichungen	1.700,–	(d)	172.100,–	
3. *Rückeinnahmen* (Vorräte)			180.500,–	(a) (b)
4. *Nacheinnahmen* (aus Reservaten)			195,–	(e)
			505.915,–	
II. *Mittelherkunft* (Gegenfondsausgaben)				
1. *Vorausgaben:*				
erfolgswirksam	5.350,–	(f)		
zeitraumneutral	130.000,–	(a)		
wechselbezüglich	9.000,–	(b)	144.350,–	
2. *Tilgungsausgaben:*				
für erfolgswirksame Voreinnahmen	210.520,–			
für zeitraumneutrale Voreinnahmen	–,–			
für wechselbezügliche Voreinnahmen	3.090,–			
für erfolgswirksame Abweichungen	2.000,–	(g)	215.610,–	
3. *Rückausgaben* (Reservate)			–,–	
4. *Nachausgaben* (aus Vorräten)			173.450,–	(h)
			533.410,–	
Periodengewinn (Vorausgabe)			24.215,–	
			557.625,–	
Saldo: Gegenfondsabnahme = Fondszunahme			– 51.710,–	
			505.915,–	

Statt des ganzen Periodengewinnes von DM 24.215,– ist entweder der auf den Bargeldfonds entfallene Gewinnanteil (Saldo) von 60.000 – 10.000 = 50.000 DM als Fondsmittelherkunft einzusetzen, oder es sind die Erträge (Fondsmittelherkunft) und die Aufwendungen (Fondsmittelverwendung) getrennt auszuweisen.

Dann erhält man in Abbildung 69 eine *bereinigte Gegenfondsbilanz*, die nur die Herkünfte und Verwendungen der Bargeldbewegungen enthält. Vergleicht man sie mit Abbildung 60, dann sieht man, daß die erweiterte und genügend tiefgegliederte Fondsbewegungsbilanz bereits eine genaue Ursachenanalyse enthält und daher eine besondere Finanzflußrechnung mithilfe des Gegenfonds entbehrlich ist. Man ist zudem der Notwendigkeit enthoben, die im Gegenfonds kompensierten Posten zu eliminieren. Was noch fehlt, ist lediglich der Nachweis der einzelnen Ertragsquellen und Aufwandsarten.

Abb. 69. Bereinigte Gegenfondsrechnung zum Bargeldfonds

I. *Fondsmittelverwendung* (Gegenfondseinnahmen)		
1. *Voreinnahmen*		–,–
2. *Tilgungseinnahmen*		
für erfolgswirksame Vorausgaben	11.400,–	
für zeitraumneutrale Vorausgaben	153.000,–	
für wechselbezügliche Vorausgaben	6.000,–	170.400,–
3. *Rückeinnahmen* (Vorräte)		50.400,–
4. *Nacheinnahmen* (aus Reservaten)		–,–
5. *Aufwendungen*		10.000,–
		230.800,–
II. *Fondsmittelherkunft* (Gegenfondsausgaben)		
1. *Vorausgaben*: wechselbezüglich		8.900,–
2. *Tilgungsausgaben*		
für erfolgswirksame Voreinnahmen	210.520,–	
für zeitraumneutrale Voreinnahmen	–,–	
für wechselbezügliche Voreinnahmen	3.090,–	213.610,–
3. *Rückausgaben* (Reservate)		–,–
4. *Nachausgaben* (aus Vorräten)		–,–
5. *Erträge*		60.000,–
		282.510,–
Saldo: Gegenfondsabnahme = Fondszunahme		– 51.710,–
		230.800,–

Der bereinigte Gegenfonds enthält nur noch *gegenfondsexterne* beziehungsweise *fondswirksame* Bewegungen. Sie setzen sich ebenfalls aus zwei Klassen zusammen: den *zweiseitigen* erfolgsunwirksamen und den *einseitigen* erfolgswirksamen Bewegungen. Insgesamt kann man also im Gegenfonds vier Klassen von Bewegungen unterscheiden.

Die in der Literatur, namentlich in den USA, vielfach umstrittene Frage, wie die *Abschreibungen* einzuordnen sind, löst sich zwanglos im System der zahlungsorientierten Buchung. Allgemein erscheinen rechnungstechnische (unbare) Aufwendungen und Erträge in den Fonds als Nachausgaben beziehungsweise Nacheinnahmen. Sie stellen dort zweifelsfrei Aktivminderungen (Herkünfte) beziehungsweise Passivminderungen (Verwendungen) dar. In den Gegenfonds treten spiegelbildlich (nach dem Prinzip der Gegenbuchung in der Doppik) die Aufwendungen als Mittelverwendung und die Erträge als Mittelherkunft auf. Beide Posten sind im Gewinn oder in dessen Komponenten enthalten. Diese Zusammenhänge zeigen deutlich die Abbildungen 58 und 68. Unter den Nachausgaben befinden sich unter anderem die Abschreibungen (6) und der Warenverbrauch (32).

Daß die Abschreibungen kein Mittel der Geldbeschaffung sind, ist zu selbstverständlich, als daß dies überhaupt diskutiert werden sollte. Wenn man von *Kapitalzufluß aus Abschreibungsmitteln* spricht, so meint man damit die in den Verkaufserlösen steckenden kalkulierten Abschreibungen, ein Tatbestand, der nichts mit dem Finanzflußproblem zu tun hat.

Daß Nachausgaben als rechnungstechnische, unbare Ausgaben keine originäre Mittelbeschaffung in dem Sinne bedeuten, daß Mittel von außen der Unternehmung zufließen, ist ebenfalls unbestreitbar. Dennoch handelt es sich finanzflußmäßig um *Aktivminderungen,* die angeben, wodurch Finanzbewegungen hervorgerufen werden, also als *Mittelherkünfte* anzusehen sind. Handelt es sich um eine Minderung von Forderungen durch Bezahlung, so liegt tatsächlich ein Geldzufluß vor. Aber auch hier bedeutet die Aktivminderung eine Vermögensumschichtung, eine Umwandlung von Forderungen in Bargeld. Bei Nachausgaben findet jedoch kein Geldzufluß statt, sondern ein Verbrauch von Anlagen, Waren oder Erzeugnissen. Nur *mittelbar* kann man von einem Mittelzufluß sprechen, wenn der verrechnete Aufwand im Erlös gedeckt ist.

Sofern Abschreibungen in selbsterstellten Anlagen und Erzeugnissen aktiviert werden, stehen sich Rückeinnahmen und Nachausgaben erfolgsunwirksam gegenüber. Es handelt sich auch hier um Umschichtungen innerhalb des Vermögens.

Diese Betrachtungen zeigen deutlich, wie wichtig die *Unterscheidung* ist zwischen der *Nachausgabe* als Habenbuchung und der zugehörigen Gegenbuchung als Sollbuchung, die den *Güterverbrauch (Aufwand)* repräsentiert.

Auf der ungenügenden Differenzierung dieses Zusammenhangs beruhen die vielen Mißverständnisse und unfruchtbaren Diskussionen des leidigen Abschreibungsthemas.

Auf die Darstellung der übrigen Grundtypen wird verzichtet. Sämtliche Zahlen sind bereits in der Abbildung 58 enthalten. In allen Fällen ermöglichen die Fondsbewegungsbilanzen eine genaue Finanzanalyse der Mittelherkunft und Mittelverwendung. Es kommt lediglich darauf an, die Gegenbuchungen zu den Zahlungsvorgängen der Fonds sichtbarzumachen.

Für die *indirekte Ermittlung der erfolgswirksamen Fondsveränderung* (Anteil am Gesamterfolg) gilt allgemein die Regel:

Jahreserfolg (Reingewinn)
\+ aufwandswirksame Ausgaben des Gegenfonds, die den betrachteten Fonds *nicht* vermindert haben
− ertragswirksame Einnahmen des Gegenfonds, die den betrachteten Fonds *nicht* vermehrt haben
= *Anteil des betrachteten Fonds* am Jahreserfolg (Reingewinn).

Diese Rechnung wurde bereits für die erfolgswirksame Veränderung des *Bargeldfonds* (cash flow from operations) durchgeführt; das Ergebnis betrug DM 50.000,−

Wichtig ist die Feststellung, daß eine genaue und vollständige Erfassung der Mittelverwendungen und Mittelherkünfte nur mit *Bewegungsbilanzen* möglich ist. Bei Benutzung von Veränderungsbilanzen findet eine weniger durchsichtige und aussageschwächere Saldierung der verschiedenen Ursachen statt. Die bewirkenden Vorgänge lassen sich daher nur in Ausnahmen feststellen. Sonst muß man auf die Bewegungen selbst zurückgreifen.

(2) Mischtypen der Teilfinanzflußbilanzen

Von den Mischtypen sollen nur für zwei Fonds die ergänzenden Teilfinanzflußbilanzen erörtert werden: für das Netto-Umlaufvermögen und für die kurzfristig verfügbaren Netto-Geldmittel. Die übrigen Fälle kann der Leser aus den Unterlagen der Erfolgsbilanz selbst mit Leichtigkeit ableiten.

Die Fondsbewegungsbilanz für das *Netto-Umlaufvermögen* ist in Abbildung 61 mit den Zahlen der 2. Erfolgsperiode dargestellt. Die *bereinigte Gegenfonds-Bewegungsbilanz* zeigt Abbildung 70. Gegenfonds ist hier das Netto-Anlagevermögen. Die Addition von Fonds und Gegenfonds führt zum Nullausgleich ohne Saldo. Die Bereinigung der vollständigen Bilanz beruht auf einer erfolgsunwirksamen Buchung:

Rückeinnahmen − wechselbezügliche Vorausgaben DM 100,− (21)

Für dieses Beispiel wird in Abbildung 71 die *Finanzanalyse* der Herkunft und Verwendung der Fondsmittel für die einzelnen Zahlungsbewegungen durchgeführt. Die Ziffern in Klammern geben den zugehörigen Geschäftsvorfall der 2. Erfolgsperiode an. Die Buchstaben in Klammern vor dem Betrag (von a bis z und α bis γ) weisen auf die kompensierten Buchungen im Fonds hin, die die Höhe des Fonds nicht beeinflussen. In einer zweiten Klammer hinter dem Betrag ist der Buchstabe der kompensierenden Fondsbuchung angegeben. Durch ein G sind die Buchungen angegeben, die in Fonds und Gegenfonds auftreten und deren Höhe verändern. Auf diese Weise sind sowohl die fondsinternen als auch fondsexternen Herkünfte und Verwendungen der Fondsbewegungen nachgewiesen. Wie man erkennen kann, ist die Finanzanalyse auch hier allein aufgrund einer tiefgegliederten Fondsbewegungsbilanz (Abbildung 61) möglich.

Abb. 70. Bereinigte Gegenfonds-Bewegungsbilanz für das Netto-Umlaufvermögen (zur Fondsbewegungsbilanz in Abbildung 61)

I. *Fondsmittelverwendung* (Gegenfondseinnahmen)			
1. Langfristige *Tilgungseinnahmen* für wechselbezügliche Vorausgaben (26)			6.000,–
2. Langfristige *Nacheinnahmen* (7)			45,–
			6.045,–
3. *Aufwendungen:*			
Barausgaben	10.000,–	(18)	
Vorausgaben	5.350,–	(18, 21, 31)	
Tilgungsausgaben	2.000,–	(27)	
Nachausgaben	173.450,–	(4, 6, 21, 25, 32)	190.800,–
			196.845,–
II. *Fondsmittelherkunft* (Gegenfondsausgaben)			
1. Langfristige *wechselbezügliche Vorausgaben* (21, 23)			8.900,–
2. Langfristige *Tilgungsausgaben* für wechselbezügliche Voreinnahmen (29)			3.090,–
3. Langfristige *Nachausgaben* (6, 21)			1.050,–
			13.040,–
4. *Erträge:*			
Bareinnahmen	60.000,–	(17)	
Voreinnahmen	153.120,–	(7, 17, 24)	
Tilgungseinnahmen	1.700,–	(28, 30)	
Nacheinnahmen	195,–	(7, 11)	215.015,–
			228.055,–
Saldo: Gegenfondsabnahme = Fondszunahme			– 31.210,–
			196.845,–

Abb. 71. Finanzanalyse des Netto-Umlaufvermögens nach Herkunft und Verwendung der Mittel (vergleiche Abbildungen 61 und 64)

Buchungen	*Betrag*		*Geschäftsvorfall*	*Soll*	*Haben*	*Herkunft/Verwendung*
I. *Herkünfte* der Fondseinnahmen						
	60.000,–	G	(17)	Bareinnahme	–	Ertrag: Warenverkäufe bar
(a)	90.000,–	(z)	(14)	Bareinnahme	Tilgungsausgabe	Tilgung von Kundenforderungen
(b)	120,–	(α)	(20)	Bareinnahme	Tilgungsausgabe	Tilgung der Zinsforderung
(c)	400,–	(β)	(24)	Bareinnahme	Tilgungsausgabe	Tilgung der Provisionsforderung
(d)	120.000,–	(γ)	(27)	Bareinnahme	Tilgungsausgabe	Tilgung von Kundenforderungen
	4.900,–	G	(21)	Bareinnahme	Vorausgabe	Passivierung der Darlehnsschuld abzüglich Disagio
	4.000,–	G	(23)	Bareinnahme	Vorausgabe	Passivierung der Kapitaleinlage
	3.090,–	G	(29)	Bareinnahme	Tilgungsausgabe	Tilgung der Darlehnsforderung zuzüglich Agio
	282.510,–					
	120,–	G	(7)	Voreinnahme	–	Erträge: Aktivierung der Zinsforderung
	150.000,–	G	(17)	Voreinnahme	–	Warenverkäufe gegen Ziel
	3.000,–	G	(24)	Voreinnahme	–	Aktivierung der Provisionsforderung
	153.120,–					
(e)	3.000,–	(p)	(19)	Tilgungseinnahme	Barausgabe	Tilgung von Aufwandsschulden
(f)	2.000,–	(q)	(25)	Tilgungseinnahme	Barausgabe	Tilgung von Mietschulden
(g)	800,–	(s)	(30)	Tilgungseinnahme	Barausgabe	Tilgung von Prozeßrückstellungen
(h)	5.600,–	(t)	(31)	Tilgungseinnahme	Barausgabe	Tilgung von Steuerrückstellungen
(i)	50.000,–	(u)	(15)	Tilgungseinnahme	Barausgabe	Tilgung von Lieferschulden
(k)	3.000,–	(v)	(22)	Tilgungseinnahme	Barausgabe	Tilgung von Lieferschulden
(l)	100.000,–	(w)	(28)	Tilgungseinnahme	Barausgabe	Tilgung von Lieferschulden
	1.500,–	G	(28)	Tilgungseinnahme	–	Erträge: Lieferergutschrift
	200,–	G	(30)	Tilgungseinnahme	–	Auflösung der restlichen Prozeßrückstellung
	166.100,–					
(m)	130.000,–	(y)	(16)	Rückeinnahme	Vorausgabe	Aktivierung von Wareneinkäufen auf Ziel
(n)	50.000,–	(x)	(16)	Rückeinnahme	Barausgabe	Aktivierung von Wareneinkäufen bar
(o)	400,–	(r)	(25)	Rückeinnahme	Barausgabe	Aktivierung der Mietabstandszahlung
	180.400,–					
	150,–	G	(11)	Nacheinnahme	–	Ertrag: Gleisbenutzung

Buchungen	*Betrag*		*Geschäftsvorfall*	*Soll*	*Haben*	*Herkunft/Verwendung*
II. *Verwendungen* der Fondsausgaben						
	10.000,–	G	(18)	–	Barausgabe	Aufwand: Handlungsaufwand bar
(p)	3.000,–	(e)	(19)	Tilgungseinnahme	Barausgabe	Tilgung von Aufwandsschulden
(q)	2.000,–	(f)	(25)	Tilgungseinnahme	Barausgabe	Tilgung von Mietschulden
(r)	400,–	(o)	(25)	Tilgungseinnahme	Barausgabe	Tilgung von Mietschulden
(s)	800,–	(g)	(30)	Tilgungseinnahme	Barausgabe	Tilgung von Prozeßrückstellungen
(t)	5.600,–	(h)	(31)	Tilgungseinnahme	Barausgabe	Tilgung von Steuerrückstellungen
(u)	50.000,–	(i)	(15)	Tilgungseinnahme	Barausgabe	Tilgung von Lieferschulden
(v)	3.000,–	(k)	(22)	Tilgungseinnahme	Barausgabe	Tilgung von Lieferschulden
(w)	100.000,–	(l)	(28)	Tilgungseinnahme	Barausgabe	Tilgung von Lieferschulden
(x)	50.000,–	(n)	(16)	Rückeinnahme	Barausgabe	Aktivierung von Wareneinkäufen bar
	6.000,–	G	(26)	Tilgungseinnahme	Barausgabe	Barentnahme von Kapital
	230.800,–					
	3.500,–	G	(18)	–	Vorausgabe	Aufwand: Passivierung von Handlungsaufwand auf Ziel
	250,–	G	(21)	–	Vorausgabe	Passivierung von Zinsen
	1.600,–	G	(31)	–	Vorausgabe	Passivierung von Steuerrückstellungen
(y)	130.000,–	(m)	(16)	Rückeinnahme	Vorausgabe	Aktivierung von Wareneinkäufen gegen Ziel
	135.350,–					
(z)	90.000,–	(a)	(14)	Bareinnahme	Tilgungsausgabe	Einzahlungen der Abnehmer
(α)	120,–	(b)	(20)	Bareinnahme	Tilgungsausgabe	Einzahlung von Zinsen
(β)	400,–	(c)	(24)	Bareinnahme	Tilgungsausgabe	Einzahlung von Provision
(γ)	120.000,–	(d)	(27)	Bareinnahme	Tilgungsausgabe	Einzahlungen der Abnehmer
	2.000,–	G	(27)	–	Tilgungsausgabe	Aufwand: Forderungsausfall
	212.520,–					
	1.000,–	G	(4)	–	Nachausgabe	Aufwand: Versicherungsprämie
	1.400,–	G	(25)	–	Nachausgabe	Mietabstand
	170.000,–	G	(32)	–	Nachausgabe	Warenverbrauch
	172.400,–					

Für den Fonds in Abbildung 71 läßt sich unter Heranziehung des Gegenfonds in Abbildung 70 die schon früher benutzte Regel anwenden:

Jahreserfolg (Reingewinn)	24.215,–
+ Nachausgaben, die den betrachteten Fonds *nicht* mindern (6, 21)	1.050,–
	25.265,–
– Nacheinnahmen, die den betrachteten Fonds *nicht* vermehren (7)	45,–
Anteil des Netto-Umlaufvermögens am Reingewinn	25.220,–

Zum *Vergleich* erhält man aus Abbildung 71:

Erträge		*Aufwendungen*	
Bareinnahmen	60.000,–	Barausgaben	10.000,–
Voreinnahmen	153.120,–	Vorausgaben	5.350,–
Tilgungseinnahmen	1.700,–	Tilgungsausgaben	2.000,–
Nacheinnahmen	150,–	Nachausgaben	172.400,–
	214.970,–		189.750,–
Anteil des Fonds am Reingewinn			25.220,–
			214.970,–

Abb. 72. Bereinigte Gegenfonds-Bewegungsbilanz für die kurzfristig verfügbaren Netto-Geldmittel (vergleiche Abbildung 62)

	Zunahme	*Abnahme*	*Saldo*
I. *Beschaffung* und Absatz			
a) *Rückeinnahmen* (Verwendungen)			
(16) Wareneinkäufe bar	50.000,–		
(16) Wareneinkäufe gegen Ziel	130.000,–		
(25) Mietabstand bar	400,–		
Gesamteinnahme des Bereichs I	180.400,–		
b) *Aufwand* (Verwendungen)			
Barausgaben (18)	10.000,–		
Vorausgaben (18, 31)	5.100,–		
Tilgungsausgaben (27)	2.000,–		
Gesamtaufwand des Bereichs I	17.100,–		
c) *Ertrag* (Herkünfte)			
Bareinnahmen (17)		60.000,–	
Voreinnahmen (17, 24)		153.000,–	
Tilgungseinnahmen (28, 30)		1.700,–	
Gesamtertrag des Bereichs I		214.700,–	
Gegenfondsabnahme = Fondszunahme des *Bereichs I*			– 17.200,–

	Zunahme	Abnahme	Saldo
III. *Langfristige Forderungen und Schulden*			
a) *Tilgungseinnahmen* (Verwendungen)			
(26) Barentnahme	6.000,–		
b) *Vorausgaben* (Herkünfte)			
(21) Darlehnsaufnahme		4.900,–	
(23) Kapitaleinlage		4.000,–	
		8.900,–	
c) *Tilgungsausgaben* (Herkünfte)			
(29) Rückzahlung des gewährten Darlehns		3.090,–	
d) *Aufwand* (Verwendungen)			
Vorausgabe (21)	250,–		
e) *Ertrag* (Herkünfte)			
Voreinnahme (7)		120,–	
Gegenfondsabnahme = Fondszunahme des *Bereichs III*			– 5.860,–
*Gesamt*gegenfondsabnahme = *Gesamt*fondszunahme			– 23.060,–

Abbildung 72 gibt die bereinigte Gegenfonds-Bewegungsbilanz für die *kurzfristig verfügbaren Netto-Geldmittel* wieder (vergleiche Abbildung 62). Der Anlagenbereich II enthält nach Bereinigung keine Bewegungen.

Im Gegenfonds in Abbildung 72 sind folgende acht *interne Buchungen*, die die Höhe dieses Fonds nicht beeinflussen, eliminiert worden:

Nacheinnahme – Ertrag (7)	45,–	Agio
Nacheinnahme – Ertrag (11)	150,–	Gleisbenutzung
Rückeinnahme – Vorausgabe (21)	100,–	Disagio
Aufwand – Nachausgabe (4)	1.000,–	Versicherungsprämie
Aufwand – Nachausgabe (6)	1.000,–	Abschreibung
Aufwand – Nachausgabe (21)	50,–	Disagio
Aufwand – Nachausgabe (25)	1.400,–	Mietabstand
Aufwand – Nachausgabe (32)	170.000,–	Warenverbrauch

Der Fonds in Abbildung 62 enthält folgende 11 *interne Buchungen*, die seine Höhe nicht beeinflussen:

Verwendungen	*Herkünfte*			
a) *Bereich I:*				
Bareinnahmen	– Tilgungsausgaben	(14)	90.000,–	Einzahlungen der Abnehmer
Bareinnahmen	– Tilgungsausgaben	(24)	400,–	Zinszahlungen
Bareinnahmen	– Tilgungsausgaben	(27)	120.000,–	Einzahlungen der Abnehmer

Verwendungen	*Herkünfte*			
Tilgungseinnahmen –	Barausgaben	(19)	3.000,–	Bezahlung des Kreditaufwands
Tilgungseinnahmen –	Barausgaben	(25)	2.000,–	Mietabstands-zahlung
Tilgungseinnahmen –	Barausgaben	(30)	800,–	Zahlung des Prozeßaufwands
Tilgungseinnahmen –	Barausgaben	(31)	5.600,–	Steuerzahlung
Tilgungseinnahmen –	Barausgaben	(15)	50.000,–	Zahlungen an Lieferer
Tilgungseinnahmen –	Barausgaben	(28)	100.000,–	Zahlungen an Lieferer

b) *Bereich II:*

Tilgungseinnahmen –	Barausgaben	(22)	3.000,–	Bezahlung der Einrichtung

c) *Bereich III:*

Bareinnahmen –	Tilgungsausgaben	(20)	120,–	Zinseinnahmen für Darlehn

Für die übrigen Bewegungen in Abbildung 62 liefert Abbildung 72 die zugehörigen Verwendungen und Herkünfte.

Für alle in Literatur und Praxis entwickelten *Varianten* der genannten Mischtypen lassen sich in gleicher Weise aus den Bewegungs- oder Veränderungsbilanzen Gegenfondsbilanzen sowie finanzanalytische Verwendungs- und Herkunftsaufstellungen in jeder gewünschten Form- und Inhaltsgestaltung ableiten. Voraussetzung ist eine genügend spezifizierte Buchungsmatrix der betrachteten Periode.

Sollen in Finanzflußrechnungen als Ursachen von Fondsveränderungen auch die *Komponenten des Periodenerfolges* im einzelnen aufgezeigt werden, so ist neben der Erfolgsbilanz auch die zugehörige detaillierte Aufwands- und Ertragsrechnung zu berücksichtigen. In den Gegenfondsbilanzen wird der Periodenerfolg durch die ihn bewirkenden Aufwendungen und Erträge ersetzt.

In der praktischen Handhabung können die Aufwendungen und Erträge in verschiedenen Stufen *saldiert* werden. Neben den neutralen Aufwendungen und Erträgen (Neutralerfolg) kann zum Beispiel der operative Betriebserfolg gesondert ausgewiesen werden. Von diesem können die Verwaltungs- und Vertriebsaufwendungen sowie Nebenerträge abgesetzt werden, so daß der Herstellungserfolg verbleibt.

Ferner kann man die *Gewinnverteilung* berücksichtigen, indem man die dadurch entstandenen Posten, wie zum Beispiel Dividenden- beziehungsweise Gewinnausschüttung (Bar- oder Vorausgaben), Zuweisungen zu Rücklagen, Tantiemenzahlungen und Zuflüsse zum Wohlfahrtsfonds neben dem Gewinnvortrag (Reingewinn nach Gewinnverteilung) statt des Periodenerfolges oder zusätzlich zu ihm in die Rechnung einsetzt. Im Verlustfalle sind Tilgungseinnahmen (oder Voreinnahmen) als Gegenposten zu buchen.

Bei *unsaldierter* Rechnung stellen die Aufwendungen, Ertragsminderungen, vorläufigen Aufwendungen und Minderungen vorläufiger Erträge Fondsmittelverwendungen, dagegen die Erträge, Aufwandsminderungen, vorläufigen Erträge und Minderungen vorläufiger Aufwendungen Fondsmittelherkünfte dar. Die Fondsmittelverwendungen ergänzen die Gegenfondseinnahmen, das heißt, die Zunahme aktiver und die Abnahme passiver Gegenfondsbestände. Die Fondsmittelherkünfte treten zu den Gegenfondsausgaben, das heißt, zu den Zunahmen passiver und den Abnahmen aktiver Gegenfondsbestände, hinzu.

Grundsätzlich ist hervorzuheben, daß bei Vorkommen vorläufiger Aufwendungen und Erträge sowie deren Minderungen der unsaldierten Rechnung der Vorzug zu geben ist, da durch die Saldierungen die Zuordnung zu Mittelverwendungen und -herkünften des Fonds nicht immer möglich ist und man doch auf die unsaldierten Beträge zurückgreifen muß.

Es ist wichtig, die fondsinternen und die gegenfondsinternen Buchungen gesondert zu betrachten oder auszusondern. Die *fondsinternen* Buchungen zeigen nur die fondsinternen Verwendungen und Herkünfte, die sich kompensieren und die Gesamthöhe des Fonds unverändert lassen. Die *gegenfondsinternen* Buchungen haben nur für den Gegenfonds Interesse und sollten daher ausgeschieden werden (bereinigte Gegenfondsbilanzen). Lediglich die *fondsexternen* Buchungen zeigen Verwendungen und Herkünfte der Fondsbewegungen, die die Fondshöhe per Saldo verändern. Für eine lückenlose Finanzanalyse eines Fonds sind daher fondsinterne und -externe Ursachen zu berücksichtigen (vergleiche Abbildung 71).

Fonds- und Gegenfondsbilanzen lassen sich nach vielen Gesichtspunkten gliedern, so daß sich *Bereiche* ergeben, denen die Posten der Bilanz und der Gewinn- und Verlustrechnung zugeordnet werden. In der Praxis erweist es sich als zweckdienlich, zum Beispiel den operativen Umsatzbereich, den Personalbereich, den Anlagenbereich, eventuell getrennt nach Real- und Finanzinvestitionen, den langfristigen Kapitalbereich, eventuell getrennt nach Fremd- und Eigenkapital, Gewinnverteilung und Rücklagen, den Geldbereich mit liquiden Mitteln, kurzfristigen Forderungen und Schulden, einen allgemeinen Bereich einschließlich Steuern und einen Restbereich mit außerordentlichen und finanzwirtschaftlichen Aufwendungen und Erträgen, Buchverlusten und -gewinnen zu unterscheiden. Den Umsatzbereich kann man zusätzlich zum Beispiel in den Beschaffungs-, Herstellungs- und Absatzbereich aufteilen. Jeder Bereich liefert als Saldo einen Beitrag zur Fonds- und Gegenfondsveränderung, zur Verwendung und Herkunft von Fondsmitteln. Erfolgswirksame Beträge lassen sich dabei gesondert ausweisen. Den *Gliederungsmöglichkeiten* der Fonds und Gegenfonds sind keine Grenzen gesetzt, so daß die Literatur eine Fülle von Vorschlägen aufweist. Im Einzelfall wird die Gliederung durch den Buchungszweck und den gewünschten finanzanalytischen Einblick in die Zusammenhänge bestimmt.

Alle in Literatur und Praxis zur Bargeldfonds- und Gegenfondsrechnung (Geldflußrechnung) entwickelten Techniken lassen sich auf die Bewegungs- oder Veränderungsbilanz zurückführen. Sie arbeiten daher sämtlich nach dem gleichen Grundprinzip der Erfolgsrechnung. Sie unterscheiden sich nur durch verschiedene Gliederungen und Saldierungen der Erfolgsbilanz und Gewinn- und Verlustrechnung.

b) Gesamtfinanzflußbilanzen

Soll allgemein für eine vergangene Periode bestimmt werden, aus welchen Quellen das Kapital der Unternehmung zugeflossen ist und für welche Zwecke es verwendet wurde, ist eine Fondsbildung mit zugehöriger Gegenfondsanalyse nicht erforderlich. Es ist vielmehr die vollständige Bewegungs- oder Veränderungsbilanz zugrundezulegen und die detaillierte Aufwands- und Ertragsrechnung (möglichst brutto, aber auch netto) in diese einzusetzen. Der *gesamte doppelte Abschluß* wird zu einer Einheit vereinigt: die Bewegungsbilanz als Urform des Abschlusses der Zahlungskonten und der Gegenabschluß der Erfolgskonten.

Diese Gesamtaufstellung aller Einnahmen und Aufwendungen auf der linken Seite und aller Ausgaben und Erträge auf der rechten Seite kann sowohl als *Totalfonds* als auch als *Total-Gegenfonds* betrachtet werden. Als Gegenfonds enthält sie zugleich auf der linken Seite die Mittelverwendungen (Kapitalinvestitionen) und auf der rechten Seite die Mittelherkünfte (Kapitalquellen). Jeder *Habenposten* (Ausgabe oder Ertrag) gibt die finanzielle Herkunft an für einen bestimmten *Sollposten* (Einnahme oder Aufwendung), der die finanzielle Verwendung darstellt. Zu jeder Veränderung eines Bestandes der *einen* Seite gehört die gleiche Veränderung eines Gegenbestandes der *anderen* Seite, wobei Aufwendungen und Erträge als Veränderungen des Eigenkapitalbestandes anzusehen sind. Dieser Zusammenhang ist eindeutig und lückenlos. Um ihn sichtbar zu machen, müssen alle Posten nach dem Zahlungs- und Erfolgscharakter ausreichend durchgegliedert und differenziert werden. Bei Veränderungsbilanzen und saldierter Gewinn- und Verlustrechnung entstehen die bereits hervorgehobenen Schwierigkeiten. Die Gesamtaufstellung aller Periodenbuchungen kann somit als Gesamtfinanzfluß- oder *Gesamtkapitalflußrechnung* bezeichnet werden. Sie erfaßt den Fluß aller Güterbewegungen durch Zahlungsvorgänge.

Zur Darstellung der Gesamtfinanzflußrechnung greift man zweckmäßig auf die Abbildungen 14 und 58 zurück, die die Bewegungsbilanz in erweiterter Form enthalten. In diese ist statt des Periodenerfolges als Saldo die unsaldierte Aufwands- und Ertragsrechnung einzusetzen. Für die 2. Erfolgsperiode ergibt sich Abbildung 73. Die korrespondierenden Buchungen sind durch die Buch-

Abb. 73. Gesamtfinanzflußrechnung als Bewegungsbilanz (mit Zahlen der 2. Erfolgsperiode)

A. *Einnahmen und Aufwendungen (Mittelverwendungen)*		
I. *Bareinnahmen*		
1. *Erfolgswirksame* Bareinnahmen		(a) 60.000,–
2. *Zeitraumneutrale* Bareinnahmen		
a) Ausgleichseinnahmen für erfolgswirksame Voreinnahmen	210.520,– (b)	
b) Ausgleichseinnahmen für Reservat-Voreinnahmen	–,–	
c) Reservateinnahmen	–,–	210.520,–
3. *Wechselbezügliche* Bareinnahmen		
a) Schuldeinnahmen	4.900,– (c)	
	4.000,– (d)	
b) Ausgleichseinnahmen für wechselbezügliche Voreinnahmen	3.090,– (e)	11.990,–
		282.510,–
II. *Voreinnahmen*		
1. *Erfolgswirksame* Voreinnahmen (kurzfristig)	153.120,– (f)	
2. *Zeitraumneutrale* Reservat-Voreinnahmen	–,–	
3. *Wechselbezügliche* Voreinnahmen	–,–	153.120,–
III. *Tilgungseinnahmen*		
1. für *erfolgswirksame* Vorausgaben (kurzfristig)	11.400,– (g)	
2. für *zeitraumneutrale* Vorratsausgaben (kurzfristig)	153.000,– (h)	
3. für *wechselbezügliche* Vorausgaben (totalfristig)	6.000,– (i)	
4. Erfolgswirksame *Tilgungsabweichungen* (kurzfristig)	1.700,– (k)	172.100,–

IV. *Rückeinnahmen* (Vorräte)		
kurzfristig	130.000,– (l)	
	50.000,– (m)	
langfristig	400,– (n)	
	100,– (o)	180.500,–
V. *Nacheinnahmen* (aus Reservaten)		
kurzfristig	150,– (p)	
langfristig	45,– (p)	195,–
VI. *Aufwendungen:* Gegenbuchungen		
zu Barausgaben	10.000,– (q)	
zu Vorausgaben	5.350,– (r)	
zu Tilgungsausgaben	2.000,– (s)	
zu Nachausgaben	173.450,– (t)	190.800,–
Gesamtsumme		979.225,–

B. *Ausgaben und Erträge (Mittelherkünfte)*

I. *Barausgaben*		
1. *Erfolgswirksame* Barausgaben		(q) 10.000,–
2. *Zeitraumneutrale* Barausgaben		
a) Ausgleichsausgaben für erfolgswirksame Vorausgaben	11.400,– (g)	
	400,– (n)	
b) Ausgleichsausgaben für Vorrats-Vorausgaben	153.000,– (h)	
c) Vorratsausgaben	50.000,– (m)	214.800,–
3. *Wechselbezügliche* Barausgaben		
a) Forderungsausgaben	–,–	
b) Ausgleichsausgaben für wechselbezügliche Vorausgaben	6.000,– (i)	6.000,–
		230.800,–
II. *Vorausgaben*		
1. *Erfolgswirksame* Vorausgaben (kurzfristig)	5.350,– (r)	
2. *Zeitraumneutrale* Vorrats-Vorausgaben (kurzfristig)	130.000,– (l)	
3. *Wechselbezügliche* Vorausgaben		
langfristig	4.900,– (c)	
	100,– (o)	
totalfristig	4.000,– (d)	144.350,–
III. *Tilgungsausgaben*		
1. für *erfolgswirksame* Voreinnahmen (kurzfristig)	210.520,– (b)	
2. für *zeitraumneutrale* Reservat-Voreinnahmen	–,–	

3. für *wechselbezügliche* Voreinnahmen (langfristig)	3.090,– (e)	
4. Erfolgswirksame *Tilgungsabweichungen* (kurzfristig)	2.000,– (s)	215.610,–
IV. *Rückausgaben* (Reservate)		–,–
V. *Nachausgaben* (aus Vorräten)		
kurzfristig	172.400,– (t)	
langfristig	1.050,– (t)	173.450,–
VI. *Erträge:* Gegenbuchungen		
zu Bareinnahmen	60.000,– (a)	
zu Voreinnahmen	153.120,– (f)	
zu Tilgungseinnahmen	1.700,– (k)	
zu Nacheinnahmen	195,– (p)	215.015,–
Gesamtsumme		979.225,–

staben (a) bis (t) markiert. Die Sollposten sind Verwendungen zu den Habenposten als Herkünften. Dabei sind formal Bareinnahmen als Mittelverwendungen und Barausgaben als Mittelherkünfte anzusehen. Eine Unterteilung in kurzfristige und langfristige Bewegungen ist nach Abbildung 58 vorgenommen worden.

Die Gesamtfinanzflußrechnung inform der Bewegungsbilanz ist der *Mutterboden* für *alle* Teilfinanzflußrechnungen, Fonds- und Gegenfondsbilanzen. Sie enthält sämtliche Grund- und Mischtypen mit allen Varianten. Zu jedem Fonds kann aus ihr der zugehörige Gegenfonds abgelesen oder entnommen werden. Die gewünschte Liquiditäts- und Finanzanalyse ist lediglich eine Frage der Gruppierung und Gliederung der Posten und Buchungen.

In Abbildung 73 sind die Finanzflußbilanzen aller hier behandelten Beispiele enthalten.

In gleicher Weise lassen sich die *erfolgswirksamen Bewegungen* in der Gesamtfinanzflußrechnung in Abbildung 73 aussondern, das heißt, die erfolgswirksamen Bareinnahmen, Barausgaben, Voreinnahmen, Vorausgaben, Nacheinnahmen, Nachausgaben, Aufwendungen und Erträge sowie die erfolgswirksamen Tilgungseinnahmen und -ausgaben. In dieser erfolgswirksamen Finanzfluß-Bewegungsbilanz gleichen sich die erfolgswirksamen Einnahmen mit den Erträgen und die erfolgswirksamen Ausgaben mit den Aufwendungen aus. Diese Beträge sind mit den Buchstaben (a), (f), (k), (p), (q), (r), (s) und (t) in Abbildung 73 gekennzeichnet.

Die verbleibenden Posten bilden die *erfolgsunwirksame Finanzfluß-Bewegungsbilanz.* In ihr gleichen sich ebenfalls sämtliche Posten gegenseitig aus. Die korrespondierenden Buchungen sind in der Abbildung 73 durch die übrigen Buchstaben von (b) bis (v) markiert. Die Bilanzsumme ist auf beiden

Seiten DM 573.410,–. Sie deckt sich mit dem gleichen Betrag für die Summe der *zweiseitigen* Buchungen in den Abbildungen 25 und 28.

Wendet man die *materiale (gütermäßige) Deutung* der Buchungen auf die Gesamtflußrechnung an, so ergibt sich: Sämtliche Mittelverwendungen sind entweder Aktivzugänge, Passivabgänge oder Aufwendungen, sämtliche Mittelherkünfte dagegen Passivzugänge, Aktivabgänge oder Erträge. Aus Abbildung 73 erhält man zum Beispiel:

Erfolgsunwirksame		*Erfolgsunwirksame*	
Aktivzugänge	403.010,–	Passivzugänge	359.800,–
Passivabgänge	140.400,–	Aktivabgänge	213.610,–
	573.410,–		573.410,–
Erfolgswirksame		*Erfolgswirksame*	
Aktivzugänge	213.120,–	Passivzugänge	15.350,–
Passivabgänge	1.895,–	Aktivabgänge	175.450,–
Aufwendungen	190.800,–	Erträge	215.015,–
	405.815,–		405.815,–

Es sind allgemein 16 Vorgänge zu unterscheiden, die in Abbildung 74 zusammengestellt und mit den Zahlen der 2. Erfolgsperiode versehen sind. Sie sind durch die Ziffern (1) bis (16) gekennzeichnet und verteilen sich auf je 8 erfolgswirksame und erfolgsunwirksame Vorgänge (vergleiche Abbildung 40).

Es gibt eine Flut literarischer Vorschläge über Finanzflußrechnungen und eine Fülle praktischer Gestaltungsformen, die alle nur Varianten der hier entwickelten Grundform darstellen und auf bestimmte Zwecke und Verhältnisse abgestimmt sind. Dieser *Variationsreichtum* ist sinnvoll und verständlich, da die Bewegungsbilanz beliebig differenziert werden kann und daher unbegrenzt anpassungsfähig ist. Da in dieser Schrift nur die wesentlichen Zusammenhänge aufgezeigt werden, um damit alle Möglichkeiten der Adaption sichtbarzumachen, sollen nur wenige Besipiele behandelt werden. Im übrigen wird auf die Spezialliteratur verwiesen.

Als Vorläufer der späteren Weiterentwicklung ist *Bauer*[1] zu nennen, der als einer der ersten die Erfolgsbilanz für finanzanalytische Betrachtungen ausgewertet hat. Er bezeichnet seine Gesamtfinanzflußrechnung unscharf als „Bewegungsbilanz", obwohl es sich um eine *Veränderungsbilanz* handelt, die zum Teil mit *Bewegungen* durchsetzt ist. Die wichtige Unterscheidung zwischen Bruttobewegungen (Kontenumsätzen) und Nettoveränderungen (Umsatzsalden) macht Bauer ebensowenig wie auch heute noch die meisten Autoren. Daher kennt er die Differenzierung zwischen Bewegungs- und

[1] Bauer, Walter: Die Bewegungsbilanz und ihre Anwendbarkeit, insbesondere als Konzernbilanz. In: Zeitschrift für handelswissenschaftliche Forschung 1926.

Abb. 74. Allgemeine Buchungsvorgänge der Mittelverwendungen und Mittelherkünfte

A. *Mittelverwendungen*			
I. *Erfolgsunwirksame* Vorgänge:			
1. Aktivzugänge aus Passivzugängen			
(Erhöhung der Bilanzsumme)		(1)	189.400,–
aus Aktivabgängen			
(Aktivtausch)		(2)	213.610,–
			403.010,–
2. Passivabgänge aus Passivzugängen			
(Passivtausch)		(3)	170.400,–
aus Aktivabgängen			
(Senkung der Bilanzsumme)		(4)	–,–
			573.410,–
II. *Erfolgswirksame* Vorgänge:			
1. Aktivzugänge aus Erträgen		(5)	213.120,–
2. Passivabgänge aus Erträgen		(6)	1.895,–
3. Aufwendungen aus Aktivabgängen	175.450,–	(7)	
aus Passivzugängen	15.350,–	(8)	190.800,–
			979.225,–
B. *Mittelherkünfte*			
I. *Erfolgsunwirksame* Vorgänge:			
1. Passivzugänge aus Aktivzugängen			
(Erhöhung der Bilanzsumme)		(9)	189.400,–
aus Passivabgängen			
(Passivtausch)		(10)	170.400,–
			359.800,–
2. Aktivabgänge aus Aktivzugängen			
(Aktivtausch)		(11)	213.610,–
aus Passivabgängen			
(Senkung der Bilanzsumme)		(12)	–,–
			573.410,–
II. *Erfolgswirksame* Vorgänge:			
1. Passivzugänge aus Aufwendungen		(13)	15.350,–
2. Aktivabgänge aus Aufwendungen		(14)	175.450,–
3. Erträge aus Aktivzugängen	213.120,–	(15)	
aus Passivabgängen	1.895,–	(16)	215.015,–
			979.225,–

Veränderungsbilanz nicht. Dies hängt wohl auch damit zusammen, daß er in erster Linie eine *externe* Finanzanalyse im Auge hat. Ferner wird die detaillierte Aufwands- und Ertragsrechnung nicht berücksichtigt, sondern der Periodenerfolg global eingesetzt.

Ein spezielles Untersuchungsziel der Gesamtflußrechnung ist die Kontrolle der Finanzstruktur und ihrer Veränderungen, insbesondere des *finanzwirtschaftlichen Gleichgewichts* der Unternehmung. Dazu ist es notwendig, die Bewegungs- und Veränderungsbilanz beziehungsweise die Beständebilanz, nach der *Liquidierungsfrist* der Mittelverwendungen auf der Aktivseite und der Mittelherkünfte auf der Passivseite, in *Schichten der Fristentsprechung* aufzuteilen. Bei den Verwendungen handelt es sich um die Frist ihrer Bindung beziehungsweise zu erwartenden Wiederverflüssigung, bei den Herkünften um die Frist der zukünftigen Rückzahlung der Bilanzbestände. Die in dieser Weise gegliederte Gesamtfinanzflußbilanz, die von mir als *Deckungsbilanz* bezeichnete Bilanzform, hat *Ralf-Bodo Schmidt*[2] im Anschluß an Bauer näher untersucht. Der Ausdruck Deckungsbilanz weist darauf hin, daß die Bilanzschichten ersichtlich machen, inwieweit die Mittelverwendungen innerhalb der gleichen Liquidierungsfrist durch Mittelherkünfte gedeckt beziehungsweise über- oder unterdeckt sind.

Die deckungsorientierte Betrachtung hebt den Erfolgscharakter der Bilanz nicht auf, auch wenn man die Beständebilanz zugrundelegt. Von einer Statusbilanz kann daher nicht die Rede sein, zumal wenn man die Veränderungen oder Bewegungen heranzieht. Es handelt sich vielmehr um eine finanzwirtschaftliche Analyse der *Erfolgsbilanz* nach bestimmten Gesichtspunkten des Deckungsgleichgewichts, gegebenenfalls um eine Statusbetrachtung der Beständebilanz, die mit dem Erfolgsermittlungsziel verträglich ist.

Bei der Beurteilung der Deckungsbilanz ist kritisch zu bedenken, daß die *Bezeichnungen* Wiederverflüssigungserwartung und Rückzahlungsnotwendigkeit nur sehr bedingt zutreffen und lediglich auf die damit verbundenen Fristen als Erwartungsfristen bezogen werden dürfen. Für Nominalwerte besteht eine weitgehende Übereinstimmung mit den antizipierten Einnahmen oder Ausgaben, die nur gestört ist, soweit Tilgungsabweichungen (Forderungsausfälle, Schuldenminderungen) auftreten. Dagegen geben die Realgütervorräte nur die Investition in Ausgaben wieder, nicht dagegen die zu erwartenden Einnahmen bei Desinvestition. Die aktivierten Produktoren liefern im Regelfall überhaupt keine Einnahmen, sondern werden einem Transformationsprozeß unterworfen, der zu Endprodukten führt, die dann erst Erlöse hervorrufen.

[2] Schmidt, Ralf-Bodo: Die finanzwirtschaftliche Deckungsbilanz in der Unternehmung. Dissertation, Berlin 1952. – Derselbe: Die finanzwirtschaftliche Deckungsbilanz für private Unternehmungen. In: Betriebswirtschaftliche Forschung und Praxis 1953.

Zwischen diesen Einnahmen und den aktivierten Ausgaben besteht keine eindeutige Abbildungsrelation, so daß der zukünftige Erlös nicht exakt meßbar ist. Eine systemwidrige Bewertung der Realgüterbestände zu Tagesveräußerungspreisen hat überhaupt keinen Sinn. Entsprechende Überlegungen gelten auch für Realschulden.

Dieser *Mangel* der Deckungsbilanz verliert an Störungseffekt, wenn man sich den Charakter der Differenz Erlös-Ausgaben klarmacht. Es handelt sich dabei um den auf die Realgütervorräte entfallenden Anteil am künftigen Gewinn beziehungsweise Verlust, der nicht erfaßbar ist. Man verzichtet auf eine willkürliche Bemessung und weist die investierten, durch den späteren Erlös möglichst zu deckenden Ausgaben aus, die meßtheoretisch exakt bestimmbar sind. Die zukünftige Abweichung nach oben oder unten bleibt unberücksichtigt, so daß man einheitlich mit Anschaffungspreisen bewerten kann.

Es ist auf jeden Fall *abzulehnen,* die Bilanzposten selbst als Wiederverflüssigungserwartungen und Rückzahlungsnotwendigkeiten zu bezeichnen, sondern es sind terminologisch die einwandfreien Ausdrücke Mittelverwendungen (für Einnahmenbestände und Ausgabengegenwerte) und Mittelherkünfte (für Ausgabenbestände und Einnahmengegenwerte) zu benutzen.

Es kann nicht Aufgabe der Bilanz sein, das optimale finanzwirtschaftliche Gleichgewicht zu bestimmen. Wohl aber ist die Analyse der Wiederverflüssigungen und Rückzahlungen der Vergangenheit dazu geeignet, die Entwicklung des Finanzgleichgewichts für eine abgelaufene Periode zu zeigen. Sie weist aus, in welchem Umfange sich innerhalb der betrachteten Periode die Deckungsrelationen gleichfristiger Mittelverwendungen und Mittelherkünfte bewegt oder verändert haben. Die Beständebilanz am Anfang der betrachteten Periode gibt das Ausgangsgleichgewicht an, die Beständebilanz am Periodenende das bis dahin erreichte Finanzgleichgewicht der Fristentsprechungen. Die Bewegungsbilanz weist die Brutto-Bewegungen, die Veränderungsbilanz die Netto-Veränderungen der Bestände aus, die zu dem neuen fristbezogenen Gleichgewicht geführt haben.

Die Herkünfte von Mitteln auf der Passivseite sind entweder *Zuflüsse* neuer Mittel (Vorausgaben und Rückausgaben) oder ein *Freiwerden* angelegter Mittel (Tilgungsausgaben und Nachausgaben). Auf der Aktivseite bestehen die Verwendungen von Mitteln entweder in der *Festlegung* von Mitteln (Voreinnahmen und Rückeinnahmen) oder in *Abflüssen* vorhandener Mittel (Tilgungseinnahmen und Nacheinnahmen). Bareinnahmen und Barausgaben sind Bewegungen der noch nicht angelegten, liquiden Mittel. Die Bareinnahme entspricht formal einer Verwendung, die Barausgabe einem Freiwerden angelegter Mittel.

Die Wahl der *Fristgruppen* hängt vom verfolgten Zweck der Analyse ab. Als Beispiel sollen zur Vereinfachung hier nur drei Klassen unterschieden werden. (1) Dauernde, (2) langfristige oder (3) kurzfristige *Mittelverwendung* liegt vor, wenn die Wiederverflüssigung der Bestände, die die Verwendung verkörpern, (1) nach Ablauf der Totalperiode, (2) erst nach mehreren Perioden (Jahren) oder (3) schon nach Ablauf einer Periode (Jahr) erfolgt. Entsprechend ist (1) dauernde, (2) langfristige oder (3) kurzfristige *Mittelherkunft* gegeben, wenn die Rückzahlung der Bestände, die die Herkunft darstellen, (1) nach Ablauf der Totalperiode, (2) erst nach mehreren Perioden (Jahren) oder (3) schon nach Ablauf einer Periode (Jahr) vorgenommen wird. Die Langperiode kann in Jahre, die Kurzperiode in Monate, Wochen und Tage weiter unterteilt werden.

Abbildung 75 zeigt die *Deckungs-Veränderungsbilanz* für die 2. Erfolgsperiode.

Für Deckungsüberlegungen haben alle drei *Bilanzformen* Bedeutung. Die Beständebilanz gibt Einblick in die Gesamtsituation des Deckungsgleichgewichts am Bilanzstichtag. Bewegungen und Veränderungen, die zu diesem Gleichgewicht geführt haben, sind nicht ersichtlich. Bewegungs- und Veränderungsbilanzen weisen dagegen die in der abgelaufenen Periode erfolgten dynamischen Umschichtungen der finanziellen Deckungsverhältnisse aus, ohne ihr Resultat im Status erkennen zu lassen.

Obwohl die Deckungsbilanz zu einem großen Teil Erwartungsgrößen enthält, darf nicht übersehen werden, daß diese auf *Entscheidungen der Vergangenheit* beruhen, die am Ende der Periode bereits buchhalterisch erfaßt worden sind. Der *Zukunftsgehalt* der Bilanz ist somit erheblich eingeengt und schließt die Auswirkungen von Entscheidungen zukünftiger Perioden nicht ein. Es liegt also keine Prognoserechnung vor, die zukünftige Deckungsverhältnisse ausweist. Diese ist Aufgabe der Finanz- und Liquiditätsplanung und führt zu Planbilanzen.

Käfer[3] bevorzugt die *erfolgsunwirksame* Finanzfluß-Bewegungsbilanz und bezeichnet nur diese als die eigentliche Kapitalflußbilanz. Er betrachtet sie als eine *dritte Abschlußrechnung* neben der Beständebilanz und der Gewinn- und Verlustrechnung. Diese Auffassung ist vertretbar, wenn man von der saldierten Beständebilanz als erster Abschlußrechnung ausgeht. Ihr widerspricht jedoch die Tatsache, daß die Bestandsrechnung erst ein Verarbeitungsergebnis der ursprünglichen Abschlußzahlen ist, das aus der Urform der Bilanz, der Bewegungsbilanz, durch Fortschreibung der Anfangsbestände und Saldierung hervorgeht.

Als *erster Schritt des Abschlusses,* der sich nur auf die betrachtete Periode bezieht, ist die (echte) *Bewegungsbilanz* der Zahlungsvorgänge anzusehen. Sie

[3] Käfer, Karl: (Kapitalfluß).

Abb. 75. Deckungs-Veränderungsbilanz für die 2. Erfolgsperiode

A. *Mittelverwendungen* (Aktivmehrungen, Passivminderungen, eventuell Verlust)			
I. *Dauernde* Verwendung			
Abnahme Eigenkapital (23, 26)			2.000,–
II. *Langfristige* Verwendung			
Zunahme Disagio auf Darlehn (21)			50,–
Abnahme Rückzahlungsagio (7)			45,–
			95,–
III. *Kurzfristige* Verwendung			
Zunahme Kasse		51.710,–	
Provisionsforderungen (24)		2.600,–	
Warenbestand (16, 32)		10.000,–	64.310,–
Abnahme Verbindlichkeiten (15, 16, 18, 19, 22, 25, 28)		26.000,–	
Rückstellungen (30, 31)		5.000,–	
Vorausempfangene Gleisbenutzung (11)		150,–	31.150,–
			95.460,–
Verwendungen *insgesamt*			97.555,–
B. *Mittelherkünfte* (Passivmehrungen, Aktivminderungen, Gewi nn)			
I. *Langfristige* Herkunft			
Zunahme	Darlehnsschuld (21)		5.000,–
Abnahme	Darlehnsforderung einschließlich Rückzahlungsagio (29)	3.090,–	
	Abschreibung auf Einrichtung (6)	1.000,–	4.090,–
			9.090,–
II. *Kurzfristige* Herkunft			
Zunahme	Zinsschuld (21)		250,–
Abnahme	Debitoren (14, 17, 27)	62.000,–	
	Vorausbezahlte Versicherungsprämie (4)	1.000,–	
	Mietvorauszahlung (25)	1.000,–	64.000,–
			64.250,–
III. *Gewinn*			24.215,–
Herkünfte *insgesamt*			97.550,–

liefert die Unterlagen für alle finanzwirtschaftlichen Analysen der Liquiditätsentwicklung, der fristbezogenen Deckungsverhältnisse, der Mittelverwendungen und Mittelherkünfte, und zwar sowohl die erfolgswirksamen als auch die erfolgsunwirksamen Buchungen.

Der *zweite Abschluß,* der sich ebenfalls nur auf die betrachtete Periode erstreckt, führt dann in der Doppik zur *detaillierten Aufwands- und Ertrags-*

rechnung als Gegenrechnung zu den Zahlungsvorgängen. Dieser Gegenabschluß kann ohne weiteres für finanzanalytische Zwecke in die Bewegungsbilanz statt des Erfolgssaldos einbezogen werden, so daß die vollständige Gesamtflußrechnung entsteht.

Erst dann vollzieht sich als *dritter Schritt* die Umformung zur *Beständebilanz* zwecks Sicherung der Periodenkontinuität. So erhält man die stichtagbezogene Vermögens- und Kapitalrechnung.

Gegen die *nur* erfolgsunwirksame Kapitalflußrechnung lassen sich *weitere Bedenken* anmelden. Sie umfaßt nicht, wie Käfer selbst fordert, den gesamten Fluß der Finanzmittel durch die Unternehmung, sondern verzichtet auf die erfolgswirksamen Vorgänge, die ebenfalls zu Einnahmen und Ausgaben, Aktivzu- und -abgängen sowie Passivzu- und -abgängen führen. Sie fehlen mit ihren Mittelverwendungen und -herkünften. Die detaillierte Aufwands- und Ertragsrechnung ist hierfür kein Ersatz, da sie sich von den Zahlungsvorgängen löst und in bonitärer Deutung auf den Güterverbrauch und die Güterentstehung ausgerichtet ist. Die Käfersche Kapitalflußrechnung kann daher *nicht* als Gesamtfinanzflußrechnung angesehen werden. Diese eingeschränkte Kapitalflußrechnung ist nicht als dritter Jahresabschluß zu betrachten, sondern stellt den *primären Abschluß*, wenn auch nur *teilweise*, dar.

Der *Einwand*, daß die erfolgsunwirksame Finanzflußbilanz alle Zuflüsse von außen und Abflüsse nach außen enthalte und nur der innerbetriebliche Finanzstrom ausgeschlossen sei, der auf dem produktiven Unternehmungsprozeß beruhe, ist *nicht stichhaltig*. Wenn auch Aufwendungen und Erträge interne Transformationsvorgänge darstellen, so tragen doch die damit verbundenen Bewegungen der Aufwandsausgaben und Ertragseinnahmen den Charakter externer Finanzflüsse. Auch der Hinweis, daß der Periodenerfolg als Verteilungsgröße einbezogen und dadurch das Ergebnis der erfolgswirksamen Zahlungsvorgänge berücksichtigt werde, widerlegt nicht, daß die Finanzbewegungen selbst fehlen. Die Kapitalflußrechnung Käfers umfaßt nur einen *Ausschnitt* des gesamten Finanzmittelflusses.

V. Die Aufteilung der Gesamtfinanzflußrechnung in mehrere Fonds

Statt aus der Gesamtheit der Bilanzbestände nur einen Fonds auszuscheiden, können auch *mehrere verschiedene Fonds* aus diesen Beständen gebildet werden. Diese Aufteilung schlägt bereits *Vatter* in seiner Fund Theory of

Accounting vor[4]. Den ausgewählten Vermögenswerten (Aktiva) werden bestimmte Verbindlichkeiten (Passiva) als Restriktionen sowie Aufwendungen und Erträge zugeordnet. Die Verteilung dieser Passiven und der Erfolgselemente auf die einzelnen Fonds ist weitgehend problematisch beziehungsweise willkürlich. Generell verwendbare Zuordnungskriterien dürften sich kaum aufstellen lassen und werden daher auch von Vatter nicht angegeben. Der Saldo eines Fonds stellt einen Teil des Eigenkapitals (residual equity) der Unternehmung dar und gibt somit den *Beitrag des Fonds zum Eigenkapital* wieder.

Die *Fondsbildung* kann zum Beispiel nach Objekten des Leistungsprozesses (Produkten), nach Verrichtungsbereichen (Abteilungen) oder in Konzernen nach Unternehmungen, Teilbetrieben und Werken vorgenommen werden. Jeder Fonds ist einem bestimmten Zweck gewidmet und kann nach Bedarf auf jedes gewünschte Untersuchungsziel abgestimmt werden. In einem *Beispiel* unterscheidet Vatter sechs verschiedene Fonds: (1) Barbestände und Bankverbindlichkeiten, (2) Bankguthaben, Vorräte und Liefererschulden, (3) Finanzanlagen, (4) Eigenkapital, (5) Obligationen und deren Tilgungen und (6) Sachanlagen und langfristige Verbindlichkeiten. Aufwendungen und Erträge werden auf diese Fonds sinngemäß verteilt.

Für jeden ausgegliederten Fonds wird eine *Fondsbewegungsrechnung* aufgestellt, deren Saldo die Veränderung des jeweiligen Beitrags zum Eigenkapital angibt. Ferner wird für jeden Fonds die zugehörige *Finanzflußrechnung (Gegenfondsrechnung)* durchgeführt, aus der die Fondsmittelherkünfte und Fondsmittelverwendungen ersichtlich sind. Da die Bilanzbestände in mehrere Fonds aufgeteilt werden, treten in den Finanzflußrechnungen Überträge von oder zu anderen ausgegliederten Fonds auf. Außer diesen Überträgen kommen gegebenenfalls auch Bewegungen anderer nicht in Fonds zusammengefaßter Aktiven und Passiven vor, die den jeweils betrachteten Fonds betreffen.

Nach Vatter können die verschiedenen Fondsbewegungs- und Finanzflußrechnungen zu einer *konsolidierten Gesamtrechnung* vereinigt werden. In ihr addieren sich die Bestandserhöhungen und -verminderungen zu einer Veränderungsbilanz und die Aufwendungen und Erträge zum Periodenerfolg.

Die von Vatter angeregte Fondsrechnung folgt zwanglos aus der Bestands- und Bewegungsbilanz beziehungsweise Veränderungsbilanz. Es ist lediglich erforderlich, eine geeignete Fondsbildung vorzunehmen und die Bilanzen entsprechend aufzuteilen. Als Beispiel wählen wir wiederum die Zahlenunterlagen der 2. Erfolgsperiode. Dabei ist es zweckmäßig, entweder sämtliche Aktiven und Passiven lückenlos auf Fonds zu verteilen oder, falls nur be-

[4] Vatter, William J.: The Fund Theory of Accounting and its Implications for Financial Reports. Chicago 1947.

stimmte Fonds interessieren, die verbleibenden Aktiven und Passiven zu einem Restfonds zu vereinigen.

Es werden zur Vereinfachung nur *vier Fonds* unterschieden:

I. Bargeldbestand,
II. Kurzfristige Forderungen und Schulden, Vorräte und Reservate,
III. Langfristige Forderungen und Fremdkapital, Vorräte und Reservate,
IV. Eigenkapital einschließlich Rücklagen.

Die Fonds I und II ergeben zusammen das Netto-Umlaufvermögen, III und IV das Netto-Anlagevermögen.

Es liegt nahe, die beiden Fonds II und III in je zwei Fonds für Nominal- und Realwerte aufzuteilen. Dann ergeben sich sechs Fonds: (1) Bargeldfonds, (2) Kurzfristiger Nominalkreditfonds, (3) Kurzfristiger Realfonds, (4) Langfristiger Nominalkreditfonds, (5) Langfristiger Realfonds und (6) Eigenkapitalfonds. Die Fonds (1) und (2) ergeben zusammen den Fonds der kurzfristigen Netto-Geldmittel, die Fonds (1), (2) und (4) den Fonds des Netto-Nominalvermögens außer Eigenkapital. In der Abbildung 76 lassen sich diese verschiedenen Fonds leicht ablesen.

Aufgrund der Abbildungen 26 und 27 erhält man in Abbildung 76 die *Fonds-Beständebilanz mit mehreren Fonds* für die 2. Erfolgsperiode. Der Periodenerfolg ist darin nicht berücksichtigt worden, so daß er als offener Saldo erscheint. Die *Erfolgselemente* lassen sich jedoch wie folgt auf die Fonds verteilen:

Fonds II

Warenaufwand	170.000,–	Warenverkäufe	210.000,–
Handlungsaufwand	13.500,–	Provisionen	3.000,–
Abschreibungen auf Forderungen	2.000,–	Zinsen	120,–
Versicherung	1.000,–	Gutschrift von Lieferern	1.500,–
Zinsen	250,–	Auflösung der Prozeßrückstellung	200,–
Miete	1.400,–	Entschädigung für Gleisanschluß	150,–
Steuern	1.600,–		
	189.750,–		214.970,–

Fonds III

Abschreibungen auf Anlagen	1.000,–	Rückzahlungsagio	45,–
Disagio	50,–		
	1.050,–		
Gesamtsummen II und III	190.800,–		215.015,–
Saldo: Periodengewinn	24.215,–		
	215.015,–		

Abb. 76. Fondsbeständebilanz mit mehreren Fonds für die 2. Erfolgsperiode

Fonds I					
Barbestand (Kasse)		84.010,–			
Fonds II					
Kurzfristige Forderungen			Kurzfristige Schulden		
Warenforderungen	48.000,–		Warenschulden	58.500,–	
Provisionsforderungen	3.000,–		Zinsschulden	250,–	
Zinsforderungen	120,–	51.120,–	Sonstige Schulden	3.500,–	62.250,–
Kurzfristige Vorräte			Kurzfristige Reservate		
Waren		30.000,–	–		–,–
		81.120,–			62.250,–
Fonds III					
Langfristige Forderungen			Langfristige Schulden		
–		–,–	Darlehnsschuld		5.000,–
Langfristige Vorräte			Langfristige Reservate		
Geschäftseinrichtung	1.000,–		–		–,–
Disagio	50,–	1.050,–			
		1.050,–			5.000,–
Fonds IV					
			Eigenkapital	53.000,–	
			Gewinnvortrag	21.715,–	74.715,–
Gesamtsummen I bis IV		166.180,–			141.965,–
			Saldo: Periodengewinn		24.215,–
					166.180,–

Die *Fondssalden* stellen die Fondsbeiträge zum Eigenkapital dar:

Fonds I Soll	84.010,–	Fonds III Haben	3.950,–
II	18.870,–	IV	74.715,–
		Periodengewinn	24.215,–
	102.880,–		102.880,–

Oder einschließlich der Erfolgselemente:

Fonds I	84.010,–	Fonds II	6.350,–
		III	2.945,–
		IV	74.715,–
			84.010,–

Die *Fonds-Bewegungsbilanz* in Abbildung 77 läßt sich durch Aufteilung auf die vier Fonds aus Abbildung 73 ableiten. Sie enthält zugleich die *Gesamtfinanzflußrechnung* (Gegenfondsrechnung) mit den Mittelverwendungen und -herkünften. Zunächst werden die Fondseinnahmen und Aufwendungen als Mittelverwendungen und die Fondsausgaben und Erträge als Mittelherkünfte aufgezeichnet. Hinter den Beträgen wird in römischen Ziffern der Fonds angegeben, aus dem die verwendeten Mittel herkommen beziehungsweise in dem die abgeflossenen Mittel verwendet werden. Wie man sieht, bleiben die Mittel häufig im gleichen Fonds (fondsinterne Bewegungen). Nur die fondsexternen Bewegungen verändern die Höhe des Fonds.

Abb. 77. Fondsbewegungsbilanz und Gesamtfinanzflußrechnung mit mehreren Fonds für die 2. Erfolgsperiode

Fonds I: Bargeld			*Mittelherkünfte*
1. *Fondseinnahmen (Mittelverwendungen)*			*aus Fonds*
Erfolgswirksame Bareinnahmen			
Warenverkäufe bar	60.000,–	(a)	II
Zeitraumneutrale Bareinnahmen			
Bareinzahlungen der Abnehmer	210.000,–	(b)	II
Bareinzahlung von Zinsen	120,–	(b)	II
Bareinzahlung von Provisionen	400,–	(b)	II
Wechselbezügliche Bareinnahmen			
Empfangenes Darlehn netto	4.900,–	(c)	III
Kapitaleinlage	4.000,–	(d)	IV
Rückzahlung des gegebenen Darlehns einschließlich Agio	3.090,–	(e)	III
	282.510,–		
2. *Fondsausgaben (Mittelherkünfte)*			*Mittelverwendungen*
Erfolgswirksame Barausgaben			*in Fonds*
Handlungsaufwand bar	10.000,–	(q)	II
Zeitraumneutrale Barausgaben			
Bezahlung des Kreditaufwands	3.000,–	(g)	II
Mietabstandszahlung	2.000,–	(g)	II
	400,–	(n)	II
Prozeßaufwand bar	800,–	(g)	II
Steuerzahlung bar	5.600,–	(g)	II
Bezahlung der Lieferer	150.000,–	(h)	II
Bezahlung der Einrichtung	3.000,–	(h)	II
Wareneinkäufe bar	50.000,–	(m)	II
Wechselbezügliche Barausgaben			
Barentnahme	6.000,–	(i)	IV
	230.800,–		

Fonds II: Kurzfristige Forderungen und Schulden, Vorräte und Reservate

1. *Fondseinnahmen und Aufwendungen (Mittelverwendungen)*			*Mittelherkünfte aus Fonds*
Voreinnahmen			
erfolgswirksam:			
Zinsen	120,–	(f)	II
Warenverkäufe gegen Ziel	150.000,–	(f)	II
Provisionen	3.000,–	(f)	II
Tilgungseinnahmen			
Abnahme der Verbindlichkeiten	153.000,–	(h)	I
	3.000,–	(g)	I
Abnahme der Mietschuld	2.000,–	(g)	I
Abnahme der Rückstellungen	6.400,–	(g)	I
Gutschrift auf Liefererschulden	1.500,–	(k)	II
Auflösung der Rückstellungen	200,–	(k)	II
Rückeinnahmen			
Wareneinkäufe	130.000,–	(l)	II
	50.000,–	(m)	I
Mietabstand	400,–	(n)	I
Nacheinnahmen			
Gleisbenutzung	150,–	(p)	II
Aufwendungen			
Warenaufwand	170.000,–	(t)	II
Handlungsaufwand	10.000,–	(q)	I
	3.500,–	(r)	II
Abschreibungen auf Forderungen	2.000,–	(s)	II
Versicherungsprämie	1.000,–	(t)	II
Zinsen	250,–	(r)	II
Mieten	1.400,–	(t)	II
Steuern	1.600,–	(r)	II
	689.520,–		

2. *Fondsausgaben und Erträge (Mittelherkünfte)*			*Mittelverwendungen in Fonds*
Vorausgaben			
erfolgswirksam: Handlungsaufwand auf Ziel	3.500,–	(r)	II
Zinsen	250,–	(r)	II
Steuerrückstellungen	1.600,–	(r)	II
zeitraumneutral: Warenschulden	130.000,–	(l)	II
Tilgungsausgaben			
Abnahme der Kundenforderungen	210.000,–	(b)	I
	2.000,–	(s)	II
Abnahme der Zinsforderungen	120,–	(b)	I
Abnahme der Provisionsforderungen	400,–	(b)	I
Nachausgaben			
Versicherungsprämie	1.000,–	(t)	II
Mietabstand	1.400,–	(t)	II
Warenaufwand	170.000,–	(t)	II

Erträge			
Warenverkäufe	60.000,–	(a)	I
	150.000,–	(f)	II
Provisionen	3.000,–	(f)	II
Zinsen	120,–	(f)	II
Gutschrift der Lieferer	1.500,–	(k)	II
Auflösung der Prozeßrückstellung	200,–	(k)	II
Entschädigung für Gleisanschluß	150,–	(p)	II
	735.240,–		

Fonds III: Langfristige Forderungen und Fremdkapital, Vorräte und Reservate

1. *Fondseinnahmen und Aufwendungen (Mittelverwendungen)*			*Mittelherkünfte aus Fonds*
Rückeinnahmen			
Disagio	100,–	(o)	III
Nacheinnahmen			
Rückzahlungsagio	45,–	(p)	III
Aufwendungen			
Abschreibungen auf Anlagen	1.000,–	(t)	III
Disagio	50,–	(t)	III
	1.195,–		
2. *Fondsausgaben und Erträge (Mittelherkünfte)*			*Mittelverwendungen in Fonds*
Vorausgaben			
Darlehnsaufnahme	4.900,–	(c)	I
	100,–	(o)	III
Tilgungsausgaben			
Rückzahlung des gewährten Darlehns einschließlich Agio	3.090,–	(e)	I
Nachausgaben			
Disagio	50,–	(t)	III
Abschreibung auf Einrichtung	1.000,–	(t)	III
Erträge			
Rückzahlungsagio	45,–	(p)	III
	9.185,–		

Fonds IV: Eigenkapital und Rücklagen

1. *Fondseinnahmen (Mittelverwendungen)*			*Mittelherkünfte aus Fonds*
Tilgungseinnahmen			
Entnahme auf Kapital	6.000,–	(i)	I
2. *Fondsausgaben (Mittelherkünfte)*			*Mittelverwendungen in Fonds*
Vorausgaben			
Kapitaleinlage	4.000,–	(d)	I
Gesamteinnahmen	979.225,–		
Gesamtausgaben	979.225,–		

Im Fonds I liegen nur fondsexterne Bewegungen vor. In den Fonds II bis IV wird extern nur der Fonds I betroffen.

Hinter den Beträgen sind die Buchstaben in Klammern aus Abbildung 73 übernommen worden, so daß man die korrespondierenden Buchungen leicht auffinden kann.

Innerhalb der Fonds lassen sich die Einnahmen und Ausgaben nach sachlichen Gesichtspunkten vielfach ***untergliedern,*** um die finanzanalytischen Einsichten zu verbessern. Hier ist die bisher gewählte formale Unterscheidung beibehalten worden.

Die Summation der Salden führt zum *Ausgleich*, die der Aufwendungen und Erträge zum *Periodenerfolg*:

Fonds I	51.710,–	
II		45.720,–
III		7.990,–
IV	2.000,–	
	53.710,–	53.710,–

Fonds II Aufwendungen	189.750,–	Erträge	214.970,–
Fonds III Aufwendungen	1.050,–	Erträge	45,–
	190.800,–		215.015,–
Saldo: *Periodengewinn*	24.215,–		
	215.015,–		

Abschließend sei nochmals hervorgehoben, daß sich sämtliche Fondsbilanzen und Finanzflußrechnungen (Gegenfondsbilanzen) ohne oder mit Einbeziehung der detaillierten Gewinn- und Verlustrechnung (Aufwands- und Ertragsrechnung) aus der Bewegungs- beziehungsweise Veränderungsbilanz durch entsprechende Gruppierung und Gliederung ableiten lassen. Die *Bewegungsrechnung* ist die *Grundlage* für alle denkbaren Finanzanalysen und Liquiditätsuntersuchungen. Die erforderlichen Differenzierungen der Zahlenunterlagen bieten angesichts der hochentwickelten automatischen Datenverarbeitungsanlagen heute keine Schwierigkeiten mehr. Der Rückgriff auf die Buchungsmatrix der ursprünglichen Kontenbewegungen (Kontenumsätze) ist ohne weiteres durchführbar. Die Bewegungsbilanz ist das *primäre Informationsmaterial* der Finanzbuchhaltung und sollte daher den *Vorrang* vor der Beständebilanz haben.

Die Fonds- und Finanzflußrechnungen beziehen sich beim Abschluß der Finanzbuchhaltung auf Zahlungsströme, die durch Entscheidungen *in der Vergangenheit begründet* wurden. Sie haben sich entweder in der abgelaufenen

Periode bereits auf den Erfolg und die Finanzlage ausgewirkt oder werden sich in der Zukunft noch auswirken. Die Basis bildet stets die Vergangenheit mit ihren Dispositionen. Die Analyse vergangener Finanzbewegungen kann nur indirekt der Finanzplanung dienen, insofern Anhaltspunkte für in der Zukunft liegende Erwartungsgrößen im Wege von Rückkoppelungs- und Lernprozessen daraus gewonnen werden können.

Die skizzierten Ermittlungsmodelle lassen sich aber auch für echte *Zukunftsanalysen* und *Liquiditätsplanungen* verwenden, indem man prognostizierte Erwartungsgrößen einer zukünftigen Betrachtungsperiode einsetzt. Dann operiert man mit den Zahlen einer Plan-Bewegungsbilanz und einer detaillierten Plan-Erfolgsrechnung mit Planaufwendungen und Planerträgen. Diese zukünftigen Finanzströme müssen *außerhalb der Buchhaltung* durch zuverlässige Planungsmethoden bestimmt werden. Das Rechnungssystem dient dabei nur als konstruktiver Mechanismus für die rechnerischen Operationen. Bei den anzusetzenden Preisen handelt es sich nicht um stichtagbezogene Tageswerte, sondern um zu prognostizierende zukünftige Anschaffungswerte.

VI. Technik, Form und Gliederung der Kapitalflußrechnung

Ausgangsgrundlage aller Fluxionsrechnungen sind die Buchungstabellen beziehungsweise *Bewegungsmatrizen* (auch Umsatzmatrizen genannt), wie sie in den Zahlenbeispielen für zwei Erfolgsperioden benutzt wurden. Dabei kommen vor allem *zwei Formen* der Darstellung infrage.

In den Abbildungen 21 und 25 wurde als *erste Matrixform* die *chronologische Aufzeichnung* der Buchungen nach dem sogenannten *amerikanischen Journal* angewandt. Jede Buchung (Zeile) stellt einen Vektor dar. Die Gesamtheit aller Buchungen (Vektoren) ergibt die Bewegungsmatrix der Periode. Die Summenzeile entsteht durch Vektoraddition und weist die Periodenbewegungen insgesamt ebenfalls als Vektor aus. Aus einer solchen Matrix wurden sämtliche Bewegungs-, Veränderungs- und Beständebilanzen und aus diesen sämtliche Fonds- und Gegenfondsbilanzen abgeleitet. Sie ist also durchaus eine Ausgangsbasis für Fluxionsbilanzen und finanzanalytische Untersuchungen.

Die Matrizen der Abbildungen 21 und 25 können durch weitere Doppelspalten (Aufwand und Aufwandsminderungen, Ertrag und Ertragsminderungen) ergänzt werden. Dadurch werden die Vektoren und Matrizen um einige Komponenten erweitert. Dies ist in den Abbildungen 32 und 34 geschehen, und zwar zur Vereinfachung nur für die erfolgswirksamen Buchungen und durch eine einzige Doppelspalte (Aufwand, Ertrag). Alle übrigen Komponenten sind gleich Null.

Trennt man in Fondskonten und Gegenfondskonten, so wird die Matrix in *zwei Untermatrizen* zerlegt, die, jede für sich, die entsprechenden Fonds- und Gegenfondsbilanzen liefern.

Diese erste Matrixform entspricht der Umsatz-, Verkehrs- oder Probebilanz (ohne Anfangsbestände), wie sie als *Abschlußtabelle in der Praxis* gehandhabt wird. Die Buchungen werden einzeln und als Periodensummen eindimensional durch Vektoren ausgedrückt. Die Matrix ergibt sich als chronologische Folge der Buchungsvektoren. Sie ist besonders geeignet als Grundlage für die Ableitung der Erfolgsbilanz und der Gewinn- und Verlustrechnung und wurde daher zur zahlenmäßigen Illustration benutzt. Die Finanzanalyse vollzieht sich durch weitere Aufgliederung der Bewegungs- und Veränderungsbilanzen sowie der Aufwands- und Ertragsrechnung.

Die *zweite Matrixform* benutzt das Verfahren des sogenannten *deutschen Sammeljournals*, das die chronologische Folge durch die *sachliche Zuordnung* von Konto und Gegenkonto ersetzt. Für die 1. Erfolgsperiode (Abbildung 21) ist diese Darstellungsform in Abbildung 23 wiedergegeben worden. Zwangsläufig werden aufwandswirksame Ausgaben und ertragswirksame Einnahmen sichtbar. Hier treten die Einzelbuchungen unmittelbar *zweidimensional* als *quadratische Matrizen* auf. Die Gesamtmatrix der Periode ergibt sich als Summe dieser Einzelmatrizen. Man spricht auch von einer *Schachbrettform*. Bei dieser Matrixform kann man Zeilen- und Spaltenvektoren für die einzelnen Bewegungen unterscheiden. Aus ihr lassen sich die verschiedenen Fonds- und Finanzflußbilanzen direkt ablesen. Sie ist daher in besonderem Maße für Finanzanalysen und weniger für die Erfolgsrechnung geeignet. Die technische Handhabung soll anschließend näher erläutert werden.

Trennt man in Fonds- und Gegenfondskonten, so erhält man *vier Untermatrizen*, durch deren Kombination sich alle gewünschten Fluxionsbilanzen ableiten lassen[5].

In der *Praxis* ist es notwendig, die Kontentypen, die der Darstellung des Mechanismus der Erfolgsrechnung dienten, weitgehend aufzugliedern und zusammenhängende Konten nach Bedarf und Zwecksetzung in Gruppen zu vereinigen. Insbesondere ist es ratsam, für neutrale Aufwendungen und Erträge eigene Zeilen beziehungsweise Spalten zu bilden. In den Zahlenbeispielen und Abbildungen ist dies zur Illustration nach Möglichkeit auch geschehen.

In Ergänzung zu Abbildung 23 wird die 2. Erfolgsperiode in Abbildung 78 in der zweiten Matrixform dargestellt. Forderungen und Schulden werden in

[5] Vergleiche hierzu v. Wysocki, Klaus: Die Kapitalflußsicherung als integrierter Bestandteil des aktienrechtlichen Jahresabschlusses. In: Die Wirtschaftsprüfung 1971, S. 617ff.

Abb. 78. Bewegungsmatrix des kurzfristigen Netto-Geldvermögens

	Bar-ausgaben	Kurzfristige Tilgungs-ausgaben (Forderungs-abnahme)	Kurzfristige Vor-ausgaben (Schuld-zunahme)	Zwischen-summen
Bareinnahmen		(14) 90.000 (20) 120 (24) 400 (27) 120.000		210.520
Kurzfristige Voreinnahmen (Forderungszunahme)				
Kurzfristige Tilgungseinnahmen (Schuldabnahme)	(15) 50.000 (19) 3.000 (22) 3.000 (25) 2.000 (28) 100.000 (30) 800 (31) 5.600			164.400
Zwischensummen	164.400	210.520		374.920
Langfristige Voreinnahmen (Forderungszunahme)				
Langfristige Tilgungseinnahmen (Schuldabnahme)	(26) 6.000			6.000
Rückeinnahmen (Vorratszunahme)	(16) 50.000 (25) 400		(16) 130.000	180.400
Nacheinnahmen (Reservatabnahme)				
Aufwand	(18) 10.000	(27) 2.000	(18) 3.500 (21) 250 (31) 1.600	17.350
Zwischensummen	66.400	2.000	135.350	203.750
Gesamtsummen	230.800	212.520	135.350	578.670

am Beispiel der 2. Erfolgsperiode (vergleiche Abbildungen 25 und 34) (in DM)

Langfristige Tilgungs-ausgaben (Forderungs-abnahme)	Langfristige Vor-ausgaben (Schuld-zunahme)	Nach-ausgaben (Vorrats-abnahme)	Rück-ausgaben (Reservat-zunahme)	Ertrag	Zwischen summen	Gesamt-summen
	(21) 4.900					
(29) 3.090	(23) 4.000			(17) 60.000	71.990	282.510
				(7) 120		
				(16) 150.000		
				(24) 3.000	153.120	153.120
				(28) 1.500		
				(30) 200	1.700	166.100
3.090	8.900			214.820	226.810	601.730
						6.000
	(21) 100				100	180.500
				(7) l 45		
				(11) k 150	195	195
		(4) k 1.000				
		(6) l 1.000				
		(21) l 50				
		(25) k 1.400				
		(32) k 170.000			173.450	190.800
	100	173.450		195	173.745	377.495
3.090	9.000	173.450		215.015	400.555	979.225

kurz- und langfristige Bestände aufgeteilt, so daß es möglich ist, den Fonds für das kurzfristige Netto-Geldvermögen auszusondern.

Es lassen sich *vier Untermatrizen A bis D* unterscheiden:

Einnahmen \ Ausgaben	Fondskonten	Gegenfondskonten[2]
Fondskonten	A	C
Gegenfondskonten[1]	B	D

[1] einschließlich Aufwand [2] einschließlich Ertrag

Untermatrix A Einnahmen und Ausgaben	*fondsinterne,* in sich ausgeglichene, fonds- und gegenfondsunwirksame Bewegungen (Soll und Haben)	Bilanz I a
Untermatrix B Ausgaben	*fondsexterne,* fonds- und gegenfondswirksame Ausgaben (Haben)	Bilanz I b
Untermatrix C Einnahmen	*fondsexterne,* fonds- und gegenfondswirksame Einnahmen (Soll)	
Summe der Bewegungen	*sämtliche Fondsbewegungen* (Soll und Haben)	Bilanz I
Untermatrix D Einnahmen und Ausgaben	*gegenfondsinterne,* in sich ausgeglichene, fonds- und gegenfondsunwirksame Bewegungen (Soll und Haben)	Bilanz II a
Untermatrix B Einnahmen und Aufwand	*gegenfondsexterne,* fonds- und gegenfondswirksame Einnahmen und Aufwand (Soll)	Bilanz II b
Untermatrix C Ausgaben und Ertrag	*gegenfondsexterne,* fonds- und gegenfondswirksame Ausgaben und Ertrag (Haben)	
Summe der Bewegungen	*sämtliche Gegenfondsbewegungen*	Bilanz II

Für jede Untermatrix sind die Zwischensummen der Einnahmen (Soll) und der Ausgaben (Haben) eingesetzt. In B und D erhöhen sich die Einnahmen um den Aufwand, in C und D die Ausgaben um den Ertrag. Hinzu kommen die Gesamtsummen A + B, C + D, A + C und B + D. Insgesamt ergibt sich A + B + C + D = DM 979.225,–.

Die Bilanz I stellt die *vollständige Fonds-Bewegungsbilanz* dar. Außer in Abbildung 78 ist sie in Abbildung 62 aufgezeichnet. Sie setzt sich aus den Bilanzen Ia und Ib zusammen. Die Fonds-Bewegungsbilanz Ia dient der *fondsinternen Ursachenanalyse*; sie enthält nur ausgeglichene Bewegungen zwischen den Konten des Fondsvermögens und führt daher zu *keiner Veränderung* des Fonds sowie des Gegenfonds. Die Fonds-Bewegungsbilanz Ib beruht auf Einflüssen des Gegenfonds und bedarf daher der *fondsexternen Ursachenanalyse*. Ihre Bewegungen spielen sich zwischen den Konten des Fonds und Gegenfonds ab und verändern das Fonds- und Gegenfondsvermögen. Die Ausgaben der Untermatrix B sind *fondsvermindernd* (gegenfondserhöhend), die Einnahmen der Untermatrix C dagegen *fondserhöhend* (gegenfondsvermindernd). Hieraus ergibt sich der Zusammenhang von Fondsherkünften (Haben) und Gegenfondsverwendungen (Soll) beziehungsweise von Fondsverwendungen (Soll) und Gegenfondsherkünften (Haben).

Die Bilanz IIa enthält die *gegenfondsinternen*, ausgeglichenen Bewegungen des Gegenfonds. Sie sind für die Fondsanalyse uninteressant und werden bei der Ursachenfeststellung meist ausgeschieden. Ihre Aussonderung führt zur bereinigten *Gegenfonds-Bewegungsbilanz* IIb, die auch in Abbildung 72 aufgezeichnet ist. Sie dient der *Ursachenanalyse des Fonds* und ergibt die Fondsveränderung. Die Fondsverwendungen von DM 226.800,– in Bilanz Ib stammen aus den Gegenfondsherkünften in gleicher Höhe in Bilanz IIb. Umgekehrt führen die Fondsherkünfte von DM 203.750,– in Bilanz Ib zu den Gegenfondsverwendungen in gleicher Höhe in Bilanz IIb. Bei genügender Untergliederung der Bewegungsgruppen lassen sich die einzelnen zusammengehörenden Buchungen gegenüberstellen. Die Fondszunahme ist arithmetisch gleich der Gegenfondsabnahme (DM 23.060,–). Die Zusammenfassung beider Bilanzen IIa und IIb führt zur *vollständigen (unbereinigten) Gegenfondsbewegungsbilanz II*.

Interne Bewegungen bleiben innerhalb des Fonds beziehungsweise Gegenfonds. *Externe* Bewegungen greifen auf den Fonds beziehungsweise Gegenfonds über. Mit den ausgeglichenen Bewegungen ist hier eine Kompensation innerhalb des Fonds beziehungsweise Gegenfonds gemeint.

Fondsherkünfte (Ausgaben) beruhen entweder auf Passivzunahmen (Finanzierung), und zwar auf fondsinternen Zunahmen (Innenfinanzierung) oder fondsexternen Zunahmen (Außenfinanzierung), oder auf Aktivabnahmen

(Desinvestierung von fondsinternen oder -externen Vermögensgegenständen). *Fondsverwendungen (Einnahmen)* stellen dagegen entweder fondsinterne oder -externe Aktivzunahmen (Investierung) oder fondsinterne oder -externe Passivabnahmen (Definanzierung) dar.

Um den Fonds des *kurzfristigen Netto-Geldvermögens* darzustellen, ist es notwendig, die kurzfristigen Forderungen (Kundenforderungen, Wertpapiere und sonstige kurzfristige Debitoren) und die kurzfristigen Schulden (Lieferer-schulden und sonstige kurzfristige Kreditoren) von den langfristigen Forderungen und Schulden (Darlehn, Schuldverschreibungen, Eigenkapital) in Abbildung 78 zu trennen. Alle übrigen Konten brauchen der Einfachheit halber nicht gegliedert zu werden. Zu den Vorräten rechnen unter anderem Waren, Stoffe, Fabrikate und Sachanlagen. Zum Vergleich sind die Abbildungen 25 und 34 heranzuziehen. Die Zahlen vor dem Betrag geben die Buchungsnummern wieder.

Aus der Bewegungsmatrix in Abbildung 78 lassen sich sämtliche *Fonds- und Gegenfondsbilanzen*, wie oben angegeben, ableiten:

Ia Fondsbilanz der *fondsinternen* Bewegungen
(Untermatrix A)

Ib Fondsbilanz der *fondsexternen* Bewegungen
(Untermatrix B Ausgaben und Untermatrix C Einnahmen)

I Fondsbilanz *aller* Bewegungen
(Summe der Bewegungen Ia und Ib)

IIa Gegenfondsbilanz der *gegenfondsinternen* Bewegungen
(Matrix D)

IIb Gegenfondsbilanz der *gegenfondsexternen* Bewegungen
(Untermatrix B Einnahmen und Aufwand und Untermatrix C Ausgaben und Ertrag)

II Gegenfondsbilanz *aller* Bewegungen
(Summe der Bewegungen IIa und IIb)

Sie sind nacheinander in Abbildung 79 für den Fonds des Netto-Geldvermögens wiedergegeben.

Die Bewegungsmatrix kann nicht nur der Darstellung einzelner Fonds und ihrer Gegenfonds nutzbar gemacht werden, sondern auch dazu dienen, den Totalfonds nach Abschnitt E in *mehrere Fonds* zu zerlegen. Dazu ist es notwendig, die Erfolgselemente auf die ausgewählten Fonds aufzuteilen.

Während sich bei der Ausgliederung eines Fonds und eines zugehörigen Gegenfonds $2^2 = 4$ Untermatrizen ergeben, erhält man bei der Zerlegung in 4 beziehungsweise n Fonds $4^2 = 16$ beziehungsweise n^2 Untermatrizen. Durch ihre Kombination lassen sich sämtliche Fondsbilanzen unter Angabe der Herkünfte und Verwendungen ableiten.

Abb. 79. Sämtliche Fonds- und Gegenfondsbilanzen des kurzfristigen Netto-Geldvermögens (vergleiche Abbildung 72)

Ia) *Fondsbilanz der fondsinternen, fonds- und gegenfondsunwirksamen Bewegungen (Untermatrix A)*

Mittelverwendungen (Einnahmen)		*Fondsveränderung*		*Mittelherkünfte* (Ausgaben)	
Bareinnahmen	210.520,–	Bargeld (Zunahme	46.120,–)	Barausgaben	164.400,–
Voreinnahmen	–,–	Kurzfristige Forderungen (Abnahme	210.520,–)	Tilgungsausgaben	210.520,–
Tilgungseinnahmen	164.400,–	Kurzfristige Schulden (Zunahme	164.400,–)	Vorausgaben	–,–
	374.920,–	(keine Fondsveränderung)			374.920,–

Ib) *Fondsbilanz der fondsexternen, fonds- und gegenfondswirksamen Bewegungen (teilweise Untermatrizen B und C)*

Mittelverwendungen (Einnahmen)		*Fondsveränderung*		*Mittelherkünfte* (Ausgaben)	
Bareinnahmen	71.990,–	Bargeld (Zunahme	5.590,–)	Barausgaben	66.400,–
Voreinnahmen	153.120,–	Kurzfristige Forderungen (Zunahme	151.120,–)	Tilgungsausgaben	2.000,–
Tilgungseinnahmen	1.700,–	Kurzfristige Schulden (Abnahme	133.650,–)	Vorausgaben	135.350,–
		Fondszunahme (Saldo)			23.060,–
	226.810,–				226.810,–

I. *Fondsbilanz aller Bewegungen (Summe der Bewegungen Ia und Ib)*

Mittelverwendungen (Einnahmen)		*Fondsveränderung*		*Mittelherkünfte* (Ausgaben)	
Bareinnahmen	282.510,–	Bargeld (Zunahme	51.710,–)	Barausgaben	230.800,–
Voreinnahme	153.120,–	Kurzfristige Forderungen (Abnahme	59.400,–)	Tilgungsausgaben	212.520,–
Tilgungseinnahmen	166.100,–	Kurzfristige Schulden (Zunahme	30.750,–)	Vorausgaben	135.350,–
		Fondszunahme (Saldo)			23.060,–
	601.730,–				601.730,–

II a) *Gegenfondsbilanz der gegenfondsinternen, fonds- und gegenfondsunwirksamen Bewegungen (Matrix D)*

Mittelverwendungen (Einnahmen)		*Gegenfondsveränderung*		*Mittelherkünfte* (Ausgaben)	
Voreinnahmen	–,–	Langfristige Forderungen (keine Veränderung)		Tilgungsausgaben	–,–
Tilgungseinnahmen	–,–	Langfristige Schulden (Abnahme	100,–)	Vorausgaben	100,–
Rückeinnahmen	100,–	Vorräte (Abnahme	173.350,–)	Nachausgaben	173.450,–
Nacheinnahmen	195,–	Reservate (Zunahme	195,–)	Rückausgaben	–,–
Aufwand	173.450,–	Erfolg (Zunahme	173.235,–)	Ertrag	195,–
	173.745,–	(Keine Fondsveränderung)			173.745,–

IIb) *Gegenfondsbilanz der gegenfondsexternen, fonds- und gegenfondswirksamen Bewegungen (teilweise Untermatrizen B und C)*

Mittelverwendungen (Einnahmen)		*Gegenfondsveränderung*		*Mittelherkünfte* (Ausgaben)	
Voreinnahmen	–,–	Langfristige Forderungen (Abnahme	3.090,–)	Tilgungsausgaben	3.090,–
Tilgungseinnahmen	6.000,–	Langfristige Schulden (Abnahme	2.900,–)	Vorausgaben	8.900,–
Rückeinnahmen	180.400,–	Vorräte (Zunahme	180.400,–)	Nachausgaben	–,–
Nacheinnahmen	–,–	Reservate (Keine Veränderung)		Rückausgaben	–,–
Aufwand	17.350,–	Erfolg (Abnahme	197.470,–)	Ertrag	214.820,–
	23.060,–	Gegenfondsabnahme (Saldo)			
	226.810,–				226.810,–

II. *Gegenfondsbilanz aller Bewegungen (Summe der Bewegungen IIa und IIb)*

Mittelverwendungen (Einnahmen)		*Gegenfondsveränderung*		*Mittelherkünfte* (Ausgaben)	
Voreinnahmen	–,–	Langfristige Forderungen (Abnahme	3.090,–)	Tilgungsausgaben	3.090,–
Tilgungseinnahmen	6.000,–	Langfristige Schulden (Abnahme	3.000,–)	Vorausgaben	9.000,–
Rückeinnahmen	180.500,–	Vorräte (Zunahme	7.050,–)	Nachausgaben	173.450,–
Nacheinnahmen	195,–	Reservate (Zunahme	195,–)	Rückausgaben	–,–
Aufwand	190.800,–	Erfolg (Abnahme	24.215,–)	Ertrag	215.015,–
	23.060,–	Gegenfondsabnahme (Saldo)			
	400.555,–				400.555,–

Greifen wir zum Beispiel in Abbildung 77 den Fonds II (Kurzfristige Forderungen und Schulden, Vorräte und Reservate) heraus, so enthält er nachstehende *fondsinterne Bewegungen*:

Mittelverwendungen			*Mittelherkünfte*	
Voreinnahmen	153.120,–		Vorausgaben	135.350,–
Tilgungseinnahmen	1.700,–		Tilgungsausgaben	2.000,–
Rückeinnahmen	130.000,–		Nachausgaben	172.400,–
Nacheinnahmen	150,–		Erträge	154.970,–
Aufwendungen	179.750,–			
	464.720,–	(keine Fondsveränderung),		464.720,–

Der Rest besteht aus *fondsexternen Bewegungen:*

Mittelverwendungen		*Mittelherkünfte*	
Tilgungseinnahmen	164.400,–	Tilgungsausgaben	210.520,–
Rückeinnahmen	50.400,–	Erträge	60.000,–
Aufwendungen	10.000,–		
Fondsabnahme (Saldo)	45.720,–		
	270.520,–		270.520,–

Alle Mittelverwendungen und -herkünfte beziehen sich auf den Fonds I (Bargeld).

Endlich ist es möglich, den *Erfolgsbeitrag* der verschiedenen Fonds aus der Bewegungsmatrix abzulesen, und zwar aus der Spalte Ertrag und der Zeile Aufwand.

Die *direkte Ermittlung* ergibt folgendes Bild für die drei Fonds:

a) *Bargeldfonds* (vergleiche Abbildung 63, Ziffer 1 und cash flow)

Bareinnahmen	60.000,–	Barausgaben	10.000,–
		Erfolgsbeitrag	50.000,–
			60.000,–

b) *Fonds der Netto-Geldmittel* (vergleiche Abbildung 65)

Bareinnahmen	60.000,–	Barausgaben	10.000,–
Kurzfristige Voreinnahmen	153.120,–	Kurzfristige Vorausgaben	5.350,–
Tilgungseinnahmen	1.700,–	Tilgungsausgaben	2.000,–
		Erfolgsbeitrag	197.470,–
	214.820,–		214.820,–

c) *Fonds des Netto-Umlaufvermögens* (vergleiche Abbildung 64)

Bareinnahmen	60.000,–	Barausgaben	10.000,–
Kurzfristige Voreinnahmen	153.120,–	Kurzfristige Vorausgaben	5.350,–
Tilgungseinnahmen	1.700,–	Tilgungsausgaben	2.000,–
Kurzfristige Nacheinnahmen	150,–	Kurzfristige Nachausgaben	172.400,–
		Erfolgsbeitrag	25.220,–
	214.970,–		214.970,–

Die kurzfristigen Nacheinnahmen und Nachausgaben sind in der Bewegungsmatix durch ein k gekennzeichnet.

Die indirekte Ermittlung ist ebenfalls ableitbar.

Für die weniger aussagekräftigen *Veränderungsbilanzen* gelten analoge Überlegungen. Auch sie können auf Veränderungsmatrizen vorbereitet und aus diesen abgeleitet werden.

Mitunter ist es zweckdienlich, erfolgswirksame und erfolgsunwirksame Vorgänge in Fluxionsbilanzen zu *trennen*. Auch hier bietet die zweite Matrixform alle Möglichkeiten der Ableitung nach Form und Inhalt.

Abbildung 74 enthält außer den erfolgswirksamen Vorgängen (unter den Rubriken II) unter Einfügung der Aufwendungen und Erträge auch die *erfolgsunwirksamen Vorgänge* (unter den Rubriken I). Letztere können der *Untermatrix* entnommen werden, die sich dadurch ergibt, daß man die Spalte Ertrag und die Zeile Aufwand streicht. Die neue Endsumme aller Einnahmen beziehungsweise Ausgaben beträgt dann DM 573.410,–.

Die *quadratische Umsatzmatrix* bietet alle Möglichkeiten der Ausgestaltung je nach den gesetzten Zwecken und gewünschten Einsichten. Zwischen der äußersten Detaillierung nach einzelnen Konten und der globalen Zusammenfassung in wenigen Kontengruppen liegt eine *unbegrenzte Fülle von Variationen,* die jedem Anspruch der Praxis genügen können. Dennoch sind der Deutung der Zahlen insofern Grenzen gesetzt, als sachlich verschiedene Vorgänge zu formal gleichen Buchungen führen können. Dies tritt umso häufiger auf, je grober die Kontengliederung der Matrix ist. In solchen Fällen muß man auf die Einzelkonten beziehungsweise sogar auf die Belege zurückgreifen.

G. Prospektive Buchhaltung (Zukunftsrechnung)

Die meistens vertretene Auffassung, daß der in der Finanzbuchhaltung durchgeführte Kalkül der Erfolgs-, Bestands- und Finanzrechnung seinem Wesen nach eine Vergangenheitsrechnung sei und sein müsse, ist ein Irrtum. Er kann vielmehr entweder retrospektiv (ex post) auf eine abgelaufene Periode oder prospektiv (ex ante) auf eine zukünftige Periode bezogen werden. Der konstruktive Aufbau des Kalkülsystems ist *von der Zeitdimension unabhängig*. Die begriffstheoretische Nomenklatur der Einnahmen und Ausgaben verschiedenster Ausprägung ist lediglich auf die jeweils betrachtete Periode bezogen. Die Verrechnungsverfahren der Periodenabgrenzung sind auf die jeweilige Erfolgsperiode gerichtet. Die Zeitpunkte der Realisation von Aufwand und Ertrag liegen innerhalb der ins Auge gefaßten Abrechnungsperiode. Dabei ist es gleichgültig, ob die betrachtete Periode, vom Standpunkt des Beobachters aus gesehen, sich in der Vergangenheit oder der Zukunft ausdehnt.

Liegt die untersuchte Periode in der *Vergangenheit*, dann sind sämtliche einbezogenen Einnahmen und Ausgaben in der Vergangenheit vollzogene Zahlungsbewegungen. Dies ist bei Bareinnahmen und -ausgaben, Tilgungseinnahmen und -ausgaben sowie Rück- und Nacheinnahmen und -ausgaben ohne weiteres klar. Aber auch Voreinnahmen und -ausgaben sind Vorgriffe, die in der betrachteten Periode vorgenommen wurden. Die eventuell erst in einer zukünftigen Periode stattfindenden zugehörigen Ausgleichseinnahmen und -ausgaben haben als solche mit der Periode der Antizipation zeitlich nichts zu tun. Das gesamte Zahlenmaterial selbst ist vergangenheitsorientiert, auch wenn bestimmte Auswirkungen in die Zukunft hineinragen.

Die Beträge können daher grundsätzlich aus nachweisbaren und zuverlässigen Unterlagen eindeutig entnommen werden. Dies gilt auch für die Vorgriffe; lediglich bei geschätzten Antizipationen, zum Beispiel Rückstellungen, sind subjektive Einflüsse unvermeidbar. Bei der Nachverrechnung handelt es sich um Hypothesen der Periodenabgrenzung. Bis auf diese Sonderfälle, die jedoch ebenfalls im Bereich der Vergangenheitsbetrachtung bleiben, ist der *dokumentarische Charakter* der retrospektiven Periodenrechnung unbestreitbar.

Anders liegen die Verhältnisse bei der *Zukunftsrechnung*. Hier liegt die betrachtete Periode mit ihrem gesamten Zahlenmaterial, vom Standpunkt des Beobachters aus, in der Zukunft. Abgesehen von gelegentlichen Unterlagen, zum Beispiel Verträgen und Vereinbarungen, müssen die Zahlen durch Verfahren der Prognose, der Projektion oder anderer Zukunftsschätzungen gewonnen werden. Sie können nicht aus den in der Buchhaltung aufgeschriebenen Zahlen der Vergangenheit abgeleitet werden. Dies hindert nicht daran, die ermittelten Erwartungsgrößen in Sonderspalten der Buchhaltung einzutragen oder für sie eine getrennte prospektive Buchhaltung aufzubauen.

Für die Zukunftszahlen gelten die *strukturalen Beziehungen* zu früheren und späteren Perioden weiter. Vorträge werden von der jeweils vorhergehenden, vergangenen oder ebenfalls zukünftigen Periode übernommen. Barbewegungen, Tilgungsverrechnungen, Rück- und Nachverrechnungen sind Vorgänge, die in der betrachteten Planungsperiode als ursprüngliche Zahlungsbewegungen erwartet werden. Die Vorgriffe werden ebenfalls für diesen Zeitraum prognostiziert und antizipieren erwartete Barbewegungen späterer zukünftiger Perioden. Der gesamte Abgrenzungsmechanismus wird auf die untersuchte Zukunftsperiode angewandt.

Die in den Prognosezahlen enthaltenen Preise sind keineswegs unrealisierte Tagespreise, wie sie in der Vergangenheitsrechnung praktisch auftreten können. Es handelt sich vielmehr um *Anschaffungspreise* in der Planungsperiode, wie sie prognostisch als realisierte Werte erwartet werden. Die Zeitpunkte der *Realisation* liegen für die erfolgswirksamen Einnahmen und Ausgaben in der betrachteten Zukunftsperiode. Die Realisation wird somit prognostiziert. Die hieraus folgende prospektive Erfolgsrechnung ist eine realisierte Erfolgsrechnung, die sich prognostisch auf die Planungsperiode bezieht.

Die *prospektive Bewegungsbilanz* hat den gleichen Inhalt wie die Abbildungen 13, 14 und 58. Der Unterschied ist nur der, daß sich die Zahlen auf eine zukünftige Periode beziehen und somit *Prognosezahlen* darstellen. Dasselbe gilt für prospektive Veränderungs- und Beständebilanzen.

Auf die Prognosemethoden und die hierfür entwickelten *Prognose-, Budget- und Simulationsmodelle* kann hier nicht eingegangen werden; es sei vielmehr auf die umfangreiche Speziallliteratur verwiesen. Was hier interessiert, ist lediglich die Struktur prospektiver Bilanzen.

Ergänzend sei auf den Fall hingewiesen, daß eine Abrechnungsperiode (zum Beispiel ein Jahr) aus zwei *Teilperioden* besteht, von denen die erste, vom Beobachter aus betrachtet, in der *Vergangenheit* und die zweite in der *Zukunft* liegt. Angenommen, am 1. Oktober soll bereits der Abschluß des Jahres hochgerechnet beziehungsweise geschätzt werden. Dann sind die ersten drei Quartale vom 1. 1. bis zum 30. 9. bereits abgelaufen, das letzte Quartal steht noch bevor. Der Jahresabschluß besteht zum Teil aus Vergangenheitswerten und zum Teil aus Zukunftswerten.

Wenn *Käfer*[1] die Bilanz als Zukunftsrechnung bezeichnet, so hat er *nicht* die Prognosebilanz im Auge. Er betrachtet vielmehr die Schlußbilanz der abgelaufenen Periode der Vergangenheit, und zwar die Beständebilanz, untersucht sie aber nicht als Momentbild des Stichtags, sondern unter dem Aspekt, daß ihre Bestände in ihren Auswirkungen weit in die Zukunft hineinragen können. Daher spricht er zwar von einer Zukunftsrechnung, nicht aber von einer Zukunftsbilanz.

Die *Zukunftswirkungen* der Beständebilanz bedeuten keine neue Erkenntnis, sondern beruhen auf dem Übertragungscharakter der Bestände als Vorträge in die nächste Periode beziehungsweise Perioden und sind daher selbstverständlich. Die Bilanz enthält unter anderem diejenigen Posten, die durch den künstlichen Periodeneinschnitt im Rahmen der Totalerfolgsrechnung unerledigt geblieben sind und folglich auch als *schwebende Posten* bezeichnet werden. Schmalenbach sieht, abgesehen vom Geld, in den Aktiven *Vorleistungen* des vergangenen Jahres für die kommenden Jahre (zukünftige Einnahmen und Aufwendungen) und in den Passiven *Nachleistungen* der kommenden Perioden für die vergangene Periode (zukünftige Ausgaben und Erträge).

Gegen die *prospektive Betrachtung der retrospektiven Bilanz* ist nichts einzuwenden. Nur darf man nicht übersehen, daß diese Bilanz lediglich historische Vorgänge und nur die damit zusammenhängenden Erwartungen am Stichtag wiedergibt. Was vollkommen fehlt, ist der prognostische Bezug auf eine zukünftige Periode und deren vollständige prospektive Erfassung. Da somit der Zukunftsgehalt durch die Vergangenheit determiniert und *erheblich eingeengt* ist, ist eine allen Anforderungen genügende bilanzielle Zukunftsrechnung nur durch eine Prognose der gesamten Periodenbewegungen und der daraus resultierenden Bestände möglich.

Im Rahmen der Doppik verbindet sich mit der Bilanzprognose die *Prognose der Aufwendungen und Erträge*. Hier handelt es sich um die Aufwandsausgaben und Ertragseinnahmen einer zukünftigen Periode. Im einzelnen geht es um die Prognose der erfolgswirksamen Bareinnahmen und -ausgaben, Voreinnahmen und -ausgaben sowie Nacheinnahmen und -ausgaben. Dabei sollten wesensneutrale (betriebsfremde) und zeitraumneutrale (außerordentliche) Erfolgsbewegungen gesondert behandelt werden. Häufig wird die Erfolgsplanung in Staffelform analog zur aktienrechtlichen Gliederung der Gewinn- und Verlustrechnung durchgeführt.

[1] Käfer, Karl: Die Jahresbilanz der Unternehmung als Zukunftsrechnung. In: Die Unternehmung 1960.

Einen wichtigen Spezialbereich der Bilanzplanung stellt die *Finanzplanung* im engsten Sinne oder *Liquiditätsplanung* erster Stufe dar[2]. Innerhalb der Kapitalflußrechnung entspricht sie der *Prognose des Bargeldfonds* (im engeren oder weiteren Sinne). Dabei ist zu unterscheiden zwischen erfolgswirksamen und erfolgsunwirksamen Bareinnahmen und -ausgaben. Letztere lassen sich in zeitraumneutrale und wechselbezügliche Zahlungsbewegungen unterteilen. Für praktische Zwecke empfiehlt sich eine sachlich gegliederte Aufzählung.

Hierzu wird nachstehend ein Beispiel angeführt:

Bareinnahmen

1. Einnahmen aus Barverkäufen einschließlich Scheckzahlungen und Überweisungen;
2. Eingänge aus Forderungen, die insbesondere auf Kreditverkäufen beruhen können und entweder am Anfang der Periode bereits vorhanden sind oder erst während der Periode entstehen;
3. Einnahmen, die sich durch Einlösung oder Diskontierung von Wechselforderungen ergeben;
4. Laufende Bareingänge, meist mit feststehenden Terminen, zum Beispiel aus Mieten, Pachten, Lizenzen oder Zinsansprüchen;
5. Außerordentliche Einnahmen, zum Beispiel Anzahlungen von Kunden, Zuschüsse, Einlagen, empfangene Darlehn, Rückzahlung gegebener Darlehn, Beteiligungsgewinne und Dividenden, Verkäufe von Wertpapieren und Altmaterial.

Barausgaben

1. Ausgaben für Barkäufe von Waren und Stoffen;
2. Tilgungsbeträge für Schulden, die insbesondere auf Kreditkäufen beruhen können und während der Periode fällig werden;
3. Einlösungsbeträge für fällig werdende Wechselschulden;
4. Barzahlungen für den laufenden Aufwand, zum Beispiel für Löhne und Gehälter, Sozialausgaben, Mieten, Zinsen, Instandsetzungen, Steuern, Lizenzen, eventuell unter Aussonderung von Posten mit feststehenden Terminen;
5. Ausgaben für die Anschaffung von Maschinen und sonstigen Anlagegegenständen, für Neu- und Erweiterungsbauten sowie für Großreparaturen;
6. Außerordentliche Ausgaben, zum Beispiel eigene Anzahlungen, Kapitalentnahmen, Gewährung und Tilgung von Darlehn, Zinsendienst für

[2] Vergleiche hierzu Kosiol, Erich: (Finanzplanung). – Ferner Witte, Eberhard: Finanzplanung. In: Handwörterbuch des Rechnungswesens. Stuttgart 1970, Sp. 517 ff.

Obligationen und Kredite, Gewinn- und Dividendenzahlung, Kauf von Wertpapieren.

Es kann zweckmäßig sein, die Finanzpläne nach den *verwendeten Unterlagen* zu gliedern:

1. Zahlungen, die mit der Vergangenheit in Verbindung stehen und sich aus den Anfangsbeständen der Periode herleiten lassen;
2. Zahlungen, die im Leistungs- und Umsatzprozeß der Periode selbst begründet sind und aus dem Aufwands- oder dem Ertragsplan gewonnen werden;
3. Zahlungen, die mit der Zukunft zusammenhängen und besonderer Planung bedürfen, zum Beispiel Material- und Wareneinkäufe, Anlageinvestitionen;
4. Zahlungen, die reine Finanzbewegungen darstellen und dem Finanzbereich selbst entstammen, zum Beispiel Darlehnsvorgänge und laufender Zinsendienst.

Mitunter ist es angebracht, für den Finanzplan nach einer der oben angeführten Gliederungen, nach den Teilplänen der vorgelagerten Bereiche oder auch nach der buchhalterischen Kontierung (Kasse, Buchforderungen, Besitzwechsel, Wertpapiere und so weiter) Unterpläne oder *Teilfinanzpläne* aufzustellen und diese dann zum Gesamtfinanzplan zusammenzufassen. Besondere Schwierigkeiten liegen dabei in der richtigen periodischen Einordnung der Debitoren-, Besitzwechsel-, Kreditoren- und Schuldwechselpläne, die auf der Abschätzung der Kreditfristen, der Skonto- und Diskontbeträge sowie der Anzahlungen und Raten beruhen. Vorgelagerte Unterlagenpläne für den Finanzplan sind Absatz- und Herstellungspläne mit den zugehörigen Ertrags- und Aufwandsplänen, die Beschaffungs- und Investitionspläne. Geht man von kalkulatorisch orientierten Kostenplänen aus, müssen diese erst auf Ausgaben umgestellt werden.

Mit der Prognose der Bewegungs-, Veränderungs- und Beständebilanzen läßt sich die *prospektive Kapitalflußrechnung* verbinden. Man kann entweder die Mittelbewegungen unmittelbar planen oder, von der Bestands- und Erfolgsprognose ausgehend, die Mittelveränderungen durch Differenzbildung daraus ableiten. Der letztere, mittelbare Weg bietet sich an, wenn man im Anschluß an eine gegebene Schlußbilanz die zukünftige Schlußbilanz der nächsten Periode prognostiziert und Bestandsdifferenzen (Veränderungen) errechnet.

Für den Kalkül der prospektiven Kapitalflußrechnung kommen sämtliche früher behandelten Möglichkeiten infrage: Fondsbilanzen, Gegenfondsbilanzen, Gesamtflußbilanzen und Deckungsbilanzen. Man bedient sich in der Praxis zweckmäßig für die retrospektive und die prospektive Rechnung der gleichen *Darstellungsform*, wobei man wegen der geringeren Genauigkeit der Vorschau in den Zukunftsbilanzen geeignete Posten zusammenziehen kann. Die *formale Übereinstimmung* beider Rechnungen ermöglicht einen Soll/Ist-Vergleich und damit eine Kausalanalyse der Abweichungen. Die früheren Abbildungen können daher zur Kennzeichnung der jeweiligen Bilanzstruktur als Musterschemata für die prospektive Betrachtung herangezogen werden, insbesondere die mit den Zahlen der 2. Erfolgsperiode.

Der *Bargeldfonds* ist als Grundlage der engeren Liquiditätsplanung bereits in den vorstehenden Überlegungen erörtert worden. Abbildung 60 zeigt das Schema der Bargeldfonds-Bewegungsbilanz als Beispiel einer prospektiven Fondszunahme von DM 51.710,–. Abbildung 66 gibt den Bargeldzufluß von DM 45.720 aus Umsätzen und Beständen der Betriebstätigkeit, das heißt, unter Einschluß der zeitraumneutralen Barbewegungen wieder.

Die *Gegenfondsrechnung* zum Bargeldfonds ist zwecks Feststellung der Mittelverwendung und -herkunft ebenfalls zu prognostizieren. Abbildung 68 stellt die vollständige Gegenfondsbilanz dar, Abbildung 69 die bereinigte Gegenfondsbilanz, aus der die gegenfondsinternen Bewegungen eliminiert worden sind.

Häufig wird in der Praxis der *Fonds der Netto-Geldmittel* benutzt, der die kurzfristigen Forderungen und Schulden einbezieht, also das gesamte kurzfristige Netto-Nominalvermögen ausweist. Die Fondsbewegungsbilanz ist in Abbildung 62 mit den Zahlen der 2. Erfolgsperiode und einer Fondszunahme von DM 23.060 dargestellt, und zwar in drei Bereiche gegliedert. Abbildung 65 enthält nur die erfolgswirksamen Fondsbewegungen und weist einen Erfolgsbetrag von DM 197.470 aus. Abbildung 72 gibt die bereinigte Gegenfonds-Bewegungsbilanz unter Einbeziehung der Aufwendungen und Erträge wieder.

Endlich sei noch auf den *Fonds des Netto-Umlaufvermögens* hingewiesen. Abbildung 61 gibt die Bewegungsbilanz mit einer Fondszunahme von DM 31.210 wieder. Abbildung 64 enthält nur die erfolgswirksamen Fondsbewegungen und weist den Erfolgsbeitrag des Fonds mit DM 25.220 aus. Der Gegenfonds in Abbildung 70 zeigt die Fondsmittelverwendung und -herkunft unter Berücksichtigung der Aufwendungen und Erträge in bereinigter Form. Abbildung 71 weist die Verwendungen und Herkünfte des Netto-Umlaufvermögens detailliert aus und kann als prospektive Finanzanalyse interpretiert werden.

Aufgrund einer Prognose der vollständigen Bewegungsbilanz läßt sich eine *prospektive Gesamtfinanzflußrechnung* durchführen. Abbildung 73 zeigt diese im Schema und mit den Zahlen der 2. Erfolgsperiode. Auf diese Weise lassen sich sämtliche Mittelverwendungen und -herkünfte einer zukünfitgen Periode in jeder gewünschten und möglichen Detaillierung aufzeigen. Dasselbe gilt für *Deckungsbilanzen* (Abbildung 74).

Bei der prospektiven Kapitalflußrechnung kann man die Bestände-, Bewegungs- und Veränderungsbilanzen in *mehrere Fonds* aufteilen und die Fondsbeziehungen nach Mittelverwendung und -herkunft analysieren. Dies zeigen die Abbildungen 76 und 77.

Unter Verwendung einer *prospektiven Umsatzmatrix* (Abbildung 78) lassen sich schließlich sämtliche fondsinternen (fonds- und gegenfondsunwirksamen) und fondsexternen (fonds- und gegenfondswirksamen) Fonds- beziehungsweise Gegenfondsbewegungen und deren Zusammenfassung zu Fonds- und Gegenfondsbilanzen aller Bewegungen ableiten. Die Abbildung 78 gibt ein Beispiel dazu für das *Netto-Geldvermögen* mit Zahlen der 2. Erfolgsperiode als Schema für die Prognose.

Man erkennt die *Fülle der Möglichkeiten* prospektiver Kapitalflußrechnungen, die sich allen praktischen Belangen anpassen können. Sie lassen sich sowohl kurzfristig (für Wochen, Monate, Quartale und Halbjahre) als auch langfristig (für mehrere Jahre) aufstellen.

Literaturverzeichnis

Adler, H., Düring, W., u. Schmaltz, K.: Rechnungslegung und Prüfung der Aktiengesellschaft. Handkommentar. Stuttgart 1968, 4. Aufl., B. 1.

Ascher, Th.: Die Steuerbilanz. Essen 1958.

Brönner, H.: Die Bilanz nach Handels- und Steuerrecht. Stuttgart 1971, 8. Aufl.

Bühler, O., u. Scherpf, P.: Bilanz und Steuer. München 1971, 7. Aufl.

Busse von Colbe, W.: Der Zukunftserfolg. Wiesbaden 1957.

Chmielewicz, K.: Integrierte Finanz- und Erfolgsplanung. Stuttgart 1972.

Chmielewicz, K.: Betriebliches Rechnungswesen. 1. Finanzrechnung und Bilanz. Reinbek bei Hamburg 1973.

Dinkel, F.: Bilanz und Bewertung. Berlin 1974.

Endres, W.: Der erzielte und der ausschüttbare Gewinn der Betriebe. Köln–Opladen 1967.

Falk, R., Gail, W., u. Latsch R.: Die Steuerbilanz. Herne–Berlin 1966. 3. Aufl.

Falterbaum, H.: Buchführung und Bilanz. Düsseldorf 1969, 4. Aufl.

Flohr, G.: Die Zeitraumbilanz. Berlin 1963.

Fudickar, J.: Zur Gliederung der betriebswirtschaftlichen Bilanz. Berlin 1971.

Groß, H.-F., u. Nettelmann, A.: Buchführung. Einführung in die Finanzbuchhaltung auf der Grundlage von Einnahmen und Ausgaben. Wiesbaden 1967.

Hasenack, W.: Buchhaltung und Abschluß. Mit praktischen Übungen und Lösungen. Essen 1964. 2 Bände, 5. Aufl.

Heinen, E.: Handelsbilanzen. Wiesbaden 1969. 2 Teile, 5. Aufl.

Hennig, K.-W.: Doppelte Buchführung. Wiesbaden 1962. 2. Aufl.

Hertlein, A., u. Meisner, K.: Abschluß und Prüfung der Unternehmungen einschließlich Steuerprüfung. Wiesbaden 1956. 4. Aufl.

Jacobs, O.-H.: Das Bilanzierungsproblem in der Ertragsteuerbilanz. Stuttgart 1971.

Juesten, W.: Cash-flow und Unternehmensbeurteilung. Berlin 1972. 2. Aufl.

Käfer, K.: Die Bilanz als Zukunftsrechung. Zürich 1962.

Käfer, K.: Kapitalflußrechnungen. Stuttgart 1967.

Kosiol, E.: Kontenrahmen und Kontenpläne der Unternehmungen. Essen 1962.

Kosiol, E.: Buchhaltung und Bilanz. 2. überarbeitete und veränderte Auflage. Berlin 1967.

Kosiol, E.: Bausteine der Betriebswirtschaftslehre. 2. Bd. Rechnungswesen. Berlin 1973.

Kosiol, E.: Pagatorische Bilanz. Die Bewegungsbilanz als Grundlage einer integrativ verbundenen Erfolgs-, Bestands- und Finanzrechnung. Berlin 1976.

Kossack, E.: Die immateriellen Wirtschaftsgüter und ihre Behandlung in der Bilanz. Wiesbaden 1960.

Lachnit, L.: Zeitraumbilanzen. Dissertation. Berlin 1971.

Le Coutre, W.: Grundzüge der Bilanzkunde. Wolfenbüttel 1949. 4. Aufl.

Le Coutre, W.: Was sagt mir die Bilanz? Wirtschaftskenntnis durch Bilanzkritik. Stuttgart 1962. 3. Aufl.

Leffson, U.: Die Grundsätze ordnungsmäßiger Buchführung. Düsseldorf 1970. 2. Aufl.

Lehmann, W.: Die dynamische Bilanz Schmalenbachs. Darstellung, Vertiefung und Weiterentwicklung. Wiesbaden 1963.

Lindelaub, H.: Pagatorische Buchhaltung (Finanzbuchhaltung). Zur Anwendung der pagatorischen Rechnungstheorie im betriebswirtschaftlichen Hoch- und Fachschulunterricht. Mit Arbeitsheft. Wiesbaden 1966.

Mayer, L., u. Mayer, L.: Bilanz- und Betriebsanalyse. Wiesbaden 1970. 4. Aufl.

Mittelbach, R.: Ordnungsmäßigkeit der Buchführung. Neuwied 1971.

Muscheid, W.: Schmalenbachs dynamische Bilanz. Darstellung, Kritik und Antikritik. Köln und Opladen 1957.
Neubert, H.: Totales Cash-Flow-System und Finanzflußverfahren. Wiesbaden 1974.
Pohmer, D.: Wesen und Grenzen der betriebswirtschaftlichen Berechtigung stiller Reserven in der Jahresbilanz in dynamischer und statischer Betrachtung. Berlin 1952.
Reisch, R., u. Kreibig, J. C.: Bilanz und Steuer. Wien 1949–1959. 3 Bände, bearbeitet von Hans Krasensky. 5. Aufl.
Rentrop, S.: Buchführung und Bilanz. Ein Beitrag zur Theorie und Geschichte der doppelten Buchführung. Berlin 1958.
Rieger, W.: Schmalenbachs dynamische Bilanz. Stuttgart und Köln 1954. 2. Aufl.
Rößle, K.: Buchhaltung und Bilanz. Oldenburg, Berlin 1953. 8. Aufl.
Scheerer, F.: Kontentheorien der doppelten Buchhaltung. Zürich 1950.
Scheerer, F.: Einführung in die doppelte Buchhaltung auf mathematischer Grundlage. Zürich 1957.
Scherpf, P.: Der Kontenrahmen. Entstehung, Verbreitung, Möglichkeiten. München 1955.
Scherpf, P.: Die aktienrechtliche Rechnungslegung und Prüfung. Köln 1967.
Schmalenbach, E.: Der Kontenrahmen. Leipzig 1939. 6. Aufl.
Schmalenbach, E.: Die doppelte Buchführung. Köln, Opladen 1950.
Schmalenbach, E.: Dynamische Bilanz. Köln, Opladen 1962. 13. Aufl.
Schmidt, F.: Die Organische Tageswertbilanz. Leipzig 1929. 3. Aufl.
Schmidt, R.-B.: Die finanzwirtschaftliche Deckungsbilanz in der Unternehmung. Dissertation. Berlin 1952.
Schmidt, R.-B.: Die Gewinnverwendung der Unternehmung. Berlin 1963.
Schmitt, H.-J.: Planungsbuchhaltung. Berlin 1971.
Schulze, H.-H.: Zum Problem der Messung menschlichen Handelns mit Hilfe der Bilanz. Berlin 1966.
Schweitzer, M.: Funktion und Struktur der Bilanz. Berlin 1972.
Sykora, G.: Die Konten- und Bilanztheorien. Eine betriebswirtschaftlich-historische Untersuchung. Wien 1949.
Szyperski, N.: Zur Problematik der quantitativen Terminologie in der Betriebswirtschaftslehre. Berlin 1962.
Thoms, W.: Die Buchhaltung als Instrument der Planungsrechnung. Herne–Berlin 1960.
Vatter, W.-J.: The Fund Theory of Accounting and its Implications for Financial Reports. Chicago 1947.
Vogel, F.: Betriebliche Strukturbilanzen und Strukturanalysen. Würzburg–Wien 1969.
Walb, E.: Die Erfolgsrechnung privater und öffentlicher Betriebe. Berlin–Wien 1926.
Walb, E.: Finanzwirtschaftliche Bilanz. Wiesbaden 1966. 3. Aufl.
Weilemann, P.: Rückstellungen und Rücklagen. Zürich 1969.
Werninger, G.: Rückstellungen in der Bilanz. Wiesbaden 1960.
Wöhe, G.: Bilanzierung und Bilanzpolitik. München 1972. 2. Aufl.
Wysocki, K. v.: Konzernrechnungslegung in Deutschland. Düsseldorf 1969.
Zwehl, W. v.: Untersuchung zur Erstellung einer Planbilanz als Ergänzung des Jahresabschlusses. Berlin 1968.

Das Verzeichnis enthält eine *begrenzte Auswahl von Büchern für ein weiterführendes Studium.* Auf ältere Literatur wurde verzichtet. Zeitschriftenaufsätze und Beiträge in Sammelwerken findet man in den Schrifttumsverzeichnissen der oben angeführten Bücher sowie unter den einschlägigen Stichwörtern des *Handwörterbuchs des Rechnungswesens,* herausgegeben von Erich Kosiol, Stuttgart 1970.

Namen- und Sachverzeichnis

Abbildung 1, 12, 27, 39, 61, 135, 157, 363
Abgrenzung siehe Periodenabgrenzung
Absatz 35
Absatzrechnung 121, 123, 133
Abschlußtabelle 93
Abschreibungen *54*, 56, *58* f., 72, 96, 125, 163, 197 f., 218 f., 227, 255 ff., 262, 267, 336, 347
Abstockungs- und Aufstockungsaufwand und -ertrag 180 f.
Abwertungen 179, 256 ff.
Adler/Düring/Schmaltz 190, 194, 198
Agio 47, 96, 100, 172
Aktiengesetz 22, 42 f., 57, 185 ff., 205, 211, 246 f., 265, 272
Aktiva *15 f.*, 70, *90*, 95, 136, 143, 151
Aktivierung 35, 48, 53, 58, 95, 167
Anfangsbestand 2, 87 f., 93, 105
Anlagenkauf 34
Anlagevermögen 196 ff., 205, 211, 217, 258 f.
Anschaffungswert 157 ff., 194 f., 197, 205 f., 211, 279, 341
Anschaffungswertbilanz 174, 253, 277
Anschaffungswertrücklage 252 f., 255, 259
Antizipation 68, 78 f., 179 ff., 190, 195, 205, 207, 225, 270, 333, 387
Antizipative Rechnungsabgrenzungsposten *40 f.*
Anzahlungen von Kunden 34, 55, 57, 65, 204
Aperiodisch 71, 122
Auffermann, E. 232, 245
Aufwand 32, 35, 175 f.
Aufwandsausgaben 6, 28 f., 46 f., 111 f., 174
Aufwandsminderung 114 f., 117
Aufwands- und Ertragsrechnung 8, 13, 19, 112, 116
Aufwandsverteilung 72
Aufwendungen 28, 35, 120, 154
Ausbringungsrechnung 117 ff.
Ausgaben 34, 38, 76, 83 ff., 162 f., 165
Ausgabenbestände 90, 200
Ausgabengegenwerte 90, 165
Ausgabenwert 162 ff., 172 ff., 178, 203
Ausgleichsaufwendungen und -erträge 180 f., 207
Ausgleichsausgaben *45 ff.*, 49 ff.
Ausgleichseinnahmen *45 f.*, 48 ff.
Ausgleichszahlungen *45 ff.*, 50
Ausstehende Einlagen 144, 196
Auswertungsrechnung 3
Auszahlungen 38

Barausgaben 33, 37, 63, 70, 77, 86
Bareinnahmen 33, 37, 63, 70, 77, 86
Bargeld 33
Bargeldfonds 321 f., 335, 344 ff., 392
Barliquidität 11, 320
Barwert 203
Barzahlungen 32 ff., 38, 45, 60, 63
Bauer, W. 93, 360
Bauersche Bewegungsbilanz 93, 360
Beleg 1, 29, 42
Beständebilanz 10, 15, 18 f., 75, 89 ff., 139 ff., 152 ff., 173
Bestandsdifferenzenbilanz 88, 93
Bestandskonten 77 f.
Bestandsrechnung 2, 48, 54, 56, 78
Bestandsveränderungen 2
Bestandsvergleich 69
Beteiligung 39
Betriebsbuchhaltung 6, *13 f.*
Betriebserfolg (Nicklisch) 7
Betriebsvergleich 156
Bewegungsbilanz 10, 19, 75, *83 ff.*, 93, 97, 110, 112, 140, 316 ff., 343, 348, 360, 373
Bewegungsdifferenzen 87, 92 f.
Bewegungsdifferenzenbilanz 88, 92 f.
Bewertung 25, 91, *159 ff.*, 172 f., 175 ff.
Bewertungsfreiheit 228, 250, 259, 271
Bewertungsrücklagen 245, 248 ff., 269 ff.
Bewertungsvorschriften 183 ff., 217 ff.
Bierich, M. 311
Bilanz 8, 10, 13, *14 ff.*, 31, 69, 82 ff., 94, 97 ff., 133 f., 139 ff., 152, 183, 222, 319, 343, 363, 389
Bilanzarten 20 ff., *26*
Bilanzbestände 90 f., 177 ff.
Bilanzfähigkeit 94 f.
Bilanzgleichung 113
Bilanzidentität 21, 184
Bilanzkapital 17, 90, 139, 201
Bilanzkonten 77 f., 82, 124, 140 f.
Bilanzkontinuität 21, 71, *184*
Bilanzmäßige Erfolgsrechnung 31, 93, 97, 110

Bilanzpflichtigkeit 95, 183
Bilanzposten 16, 90, 95, 143ff., 319
Bilanzrecht 4, 13, 17, 22, 42, 57, 183f.
Bilanzvermögen 16, 90, 137, 139
Bilanzwahrheit 183f., 269f.
Blümich 192
Bonitär 135ff., 143ff., 152
Bruttoabschluß 81ff.
Buchhaltung *1*, 3ff., 9ff., *12ff.*, 20f., 24, 27, 31ff., *52*, 76f., 135ff., 313
Buchungstechnik 95ff.
Buchungstypen 125, *156f.*
Bühler, O. 216

cash flow 336ff., 348
cash fund 321
Chmielewicz, K. 9
Colbert 279
le Coutre, W, 18, 153

Darlehn 40f., 44f., 47, 96ff., 190f.
Dauerschuldverhältnisse 40ff., *56*f., 96ff.
Deckungsbilanz 362ff., 393
Deutsches Sammeljournal 100f., 375
Dinkel, F. 245
Disagio 47, 97
Dokumentation 1, 12, 22, 387
Doppelte Buchhaltung 31, *113ff.*
Durchschnittsbilanz 19

Eigenkapital 16f., 20, 39, 143f., 149, 201, 311, 367
Einfache Buchhaltung 31ff., 69, 80, *95–113*
Einnahmen 6, 27, 34, 38, 76, 83ff.
Einnahmenbestände 90, 164, 188
Einnahmengegenwerte 90, 164, 204
Einnahmenwert 164ff., 172f., 177f., 193
Einzahlungen 38
Einzelbewertung 186f., 205, 230
Endbestand 2, 105
Entscheidungsmodell 9
Erfolg 2, *5f.*, 8, 12, 29f., 33ff., 38, 83ff., 112, 116, *158*, 273
Erfolgsanalyse 155
Erfolgsbilanz *20ff.*, 139, 152f., 174, 340, 343
Erfolgsermittlung 4f., 8f., 18, 20, 28f., 114
Erfolgskomponenten 7, 28, 111, 156, 342, 354
Erfolgskonten 113ff., 124, 131f., 157
Erfolgsrechnung 2, 8, 10, 12f., 30, 38, 94, 113, 126ff., 156, 221, 331
Erfolgsunwirksame Zahlungsvorgänge 64
Erfolgsverwendung 8f.
Erfolgsverwendungsrechnung 112, 133
Erfolgswirksame Fondsbilanzen 334ff.
Erfolgswirksame Zahlungsbewegungen 70
Erfolgswirksamkeit 28, 32, 34, 39, 44f., 53f., 56, 83ff., 105, 154
Ergiebigkeit 2f.
Erinnerungsposten 256
Ermessensrücklage 260ff., 269
Ermittlungsmodell 4, 8, 14
Ermittlungsrechnung 1f., 8, 112, 134
Eröffnungsbilanz 20f., 99f., 105
Erträge 28, 32, 35, 114, 120, 154, 175f.
Ertragseinnahmen 6, 28f., 46f., *55*, 111, 115, 174
Ertragsminderung 114f., 117
Ertragsverteilung 73

Finanzanalyse *9ff.*, 158, 313ff., 349, 362, 373, 392
Finanzbuchhaltung 6, 9, *12f.*, *27ff.*, 158, 174, 373, 387
Finanzflußbilanz 343, 359
Finanzflußrechnung 314, 322, *340ff.*, 367
Finanzierung 11f., 16, 18, 21, 311, 328, 340
Finanzplanung 390f.
Finanzrechnung 4, *10ff.*, 86, 91
Finanzumlauf 6f., 12, 27
Flußbilanz 83ff., 343
Fluxionsbilanz 83ff.
Fluxionsrechnung 11, 314
Fonds 319, 342, 366
Fondsbestände 340f.
Fondsbeständebilanz 320f., 368f.
Fondsbewegungsbilanz 320ff., 370f., 379
Fondsbilanz 319ff., 380ff.
Fondsbildung 367
Fondsrechnung 314, 319ff., 340, 367
Fondsveränderungsbilanz 320f.
Fondsverwendungen und -herkünfte 341, 379
Forderungen 33, 39ff., 49, 77, 79, 88ff., 151, 161, 171, 189f.
Forderungsausfälle 43, 46f., 97, 189f.
Forderungsausgabe *44*, 50f.
Formalaufbau der Buchhaltung 26ff., 135
Fremdkapital 16f., 143, 148f., 201
Fristentsprechung 362f.
Fudickar, J. 143, 147, 153, 188

Gadow 194
Gegenbuchungen 114ff., 126ff., 133f., 154, 343f.
Gegenfondsbestände 340

Gegenfondsrechnung 341 ff., 367, 370, 379, 392
Gegenwartswert 177
Geld 14, *27f.*, 33, 161, 278
Geldentwertung 274f., 283ff., 290ff., *310ff.*
Geldflußrechnung 314, 321, 338f.
Geldmacher, E. 279
Geldwert 14, 274, *283ff.*, 292ff., 310
Geldwertgewinn und -verlust 300ff.
Gesamtfinanzflußrechnung 356ff., 366ff., 392
Gesamtwert der Unternehmung 3, 16, 145, 230
Geschäftsvorfälle 96f.
Geschäftswert 144f., 172, *227*, 232f.
Gewinn 2, 9, 17f., *29f.*, 92, 102, 112, *145*, 155, 177, 276, 279, 336f.
Gewinn- und Verlustrechnung 13, 15, 18, 23f., 115ff., 126ff., 133f., 156
Gewinnverwendung 8f., 177, 247, 288
Gewinnverwendungskonto 112, 155
Gewinnvortrag 246
Gleichgewicht 10, 12, 14, 273, 362
Gliederung der Bilanz 18, 57, 90, *142ff.*, 151ff., 188
Grenzwertprinzip 209ff., 250
Gründungsbilanz 21, 97ff.
Gruppenbewertung 239f., 243
Güterarten 137
Güterbewegungen 1, 6, 13, 27, 115, 135f., 357
Güterentstehung 7, 28, 115, 154
Güterverbrauch 2, 7, 13, 28, 34, 115, 154
Güterwertänderungen 275, 279ff., 285, 287, 292f.

Haben 76, 90, *125*, 136, 356
Haberler, G. 285
Handelsbilanz 22f., 183ff., 213ff.
Hasenack, W. 279
Hax, K. 279
Heigl, H. 245
Herstellungswert 163f.

Immaterielle Güter 137, 145, 198, 200, 232
Imparitätsprinzip 208
Indexwährung 14, 284, 293f., 299ff., 303ff.
Inventur 2, 96f., 157
Inventurbilanz 69
Investition 8, 11f., 17

Jacob, H. 245
Jahresabschluß 13
Jahreserfolg 7, 13
Johns, R. 52

Käfer, K. 11, 364, 366, 389
Kalkulatorische Bilanz 22
Kalkulatorische Buchhaltung 14
Kalkulatorische Erfolgsrechnung 6, 22, 30, 278
Kapital 16f., 24f., 96f., 136, 138, 143f., 146, 201, 273, 277f.
Kapitalerhaltung 13f., *273ff.*
Kapitalerhaltungsrücklage 288
Kapitalflußrechnung 11, *313ff.*, 374ff.
Kapitalherkunft und -verwendung 314
Kapitalisierungsdifferenz 144, 233
Kapitalquellen 143, 313
Kapitalrücklagen 246f.
Kapitalwertveränderungen 181
Kasse 77, 79ff., 88f., 151
Kassenkonto 79, 81f., 86, 89
Kassenrechnung 30, 32f., 37, 86, 91, 221
Kauf 42, 96f.
Koch, H. 245
Kompensation der Erfolgswirkung 34, 37, 44f., 53, 55f., 61f., 66, 83ff.
Kompensatorisch 67f.
Konteninhalt 81, 88, 125
Kontenplan 1, 57
Kontenrahmen 1
Kontenreihe 78, 123
Kontensystem 115
Kontentyp 74, 77, 319, 375
Konto 74ff., 102ff., 124f.
Konzernbilanz 23
Kosiol, E. 9, 10, 123f., 137, 145, 222, 390
Kosten 7, 123
Kreditverkauf 33
Kritik an Modellen 4f.
Kühnau, M. 5, 14, 29, 40, 59

Langen, H. 5, 115
Leistungen 7
Liquidationsbilanz 178
Liquidationswert 178
Liquidität 3, 9, 11, 313, 319f., 336
Liquiditätsrechnung 11, 91

Maßgeblichkeit der Handelsbilanz 213ff.
Matrix 100, 102, 374ff., 385
Messung 2, 4, 285f., 290f., 363
Mirre 231
Mittelherkunft und -verwendung 321, 334, 340, 346ff., 357ff., 360f., 363, 370, 381ff.
Modell 4, 388

Monetäre Abbildung 27f., 37, 135, 158
Monetäre Rechnung 28, 300

Nachausgaben *54*, 58, 347
Nacheinnahmen 56f.
Nachrechnung 1
Nachverrechnung *52ff.*, *57f.*, 65, 80
Nebenzweck 2ff.
Netto-Geldmittel 328ff., 338, 352f., 376f., 380, 384, 392
Nett-Umlaufvermögen (net working capital) 324ff., 338, 348ff., 385, 392
Nicklisch, H. 7,18
Niederstwertbilanz 278
Niederstwertprinzip 9, 183, 185f., 189, 194f., 197ff., *205ff.*, *217ff.*, 250, 259, 270
Niederstwertrechnung 277
Niederstwertrücklage 253f., 260
Nominale Fondsbilanzen 332f.
Nominale Kapitalerhaltung 13, *275ff.*
Nominalgüter 136ff., 188ff.
Nominalgüterfonds 11
Nominalgüterumlauf 13, 33
Nominalkapital 276, 287, 297
Nominalrechnung 91, 276, 282, 295, 303f.
Nominalvermögen 136ff.

Ökonomität 2, 13, 156, 185
Organische Tageswertbilanz (F. Schmidt) 181f., 280

Pagatorisch 134, *158*, 183
Passiva *15f.*, 70, *90*, 95, 136, 143, 152, 200ff.
Passivierung 48, 55, 57, 95
Periodenabgrenzung 32ff., 38, 41, 55, 59ff., 69, 71ff., 87, 105
Periodenerfolg 13, 20, 28, 31, 36f., 83ff., 87, 97f., 110f., 115, 126ff., 341, 373
Periodenfremd 32
Periodenrechnung 1, 7, 31ff.
Pfleiderer, O. 276
Pohmer, D. 29
Preisveränderungen 182f., 274f., 287, 292f.
Preisniveau 275, 286, 305
Prinzipien der Periodenabgrenzung 71f.
Prognose 387ff.
Prognosewerte 1, 388
Prospektive Bewegungsbilanz 388
Prospektive Kapitalflußrechnung 391ff.

Rationalität 2, 5
Reale Erfolgsrechnung 295ff., 305ff.
Reale Kapitalerhaltung 279ff., 311
Realforderung 136ff.
Realgüter 136ff., 173, 196
Realgüterumlauf 6, 10, 12f., 33
Realisation 32, *34ff.*, 52, 55, 68, 72, 123, 157, 174ff., 211, 282
Realisierter Erfolg 7, 179f.
Realkapital 279, 297
Realrechnung 91, 282
Realschulden 137ff., 200f., 204
Realvermögen 136f.
Rechnungsabgrenzungsposten *40f.*, 56, 199ff.
Rechnungsziel 1ff., 9, 12, 24, 182, 282, 313
Reinhardt 237f.
Reservate 77, 80, 88f., 152, 173, 204
Reservateinnahmen *55ff.*
Reserven 245
Risiko 190
Rohbilanz 93
Rückausgaben *55ff.*
Rückeinnahmen *53f.*
Rücklage 16, 151, 201, 220, 245ff., *251*, *287ff.*
Rücklage für Aufwandsbewertung 298f., 306
Rückstellungen *43*, 48, 96f., *146ff.*, 202, 211, 220, 223, 336
Rückverrechnung 52ff., 67f., 80

Sachgründung 168f.
Saldenbilanz 94
Saldo 2, 8, 83ff., 102, 112, 116, 320f.
Schadensersatzpflichten 143
Scheingewinn und -verlust 282, 287, 295, 297, 307, 309f.
Schenkung 165f.
Schlegelberger 194, 198, 202
Schlußbilanz 20, 22, 82, 99f., 104
Schlußbilanzkonto 82
Schmalenbach, E. 17, 31, 71, 143, 152, 182, 205, 233, 286, 305, 389
Schmidt, F. 18, 176f., 181f., 277, 279ff., 310
Schmidt, R.-B. 362
Schuldeinnahme 44f., 50f.
Schulden 16, 39ff., 48ff., 77, 79, 88ff., 143f., 152, 171, 178, 202f., 206, 218
Schulze, H.-H. 4, 285
Schweitzer, M. 9
Soll 76, 90, *125*, 356
Sollwerte 1
Sommerfeld, H. 279
Statische Betrachtungsweise 152, 223, 312
Statusbilanz 18, 20, *24ff.*, 152, 178f.
Steuerbilanz 22, 211, *213ff.*, *222ff.*

Stichtag 20, 281
Stille Rücklage 171, 186, 209, *245ff.*, 289
Substanzerhaltung 279, 287, 289, 311f.
Subventionen 143, 165
Szyperski, N. 28, 135

Tagesbeschaffungswert 178, 189, 199, 234, 236, 280, 295, 297
Tagesveräußerungswert 178
Tageswert 157f., *174ff.*, 195, 199, 205f.
Tageswertbilanz 176, 178f., 181, 270, 277, 281
Tageswertrechnung 277
Tageswertrücklage 253, 255
Tausch 169f.
Technizität 156
Teilbilanz 320
Teilwert 229ff.
Tilgung 44ff.
Tilgungsabweichungen *46f.*, 62f., 85f.
Tilgungsausgabe *45f.*, 48ff.
Tilgungseinnahme *45f.*, 49ff.
Tilgungsverrechnung 38f., 45f., 48ff., 62, 79
Totalerfolgsrechnung 6, 22, 30ff.
Totalfonds 319, 342f., 356
Transition 68, 78f.
Transitorische Rechnungsabgrenzungsposten *41*, 56, 196, *199*

Umlaufvermögen 189, 196, 198f., 205, 211, 217, 220, 323ff.
Umsatzbilanz 83, 93
Umsatzerfolg 177
Unterbewertung 213, 248, 250
Untermatrix 375, 379f., 385
Unternehmerleistungen 7, 29
Unternehmungserfolg 6, 8
Ursachenanalyse 322, 340, 344, 379

Vatter, W. J. 367
Vektor 100, 374
Veränderungsbilanz 19, 88f., 92f., 141, 173
Verbindlichkeiten siehe Schulden
Vergleichbarkeit 71f.
Verkauf 48, 96f., 155
Verlust 2, 8, 17, 29, 92, 102, 146
Verlustvortrag 100
Vermögen 16, 24f., 135f., 139, 206
Vermögensrücklagen 246
Vermögens- und Kapitalbilanz 139ff.
Vermögensvergleich 69
Verrechnungsreste 54, 87
Verrechnungszahlungen 34, *37ff.*, 87
Verteilungsabschreibungen 163, 197, 227, 257
Verursachung 71
Verwendungsrechnung 9, 112, 133
Vierdimensionale Erfolgsrechnung 308ff.
Vorausgaben 38, 41, 44f., *48ff.*, 61
Vorauszahlungen an Lieferer 65
Voreinnahmen 33, 38, 41, 44, 48ff., 61
Vorräte 77, 80, 88f., 151, 173
Vorratsausgaben *52ff.*, 58
Vorrechnung 1
Vorsichtige Bewertung 185f., 202f., 207ff., 271
Vortrag 54, 81, 83, 87, 90, 121
Vorverrechnung 38f., 48ff., 61, 65, 79

Währung 14, 46, 189, 194, 275, 284, 290f., 295ff.
Wagnis 147f.
Wall, F. 245
Warenkonto 124
Wechselbezüglich 66f.
Wechselbezügliche Zahlungen 33, 37, 44ff., 50ff., 60, 65f.
Wertänderungsaufwand und -ertrag 179f., 207
Wertarten 25, *157ff.* 183
Wertberichtigungen 43, 46, 54, 146, 148, 189f.
Werteinholungserträge 180f., 207f.
Wertmäßige Kapitalerhaltung 276
Wertpapiere 187, 189, 194ff., 219
Wertrealisation 36, 72
Wertschöpfung 7
Wertschöpfungsrechnung 7, 30
Wiederbeschaffungswert 310
Willkürrücklage 264, 269
Wirtschaftlichkeit 2, 5, 12, 156
Wirtschaftsgut 16f., 28, 135ff.
Wirtschaftskreislauf 6, 27
Witte, E. 72, 390
v. Wysocki, K. 375

Zahlungsbegriff 34, 37f., 57
Zahlungsbewegungen 158, 183
Zahlungskonten 32ff., 78, 89f.
Zahlungsvorgänge 27ff., *34*, *37ff.*, 59f., 63f., 114f., 157, 174, 341
Zahlungsvorgriffe 38, 44f., 50, 72
Zahlungswert 161, 174
Zeitbuch 76
Zeitpunktbilanz 94
Zeitpunktliquidität 320

Zeitpunktrealisation 36, 282
Zeitraumbilanz 19, 94
Zeitraumneutral 60, 62, 65
Zeitraumliquidität 320
Ziele der Buchhaltung 1 ff., 278, 313
Zinsen 41, 47, 96 f., 190
Zukunftsrechnung 94, 374, *387 ff.*
Zuschreibungen 198
Zuwachskapital 20
Zwangsrücklagen 255, 259, 269
Zwischenbilanz 20

FSC
www.fsc.org
MIX
Papier | Fördert
gute Waldnutzung
FSC® C083411

Kolibri 360 GmbH
Ferdinand-Jühlke-Straße 7
99095 Erfurt, Deutschland
produktsicherheit@kolibri360.de